Dictionnaire philosophique

PERSPECTIVES CRITIQUES

Collection dirigée
par Roland Jaccard et Paul Audi

André Comte-Sponville

DICTIONNAIRE PHILOSOPHIQUE

LE GRAND LIVRE DU MOIS

ISBN : 2-7028-4875-3
Dépôt légal – 1re édition : 2001, novembre

à Patrick Renou

Avant-propos

Pourquoi un Dictionnaire philosophique ? *Par amour de la philosophie et des définitions.*

Aucune langue ne pense ; mais nul ne pense que dans une langue, que grâce à elle, que contre elle parfois. C'est pourquoi nous avons besoin de mots ; c'est pourquoi ils ne suffisent pas. Ce ne sont que des outils, dont chacun se sert comme il peut. Pour bien parler ? Ce ne serait que rhétorique. Mais pour bien penser, mais pour bien vivre, et c'est la philosophie même, en tout cas c'est là qu'elle commence. « Bien juger pour bien faire », disait Descartes. Cela suppose qu'on sache de quoi on parle, et ce qu'on en dit : cela suppose des expériences et des définitions. Le monde ou la vie proposent les premières ; à nous d'inventer, ou de réinventer, les secondes.

Un mot n'a pas un sens absolu ou éternel. Il n'a de signification que par l'usage qu'on en fait, qui suppose toujours d'autres mots et d'autres usages. Aussi son sens ne cesse-t-il de varier, dans le temps comme dans l'espace, en fonction des contextes, des situations, des individus, des problématiques… C'est vrai spécialement en philosophie. Chacun y procède « par des discours et des raisonnements », comme disait Épicure, donc avec des mots, qu'il plie à son usage au moins autant qu'il s'y soumet. Encore faut-il se faire comprendre. Cela ne va pas sans un accord, fût-il approximatif et provisoire, sur un certain nombre de définitions. Comment autrement dialoguer, argumenter, convaincre ? Toute philosophie se fabrique avec des mots, qu'elle emprunte le plus souvent à la langue commune. Mais elle les travaille – pour les rendre plus précis, plus rigoureux, plus clairs –, les enrichit ou les recrée. Elle emprunte des mots ; elle invente ou manie des idées, des notions, des concepts. On n'en a jamais fini. Le langage n'est qu'un matériau. À chacun d'y retrouver son monde ; à chacun d'y bâtir sa pensée. Aucune définition n'y suffit. Mais comment, sans définir, aurait-on une chance d'y parvenir ?

Ce livre est né de deux admirations, pour deux chefs-d'œuvre : le Dictionnaire philosophique *de Voltaire et les* Définitions *d'Alain. Cela me fit deux modèles, que je voulus imiter, ou deux défis, que je voulus relever. La conjonction des deux pouvait sembler redoutable : comment faire un livre qui se tienne en en prolongeant deux autres, si dissemblables ? Mais la difficulté même du projet m'était une raison supplémentaire de le tenter. Et le plaisir que j'y ai pris, tout du long, un perpétuel encouragement. Nul n'est tenu de faire un livre, ni de s'ennuyer.*

Ces deux modèles, avoués d'entrée de jeu, disent assez le registre dans lequel se situe ce Dictionnaire, *comme le public auquel il s'adresse. Cuistres, s'abstenir. Mon propos n'était pas de faire œuvre historienne ou érudite, mais au contraire d'exposer ma pensée, le plus librement que je pouvais, selon l'ordre ou le désordre alphabétique, et sans autre contrainte, à chaque fois, que de définir cela même dont je parlais.*

Un recueil de définitions ? C'était le projet initial, qui s'est peu à peu élargi. « Je suis absorbé dans un compte que je me rends à moi-même, par ordre alphabétique, de tout ce que je dois penser sur ce monde-ci et sur l'autre », écrivait Voltaire dans une lettre à Madame Du Deffand. C'est aussi ce que j'ai voulu faire. Le sujet de ce livre ? Je répondrais volontiers, comme René Pomeau préfaçant Voltaire : « Tout ce qui prend place dans l'ordre alphabétique, c'est-à-dire tout. » Un livre infini, donc, au moins en droit, qui ne saurait pour cela prétendre à la moindre exhaustivité : je n'ai pu l'entreprendre qu'en acceptant d'avance de ne le terminer jamais. Cela excuse sa longueur, qui est comme rien à côté de ce qu'elle aurait pu être. « Si vous ne me savez gré de tout ce que je vous dis, avertissait le Jacques *de Diderot, sachez-m'en au moins de tout ce que je ne dis pas. » Encore celui-là ne voulait-il que raconter une histoire. Mais quand il s'agit de pensée ? J'admire que Diderot se soit lancé, avec d'autres, dans l'énorme aventure de l'Encyclopédie. Mais me sens plus proche, au moins sur ce plan, de Voltaire, lequel n'approuvait « qu'un encyclopédisme maniable ». « Toujours il fut réticent, ajoute René Pomeau, même quand il y collabora, devant le* Dictionnaire *démesuré entrepris par Diderot et d'Alembert. Par souci d'efficacité : il disait que si l'Évangile avait été un ouvrage aux tomes innombrables, le monde ne fût jamais devenu chrétien. » Je ne souhaite convertir personne, mais ne répugne pas à l'idée d'être utile. J'ai donc essayé, tout du long, d'être le plus bref que je pouvais. Je crains moins d'être incomplet qu'ennuyeux.*

Tel qu'il est, ce volume ne remplace aucun des dictionnaires disponibles, et surtout pas les deux que j'ai consultés le plus souvent : ceux, collectifs, qu'ont si bien su diriger, au début et à la fin du siècle précédent, André Lalande et Sylvain Auroux. Mais ces deux-là ne sauraient pas davantage le remplacer. Toute langue est commune. Aucune philosophie ne l'est.

Je ne me suis pas cru tenu de signaler, pour chaque mot, la totalité des significations attestées par l'usage, même philosophique, ni n'ai craint, parfois, de m'écarter du sens le plus fréquemment reçu. Chacun, en philosophie, est maître de ses définitions. C'est ce que Spinoza, à propos des siennes, nous rappelait : « Je sais que ces mots ont dans l'usage ordinaire un autre sens, écrivait-il dans l'*Éthique*, mais mon dessein est d'expliquer la nature des choses, non le sens des mots, et de désigner ces choses par des vocables dont le sens usuel ne s'éloigne pas entièrement de celui où je les emploie. » C'est aussi ce que j'ai voulu faire, et qui justifie ce livre. Un dictionnaire philosophique n'est pas un dictionnaire de langue : la pensée, non l'usage, est sa loi. Et quelle pensée, en philosophie, qui ne soit singulière ? Encore faut-il, pour qu'elle puisse être comprise, qu'elle ne s'écarte pas trop des significations communément reçues. Cela fait comme une double contrainte, qui n'a cessé de me porter. Aucune langue ne pense, disais-je ; mais nul ne pense qu'à l'intérieur d'une langue déjà constituée, qui le précède et qu'il ne saurait transformer à sa guise. Je me méfie des néologismes, trop faciles, trop vains, trop vaniteux. J'ai horreur des barbarismes, même volontaires. Mieux vaut donner un sens plus vrai, comme aurait pu dire Mallarmé, aux mots de la tribu.

Mais quels mots ? Je me suis imposé comme contrainte – par jeu plutôt que par défi – de reprendre la plupart des 118 entrées du *Dictionnaire philosophique* de Voltaire (dans l'édition de 1769 et à l'exception des noms propres), ainsi que la quasi-totalité des 264 termes retenus par Alain dans ses *Définitions*. Pour le reste, il fallait bien sûr choisir, et tout choix, dans ces domaines, ne peut être que subjectif. J'ai privilégié le langage proprement philosophique, comme c'était normal, sans pour autant m'y enfermer. Un mot n'est pas philosophique en lui-même, mais par sa place dans une pensée. Le langage ordinaire, toutes les fois où il suffit, vaut mieux que le jargon.

J'ai renoncé à intégrer les noms propres, qui auraient fait un autre livre, qui le feront peut-être. Quant aux mots qui en sont dérivés, comme les noms de systèmes ou d'écoles, je n'ai retenu que ceux dont le penseur éponyme n'épuise pas le contenu : aussi trouvera-t-on le platonisme, l'épicurisme ou le stoïcisme, dont la signification excède la pensée de leur fondateur, et non l'aristotélisme ou l'hégélianisme, qui en restent davantage prisonniers. C'est la philosophie que je visais, non son histoire. Les concepts, non les systèmes.

La longueur de chaque article ne mesure pas l'importance philosophique de la notion en jeu. Si l'article « Précaution », par exemple, est sensiblement plus développé que l'article « Prudence », ce n'est pas que cette dernière notion soit moins importante que l'autre (c'est bien sûr l'inverse qui est vrai) ; c'est simplement qu'elle m'a semblé poser moins de problèmes définitionnels, et aussi que j'en avais déjà parlé, d'un autre point de vue, ailleurs. Je pourrais bien sûr multiplier les exemples. Je suis passé rapidement, en particulier, sur les dix-huit têtes de chapitre de mon *Petit traité des grandes vertus*, comme sur les douze, elles ne se recoupent guère, de *mes* Présentations de la philosophie. *Pourquoi faire long quand on peut faire bref ? Pourquoi se répéter quand on peut l'éviter ?*

Je ne pouvais, dans un tel ouvrage, donner toutes les références, qui eussent été innombrables. Je n'indique, dans le cours du texte et entre parenthèses, que les œuvres ou les passages qui me paraissent les plus indispensables ; ce sont moins des références que des conseils de lecture.

L'ordre alphabétique, qui n'est qu'un désordre commode, dit assez que chacun, dans cet ouvrage, peut circuler librement. J'inscrirais volontiers, au seuil de ce Dictionnaire philosophique, *ce que Voltaire écrivait dans la préface du sien : « Ce livre n'exige pas une lecture suivie ; mais, à quelque endroit qu'on l'ouvre, on trouve de quoi réfléchir » – ne serait-ce, ajouterai-je à propos du mien, que pour corriger ses faiblesses, dont je n'ai que trop conscience. « Les livres les plus utiles, continuait Voltaire, sont ceux dont les lecteurs font eux-mêmes la moitié : ils étendent les pensées dont on leur présente le germe, ils corrigent ce qui leur semble défectueux, et fortifient par leurs réflexions ce qui leur paraît faible. » Merci aux lecteurs qui voudront bien, avec moi, faire cette autre moitié du chemin…*

A

ABBÉ Le mot signifie père (*abba* en araméen puis dans le grec et le latin ecclésiastiques). Voltaire voulait pour cela que les abbés fassent des enfants, ce qui les rendrait au moins utiles à quelque chose… C'était pousser un peu loin l'amour de l'étymologie.

Un abbé est d'abord le supérieur d'un monastère, ou, aujourd'hui, un prêtre quelconque : c'est le père spirituel de ses moines ou de ses ouailles. Voltaire leur reproche leur richesse, leur vanité, leurs abus. « Vous avez profité des temps d'ignorance, de superstition, de démence, pour nous dépouiller de nos héritages et pour nous fouler à vos pieds, pour vous engraisser de la substance des malheureux : tremblez que le jour de la raison n'arrive » (*Dictionnaire philosophique*, article « Abbé »). On ne saurait lui donner tort, s'agissant des abbés de son temps. Mais aujourd'hui, où tant d'abbayes sont vides, ou presque vides, il m'est arrivé bien souvent, sous leurs voûtes sublimes et désertées (à Noirlac, à Sénanque, à Fontenay…), de regretter cette désaffection, cette déshérence, et de ressentir, vis-à-vis de ces formidables bâtisseurs, et d'une si évidente élévation spirituelle, je ne sais quel mélange de gratitude, d'admiration et de nostalgie… Le jour de la raison est-il arrivé ? Il n'arrivera jamais. Pourtant Voltaire, s'il revenait parmi nous, aurait le sentiment de l'avoir emporté, contre les prêtres et les inquisiteurs. Combien d'abbayes rasées par la Révolution ? Combien d'autres transformées en fermes, en entrepôts ou, aujourd'hui, en musées ? De moins en moins de moines. De plus en plus de touristes. Combien sommes-nous, parmi ceux-ci, à nous sentir indignes de ceux-là ? Nous construisons des hôtels plutôt que des abbayes, des hôpitaux plutôt que des couvents, des lycées plutôt que des églises… On aurait tort de le regretter. Mais pourquoi faut-il qu'ils soient si laids, si insignifiants, si désolants de platitude ? Qu'ils parlent si peu au cœur ou à l'âme ?

Qu'on se soit débarrassé de l'Inquisition et de la dîme, des abbés de cour, de cette alliance obscène du trône et de l'autel, du despotisme et de la superstition, c'est évidemment heureux. Nous le devons, au moins pour une part, à Voltaire et à ses amis. Grâce soit rendue aux Lumières ! Mais faut-il pour cela s'illusionner sur notre époque ? Prendre le tourisme pour une spiritualité, l'art pour une religion, les loisirs pour un art ? Adorer l'audimat, le CAC 40 et l'équipe de France de football ? Ce n'est pas le jour de la raison qui est venu. C'est celui du capitalisme triomphant, dont Voltaire rêvait, mais qui domine aujourd'hui jusqu'au marché de la culture et de l'information, c'est celui des médias, du spectacle mercantile, de la communication universelle et narcissique. « *Parlez-moi de moi, y a que ça qui m'intéresse...* » Et de filmer sa vie en continu pour Internet... Cela vaut mieux que l'Inquisition ? Sans doute. Mais ne suffira pas à sauver une civilisation.

Les temps changent. Rencontrer un abbé, aujourd'hui, même pour le librepenseur que je suis, c'est plutôt une bonne surprise : en voilà au moins un, se dit-on, qui n'a pas oublié complètement l'essentiel, qui n'a pas vendu sa vie au plus offrant, avec qui j'aurai de vrais désaccords, et pas ce mélange de lassitude et d'agacement que m'inspirent tant de mes contemporains. Le combat continue, pour les Lumières, pour les droits de l'homme, pour le bonheur. Mais les adversaires ont changé. Raison de plus pour entreprendre – c'est le premier nom que Voltaire avait donné au sien – un nouveau *Dictionnaire philosophique portatif...*

ABNÉGATION C'est la vertu du sacrifice : l'oubli ou le don de soi-même, quand il n'est pas pathologique. L'inverse donc de l'égoïsme, comme un altruisme en creux ; c'est moins vivre pour autrui que renoncer à soi. Vertu toujours suspecte (est-ce dévouement ou masochisme ? pulsion de vie ou pulsion de mort ?), qui ne vaut vraiment que par la joie qu'elle comporte ou permet – ce qui n'est plus abnégation mais amour ou générosité.

ABOULIE Impuissance de la volonté. Le mot désigne une pathologie (l'incapacité à agir de façon volontaire et réfléchie), ou bien n'est qu'un euphémisme savant pour dire la veulerie, la lâcheté, la paresse. Un syndrome, donc, ou une faute.

ABSENCE Ce n'est pas rien, puisque c'est l'absence *de quelque chose*, comme un néant déterminé, délimité, défini. Par quoi ? Par une présence, ou plusieurs : ce qui est absent ici est présent là-bas (*abesse*, en latin, c'est être éloigné de), ou l'a été, ou le sera, ou pourrait l'être, comme autre chose, maintenant, est présent à sa place. La conscience a horreur du vide : il n'est absence que d'une présence.

Il n'y a pas d'absence absolue (ce ne serait plus absence mais néant) ni totale (ce ne serait rien). Il n'y a donc pas d'absence en vérité : il n'y a que la présence de tout – le monde – et notre incapacité à nous en satisfaire. *Tout*, pour nous, ce n'est pas assez ! Il faut donc autre chose que tout, c'est le secret de l'idéalisme, que le matérialisme, depuis vingt-cinq siècles, essaie de démasquer. Platon toujours renaît : l'être est ailleurs ; l'être est ce qui manque ; il ne brille, ici-bas, que par son absence ! Et Démocrite renaît avec lui, contre lui : l'être est partout, qui ne manque de rien. Transcendance ou immanence : absence ou présence de l'être.

On parle aussi des *absences* de celui qui est distrait, inattentif, presque inconscient : parce qu'il semble n'être pas, en esprit, là où son corps se trouve. D'où cette formule d'un enseignant, sur le livret scolaire d'un de ses élèves : « *Souvent absent, même quand il est là...* » Cela suggère, par différence, ce qu'est l'attention.

Toute absence est absence de quelque chose, et pour quelqu'un. C'est le contraire de la présence, et c'est pourquoi ce n'est rien de réel, ou presque rien : la conscience présente de ce qui ne l'est pas.

C'est pourquoi aussi c'est un piège. Nous sommes au monde : la vraie vie est présente.

ABSOLU Comme adjectif, caractérise tout ce qui est complet *(absolutus)*, total, sans restriction ni réserve. On dira par exemple : pouvoir absolu, confiance absolue, savoir absolu... C'est en général un abus de langage. L'humanité, pour tout esprit lucide, fait une restriction suffisante.

Mais le mot, philosophiquement, vaut surtout comme substantif. L'absolu, c'est alors ce qui existe indépendamment de toute condition, de toute limite, de tout point de vue, donc de façon autonome ou séparée.

L'absolu doit être cause de soi (il serait autrement dépendant de sa cause) ou exister par soi (il serait autrement relatif) : il ne peut être que Dieu ou tout. Ce dont tout dépend ne dépend de rien. L'ensemble des relations n'est pas relatif.

C'est un autre nom pour l'être en soi et par soi. Que nous n'y ayons pas accès, sinon relativement, n'empêche pas qu'il nous contienne.

ABSOLUTION Vaut parfois, dans le langage juridique, par différence avec l'acquittement : on acquitte un innocent ; on absout un coupable, lorsqu'on ne peut (parce que la loi ne le prévoit pas) ou qu'on ne veut (si elle ne l'impose pas) le punir.

Mais c'est surtout le nom sacramentel du pardon. Dieu seul, s'il existe, peut nous absoudre, en ce sens, c'est-à-dire effacer ou remettre nos péchés. On remarquera que c'est nous supposer coupables ; cela en dit long sur la religion, et peut-être aussi sur l'athéisme.

ABSTRACTION « Il n'y a de science que du général, disait Aristote, et d'existence que du singulier. » C'est pourquoi toute science, par définition, est abstraite : parce qu'elle vise à la généralité d'une loi, d'une relation ou d'un concept, et non à la singularité d'une existence – parce qu'elle n'existe, comme science, qu'à la condition de se détacher *(abstrahere)* du réel immédiat. Cela vaut aussi pour la philosophie, comme pour tout effort théorique. Il n'y a pas de pensée concrète : une pensée concrète serait le monde, qui ne pense pas, ou Dieu, que nous ne pouvons penser. C'est ce qui nous en sépare : Dieu et le monde, pour nous, ne sont que des abstractions.

Abstraire, c'est séparer, isoler par la pensée ce qui n'existe qu'avec autre chose, ou au contraire rassembler ce qui n'existe que séparément. Par exemple une couleur, si je la considère indépendamment – on dira aussi : *abstraction faite* – de tout objet coloré (le rouge est une abstraction), une forme, si je la considère indépendamment de l'objet dont elle est la forme, voire de tout objet matériel (le triangle, le cube, la sphère... sont des abstractions) ; ou bien un ensemble d'objets, si je laisse de côté leurs différences (l'ensemble des objets triangulaires, ou cubiques, ou sphériques, l'ensemble des hommes ou des vivants sont aussi des abstractions). De là la géométrie, la physique, la biologie, et toutes les sciences.

C'est comme un détour par la pensée, qui serait un raccourci vers le vrai, comme une simplification obligée. Le réel est inépuisable, toujours ; mais la pensée fatigue. D'où cette commodité – pour ne pas dire cette paresse – de l'abstraction. Aurait-on besoin autrement d'un dictionnaire ? Mais aucun dictionnaire n'est le monde, ni aucune langue.

Essayez de décrire complètement un caillou ; vous verrez, par l'impossible, ce que c'est qu'une abstraction : une idée qui ne correspond à son objet qu'en renonçant à le contenir tout entier, et même à lui ressembler. Ainsi l'idée de caillou, et même de ce caillou-ci. L'abstraction est le lot de toute pensée finie, ou la finitude, pour nous, de toute pensée.

Toute idée, même vraie, est abstraite, puisque aucune ne ressemble à son objet (Spinoza : le concept de chien n'aboie pas, l'idée de cercle n'est pas ronde), ni ne saurait reproduire en nous, s'il existe en dehors d'elle, son inépuisable réalité. Mais elles le sont inégalement : *couleur* est plus abstrait que *rouge*, moins abstrait qu'*apparence*. Surtout, il y a un bon et un mauvais usage des abstractions, selon qu'elles ramènent au réel ou en éloignent, le dévoilent ou le masquent.

On parle aussi de peinture abstraite, quand elle renonce à la figuration. Il y a, dans ce renoncement, une part de nécessité : reproduire, c'est toujours choisir, transformer, séparer, rapprocher, simplifier – abstraire. Toute figuration est abstraite au moins en quelque chose, non quoiqu'elle soit figurative, mais parce qu'elle l'est. C'est la peinture non figurative qui pourrait être dite concrète, n'étant séparée de rien qu'elle imite ou reproduit : quoi de plus concret qu'une tache de couleur sur une toile ? Si on l'appelle pourtant peinture abstraite, c'est qu'elle semble séparée du monde réel (ce n'est bien sûr qu'une illusion : le vrai est qu'elle en fait partie) et renonce en effet à l'imiter. Cela fait comme une abstraction redoublée, qui sépare la peinture de tout objet extérieur pour ne plus la livrer qu'à elle-même ou à l'esprit. C'est peut-être confondre la peinture et la pensée, comme un philosophe qui voudrait dessiner ses concepts...

ABSURDE Ce n'est pas l'absence de sens. Une éclipse ne veut rien dire, mais n'est pas absurde pour cela. Et une phrase quelconque ne peut être absurde, inversement, qu'à la condition de signifier quelque chose. Ainsi, je ne fais qu'assembler des exemples traditionnels : *« Sur une montagne sans vallée, près d'un cercle carré, d'incolores idées vertes dormaient furieusement... »* Cela ne veut rien dire ? Si, pourtant, puisqu'on comprend ce qu'il y a là d'impossible à penser ou à comprendre tout à fait. C'est pourquoi nous pouvons juger que cette phrase est absurde, ce que nous ne saurions dire, me semble-t-il, d'une phrase, si c'en est une, totalement dépourvue de sens (par exemple : *« Ofym idko rufiedy ud kodziriaku »*). L'absurde est plutôt insensé qu'insignifiant. Ce n'est pas l'absence de sens, mais son inversion, son explosion, sa contradiction, sa déconstruction, si l'on peut dire, de l'intérieur. Est absurde ce qui est contraire au bon sens ou au sens commun : contraire à la raison, à la logique ou à l'humanité ordinaires. C'est pourquoi on y trouve parfois une espèce de poésie onirique ou un peu folle, qui fit le charme, un temps, du surréalisme. C'est par quoi aussi l'absurde est essentiel à un certain type d'humour, quand l'insignifiance, en toute chose, ennuie. Voyez Woody Allen ou Pierre Dac. Non l'absence de sens, donc, mais un sens trop paradoxal ou trop contradictoire pour pouvoir être pensé ou accepté totalement. Par exemple ceci, qui est de Woody Allen : « L'éternité c'est long, surtout vers la fin. » C'est qu'il n'y a pas de fin. Ou cela, qui est de Pierre Dac : « À l'éternelle triple question, toujours demeurée sans réponse : "Qui sommes-nous ? D'où venons-nous ? Où allons nous ?", je réponds : "En ce qui me concerne personnellement, je suis moi, je viens de chez moi, et j'y retourne". » Cela ne répond pas à la question ? Si, pourtant, mais en l'invalidant. L'absurde n'est pas tout l'humour, ni toujours humoristique, pas plus que tout humour n'est absurde. Mais ils se rejoignent en ceci que leur sens n'est pas le bon ou le commun. C'est pourquoi ils font rire ou font peur.

Le monde est-il absurde ? Il ne pourrait l'être qu'à la condition d'avoir un sens, qui ne serait pas le nôtre. L'absurde, remarque Camus, naît toujours d'une comparaison entre deux ou plusieurs termes disproportionnés, antinomiques ou contradictoires, et « l'absurdité sera d'autant plus grande que l'écart croîtra entre les termes de la comparaison ». Par exemple « si je vois un homme attaquer à l'arme blanche un groupe de mitrailleuses, je jugerai que son acte est absurde ; mais il n'est tel qu'en vertu de la disproportion qui existe entre son intention et la réalité qui l'attend, de la contradiction que je puis saisir entre ses forces réelles et le but qu'il se propose ». Il n'y a pas d'absurde en soi, ni par soi – pas d'absurde absolu. « L'absurde est essentiellement un divorce. Il n'est ni dans l'un ni dans l'autre des éléments comparés. Il naît de leur confrontation. » Le monde n'est donc pas absurde : ce qui est absurde, explique *Le mythe de Sisyphe*, c'est « cette confrontation entre l'appel humain et le silence déraisonnable du monde ». Que le monde n'ait pas de sens, cela ne le rend absurde que pour nous, qui en cherchons un. C'est pourquoi l'absurde est « un point de départ », non un point d'arrivée. Pour qui saurait accepter le monde, son silence, son indifférence, sa pure et simple réalité, l'absurde disparaîtrait : non parce que nous aurions trouvé un sens, mais parce qu'il aurait cessé de nous manquer. C'est la sagesse ultime de *L'étranger* : « Vidé d'espoir, devant cette nuit chargée de signes et d'étoiles, je m'ouvrais pour la première fois à la tendre indifférence du monde. De l'éprouver si pareil à moi, si fraternel enfin, j'ai senti que j'avais été heureux, et que je l'étais encore... » Cela dit assez ce qu'est l'absurde : non l'absence du sens, mais son échec ou son manque. Et ce qu'est la sagesse : l'acceptation comblée, non d'un sens, mais d'une présence.

La vie est-elle absurde ? Pour autant seulement que nous lui cherchons un sens, qui ne pourrait exister – sens, c'est absence – qu'en dehors d'elle. Et quel autre *dehors*, pour la vie, que la mort ? « Chercher le sens de la vie, écrit François George, c'est faire un contresens sur la vie. » C'est en effet vouloir l'aimer pour autre chose qu'elle, qui serait son sens, quand tout sens au contraire la suppose. Si la vie « doit être elle-même à soi sa visée », comme disait Montaigne, c'est qu'elle n'est ni absurde ni sensée : réelle, simplement, merveilleusement réelle – et aimable, si nous l'aimons.

C'est le plus difficile : non comprendre la vie, comme si elle était une énigme à résoudre, mais l'accepter telle qu'elle est – fragile, passagère –, et joyeusement si l'on peut. Sagesse tragique : sagesse non du sens mais de la vérité, non de l'interprétation mais de l'amour et du courage.

Arthur Adamov, sur ce point, a dit l'essentiel : « La vie n'est pas absurde ; elle est seulement difficile, très difficile. »

ABSURDE (RAISONNEMENT PAR L'–) C'est un raisonnement qui prouve la vérité d'une proposition par l'évidente fausseté d'une au moins des conséquences de sa contradictoire. Pour démontrer *p*, on fait l'hypothèse de *non-p*, dont on montre qu'elle aboutit à une absurdité. C'est ainsi, par exemple, qu'Épicure démontrait l'existence du vide *(p)* : S'il n'y avait pas de vide *(non-p)*, il n'y aurait pas de mouvement (les corps n'ayant pas la place de se mouvoir) ; or cette conséquence est évidemment fausse (puisque démentie par l'expérience) ; le vide existe donc. Ce type de raisonnement, qu'on appelle aussi apagogique, repose comme on le voit sur le principe du tiers exclu (*p* ou *non-p* : si une proposition est fausse, sa contradictoire est vraie). Il est formellement valide, mais n'est probant que si la contradiction, la fausseté et la conséquence sont assurées – ce qui, en philosophie, est rarement le cas. Le raisonnement d'Épicure, sur le vide, n'a pas convaincu les stoïciens, ni ne convaincra les cartésiens.

ABSURDE (RÉDUCTION À L'–) C'est comme une variété négative du précédent, qui serait aussi son commencement : la réduction à l'absurde démontre la fausseté d'une proposition par celle d'une au moins de ses conséquences, dont on montre qu'elle est contradictoire ou absurde. C'est suivre son adversaire, pour le réfuter – ou plutôt c'est l'accompagner jusqu'au bout, où il se réfute lui-même.

Logiquement valide, le raisonnement n'a guère d'efficacité philosophique. Sur les conséquences et sur l'absurdité, on peut presque toujours discuter.

ABUS Tout type d'excès. Mais le mot désigne spécialement un excès dans le droit : l'abus est comme une injustice légale, ou qui paraît l'être (c'est moins violer la loi que l'utiliser indûment), et l'inverse par là de l'équité.

ACADÉMICIENS Membres d'une académie, ou de l'Académie (celle de Platon puis de ses successeurs). Dans la langue philosophique des XVIe et XVIIe siècles, le mot désigne surtout une variété de sceptiques, par référence à la Nouvelle Académie, celle d'Arcésilas, Carnéade et Clitomaque. Ceux-ci, se souvient Montaigne, « ont désespéré de leur quête, et jugé que la vérité ne se pouvait concevoir par nos moyens ». La différence avec les pyrrhoniens ? Elle est double, explique Montaigne : les Académiciens affirment l'incertitude de tout (quand Pyrrhon n'affirme rien), tout en reconnaissant qu'il y a du plus ou moins vraisemblable (quand Pyrrhon ne reconnaît rien). Scepticisme plus extrême et plus modéré à la fois : c'est comme un scepticisme dogmatique (« une ignorance qui se sait », écrit Montaigne, ou qui prétend se savoir), qui déboucherait sur un dogmatisme sceptique (un dogmatisme du probable). La position des pyrrhoniens est à l'inverse : scepticisme sceptique (une ignorance qui « s'ignore soi-même »), lequel ne débouche que sur le doute ou le silence.

ACADÉMIE Le nom propre désigne d'abord l'école de Platon (parce qu'il enseignait dans les jardins d'*Akadémos*, au nord-ouest d'Athènes), laquelle devint plus tard, contre l'orientation de son fondateur, un foyer du scepticisme. C'était une façon peut-être de revenir à Socrate, en s'éloignant de Platon.

Par extension, le nom commun peut désigner tout rassemblement d'esprits savants ou habiles, ou supposés tels.

ACADÉMIQUE Propre à l'école ou à l'université. Se prend le plus souvent en mauvaise part (« un style académique »). Synonyme à peu près de scolaire, la prétention en plus. Ou de scolastique, la théologie en moins.

ACADÉMISME Soumission exagérée aux règles de l'école ou de la tradition, au détriment de la liberté, de l'originalité, de l'invention, de l'audace. Propension à imiter, chez les maîtres, ce qui est en effet imitable (la doctrine, la manière, les tics), plutôt que ce qui importe vraiment, qui ne l'est pas. En prose, goût immodéré pour le style savant ou universitaire. C'est une façon de s'adresser à ses collègues plutôt qu'au public. En vain : les collègues sont des rivaux, qui s'ennuient autant que les autres et haïssent davantage.

ACCEPTATION Accepter, c'est faire sien : c'est accueillir, recevoir, consentir, c'est dire *oui* à ce qui est ou arrive. C'est la seule façon de vivre *homologoumenos*, comme on disait en grec, c'est-à-dire en accord, indissolublement, avec la nature et avec la raison. Refuser ? À quoi bon, puisque cela ne change rien à ce qui est ? Mieux vaut accepter et agir.

On ne confondra pas l'acceptation avec la tolérance (qui suppose un reste de refus ou de distance), ni avec la résignation (qui suppose un reste de tristesse). L'acceptation vraie est joyeuse. C'est en quoi elle est le contenu principal de la sagesse. Ainsi, chez Montaigne : « J'accepte de bon cœur, et reconnaissant, ce que nature a fait pour moi, et m'en agrée et m'en loue… » Ou chez Prajnânpad : « Ce que j'ai à vous dire est très simple et peut se résumer en un seul mot : *Oui*. Oui à tout ce qui vient, à tout ce qui arrive… La voie c'est de goûter les fruits et les richesses de la vie… » La voie, c'est de comprendre qu'il n'y en a qu'une, qui est le monde, et qu'elle est à prendre ou à laisser. Accepter, c'est prendre.

L'acceptation n'est pas non plus la même chose que la volonté : on *veut* ce qui dépend de nous, comme disaient les stoïciens, on *accepte* ce qui n'en dépend pas. Cela soulève un problème majeur, où le stoïcisme vient buter : l'acceptation elle-même dépend-elle de nous ? Épictète répondait que oui, et c'est ce que la vie, hélas, ne cesse de démentir. Cela ne dépend pourtant de personne d'autre : l'acceptation dépend, non de ce que nous voulons, mais de ce que nous sommes. Et qui se choisit soi ? Du moins peut-on se connaître, se transformer, progresser, avancer… L'acceptation ne se décrète pas, mais s'apprend, mais s'entretient, mais se cultive. Travail sur soi, qui est le vrai métier de vivre.

Peut-on tout accepter ? Même le mal ? Même le pire ? Il le faut, puisqu'on ne pourrait autrement l'affronter. Comment se soigner, sans accepter d'être malade ? Comment combattre, sans accepter le conflit ? Aimer ses ennemis, cela suppose qu'on en ait, et qu'on accepte d'en avoir. Sagesse des Évangiles : aimer, c'est dire oui. Mais ce n'est pas renoncer à agir, à affronter, à modifier. Ainsi le sculpteur doit-il d'abord accepter le marbre, comme l'homme d'action doit accepter le monde, pour le transformer. Ainsi les parents acceptent tout de leurs enfants (ce qui signifie qu'ils les aiment comme ils sont, sans rien renier ni rejeter), mais ne renoncent pas pour autant à les élever ni même, parfois, à les punir. Il n'est pas interdit d'interdire, mais seulement de mépriser, de rejeter, de haïr. Il n'est pas interdit de dire *non*, si c'est pour un *oui* plus libre ou plus clair. Acceptation n'est pas faiblesse. C'est force lucide et généreuse.

Son contraire est refus, ressentiment, déni, dénégation, forclusion. C'est dire non au monde, et le commencement de la folie. L'acceptation, à l'inverse, est le commencement de la sagesse.

ACCIDENT Ce qui arrive (*accidere* : tomber sur) à quelque chose ou à quelqu'un. L'accident se distingue de *ce à quoi* il arrive (une substance, un sujet), de *ce sans quoi* le sujet ne peut pas exister (son essence), enfin des qualités spécifiques ou permanentes, qui demeurent et n'arrivent pas (les propres). Par exemple, qu'un homme soit assis, c'est un accident (il pourrait être debout ou couché sans cesser d'être homme). Qu'il soit humain, c'est son essence. Qu'il soit capable de raison, de politique ou de rire, c'est son propre.

C'est pourquoi Épicure disait que le temps est l'accident des accidents : à tout ce qui arrive (par exemple être assis), il arrive de durer plus ou moins longtemps. Le présent, en revanche, est le propre de l'être, comme l'être est l'essence du présent.

Il en découle que tout est accidentel, y compris les propres, les essences, les substances, puisque tout est dans le temps. Contingence de l'être, nécessité du devenir : il n'y a que l'histoire.

ACOSMISME Le mot est forgé sur le modèle d'*athéisme* : ce serait ne pas croire au monde. Hegel y voyait la position de Spinoza, qui ne croirait qu'en Dieu (*Encyclopédie*..., I, § 50). C'est bien sûr un contresens. Si Dieu et la Nature sont une seule et même chose, la Nature existe donc. Et le monde, qu'on le définisse comme l'ensemble infini des modes finis (la nature naturée) ou comme le mode infini médiat de l'attribut étendue (la *facies totius universi* de la *Lettre LXIV*), existe lui aussi : il n'est pas Dieu (puisqu'il est *en* Dieu et en résulte), mais il n'est pas rien. Le spinozisme n'est ni un athéisme ni un acosmisme : la réalité du monde découle nécessairement de la puissance de Dieu ou de la nature (*Éthique*, I, 16), et la suppose (I, 15 et dém.). Ou pour le dire plus simplement, et comme faisait Spinoza : « Plus nous connaissons les choses singulières, plus nous connaissons Dieu » (V, 24).

ACQUIS C'est un accident durable : quelque chose qui arrive (ce n'est ni un propre ni une substance) et qui demeure. En pratique, s'oppose le plus souvent à *inné* : est acquis tout ce que l'éducation, l'histoire ou la culture – et non l'hérédité ou la nature – font de nous.

La querelle de l'inné et de l'acquis fit les beaux jours des années 1960-1970. L'inné était censé être de droite, parce qu'il ne laissait aucune prise à la politique, à la justice ou à l'histoire, ce qui le vouait, presque par définition, au conservatisme ; l'acquis, inversement, semblait de gauche, parce qu'il ouvrait une porte à l'action, au changement, au progrès. Un hebdomadaire titrait par exemple : « Les dons n'existent pas. » C'était un hebdomadaire de gauche. Un autre faisait sa une sur l'hérédité de l'intelligence : c'était un hebdomadaire de droite. Deux demi-vérités ; une même erreur. L'acquis n'est pas moins réel que l'inné, ni moins injuste.

Un phénomène humain un peu complexe se situe toujours à la charnière entre l'un et l'autre. Par exemple la capacité langagière est innée ; et toute langue est acquise. L'intelligence ? Les dons ? Ils supposent bien sûr un soubassement biologique, donc inné, mais aussi une histoire, un développement, une éducation – de l'acquis. Double chance, ou malchance.

Mozart, si on ne lui avait pas appris la musique, n'aurait jamais écrit ses opéras. Mais on pourrait m'apprendre toute la musique du monde, que je ne serais pas Mozart pour autant. L'inné et l'acquis vont ensemble, toujours, tantôt pour se renforcer mutuellement, tantôt pour s'équilibrer ou se nuire. On naît humain, puis on le devient.

Cela vaut pour l'individu autant que pour l'espèce. L'histoire naturelle est une histoire, comme l'histoire des hommes fait partie de la nature. Ainsi tout est acquis, y compris l'inné.

ACROAMATIQUE Synonyme savant ou aristotélicien d'ésotérique. Les écrits acroamatiques d'Aristote sont ceux qui s'adressent à ses élèves, par opposition aux écrits exotériques, presque tous perdus, qui s'adressaient au grand public. La lecture des premiers donne une haute idée des élèves d'Aristote ; et fait regretter la disparition des seconds, que les Anciens admiraient fort.

ACTE Ce qui est fait (*actum*, du verbe *agere*, faire). Au sens psychologique ou éthique, c'est un synonyme d'action, à ceci près qu'il peut exister des actes involontaires (les actes manqués, les tics, les maladresses) : ce qui est fait s'oppose à ce qui est seulement subi ou ressenti. Au sens ontologique, l'acte s'oppose à la puissance, comme le réel (ce qui est fait) au possible (ce qui peut l'être). « L'acte, disait Aristote, est le fait pour une chose d'exister en réalité. » Par exemple la statue est en puissance dans le marbre, mais en acte seulement quand le sculpteur l'a terminée.

Les deux notions sont bien sûr relatives. Le chêne est en puissance dans le gland, qui existe en acte, comme le gland en puissance dans le chêne. Et le marbre est en acte (réel, complet, achevé) avant comme après la statue. L'acte est pourtant la notion première, comme Aristote l'avait vu : le possible naît du réel, non le réel du possible.

Au présent, d'ailleurs, l'acte et la puissance ne font qu'un : rien n'est possible, ici et maintenant, que ce qui est. C'est l'être même, qui est puissance en acte *(energeia, conatus)*.

ACTE MANQUÉ C'est un acte qui échoue à atteindre le résultat que visait son auteur, alors que cela ne présentait aucune difficulté, et qui en atteint un autre, qu'il ne visait pas, du moins consciemment : casser le vase qu'on voulait ranger, égarer un objet qu'on voulait conserver, oublier un rendez-vous où l'on voulait aller, dire un mot à la place d'un autre (voir « lapsus »)... La psychanalyse, qui ne croit pas au hasard, y voit la manifestation d'un désir refoulé, qui vient perturber l'enchaînement conscient et volontaire de nos actes : tout acte manqué serait un discours réussi. À quoi je ne vois guère à reprendre que le « tout ». Pourquoi l'inconscient devrait-il réussir toujours ? Pourquoi le corps n'aurait-il ses échecs, ses ratés, ses cafouillages ? Pourquoi cette omniprésence du sens ? Au demeurant, cela n'importe guère. L'inconscient, pour la raison, n'est jamais qu'un hasard parmi d'autres.

ACTION C'est un effet de la volonté. Ni une volonté sans effet n'est action, ni un effet sans volonté. Agir c'est faire ce qu'on veut, et en cela c'est être libre.

Mais qui veut ? L'âme. Et qui fait ? Le corps, pour autant qu'on puisse, illusoirement, les distinguer l'un de l'autre. L'action est ainsi soumission du corps à l'âme, et libre encore en ce sens. Elle s'oppose à la passion, où le corps commande (où l'âme, comme le mot l'indique, *pâtit*), et où la liberté se perd.

Une action supposant toujours un sujet, avec son corps et son histoire, toute volonté est pourtant déterminée avant d'être déterminante. C'est pourquoi nulle action n'est libre, absolument parlant, mais seulement libérée plus ou moins des contraintes et des déterminations extérieures. Est-ce possible totalement ? Il semble que la pensée y parvienne, parfois, quand elle raisonne. Mais la raison est sans effet, et ne dispense pas d'agir.

ACTIVISME Confiance exagérée en l'action et en ses pouvoirs. C'est le contraire du théoricisme. Leur remède commun ? L'action lucide et réfléchie : la pensée en acte.

ACTUALISME Doctrine pour laquelle tout ce qui existe est actuel, ou en acte. Parce qu'il n'y a pas de possible ? Non pas. Mais parce que le possible et le réel, au présent, ne font qu'un. Le stoïcisme et le spinozisme, par exemple, sont des actualismes ; c'est ce qui fait une partie essentielle, à mes yeux, de leur vérité. Il n'y a pas d'être en puissance : il n'y a que la puissance de l'être, et son perpétuel *passage à l'acte*, qui est le monde ou le devenir.

ADAPTATION C'est changer ce qui peut l'être, pour affronter ce qui ne le peut. Par exemple changer ses désirs, comme disait Descartes, plutôt que l'ordre du monde. Ou changer la société, comme pourrait dire un marxiste intelligent, plutôt que la nature humaine.

C'est pourquoi la vie est adaptation : parce que le réel lui impose sa loi, qui est de changement ou de mort.

ADÉQUATION C'est une correspondance parfaite, ou supposée telle, entre deux êtres, spécialement entre une idée et son objet. Correspondance mystérieuse, puisque ces deux êtres sont réputés différents, et toujours impossible à vérifier absolument. Le seul moyen que nous aurions de vérifier cette adéquation serait de comparer l'objet et l'idée. Mais nous ne les connaissons l'un et l'autre que par les idées que nous nous en faisons...

Saint Thomas, après Avicenne et Averroès, définissait la vérité comme *adæquatio rei et intellectus*, adéquation entre la chose et l'entendement. Mais cette adéquation n'est possible que pour la même raison qui la rend nécessaire : parce que la chose et l'entendement sont deux. On évitera de la penser en termes de ressemblance. Si l'idée de cercle n'est pas ronde, si l'idée de chien n'aboie pas, elles ne sauraient *ressembler* à un chien ou à un cercle. Mais elles en disent, sans sortir de la pensée, la vérité – que ni le cercle ni le chien ne connaissent.

« Par *idée adéquate*, écrit Spinoza, j'entends une idée qui, en tant qu'elle est considérée en elle-même, sans relation à un objet, a toutes les propriétés ou dénominations intrinsèques d'une idée vraie. » On ne pourrait autrement savoir qu'elle est vraie (puisqu'on ne pourrait la comparer à son objet qu'à la condition qu'il fût en nous, ce qui n'est pas), et c'est pourquoi on ne le peut jamais absolument. Il n'en reste pas moins qu'« une idée vraie doit s'accorder avec l'objet dont elle est l'idée », comme dit encore Spinoza. Cette adéquation est le vrai mystère de la pensée. Est-ce l'univers qui est adéquat aux mathématiques, ou les mathématiques qui sont adéquates à l'univers ?

De ce mystère, Dieu serait la solution. Mais nous n'en avons, malgré Spinoza, aucune idée adéquate.

ADMIRATION Le mot, en français, signifia d'abord étonnement. Par exemple chez Descartes : « L'admiration est une subite surprise de l'âme, qui fait qu'elle se porte à considérer avec attention les objets qui lui semblent rares et extraordinaires. » C'est ce sens, aujourd'hui tombé en désuétude, qui faisait dire à Montaigne que « l'admiration est le fondement de toute philosophie ». J'y vois une espèce de leçon, qui mène au sens moderne. Rien ne surprend comme la grandeur, et c'est l'admiration vraie : l'étonnement joyeux ou reconnaissant devant ce qui nous dépasse.

Son contraire est mépris ; son absence, petitesse.

ADORATION « Tu n'adoreras que Dieu. » Ce commandement vaut comme définition : l'adoration est un amour exclusif, pour un objet qui le justifie et le dépasse absolument. Appliqué aux êtres d'ici-bas, c'est idolâtrie, fanatisme ou jobardise. C'est l'amour qui croit en la perfection de son objet, et qui l'aime pour cela : excès de crédulité, défaut d'amour.

Mieux vaut la tendresse, qui n'aime rien tant que la faiblesse de son objet. Ou l'amour, qui donne de la valeur à ce qu'il aime et n'en dépend pas.

On remarquera que l'adoration, en bonne théologie, n'est pas réciproque (Dieu nous aime, il ne nous adore pas), alors que la charité peut l'être. Adorer, c'est prendre modèle sur les prêtres, plutôt que sur le Christ. Toute adoration est religieuse ; seule la charité est divine.

ADULTE Celui dont le corps a cessé de grandir – qui ne peut plus grandir que par l'âme. C'est être fidèle à l'enfance, en refusant de s'y enfermer. Car tous les enfants veulent grandir. L'infantilisme est une maladie de vieillards.

AFFECT C'est le nom commun et savant des sentiments, des passions, des émotions, des désirs – de tout ce qui nous *affecte* agréablement ou désagréablement. On objectera que le corps est sensible aussi. Certes. Mais un affect est comme l'écho en nous de ce que le corps fait ou subit. Le corps sent ; l'âme ressent, et c'est ce qu'on appelle un affect.

Que serait la douleur, si elle n'était ressentie par personne ? Une pure réaction physiologique, qui ne serait plus une *douleur* à proprement parler. Même chose, bien sûr, pour le plaisir. Ce sont les deux affects fondamentaux. La joie ? C'est un plaisir de l'âme. La tristesse ? Une souffrance de l'âme. Le désir ? La polarisation qui résulte, en nous, de leur opposition réelle ou imaginaire. De là le principe de plaisir, comme dit Freud, qui est la grande loi de notre vie affective.

« Par affect *(affectum)*, écrit Spinoza, j'entends les modifications du corps *(corporis affectiones)*, par lesquelles la puissance d'agir de ce corps est accrue ou diminuée, secondée ou réduite, et en même temps les idées de ces affections » (*Éthique*, III, déf. 3). L'existence n'est pas un absolu : on existe *plus ou moins*, tels sont nos affects, et le plus qu'on peut. L'âme et le corps sont une seule et même chose : rien ne se passe dans celle-là qui ne se passe aussi dans celui-ci, et réciproquement. L'affect est le nom de cette unité, en tant qu'elle exprime une augmentation ou une diminution de notre puissance d'exister et d'agir. C'est l'effort de vivre (le *conatus*), considéré dans ses fluctuations positives ou négatives. Nos affects sont souvent des passions (quand ces fluctuations ne dépendent pas de nous, ou n'en dépendent que partiellement), parfois des actions (quand nous en sommes la cause adéquate : *Éthique*, III, déf. 2). Toute joie est bonne, mais toutes les joies ne se valent pas.

AFFECTATION L'imitation prétentieuse d'un affect : c'est faire semblant de ressentir ce qu'on ne ressent pas, pour se distinguer ou se faire valoir. Ainsi le snob imite la noblesse qu'il n'a pas (il s'agit bien sûr de la noblesse du cœur : un aristocrate peut être snob) ou la culture qui lui manque, comme le tartufe affiche une dévotion feinte. C'est le contraire du naturel ou de la simplicité.

AFFECTION Chez Spinoza, c'est une modification de la substance ou du corps (on évitera donc, malgré certains traducteurs, de confondre l'*affectio* et l'*affectus*, l'*affection* et l'*affect* : voir ce mot). Mais cette acception n'est d'usage que chez les spécialistes. Dans le langage courant, l'affection est un affect particulier, et particulièrement doux : c'est un amour sans passion, sans violence, sans jalousie. Sans désir ? Pas forcément. Mais le désir s'y ajoute, le cas échéant, plutôt qu'il n'en vient ou ne l'engendre – à moins que l'affection, cela arrive aussi, ne s'ajoute au désir.

L'affection peut porter sur plusieurs personnes, point sur toutes (c'est ce qui la distingue de la charité). Son lieu de prédilection est la famille, et tout ce qui lui ressemble : c'est l'amour pour les proches ou les intimes, comme une amitié tendre.

AFFIRMER C'est dire ce qu'on croit, ou sait, ou veut être vrai. Ainsi l'assentiment, chez les stoïciens. C'est aussi le prendre à son compte, l'approuver, s'en réjouir. Ainsi l'*amor fati*, chez Nietzsche : « l'affirmation dionysiaque de l'univers tel qu'il est, sans possibilité de soustraction, d'exception ou de choix ». C'est l'acceptation entière, avec quelque chose de plus, et peut-être de trop – comme un *oui* plus résolu ou plus enthousiaste au réel. Voyez Zarathoustra, qui « dit *oui* et *Amen* d'une façon énorme et illimitée », qui se veut lui-même « l'éternelle affirmation de toutes choses »… Le réel lui est monté à la tête.

La phrase la plus affirmative de l'histoire de la philosophie ? Celle-ci, qui est de Spinoza : « Par réalité et par perfection, j'entends la même chose. »

Il m'est arrivé, écoutant Mozart, de le comprendre à peu près. Et plus souvent, écoutant Schubert, de ne pouvoir même essayer.

Dire *oui*, il le faut bien. Dire *Amen*, c'est trop nous demander.

AGAPÈ C'est le nom chrétien, en grec, de l'amour de charité (voir ces mots). C'est l'amour qui donne, sans avoir besoin pour cela de recevoir, d'être aimé, ni même d'espérer. Le pur amour : l'amour à l'état pur. Il n'est pas fondé sur la valeur de son objet (au contraire d'*Éros*), mais lui en donne : il n'aime pas ce qui est aimable, il rend aimable ce qu'il aime. Il n'est pas fondé sur la joie du sujet (au contraire de *Philia*), mais le réjouit : il n'aime pas parce qu'il est joyeux, il est joyeux parce qu'il aime. Par quoi il est universel et désintéressé : libéré de l'*ego* et de l'égoïsme. Ce serait l'amour de Dieu, s'il existe (*o Théos agapè estin*, lit-on chez saint Jean : « Dieu est amour »), et ce qui lui ressemble le plus, si Dieu n'existe pas. Que nous en soyons capables est douteux ; mais quand bien même ce ne serait qu'un rêve ou qu'un idéal, il indique une direction, qui est celle de l'amour sans mesure, comme disait saint Augustin, sans attache, comme disait Pascal, enfin sans appartenance, comme dit Bobin, et presque sans sujet : c'est l'amour dépris de soi et de tout.

AGNOSTICISME Nous ne savons pas si Dieu existe ; nous ne pouvons le savoir. C'est ce qui justifie la foi et l'athéisme, qui sont deux croyances. C'est ce qui justifie aussi l'agnosticisme, qui refuse de croire ce qu'il ignore. Position respectable, cela va de soi, et qui semble de bon sens.

Pourquoi faudrait-il choisir sans savoir ? Il se peut toutefois que l'apparence ici soit trompeuse. Si l'on savait, la question du choix ne se poserait plus. Et qui peut vivre sans croyance ?

Agnôstos, en grec, c'est l'inconnu ou l'inconnaissable. Être agnostique, c'est prendre cet inconnu au sérieux, et refuser d'en sortir : c'est reconnaître ou affirmer qu'on ne sait pas. Le mot, qui serait susceptible d'une extension plus large, n'est guère utilisé qu'en matière de religion. C'est que Dieu est l'inconnaissable absolu, comme la mort l'inconnaissable ultime. L'agnostique ne prend position ni sur celle-ci ni sur celui-là. Il laisse la question ouverte. La mort fermera la porte ou allumera la lumière.

La faiblesse de la notion tient à son évidence : sa limite est de n'en pas avoir. Puisque personne ne sait si Dieu existe, nous devrions tous être agnostiques. Mais cet aveu d'ignorance cesserait alors d'être une position particulière, pour devenir un trait général de la condition humaine. Que resterait-il de l'agnosticisme ? C'est dire qu'il n'existe que par différence : être agnostique, c'est moins reconnaître ne pas savoir (beaucoup d'athées et de croyants le reconnaissent également), que vouloir s'en tenir à cette ignorance. Que cette position soit plus juste que les autres, c'est pourtant ce que nul savoir ne garantit. Il faut donc y croire, et c'est en quoi l'agnosticisme, lui aussi, est une espèce de foi, mais seulement négative : c'est croire qu'on ne croit pas.

AGONIE *Agônia*, en grec, c'est l'angoisse. Mais *Agôn*, c'est le combat. L'agonie est le dernier : c'est le dernier combat perdu de vivre. D'où l'angoisse, chez presque tous. Et l'acceptation, chez les plus sages. La seule victoire ici est la paix. Heureux ceux qui l'auront connue de leur vivant. Se battre jusqu'au bout ? À quoi bon, si c'est pour mourir en état de guerre ? Mieux vaut quitter la vie, quand elle nous quitte, avec douceur et dignité. Merci, amis médecins, le moment venu, de nous y aider.

AGORA La place publique, en Grèce et spécialement à Athènes : c'est là que Socrate philosophait. Mais c'était aussi, et avant tout, le centre de la vie sociale et politique. Aussi le mot est-il devenu, dans la plupart des langues modernes, le symbole du débat démocratique. C'est ainsi qu'un collègue, lors d'un colloque, me reprocha d'avoir « déserté l'*agora* » (parce que je revenais au vieux thème de la sagesse, au lieu de m'engager dans les combats du jour). Le même me reprochera, quelques secondes plus tard, d'être « un intellectuel médiatique », parce qu'il m'avait vu à la télévision... Que lui répondre, sinon que les médias, aujourd'hui, font partie de l'*agora*, et qu'il n'y a nulle contradiction entre chercher la sagesse, comme philosophe, et la justice, comme citoyen ? Socrate, qui philosophait sur la place publique, n'a jamais confondu la pensée avec un bulletin de vote...

AGRÉABLE L'histoire est fameuse. C'est un fou qui se tape sur la tête, à grands coups de marteau. On l'interroge sur ses motivations. Il répond : « Ça fait tellement de bien quand on s'arrête ! »

Qu'est-ce qui est agréable ? Tout ce qui cause du plaisir ou du bien-être. La cause peut être positive ou négative, apporter une jouissance ou diminuer une souffrance, l'effet n'en est pas moins agréable pour autant. Par exemple retirer ses chaussures quand on a mal aux pieds, plonger dans un bain chaud, se laisser masser ou caresser... « Est agréable, écrit Kant, ce qui plaît aux sens dans la sensation. » Mais ce qui plaît à l'esprit ne l'est pas moins. Voyez l'humour ou l'amour. Ainsi tout ce qui plaît est agréable, et cette tautologie vaut comme définition : l'agréable c'est ce qui nous plaît ou nous agrée au moins en quelque chose. Notion par nature relative, mais sans laquelle aucune relation ne saurait tout à fait nous satisfaire. Triste amitié, qu'une amitié sans plaisir.

L'agréable n'est pas le bien (un plaisir peut être coupable, une souffrance peut être méritoire), mais il est *un* bien. Le premier, sans doute, et le principe de tous. Si le bonheur n'était agréable, à quoi bon le bonheur ? Et que vaudrait une vertu qui ne serait agréable pour personne ? Cessez de vous taper sur la tête.

AGRESSIVITÉ Disposition à la violence, physique ou verbale, avec une propension à attaquer le premier. C'est à la fois une force et une faiblesse : c'est la force des faibles. Ils croient que la meilleure défense, c'est l'attaque. Ils ont raison. Mais pourquoi ont-ils tellement besoin de se défendre ?

ALÉAS Ce sont des causes sans raison, sans but, sans lien – des causes sans prétention. Elles sont pour cela imprévisibles, et fâcheuses le plus souvent. Le réel n'a que faire de nos désirs, et c'est ce que les aléas nous rappellent. Ce sont les grains de sable de l'inconnu. Le mot latin désignait les *dés*, où le hasard se joue. Le danger est d'y voir une fatalité ou une providence. Les dés ne jouent pas à Dieu.

ALÉATOIRE Tout ce qui relève du hasard, de la rencontre, de l'imprévisible – des aléas. On ne le confondra ni avec l'indéterminé ni avec l'inexplicable. Rien de plus déterminé qu'un dé qui roule. Rien de plus aléatoire que son résultat à venir. Rien ? Si, pourtant : ce que feront deux dés qui roulent, ou trois, ou quatre... L'aléatoire se calcule (voyez les probabilités). L'aléatoire s'explique (voyez la météorologie). Mais il ne se prévoit pas, ou mal. Il faut donc en tenir compte sans le connaître : de là une vertu, qui est la prudence, et un danger, qui est la superstition. Mieux vaut veiller à ce qui dépend de nous, que vouloir deviner ou influencer ce qui n'en dépend pas. L'un n'empêche pas l'autre ? Sans doute. Mais n'en tient pas lieu non plus. La proportion, entre les deux, varie en fonction des individus comme des situations (selon qu'elles dépendent *plus ou moins* de nous). C'est pourquoi les joueurs sont superstitieux, presque toujours. Et les hommes d'action, prudents.

Il y a des degrés dans l'aléatoire. Le temps qu'il fera demain est moins aléatoire que celui qu'il fera dans dix jours (il peut même arriver, dans certaines conditions climatiques, qu'il ne le soit presque pas) ; le bridge, moins aléatoire que la roulette. Mais l'aléatoire, dans tous les cas, ne porte que sur l'avenir. Dès que la bille s'arrête, le résultat cesse d'être aléatoire, ou ne l'est que rétrospectivement. Le temps qu'il fera est aléatoire ; le temps qu'il fait ne l'est pas. Un parapluie, dans tous les cas, est plus utile qu'un talisman. Mais il ne sert à rien de l'ouvrir quand il fait beau.

ALÈTHÉIA Le nom grec de la vérité. Souvent opposé, depuis Heidegger, à la *veritas*, qui est son nom latin et scolastique. L'*alèthéia* est de l'être : c'est son dévoilement, ou plutôt c'est l'être même, en tant que non voilé. La *veritas* est de l'esprit ou du discours : c'est la correspondance, la conformité ou l'adéquation entre ce qui est pensé ou dit et ce qui est. Distinction commode et légitime. On remarquera pourtant que ni les Grecs ni les Latins ne la faisaient en ces termes. Et que la faire ne saurait autoriser à rejeter l'une de ces deux acceptions, qui renvoient l'une à l'autre. Que saurions-nous de l'être, si notre pensée ne pouvait lui correspondre ? Et quel sens y aurait-il à juger qu'une pensée est adéquate à ce qui est, si l'être n'était d'abord adéquat à lui-même ? Par quoi l'identité est peut-être la vérité première : « Même chose, disait Parménide, se donne à penser et à être. » La vérité, que ce soit comme *alèthéia* ou comme *veritas*, est ce *même* qui se donne à l'esprit *(veritas)* et au monde *(alèthéia)*. Les deux idées, même solidaires, même indissociables en toute rigueur (puisque la *veritas* suppose l'*alèthéia* et permet seule de la penser), n'en demeurent pas moins différentes. L'*alèthéia* est vérité de la présentation ; la *veritas*, de la représentation. Ainsi c'est l'*alèthéia* qui est première ; mais on ne peut la penser que par la *veritas*. La *veritas* est en nous, mais parce que nous sommes d'abord dans l'*alèthéia*. Nous n'avons accès à la vérité que parce que nous sommes déjà dans le vrai ; l'esprit ne se donne à soi qu'en s'ouvrant au monde.

ALIÉNATION Aliéner, c'est perdre : perdre ce qu'on possède (par exemple par don ou vente : c'est le sens juridique), ce qu'on fait ou produit (par exemple parce qu'on est exploité : c'est le sens socio-économique), voire ce qu'on est (par exemple dans l'aliénation mentale : c'est le sens psychiatrique). Quant au sens philosophique, il peut traverser ou inclure les trois précédents. De là un certain flou, qui rend la notion commode et suspecte. On parle d'aliénation, dans la philosophie moderne, quand quelqu'un devient comme étranger *(alienus)* à lui-même, quand il ne s'appartient pas ou plus, quand il ne se comprend plus, ne se maîtrise plus, quand il est dépossédé de son essence ou de sa liberté. C'est le supposer d'abord propriétaire de lui-même, voué à la libre et familière transparence de soi à soi. Qui peut y croire ? Ou bien il faut supposer quelque chose comme une aliénation originaire (le fameux « Je est un autre » de Rimbaud), dont il s'agit de s'affranchir. Être aliéné, c'est être soumis à ce qui n'est pas soi. Et nul ne devient *soi* autrement. Le concept d'aliénation ne vaut que par celui, symétrique, de libération. « Là où *ça* était, écrit Freud, *je* dois avenir. »

Chez Hegel, l'Idée s'aliène dans la nature, comme l'Esprit dans l'espace et le temps. Chez Feuerbach, l'homme s'aliène en Dieu. Chez Marx (surtout celui des *Manuscrits de 1844*), le prolétaire s'aliène dans le travail salarié (« l'ouvrier se vend pour vivre »), dans son œuvre (qui lui échappe et le domine), puis tous dans l'idéologie dominante, qui masque et exprime à la fois cet asservissement. C'était s'approcher de la vérité. Aliéner c'est perdre, ou se perdre. Mais nul ne possède ce qu'il est. On ne possède, dans le meilleur des cas, que ce qu'on fait.

ALLÉGORIE C'est exprimer une idée par une image ou un récit : l'inverse de l'abstraction, comme une pensée figurative. L'allégorie, d'un point de vue philosophique, ne prouve jamais rien. Et il n'y a guère que chez Platon qu'elle ne soit pas simplement ridicule.

ALLÉGRESSE Une joie redoublée par ses signes ou par la conscience qu'on en prend, et pour cela d'autant plus vive qu'elle se manifeste ou se sait davantage. Joie d'être joyeux. C'est le rire silencieux de l'esprit, ou bruyant, de la foule.

ALPHABET Les lettres, mises en ordre par le hasard ou la coutume. L'ordre alphabétique, qui n'est ainsi qu'un désordre parmi d'autres, a ce mérite singulier de ne présenter d'ordre, puisqu'il en faut un, que réduit à sa plus simple expression, sans aucune prétention au sens. L'alphabet, c'est sa vertu, ne veut rien dire. Et ce livre, par exemple, est adéquat à son objet, en ce qu'il ne peut être lu, comme le monde ou la vérité, que *dans le désordre*. Un dictionnaire est le contraire d'un système, et vaut mieux.

ALTÉRATION Le fait de devenir autre, ce qui suppose qu'on reste le même (on devient autre, non *un* autre) tout en perdant un certain nombre de ses qualités ou en en acquérant de nouvelles. Le mot se prend le plus souvent en mauvaise part : l'altération se dit surtout d'un changement négatif, d'une déperdition, d'une corruption, d'une détérioration... Il n'y a à cela aucune nécessité étymologique ni conceptuelle. Pourquoi l'autre *(alter)* serait-il moins bien que le même ? Mais c'est que le même nous rassure davantage. Et que le changement ordinaire du vivant prend en effet la forme, très tôt, d'une détérioration. Grandir, c'est devenir soi (individuation). Vieillir, c'est devenir autre tout en restant le même (altération). Et qui ne préférerait rester jeune ?

Ainsi l'altération est la loi du vivant, comme l'identité la loi de l'être. Cela confirme – puisque le vivant fait partie de l'être – que les deux notions ne sont ni des contraires ni des contradictoires. Comment le seraient-elles ? L'altération est la forme vivante de l'identité : c'est le devenir autre du même (le symétrique en cela du mimétisme, qui est le devenir même de l'autre).

ALTÉRITÉ Caractère de ce qui est autre, ou un autre. L'altérité, à la différence de l'altération, suppose une relation entre deux êtres distincts ou supposés tels. C'est le contraire de l'identité, comme l'autre est le contraire du même. On pourrait en faire un principe : toute chose étant identique à soi (principe d'identité) est aussi différente de toutes les autres (principe d'altérité). La tradition parle plutôt de principe des indiscernables. Mais les deux principes sont différents. Quand bien même il existerait deux êtres parfaitement semblables, ils n'en seraient pas moins numériquement différents l'un de l'autre. Les scolastiques parlaient, en un sens voisin, de principe d'individuation. Mais celui-ci vaut au sein d'une même espèce, quand le principe d'altérité vaut absolument. C'est ce qui interdit à deux êtres de ne faire qu'un, et le principe, pour nous, de la solitude.

ALTERNATIVE C'est un choix imposé, entre deux termes, de telle sorte qu'on ne puisse ni vouloir ni refuser les deux à la fois. Par exemple : être ou ne pas être. L'alternative est un choix où l'on n'a pas le choix du choix.

Se dit spécialement, en logique, d'un couple de propositions, dont l'une est vraie, l'autre fausse, nécessairement. C'est donc une disjonction exclusive : *p ou q*, et non *p et q*. On appelle parfois « principe de l'alternative » le principe qui stipule que deux propositions contradictoires constituent toujours une alternative. Mais ce n'est pas un principe à proprement parler : ce n'est que la conjonction des deux principes de non-contradiction [non *(p* et *non-p)*] et du tiers exclu [*p* ou *non-p*]. Deux propositions contradictoires ne peuvent être vraies toutes les deux (principe de non-contradiction), ni fausses toutes les deux (principe du tiers exclu) : l'une est donc vraie, l'autre fausse, nécessairement (« principe » de l'alternative). On remarquera toutefois que cela ne vaut que des propositions. Des discours qui ne sont ni vrais ni faux (par exemple une prière) ne sauraient constituer une alternative nécessaire. C'est qu'ils ignorent la logique, comme la logique les ignore.

ALTRUISME C'est « vivre pour autrui », disait Auguste Comte, autrement dit tenir compte des intérêts de l'autre plus que des siens propres, ce qui n'arrive presque jamais, ou autant, ce qui est déjà bien difficile. C'est donc le contraire de l'égoïsme ; c'est pourquoi c'est si rare. Le contraire ? Et si ce n'était que son expression déguisée ? « Sœur Emmanuelle ou l'Abbé Pierre, me disait un ami, quand ils font du bien aux autres, cela leur fait plaisir à eux-mêmes : leur altruisme n'est qu'une forme encore d'égoïsme ! » Soit. Mais cela ne prouve rien contre l'altruisme. Trouver son plaisir dans le plaisir de l'autre, loin que cela récuse l'altruisme, ce serait plutôt sa définition. On ne sort pas du principe de plaisir, ni de l'égoïsme. Mais certains s'y enferment, quand d'autres, sans en sortir, y trouvent le secret de la liberté. « Aimer, disait Leibniz, c'est se réjouir du bonheur d'un autre. » C'est l'altruisme vrai, ou sa forme la plus pure. Il s'agit non de vaincre l'*ego*, mais de l'ouvrir – devenir, explique Prajnânpad, comme « un cercle devenu si large qu'il ne peut plus rien entourer, un cercle d'un rayon infini : une ligne droite ».

Le mot, qui fut forgé par Auguste Comte, gêne pourtant par ce qu'il a d'abstrait, de prétendument explicatif ou théorique. On se trompe si l'on voit dans l'altruisme un instinct ou un système. Prendre en compte les intérêts de l'autre, autant ou plus que les siens propres, cela ne va pas, selon les cas, sans effort, sans tristesse ou sans joie : cela ne va pas sans générosité, sans compassion, sans amour. Deux vertus, une grâce. L'altruisme, sans elles, n'est qu'une abstraction ou un mensonge.

AMBIGUÏTÉ Une expression ou un comportement sont ambigus s'ils autorisent deux ou plusieurs interprétations différentes, voire opposées. L'ambiguïté est donc une dualité ou une pluralité de significations possibles. On ne la confondra pas avec l'ambivalence, qui est une dualité – et presque toujours une opposition – de valeurs ou de sentiments réels.

L'ambiguïté suppose une certaine complexité : elle est un fait de l'homme ou du discours. C'est ce qui la distingue de la polysémie, qui est un fait de la langue et ne se dit guère que pour un seul signifiant. Une phrase peut être ambiguë ; un mot pris en lui-même ne sera, s'il a plusieurs sens, que polysémique. Mais la polysémie d'un mot peut rendre une expression ambiguë : si je parle du « sens de l'histoire », ai-je en vue sa direction ou sa signification ?

L'ambiguïté, à la différence de l'amphibologie, n'est pas toujours fautive et ne saurait être éliminée totalement. C'est comme un halo de sens, dans la nuit du réel. Ce n'est pas une raison pour la cultiver à dessein. Le halo naît de la lumière, mais n'en tient pas lieu.

AMBITION C'est la passion de réussir, tournée surtout vers l'avenir et l'action.

L'ambition porte moins sur ce qu'on est (comme l'orgueil) ou fait (comme le zèle) que sur ce qu'on sera ou fera. C'est un goût immodéré pour les succès à venir. Encore faut-il qu'elle se donne au moins certains des moyens nécessaires à sa réalisation : c'est ce qui distingue l'ambitieux du rêveur puis du raté. Passion prospective, mais actuelle et active.

Il y a un âge pour l'ambition. Utile dans la jeunesse ou la maturité (c'est une passion tonique), elle devient vaine chez les vieilles gens, qui n'ont plus d'ambitions que posthumes (la postérité, la descendance, le salut...) ou sordides (conserver la vie, l'argent, le pouvoir...). Aie l'ambition, plutôt, de te guérir de l'ambition. Le succès y aide. Aussi l'échec et la fatigue.

AMBIVALENCE C'est la coexistence, chez un même individu et dans sa relation à un même objet, de deux affects opposés : plaisir et souffrance, amour et haine (voir par exemple Spinoza, *Éthique*, III, 17 et scolie), attirance et répulsion... Loin d'être une exception, l'ambivalence serait plutôt la règle de notre vie affective, comme l'ambiguïté est celle de notre vie communicationnelle. La simplicité, dans les deux cas, est l'exception.

On notera que l'ambivalence, qui ne vaut que pour les sentiments, ne saurait nous dispenser de respecter la logique, qui vaut pour les idées. Par exemple l'inconscient, disait Freud, « n'est pas soumis au principe de non-contradiction ». Mais la psychanalyse l'est. Elle ne serait autrement qu'un délire ou un symptôme de plus.

ÂME L'âme *(anima, psuchè)* est ce qui anime le corps : ce qui lui permet de se mouvoir, de sentir et de ressentir. Pour le matérialiste, c'est donc le corps lui-même, considéré dans sa motricité, dans sa sensibilité, dans son affectivité propres. Dans son intellectualité ? Pas nécessairement. Un animal peut sentir et ressentir (avoir une âme) sans être capable pour autant de penser ou de raisonner abstraitement (sans être esprit). C'est ce qu'on appelle une bête. Mieux vaut en effet parler d'esprit *(mens, noûs)*, plutôt que d'âme, pour désigner cette partie du corps qui a accès au vrai ou à l'idée. Cela fait, entre les deux, une autre différence. Perdre l'esprit, comme chacun sait, n'est pas la même chose que perdre son âme. Perdre l'esprit, c'est perdre la raison, le bon sens, qui est le sens commun : c'est perdre l'accès à l'universel et devenir du même coup prisonnier de son âme. Le fou n'est pas moins *soi* que n'importe qui, pas moins particulier, pas moins singulier, bien au contraire : il n'est plus *que soi*, et c'est cet enfermement – coupé du vrai, coupé du monde, coupé de tout – qui le rend fou. L'esprit ouvre la fenêtre, et c'est ce qu'on appelle la raison.

L'âme est toujours individuelle, singulière, incarnée (il n'y a pas d'âme du monde, ni de Dieu). L'esprit serait plutôt anonyme ou universel, voire objectif ou absolu (si l'univers pensait, il serait Dieu ; si Dieu existait, il serait esprit). Nul, par exemple, ne peut ressentir à ma place, ni tout à fait comme moi. Mon âme est unique, tout autant que mon corps. Alors qu'une idée vraie, en tant qu'elle est vraie, est la même en moi et en tout autre (en moi et en Dieu, disait Spinoza). Cet accès – pour nous toujours relatif – à l'universel ou à l'absolu, c'est ce que j'appelle l'esprit : c'est notre façon d'habiter le vrai en nous libérant de nous-mêmes. L'âme serait plutôt notre façon, toujours singulière, toujours déterminée, d'habiter le monde : c'est notre corps en acte, dit à peu près Aristote, en tant qu'il a la vie (la motricité, la sensibilité, l'affectivité) en puissance.

Ainsi c'est l'esprit qui est libre, non l'âme, ou plutôt c'est l'esprit qui libère, et c'est, pour l'âme, le seul salut, toujours inachevé.

AMI Celui que vous aimez et qui vous aime, indépendamment de tout attachement familial, passionnel ou érotique. Non qu'on ne puisse être l'ami d'un parent ou d'un amant, mais en ceci qu'on n'est son ami que si l'amour partagé ne s'explique suffisamment ni par les liens du sang ni par ceux du désir ou de la passion. On choisit ses amis. On ne choisit pas ses parents, ni d'être amoureux ou troublé. C'est ce qui rend l'amitié plus légère et plus libre. Cela me fait penser à cette leçon de morale, qu'on apprenait autrefois dans les écoles : « Un frère est un ami donné par la nature. » La formule m'éclaire plus sur l'amitié que sur la famille. Un ami est un frère, qu'on se donne, et qui se donne, par liberté.

« Ce n'est pas un ami, disait Aristote, celui qui est l'ami de tous. » C'est ce qui distingue l'amitié de la charité. Celle-ci, dans son principe, est universelle. Toute amitié est particulière. On n'en conclura pas que charité et amitié seraient incompatibles (l'ami est aussi un prochain, rien n'empêche que le prochain devienne un ami), mais que l'une ne saurait tenir lieu de l'autre. Voyez Jésus et Jean. Aimer son prochain, pour autant qu'on le puisse, n'empêche pas de préférer ses amis, ni n'en dispense.

AMITIÉ La joie d'aimer, ou l'amour comme joie, qu'on ne saurait réduire ni au manque ni à la passion. Non qu'il les exclue : on peut manquer de ses amis comme de tout, et il n'est pas rare qu'on les aime passionnément. Mais ce n'est pas toujours le cas – il y a des amitiés pleines et douces, d'autant plus fortes qu'elles sont plus sereines –, ce qui interdit de confondre l'amitié *(philia)* avec le manque ou la passion *(éros)*. Il n'y a pas d'amour heureux, tant qu'il est manque, ni serein, tant qu'il est passion. Cela dit, par différence, ce qu'est l'amitié : ce qui, dans l'amour, nous réjouit, nous comble ou nous apaise. C'est aimer ce qui ne manque pas, ou plus : l'amitié est un amour heureux, ou le devenir heureux de l'amour.

Une autre différence est la réciprocité nécessaire. Nous pouvons aimer qui ne nous aime pas, c'est ce qu'on appelle un chagrin d'amour, mais point tout à fait être l'ami de celui que nous ne croirions pas être le nôtre. En ce sens, il n'y a pas d'amitié malheureuse (le malheur ne vient à l'amitié que de l'extérieur, ou de sa fin), ni de bonheur, sans doute, sans amitié. « Aimer, c'est se réjouir », écrit merveilleusement Aristote. Cela, qui n'est pas toujours vrai de la passion, tant s'en faut, dit l'essentiel de l'amitié : qu'elle est une joie réciproque, que chacun tire de l'existence et de l'amour de l'autre. C'est pourquoi les amis ont plaisir à se connaître, à se fréquenter, à se parler, à s'entraider… Sans ce plaisir-là, qui trouverait la vie agréable ? « L'amitié est ce qu'il y a de plus nécessaire pour vivre, écrit Aristote, car sans amis personne ne choisirait de vivre. » Je ne sais si cela est tout à fait vrai. Mais rien ne me rend Aristote et l'amitié plus aimables.

Il n'y a pas à choisir entre l'amitié et la passion, puisque celle-ci tend ordinairement vers celle-là. Ainsi dans le couple ou la famille (« la famille est une amitié », écrit Aristote), quand ils sont heureux.

Ni entre le désir et l'amitié, puisque rien n'interdit de désirer ses ami(e)s, et puisque l'amitié, comme dit encore le Philosophe, « est désirable par elle-même ».

Mais ni la passion ni le désir n'y sont nécessaires, pas plus qu'ils n'y suffisent. Rien n'y suffit que l'amour : l'amitié, même réciproque, « consiste plutôt à aimer qu'à être aimé », souligne l'*Éthique à Nicomaque*, et c'est en quoi « aimer est la vertu des amis ». L'amitié est à la fois un besoin et une grâce, un plaisir et un acte, une vertu et un bonheur. Qui dit mieux ? Ce n'est pas l'amour qui prend *(éros)*, ni seulement l'amour qui donne *(agapè)*. C'est l'amour qui se réjouit et partage.

AMORAL Le *a*, ici, est purement privatif : être amoral, c'est être sans morale, ou ne relever d'aucune. Ainsi la nature est amorale, ce qui signifie qu'elle ne fait aucune différence entre le bien et le mal : voyez la pluie, le soleil ou la foudre.

C'est ce qui distingue l'*amoralité* de l'*immoralité*. Être immoral, c'est aller contre la morale, ce qui suppose qu'on en a une ou, à tout le moins, qu'on pourrait ou devrait en avoir une. Voyez le viol, la torture, le racisme. Il se peut que l'immoralité, en ce sens, soit le propre de l'homme. Et que l'amoralité soit le propre du vrai.

AMOUR « Aimer, écrit Aristote, c'est se réjouir » (*Éthique à Eudème*, VII, 2). Quelle différence alors entre la joie et l'amour ? Celle-ci, qu'énonce Spinoza : « L'amour est une joie qu'accompagne l'idée d'une cause extérieure » (*Éthique*, III, déf. 6 des affects) ou, ajouterai-je, intérieure. Aimer, c'est se réjouir *de*. Ou plus exactement (puisqu'on peut aussi aimer un mets ou un vin) : *jouir ou se réjouir de*. Tout amour est joie ou jouissance. Toute joie, toute jouissance – dès lors qu'on les rapporte à leur cause – est amour. Aimer Mozart, c'est jouir de sa musique ou se réjouir à l'idée qu'elle existe. Aimer un paysage, c'est jouir ou se réjouir de sa vue ou de son existence. S'aimer soi, c'est être pour soi-même cause de joie. Aimer ses amis, c'est se réjouir de ce qu'ils sont. Si l'on ajoute que tout en nous a une cause et que plaisir sans joie n'est pas tout à fait amour (la chair est triste quand le plaisir du corps ne réjouit pas aussi l'âme : quand on fait l'amour, par exemple, sans aimer au moins le faire), on rejoint les deux définitions d'Aristote et de Spinoza, en ce point lumineux où elles se rejoignent : il n'est joie que d'aimer ; il n'est amour que de joie.

L'accord de ces deux génies me réjouit : ce m'est une occasion supplémentaire de les aimer.

Mais que prouve une joie ? Et que vaut cette définition joyeuse ou aimable contre tant d'amours tristes, angoissées, malheureuses – tant d'amours sans plaisir ou sans joie – qu'atteste la littérature et que confirme, hélas, notre expérience ? Que pèse Aristote contre un chagrin d'amour ? Spinoza, contre un deuil ou une scène de ménage ? Le réel a toujours raison, puisque c'est lui qu'il s'agit de penser. Mais *quid*, alors, de notre définition ?

Une autre se propose, qui vient de Platon. L'amour est désir, explique-t-il dans *Le Banquet*, et le désir est manque : « Ce qu'on n'a pas, ce qu'on n'est pas, ce dont on manque, voilà les objets du désir et de l'amour. » Le malheur, avec une telle définition, ne s'explique que trop bien. Comment serait-on heureux en amour, puisqu'on n'aime que ce qui manque, que ce qu'on n'a pas, puisque l'amour n'existe que par ce vide qui l'habite ou le constitue ? Il n'y a pas d'amour heureux, et c'est l'amour même, qui manque toujours, par définition, de ce qui *ferait* son bonheur.

Parce que aucun manque n'est jamais satisfait ? Non pas. La vie n'est pas difficile à ce point. Mais parce que la satisfaction du manque l'abolit comme manque et donc (puisque l'amour en est un) comme amour. Cela ne laisse guère le choix qu'entre deux situations : tantôt nous aimons ce que nous n'avons pas, et nous souffrons de ce manque ; tantôt nous avons ce qui dès lors ne nous manque plus, et que nous devenons pour cela (puisque l'amour est manque) incapables d'aimer... L'amour s'exalte dans la frustration, s'endort ou s'éteint dans la satisfaction. Cela vaut spécialement pour notre vie amoureuse. Le manque dévorant de l'autre (la passion) semble n'avoir d'avenir heureux que dans la possession de son objet. Cette possession fait-elle défaut ? C'est le malheur assuré, au moins un certain temps. Advient-elle ? Dure-t-elle ? Le bonheur vient s'user, en même temps que le manque, dans la présence de celui ou celle qui devait l'assurer. Qui peut manquer de ce qu'il a, de celui ou celle qui partage sa vie, qui est là tous les soirs, tous les matins, si présent, si familier, si quotidien ? Comment la passion survivrait-elle au bonheur ? Comment le bonheur, à la passion ? « Imaginez Madame Tristan », disait Denis de Rougemont. Ce ne serait plus Iseut, ou elle ne serait plus amoureuse. Comment aimer passionnément l'ordinaire ? Quel philtre contre l'habitude, l'ennui, la satiété ?

Être heureux, explique Platon avant Kant, c'est avoir ce qu'on désire. C'est ce qui rend le bonheur impossible : comment aurait-on ce qu'on désire, si on ne peut désirer que ce qu'on n'a pas ? Schopenhauer, en génial disciple de Platon, tirera la conclusion qui s'impose : « Ainsi toute notre vie oscille, comme un pendule, de droite à gauche, de la souffrance à l'ennui. » Souffrance parce que nous désirons ce que nous n'avons pas, et que nous souffrons de ce manque ; ennui parce que nous avons ce qui dès lors ne nous manque plus et que nous nous découvrons pour cela incapables d'aimer... C'est ce que Proust appellera les intermittences du cœur, ou du moins les deux pôles entre lesquels elles se jouent. Albertine présente, Albertine disparue... Quand elle n'est pas là, il souffre atrocement : il est prêt à tout pour qu'elle revienne. Quand elle est là, il s'ennuie ou rêve à d'autres : il est prêt à tout pour qu'elle s'en aille... Qui n'a vécu ces oscillations ? Qui n'y reconnaît quelque chose de sa vie, de son malheur, de son inconstance ? Il faut aimer celui ou celle que nous n'avons pas, c'est ce qu'on appelle un chagrin d'amour, ou bien avoir celui ou celle qui ne nous manque plus, qu'on aime pour cela de moins en moins, et c'est ce qu'on appelle un couple.

Cela rejoint une chanson fameuse de Nougaro : « *Quand le vilain mari tue le prince charmant...* » C'est le même individu pourtant, mais dans deux situations opposées : le prince charmant, c'est le mari qui manque ; le vilain mari, le prince charmant qui a cessé de manquer.

Ces deux définitions de l'amour présentent des avantages et des inconvénients symétriques. Celle d'Aristote ou de Spinoza vient buter contre l'échec de l'amour, contre son malheur, sa tristesse, ses angoisses. Celle de Platon échoue plutôt devant ses réussites : elle explique fort bien nos souffrances et nos déceptions amoureuses, mais point l'existence, parfois, de couples heureux, où chacun se réjouit non du manque de l'autre – comment serait-ce possible ? – mais de son existence, mais de sa présence, mais de cet amour même qui les unit et qu'ils partagent. Tout couple heureux est une réfutation du platonisme. Ce m'est une raison supplémentaire d'aimer les couples et le bonheur, et de n'être pas platonicien. Mais comment, si l'amour échoue, rester spinoziste ?

Commençons par le plus facile. Que l'amour puisse être obscurci d'angoisse ou de souffrance, rien là de mystérieux. Si l'existence de mes enfants me réjouit, comment ne serais-je pas triste, atrocement triste, s'ils viennent à mourir ? Comment ne serais-je pas angoissé, atrocement angoissé, à l'idée – hélas toujours plausible – qu'ils peuvent souffrir ou mourir ? Si leur existence me réjouit, l'imagination de leur inexistence, ou de l'amoindrissement de leur existence (leur maladie, leur souffrance, leur malheur), ne peut que m'angoisser ou m'attrister. C'est ce que Spinoza explique suffisamment (*Éthique* III, propositions 19 et 21, avec leurs démonstrations), sur quoi il est inutile de s'attarder. Aimer, c'est trembler – non parce que l'amour est crainte, mais parce que la vie est fragile. Ce n'est pas une raison pour renoncer à aimer, ni à vivre.

Le couple est plus difficile à penser. Qu'il commence ordinairement dans le manque, c'est une donnée qui est moins physiologique (la frustration n'a jamais suffi à rendre quiconque amoureux) que psychologique, mais qui n'en est pas moins avérée. *I need you*, chantaient les Beatles : je t'aime, je te veux, tu me manques, j'ai besoin de toi... L'amour, en ses commencements, donne raison à Platon, presque toujours. C'est ce que les Grecs appelaient *éros* :

l'amour qui manque de son objet, l'amour qui prend ou qui veut prendre, l'amour qui veut posséder et garder, l'amour passionnel et possessif… C'est n'aimer que soi (l'amant aime l'aimé, écrivait Platon dans le *Phèdre*, comme le loup aime l'agneau), ou l'autre seulement en tant qu'il nous manque, en tant qu'il nous est nécessaire ou qu'on l'imagine être tel, et c'est pourquoi c'est si fort, si facile, si violent… Amour de concupiscence, disaient les scolastiques : aimer l'autre pour son bien à soi. Voyez l'enfant qui prend le sein. Voyez l'amant avide ou brutal. Voyez l'amoureux exalté. Manquer est à la portée de n'importe qui. Rêver est à la portée de n'importe qui. Mais quand le manque disparaît ? Quand les rêves viennent se briser contre la présence continuée de l'autre ? Quand le mystère se fait transparence ou opacité ? Certains ne pardonneront jamais à l'autre de n'être que ce qu'il est, et point le miracle qu'ils avaient d'abord imaginé. C'est ce qu'on appelle le désamour, qui a le goût amer, presque toujours, de la vérité. « On aime quelqu'un pour ce qu'il n'est pas, disait Gainsbourg, on le quitte pour ce qu'il est. » Mais tous les couples ne se séparent pas, ni ne vivent tous dans l'ennui ou le mensonge. C'est que certains ont su apprendre à aimer l'autre tel qu'il est, disons tel qu'il se donne à connaître, à côtoyer, à expérimenter, jusqu'à se réjouir de sa présence, de son existence, de son amour, et d'autant plus qu'il ne manque pas mais qu'il est là, mais qu'il se donne, ou qu'il ne manque, dans la joyeuse répétitivité du désir, que pour mieux manifester sa présence, sa disponibilité, sa puissance, sa douceur, sa sensualité, sa tendresse, son habileté, son amour… Cet amour qui ne manque de rien, c'est ce que les Grecs appelaient *philia*, qu'on peut traduire par « amitié », si l'on veut, mais à condition d'y inclure la famille et le couple, comme faisait Aristote, et spécialement ce que Montaigne appelait « l'amitié maritale » : c'est l'amour de celui ou celle qui ne manque pas mais qui réjouit, mais qui comble, mais qui conforte et réconforte. Que l'érotisme puisse aussi y trouver son compte, c'est ce que les couples savent bien, et qui leur donne raison. Comme la vérité des corps et des âmes est plus excitante, pour deux amants, que le rêve ! Comme la présence de l'autre – son corps, son désir, son regard – est plus troublante que son absence ! Comme le plaisir est plus plaisant que le manque ! Mieux vaut faire l'amour que le rêver. Mieux vaut jouir et se réjouir de ce qui est qu'en manquer ou que souffrir de ce qui n'est pas.

Entre *éros* et *philia*, entre le manque et la joie, entre la passion et l'amitié, on évitera pourtant de choisir. Ce ne sont pas deux mondes, qui s'excluraient, ni deux essences séparées. Plutôt deux pôles, mais dans un même champ. Deux moments, mais dans un même processus. Voyez l'enfant qui prend le sein, disais-je. C'est *éros*, l'amour qui prend, et tout amour commence là. Et puis voyez la mère, qui le donne. C'est *philia*, l'amour qui donne, l'amour qui protège, l'amour qui se réjouit et partage. Chacun comprend que la mère a été enfant d'abord : elle a commencé par prendre ; et que l'enfant devra apprendre à donner. Ainsi *éros* est premier, toujours, et le demeure. Mais *philia* en émerge peu à peu, qui le prolonge. Que tout amour soit sexuel, comme le veut Freud, cela ne veut pas dire que la sexualité soit le tout de l'amour. Qu'on commence par s'aimer soi, comme l'avaient vu les scolastiques, n'empêche pas – mais permet au contraire – qu'on aime aussi, parfois, quelqu'un d'autre. D'abord le manque, puis la joie. D'abord l'amour de concupiscence (aimer l'autre pour son bien à soi), puis l'amour de bienveillance (aimer l'autre pour son bien à lui). D'abord l'amour qui prend, puis l'amour qui donne. Que le second n'efface pas le premier, c'est ce que chacun peut expérimenter. Le chemin n'en est pas moins clair, qui mène de l'un à l'autre, et c'est un chemin d'amour, ou l'amour comme chemin.

Jusqu'où va-t-il ? Aimer ce qui me réjouit, ce qui me fait du bien, ce qui me comble ou m'apaise, c'est encore m'aimer moi. Par quoi la bienveillance n'échappe pas à la concupiscence, ni *philia* à *éros*, ni l'amour à l'égoïsme ou à la pulsion de vie. Peut-on aller plus loin ? C'est ce que requièrent les Évangiles. Aimer son prochain, c'est aimer n'importe qui : non celui qui me plaît, mais celui qui est là. Non celui qui me fait du bien, mais jusqu'à ceux qui me font du mal. Aimer ses ennemis, c'est par définition sortir de l'amitié, au moins dans sa définition égologique ou montanienne (« parce que c'était lui, parce que c'était moi »), peut-être aussi de la logique (les Grecs n'y auraient vu qu'une contradiction ou une folie : comment être l'ami de ses ennemis ?). Les premiers chrétiens, pour désigner en grec un tel amour, ne pouvaient utiliser ni *éros* ni *philia* : ils forgèrent le néologisme *agapè* (du verbe *agapan*, aimer, chérir), que les Latins traduisirent par *caritas* et qui donnera notre *charité*. Ce serait bienveillance sans concupiscence, joie sans égoïsme (comme une amitié libérée de l'ego), et pour cela sans rivage : l'amour désintéressé, le pur amour, comme disait Fénelon, l'amour sans possession ni manque, l'amour sans convoitise, comme dit Simone Weil, celui qui n'espère rien en retour, celui qui n'a pas besoin d'être réciproque, celui qui n'est pas proportionné à la valeur de son objet, celui qui donne et s'abandonne. Ce serait l'amour que Dieu a pour nous, que Dieu *est* pour nous (*« o Théos agapè estin »*, dit l'Évangile de Jean), et cela dit assez sa valeur, au moins imaginaire, et combien il nous dépasse. En sommes-nous capables ? J'en doute fort. Mais cela n'interdit pas d'y tendre, d'y travailler, de s'en approcher peut-être. Plus on s'éloigne de l'égoïsme – plus on s'éloigne de soi –, plus on s'approche de Dieu. Cela dit peut-être, sur l'amour de charité, l'essentiel : ce serait une joie, comme aurait pu dire Althusser, *sans sujet ni fin*.

Ainsi tout commence par le manque, et tend vers la joie – vers une joie de plus en plus vaste et libre. C'est pourquoi le trait commun entre ces trois amours – qui serait donc l'amour même, ou son genre prochain – est la joie. Il faut se réjouir, fantasmatiquement, à l'idée qu'on pourrait posséder ce qui nous manque *(éros)*, ou bien se réjouir de ce qui ne nous manque pas et qui nous fait du bien *(philia)*, ou bien encore se réjouir, purement et simplement, de ce qui est *(agapè)*.

On peut aussi n'aimer rien (c'est ce que Freud appelle la mélancolie : « la perte de la capacité d'aimer »), et constater que la vie dès lors n'a plus ni saveur ni sens. Plusieurs en sont morts ou en mourront : on ne se suicide que lorsque l'amour échoue, ou lorsqu'on échoue à aimer. Tout suicide, même légitime, est un échec, comme l'a vu Spinoza, ou la marque d'un échec, ce qui devrait dissuader de le condamner – nul n'est tenu de réussir toujours – comme d'en faire l'apologie. Un échec n'est ni une faute ni une victoire.

La vie vaut-elle la peine d'être vécue ? Il n'y a pas de réponse absolue. Rien ne vaut en soi, ni par soi : rien ne vaut que par la joie qu'on y trouve ou qu'on y met. La vie ne vaut que pour qui l'aime. L'amour ne vaut que pour qui l'aime. Ces deux amours vont ensemble. Non seulement parce qu'il faut être vivant pour aimer, mais aussi parce qu'il faut aimer pour prendre goût à la vie, et même – puisque le courage ne peut suffire – pour continuer à vivre.

C'est l'amour qui fait vivre, puisque c'est lui qui rend la vie aimable. C'est l'amour qui sauve, et c'est donc lui qu'il s'agit de sauver.

AMOUR-PROPRE C'est l'amour de soi sous le regard de l'autre : le désir d'en être aimé, approuvé, admiré, l'horreur d'en être détesté ou méprisé. La Rochefoucauld y voyait la principale de nos passions, et le ressort de toutes. Rousseau, plus généreusement, plus justement, le distinguait de l'amour de soi : « L'amour de soi-même est un sentiment naturel qui porte tout animal à veiller à sa propre conservation, et qui, dirigé dans l'homme par la raison et modifié par la pitié, produit l'humanité et la vertu. L'amour-propre n'est qu'un sentiment relatif, factice, et né dans la société, qui porte chaque individu à faire plus de cas de soi que de tout autre, qui inspire aux hommes tous les maux qu'ils se font mutuellement, et qui est la véritable source de l'honneur » (*Discours sur l'origine de l'inégalité*, note XV). Entre les deux, la transition ne s'explique que trop bien. Nous ne vivons d'abord que pour nous, mais qu'avec et par les autres. Comment n'aimerions-nous pas en être aimé ? L'amour-propre est cet amour de l'amour, centré sur soi, médiatisé par autrui. C'est n'aimer l'autre que pour soi, et soi que par l'autre. Double erreur, ou double piège, qui explique que l'amour-propre, comme le disait Alain, soit un amour malheureux. Ce ne sont pourtant que petites blessures, à côté des grands drames de l'existence. Le vrai malheur, parfois, en guérit. Le vrai bonheur aussi peut-être.

AMOUR NOMMÉ SOCRATIQUE C'est le nom que Voltaire, dans son *Dictionnaire*, donne à l'homosexualité masculine – qui ne saurait être socratique, selon lui, que par abus de langage. Il est contre : il y voit « un vice destructeur du genre humain, s'il était général, et un attentat infâme contre la nature ». Cela fait deux reproches différents.

Le premier pourrait prendre une forme quasi kantienne : l'homosexualité n'est pas universalisable, puisqu'elle aboutirait, si elle était exclusive, à la disparition de l'espèce, donc de l'homosexualité. Mais le mensonge, le suicide et la chasteté ne le sont pas davantage ; cela ne prouve pas qu'ils soient toujours immoraux. Kant, qui n'eut pas d'enfants, qui mourut peut-être puceau, était bien placé pour le savoir. Contradiction ? Pas forcément : c'est la *maxime* d'une action qui doit pouvoir, selon lui, être universalisée sans contradiction, non l'action elle-même. Pourquoi ne serait-ce pas le cas de la maxime « J'ai le droit de faire l'amour avec tout partenaire adulte consentant, quel que soit son sexe » ? Kant n'en condamne pas moins l'homosexualité, comme il condamne la masturbation et la liberté sexuelle (*Doctrine du droit*, § 24, *Doctrine de la vertu*, § 5 à 7). Je crains que l'universel n'y soit pas pour grand-chose – que cette condamnation, chez Kant comme chez Voltaire, relève plus de l'état des mœurs et de la société (donc du particulier) que de la raison. Cela vaut aussi pour nous ? Sans doute : que nous soyons plus tolérants ou plus ouverts qu'il y a deux siècles, cela ne prouve pas que nous soyons plus intelligents que nos deux auteurs. On ne m'ôtera pourtant pas de l'idée qu'il s'agit là d'un progrès : c'est un peu de haine, de mépris et de pudibonderie en moins.

Le deuxième argument est encore plus faible. Un attentat contre la nature ? Je ne suis pas sûr que la notion ait un sens. Comment ce qui existe *dans la nature* pourrait-il être *contre nature* ? Mais quand bien même cela serait, la question de la moralité ou de l'immoralité de l'homosexualité ne s'en poserait pas moins. Contre nature, la chasteté l'est sans doute davantage. Est-elle pour autant immorale ? Rien de plus naturel, à l'inverse, que l'égoïsme. Faut-il en faire pour cela une vertu ?

Le droit à la différence, comme nous disons aujourd'hui, fait partie des progrès importants de ces dernières décennies. Il est clair qu'il n'est pas sans limite (la différence du pédophile, du violeur ou de l'assassin ne leur donne aucun droit). Il est clair qu'il n'est pas suffisant. Mais aucun droit ne l'est.

« Justement, me dit une amie, c'est ce qui me gêne, chez les homosexuels : ils se réclament très fort du droit à la différence, mais ils fuient la différence principale, qui est celle des sexes. Moralement, je ne leur reproche rien ; mais enfin ils vont vers le plus facile… » C'est trop dire sans doute, tant l'homosexualité, même aujourd'hui, reste un choix socialement inconfortable. Mais cela nous rappelle que l'hétérosexualité n'est pas non plus, c'est le moins que l'on puisse dire, de tout repos…

Les gens de ma génération ont beaucoup de chance : peu d'époques auront été, sexuellement, aussi tolérantes et libérées que la nôtre. C'est évidemment tant mieux ; mais cela nous donne aussi de nouvelles responsabilités. L'homosexualité n'est pas une faute ? C'est devenu une évidence, pour la quasi-totalité de nos contemporains. C'est qu'elle ne fait de tort – entre partenaires adultes et consentants – à personne. On ne peut en dire autant de l'oppression des femmes et des enfants, du viol, du proxénétisme, de l'égoïsme, du mépris, de l'irresponsabilité, de l'asservissement… L'orientation sexuelle ne relève pas de la morale, mais n'en dispense pas non plus.

AMPHIBOLOGIE Ambiguïté fautive (parce qu'on aurait pu et dû l'éviter) ou drôle (si elle est délibérée et piquante) dans le discours. Par exemple dans ce dialogue imaginaire, qui nous amusait enfants :

« – Papa, j'aime pas grand-mère !

« – Tais-toi, et mange ce qu'on te donne ! »

Kant appelle « amphibologie transcendantale » l'erreur de raisonnement qui consiste à confondre l'objet pur de l'entendement (le noumène) avec celui de la sensibilité (le phénomène). C'est l'erreur commune et symétrique de Leibniz, qui « intellectualisait les phénomènes », et de Locke, qui « avait sensualisé tous les concepts de l'entendement ». C'était confondre la sensibilité et l'entendement, au lieu de les utiliser ensemble – ce qui suppose qu'on les distingue – dans la connaissance.

L'amphibologie est donc une ambiguïté savante, ou le nom savant d'une ambiguïté. Deux raisons pour éviter, sauf pour rire, et le mot et la chose.

ANALOGIE C'est une identité de rapports (par exemple en mathématiques : a/b = c/d), ou une équivalence fonctionnelle ou positionnelle (qui s'explique moins par chacun des termes que par leur place ou leur fonction dans un ensemble). Par exemple quand Platon écrit que l'être est au devenir ce que l'intelligence est à l'opinion, quand Épicure compare les atomes aux lettres de l'alphabet, ou quand Maine de Biran écrit que « Dieu est à l'âme humaine ce que l'âme est au corps », ils font des analogies. En philosophie, c'est souvent une façon de penser l'impensable, ou de faire semblant. Difficile de s'en passer, et de s'en contenter.

Kant en donne une belle définition : « Ce mot ne signifie pas, comme on l'entend ordinairement, une ressemblance imparfaite entre deux choses, mais une ressemblance complète de deux rapports entre des choses tout à fait dissemblables » (*Prolégomènes*..., § 58). Surtout, il distingue l'*analogie mathématique* de l'*analogie philosophique*. La première exprime « l'égalité de deux rapports de grandeur », de telle sorte que, lorsque trois membres en sont donnés (12/3 = 8/x), le quatrième l'est par là même (l'analogie est donc constitutive). Dans la philosophie, au contraire, mais aussi en physique, « l'analogie n'est pas l'égalité de deux rapports *quantitatifs*, mais bien de deux rapports *qualitatifs*, dans lesquels, trois membres étant donnés, je ne puis connaître et donner *a priori* que le *rapport* à un quatrième, mais non ce quatrième membre lui-même » (*C. R. Pure*, Analytique des principes, II, 3). Les analogies de l'expérience, qui sont des principes *a priori* de l'entendement correspondant aux catégories de la relation, ne valent que de façon régulatrice. Elles ne disent pas ce qu'est ce quatrième membre (c'est pourquoi on ne saurait faire une physique *a priori*), mais « fournissent une règle pour le chercher dans l'expérience » (par quoi il y a de l'*a priori* dans toute physique scientifique). Elles sont au nombre de trois, qui correspondent au trois modes du temps que sont la permanence, la succession et la simultanéité, mais aussi aux trois catégories de la relation : le principe de la permanence de la substance, de la succession dans le temps suivant la loi de causalité, enfin de l'action réciproque. Ils ne valent tous les trois que pour l'expérience, qu'ils rendent possible « par la représentation d'une liaison nécessaire des perceptions » ; ils ne sauraient en tenir lieu.

En métaphysique, *a fortiori*, l'analogie ne saurait valoir comme preuve. Je peux bien me représenter l'univers comme une horloge dont Dieu serait l'horloger ; cela ne prouve pas que Dieu existe, ni ne me dit ce qu'il est (*Religion*..., II, 1, en note). On ne peut penser Dieu que par analogie (le Dieu artisan, le Dieu souverain, le Dieu Père...). C'est ce qui nous voue tous à l'anthropomorphisme ; l'athée même n'y échappe pas (pour ne pas croire en Dieu, il faut s'en faire une idée). Mais cet anthropomorphisme, explique Kant, doit rester *symbolique*, non *dogmatique*. Il « ne concerne que le langage, et non l'objet lui-même » : il dit ce qu'est Dieu pour nous, ou ce que nous entendons par ce mot ; il ne dit rien sur ce que Dieu est en soi, ni s'il est (*Prolégomènes*..., § 57).

ANALYSE Analyser, c'est décomposer un tout en ses éléments ou parties constitutives, ce qui suppose ordinairement qu'on le divise et qu'on les sépare, au moins provisoirement ou intellectuellement. Le contraire donc (mais souvent aussi la condition) de la synthèse, qui rassemble, compose ou recompose. On peut ainsi analyser un corps quelconque (faire ressortir les éléments physiques ou chimiques qui le constituent), une idée complexe (qu'on ramènera à une somme d'idées simples), une société (analyse sociologique, qui distinguera par exemple plusieurs classes ou courants), un individu (analyse psychologique, ou psychanalytique), un problème, une œuvre d'art, un rêve, bref n'importe quoi – sauf l'absolument simple, s'il existe. Descartes en a fait une règle de sa méthode : « Diviser chacune des difficultés que j'examinerai, en autant de parcelles qu'il se pourrait et qu'il serait requis pour les mieux résoudre » (*Discours de la méthode*, II). C'est vouloir ramener le complexe au simple, pour le comprendre. Démarche légitime et nécessaire, tant qu'elle ne fait pas oublier la complexité de l'ensemble. Pascal, en une formule qu'Edgar Morin aime à citer, nous le rappelle : « Toutes choses étant causées et causantes, aidées et aidantes, médiates et immédiates, et toutes s'entretenant par un lien naturel et insensible qui lie les plus éloignées et les plus différentes, je tiens pour impossible de connaître les parties sans connaître le tout, non plus que de connaître le tout sans connaître particulièrement les parties. » On ne se dépêchera pas trop d'opposer pour cela Pascal à Descartes. Que tout soit dans tout et réciproquement, comme dit encore Edgar Morin, cela n'interdit pas l'analyse ; c'est au contraire ce qui la rend nécessaire et interminable.

ANALYTIQUES (JUGEMENTS –) Un jugement est analytique, explique Kant, quand le prédicat est contenu, même de manière cachée ou implicite, dans le sujet, et peut donc en être tiré par analyse. Par exemple : « *Tous les corps sont étendus* » (la notion d'étendue est incluse dans celle de corps : un corps sans étendue serait contradictoire). Les jugements analytiques, qui sont fondés sur l'identité, sont seulement explicatifs : « ils n'étendent pas du tout nos connaissances », souligne Kant, mais ne font que développer ou expliciter nos concepts. Si nos connaissances s'étendent, comme nous constations qu'elles le font, c'est donc qu'il y a d'autres jugements, que Kant appelle les *jugements synthétiques* (voir ce mot).

ANAMNÈSE C'est comme une réminiscence, mais volontaire, mais laborieuse : le travail sur soi de la mémoire, la quête de ce qui fut, de ce qui est encore, mais en nous, comme une Atlantide intérieure. L'oubli, parfois, vaudrait mieux.

ANARCHIE L'absence de pouvoir ou le désordre. Cette ambiguïté en dit long sur l'ordre (qu'il ne va pas sans obéissance) et sur la liberté (qu'elle ne va pas sans contraintes). « Tout pouvoir est militaire », disait Alain. C'est pourquoi les anarchistes ont horreur de l'armée ; et les militaires, de l'anarchie. Les démocrates se méfient et de l'une et de l'autre : ils savent bien que le désordre, presque toujours, fait le jeu de la force ; et qu'aucune force ne vaut, qu'au service de la justice ou de la liberté.

Le mot est pris le plus souvent en mauvaise part. C'est donner raison à Goethe, qui préférait l'injustice au désordre. Seuls les anarchistes y voient un idéal, qu'ils croient accessible. C'est se tromper sur l'homme ou vouloir le transformer. Une erreur, donc, ou une utopie.

La justice sans la force n'est qu'un rêve. Ce rêve est l'anarchie. La force sans la justice est une réalité : c'est la guerre, c'est le marché, c'est la tyrannie des plus puissants ou des plus riches. Les deux modèles peuvent pourtant se nourrir d'un même rejet de l'État, du droit, de la République (de l'ordre démocratiquement imposé). Cela explique que les jeunes anarchistes, souvent, fassent de vieux libéraux.

ANARCHISME C'est la doctrine des anarchistes, quand ils en ont une : ainsi chez Proudhon, Bakounine ou Kropotkine. L'anarchisme prône la suppression de l'État, toujours ; de la religion (« Ni Dieu ni maître »), presque toujours ; enfin de la propriété privée, le plus souvent. C'est ce qui le classe à gauche. Mais on trouve aussi des anarchistes de droite (ils se réclament parfois de l'individualisme de Stirner), voire des anarcho-capitalistes : ainsi, aux États-Unis, le mouvement libertarien, qui est comme un libéralisme extrémiste. C'est mettre la liberté plus haut que tout, et trop haut. Comment pourrait-elle se passer de la force, de la contrainte, de l'ordre imposé et contrôlé ? Comment tiendrait-elle lieu de droit, d'égalité, de justice ? L'anarchie ferait un parfait régime pour des anges ; c'est ce qui la rend suspecte de bêtise (Pascal : « Qui veut faire l'ange fait la bête ») ou d'angélisme.

ÂNE DE BURIDAN Jean Buridan, philosophe français du XIVe siècle, n'est plus guère connu aujourd'hui que par cet âne dont on lui prête l'invention, quand bien même il n'est évoqué dans aucun de ses écrits conservés. De quoi s'agit-il ? D'une fable, ou d'une expérience de pensée. Imaginons un âne ayant également faim et soif, et placé à égale distance d'un seau d'eau et d'une ration d'avoine, qu'il aime également. N'ayant aucune raison d'aller plutôt d'un côté que de l'autre, il serait incapable de choisir : il mourrait de faim et de soif. On évoque parfois cette histoire pour montrer que le libre arbitre est impossible (chacun est déterminé par le bien qui lui semble le meilleur, le plus nécessaire ou le plus accessible), parfois pour montrer qu'il existe (puisque la fable de Buridan, appliquée à l'homme, semble absurde). On en discute depuis six siècles. L'âne est toujours vivant.

ANGE « Un être intermédiaire, disait Voltaire, entre la divinité et nous » : ce serait un messager (*angelos* en grec) de Dieu. On s'étonne qu'il en ait besoin.

ANGÉLISME L'abus des bons sentiments, aux dépens de la lucidité. Plus précisément, et d'un point de vue topique, j'entends par *angélisme* un ridicule particulier, qui confond les ordres, comme tout ridicule (voir ce mot), mais au bénéfice d'un ordre supérieur, dans la quadripartition que j'ai proposée (voir l'article « Distinction des ordres »), et en prétendant annuler par là les pesanteurs ou les contraintes d'un ou de plusieurs ordres inférieurs. L'angélisme veut abolir le plus bas au nom du plus haut. Mais il ne peut y parvenir que par aveuglement ou violence. Voyez la dictature de la vertu, chez Saint-Just, la Révolution culturelle en Chine ou, aujourd'hui, l'intégrisme islamiste. L'angélisme peut prendre des formes radicalement différentes, depuis l'utopie la plus généreuse jusqu'à la terreur la plus sanguinaire. Il passe d'ailleurs volontiers de l'une à l'autre. Mais toujours au nom d'idéaux, de valeurs, ou d'un Bien transcendant. C'est une tyrannie, dirait Pascal, des ordres supérieurs. Par exemple : prétendre annuler la logique et les contraintes de l'économie au nom de la politique ou du droit (angélisme politique ou juridique : volontarisme ou juridisme). Ou bien : prétendre annuler la légitimité et les contraintes de la politique ou du droit au nom de la morale (angélisme moral : le politiquement correct n'est le plus souvent, en tout cas en France, qu'un moralement correct). Ou encore : prétendre annuler les contraintes de la morale, voire des trois ordres inférieurs, au nom de l'amour (angélisme éthique : idéologie *« Peace and love »*). Enfin, pour ceux qui y croient, prétendre annuler les contraintes ou les exigences de chacun de ces ordres au nom d'un ordre divin ou surnaturel (angélisme religieux : intégrisme). Tout cela s'explique, et par les ordres inférieurs plutôt que supérieurs (voir l'article « Primat/primauté »), mais doit aussi se combattre : qui veut faire l'ange fait la bête, disait Pascal, et tout ange, ajoutait Rilke, est effrayant. À la gloire de la laïcité.

ANGOISSE Peur vague ou indéterminée, sans objet réel ou actuel, et qui n'en est que plus prégnante : parce qu'elle est aussi – faute d'un danger effectif à combattre ou à fuir – sans riposte possible. Comment vaincre le néant ? Comment échapper à ce qui n'est pas ou pas encore ? C'est une peur intempestive et envahissante, qui nous étouffe (*angere*, en latin, signifie serrer, étrangler) ou nous submerge. Le corps s'affole ; l'âme se noie.

Vous avez peur d'un chien qui est là, qui grogne, qui vous semble menaçant... C'est moins une angoisse qu'une crainte, qui n'appelle que prudence et courage. Le chien vous attaque : la crainte redouble, qui justifie la fuite ou le combat.

Mais si vous avez peur d'être attaqué par un chien quand aucun chien n'est présent ou ne vous menace, c'est plutôt une angoisse. Vous êtes, contre elle, davantage démuni. Que peuvent la fuite ou le combat contre l'absence d'un chien ? contre un danger inexistant ou purement imaginaire ? Ici, point de riposte efficace (qui agirait sur le danger) ; tout au plus un remède (qui n'agit que sur votre peur).

Entre la crainte et l'angoisse, la limite est bien sûr incertaine, approximative, fluctuante. Cette ombre, là-bas, est-ce un chien ou une ombre ? Mais la limite est floue aussi entre la santé et la maladie, qui n'en sont pas moins deux états différents.

Psychologiquement, l'angoisse porte le plus souvent sur l'avenir (elle est « en relation avec l'attente », écrit Freud). C'est ce qui la rend si difficile à vaincre : comment se prémunir, ici et maintenant, contre ce qui n'est pas encore, contre ce qui *peut* être ? L'avenir est hors d'atteinte ; la sérénité aussi, tant qu'on vit dans l'attente.

Philosophiquement, l'angoisse est le sentiment du néant : sentiment nécessairement sans objet (le néant n'est pas), et pour cela sans limites. Sans objet ? Disons sans objet effectif. « Il n'y a rien contre quoi combattre », comme disait Kierkegaard, et c'est pourquoi c'est une angoisse, non une crainte. « Qu'est-ce donc ? Rien. Mais quel effet produit ce rien ? Il engendre l'angoisse » (*Le concept d'angoisse*, I). L'angoissé a peur, exactement, de *rien* (ce qui le distingue de l'anxieux, qui a plutôt peur de tout), et n'en est que plus effrayé. D'où, pour le corps, cette sensation de vide ou de vague, qui peut aller jusqu'à l'étouffement. L'angoissé *manque d'être* comme on manque d'air. Le néant lui fait peur, et c'est l'angoisse même : le sentiment effrayé du néant de son objet.

Mais quel néant ? Qu'il ne soit pas, cela fait partie de sa définition. Encore faut-il – pour qu'il y ait angoisse – que nous en ayons pourtant une certaine expérience. Mais laquelle ? Ou lesquelles ? Quelle perception du néant ? Quelle réalité, pour nous, du non-être ? J'en vois au moins quatre : le vide, le possible, la contingence, la mort.

L'expérience du vide est vertige : rien ne fait obstacle au rien, et tout le corps en est malade. C'est comme une angoisse physiologique (de même que l'angoisse est comme un vertige psychologique ou métaphysique), mais qui a tôt fait d'étreindre aussi l'âme. Voyez Montaigne et Pascal : « Le plus grand philosophe du monde, sur une planche plus large qu'il ne faut, s'il y a au-dessous un précipice… » Le vertige angoisse, et c'est pourquoi l'on a raison de le craindre. Le vertige, en montagne, est plus dangereux que le vide.

L'expérience du possible est liberté. C'est pourquoi la liberté angoisse : parce qu'elle a ce pouvoir de faire être ce qui n'est pas et de néantiser, comme dit Sartre, ce qui est. « L'angoisse, écrivait déjà Kierkegaard, est la réalité de la liberté comme possibilité offerte à la possibilité » : elle est « le vertige de la liberté ». Être libre, c'est n'être pas prisonnier du réel, puisque c'est pouvoir le changer, ni de soi, puisque c'est pouvoir choisir. C'est où la liberté touche au néant, par l'imaginaire, voire en relève : « La réalité humaine est libre, écrit Sartre, dans l'exacte mesure où elle a à être son propre néant. » D'où l'angoisse, pour qui l'assume (« l'angoisse est la saisie réflexive de la liberté par elle-même »), ou la mauvaise foi, pour qui le dénie. On n'aurait le choix qu'entre le néant et le mensonge.

La contingence est comme un possible qui se serait réalisé : est contingent ce qui est et qui *aurait pu* ne pas être. C'est pourquoi tout être est contingent, et c'est ce que l'angoisse obscurément perçoit ou manifeste, comme l'ombre portée du néant sur l'évidence soudain fragilisée de l'être. « Dans l'angoisse, écrit Heidegger, l'étant dans son ensemble devient branlant. » C'est qu'il perd sa nécessité, sa plénitude, sa justification. Pourquoi y a-t-il quelque chose plutôt que rien ? Il n'y a pas de réponse : tout être est contingent, tout être est *de trop*, comme dira Sartre, tout être est *absurde*, comme dira Camus, qui n'apparaît qu'en se détachant – mais pourquoi ? mais comment ? – sur le fond imperceptible du néant. Il n'y aurait pas d'être autrement, ou plutôt nous ne saurions autrement le penser. « Dans la nuit claire du néant de l'angoisse, écrit encore Heidegger, se montre enfin la manifestation originelle de l'étant comme tel : à savoir qu'il y ait de l'étant – et non pas rien. » Mais le rien *perce*, comme disait Valéry, ou du moins c'est ce que l'angoisse, obscurément, semble nous faire éprouver.

Enfin, la mort. C'est le néant le plus réel peut-être, mais aussi le plus impossible à expérimenter – puisqu'il n'est d'expérience, par définition, que pour un vivant. La mort ne serait donc rien ? C'est la position d'Épicure, et la plus raisonnable que je connaisse. Mais enfin nous n'en mourrons pas moins, et ce néant-là – être mortel – ne cessera, tant que nous vivrons, de nous accompagner. Néant toujours possible et toujours nécessaire. C'est l'ombre de la mort, sur la clairière de vivre. Ombre imaginaire ? Sans doute, puisque nous vivons. Mais réelle pourtant, puisque toute vie est mortelle. C'est ce qui nous voue à l'angoisse ou au divertissement.

Avoir peur de la mort, c'est avoir peur de rien. Cette idée vraie ne suffit pourtant pas à nous rassurer. Comment le pourrait-elle, puisque le *rien*, dans l'angoisse, est justement ce qui nous effraie ?

Ainsi la peur de la mort est le modèle de toute angoisse, et l'origine, selon Lucrèce, de toutes.

Elle en indique aussi le remède. Si l'angoisse est sentiment du néant, elle ne peut être combattue que par une certaine expérience de l'être. Mieux vaut penser ou affronter ce qui est qu'imaginer ce qui n'est pas : la connaissance et l'action valent mieux que l'angoisse, et en guérissent.

Elles seules ? Non pas. Toujours ? Non plus. Car l'angoisse est aussi un état du corps, qui peut résister à toute pensée, et contre lequel nous disposons aujourd'hui, grâce à la médecine, de traitements efficaces. On aurait tort de s'en plaindre, et tort aussi de s'en contenter.

Contre l'angoisse ? Le réel (la connaissance, l'action, la sagesse), ou un petit morceau du réel (un anxiolytique). Philosophie ou médecine, et parfois l'une et l'autre. La santé n'a jamais suffi à la sagesse, ni la sagesse à la santé.

ANIMAUX Qu'ils aient une âme *(anima)*, c'est ce que suggère l'étymologie, et que confirme l'observation. L'animal est un vivant *animé*, c'est-à-dire capable de sentir et de se mouvoir.

Peut-il aussi penser ? Bien sûr, puisque l'homme pense, qui est un animal, et puisque l'intelligence des bêtes, pour inférieure qu'elle soit ordinairement à la sienne, est susceptible de degrés, qui se mesurent. Un chimpanzé est plus intelligent qu'un chien, qui est plus intelligent qu'une huître. L'intelligence, toutefois, n'est pas essentielle à la notion. Un débile profond n'est pas moins animal qu'un génie, ni davantage. Est-il moins humain ? Non plus, puisqu'il appartient à la même espèce. C'est où la biologie est un guide plus sûr que l'anthropologie, et plus contraignant. L'homme n'est pas un animal qui pense ; c'est un animal qui est né de deux êtres humains. Du moins jusqu'à présent, et c'est une de mes raisons d'être hostile au clonage. La filiation, qui suppose la différence, vaut mieux que la répétition, qui voudrait s'en dispenser.

Les naturalistes distinguent traditionnellement trois règnes, qui sont le minéral, le végétal et l'animal. La transition, de l'un à l'autre, est moins évidente qu'on ne le croit parfois. Voyez les coraux ou les éponges. Mais la différence, dans son principe, reste claire. Le minéral est sans vie. Le végétal, sans âme. Seul l'animal est animé : lui seul sent qu'il vit. C'est ce qui le voue au plaisir et à la souffrance, et qui nous donne des devoirs envers lui. Descartes, humaniste et inhumain.

ANIMAUX MACHINES (THÉORIE DES –) C'est une théorie de Descartes et des cartésiens, qui voulaient que les bêtes ne soient que mécanisme, sans rien qui pense ou qui sente. Un chien gémit quand on le bat ? C'est comme un réveil qui sonne ou une porte qui grince. Et qui plaindrait une porte ou un réveil ? Le bons sens et la biologie eurent vite raison de ces billevesées philosophiques. Non qu'il n'y ait rien de mécanique en l'animal, mais en ceci qu'il n'est animal que pour autant qu'un mécanisme lui permet de sentir ou de ressentir. Un animal insensible ne serait plus un animal ; ce serait un robot naturel. À l'inverse, un robot sensible, comme on en voit dans nos films de science-fiction, serait un animal artificiel. La notion n'est pas plus contradictoire que la chose, en droit, n'est impossible.

ANIMISME Au sens étroit, c'est expliquer la vie par la présence, en chaque organisme, d'une âme. S'oppose alors au matérialisme (qui l'explique par la matière inanimée) et se distingue du vitalisme (qui ne l'explique pas).

En un sens plus général, c'est imaginer partout de l'âme *(anima)* ou de l'esprit *(animus)*, y compris dans les êtres qui semblent dépourvus de toute sensibilité : dans l'arbre, dans le feu, dans la rivière, dans les étoiles... C'est la première superstition, et le principe peut-être de toutes. Mais c'est aussi, pour Auguste Comte, le commencement nécessaire de l'esprit. Il faut croire avant de connaître. Et quoi de plus facile à croire que l'esprit, que toute croyance suppose ?

Auguste Comte utilisait plutôt le mot *fétichisme*, que nous réservons à un autre usage. Il y voyait le premier stade de l'âge théologique, qu'il jugeait à la fois plus spontané et plus logique que les deux autres (le polythéisme et le monothéisme). « Concevoir tous les corps extérieurs quelconques, naturels ou artificiels, comme animés d'une vie essentiellement analogue à la nôtre », comme il disait, c'est certes une erreur, mais c'est aussi un premier pas vers le réel et la compréhension du réel. Mieux vaut se tromper sur ce monde qu'en inventer un autre. Les esprits sont moins encombrants que les dieux.

Ou bien il faut que les dieux s'en aillent tout à fait, très loin, comme les dieux d'Épicure, comme le Dieu de Simone Weil, et laissent enfin le monde à la matière sans esprit – sourde aux prières, comme dit Alain, fidèle aux mains. Le contraire de l'animisme, comme de toutes les religions, c'est le travail, la connaissance et l'action.

ANOMIE Absence de loi ou d'organisation. Chez Durkheim, c'est une espèce de dérèglement social, qui vient briser ou mettre à mal la cohésion ou la « solidarité organique » d'une société. L'individu se trouve alors abandonné à lui-même, sans loi, sans *repères*, comme on dit aujourd'hui, sans limites, sans garde-fous. C'est ce qui le voue à l'angoisse, à la démesure, à la violence – ou au suicide.

ANTÉPRÉDICATIF Ce qui est antérieur à tout jugement prédicatif, c'est-à-dire à toute attribution d'un prédicat à un objet. S'il n'y avait, spécialement dans la sensation, quelque chose de tel, que resterait-il à juger ? Ainsi c'est le silence qui rend le discours possible.

ANTHROPIQUE (PRINCIPE –) Puisque nous existons, l'univers a nécessairement un certain nombre de caractéristiques sans lesquelles notre existence serait impossible. De là le *principe anthropique*, qui permet en quelque sorte de remonter de l'homme vers l'univers, de la biologie vers la physique, enfin du présent vers le passé. N'est-ce pas renverser l'ordre des causes ? La réponse dépend de l'interprétation qu'on donne d'un tel principe, voire de sa formulation. Il peut en effet être énoncé sous deux formes différentes. Dans sa forme faible (Dicke, 1961), il stipule que « puisqu'il y a des observateurs dans l'univers, ce dernier doit posséder des propriétés qui permettent l'existence de tels observateurs ». Ce qu'on ne peut guère contester : du fait que l'humanité fait partie du réel, on peut évidemment conclure que l'univers est tel que l'humanité soit possible. Dans sa forme forte (Carter, 1973), en revanche, le principe semble beaucoup plus discutable. Il affirme que « l'univers doit être constitué de telle façon dans ses lois et son organisation qu'il ne manque pas de produire un jour un observateur ». C'est passer du possible au nécessaire, ce que rien n'autorise, et considérer l'humanité comme le but au moins partiel de l'univers : c'est un principe anthropo-téléologique, voire anthropo-théologique, qui excède de très loin ce qu'on peut demander à la physique. Mais enfin les physiciens ont bien le droit, eux aussi, de faire de la métaphysique…

ANTHROPOCENTRISME C'est mettre l'homme au centre, non des valeurs, comme fait l'humanisme, mais des êtres : parce que l'univers n'aurait été créé que pour nous, ou tournerait autour. La notion est aussi facile à comprendre, d'un point de vue psychologique (c'est comme un narcissisme de l'espèce), que difficile, d'un point de vue rationnel, à accepter. Pourquoi ce privilège exorbitant de l'humanité ? Il y faut le secours de la religion, qui est un anthropocentrisme paradoxal (le vrai centre reste Dieu), ou du criticisme, qui est un anthropocentrisme gnoséologique. La « Révolution copernicienne », que Kant nous propose, est en vérité une contre-révolution : il s'agit de remettre l'homme au centre, d'où les progrès des sciences l'avaient chassé. Au centre de ses connaissances, certes, par le transcendantal ; mais au centre aussi de la création (comme son but final), par la liberté. C'était accepter les Lumières sans renoncer à la foi. La question « Qu'est-ce que l'homme », disait Kant, est la question centrale de la philosophie, à laquelle toutes les autres se ramènent. J'y vois de l'anthropocentrisme philosophique, et une raison forte de n'être pas kantien.

Freud, sur ce sujet, m'éclaire davantage. Dans un passage fameux de ses *Essais de psychanalyse appliquée*, il évoque les trois blessures narcissiques que l'humanité, du fait des progrès scientifiques, a subies : la révolution copernicienne, la vraie, celle de Copernic, qui chasse l'homme du centre de l'univers (c'est l'humiliation cosmologique) ; l'évolutionnisme de Darwin, qui le réintroduit dans le règne animal (c'est l'humiliation biologique) ; enfin la psychanalyse elle-même, qui montre que « le moi n'est pas maître dans sa propre maison » (c'est l'humiliation psychologique). J'ajouterais volontiers Marx, Durkheim et Lévi-Strauss, qui montrent que l'humanité n'est pas davantage maîtresse d'elle-même ou de l'histoire. Il faut certes rappeler, avec Rémi Brague que la position centrale, chez les Anciens, était loin d'être privilégiée (voyez le corps humain, disait Plotin, voyez la sphère, disait Macrobe : le centre, dans les deux cas, serait plutôt le plus bas...), que la Terre, jusqu'à la Renaissance, est plutôt considérée comme le cul-de-basse-fosse de l'univers, mais peu importe. L'essentiel, en l'occurrence, et qui donne malgré tout raison à Freud, c'est que toute notre modernité épistémique s'est jouée *contre* l'anthropocentrisme. Que croyez-vous qu'il advint ? Le narcissisme s'est trouvé des consolations : philosophiques (Kant, Husserl), scientifiques ou supposées telles (le principe anthropique), enfin et surtout psychanalytiques. Le moi n'est plus maître dans sa propre maison ? Qu'importe, puisque l'inconscient, absurdement, fait comme un autre moi, qui fascine encore plus que l'autre ! Qu'il y ait là un contresens sur la psychanalyse, c'est ce que je crois, mais qui n'échappe pas à la règle habituelle du succès, qui est de malentendu. Narcisse a quitté sa fontaine ; il s'allonge sur le divan. « Qu'est-ce que je suis intéressant ! Quelle profondeur !

Quelle complexité ! Et mon père ! Et ma mère ! Quel abîme de sens, de drames, de fantasmes, de désirs ! » Et voilà que la psychanalyse, de blessure narcissique qu'elle se voulait d'abord, n'est plus qu'une consolation narcissique comme une autre, simplement un peu plus prétentieuse et bavarde que la plupart… Heureusement qu'elle nous guérit, parfois, d'elle-même. Quand tu as cessé de t'intéresser, la cure est finie.

ANTHROPOLOGIE Étymologiquement, c'est la connaissance *(logos)* de l'homme *(anthropos)*. Le terme est vague ; la chose aussi. S'agit-il de philosophie ? De science ? Mais alors de laquelle, ou desquelles ? Beaucoup de ce que nous savons de l'homme nous est appris par des sciences (la physique, la biologie, la paléontologie…), dont il n'est nullement l'objet spécifique. Quant aux sciences dites humaines (l'ethnologie, la sociologie, la psychologie, la linguistique, l'histoire…), elles échouent à se constituer en une science unique, qui serait justement l'anthropologie – ou plutôt elles n'existent, les unes et les autres, que par le refus de se fondre dans un discours unique, qui perdrait ce que chacune d'entre elles a de radical et de tranchant. L'unité de l'espèce n'est pas en question ; mais son autonomie, si. « L'homme n'est pas un empire dans un empire », disait Spinoza. C'est ce qui interdit à l'humanisme de valoir comme religion, et à l'anthropologie de valoir comme science.

ANTHROPOMORPHISME C'est donner forme d'homme à ce qui n'est pas humain, spécialement aux animaux ou aux dieux. Ainsi dans les fables ou les religions. « Si Dieu nous a fait à son image, écrit Voltaire, nous le lui avons bien rendu. »

ANTHROPOPHAGES Un nom savant, pour désigner les cannibales : ceux des humains qui ne répugnent pas à manger de la chair humaine. Le fait est bien avéré, dans la quasi-totalité des civilisations primitives. Il relève du rituel, presque toujours, davantage que de la gastronomie. Cela nous choque, mais n'empêche pas que nous fassions pire : « Nous tuons en bataille rangée ou non rangée nos voisins, remarque Voltaire, et pour la plus vile récompense nous travaillons à la cuisine des corbeaux et des vers. C'est là qu'est l'horreur, c'est là qu'est le crime ; qu'importe quand on est tué d'être mangé par un soldat, ou par un corbeau ou un chien ? Nous respectons plus les morts que les vivants. Il aurait fallu respecter les uns et les autres » (*Dictionnaire...*, art. « Anthropophages » ; voir aussi Montaigne, *Essais*, I, 31).

ANTICIPATION C'est être en avance sur le présent. Cela vient ordinairement du passé. Ainsi, chez Épicure, l'anticipation ou prénotion *(prolèpsis)* est-elle une idée générale, qui résulte de la répétition d'expériences singulières. Par exemple cet animal devant moi. Si je dis « *C'est un chien* », c'est que j'en avais déjà l'idée avant de le percevoir, ce qui me permet seul de reconnaître que c'en est un. Cette idée, qui résulte de la répétition de perceptions antérieures, c'est ce qu'Épicure appelle la *prolèpsis*, qu'on traduit habituellement par anticipation : c'est avoir une idée d'avance sur le réel, c'est-à-dire une idée. Mais elle n'est possible que parce que le réel toujours la précède.

ANTIMATIÈRE Les physiciens appellent ainsi des particules, dites « antiparticules », qui seraient symétriques – parce que de même masse et de charge électrique opposée – aux particules qui constituent la matière ordinaire, celle qui nous constitue et nous environne. Philosophiquement, c'est bien sûr un abus de langage : si cette antimatière existe objectivement, indépendamment de l'esprit ou de la pensée, elle est aussi matérielle que le reste.

ANTINOMIE Contradiction nécessaire, entre deux thèses également vraisemblables ou prétendument démontrées. Kant appelle *antinomies de la raison pure* les conflits dans lesquels la raison entre inévitablement avec elle-même, tant qu'elle prétend atteindre l'inconditionné. Il en retient quatre : on peut démontrer que le monde a un commencement dans le temps et une limite dans l'espace, comme on peut démontrer qu'il n'en a pas ; que tout est composé de parties simples ou qu'il n'existe rien de simple dans le monde ; qu'il existe une causalité libre ou que tout arrive, au contraire, suivant les lois de la nature ; enfin qu'il existe un être absolument nécessaire, ou qu'il n'en existe aucun (*C. R. Pure*, Des raisonnements dialectiques, II). Ces quatre antinomies condamnent le scientisme autant que la métaphysique dogmatique, et justifient, selon Kant, le criticisme.

ANTIQUITÉ Tout ce qui est très ancien, et spécialement (avec une majuscule) la longue période qui sépare la fin de la préhistoire du début du Moyen Âge : depuis l'invention de l'écriture, il y a quelque 5 000 ans, jusqu'à la chute de l'empire romain – c'est du moins la convention qui s'est imposée en Europe –, soit environ trente-cinq siècles d'histoire… La notion est par nature relative et rétrospective. Aucune époque, jamais, ne s'est vécue comme antique. Les Grecs eux-mêmes se voyaient plutôt comme des tard-venus, des héritiers, des continuateurs, voire, si l'on en croit Platon, comme des « enfants » (l'Antiquité, pour eux, était égyptienne). Il n'y a pas d'antiquité absolue, ni présente. Il n'y a que l'actualité de tout, et l'immensité de l'histoire.

L'idée d'ancienneté, qui est le sens premier du mot, ne doit pas être confondue avec celle de vieillesse. Si la vieillesse, comme le remarquait Pascal, est l'âge le plus distant de l'enfance, il faut en conclure – contre Platon – que « ceux que nous appelons anciens étaient véritablement nouveaux en toutes choses, et formaient l'enfance des hommes proprement » ; c'est nous, à côté, qui sommes des vieillards. De là le charme, pour les Modernes, de l'art antique, qui est celui, suggère Marx, d'une enfance préservée et perdue : nous admirons d'autant plus sa beauté qu'elle nous est définitivement interdite.

ANTITHÈSE Pour la rhétorique, c'est une simple opposition. Pour les philosophes, c'est le plus souvent une thèse qui s'oppose à une autre (par exemple, chez Kant, dans les antinomies de la raison pure). C'est aussi le deuxième moment de la dialectique hégélienne, qui est d'inspiration ternaire : l'antithèse s'oppose à la thèse, mais cette opposition est elle-même appelée à être « dépassée » – à la fois conservée et supprimée – par la synthèse. Ainsi l'opposition de l'être et du néant, dans le devenir.

ANTITRINITAIRES Ceux qui ne croient pas à la Trinité. Voltaire, dans son *Dictionnaire*, a beau jeu de montrer que la raison est de leur côté. Mais pourquoi faudrait-il que Dieu soit rationnel ? Trois personnes en une seule essence, c'est inintelligible. Mais pas plus que l'idée d'une personne infinie et toute-puissante. Celui qui dit « Dieu », c'est qu'il a déjà renoncé à comprendre. Que ce Dieu soit un, trois ou quarante-douze n'y change rien.

ANXIÉTÉ Le mot vaut souvent comme synonyme d'angoisse (beaucoup de langues ne distinguent pas les deux notions), spécialement dans le langage médical (qui les distingue de moins en moins). L'anxiété, toutefois, tire davantage vers la psychologie, et moins vers la philosophie. C'est un trait de caractère plutôt qu'une position existentielle, un état plutôt qu'une expérience, une disposition pathologique plutôt qu'ontologique. C'est comme une angoisse sans prétention, qui porte moins sur le néant que sur le possible, et qui ressemble pour cela davantage à la crainte. C'est la peur vague de quelque chose de précis, et la peur de cette peur, et la propension à la ressentir. L'anxieux a toujours une peur d'avance : il vérifie trois fois qu'il a fermé sa porte, redoute d'être suivi ou agressé, craint toujours – pour lui-même comme pour ses proches – la maladie, l'accident, le malheur... Il prend, contre sa propre peur, un luxe de précautions, qui l'augmentent. Il a peur d'avoir peur, et s'en effraie.

L'anxiété, même pathologique, n'est pas toujours sans fondement. Elle résulte plutôt de la conscience aiguë des dangers que nous courons en effet, mais en exagère la probabilité et ne cesse, c'est son supplice, d'anticiper sur eux. C'est une peur intempestive et disproportionnée.

Son contraire est la confiance ; ses remèdes, la médecine ou l'action.

APAGOGIQUE (RAISONNEMENT -) C'est le nom savant ou cuistre du raisonnement par l'absurde (voir ce mot). Peut aussi désigner un raisonnement qui prouve la vérité d'une proposition par la réfutation non de la seule contradictoire (comme dans le raisonnement par l'absurde) mais de toutes les propositions qu'on pourrait légitimement lui substituer, dans la solution d'un même problème. La lourdeur de la procédure n'excuse qu'à peine celle du mot.

APATHIE C'est l'absence de passion, de volonté ou d'énergie. Cette polysémie, toutefois, est propre aux Modernes, qui croient volontiers que toute énergie ou toute volonté est passionnelle. Ils voient souvent dans l'apathie un symptôme (notamment dans les états schizophréniques ou dépressifs), et sans doute ils n'ont pas tort. Mais n'est-ce que cela ? Si l'on prend le mot en son sens originel ou étymologique (l'absence de passion, de trouble, de *pathos*), la perspective change du tout au tout : l'*apatheia*, chez les stoïciens, n'était pas une faiblesse mais une vertu. C'est qu'ils croyaient au courage davantage qu'aux passions, et n'avaient pas besoin, pour agir, de se laisser emporter. Peut-être étaient-ils plus lucides que nous sur les passions, comme nous le sommes davantage qu'eux sur la volonté ? On ne connaît vraiment que ce qu'on surmonte. Chaque époque a les lucidités qu'elle mérite.

APERCEPTION C'est percevoir qu'on perçoit, ou se percevoir soi-même percevant : conscience de soi, donc, sans laquelle il n'y aurait pas de conscience du tout.

Kant appelle *aperception transcendantale* la conscience de soi-même, mais comme conscience « pure, originaire et immuable », grâce à laquelle l'unité du « *je pense* » peut et doit accompagner toutes nos représentations, et sans laquelle celles-ci ne sauraient être nôtres (*C. R. Pure*, Déduction des concepts, § 16 à 21). Cette unité synthétique de l'aperception est « le point le plus élevé auquel il faut rattacher tout l'usage de l'entendement », ou plutôt elle est « l'entendement même », lequel n'est « rien de plus que le pouvoir de lier *a priori* et de ramener le divers de représentations données à l'unité de l'aperception ; c'est là le principe suprême dans la connaissance humaine tout entière » (*ibid.*, § 16). C'est qu'il n'y a de connaissance que pour une conscience, et dans la mesure seulement où elle est consciente de soi. Si ma calculette se savait calculante, elle ne serait plus une calculette. Mais elle s'ignore elle-même ; comment pourrait-elle connaître quoi que ce soit ? Elle calcule ; elle ne sait pas compter.

APHASIE C'est être pathologiquement incapable de parler, mais pour des raisons neurologiques ou mentales plutôt que physiologiques, sensorielles ou motrices. Trouble du cerveau, plutôt que de l'ouïe ou des cordes vocales.

À ne pas confondre avec l'*aphasia* de Pyrrhon, qui pourrait parler, qui parle parfois, mais n'en a plus besoin.

L'aphasie est une prison, qui nous enferme dans le silence ; l'*aphasia*, une liberté, qui nous y ouvre. C'est que ce n'est pas le même silence : l'un en deçà de la parole, l'autre au-delà et les contenant toutes.

APOCALYPSE Une révélation *(apokalupsis)* ou la fin des temps, telle qu'elle est annoncée dans le livre éponyme attribué à saint Jean. Que le mot ait fini par désigner une catastrophe particulièrement épouvantable est révélateur : la peur, même chez les croyants, l'emporte sur l'espérance. D'ailleurs, s'ils n'avaient pas peur, auraient-ils besoin à ce point d'espérer ?

APODICTIQUE Désigne une nécessité logique, telle qu'on en trouve dans les démonstrations (le mot vient du grec *apodeiktikos*, démonstratif).

C'est aussi une des modalités du jugement : une proposition quelconque peut être assertorique (si elle énonce un fait), problématique ou hypothétique (si elle énonce une possibilité), enfin apodictique (si elle énonce une nécessité). Il est important de distinguer ces deux sens, car le premier vaut comme certitude, et point du tout le second. La certitude d'une proposition dépend non de la modalité du jugement qu'elle énonce, mais de la validité de sa démonstration. Une proposition assertorique (« Dieu existe »), problématique (« Il se peut que Dieu existe ») ou apodictique (« Dieu existe nécessairement ») n'est certaine que si sa démonstration, elle, est apodictique – autrement dit que si elle est vraiment une démonstration. C'est ce qui explique qu'on puisse douter d'une nécessité ou d'un fait, et être certain d'une possibilité.

APOLLINIEN L'un des deux principes, selon Nietzsche, de l'art grec, et peut-être de tout art. Le principe apollinien, c'est le principe de l'individuation, par lequel chaque être est ce qu'il est, mais aussi de l'équilibre et de la mesure, par quoi il s'en contente. S'oppose au principe dionysiaque, qui est celui de la démesure, de la fusion, du devenir, de l'illimité – du tragique. Ces deux principes sont complémentaires : la plupart des chefs-d'œuvre relèvent des deux. Mais cela n'interdit pas des différences d'accents ou de degrés. Le principe apollinien, qui est celui de la belle forme, règne sur les arts plastiques et culmine dans le classicisme. Le dionysiaque, qui est celui de l'élan, est surtout chez lui dans la musique : il culmine dans le baroque ou le romantisme.

C'est le dionysiaque, pour Nietzsche, qui est premier. L'équilibre, la mesure ou le classicisme ne sont jamais donnés, toujours à conquérir. D'abord l'ivresse, puis la lucidité.

APOPHANTIQUE *Apophansis*, en grec, c'est la proposition. Un discours apophantique est un discours qui asserte, c'est-à-dire qui affirme ou nie, et peut par conséquent être vrai ou faux. Par extension, le mot se dit aussi de tout ce qui concerne le jugement ou en fait la théorie (ainsi l'apophantique formelle, chez Husserl).

APOPHATIQUE Du grec *apophanai*, dire non. Un discours apophatique est celui qui ne procède que par négations. Se dit spécialement de la théologie. La théologie négative ou apophatique est celle qui se reconnaît incapable de dire ce qu'est Dieu, sans renoncer tout à fait à en parler : elle ne le connaît que comme inconnaissable ; elle ne le dit que comme indicible. Mais c'est une manière encore de l'affirmer. Faute de pouvoir l'atteindre ou le comprendre en disant ce qu'il est, elle tente de le cerner (si l'on peut dire) négativement, en disant ce qu'il n'est pas. Il peut sembler que le silence vaudrait mieux. Mais le silence ne fait pas une théologie.

APORIE C'est une contradiction insoluble, ou une difficulté, pour la pensée, insurmontable. Par exemple la question de l'origine de l'être est une aporie : parce que toute origine suppose l'être et ne saurait donc l'expliquer. L'aporie est une espèce d'énigme, mais considérée d'un point de vue logique plutôt que magique ou spirituel. C'est un problème qu'on renonce à résoudre, au moins provisoirement, ou un mystère qu'on refuse d'adorer.

A POSTERIORI Tout ce qui est postérieur à l'expérience et en dépend. S'oppose à l'*a priori*, le suppose (selon Kant) et vaut mieux (selon l'usage courant). On n'a jamais raison qu'après coup. Même un calcul ou une démonstration – qui sont comme des expériences de la pensée – ne sont vrais, pour nous, qu'une fois qu'on les a faits.

APPARENCE Tout ce qui se donne à voir ou à sentir par l'un quelconque de nos sens, voire, plus généralement, par notre conscience elle-même. Cette feuille de papier devant moi, sa forme, sa blancheur, ou bien ce bouquet de fleurs, ou le bruit au loin de la rue, ce sont autant d'apparences. Cela ne prouve pas qu'il n'y ait pas en effet une feuille, un bouquet, une rue, mais ne saurait non plus attester leur existence objective, ni qu'ils aient les caractères qu'ils me semblent avoir. Il se peut que je rêve, ou que je sois fou, ou que la matière n'existe pas, que mon propre corps ne soit qu'une illusion trompeuse, bref qu'il n'y ait partout que des apparences... On dira que rien n'apparaîtrait si rien n'était. Cette évidence ne fait qu'une apparence de plus (*evidens*, en latin, c'est ce qui se voit...) ; mais admettons-la pourtant. Que l'être soit, qu'est-ce que cela nous apprend s'il est pour nous hors d'atteinte, si l'on ne connaît jamais que des apparences, dont on ignore si elles sont vraies ou fausses ? On ne pourrait en effet le savoir qu'en confrontant ce qui apparaît à ce qui est. Mais cette confrontation n'est elle-même possible qu'à la condition que ce qui est – le réel – apparaisse d'une façon ou d'une autre : ce ne serait pas confronter l'apparence à l'être, mais simplement une apparence à une autre apparence, comme on fait toujours, comme il faut faire de toute façon. Ainsi l'apparence est non seulement le point de départ obligé, mais le seul point d'arrivée qui nous soit accessible. C'est un autre nom pour le réel, en tant qu'on ne le connaît jamais immédiatement ni absolument.

Kant distingue l'apparence *(Schein)* du phénomène *(Erscheinung)*. L'apparence, c'est ce qui, dans l'expérience (apparence empirique) ou dans la pensée (apparence transcendantale), relève de l'illusion. Ainsi le bâton qui dans l'eau paraît brisé, ou la métaphysique dogmatique qui paraît démontrer des propositions antinomiques – par exemple sur le monde ou Dieu –, quand elle est incapable, en vérité, de démontrer quoi que ce soit qui dépasse le champ d'une expérience possible. L'apparence est une erreur de jugement, sur ce que les sens ou l'entendement proposent. Le phénomène, lui, n'a rien d'une erreur : il serait plutôt la réalité même, non certes telle qu'elle est en soi, ce que nul ne connaît, mais telle qu'elle se donne dans l'expérience. Disons que c'est une apparence vraie, comme l'apparence est un phénomène trompeur, ou plutôt sur lequel on se trompe.

Cette distinction a de moins en moins cours dans la philosophie contemporaine. D'abord parce que si l'on ne perçoit que des phénomènes, rien n'autorise à affirmer qu'ils soient autre chose que des apparences. C'est la revanche de Hume, si l'on veut, contre Kant. Ensuite parce que les phénoménologues nous ont habitués à rejeter, comme dit Sartre, « le dualisme de l'être et du paraître ». Si « l'être d'un existant, c'est précisément ce qu'il *paraît* », si le phénomène ne renvoie plus à une chose en soi mais à d'autres phénomènes, et ainsi à l'infini, alors l'apparence retrouve sa légitimité ontologique : « L'apparence ne cache pas l'essence, elle la révèle : elle *est* l'essence » (*L'être et le néant*, introd.). Enfin parce que l'apparence alors « est le tout », comme dit Marcel Conche, puisqu'il n'y a rien d'autre, ou puisque rien d'autre, en tout cas, ne se donne. Cette apparence n'est ni manifestation ni illusion. Elle n'est pas apparence *de* (ce qui supposerait autre chose que l'apparence, qui serait caché derrière elle), ni apparence *pour* (ce qui serait enfermer l'apparence dans le sujet, quand il n'est lui-même qu'une apparence parmi d'autres), mais « apparence pure et universelle », comme dit encore Marcel Conche, voire « apparence absolue ».

C'est le monde même, quand on a renoncé à le connaître absolument. Mais faut-il renoncer ?

APPÉTENCE Mot savant pour dire l'appétit en général (par différence avec le sens moderne et particulier d'appétit, qui désigne de plus en plus le désir de nourriture). On y perd en saveur, me semble-t-il, plus qu'on n'y gagne en clarté.

APPÉTIT Le désir, considéré dans sa matérialité.

L'appétit est au corps ce que le désir est à l'âme : la puissance de jouir de ce qui nous est nécessaire, utile ou agréable. Mais si l'âme et le corps sont une seule et même chose, comme dit Spinoza et comme je le crois, le désir et l'appétit ne se distinguent que par le point de vue qui les considère : surtout physiologique ici, davantage psychologique là. Ce sont deux façons de dire une même attirance pour ce qui nous permet d'exister plus ou mieux, une même tendance, une même pulsion – deux aspects, donc, de notre *conatus*. « L'appétit n'est rien d'autre que l'essence même de l'homme, de laquelle suit nécessairement ce qui sert à sa conservation ; et l'homme est ainsi déterminé à le faire » (*Éthique*, III, 9, scolie). Non qu'on ne puisse faire autre chose ; mais on ne le peut, ou on ne le pourrait, qu'à la condition d'un autre appétit.

Dans le langage courant, le mot désigne surtout le désir de manger. C'est que la physiologie règne ici, sinon seule (un état d'âme peut augmenter ou diminuer l'appétit), du moins en maître. On évitera pourtant de confondre l'appétit et la faim : la faim est un manque, une faiblesse, une souffrance ; l'appétit, une force et, déjà, un plaisir.

Appetere, en latin, c'est approcher, chercher à atteindre, tendre vers. Qu'on puisse tendre vers ce qui manque, c'est entendu. Mais on peut tendre aussi vers ce qui est là, qui ne manque pas, qui est offert ou disponible. Manger *de bon appétit* n'est pas la même chose que souffrir de la faim.

On peut parler d'appétit sexuel, ou d'appétence, pour désigner ce qu'il y a, dans la sexualité, de physiologique (quant à ses causes) et d'indéterminé (quant à son objet). Le désir porte sur telle ou telle femme en particulier, sur tel ou tel homme, alors que l'appétence se suffit du coït, indépendamment de l'objet interchangeable – à la fois nécessaire et indifférent – qui pourrait nous permettre d'y atteindre.

On parlera d'appétit, dans le même esprit, pour désigner l'envie indéterminée de (bien) manger. C'est la joie du convive quand il se met à table, avant même la lecture du menu. Reste à choisir son plat, ce qui suppose le désir d'un mets en particulier.

Cela dit quelque chose sur la gastronomie comme sur l'érotisme. Il s'agit de transformer l'appétit en désir, et le désir en plaisir ou en joie – en amour. Cela ne va pas sans art ni, peut-être, sans artifice.

A PRIORI Tout ce qui, dans l'esprit, est indépendant de l'expérience, et spécialement ce qui la rend possible (le transcendantal), qui doit donc, au moins logiquement, la précéder. Ainsi, chez Kant, les formes *a priori* de la sensibilité (l'espace et le temps) et de l'entendement (les catégories).

On ne confondra pas l'*a priori* et l'inné. L'inné désigne une antériorité chronologique ou de fait ; l'*a priori,* une antériorité logique ou de droit. L'inné relève de la métaphysique, de la psychologie ou, de plus en plus, de la biologie ; l'*a priori,* de la gnoséologie ou théorie de la connaissance. L'*a priori* peut être acquis (pourvu qu'il soit tiré non de l'expérience, dirait Kant, mais de l'activité même de l'esprit) ; l'inné, par définition, ne le peut. Enfin l'inné, quant au corps, existe évidemment : c'est le corps lui-même, et spécialement le cerveau. L'*a priori,* quant à l'esprit, reste douteux : il n'existe que si l'esprit est autre chose que le corps.

« Que toute connaissance débute *avec* l'expérience, écrit Kant, cela ne prouve pas qu'elle dérive toute *de* l'expérience » (*C. R. Pure,* introd.). Certes. Mais cela ne l'exclut pas non plus. Il se pourrait que ce soient Locke et les empiristes qui aient raison, autrement dit que rien ne soit dans l'esprit qui ne vienne des sens ou de l'expérience. C'est la fameuse formule : *« Nihil est in intellectu, quod non fuerit in sensu »* (il n'y a rien dans l'entendement qui n'ait été d'abord dans les sens). À quoi Leibniz ajoutait, en guise d'objection : *nisi ipse intellectus,* « si ce n'est l'esprit lui-même ». L'*a priori,* s'il existe, est cette antériorité logique de l'esprit par rapport à toutes les données empiriques qui lui donnent l'occasion de s'exercer. Les matérialistes y voient plutôt une faculté du cerveau. Rien n'existe dans l'esprit, diraient-ils volontiers, indépendamment de l'expérience que le cerveau fait du monde et de soi – rien, si ce n'est le cerveau lui-même : ce n'est plus de l'*a priori,* c'est de l'inné.

Dans le langage courant, l'expression *a priori* désigne une hypothèse qui reste à vérifier, voire un préjugé ou un parti pris. Cet usage, qui prête à confusion, est à proscrire dans le discours philosophique. C'est ce qui interdit de dire que le concept d'*a priori* (au sens technique) est un *a priori* (au sens trivial). Mais cela n'interdit pas de le penser.

ARBITRAIRE Qui ne dépend que d'une volonté sans raison ou sans justification. Par exemple le libre arbitre, s'il était absolument indéterminé, serait arbitraire. Mais alors il ne serait plus libre.

ARBITRE Un individu neutre, chargé, avec leur accord, d'assurer l'équilibre ou de résoudre les conflits entre plusieurs parties en présence. C'est ce qui rend la notion de *libre arbitre* paradoxale. Si c'est moi qui décide, comment serait-il neutre ? Si ce n'est pas moi, comment serais-je libre ?

ARCHÉTYPE C'est un modèle *(tupon)* qui sert de principe *(arkhê)*, voire une forme primordiale, dont le réel serait la copie. Ainsi les Idées, chez Platon, ou les structures de l'inconscient collectif, chez Jung. C'est comme une pensée d'avant la pensée, qui lui servirait de modèle. Mais si l'on avait des modèles, aurait-on besoin de penser ?

ARGUMENT C'est une idée qui tend à en justifier une autre, sans suffire pourtant à l'imposer. L'argument n'est pas une preuve, mais ce qui en tient lieu quand les preuves font défaut.

ARGUMENTATION Un ensemble ordonné d'arguments, qui tend à justifier une thèse de façon rationnelle (la prière n'est pas une argumentation) mais non probante (ce serait autrement une démonstration). Essentielle, pour ces deux raisons, à toute philosophie digne de ce nom.

ARISTOCRATIE C'est le pouvoir des meilleurs *(aristoï)*, ou supposés tels. L'étymologie justifie qu'on la distingue de l'oligarchie, qui est le pouvoir de quelques-uns, quelle que soit leur valeur propre. Comme on ne sait jamais quels sont les meilleurs, et comme il est peu probable qu'ils gouvernent, les deux notions tendront pourtant, en pratique, à se rejoindre. Toute aristocratie prétendue est une oligarchie réelle.

ART L'ensemble des procédés et des œuvres qui portent la marque d'une personnalité, d'un savoir-faire et d'un talent particuliers. Cette triple exigence distingue l'art de l'artisanat (qui a moins besoin de personnalité et de talent) et de la technique (qui peut s'en passer tout à fait).

Le mot, aujourd'hui, se dit surtout des beaux-arts : ceux qui ont la beauté, l'expression ou l'émotion pour but. Mais rien de tout cela n'est pleinement artistique sans une certaine vérité, fût-elle subjective (et parce qu'elle l'est), sans une certaine *poésie*, au sens de René Char (« poésie et vérité, nous le savons, sont synonymes »), disons sans un certain effet de connaissance ou de re-connaissance. Shakespeare, Chardin ou Beethoven nous en ont plus appris, sur l'homme et sur le monde, que la plupart de nos savants. Au reste les découvertes de ces derniers, s'ils étaient morts à la naissance, eussent été faites, quelques années ou décennies plus tard, par tel ou tel de leurs collègues. Mais qui aurait remplacé Rembrandt ou Bach ? Qui écrira les œuvres que Schubert n'a pas eu le temps d'écrire ? Une œuvre d'art est irremplaçable, comme l'individu qui l'a créée, et c'est à quoi elle se reconnaît. Il s'agit d'exprimer « l'irremplaçable de nos vies », comme dit Luc Ferry, et d'autant plus peut-être qu'elles sont plus ordinaires. Que la beauté soit au rendez-vous est le miracle de l'art.

En son sommet, l'art touche à la spiritualité : c'est comme la célébration – voire la création – de l'esprit par lui-même. Dieu se tait ; l'artiste lui répond.

ARTICULATION (DOUBLE –) Articuler, c'est diviser. Les linguistes appellent *double articulation*, depuis André Martinet, le fait qu'un discours puisse se diviser deux fois : selon le sens (il se divise alors en monèmes) et selon le son (il se divise en phonèmes). Par exemple le mot *rembarquons* est composé de quatre monèmes *(r-em-barqu-ons* ; si on change l'une de ces unités, le sens n'est plus le même : *rembarquons* n'a pas le même sens que *redébarquez* ou *remballons)* et de sept phonèmes *(r-em-b-a-r-qu-ons)*. Mais comme les mêmes phonèmes reviennent dans plusieurs monèmes différents, qui reviennent eux-mêmes dans plusieurs mots différents (lesquels reviendront dans plusieurs phrases différentes...), la double articulation s'avère un principe d'économie formidablement efficace : les dizaines de milliers de mots d'une langue (donc aussi bien l'ensemble indéfini des livres réels ou possibles dans cette langue) ne sont constitués que de quelques milliers de monèmes, qui ne sont eux-mêmes composés que de quelques dizaines de phonèmes. Sans cette double articulation, il faudrait être capable de pousser autant de cris différents que nous pouvons avoir d'idées différentes : nos cordes vocales ne seraient pas à la hauteur de notre cerveau. Au lieu qu'une quarantaine de cris minimaux (les phonèmes de chaque langue), habilement agencés, suffiraient à parler, sans se répéter jamais, jusqu'à la fin des temps. C'est notre cerveau, cette fois, qui n'est pas à la hauteur.

ASCÈSE C'est un exercice *(askèsis)* qui peut être physique, mais dont la visée est spirituelle. Par exemple Diogène, nu, étreignant en plein hiver une statue gelée. C'est violenter le corps, pour forger l'âme. L'esprit ? Il est au-dessus de ces petitesses ; c'est ce qui explique que les vrais maîtres ne soient pas dupes de l'ascétisme.

À ne pratiquer qu'avec modération.

ASCÉTIQUE (IDÉAL –) Chez Nietzsche, c'est l'idéal – fait de ressentiment et de mauvaise conscience – des forces réactives, qui ne savent vivre que *contre*. L'idéal ascétique transforme la souffrance en châtiment, l'existence en culpabilité, la mort en salut, enfin la volonté de puissance en « volonté d'anéantissement ». Triomphe du nihilisme : c'est vouloir sauver la vie en la niant. Un tel idéal triomphe dans le christianisme, selon Nietzsche, mais aussi en tous ceux, pâles athées et autres rachitiques de l'esprit, « qui croient encore à la vérité » (*Généalogie de la morale*, III). Ce serait, avec l'alcool et la syphilis, l'un des trois « fléaux » qui rongent l'Europe...

ASCÉTISME L'ascèse érigée en règle de vie ou en doctrine. La règle est outrancière, la doctrine erronée. Le plaisir nous en apprend davantage.

ASÉITÉ Le fait d'être ou de subsister par soi *(a se)* : ainsi la substance ou Dieu. C'est un autre nom, un peu oublié et moins paradoxal, pour désigner ce qui est *causa sui*, ou qui semble l'être.

ASSENTIMENT C'est approuver ce qui paraît juste ou vrai. Spécialement, dans le stoïcisme, l'assentiment représente ce qu'il y a d'actif et de volontaire dans le jugement : c'est adhérer – à la fois librement et nécessairement – à ce qu'une représentation nous propose, ou nous impose. Par quoi toute vérité, comme dira Alain, est « de volonté » : parce qu'elle n'est vraie, en nous, que par l'effort volontaire de penser.

Cela ne suffit pourtant pas à la reconnaître. Comment savoir si nous voulons le vrai (assentiment), ou si nous croyons vrai ce que nous voulons (illusion) ? S'il y avait un critère de la vérité, on n'aurait plus besoin d'assentiment ; c'est en quoi l'assentiment ne saurait en être un.

ASSERTION Le fait d'asserter, c'est-à-dire d'affirmer ou de nier. Toute affirmation est donc une assertion, mais toute assertion n'est pas une affirmation (elle peut être négative).

ASSERTORIQUE L'une des trois modalités du jugement selon Kant : celle qui correspond à la catégorie de l'existence ou de l'inexistence. Un jugement *assertorique* est un jugement qui affirme ou nie la réalité de ce qu'il énonce : c'est une proposition de fait. Se distingue par là des jugements *problématiques*, qui n'énoncent qu'une possibilité, et des jugements *apodictiques* (voir ce mot), qui affirment une nécessité.

ASSURANCE C'est à la fois une disposition de l'âme et une technique, l'une et l'autre face au danger : il s'agit de l'affronter avec confiance, soit qu'on pense pouvoir en triompher (l'assurance comme disposition de l'âme : « marcher avec assurance en cette vie », disait Descartes), soit qu'on se soit donné les moyens, par la mutualisation des risques, d'en réduire la gravité ou les effets (l'assurance comme technique : « souscrire une assurance »). C'est faire ce qui dépend de nous, dans les deux cas, pour affronter ce qui n'en dépend pas ; et agir au présent, pour préparer l'avenir.

Au premier sens, l'assurance a surtout à voir avec le courage et la prudence. Au second, avec le calcul et la solidarité. La première est une vertu. La seconde, un marché. Ce serait abuser de celle-là que de vouloir se passer de celle-ci.

ATARAXIE L'absence de trouble : la paix de l'âme. C'est le nom grec (spécialement chez Épicure et les stoïciens) de la sérénité.

Est-ce un état purement négatif, comme on le croit presque toujours ? Non pas. Car dans cette absence de trouble, ce qui se donne c'est la présence du corps, de la vie, de tout, et c'est la seule positivité qui vaille. Le *a* privatif ne doit pas tromper : l'ataraxie n'est pas privation mais plénitude. C'est le plaisir en repos de l'âme (Épicure) ou le bonheur en acte (Épictète).

C'est aussi une expérience d'éternité : « Car il ne ressemble en rien à un être mortel, écrit Épicure, l'homme qui vit dans des biens immortels » (*Lettre à Ménécée*, 135). Par quoi l'ataraxie, en tant qu'expérience spirituelle, est l'équivalent de la béatitude, chez Spinoza, ou du nirvâna, dans le bouddhisme.

ATHÉISME Le *a* privatif, ici, dit l'essentiel : être athée, c'est être *sans dieu (a-théos),* soit parce qu'on ne croit en aucun, soit parce qu'on affirme l'inexistence de tous.

Il y a donc deux façons d'être athée : ne pas croire en Dieu (athéisme négatif), ou croire que Dieu n'existe pas (athéisme positif, voire militant). Absence d'une croyance, ou croyance en une absence. Absence de Dieu, ou négation de Dieu.

Le premier de ces deux athéismes est très proche de l'agnosticisme, dont il ne se distingue guère que par un choix, fût-il négatif, plus affirmé. L'agnostique ni ne croit ni ne croit pas : il doute, il s'interroge, il hésite, ou bien il refuse de choisir. Il coche la case « sans opinion » du grand sondage métaphysique (« Croyez-vous en Dieu ? »). L'athée, lui, répond clairement *non*. Ses raisons ? Elles varient bien sûr selon les individus, mais convergent, le plus souvent, vers un refus d'adorer. L'athée ne se fait pas une assez haute idée du monde, de l'humanité et de soi pour juger vraisemblable qu'un Dieu ait pu les créer. Trop d'horreurs dans le monde, trop de médiocrité dans l'homme. La matière fait une cause plus plausible. Le hasard, une excuse plus acceptable. Puis un Dieu bon et tout-puissant (un Dieu Père !) correspond tellement bien à nos désirs les plus forts et les plus infantiles, qu'il y a lieu de se demander s'il n'a pas été inventé pour cela – pour nous rassurer, pour nous consoler, pour nous donner à croire et à obéir. Dieu, par définition, est ce qu'on peut espérer de mieux. C'est ce qui le rend suspect. L'amour infini, l'amour tout-puissant, l'amour plus fort que la mort et que tout... Trop beau pour être vrai.

L'athée, plutôt que de se raconter des histoires, préfère affronter comme il peut l'angoisse, la détresse, le désespoir, la solitude, la liberté. Non qu'il renonce à toute sérénité, à toute joie, à toute espérance, à toute loi. Mais il ne les envisage qu'humaines, et pour cette vie seulement. Cela lui suffit-il ? Point forcément, ni souvent. Le réel ne suffit qu'à qui s'en contente. C'est ce qu'on appelle la sagesse, qui est la sainteté des athées.

ATOME Étymologiquement, c'est une particule indivisible, ou qui n'est divisible que pour la pensée : un élément insécable *(atomos)* de matière. Tel est le sens du mot chez Démocrite et Épicure. Nos scientifiques savent aujourd'hui qu'il n'en est rien : ils ont appris à rompre les atomes pour en libérer l'énergie. Cela ne change rien d'essentiel à l'atomisme, qui n'a que faire de l'étymologie.

ATOMISME C'est une théorie physique ou métaphysique, selon les cas, qui explique l'ordre et la complexité (le monde) par les interactions hasardeuses de particules élémentaires (les atomes, mais aussi bien les quarks, leptons et autres bosons...). Quand cette théorie se prétend suffisante, l'atomisme est une forme – peut-être la plus radicale – de matérialisme. C'est expliquer le plus haut par le plus bas, l'esprit par la matière, l'ordre par le désordre. Le contraire en cela de la religion, comme les atomes sont le contraire des monades.

ATTENTE Ce qui nous sépare de l'avenir. C'est donc le présent même, mais comme vidé de l'intérieur par le manque en lui – ou en nous –

de ce que nous désirons ou redoutons. « Plus que trois jours », se dit-on. Et cela fait comme trois jours de néant. Ou bien : « Encore une heure » ; et c'est une heure de trop. Ce qui nous sépare de l'avenir, dans l'attente, finit ainsi par nous séparer paradoxalement du présent. Comme si ces trois jours ou cette heure, qui sont devant nous, venaient creuser le présent où nous sommes, où nous nous enfonçons, où nous nous engloutissons, où nous nous noyons... C'est toujours au présent qu'on attend, mais on n'attend jamais que l'avenir. L'attente est cette absence de l'avenir dans le présent, mais sentie, mais vécue, mais subie : c'est la présence, dans l'âme, de cette absence, et le principal obstacle qui nous sépare de la sagesse, c'est-à-dire du réel, du présent, de tout.

Son remède est l'action. Son contraire, l'attention.

ATTENTION C'est la présence de l'esprit à la présence d'autre chose (attention transitive) ou de lui-même (attention réflexive). La deuxième attitude, moins naturelle, est plus fatigante et peut-être impossible à garder absolument. L'introspection nous en apprend moins sur nous-mêmes que l'action ou la contemplation.

« L'attention absolument pure est prière », écrit Simone Weil. C'est qu'elle est pure présence à la présence, pure disponibilité, pur accueil.

Lorsqu'il vint passer quelques mois en France, Svâmi Prajnânpad eut l'occasion de rencontrer la Supérieure d'un couvent de religieuses. « N'est-il pas vrai qu'il faut prier sans cesse ? », lui demande-t-elle. Et Swamiji de répondre : « Oui, absolument. Mais qu'est-ce que cela veut dire ? Prier, c'est rester présent à ce qui est. » Attention silencieuse, plutôt que bavarde ou implorante.

L'attention absolument impure, ajouterai-je, est voyeurisme : fascination pour l'obscène ou l'obscur. Ce sont les deux extrêmes de l'attention, son sommet et son abîme, d'ailleurs l'un et l'autre délectables, et, pour l'âme, comme deux façons de s'oublier.

Que ces deux extrêmes puissent se rejoindre, c'est ce que je ne crois guère (malgré Bataille). Mais qu'ils aient une source commune, c'est ce que Freud suggère et que je ne peux guère m'empêcher de penser.

ATTRIBUT Tout ce qui peut être dit d'un sujet ou d'une substance, autrement dit tout ce qu'on peut lui *attribuer* (on préférera en ce sens « prédicat »), et spécialement une qualité essentielle, c'est-à-dire constitutive de son être même. Ainsi, chez Spinoza, la pensée et l'étendue sont les deux attributs que nous connaissons de la substance ou de Dieu, parmi une infinité d'autres que nous ne connaissons pas. Mais toutes ces distinctions, précise Spinoza, « ne sont que de raison » : les attributs ne se distinguent pas plus réellement entre eux qu'ils ne se distinguent de la substance (*Pensées métaphysiques*, I, 3, et II, 5 ; voir aussi Gueroult, *Spinoza*, t. 1, § XIV-XV, p. 47-50). Les attributs ne sont pas extérieurs à la substance : ils constituent son essence même (*Éthique*, I, déf. 4), qu'ils expriment, les uns et les autres, différemment (*Éth.* I, scolie de la prop. 10), sans cesser pour autant d'être la même substance ni donc de contenir « les mêmes choses » (*Éth.* II, scolie de la prop. 7). La pensée et l'étendue ne sont pas des prédicats de la substance, ni un point de vue sur elle, mais son être même. On dit souvent que ces attributs sont parallèles (parce que les chaînes causales y suivent le même ordre, tout en restant internes à chaque attribut : un corps n'agit pas sur une idée, ni une idée sur un corps). Mais toutes ces parallèles en vérité sont confondues et n'en font qu'une, qui est la nature elle-même : « substance pensante et substance étendue, c'est une seule et même substance » (*Éth.* II, scolie de la prop. 7), comme l'âme et le corps, en l'homme, « sont une seule et même chose » (*Éth.* III, scolie de la prop. 2). L'union de l'âme et du corps n'est qu'un faux problème, qui résulte de ce qu'on n'a pas pensé leur identité. L'union des attributs, de même : ils n'ont pas à être unis, n'ayant jamais été séparés.

AUDACE C'est un courage extrême face au danger, qui reste proportionné aux enjeux (c'est moins et mieux que la témérité) tout en excédant quelque peu la raison ordinaire (c'est plus que la hardiesse). Vertu limite et unilatérale. Davantage de courage que de prudence ; plus d'action que de réflexion.

On remarquera que l'audace est moralement neutre. Elle peut se mettre au service du mal comme du bien, de l'égoïsme comme de la générosité. On ne la confondra pas avec l'héroïsme, qui ne vaut pas seulement face au danger (mais aussi face à la souffrance, à la mort, à la fatigue…), et qui ne se dit que du courage désintéressé ou généreux.

AU-DELÀ Plus loin, après, de l'autre côté. Le substantif désigne ce qu'il y a après la mort (donc au-delà de cette vie), s'il y a quelque chose. Les Anciens s'en faisaient une vision souvent effrayante ou sinistre (le royaume des ombres). Les classiques, une vision contrastée (salut ou damnation). Les Modernes, qui croient de moins en moins à l'enfer et de plus en plus au confort, une vision presque toujours rassurante ou dérisoire : ils n'hésitent plus guère qu'entre le paradis et la réincarnation ! Après moi, quoi ? Moi-même, en plus heureux ou en plus jeune. On a l'au-delà que l'on mérite.

L'athée préfère penser qu'il n'y a pas d'au-delà : que cette vie et ce monde sont les seuls, définitivement, qui nous soient donnés. Après moi, quoi ? Les autres. Et pour moi ? Rien, ou plutôt moins que rien, puisque je ne serai plus là pour m'en rendre compte ni même pour n'y être pas. Le néant, si l'on veut, mais qui ne serait néant pour personne, comme un sommeil sans rêve et sans dormeur. L'idée est une forte incitation à vivre, quand on est heureux. Et une consolation, quand on ne l'est pas. Le bonheur ni la souffrance ne dureront toujours.

AUFHEBUNG Voir « Dépassement ».

AUTARCIE C'est le nom grec de l'indépendance ou de l'autosuffisance *(autarkeia).* Les Anciens y voyaient une caractéristique du sage. Parce qu'il se suffit à lui-même ? C'est ce que suggère l'étymologie (*arkein*, suffire), mais qu'on aurait tort d'absolutiser. L'autarcie n'est pas l'autisme : le sage, pour Aristote comme pour Épicure, préfère la société à l'isolement, et l'amitié à la solitude. Mais il peut se passer de tout, y compris de lui-même. C'est pourquoi l'*autarkeia* est un si grand bien : son vrai nom est liberté (Épicure, *Sentences vaticanes*, 77 ; voir aussi *Lettre à Ménécée*, 130).

AUTHENTICITÉ La vérité sur soi, et de soi à soi. C'est le contraire de la mauvaise foi. Un synonyme, donc, de la bonne ? Plutôt son nom moderne et quelque peu prétentieux. Les deux notions ne se recouvrent pas totalement. Être de bonne foi, c'est aimer la vérité plus que soi. Être authentique, pour beaucoup de nos contemporains, c'est plutôt aimer la vérité qu'on est. *« Be yourself »*, dit-on outre-Atlantique. La psychologie remplace la morale ; le développement personnel tient lieu de religion. Je suis lâche, égoïste, brutal ? Sans doute, mais reconnaissez-moi au moins ce mérite de l'être authentiquement ! Je suis ce que je suis : est-ce ma faute à moi si je ne peux être quelqu'un d'autre ? L'authenticité est une vertu confortable ; c'est ce qui fait douter qu'elle en soit une. C'est une bonne foi narcissique, ou un narcissisme de bonne foi. Mais la bonne foi n'excuse pas tout.

Chez les philosophes contemporains, spécialement chez Heidegger et les existentialistes, l'authenticité désigne plutôt le statut d'une conscience qui se sait solitaire (par opposition à l'inauthenticité du « on »), libre (par opposition à la mauvaise foi), enfin vouée à l'angoisse et à la mort – au néant. Beaucoup de bruit pour rien.

AUTOMATE Qui se meut soi-même. La première idée est donc celle de spontanéité : Leibniz considérait chaque organisme vivant comme « une espèce de machine divine ou d'automate naturel », et l'âme comme un « automate spirituel ». Mais l'idée de mécanisme finit par l'emporter sur celle de spontanéité : un automate, même s'il se meut par lui-même, reste prisonnier de ce qu'il est, de son programme (fût-il partiellement aléatoire), de l'agencement déterminé et déterminant de ses pièces. Ce n'est pas un sujet, c'est une machine qui imite la subjectivité. Reste à savoir si les sujets ne sont pas des machines qui s'ignorent. Le cerveau, automate matériel. Que reste-t-il de l'âme et de Leibniz ?

AUTONOMIE C'est obéir à la loi qu'on s'est prescrite, comme disait Rousseau, et c'est en quoi c'est être libre.

Le mot, dans son usage philosophique, doit surtout à Kant. L'autonomie est pouvoir de soi sur soi (liberté), mais par la médiation d'une loi *(nomos)* que la raison s'impose à elle-même, et nous impose, qui est la loi morale. La volonté est autonome, explique Kant, quand elle ne se soumet qu'à sa propre législation (en tant que raison pratique), indépendamment de toute détermination sensible ou affective, indépendamment du corps, donc, mais aussi du moi, dans sa particularité contingente, et même de quelque but ou objet que ce soit. C'est n'obéir qu'à la pure forme d'une loi, autrement dit qu'à l'universel qu'on porte en soi, qui est soi (c'est pourquoi il s'agit de liberté) mais en tant que raisonnable et législateur (c'est pourquoi il s'agit d'autonomie).

Les deux concepts d'autonomie et de liberté, bien sûr solidaires, ne se recouvrent pourtant pas totalement. Celui qui fait le mal agit certes librement, mais sans autonomie : il se soumet librement à cette partie de lui qui n'est pas libre (ses instincts, ses passions, ses faiblesses, ses intérêts, ses peurs). Cela dit, par différence, ce qu'est l'autonomie. C'est la liberté pour le bien : être autonome, c'est obéir à la partie de soi qui est libre, « sans égard à aucun des objets de la faculté de désirer », comme dit Kant, et indépendamment même du « cher moi », autrement dit de l'individu particulier qu'on est. C'est pourquoi l'autonomie est le principe de la morale : l'égoïsme est le fondement de tout mal ; la raison, qui n'a pas d'*ego*, de tout bien. Ainsi le seul devoir est d'être libre, et c'est ce que signifie l'autonomie : c'est obéir au devoir de se gouverner.

Le mot, quand on n'est pas kantien, vaut surtout comme idéal. Il n'indique pas un fait mais un horizon, un processus, un travail. Il s'agit de se libérer le plus qu'on peut de tout ce qui, en nous, n'est pas libre. La raison seule le permet, comme on voit chez Spinoza (mais aussi chez Marx ou Freud), et c'est en quoi l'idée d'autonomie garde un sens : « Un homme libre, écrit Spinoza, c'est-à-dire qui vit suivant le seul commandement de la raison... » Mais cette autonomie n'est jamais donnée : elle est à faire et, toujours, à refaire. Il n'y a pas d'autonomie ; il n'y a qu'un processus, toujours inachevé, d'*autonomisation*. On ne naît pas libre ; on le devient.

AUTORITARISME Abus d'autorité, le plus souvent fondé sur la croyance naïve qu'elle pourrait suffire. C'est trop demander à l'obéissance, toujours nécessaire, jamais suffisante.

AUTORITÉ Le pouvoir légitime ou reconnu, ainsi que la vertu qui sert à l'exercer. C'est le droit de commander et l'art de se faire obéir.

AUTORITÉ (ARGUMENT D'–) C'est prendre une autorité (un pouvoir, une tradition, un auteur reconnu ou consacré...) pour un argument. Double faute : contre l'esprit, qui se moque de l'autorité, et contre l'autorité, qui doit avoir de meilleurs arguments. Si le pape pouvait nous convaincre, aurait-il besoin du dogme de l'infaillibilité pontificale ? Et à quoi bon ce dogme, s'il ne nous convainc pas ?

L'autorité mérite obéissance, non créance. Tout argument d'autorité est donc sans valeur. Quand l'esprit se met à obéir, que reste-t-il de l'esprit ?

AUTRE Le contraire du même : ce qui est numériquement ou qualitativement différent.

On distinguera donc *l'autre numérique* (si je décide d'acheter une autre voiture, tout en choisissant la même, c'est-à-dire ici le même modèle de la même marque), et *l'autre qualitatif ou générique* (quand je choisis une voiture différente, par son modèle ou sa marque, de la précédente). Deux jumeaux ou deux clones parfaitement semblables n'en seraient pas moins numériquement différents : chacun resterait l'autre de l'autre (ils seraient deux, non pas un), quand bien même cet autre, par hypothèse ou par impossible, lui serait parfaitement identique.

On remarquera que l'autre humain hésite entre ces deux altérités : c'est à la fois un autre homme (altérité numérique), et un homme autre (altérité qualitative). C'est ce qu'on appelle autrui : un autre individu de la même humanité, mais réputé différent de tous les autres. D'où le droit à la différence, qui ne saurait pourtant occulter celui, plus essentiel encore, à l'identité générique. Un être humain différent – et ils le sont tous – est d'abord un être humain.

AUTRUI C'est l'autre en personne : non un autre moi-même (un alter ego), mais un moi autre (un moi qui n'est pas moi). N'importe qui, donc, en tant qu'il est quelqu'un.

C'est le prochain possible et encore indéterminé : objet non d'amour, cela ne se peut (comment aimer n'importe qui ?), mais, par anticipation, de respect. N'importe qui, ce ne saurait être n'importe quoi.

AVARICE C'est l'amour exagéré de l'argent, spécialement (par différence avec la cupidité) de celui qu'on possède déjà. L'avare a peur de perdre ou de manquer, et la passion, à l'inverse, de conserver, d'accumuler, de retenir. Personnalité anale, dirait un psychanalyste, quand la cupidité relèverait plutôt de l'oralité. C'est ce qui rend peut-être l'avarice plus antipathique. Il faut dire aussi qu'elle est plus absurde ; à quoi bon s'enrichir, si l'on ne sait pas dépenser ?

AVENIR Le mot, dans son étymologie transparente, tient presque lieu de définition : l'avenir, c'est ce qui est à venir. Cette tautologie est plus problématique qu'il n'y paraît. Elle suggère en effet deux questions. Si c'est *à venir*, d'où cela viendra-t-il ? Si *c'est* à venir, en quoi n'est-ce pas déjà du présent (puisque cela est). Les deux questions se rejoignent en une même aporie : comment l'avenir pourrait-il exister, et où, puisque, s'il existait, il serait du présent ? Saint Augustin indépassable ici : l'avenir comme le passé ne peut exister « qu'en tant que présent ». La topologie de l'avenir (où est-il ?) commande son ontologie (qu'est-il ?). Mais l'une et l'autre soumises à son concept, qui est paradoxal : où qu'il soit, et quoi qu'il soit, l'avenir ne peut s'y trouver (comme présent) qu'en tant qu'il n'est pas encore. Cela commande à peu près la réponse à nos deux questions. L'avenir ne peut être présent (comme à-venir) que dans l'âme ou la conscience, qui ont seules cette capacité de se représenter ce qui n'est pas. C'est ce qu'on peut appeler l'anticipation, la protention, la futurition, ou, plus simplement, l'attente. Cela suppose l'imagination. Cela suppose aussi, et sans doute d'abord, la mémoire. Quel avenir imaginable, pour le nouveau-né, sinon la répétition ou l'absence de ce qui fut ? Sa mère était là, puis plus ; puis là à nouveau, puis plus, puis là, puis plus... Comment ne pas attendre (désirer, espérer, prévoir) qu'elle revienne ? Comment ne pas craindre qu'elle ne revienne pas ? Elle est donc présente, si l'on peut dire, en tant qu'elle ne l'est plus (mémoire) ou pas encore (anticipation). L'avenir n'a d'existence que pour l'esprit, non en soi : ce n'est pas parce qu'il existe (dans le monde) qu'on l'attend ; c'est au contraire parce qu'on l'attend qu'il existe (dans la conscience). Ainsi l'avenir n'est pas un être ; c'est le corrélat imaginaire d'une conscience en attente.

L'avenir n'existe pas : seule existe la conscience présente que nous pouvons avoir, ici et maintenant, de son absence actuelle et de sa venue attendue. C'est une vue de l'esprit, si l'on veut, mais sur lui-même en train d'attendre. Tout avenir est donc subjectif : rien ne nous attend ; c'est nous qui nous attendons à quelque chose, au point souvent (voyez *La bête dans la jungle*, de Henry James) d'être incapables de le vivre quand il advient. « Ainsi nous ne vivons jamais, disait Pascal, nous espérons de vivre... » C'est ce qui nous voue au temps, au manque, à l'impatience, à l'angoisse. Nous ne sommes séparés du présent ou de l'éternité que par nous-mêmes.

AVENTURE Une histoire intéressante et risquée – et intéressante, le plus souvent, *parce que* risquée. Étymologiquement, c'est ce qui doit arriver. Mais il n'y a aventure que parce qu'on l'ignore. C'est ce qui est en train d'advenir, mais dont on ne connaît pas encore la fin, qui reste imprévisible et hasardeuse. Cela fait comme un destin inachevé ou en suspens.

Entre un homme et une femme, c'est une liaison sans lendemain. Mais on ne le sait qu'après coup. Qui peut être certain, lorsqu'elle commence, qu'elle ne va pas bouleverser notre vie entière ? C'est la différence qu'il y a entre une aventure, toujours risquée, et une bonne fortune, sans risque intrinsèque ou sentimental (sans autre risque, à la limite, et peut-être sans autre fonction, que sanitaire). Il n'y a aventure que là où il y a danger. C'est pourquoi la vie en est une, et la seule.

AVERSION Moins le contraire du désir, malgré Lalande, qu'un désir négatif : c'est désirer s'éloigner de quelque chose, ou l'éloigner de soi. (Le contraire du désir, ce serait plutôt l'indifférence. Ne pas désirer un mets ou un individu, cela ne signifie pas qu'on l'ait en aversion ; l'absence d'un désir n'est pas le désir d'une absence.)

AVEU C'est dire sur soi-même une vérité coupable, ou plutôt (car la vérité, en elle-même, est toujours innocente) c'est dire la vérité sur sa propre culpabilité, ou sur ce qu'on juge être tel.

L'aveu suppose la conscience d'une faute au moins possible. Les Résistants qui parlèrent sous la torture n'ont pas avoué : ils ont trahi ou craqué, comme nous aurions presque tous fait, et c'est ce que certains, plus tard, avoueront. En revanche, il n'est pas exclu que certains communistes aient avoué, lors des procès de Moscou, les crimes qu'on leur imputait : c'est qu'on avait réussi à les convaincre que la dissidence en était un.

On ne confondra pas l'aveu et la confidence : d'abord parce qu'un aveu peut être public, ensuite parce qu'une confidence peut être innocente. Avouer, au contraire, c'est se reconnaître coupable : c'est faire preuve de mauvaise conscience et de bonne foi. Cela vaut mieux que la tartuferie, qui fait preuve de bonne conscience et de mauvaise foi. Mais moins, parfois, que le silence.

AVOIR Le mot est vague, et d'autant plus qu'il sert davantage : il peut désigner une possession (« j'ai une voiture »), un affect (« j'ai de l'amour pour lui »), une représentation (« j'ai une idée »), une sensation (« j'ai faim »), une propriété (« le triangle a trois côtés »), bref toute relation, mais interne ou intériorisée, entre un individu et ce qui n'est pas lui, ou qui n'en est qu'une partie. Si « j'ai un corps », par exemple, c'est que je ne suis pas *que* mon corps. C'est en quoi l'avoir s'oppose à l'être, et le suppose.

AXIOLOGIE L'étude ou la théorie des valeurs. Elle peut se vouloir objective (si elle considère les valeurs comme des faits) ou normative (si elle y souscrit). Celle-ci relève de celle-là ; celle-là ne vaut que pour celle-ci.

AXIOMATIQUE Ensemble d'axiomes, et parfois, par extension, des propositions qu'on en peut déduire, sans qu'intervienne pour ce faire aucun élément empirique. Une axiomatique est un système formel hypothético-déductif. Les mathématiques, par exemple, sont une axiomatique, ou plutôt plusieurs, et c'est ce qui justifie qu'on en parle au pluriel. La logique ? Si elle n'était qu'une axiomatique, elle ne pourrait prétendre être vraie. Et que resterait-il, alors, de nos vérités ?

Qu'une axiomatique ne vaille qu'à proportion de sa rationalité, c'est ce qui interdit de considérer la raison elle-même comme une axiomatique, et de prendre quelque axiomatique que ce soit pour la raison.

AXIOME Proposition indémontrable, qui sert à en démontrer d'autres. Les axiomes sont-ils vrais ? C'est ce qu'on crut pendant longtemps : un axiome, pour Spinoza ou Kant, est une vérité évidente par elle-même, qui n'a donc pas besoin d'être démontrée. Les mathématiciens ou logiciens d'aujourd'hui y voient plutôt de pures conventions ou hypothèses, qui ne peuvent l'être. La vérité, dès lors, n'est plus dans les propositions (si les axiomes ne sont pas vrais, aucun théorème ne l'est), mais dans les rapports d'implication ou de déduction qui les unissent. C'est dire qu'il n'y a pas d'axiomes, au sens traditionnel du terme, mais seulement des postulats (voir ce mot). Cela toutefois est un postulat, non un axiome.

B

BAPTÊME Le mot grec, note Voltaire, signifie immersion : « Les hommes, qui se conduisent toujours par les sens, imaginèrent aisément que ce qui lavait le corps lavait aussi l'âme. » De là le baptême, qui consiste à « se mettre dans le bain du sacré ». C'est bien plus qu'un symbole : c'est un rite, et surtout, pour les croyants, c'est un sacrement, qui nous fait entrer dans l'Église. Qu'on l'impose à des nouveau-nés m'a longtemps choqué : pourquoi leur imposer une appartenance qu'ils n'ont pas demandée, qu'ils ne peuvent refuser ni comprendre ? Je me dis à présent que ce n'est pas si grave, ni si singulier : ils n'ont pas demandé non plus de vivre, ni d'être français, ni de s'appeler Dupont ou Martin. Faut-il pour cela les considérer comme apatrides, anonymes et à naître jusqu'à leur majorité ? Nul ne choisit ce qu'il est, ni son pays, ni son nom, ni sa foi. On ne choisit, et encore, que d'en changer ou pas. À la gloire des convertis, des hérétiques et des apostats.

BARBARE Chez les Grecs, c'était l'étranger, en tant qu'il suscitait le mépris ou la peur. L'ethnocentrisme ne date pas d'hier. Par dépassement puis critique de ce sens premier, on appelle *barbare* toute personne qui semble violer non seulement telle ou telle civilisation particulière, mais la civilisation elle-même ou l'idée que l'on s'en fait – c'est-à-dire, de plus en plus, les droits de l'homme. On parlera par exemple de la barbarie nazie. Cela ne prouve rien contre la civilisation allemande. Quoique.

BARBARIE Comportement de barbare, et tout ce qui l'évoque. Le mot, qui vaut presque toujours comme condamnation (je ne connais guère que Nietzsche, parmi les philosophes, qui l'utilise parfois positivement), n'a bien sûr de sens que relatif : il suppose une civilisation de référence, dont la barbarie serait l'absence ou le saccage. C'est presque toujours donner raison à son propre camp : le barbare, c'est d'abord l'autre, l'étranger, celui qui n'a pas la même civilisation que nous, dont on croit pour cela qu'il n'en a aucune, ou que celle qu'il a, si l'on consent à lui en reconnaître une, ne vaut rien. « Chacun appelle barbarie, disait Montaigne, ce qui n'est pas de son usage. » C'est pourquoi il faut se méfier du mot, toujours suspect d'ethnocentrisme ou de bonne conscience. Mais cela ne dispense pas de se méfier aussi, et bien davantage, de la chose. Aucune civilisation n'est immortelle. Pourquoi la civilisation elle-même le serait-elle ?

Il m'arrive aussi de prendre *barbarie* en un sens plus singulier, pour désigner l'inverse ou le symétrique de l'angélisme. C'est alors une confusion des ordres, comme l'angélisme, mais au bénéfice cette fois d'un ordre inférieur : c'est vouloir soumettre le plus haut au plus bas. Tyrannie, dirait Pascal, des ordres inférieurs. Par exemple : vouloir soumettre la politique ou le droit aux sciences, aux techniques, à l'économie (barbarie technocratique : tyrannie des experts ; ou bien, il y a deux écoles, barbarie libérale : tyrannie du marché). Ou encore : vouloir soumettre la morale à la politique ou au droit (barbarie politique ou juridique : barbarie totalitaire, chez un Lénine ou un Trotski, ou bien barbarie démocratique, qui menace davantage chez nous ; tyrannie des militants, du suffrage universel ou des juges). Ou enfin : vouloir soumettre l'amour à la morale (barbarie moralisatrice : tyrannie de l'ordre moral). On peut aussi sauter des ordres : par exemple vouloir soumettre la morale aux sciences (scientisme, darwinisme moral, etc.) ou bien l'amour à l'argent (prostitution, mariages arrangés ou intéressés...) ou au pouvoir (culte de la personnalité, fanatisme, eugénisme...). Tout cela s'explique, et par les ordres inférieurs plutôt que supérieurs, mais est aussi à combattre : c'est la seule façon de sauver la politique (contre la tyrannie des experts ou du marché), la morale (contre la tyrannie des partis, des assemblées ou des tribunaux) et l'amour (contre la tyrannie des moralistes, de l'opinion publique ou de l'argent). On n'en a jamais fini. Les groupes, presque inévitablement, tendent vers le bas (même dans une Église, les rapports de pouvoir comptent davantage que la morale ou l'amour) : tout groupe, si on le laisse faire, tend à la barbarie, autrement dit à la dictature, quelles qu'en soient les formes, de ce que Platon appelait le *gros animal*. Il n'y a que les individus, quand ils ne tombent pas dans l'angélisme, qui aient la force, parfois, de résister.

BAROQUE L'art maximum, ou qui se voudrait tel : esthétique de l'excès et de l'étonnement. L'art y va jusqu'au bout de sa nature, qui est d'ornement, et s'enivre de sa propre richesse. Car tout art est excessif (le sens est toujours de trop), et étonnant déjà d'exister : l'art est le baroque du monde. Le baroque est ainsi la règle, pour l'art, dont le classicisme serait l'exception.

Le mot, qui relève de l'histoire de l'art, désigne à la fois une période (en gros : de la fin du XVIe siècle au début du XVIIIe) et un style, fait de complexité, d'audace, de surabondance, qui privilégie presque toujours les courbes, le mouvement, les formes déséquilibrées ou pathétiques, avec un faible pour le spectaculaire et l'étrange, voire pour le trompe-l'œil ou l'artifice. On y voit souvent le contraire du classicisme, comme l'hyperbole est le contraire de la litote. Disons que c'est son autre, qui peut le suivre (en Italie) ou le précéder (en France), mais sans lequel le classicisme n'aurait pas cette rigueur ou cet équilibre qui servent – par contraste et rétrospectivement – à le définir. Le classicisme, écrit admirablement Francis Ponge, est « la corde la plus tendue du baroque ».

Cela dit aussi, par différence, ce qu'est le baroque : c'est un classicisme qui se détend ou qui se prépare, qui s'amuse à se faire valoir, qui renonce à la perfection pour le plaisir d'impressionner ou de surprendre, enfin qui se cherche ou se laisse aller. Le classicisme ne passe pour la règle, répétons-le, que parce qu'il est d'abord une exception, qui ne surprend que par ses réussites. Le baroque, c'est sa limite, a besoin de bizarrerie, d'excès ou de virtuosité pour n'être pas banal.

BASSESSE Au sens le plus général, c'est bien sûr le contraire de l'élévation : c'est suivre sa pente, qui est la pente commune, mais en la descendant.

En un sens plus technique, on peut y voir l'équivalent de la *micropsuchia* chez Aristote, et de l'*abjectio* chez Spinoza : c'est « faire de soi, par tristesse, moins de cas qu'il n'est juste » (Spinoza, *Éthique*, III, déf. 29 des affects ; voir aussi Aristote, *Éthique à Nicomaque*, IV, 9). L'homme bas manque à la fois de fierté et de dignité : il se croit incapable de toute action un peu haute ou désintéressée, et l'est en effet, par cette croyance. Son erreur est de croire, quand il s'agit de vouloir.

À ne pas confondre avec l'humilité. On peut avoir conscience de sa petitesse (humilité) sans l'exagérer et sans s'y enfermer (bassesse). La bassesse décourage l'action : c'est le contraire de la grandeur d'âme. L'humilité la désillusionne : c'est le contraire de l'orgueil et de la bonne conscience.

BAVARDAGE La parole dévaluée par l'excès ou la superficialité. C'est avoir peur du silence ou du vrai.

BÉATITUDE « La béatitude, écrit saint Augustin, c'est la joie dans la vérité. » Cette définition parfaite suggère un bonheur plus vaste et plus lucide que nos bonheurs ordinaires, toujours pétris de petitesses et d'illusions – toujours pétris de nous-mêmes. La vérité n'a pas d'ego ; comment serait-elle égoïste ? Tout mensonge la suppose ; comment serait-elle mensongère ?

La béatitude est un vrai bonheur, ou un bonheur vrai, qui serait pour cela éternel (la vérité l'est toujours), complet (la vérité ne manque de rien), enfin comme un autre nom du salut. On évitera d'y trop rêver. La béatitude est éternelle, explique Spinoza ; comment pourrait-elle *commencer* ? Il est donc vain de l'espérer : nul ne l'atteint qu'en cessant de l'attendre.

« Si la joie consiste dans le passage à une perfection plus grande, écrit encore Spinoza, la béatitude doit consister en ce que l'âme est douée de la perfection même » (*Éth.* V, 33, scolie). Mais la perfection n'est autre que la réalité (*Éth.* II, déf. 6) : la béatitude est l'état normal de l'âme, dont nous ne sommes séparés que par nos illusions et nos mensonges. Elle n'est pas la récompense de la vertu, mais la vertu elle-même (*Éth.* V, prop. 42).

Plus simplement, c'est le bonheur du sage, ou la sagesse elle-même comme bonheur. Son contenu est de joie, donc d'amour. Son objet est la vérité, donc tout. C'est l'amour vrai du vrai.

Que nous soyons incapables de l'habiter n'empêche pas de découvrir, parfois, qu'elle nous habite.

BEAU Tout ce qui est agréable à voir, à entendre ou à comprendre, non à cause de quelque autre chose qu'on désire ou qu'on attend (comme la vue d'une fontaine plaît à l'homme assoiffé), mais en soi-même, et indépendamment de quelque utilité ou intérêt que ce soit. Le beau se reconnaît d'abord au plaisir qu'il suscite (être beau, c'est plaire), mais se distingue de la plupart des autres plaisirs par le fait qu'il ne suppose ni convoitise ni possession : il est l'objet d'une jouissance contemplative et désintéressée. C'est pourquoi peut-être on ne parle de beauté que pour la pensée (une belle théorie, une belle démonstration) ou, s'agissant des sens, que pour la vue et l'ouïe – comme si le toucher, le goût ou l'odorat, trop corporels, trop grossiers, étaient incapables de jouir sans posséder ou consommer. Cela, toutefois, relève plus des contraintes du langage que de la nécessité du concept. Un aveugle peut trouver belle la statue qu'il palpe, et rien n'interdit, philosophiquement, de parler d'un beau parfum ou d'une belle saveur. Le langage ne pense pas ; c'est ce qui rend la pensée possible et nécessaire.

« Est beau, écrit Kant, ce qui plaît universellement et sans concept. » Mais l'universalité n'est jamais donnée en fait, et il peut arriver que la beauté, pour tel ou tel, passe par la médiation d'une pensée. Nul n'est tenu de trouver beau ce qui plaît à ses voisins, ni laid ce qui leur déplaît, ni d'admirer ce qu'il ne comprend pas. La jouissance esthétique est tout aussi solitaire, en fait, qu'elle semble universelle, en droit. Nul ne peut aimer, ni admirer, ni comprendre ou jouir à ma place. C'est qu'aucune vérité ici ne règne. « Les choses considérées en elles-mêmes ou dans leur rapport à Dieu ne sont ni belles ni laides », écrit Spinoza (lettre 54, à Hugo Boxel), et c'est ce que Kant, à sa façon, confirmera (« sans relation au sentiment du sujet, la beauté n'est rien en soi », *C. F. J.*, I, § 9). Il n'y a pas de beauté objective ou absolue. Il n'y a que le plaisir de percevoir et la joie d'admirer.

BEAUTÉ La qualité de ce qui est beau, ou le fait de l'être. Faut-il distinguer les deux notions ? C'est ce que suggère Étienne Souriau, dans son *Vocabulaire d'esthétique* : « Quand on parle du *beau*, on est conduit à chercher une essence, une définition, un critère. Tandis que la *beauté*, étant une qualité sensible, peut être l'objet d'une expérience directe et même unanime. » Cette distinction, sans s'être absolument imposée, correspond à peu près à l'usage. Le beau est un concept ; la beauté, une chance.

BÉHAVIORISME De l'anglo-américain *behavior*, conduite, comportement. C'est un autre nom pour la psychologie du comportement (voir ce mot).

BÉNÉDICTION Une parole qui dit le bien, et qui le fait être au moins par là. L'erreur serait d'y croire tout à fait, autrement dit d'en attendre un résultat autre que performatif, par exemple une aide ou une protection. Dire le bien ne dispense pas de le faire.

BESOIN Nécessité vitale ou vécue. Un manque ? Pas forcément. Toute plante a besoin d'eau, qu'elle en ait ou pas suffisamment. Le petit enfant a besoin de ses parents. Cela ne prouve pas qu'il soit orphelin. Enfin rien ne vous empêche de chanter *« I need you »* à l'homme ou à la femme qui partage votre vie, qui ne vous manque pas mais qui est nécessaire à votre bonheur.

On a besoin non seulement de ce qui manque, mais de ce qui manquerait s'il n'était pas là. Le besoin n'est pas toujours une absence ; c'est une condition, qui peut être satisfaite ou non : il porte sur tout ce qui m'est nécessaire, autrement dit sur tout ce sans quoi je ne puis vivre ou vivre bien. C'est la condition *sine qua non* de la vie ou du bonheur.

On distingue ordinairement le *besoin*, qui serait objectif, du *désir*, qui serait subjectif. Mais la limite entre les deux reste floue. Le sujet, pour illusoire qu'il soit toujours, n'en existe pas moins objectivement. C'est ce qui explique que nous ayons besoin d'amour autant, ou presque autant, que de nourriture.

BESTIALITÉ Manque d'humanité, au sens normatif du terme, autrement dit d'éducation : c'est vivre ou agir comme une bête. Il en découle que la bestialité est le propre de l'homme, quand il oublie ce qu'il est ou doit être.

BÊTE Tout animal qui ne fait pas partie du genre humain.

Comme adjectif, et en un sens figuré, le mot désigne aussi un homme qui manque d'intelligence. C'est que l'intelligence, croit-on, est le propre de l'espèce humaine. Disons que c'est son lieu ordinaire d'excellence. Sauf pathologie ou accident, l'homme le plus bête l'est pourtant moins que le chimpanzé le plus intelligent. La pensée touche au corps, par le cerveau, et donc à l'espèce, par les gènes. Que cela ne tienne pas lieu d'éducation, c'est bien clair. Mais quelle éducation sans cerveau ? L'acquis suppose l'inné ; la culture fait partie de la nature.

Les bêtes ont-elles des droits ? Pas les unes pour les autres (le lion ne viole pas les droits de la gazelle qu'il dévore, ni le moineau ceux du ver de terre). Mais nous avons des devoirs envers elles : le devoir de ne pas les faire souffrir inutilement, celui de ne pas les exterminer, de ne pas les humilier, de ne pas les martyriser... La souffrance commande, c'est ce que signifie la compassion. Les bêtes en sont-elles capables ? Guère, semble-t-il. Cela ne nous dispense pas d'être humains avec elles, qui ne le sont pas.

BÊTISE Manque d'intelligence : c'est penser comme une bête, ou comme on suppose, plutôt, que les bêtes pensent, disons mal ou trop peu. Notion par nature relative. La bêtise, comme l'intelligence, ne se dit que par comparaison et degrés. Cela laisse une chance aux imbéciles (il y a toujours plus bête qu'eux) et aux génies (il y a toujours de la bêtise en eux à surmonter). « J'ai été bête », dit-on souvent. C'est supposer non qu'on ne l'est plus, mais qu'on l'est moins.

BIEN Tout ce qui est bon absolument. Si toute valeur est relative, comme je le crois, le bien n'est donc qu'une illusion : c'est ce qui reste d'un jugement de valeur positif, quand on méconnaît les conditions subjectives qui le rendent possible. On dira par exemple que la santé, la richesse ou la vertu sont des biens, ce qui laisse entendre qu'ils valent par eux-mêmes, quand ils ne valent en vérité que pour autant que nous les désirons. Qu'importe la santé au suicidaire, la richesse au saint, la vertu au salaud ? « Il n'y a pas de Bien ni de Mal, disait Deleuze à propos de Spinoza, il n'y a que du *bon* et du *mauvais* (pour nous). » Le bien est le bon, quand on croit qu'il l'est en soi.

Le mot, en français, est pourtant difficile à éviter. On dit « faire le bien », non « faire le bon ». La langue reflète nos illusions en même temps qu'elle les renforce. En l'occurrence cette expression dit quelque chose d'important : le bien n'existe pas ; il est à faire. Ce n'est pas un être ; c'est un but. Non une Idée, malgré Platon, mais un idéal. Non un absolu, malgré Kant, mais une croyance. C'est le corrélat hypostasié de nos désirs.

« Le bien, écrivait Aristote, est ce à quoi toutes choses tendent » (*Éthique à Nicomaque*, I, 1). C'était penser la nature sur le modèle humain, et l'homme selon le finalisme. Un matérialiste dirait plutôt : « Les hommes appellent bien ce vers quoi ils tendent. » C'est l'esprit de Hobbes (*Léviathan*, chap. VI). C'est l'esprit de Spinoza : « Par *bien*, j'entends tout genre de joie, ainsi que tout ce qui y mène, et principalement ce qui satisfait un désir, quel qu'il soit ; par *mal*, tout genre de tristesse, et principalement ce qui frustre un désir » (*Éthique*, III, 39, scolie ; voir aussi III, 9, scolie, et IV, Préface). C'est pourquoi les biens sont multiples – parce que les hommes ne tendent pas tous vers les mêmes choses, ni vers une seule. Voyez Diogène et Alexandre. La convergence des désirs est pourtant la règle la plus ordinaire, qui nous voue au conflit (quand nous désirons les mêmes choses, que nous ne pouvons tous posséder) ou à l'émulation. Que le pouvoir ne soit pas un bien, pour le sage, n'empêche pas que la sagesse en soit un, pour l'ambitieux. « Si je n'avais été Alexandre, disait l'élève d'Aristote, j'aurais voulu être Diogène. »

BIEN (SOUVERAIN –) « Dans toute action, dans tout choix, écrit Aristote, le bien est la fin, car c'est en vue de cette fin qu'on accomplit tout le reste » (*Éthique à Nicomaque*, I, 5). Mais la plupart des fins que nous visons ne valent pas par elles-mêmes : ce ne sont en vérité que des moyens, pour d'autres fins. Par exemple le travail n'est une fin (donc un bien) que par l'argent qu'il permet de gagner, comme l'argent n'est un bien que par le confort ou le luxe qu'il autorise... Mais si toute fin n'était ainsi qu'un moyen pour une autre fin, qui ne serait à son tour qu'un moyen pour une autre, et ainsi à l'infini, notre désir serait par définition insatiable. On dira que c'est en effet le cas, et c'est ce que les Grecs pourtant n'ont pas voulu accepter. Aristote encore : « Si donc il y a, de nos activités, quelque fin que nous souhaitions par elle-même, et les autres seulement à cause d'elle, et si nous ne choisissons pas indéfiniment une chose en vue d'une autre (car alors on procéderait ainsi à l'infini, de sorte que le désir serait futile et vain), il est clair que cette fin-là ne saurait être que le bien, le souverain bien » (*ibid.*, I, 1). Cela vaut comme définition au moins formelle : le souverain bien serait la *fin finale*, comme dit Aristote, autrement dit la fin qui n'est le moyen d'aucune fin, et dont toutes les autres fins ne sont que les moyens. Il serait pour cela le but ultime de tous nos actes.

Mais qu'est-il ? Qu'est-ce qui est bon par-dessus tout, que nous désirons pour lui-même, et en vue de quoi nous désirons tout le reste ? Aristote répond : « le bonheur, car nous le choisissons toujours pour lui-même et jamais en vue d'une autre chose » (*ibid.*, I, 5 ; voir aussi X, 6). Épicure répondrait plutôt « le plaisir » : car le bonheur ne vaut que pour autant qu'il est agréable, quand le plaisir, sans le bonheur, continue de valoir. Les stoïciens répondraient plutôt « la vertu », puisqu'elle seule nous rend heureux et vaut mieux qu'un bonheur, d'ailleurs impossible, qui prétendrait s'en passer.

Entre ces trois éthiques, centrées sur trois souverains biens, on évitera de trop forcer l'écart. L'eudémonisme est le lot commun des sagesses grecques : que le bonheur puisse n'être pas agréable ou vertueux, ce n'était pour Épicure ou Zénon qu'une pure hypothèse d'école, qu'ils n'ont jamais envisagée sérieusement. Le bonheur pour tous est le but : c'est l'activité conforme à la vertu (Aristote), le plaisir en repos de l'âme (Épicure) ou la vertu en acte (Zénon).

C'est ce qui donne raison à Kant, quelque deux mille ans plus tard, quand il leur donne tort. Le mot *souverain* est équivoque, remarque-t-il dans la « Dialectique de la raison pratique » : il peut signifier *suprême* ou *parfait*. Or, quand bien même la vertu serait, comme le veut Kant, « la condition suprême de tout ce qui peut nous paraître désirable », elle ne sera « le bien complet et parfait » qu'à la condition d'être accompagnée du bonheur. De fait, si le souverain bien est le désirable absolu, chacun accordera qu'il ne peut aller ni sans bonheur ni sans vertu : ce que nous désirons, c'est la conjonction ou, comme dit Kant, « l'exacte proportion » des deux. C'est bien ce que cherchaient les épicuriens (pour qui le bonheur est la vertu) comme les stoïciens (pour qui la vertu est le bonheur). Ils se trompaient les uns et les autres. L'union du bonheur et de la vertu est synthétique, explique Kant, non analytique : ce sont deux concepts « tout à fait distincts », dont la conjonction, sur cette terre, n'est jamais garantie et presque jamais donnée (*C. R. Pratique*, I, II, chap. 2). Il faut donc renoncer au souverain bien, ou croire en Dieu. C'est où la modernité commence, en nous séparant du bonheur.

BIEN (TOUT EST -) C'est l'expression qui résume, pour Voltaire, l'optimisme leibnizien, dont il s'est si efficacement moqué dans *Candide*. La formule semble absurde ou choquante, tant elle est démentie par l'expérience. Elle est pourtant irréfutable. Si Dieu existe, s'il est à la fois tout-puissant et parfaitement bon, comment tout n'irait-il pas pour le mieux dans le meilleur des mondes possibles ? Le principe du meilleur explique tout, mais c'est pourquoi aussi il n'explique rien (puisqu'il expliquerait aussi bien un monde complètement différent du nôtre : par exemple un monde où le cancer n'existerait pas, ou bien un autre dans lequel Hitler aurait gagné la guerre...). Le vrai c'est qu'on ne sait rien d'un tel Dieu, ni d'un autre monde possible, ni de l'origine, si Dieu existe, du mal. Ce n'est « qu'un jeu d'esprit, conclut Voltaire, pour ceux qui disputent : ils sont des forçats qui jouent avec leurs chaînes ».

« Tout est bien », c'est aussi le dernier mot d'Œdipe, chez Sophocle, et de Sisyphe, chez Camus. Ce n'est plus religion, c'est sagesse. Plus optimisme, mais tragique. Plus foi, mais fidélité : « Sisyphe enseigne la fidélité supérieure, qui nie les dieux et soulève les rochers. Lui aussi juge que tout est bien. Cet univers désormais sans maître ne lui paraît ni stérile ni futile. [...] La lutte elle-même vers les sommets suffit à remplir un cœur d'homme. Il faut imaginer Sisyphe heureux » (*Le mythe de Sisyphe*, Conclusion).

Si tout est bien, au moins en un certain sens, ce n'est donc pas parce que le mal n'existerait pas ou serait au service, comme le voulait Leibniz, d'un plus grand bien. C'est plutôt qu'il n'y a que le réel, qui n'est ni bien ni mal (ou qui ne l'est que pour nous), et qu'il faut accepter en entier pour pouvoir le transformer au moins en partie. L'optimisme n'est qu'un mensonge ; le pessimisme, qu'une tristesse. Le monde n'est pas un supermarché, où l'on aurait le choix des produits. Il est à prendre ou à laisser, et nul ne peut le transformer qu'à la condition d'abord de le prendre. Tout est bien ? Ce serait trop dire. Disons que tout est vrai. On n'est plus chez Leibniz ; on est chez Spinoza. Philosophie non du meilleur des mondes possibles, mais du seul réel. C'est retrouver Camus, au point exact où il rencontre Spinoza : « Ce qui compte, c'est d'être vrai, et alors tout s'y inscrit, l'humanité et la simplicité. Et quand donc suis-je plus vrai que lorsque je suis le monde ? Je suis comblé avant d'avoir désiré. L'éternité est là et moi je l'espérais. Ce n'est plus d'être heureux que je souhaite maintenant, mais seulement d'être conscient » (*L'envers et l'endroit*, p. 49 dans la Pléiade).

BIENFAISANCE Capacité à faire le bien, ou du bien, autrement dit à bien agir. Se dit presque exclusivement par rapport à autrui (quand on se fait du bien à soi, ce peut être vertu, ce n'est pas bienfaisance), et souvent avec réserve ou ironie. Quand quelqu'un fait du bien à autrui, on soupçonne, souvent légitimement, quelque calcul ou condescendance. Aussi le personnage du « bienfaiteur » n'est-il guère sympathique. Cela, toutefois, ne saurait excuser ni l'égoïsme ni l'inaction.

BIENSÉANCE L'art ou la capacité de bien se conduire en public, de bien se *tenir*, comme on dit, ce qui ne va pas sans contrainte ni artifice. La bienséance concerne moins la morale que la politesse, moins l'être que le paraître, moins la vertu que les convenances. Il s'agit d'abord de ne pas choquer. Diogène, se masturbant en public, manquait assurément à la bienséance. C'était sa façon à lui d'être vertueux.

BIENVEILLANCE C'est vouloir du bien à quelqu'un, donc lui en faire (la bienveillance se confond alors avec la bienfaisance) ou en espérer pour lui. Cette seconde forme de bienveillance ne vaut que ce que vaut l'espérance, qui ne vaut guère, mais mieux tout de même que la malveillance.

BILIEUX L'un des quatre tempéraments d'Hippocrate (avec le lymphatique, le sanguin et le nerveux). C'était aussi l'une des catégories, aujourd'hui hors d'usage, de la caractérologie traditionnelle. Le bilieux aurait le corps maigre, le teint jaune, l'esprit soucieux, le cœur fidèle... Cela s'expliquait, selon Hippocrate, par un excès de bile dans l'organisme. On dirait aujourd'hui plutôt l'inverse (si vous avez trop de bile, c'est à cause de vos soucis). Une superstition chasse l'autre. Le foie et les soucis demeurent.

BIOLOGIE La science de la vie ou du vivant. On remarquera qu'elle ne donne aucune raison de vivre, ni même de faire de la biologie. Toutes nos raisons pourtant en dépendent, qu'elle doit pouvoir, au moins en droit, expliquer. Mais expliquer n'est pas juger, et n'en dispense pas.

BIVALENCE Le fait, pour une proposition quelconque, de ne pouvoir prendre que deux valeurs, le vrai ou le faux. La logique classique est une logique bivalente.

On appelle parfois *principe de bivalence* le principe qui stipule que toute proposition a une valeur de vérité déterminée : elle est soit vraie soit fausse. C'est une sorte d'alternative, mais appliquée à une seule proposition. Il semble en résulter un fatalisme logique, duquel Aristote et Épicure eurent bien du mal à s'échapper. Soit par exemple la proposition : « *Je me suiciderai demain.* » Le principe de bivalence entraîne qu'elle est soit vraie soit fausse. Mais si elle est vraie, je ne suis donc pas libre de me suicider ou non demain (puisqu'il est déjà vrai que je le ferai) ; et pas davantage si elle est fausse (puisqu'il est déjà vrai que je ne le ferai pas). Je ne suis donc libre ni dans un cas ni dans l'autre, qui sont les deux seuls cas possibles. Comme le raisonnement peut être indéfiniment répété à propos de n'importe quelle proposition, il en découle que tous les futurs se produisent nécessairement, et qu'il n'y a dans le monde ni contingence ni liberté. Si tout est vrai ou faux, tout est écrit. L'esprit de Parménide souffle là, dans le désert de Mégare.

Il semble qu'on puisse en sortir pourtant, en posant (c'est le présupposé d'existence) qu'une proposition ne peut être vraie ou fausse que pour autant que son objet existe : si Dieu n'existe pas, il n'est ni vrai ni faux qu'il ait une barbe. L'application du principe de bivalence aux événements futurs ne serait donc légitime qu'à supposer que ces événements existent déjà, ce qui constituerait à la fois une pétition de principe (tout ce qui existe existe nécessairement) et une contradiction (puisqu'un futur qui existerait déjà ne serait pas un futur). La vraie question est donc de savoir si le futur aussi est éternel.

BON Tout ce qui plaît ou semble devoir plaire. On dira par exemple : une bonne action, un bon repas, une bonne idée. Mais pourquoi cela plaît-il ? Parce que nous le désirons, répond Hobbes : « L'objet, quel qu'il soit, de l'appétit ou du désir d'un homme, est ce que pour sa part celui-ci appelle *bon* ; et il appelle *mauvais* l'objet de sa haine ou de son aversion. » Le bon et le mauvais (à la différence supposée du bien et du mal) n'existent que subjectivement : « Ces mots s'entendent toujours par rapport à la personne qui les emploie, continue Hobbes, car il n'existe rien qui soit tel, simplement et absolument » (*Léviathan*, chap. VI). Même idée chez Spinoza : « Nous ne désirons aucune chose parce que nous la jugeons bonne, mais au contraire nous appelons bonne la chose que nous désirons ; conséquemment, nous appelons mauvaise la chose que nous avons en aversion ; chacun juge ainsi ou estime, selon ses affects, quelle chose est bonne, quelle mauvaise, quelle meilleure, quelle pire, quelle enfin la meilleure ou quelle la pire » (*Éthique*, III, 39, scolie ; voir aussi III, 9, scolie, et IV, Préface). Le bon n'est pas un absolu ; mais ce n'est pas non plus un pur néant. C'est le bien désillusionné : le corrélat reconnu et assumé de nos désirs.

C'est ce qui distingue le relativisme du nihilisme. « Par-delà le Bien et le Mal, remarquait Nietzsche, cela ne veut pas dire par-delà le bon et le mauvais. » Il avait raison. C'était sa façon à lui d'être spinoziste.

BONHEUR On croit parfois que c'est la satisfaction de tous nos désirs. Mais si tel était le cas, nous ne serions jamais heureux, et ce serait Kant, hélas, qu'il faudrait suivre : le bonheur serait « un idéal, non de la raison, mais de l'imagination ». Comment tous nos désirs seraient-ils satisfaits, puisque le monde ne nous obéit pas, puisque nous ne savons désirer, presque toujours, que ce qui nous manque ? Ce bonheur-là n'est qu'un rêve, qui nous empêche de l'atteindre.

D'autres veulent y voir une joie continue ou constante. Mais comment la joie – qui est passage, jaillissement, turbulence – pourrait-elle l'être ?

Le bonheur n'est ni la satiété (la satisfaction de tous nos penchants), ni la félicité (une joie permanente), ni la béatitude (une joie éternelle). Il suppose la durée, comme l'avait vu Aristote (« une hirondelle ne fait pas le printemps, ni un seul jour le bonheur »), donc aussi les fluctuations, les hauts et les bas, les intermittences, comme en amour, du cœur ou de l'âme… Être heureux, ce n'est pas être toujours joyeux (qui peut l'être ?), ni ne l'être jamais : c'est *pouvoir* l'être, sans qu'on ait besoin pour cela que rien de décisif n'advienne ou ne change. Qu'il ne s'agisse que de *possibilité* laisse place à l'espérance et à la crainte, au manque, à l'à-peu-près… qui le distinguent de la béatitude. Le bonheur appartient au temps : c'est un état de la vie quotidienne. État subjectif, bien sûr, relatif évidemment, dont on peut pour cela contester jusqu'à l'existence. Mais qui a connu le malheur n'a plus de ces naïvetés, et sait, au moins par différence, que le bonheur aussi existe. Le confondre avec la félicité, c'est se l'interdire. Avec la béatitude, c'est y renoncer. Péchés d'adolescent et de philosophe. Le sage n'est pas si bête.

On peut appeler *bonheur*, c'est en tout cas la définition que je propose, tout laps de temps où la joie est perçue, fût-ce après coup, comme immédiatement possible. Et *malheur*, inversement, tout laps de temps où la joie paraît immédiatement impossible (où l'on ne pourrait être joyeux, c'est du moins le sentiment que l'on a, que si quelque événement décisif changeait le cours du monde).

Parce qu'il s'agit d'une joie seulement possible, le bonheur est un état imaginaire. C'est donner raison à Kant ? Pas forcément. Car cela n'empêche pas d'être heureux (c'est un état, non un idéal), ni que la joie advienne (le réel fait partie du possible), et même c'est une raison déjà d'être heureux (l'imaginaire fait partie du réel) et de se réjouir (quel bonheur de n'être pas malheureux !). Ainsi la joie est le contenu – tantôt effectif, tantôt imaginaire – du bonheur, comme le bonheur est le lieu naturel de la joie. C'est une espèce d'écrin : l'erreur est de le chercher pour lui-même, quand il ne vaut que pour la perle.

L'erreur est même de le *chercher* tout court. C'est l'espérer pour demain, où nous ne sommes pas, et s'interdire de le vivre aujourd'hui. Occupe-toi plutôt de ce qui compte vraiment : le travail, l'action, le plaisir, l'amour – le monde. Le bonheur viendra par surcroît, s'il vient, et te manquera moins, s'il ne vient pas. On l'atteint d'autant plus facilement qu'on a cessé d'y tenir. « Le bonheur est une récompense, disait Alain, qui vient à ceux qui ne l'ont pas cherchée. »

BON SENS La raison ordinaire, comme à portée d'homme, et moins universelle peut-être que commune. C'est le rapport humain au vrai : « la puissance, disait Descartes, de bien juger et distinguer le vrai d'avec le faux ».

Montaigne suggérait par boutade que tous en ont assez, puisque nul ne se plaint d'en manquer (*Essais*, II, 17, p. 657). Descartes en conclura, peut-être ironiquement, que « le bon sens est la chose du monde la mieux partagée », qui serait « naturellement égale en tous les hommes » (*Discours de la méthode*, I). C'était confondre non seulement le bon sens et la raison, comme Descartes fait explicitement, mais aussi l'universel, qui est de droit, avec une égalité, qui serait de fait. Que nous ayons tous la même raison, puisqu'il n'y en a qu'une, ne prouve pas que nous en ayons tous autant ni assez. C'est ce que le bon sens sait bien, qui le distingue de la raison et leur interdit à tous deux de prétendre à l'absolu.

Une raison absolue serait de Dieu. Le bon sens, qui est une raison humaine, nous en sépare et en tient lieu.

BONNE FOI L'amour ou le respect de la vérité : c'est aimer ce qu'on croit vrai, ou s'y soumettre. C'est en quoi la bonne foi se distingue de la foi (qui croit vrai ce qu'elle aime) et vaut mieux. C'est la seule foi qui vaille.

BONTÉ Le propre de l'homme bon. C'est moins une vertu particulière que la rencontre, en un même individu, de plusieurs vertus différentes et complémentaires : la générosité, la douceur, la compassion, la bienveillance, l'amour parfois... Que de tels êtres existent, même rares, même imparfaits, c'est une vérité d'expérience, comme celle qu'il existe des salauds. La différence, entre les uns et les autres, suffit à donner à la morale son sens, fût-il relatif, et son enjeu.

On remarquera qu'un amour sans bonté – voyez la concupiscence ou la jalousie – n'est plus une vertu du tout, alors qu'une bonté sans amour (faire du bien à ceux qui nous sont indifférents, voire à ceux que l'on déteste) ne cesse pas pour autant d'être bonne. Cela met l'amour à sa juste place, qui n'est la première que sous réserve de sa bonté.

BORNES DE L'ESPRIT HUMAIN C'est une expression traditionnelle, pour dire que nous ne sommes pas Dieu ni en état de connaître absolument l'absolu. J'en suis évidemment d'accord. Mais est-ce le mot de *bornes* qui convient ? Voltaire lui consacre un chapitre, plutôt décevant, de son *Dictionnaire*. Il se réclame de Montaigne. Mais Montaigne, sur le sujet, est plus subtil. Que notre esprit soit limité, c'est une évidence ; mais qui ne nous autorise pas à lui fixer une borne : « Il est malaisé de donner bornes à notre esprit ; il est curieux et avide, et n'a point occasion de s'arrêter plutôt à mille pas qu'à cinquante » (*Essais*, II, 12). C'est toute la différence qu'il y a entre un être fini, comme nous sommes tous, et un être borné, ce qui vaut comme reproche ou condamnation. Un de mes amis, dont le jardin très étroit donnait directement sur l'à-pic d'une falaise, donc sur la mer et le ciel, disait joliment que son jardin était « infini au moins par un côté » ; puis il ajoutait : « comme l'esprit peut-être ». Cela me fit rêver longtemps. Pourquoi un esprit fini ne pourrait-il concevoir l'infini, s'y plonger, s'y perdre ? Les mathématiques en donnent l'exemple. La philosophie aussi peut-être. À ceux qui lui reprochaient de borner sa philosophie à l'homme, Alain répondait simplement : « C'est que je ne vois point la borne » (Propos du 25 déc. 1928).

BOUDDHISME La doctrine du Bouddha, qui enseigne que tout est douleur et les moyens de s'en libérer : par le renoncement à soi (le sujet n'est qu'une illusion), à la stabilité (tout est impermanent), au manque (tout est là), et même au salut (*nirvâna* et *samsâra* sont une seule et même chose).

Le Bouddha n'est pas un dieu et ne se réclame d'aucun. Son enseignement constitue moins une religion qu'une spiritualité, moins une philosophie qu'une sagesse, moins une théorie qu'une pratique, moins un système qu'une thérapie. Quatre bonnes raisons, pour les philosophes, de s'y intéresser.

BRAVOURE Le courage face au danger, avec quelque chose de spectaculaire qui le redouble. « Le courageux a du courage, disait Joubert, le brave aime à le montrer. »

BRUTALITÉ Un penchant pour la violence. Le brutal ne manque pas seulement de douceur (il ne serait alors que violent) ; il manque aussi d'intelligence, de finesse, de contrôle, de respect, de compassion... Triste brute.

BUREAUCRATIE Le pouvoir des bureaux, c'est-à-dire (par métonymie) de ceux qui y travaillent. S'oppose en cela à la démocratie (les bureaux ne sont pas le peuple) mais aussi, plus généralement, au pouvoir politique. C'est ce qui distingue la bureaucratie de l'administration. L'administration sert le souverain ; la bureaucratie le dessert, s'en sert ou s'y substitue.

Le propre de la bureaucratie est d'être impersonnelle et irresponsable. Un bureaucrate peut toujours en remplacer un autre. Mais qui pourrait renverser la bureaucratie ? Ces gens-là n'ont pas été élus ; que leur font les électeurs ?

Cela n'empêche pas que les bureaucrates soient aussi des individus, qui doivent répondre personnellement de leurs actes. Le règlement n'excuse pas tout, ni l'obéissance, ni la hiérarchie. Eichmann était un bureaucrate.

BUT Ce qu'on vise, ce qu'on poursuit, ce qu'on veut atteindre ou obtenir.

Les stoïciens distinguaient la fin *(telos)* et le but *(skopos)*. Le but est extérieur à l'action : c'est par exemple la cible que vise l'archer. La fin est intérieure : il s'agit non d'atteindre la cible (cela ne dépend pas de nous : un coup de vent soudain peut faire dévier la flèche), mais de la viser bien. Le but est toujours à venir ; la fin, toujours présente. Le but est l'objet d'une espérance ; la fin, d'une volonté.

Ainsi le sage agit sans but (c'est ce que les Orientaux appellent « le détachement par rapport au fruit de l'acte »), mais non sans fin. Et il vise d'autant mieux la cible qu'il se moque de l'atteindre. L'action lui suffit.

C

ÇA L'une des trois instances (avec le moi et le surmoi) de la seconde topique de Freud. C'est le pôle pulsionnel de l'individu : le ça touche par là à la biologie et à l'hérédité (à ce que Freud appelle « le passé de l'espèce ») autant que le surmoi à la culture ou à l'éducation (« le passé de la société »). Il est bien sûr antérieur à la conscience, et reste indépendant d'elle. Ce n'est pas un sujet, ni une personne. C'est notre ancrage dans la nature, ou la nature en nous. Avant la conscience, avant même l'inconscient, il y a le corps.

On pense à *L'anti-Œdipe* de Deleuze et Guattari : « Ça respire, ça chauffe, ça mange. Ça chie, ça baise… On a bien tort d'appeler ça le ça ! » Tort ? Pas forcément. C'était marquer la distance entre ce que nous sommes, ou voulons être, et ce qui nous fait ou nous traverse. Le ça n'est pas une chose, mais encore moins un individu. « Là où *ça* était, écrit Freud, *je* dois advenir. » L'imparfait ne doit pas tromper. Le ça est originaire, sans doute, mais tout aussi ultime. Il nous accompagnera jusqu'à notre dernier souffle, qui sera le sien. Le sujet toujours reste une conquête ou une exigence.

CADAVRE Un corps qui a été vivant et qui ne l'est plus. Ne se dit en pratique et au sens propre que des animaux (humanité comprise). C'est la mort réelle, ou la forme réelle de la mort – ce qui la sépare, malgré Épicure, du pur néant. Cela ne change pas l'essentiel, qui est la vie. La mort me délivrera de mon cadavre, bien avant que les vers ne s'en chargent.

CALCUL *Calculus*, en latin, c'est un caillou (d'où le sens médical du mot, par exemple quand on parle d'un calcul dans les reins ou la vessie), une boule ou un jeton, bref tout ce qui peut servir à compter (d'où le sens ordinaire : on est passé de l'instrument à son utilisation). Calculer, c'est d'abord faire une opération avec ou sur des nombres. Par extension, le mot désigne toute opération de l'esprit susceptible d'un traitement purement arithmétique, logique (par l'application de règles ou d'algorithmes), voire mécanique : calculer, c'est penser comme une machine pourrait le faire, au moins en droit, voire comme elles semblent le faire (l'intelligence artificielle). Si penser c'est calculer, comme le voulait Hobbes, cela signifie que l'esprit est une machine ; c'est ce qu'on appelle le cerveau. Mais il n'est esprit que par la conscience ; c'est ce qui le distingue des machines à calculer les plus performantes. L'ordinateur qui effectue presque instantanément les opérations les plus complexes ne *sait* pas compter, puisqu'il ne sait pas qu'il compte. Cela permet une autre définition : le calcul, c'est la pensée qui ne se pense pas, ou ce qui reste de la pensée quand on met la conscience – par mécanisme ou par abstraction – hors jeu ou entre parenthèses. C'est économiser l'esprit, qu'on réserve pour des tâches plus hautes.

« La fonction de penser ne se délègue pas », disait Alain. La fonction de calculer, si, et c'est en quoi le calcul n'est pas le tout de la pensée.

CALOMNIE C'est dire le mal qui n'est pas : la calomnie est un mensonge malveillant, ou une méchanceté mensongère. Double faute. Plus coupable par là que la médisance (dire le mal qui est), et moins agréable.

CANDEUR Une forme de crédulité, mais appliquée aux choses humaines. Le crédule ne sait pas douter ; le candide ne sait pas soupçonner. Défaut plus sympathique, mais tout aussi dangereux.

CANON Toute sorte de règle (*kanôn* en grec) qui peut servir de norme, de modèle ou de référence.

CANONIQUE C'est un ensemble de règles pour la pensée ou la connaissance. Spécialement, chez Épicure, c'est ce qui tient lieu à la fois de logique, de méthode et de théorie de la connaissance : l'exposé des critères de la vérité (sensation, anticipations, affections) et des moyens (par la démonstration) d'accroître la connaissance que l'on en a.

CAPITAL La richesse, considérée comme moyen de s'enrichir. Ce cercle dit l'essentiel. Un capital, c'est de l'argent qui rapporte, par opposition à celui qu'on gagne (les revenus) ou qu'on dépense : c'est une richesse créatrice de richesse.

On oppose le capital au travail. On a raison : le capital sert surtout à faire travailler l'argent et les autres.

CAPITALISME On peut le définir structurellement ou fonctionnellement. Structurellement, c'est un système économique fondé sur la propriété privée des moyens de production et d'échange, et réglé, si l'on peut dire, ou déréglé, par la liberté du marché (y compris du marché du travail : c'est ce qu'on appelle le salariat). Cette définition débouche sur une tautologie, qui n'est pas sans conséquences : une entreprise appartient à celui ou ceux qui la possèdent, autrement dit aux actionnaires. Qu'elle soit au service de ses clients et de ses salariés, comme on le dit presque partout, n'est qu'un aimable raccourci, qui tait l'essentiel : elle n'est au service approximatif de ses salariés (disons qu'elle tend à les satisfaire à peu près, ne serait-ce qu'en leur versant un salaire) que parce que c'est la seule façon de satisfaire ses clients ; et elle n'est au service de ses clients que parce que c'est la seule façon de satisfaire durablement l'actionnaire. Ainsi le fameux triangle est orienté. Les clients et les salariés sont la base ; les actionnaires, le sommet.

Le capitalisme peut aussi se définir d'un autre point de vue, non plus structural mais fonctionnel : c'est un système qui sert, avec de l'argent, à faire plus d'argent. Si vous avez un million d'euros sous votre matelas, en billets ou en lingots, vous êtes assurément un riche, un imprudent, un imbécile, mais vous n'êtes pas pour autant un capitaliste : votre argent ne vous rapporte rien, votre richesse ne crée pas de richesse. Si vous avez 1 000 euros en SICAV à votre banque, vous n'êtes certes pas riche, mais vous êtes déjà, à votre petit niveau, un capitaliste : votre argent vous enrichit. Ainsi l'accumulation du capital fait partie de sa définition.

Que la richesse aille surtout aux riches, dans une telle société, est à peu près inévitable. Son but est le profit, non la justice. C'est ce qui rend le capitalisme moralement insatisfaisant et économiquement efficace. La politique, entre cette insatisfaction et cette efficacité, essaie d'imposer une espèce d'équilibre. Ne comptons pas sur le marché pour être juste à notre place. Ni sur la justice pour créer des richesses.

CAPRICE Volonté sans raison, sans durée ou sans force. L'enfance est l'âge des caprices ; et le caprice, chez un adulte, une marque d'infantilisme.

CARACTÈRE C'est d'abord une empreinte (*kharaktêr*, en grec, c'est le graveur de médaille ou de monnaie), une marque indélébile, un signe permanent ou distinctif. Le mot désigne pour cela l'ensemble des dispositions permanentes ou habituelles d'un individu (son *êthos*), autrement dit sa manière propre de sentir et de ressentir, d'agir et de réagir – sa façon particulière d'être soi. « C'est ce que la nature a gravé dans nous », disait Voltaire. Je n'irais pas jusque là. Le caractère me semble plus individualisé et évolutif que le tempérament, moins que la personnalité. Je dirais volontiers : le tempérament d'un individu, c'est ce que la nature a fait de lui ; son caractère, c'est ce que l'histoire a fait de son tempérament ; sa personnalité, c'est ce qu'il a fait, et qu'il ne cesse de faire, de ce que l'histoire et la nature ont fait de lui. Le caractère renvoie au passé, donc à tout ce qui, en nous, ne dépend plus de nous. Il faut faire avec, comme on dit, et c'est en quoi, selon une formule célèbre d'Héraclite, « le caractère d'un homme est son démon » ou son destin : parce qu'il est ce qui choisit en lui, qu'il ne choisit pas.

Kant distingue, pour tout être humain, un *caractère empirique* et un *caractère intelligible* (*Critique de la raison pratique*, Examen critique de l'analytique). Le caractère empirique est soumis aux conditions du temps, donc de la causalité ; il est totalement déterminé (par le passé) et déterminant (pour l'avenir), au point qu'on pourrait, si on le connaissait suffisamment, « calculer la conduite future d'un homme avec autant de certitude qu'une éclipse de lune ou de soleil ». Le caractère intelligible, au contraire, échappe aux conditions du temps et donc à l'enchaînement causal des phénomènes : c'est le choix absolument libre que chacun fait de soi (« le caractère qu'il se donne à lui-même », écrit Kant). Il en résulte que le même individu est à la fois totalement déterminé (en tant que phénomène) et totalement libre (en tant que chose en soi). La conjonction des deux est bien sûr impossible à comprendre ou à expliquer. Mais quand bien même on l'accorderait à Kant, on ne voit pas comment un individu pourrait se choisir soi – puisqu'il faut, pour ce faire, qu'il existe d'abord. Le caractère intelligible, même considéré en lui-même, reste inintelligible.

CARDINALES (VERTUS –) Ce sont les quatre vertus principales de la tradition, celles qui portent ou soutiennent (*cardo*, en latin, c'est le gond) toutes les autres : la prudence ou sagesse pratique *(phronèsis)*, la tempérance, le courage ou force d'âme, la justice. Non pourtant qu'elles suffisent ; encore faut-il ouvrir la porte.

CARÊME Un temps de jeûne ou de pénitence (spécialement, dans le christianisme, les quarante jours qui précèdent le vendredi saint, en souvenir des quarante jours que le Christ aurait passés dans le désert). Voltaire se demande si l'institution doit plus aux médecins, pour soigner des indigestions, ou à la tristesse, qui coupe l'appétit. Puis s'emporte : « Le riche papiste qui aura eu sur sa table pour cinq cents francs de poisson sera sauvé ; et le pauvre, mourant de faim, qui aura mangé pour quatre sous de petit salé, sera damné ! [...] Prêtres idiots et cruels ! À qui ordonnez-vous le carême ? Est-ce aux riches ? Ils se gardent bien de l'observer. Est-ce aux pauvres ? Ils font carême toute l'année. » J'aime cette colère. Mais j'aime aussi que certains soient capables de jeûner, encore aujourd'hui, pour d'autres raisons que d'hygiène ou de coquetterie.

CARPE DIEM C'est une formule d'Horace, en latin, qu'on peut traduire par « Cueille le jour ». Notre époque hédoniste et velléitaire y voit volontiers le summum de la sagesse. Il faudrait vivre dans l'instant, profiter du moment présent, prendre les plaisirs comme ils viennent... Et certes je ne conteste pas qu'il y ait là comme une sagesse minimale. De là à croire que le *farniente* et la gastronomie pourraient tenir lieu de philosophie, il y a malgré tout un pas qu'on évitera de franchir. Épicurisme ? On en trouve en effet des échos chez Horace, pas toujours aussi souriants qu'on le croit, mais tournés, presque inévitablement, vers les plaisirs les plus proches, les plus faciles ou les plus matériels. Par exemple dans la formule fameuse : *Edite, bibite, post mortem nulla voluptas* (Mangez, buvez, après la mort il n'y a plus de plaisir). Tout cela est très vrai, mais un peu court. Vivre dans l'instant ? On ne le peut. Vivre au présent ? C'est le seul chemin, puisqu'il n'y a rien d'autre. Mais le présent n'est pas un instant : c'est une durée, qu'on ne peut habiter, montrait Épicure, sans un rapport délibéré au passé et à l'avenir. Jouir ? Le plus possible. Mais cela ne nous dit pas quoi faire de notre vie quand elle n'est pas agréable, quand la douleur ou l'angoisse nous emportent, quand le plaisir est différé ou impossible... Cueille le jour, donc, mais ne renonce pas pour autant à l'action, ni à la durée, ni à ces plaisirs spirituels qu'Épicure, à la fin de la *Lettre à Ménécée*, appelait « des biens immortels ». C'est qu'ils n'ont affaire qu'au vrai, qui ne meurt pas. *Carpe aeternitatem.*

CARTÉSIEN De Descartes, ou digne de l'être. Désigne communément un goût ou un talent particuliers pour l'ordre méthodique, la rigueur, la clarté. Le mot, de nos jours, se prend parfois en mauvaise part, comme si la rigueur excluait l'intuition, comme si l'ordre et la clarté supposaient qu'on s'aveuglât sur l'obscure complexité de tout. C'est oublier qu'il n'y a d'obscurité que pour un regard, de complexité que pour une intelligence, enfin qu'une intuition ne vaut que par l'usage qu'on en fait. Ce qu'il y a de plus bouleversant, chez Descartes, ce n'est pas la méthode, c'est le courage.

CASUISTIQUE L'étude des cas, et spécialement des cas de conscience. Le mot, depuis Pascal, vaut le plus souvent comme condamnation, à cause de l'abus que les jésuites firent de la chose : ce ne serait que subtilités complaisantes ou hypocrites, sophismes commodes, artifices avantageux ou lâches – bref, l'art de s'innocenter à bon compte. Le fait est qu'on a rarement besoin, pour faire son devoir, d'une telle débauche d'analyses et de distinguos. Mais il n'est pas vrai non plus que la loi morale suffise à tout ; il faut encore l'appliquer aux cas particuliers, ce qui ne va pas sans un peu de réflexion et d'expérience : c'est à quoi sert la casuistique, au bon sens du terme, comme morale appliquée et pédagogie du jugement.

CATÉCHISME Exposé, à visée à la fois dogmatique et pédagogique, d'une religion ou d'une doctrine. La chose se fait souvent par questions et réponses : ainsi dans les pittoresques catéchismes à travers lesquels Voltaire, dans son *Dictionnaire*, expose sa propre pensée (catéchisme chinois, catéchismes du curé, du japonais, du jardinier...), ou surtout dans le *Catéchisme positiviste* d'Auguste Comte. Mais on sent bien que les questions sont là pour les réponses, non l'inverse. On dirait le squelette d'une pensée. C'est qu'elle est morte.

CATÉGORIES Ce sont les prédicats les plus généraux qu'on peut attribuer, dans un jugement, à un sujet quelconque : les concepts fondamentaux qui servent à penser l'être (Aristote) ou à structurer la pensée (Kant). Ces deux utilisations se rejoignent davantage qu'elles ne s'opposent ; la seconde permet la première, qui la justifie. Si notre pensée ne pensait que soi, nous serions Dieu ou fous. Mais alors nous n'aurions plus besoin de penser.

Aristote distinguait dix catégories, qui sont autant de façons de dire l'être (puisque « l'être se dit en plusieurs sens ») : selon la substance, la quantité, la qualité, la relation, le lieu, le temps, la position, la possession, l'action, la passion (voir ces mots). Kant, tout en se réclamant expressément d'Aristote, en comptait douze, correspondant aux fonctions logiques du jugement, qu'il rangeait trois par trois : les catégories de la quantité (unité, pluralité, totalité), de la qualité (réalité, négation, limitation), de la relation (inhérence et subsistance, causalité et dépendance, communauté ou action réciproque), enfin de la modalité (possibilité ou impossibilité, existence ou non-existence, nécessité ou contingence). Ce sont les genres de l'être (Aristote) ou les concepts purs de l'entendement (Kant).

CATÉGORIQUE Qui affirme ou nie sans condition ni alternative. Un jugement catégorique est un jugement qui n'est ni hypothétique ni disjonctif. Par exemple : « Socrate est un homme. » Ou bien : « Cet homme n'est pas Socrate. »

De là, chez Kant, la notion d'*impératif catégorique* : c'est celui qui commande absolument, de façon inconditionnelle et sans échappatoire (« Ne mens pas »). Tous se ramènent à un seul, qui est celui-ci : « Agis uniquement d'après la maxime qui fait que tu peux vouloir en même temps qu'elle devienne une loi universelle » (*Fondements*..., II). C'est la loi que la volonté s'impose à elle-même, ou doit s'imposer, en tant qu'elle est législatrice. Tout homme est libre de la violer, mais n'est autonome qu'en la respectant.

CATHARSIS En grec, c'est la purification, la purgation, la délivrance par évacuation de ce qui encombre ou perturbe. Ainsi la tragédie serait une *catharsis* des passions, selon Aristote, comme la comédie une *catharsis* de nos ridicules, selon Molière, ou comme certaines psychothérapies se veulent des *catharsis* de nos émotions ou de nos traumatismes... Il est douteux, dans les trois cas, que cela suffise.

CAUSALITÉ C'est une relation entre deux êtres ou deux événements, telle que l'existence de l'un entraîne celle de l'autre et l'explique.

La causalité se déduit ordinairement de la succession : si à chaque fois qu'un phénomène *a* apparaît, le phénomène *b* le suit, on en conclura que *a* est la cause de *b*, qui serait son effet. C'est passer du constat empirique d'une conjonction constante (à notre échelle) à l'idée d'une connexion nécessaire. Hume n'aura pas de mal à montrer que ce passage reste intellectuellement mal fondé. Car une succession, aussi répétée qu'elle puisse être, ne saurait en toute rigueur prouver quoi que ce soit : l'idée d'une connexion nécessaire, entre la cause et l'effet, n'est que le résultat en nous d'une accoutumance très forte, qui nous pousse à passer, presque inévitablement, de l'idée d'un objet à celle d'un autre objet qui le précède ou le suit. La causalité n'apparaît pas dans le monde (entre les choses) mais dans l'esprit (entre les idées). Ou elle n'apparaît dans le monde, préciserait Kant, que parce qu'elle est d'abord dans l'esprit : c'est une catégorie de l'entendement, qui ne saurait venir de l'expérience puisqu'elle la rend possible. On n'échappe à l'empirisme que par le transcendantal ; au transcendantal, que par l'empirisme ou le matérialisme.

Quoi qu'il en soit du statut de l'idée de causalité (*a priori* ou *a posteriori*), on accordera à ces deux auteurs que la causalité en tant que telle n'est jamais perçue – on ne perçoit que des successions ou des simultanéités – ni démontrée. C'est peut-être ce qui explique que les sciences modernes, comme l'avait remarqué Auguste Comte, s'intéressent moins aux *causes* qu'aux *lois*. C'est renoncer au *pourquoi*, pour ne plus dire que le *comment*, et préférer la *prévision* à *l'explication*. L'action y trouve son compte ; mais l'esprit, non. Car quelle est la cause des lois ?

CAUSALITÉ (PRINCIPE DE –) Le principe de causalité stipule que tout fait a une cause et que, dans les mêmes conditions, la même cause produit les mêmes effets. C'est parier sur la rationalité du réel et sur la constance de ses lois. Pari sans preuve, comme ils sont tous, et jusqu'ici sans échec.

On ne confondra pas le principe de causalité avec le déterminisme absolu, qui suppose non seulement la constance des lois de la nature mais aussi l'unité et la continuité des séries causales dans le temps, de telle sorte qu'un état donné de l'univers découle de ses états antérieurs et entraîne nécessairement la totalité de ses états ultérieurs (ce pour quoi le déterminisme, en ce sens fort, est en vérité un prédéterminisme : tout est joué ou écrit à l'avance). L'indéterminisme, de même, ne suppose pas une violation du principe de causalité, mais simplement la pluralité et la discontinuité des chaînes causales. Ainsi, chez Lucrèce, le *clinamen* n'est pas sans cause (sa cause est l'atome) ; mais il est sans cause antécédente : c'est un pur présent, qu'aucun passé n'explique ni ne contenait. Il se produit *incerto tempore, incertisque locis* (il est indéterminé dans l'espace et le temps). Comme le remarque Marcel Conche, « le principe de causalité n'en est pas pour autant contredit, car, comme tel, il n'implique pas que toute cause doive produire son effet sous des conditions de lieu et de temps ». C'est en quoi le clinamen vient briser « le destin des physiciens » (le prédéterminisme), non la rationalité du réel (la causalité).

On remarquera que toute cause, étant elle-même un fait, doit avoir une cause, qui doit à son tour en avoir une, et ainsi à l'infini. C'est ce qu'on appelle, à propos de Spinoza, la chaîne infinie des causes finies (*Éthique,* I, prop. 28).

Le déterminisme suppose la continuité de cette chaîne ; l'indéterminisme, sa discontinuité. Mais il y a plus. D'un point de vue métaphysique, l'application indéfiniment réitérable du principe de causalité semble exiger – si l'on veut échapper à la régression à l'infini – une cause première, qui serait sans cause ou cause de soi. Le principe de causalité, pris absolument, aboutit ainsi à sa propre violation (une cause sans cause) ou au cercle (une cause qui se causerait elle-même). Si Dieu est cause de tout, quelle est la cause de Dieu ? S'il n'y a pas de Dieu, quelle est la cause de tout ?

CAUSA SUI Cause de soi. La notion est évidemment paradoxale : elle ne s'applique légitimement qu'au libre arbitre et à Dieu, s'ils existent, ou au Tout, s'il est nécessaire. « J'entends par *cause de soi*, écrit Spinoza, ce dont l'essence enveloppe l'existence, autrement dit ce dont la nature ne peut être conçue sinon comme existante. » Ce sont les toutes premières lignes de l'*Éthique*, qui commence ainsi par un abîme. Comment se causer soi, puisqu'il faudrait, pour en être capable, exister déjà, donc n'avoir plus besoin de cause ? Mais c'est passer à côté de l'essentiel, qui est l'éternité, qui est la nécessité (être cause de soi, c'est exister « par la seule nécessité de sa nature » : *Éthique*, I, 24, dém.), qui est l'immanence, qui est « l'affirmation absolue de l'existence d'une nature quelconque » (premier scolie de l'Éthique), qui est la puissance d'exister de tout, comme le *conatus* de la nature ou « l'auto-productivité même du Réel » (cette dernière expression est de Laurent Bove, à propos de Spinoza). Un abîme ? Si l'on veut, mais absolument plein : abîme de l'être, non du néant, et qui fait comme un sommet indépassable. « La *causa sui* n'est pas un principe abstrait, souligne Laurent Bove : elle est la position du réel (en son essence identique à sa puissance) comme "affirmation absolue" ou comme autonomie » (*La stratégie du conatus*, Vrin, 1996, p. 7). C'est la puissance d'exister de tout, ou du Tout, sans quoi aucune cause jamais ne serait possible.

CAUSE Ce qui produit, entraîne ou conditionne autre chose, autrement dit ce qui permet de l'expliquer : sa condition nécessaire et suffisante, s'il en est une, ou l'ensemble de ses conditions.

Une cause est ce qui répond à la question *« Pourquoi ? »*. Comme on peut répondre de plusieurs points de vue différents, il y a différents types de cause. Aristote en distinguait quatre : la cause formelle, la cause matérielle, la cause efficiente, la cause finale (*Métaphysique*, A, 3, *Physique*, II, 3 et 7). Soit par exemple cette statue d'Apollon. Pourquoi existe-t-elle ? Bien sûr parce qu'un sculpteur l'a taillée ou modelée (c'est sa cause efficiente : par exemple Phidias).

Mais elle n'existerait pas, du moins telle qu'elle est, sans la matière dont elle est faite (c'est sa cause matérielle : par exemple le marbre), ni sans la forme qu'elle a ou qu'elle est (non la forme supposée d'Apollon, que personne ne connaît, mais la forme réelle de la statue elle-même : c'est sa cause formelle, son essence ou quiddité), ni enfin sans le but en vue duquel on l'a sculptée (qui est donc sa cause finale : par exemple la gloire, la dévotion ou l'argent). Les Modernes, de ces quatre causes, ne retiennent guère que la cause efficiente. Ils ne croient plus qu'en l'action, qui n'a pas besoin de croire.

CAVERNE (MYTHE DE LA –) Sans doute le mythe le plus célèbre de Platon. Il se trouve au livre VII de la *République*. Ce qu'il décrit ? Des prisonniers enchaînés dans une caverne, dos à la lumière, incapables même de tourner la tête : ils ne peuvent voir que la paroi rocheuse devant eux, sur laquelle un feu qu'ils ne voient pas projette leurs propres ombres, ainsi que celles d'objets fabriqués ou factices qu'on fait passer derrière eux... Comme ils n'ont jamais vu autre chose, ils prennent ces ombres pour des êtres réels, dont ils parlent très sérieusement. Mais voilà qu'on force l'un de ces prisonniers à sortir : il est ébloui, au point d'abord de ne rien distinguer ; doit-il retourner dans la caverne, c'est l'obscurité cette fois qui l'aveugle... Ainsi sommes-nous : nous ne connaissons que les ombres du réel, notre soleil est comme ce feu, nous ignorons tout du vrai monde (le monde intelligible) et du vrai soleil qui l'illumine (l'Idée du Bien). Les rares parmi nous qui s'aventurent à contempler le monde intelligible passent d'un éblouissement, quand ils montent vers les Idées, à un obscurcissement, quand ils redescendent dans la caverne... Aussi sont-ils jugés ridicules : il n'est pas exclu, s'ils veulent inciter les autres à sortir, qu'on les mette à mort.

L'enjeu de ce mythe ? Nous faire comprendre que l'essentiel – le Vrai, le Bien : l'unité des deux – est ailleurs, qui ne se donne qu'à la pensée et à condition seulement qu'on s'arrache au monde sensible. C'est le mythe idéaliste par excellence, celui qui donne tort au réel, celui qui dévalue le corps et la sensation, celui qui ne croit qu'à l'autre monde, qu'à la transcendance, qu'aux Idées – qu'à la mort. Le succès de cette fable, chez les philosophes, en dit long sur leur dégoût ordinaire du réel.

CERCLE La figure géométrique relève des mathématiques. Quand les philosophes parlent de cercle, c'est le plus souvent par métaphore, pour désigner non une figure mais une faute logique (c'est alors un synonyme de *diallèle*). Une pensée est circulaire lorsqu'elle suppose cela même qu'elle prétend démontrer. Un bon exemple en est ce qu'on appelle, depuis Arnauld, le *cercle cartésien*. Descartes, pour garantir la validité de nos idées claires et distinctes, a besoin d'un Dieu tout-puissant non trompeur, dont il entreprend de démontrer l'existence et la véracité. Mais ses démonstrations ne valent que si nos idées claires et distinctes sont fiables, autrement dit que si Dieu existe et n'est pas trompeur : elles supposent donc (pour être valides) cela même qu'elles prétendent démontrer (l'existence d'un Dieu vérace). C'est en quoi le système, dans son ensemble, reste indémontrable.

Ce n'est qu'un exemple parmi cent autres. Toute pensée dogmatique est circulaire, puisqu'elle a besoin, pour démontrer quoi que ce soit, de supposer d'abord la validité de la raison (autrement dit qu'il y a de vraies démonstrations), ce qui est par nature indémontrable. Ce n'est pas une raison pour renoncer à penser. Mais c'en est une pour renoncer au dogmatisme.

CERTITUDE Une pensée est certaine quand elle ne laisse aucune place au doute.

On distinguera la certitude subjective, qui n'est qu'un état de fait (que je sois incapable, en fait, de douter de telle ou telle proposition, cela ne suffit pas à prouver qu'elle est vraie), de la certitude objective, qui serait une nécessité logique ou de droit (si telle proposition, ou telle démonstration, est en elle-même ou objectivement indubitable). Mais ce second type de certitude, qui seule serait absolument satisfaisante, suppose en vérité le premier, et c'est pourquoi elle ne l'est pas. Marcel Conche, en une phrase et à propos de Montaigne, a dit l'essentiel : « La certitude qu'il y a des certitudes de droit n'est jamais qu'une certitude de fait. » À la gloire du pyrrhonisme.

CHAÎNE Une métaphore traditionnelle, pour dire une série ininterrompue. Par exemple lorsque Descartes, dans le *Discours de la méthode*, évoque « ces longues chaînes de raisons toutes simples et faciles, dont les géomètres ont coutume de se servir ». Ou lorsque Voltaire, dans son *Dictionnaire*, s'interroge sur la « chaîne des êtres créés » (dont il conteste la continuité) ou sur la « chaîne des événements », qui interdit qu'aucun puisse se produire sans cause ou ne se produire pas : ce n'est qu'un autre nom pour dire le destin, la fatalité ou le déterminisme (« une suite de faits qui paraissent ne tenir à rien, et qui tiennent à tout »). On parle aussi de la « chaîne infinie des causes finies » pour désigner et résumer à la fois l'interminable proposition 28 du livre I de l'*Éthique* de Spinoza (qui n'utilise pas l'expression) : « Une chose singulière quelconque, autrement dit toute chose qui est finie et a une existence déterminée, ne peut exister et être déterminée à produire quelque effet si elle n'est déterminée à exister et à produire cet effet par une autre cause qui est elle-même finie et a une existence déterminée ; et à son tour cette cause ne peut non plus exister et être déterminée à produire quelque effet si elle n'est déterminée à exister et à produire cet effet par une autre qui est aussi finie et a une existence déterminée, et ainsi à l'infini. » Cela suppose une cause première, mais non pas dans le temps (comment la cause de la chaîne serait-elle un chaînon ?) : cela suppose la puissance éternelle et infinie de la nature. Non un chaînon de plus, mais la force immanente et incréée – *causa sui* – qui les produit, les anime, les unit. Non la *Nature naturée* (la chaîne infinie des causes finies : celles qui sont aussi des effets), mais la *Nature naturante* (non les modes finis, mais les attributs infinis de la substance : voir *Éthique* I, 29, scolie).

CHANCE C'est le tout-venant du destin, quand il est favorable. Vivre en est une, et la première.

L'erreur est de croire qu'on puisse posséder la chance (quand c'est elle qui nous possède), ou la mériter (quand tout mérite la suppose). Inutile même de remercier. La chance n'est qu'un hasard qui réussit, et qui réussit par hasard.

Mais aucun bonheur, sans elle, ne serait possible : le destin est le plus fort, toujours, et seule la chance nous donne parfois le sentiment du contraire. Aie donc le bonheur modeste, ou le malheur serein. Ni l'un ni l'autre ne sont mérités.

CHANGEMENT Le devenir ou la puissance en acte : le passage d'un lieu à un autre (le mouvement local d'Aristote), d'un état à un autre, d'une forme ou d'une grandeur à une autre... Dire que « tout passe et que rien ne demeure », comme fait Héraclite (fr. A 6), c'est dire aussi que tout change (*panta rhei* : tout s'écoule) et par là constater l'impermanence de tout. Seul un Dieu pourrait faire exception. Mais s'il ne changeait jamais, ce ne serait qu'un Dieu mort. Autant prier un morceau de bois...

Nihilisme ? Non pas. Car il faut tenir bon, ici, sur l'unité des contraires : ce qui change, c'est ce qui demeure. Qui dit changement dit en effet succession d'au moins deux états différents, pour un même objet – ce qui suppose que l'objet, lui, continue d'exister. Ou s'il disparaît totalement, ce n'est plus lui qui change (puisqu'il n'existe plus) mais ses éléments ou le monde (qui existent toujours). Ainsi le changement suppose l'identité, la durée, le maintien dans l'être de cela même qui se transforme. Une substance ? Pas forcément, si l'on entend par là quelque chose d'immuable (il se pourrait que *tout* change). Mais assurément si l'on entend par substance *ce* qui change (le sujet ou le support du changement). Considérons par exemple ce bateau dont on remplace progressivement toutes les pièces : pas un atome ne demeure de l'ensemble initial, mais le bateau lui-même n'a changé que pour autant qu'on le suppose subsister (par sa structure, sa fonction, son nom, sa présence continuée...). Cela vaut pour tout être, pour tout ensemble, pour tout processus. Un pays, un parti politique, une entreprise ou un individu ne peuvent changer qu'à la condition de subsister, au moins partiellement. Je ne peux changer qu'à la condition de rester moi. Et si tout change dans l'univers, c'est que l'univers, lui, continue d'exister. À la gloire de Parménide.

Donc il faut durer pour changer. Mais la réciproque est vraie aussi : il faut changer pour durer. Dans un monde où tout change, l'immuabilité est impossible ou serait mortifère. Un pays, un parti ou une entreprise ne peuvent se maintenir qu'à la condition toujours de s'adapter. Un individu ne peut rester lui-même qu'à la condition d'évoluer, fût-ce à contrecœur ou le moins possible. Vivre c'est grandir ou vieillir – deux façons de changer. À la gloire d'Héraclite : tout change, tout coule, rien ne demeure que l'universel devenir.

Le changement est plus ou moins perceptible, pour nous, en fonction de son ampleur et de sa vitesse. Mais le moindre ou le plus lent n'en est pas moins changement pour autant. Montaigne, magnifiquement : « Le monde n'est qu'une branloire pérenne. Toutes choses y branlent [changent] sans cesse : la terre, les rochers du Caucase, les pyramides d'Égypte, et du branle public et du leur. La constance même n'est autre chose qu'un branle plus languissant » (*Essais*, III, 2, p. 804-805). Ainsi le changement est la loi de l'être (par quoi il ne fait qu'un avec le devenir), et c'est la seule chose peut-être qui ne change pas : que tout change, c'est une vérité éternelle.

CHAOS

Désigne un état de complet désordre, qu'on suppose souvent originel et qui pourrait aussi bien être ultime. Pourquoi l'ordre aurait-il le dernier mot ?

Dans le langage scientifique contemporain, on appelle *chaotique* tout système dont une modification infime des conditions initiales suffit à modifier considérablement l'évolution, de telle sorte que celle-ci échappe, en pratique, à toute prévision à long terme. C'est donc un système à la fois déterministe (en théorie) et imprévisible (en pratique) : la connaissance que nous pouvons avoir de son état actuel ne sera jamais assez précise, en fait, pour permettre de prévoir ses états un peu éloignés. C'est *l'effet papillon* cher à nos météorologues : le battement d'une aile de papillon au Mexique peut déclencher de loin en loin une tempête en Europe. Ou l'effet *nez de Cléopâtre*, cher à Pascal : « S'il eût été plus court, toute la face de la terre aurait changé » (*Pensées*, 413-162). On remarquera que les phénomènes chaotiques, pour imprévisibles qu'ils soient à une certaine échelle, ne sont pas pour autant irrationnels. Les théories du chaos sont une victoire, bien plus qu'une défaite, de la raison humaine : elles nous permettent de comprendre qu'on ne peut pas tout expliquer, ni tout prévoir.

CHARITÉ L'amour désintéressé du prochain. Cela tombe bien : le prochain n'est pas toujours intéressant.

Comme le prochain, par définition, c'est n'importe qui, la charité, dans son principe, est universelle. C'est ce qui la distingue de l'amitié, qui ne va pas sans choix ou préférence (Aristote : « Ce n'est pas un ami, celui qui est l'ami de tous »). On choisit ses amis ; on ne choisit pas son prochain. Aimer ses amis, ce n'est pas aimer n'importe qui, ni les aimer n'importe comment : c'est les préférer. La charité serait plutôt une *dilection* sans *prédilection*. On ne la confondra pas avec la philanthropie, qui est l'amour de l'humanité, autrement dit d'une abstraction. La charité ne porte que sur des individus, dans leur singularité, dans leur concrétude, dans leur fragilité essentielle. C'est aimer n'importe qui, mais en tant qu'il est quelqu'un ; c'est se réjouir de l'existence de l'autre, quoi qu'il soit mais tel qu'il est.

Ce qui nous en sépare est le *moi*, qui ne sait aimer que soi (égoïsme) ou pour soi (concupiscence). Cela indique le chemin. « Aimer un étranger comme soi-même, écrit Simone Weil, implique comme contrepartie : s'aimer soi-même comme un étranger. » On a raison de dire que *Charité bien ordonnée commence par soi-même*, mais on le prend ordinairement à contresens. La charité commence quand on cesse, si c'est possible, de *se préférer*.

CHASTETÉ On ne la confondra pas avec la continence, qui n'est qu'un état de fait. La chasteté serait plutôt une vertu : celle qui triomphe de la concupiscence, spécialement dans le domaine sexuel. Mais faut-il en triompher ? Et le peut-on autrement ou mieux que par la satisfaction réitérée du désir ? Voyez comme nous sommes chastes après l'amour. C'est apprivoiser la bête plutôt que la dompter, et cela vaut mieux.

CHOIX C'est un acte de la volonté, qui se porte sur tel objet plutôt que sur tel ou tel autre. Ce choix est-il libre ? Oui, en tant qu'il dépend de nous. Non, en tant, précisément, qu'il en *dépend*. Tout choix suppose un sujet qui choisit, et qu'on ne choisit pas. Essayez, pour voir, d'être quelqu'un d'autre… Ainsi aucun choix n'est absolument libre ; s'il l'était, on ne pourrait plus choisir.

CHOSE Un morceau quelconque du réel, mais considéré dans sa durée, dans sa stabilité au moins relative (c'est ce qui distingue la *chose* du *processus* ou de l'*événement*), et dépourvu, du moins en principe, de quelque personnalité que ce soit (c'est ce qui distingue la *chose* du *sujet*).

Chose dit moins que *substance* (qui suppose chez la plupart des auteurs la permanence et l'indépendance : la substance serait une chose absolue, la chose une substance relative), moins qu'*objet* (qui n'est objet que pour un sujet), moins même qu'être (où l'on entend davantage l'idée d'unité : « ce qui n'est pas véritablement *un* être, disait Leibniz, n'est pas non plus véritablement un *être* »), enfin, et malgré l'étymologie, moins que *cause* (qui serait une chose agissante ou produisant quelque effet). *Chose* ne dit presque rien, et c'est pourquoi le mot est aussi commode qu'insatisfaisant. Le silence, presque toujours, vaudrait mieux.

On ne parle ordinairement de *choses* qu'à propos d'êtres inanimés. Cet usage (même s'il est, philosophiquement, quelque peu hésitant : le *Cogito*, chez Descartes, se saisit comme « une chose qui pense ») s'impose spécialement dans l'ordre éthique et juridique. C'est ce qui autorise, avec Kant, à distinguer la *chose* de la *personne*. La chose, qui n'a ni droits ni devoirs, peut être possédée par telle ou telle personne : ce n'est qu'un moyen, pour qui veut ou peut s'en servir. Une personne, au contraire, ne saurait être légitimement réduite au seul rang de moyen : c'est une fin en soi, qui a des droits et des devoirs, et que nul ne peut posséder. Une chose peut avoir une *valeur*, qui est l'objet possible d'un échange. Seule une personne a une *dignité*, qui est l'objet nécessaire d'un respect. Une chose peut avoir un prix. Une personne n'en a pas – sinon pour autant qu'on la considère, ou qu'elle se considère, et toujours indûment, comme une chose.

Cela pose la question des bêtes, qui ne sont ni des personnes (elles ne sont sujets ni du droit ni de la morale) ni pourtant tout à fait des choses, au sens ordinaire du terme (puisqu'elles sont douées de sensibilité, voire de conscience ou de personnalité). Une *chose*, en ce sens strict, serait alors ce qui n'est ni bête ni esprit : un morceau inanimé du réel.

CHOSE EN SOI Une chose, telle qu'elle est en elle-même, indépendamment de la perception ou de la connaissance que nous pouvons en avoir, et spécialement, chez Kant, indépendamment des formes *a* *priori* de la sensibilité (l'espace et le temps) et de l'entendement (les catégories). C'est une réalité absolue, non telle qu'elle apparaît (ce n'est pas un phénomène), mais telle qu'elle est. On peut penser aux monades de Leibniz ou aux Idées de Platon, mais ce ne sont, sauf à retomber dans le dogmatisme, que des analogies. La chose en soi est par définition inconnaissable : dès qu'on la connaît, elle n'est plus *en soi* mais *pour nous*. On peut pourtant la penser, et même on le doit (*C. R. Pure*, Préface de la 2e éd.). S'il n'y avait pas de choses en soi, comment y aurait-il des choses pour nous ?

Non, pourtant, que la chose en soi, chez Kant, ne soit que le simple corrélat objectif et indéterminé de nos représentations (*l'objet transcendantal* = *x*), ni l'objet d'une éventuelle, et pour nous impossible, intuition intellectuelle (le *noumène*). Elle serait plutôt ce qu'il faut supposer pour que ces deux notions puissent se rejoindre, au moins pour la pensée : ce serait la cause intelligible (non phénoménale) du phénomène, ou plutôt – puisque la notion de *cause* ne peut elle-même s'appliquer légitimement qu'aux objets d'une expérience possible – ce serait « la même réalité que le phénomène, mais en tant qu'elle n'apparaît pas aux sens et n'est pas modifiée par l'espace et le temps » (Jacques Rivelaygue, *Leçons de métaphysique allemande*, II, p. 142). La notion est par nature mystérieuse. Une chose en soi, nous dit Kant, n'est ni spatiale ni temporelle. Mais puisqu'on ne peut absolument pas la connaître, c'est là une affirmation sans preuve. Pourquoi l'espace et le temps, qui sont les formes de la sensibilité, ne seraient-ils pas, aussi, des formes de l'être ? Le kantisme reste un dogmatisme, aussi douteux que tous les autres.

CHRÉTIEN Ce n'est pas seulement un disciple du Christ (Spinoza, sinon, serait chrétien). Être chrétien, c'est croire en la *divinité* du Christ. Croyance improbable, presque inconcevable (comment un homme serait-il Dieu ?), et que rien, même dans les Évangiles, n'atteste absolument. Jésus était un Juif pieux. J'ai quelque peine à imaginer qu'il ait pu se prendre pour Dieu, et au reste, dans les Évangiles, il n'y prétend nulle part expressément. Mais quand bien même cela serait, que prouve une croyance ?

Jésus n'était pas chrétien (il était juif ou Dieu). Pourquoi devrions-nous l'être ? Parce que nous ne sommes pas juifs ? Parce que nous ne sommes pas Dieu ? Je préfère, dans les deux cas, m'en consoler autrement.

CHRISTIANISME L'une des trois religions du livre : c'est la foi d'Abraham, quand elle croit avoir trouvé le Messie. Le christianisme est un judaïsme satisfait, et c'est ce qui le rend insatisfaisant.

C'est aussi la religion de l'amour. C'est ce qui rend le christianisme aimable et suspect. Est-ce Dieu qui est amour, ou l'amour qui est Dieu ? Transcendance, ou sublimation ? « Les hommes aiment tellement la vérité, écrivait saint Augustin, qu'ils voudraient que ce qu'ils aiment soit vrai. » Et qu'aimons-nous davantage que l'amour ?

Ainsi le succès du christianisme ne s'explique que trop bien. Heureusement qu'il y a l'Église. La tentation, autrement, serait trop forte.

CIEL Le monde visible, mais au-dessus de nous (en grec, *kosmos* et *ouranos*, le monde et le ciel, sont souvent synonymes). Les Anciens l'imaginaient peuplé de dieux, qui seraient les astres. L'usage est resté, mais n'est plus qu'une métaphore. Cela ne signifie pas qu'il soit toujours vide de sens. Commentant le *Notre-Père*, Simone Weil attache au contraire une grande importance au fait que Dieu, selon la prière, soit au ciel : « C'est le Père qui est dans les cieux. Non ailleurs. Si nous croyons avoir un Père ici-bas, ce n'est pas lui, c'est un faux Dieu » (« À propos du *Pater* », *Attente de Dieu*, p. 215). Le ciel, c'est ce qu'on ne peut que regarder, non posséder ou toucher : ainsi les étoiles, la mort ou Dieu.

CITÉ L'ensemble des individus soumis à une même loi, qui est celle du souverain. C'est donc le pouvoir qui définit la cité, non l'inverse. De là les guerres, les conquêtes, et la résistance qu'elles suscitent. Il s'agit de savoir qui commande et qui obéit : quels sont ceux qui *font la loi*, comme on dit, et quels sont ceux qui doivent s'y soumettre. La cité est la communauté unifiée de ceux-ci. Le souverain, de ceux-là. La République, leur identité.

CITOYEN Le membre d'une Cité, en tant qu'il participe au pouvoir souverain (il ne serait autrement que sujet) et lui est soumis (sans quoi il serait roi).

Il peut exister des Cités sans démocratie. Mais ce sont des Cités sans citoyens.

CITOYENNETÉ Le propre du citoyen, et spécialement l'ensemble des droits dont il jouit et des devoirs qui lui incombent. Le premier devoir est d'obéir à la loi (accepter d'être citoyen, non souverain). Le premier droit, de participer à son élaboration ou aux rapports de forces qui y tendent (être citoyen, non sujet). Deux façons d'être libre, au sens politique du terme, et on ne peut l'être, dans une Cité, autrement.

CIVIL Qui relève de la cité ou du citoyen, non de la nature ou de l'État. Ainsi parle-t-on de l'*état civil* (par opposition à l'état de nature), ou de la *société civile* (par opposition à l'État, à l'administration ou aux élus). C'est la dimension politique, mais non politicienne, de l'humanité.

CIVILISATION Le sens du mot change en fonction de l'article.

La civilisation est l'ensemble – à la fois normatif, évolutif et hiérarchisé – des créations humaines. C'est l'autre de la nature (dont elle fait pourtant partie) et le contraire de la barbarie.

Une civilisation est un sous-ensemble de cet ensemble : c'est l'ensemble des créations humaines (œuvres, techniques, institutions, règles, normes, croyances, savoirs et savoir-faire...) propre à une société donnée, par quoi elle se distingue de la nature et des autres sociétés.

Sous l'influence des sciences humaines et spécialement de l'ethnologie, les deux mots de *civilisation* et de *culture* sont devenus, de nos jours, à peu près interchangeables. Si l'on veut continuer à les distinguer, il paraît sage de réserver *culture* à la partie la plus intellectuelle de la civilisation : on est d'autant plus cultivé qu'on connaît mieux la civilisation dont on fait partie, et celles des autres.

CIVILITÉ La politesse, en tant qu'elle manifeste l'appartenance à une cité ou à une civilisation. C'est le savoir-vivre-ensemble, y compris, et peut-être surtout, quand on ne se connaît pas.

CLARTÉ Est clair ce qui ne fait pas obstacle au regard (une eau claire) ou à la pensée (une idée claire). En philosophie, ce qui se comprend bien, sans autre difficulté à vaincre que la complexité même de la chose (le clair n'est pas toujours simple) ou la subtilité de la pensée (le clair n'est pas forcément trivial).

La clarté, quand on écrit, est toujours un risque. Mieux on vous comprend, mieux on peut vous critiquer. C'est pourquoi aussi c'est une vertu : être obscur, ce serait manquer de politesse, vis-à-vis des lecteurs, ou de courage, vis-à-vis des adversaires.

CLASSE Un ensemble d'éléments dans un ensemble plus vaste, et spécialement d'individus – le plus souvent considérés selon leur métier ou leurs revenus – dans une société. Les classes, en ce sens, sont une abstraction (seuls les individus existent), mais légitime (l'individu isolé est aussi une abstraction : il n'existe qu'avec d'autres) et utile. C'est une façon d'y voir plus clair dans l'infinie complexité du corps social. L'analyse théorique rejoint ici les exigences de la lutte syndicale ou politique. Diviser pour comprendre ; rassembler pour agir. Analyse et solidarité.

Le concept doit beaucoup à Marx, qui voyait dans la lutte des classes le « moteur » de l'histoire et sa réalité – depuis la division du travail et jusqu'à l'avènement du communisme – essentielle. Que ce moteur soit le seul est douteux ; qu'il puisse disparaître l'est encore plus. Pourquoi tous les membres d'une société auraient-ils les mêmes intérêts ? Comment ceux-ci ne seraient-ils pas déterminés, au moins en partie, par leur place dans la société ? Comment échapperaient-ils aux conflits, aux rapports de forces, aux affrontements, aux compromis ? Si les bourgeois votent si souvent à droite, et d'autant plus qu'ils sont plus riches, si les ouvriers votent si souvent à gauche, et d'autant plus qu'ils sont plus organisés et moins xénophobes, on ne me fera pas croire que c'est seulement par hasard, par habitude ou par aveuglement. Et si les « couches moyennes » assurent actuellement le triomphe du centre (centre droit, centre gauche : qu'avons-nous vu d'autre au pouvoir, en France, depuis un quart de siècle ?), on ne me fera pas croire que c'est seulement par amour de la moyenne ou du juste milieu.

L'erreur de Marx, ce ne fut pas de parler de lutte des classes ; ce fut plutôt de vouloir y mettre fin, de rêver d'une société enfin homogène et pacifiée (le communisme, société sans classes et sans État). Cette utopie fit plus de morts que la lutte de classe, qui donne des raisons de vivre plutôt que de tuer, et d'agir plutôt que de rêver.

L'erreur de bien des libéraux, aujourd'hui, est de prétendre que cette lutte de classes est *déjà* terminée, qu'il n'y a plus que des individus – tous rivaux, tous solidaires – dans la grande main anonyme et bienfaisante du marché. Cette anti-utopie tue aussi, mais plus loin (la misère, de nos jours, tue surtout dans le Tiers-Monde) et plus discrètement. Ce n'est pas une raison pour s'y résigner.

Être fidèle à Marx – y compris contre Marx, et plus encore contre ceux qui voudraient l'enterrer – c'est plutôt penser que la lutte des classes n'aura pas de fin : qu'il s'agit non de la supprimer mais de l'organiser, mais de la réguler, mais de l'utiliser. C'est à quoi servent l'État, les syndicats, les partis. Il n'y aura pas de progrès autrement. À quoi bon un moteur, si ce n'est pour avancer ?

CLASSICISME L'esthétique des classiques, ou qui s'en inspire. Elle est caractérisée par un certain idéal d'ordre et de clarté, mais aussi d'unité, de rationalité, d'équilibre, de discipline, d'harmonie, de simplicité, de stabilité... C'est l'art *apollinien* par excellence : celui qui refuse de s'abandonner à l'ivresse, aux passions, aux instincts – à la démesure des formes (le baroque) ou des sentiments (le romantisme). Il s'agit de contraindre la bêtise et l'excès, qui sont naturels à l'homme, par une discipline qui ne l'est pas. Le classicisme est cette ascèse. C'est un art d'humilité : l'artiste disparaît dans son œuvre, comme l'œuvre dans le vrai. À la fin il n'y a plus que Dieu, qui disparaît à son tour.

CLASSIQUE Étymologiquement, désigne d'abord un auteur de premier ordre (latin *classicus*, de première classe), puis, par une espèce de contresens pédagogique, un auteur qu'on étudie dans les classes : Victor Hugo ou Boris Vian sont des *classiques*, en ce sens, au même titre que Corneille ou Racine.

Historiquement, le mot désigne parfois l'Antiquité grecque et latine, considérée dans sa perfection, mais plus souvent ceux, spécialement en français et au XVIIe siècle, qui s'en réclament.

Esthétiquement, tout ce qui relève du classicisme (voir ce mot).

CLINAMEN Mot latin, qu'on peut traduire par *inclinaison*, *déclinaison* ou *déviation*. Dans l'épicurisme, et spécialement chez Lucrèce, c'est une infime déviation des atomes, qui les écarte, « en un temps et en un lieu indéterminés », de la ligne droite (*De rerum natura*, II, 216-293). C'est l'une des trois causes motrices – avec le poids et les chocs – qui font que les atomes sont en mouvement. Le *clinamen*, contrairement à ce qu'on a souvent écrit, n'abolit donc pas le principe de causalité. C'est au contraire parce que « rien ne naît de rien », comme dit Lucrèce, qu'on est obligé d'admettre son existence : le monde et la liberté, sans lui, seraient impossibles (le monde, parce que les atomes tomberaient de toute éternité en ligne droite, sans se rencontrer jamais ; la liberté, parce que chacun serait prisonnier d'un enchaînement continu de causes). Le *clinamen* lui-même n'est-il pas sans cause ? Non plus : il naît de l'atome, qui ne naît pas (et n'a donc pas besoin de cause). L'indétermination du clinamen ne porte pas sur son effectuation, mais sur le lieu et le moment où elle s'effectue. Comme le souligne excellemment Marcel Conche, « le principe de causalité n'en est pas pour autant contredit, car, comme tel, il n'implique pas que toute cause doive produire son effet sous des conditions de lieu et de temps ». Ce que le *clinamen* vient interrompre, ce n'est donc pas la causalité, mais l'enchaînement *continu* des causes, par quoi le présent comme l'avenir resteraient prisonniers du passé. Chaque déviation appartient à « l'éternel présent de l'atome », comme dit encore Marcel Conche, sans qu'aucun passé ne la détermine. C'est en quoi le *clinamen* vient briser ce qu'Épicure appelait « le destin des physiciens » : c'est un pouvoir de commencer absolument une nouvelle série causale, ce qui est hasard pour les atomes, et liberté pour les vivants. On remarquera pourtant que cette liberté reste soumise aux mouvements en nous des atomes, qui ne pensent pas. C'est ce qui la distingue du libre arbitre, qui serait une liberté absolue.

CŒUR Le siège symbolique de la vie, et spécialement de la vie affective. L'équivalent en français du *thumos* des Grecs (voir notamment Platon, *République*, IV). S'oppose à la tête, lieu de l'intelligence, et au ventre, lieu des instincts. C'est la métaphore, indissolublement, de l'amour et du courage.

Chez Pascal, l'ordre du cœur ou de la charité s'oppose aux ordres de la chair et de l'esprit : le cœur a ses raisons que la raison ni le ventre ne connaissent.

COGITO *Je pense*, en latin. Dans le discours philosophique, c'est presque toujours une référence au moins implicite à Descartes, et spécialement au « *Cogito, ergo sum* » des *Principes de la philosophie* (I, 7), qui traduisait exactement le fameux « Je pense, donc je suis » du *Discours de la méthode*, écrit directement en français. Désigne ordinairement la personne humaine, en tant que sujet de sa pensée. C'est pourquoi on peut refuser le *cogito*, non parce qu'on nierait l'existence de la pensée (ce serait contradictoire : nier, c'est penser), mais parce qu'on conteste qu'elle ait nécessairement un sujet. Pour ma part, d'accord en cela avec Nietzsche, je préférerais la formule *Cogitatur* : ça pense, il y a de la pensée. Du *Je pense*, en effet, on ne peut pas plus conclure à l'existence du *Je*, que du *Il pleut* on ne peut conclure à l'existence d'un *Il*. C'est où s'opposent les philosophies du sujet (Descartes, Kant, Husserl, Sartre...), qui prennent le cogito au sérieux, et les autres, dont je suis, qui refusent d'y croire tout à fait.

COGNITIVES (SCIENCES –) Ce sont les sciences ou les disciplines qui ont la connaissance, et les moyens de la connaissance, pour objet : ainsi la neurobiologie, la logique, la linguistique, l'informatique ou intelligence artificielle, la psychologie, voire la philosophie de l'esprit, en tant qu'elles s'associent pour essayer de comprendre ce qu'est la pensée ou comment elle fonctionne. On leur reproche souvent de faire abstraction du sujet qui connaît, ou de le traiter comme une machine. Mais c'est que le sujet n'explique rien : il doit être expliqué, et ne peut l'être que par autre chose que lui-même. Que nos ordinateurs pensent, ce n'est bien sûr qu'une métaphore. Mais que le cerveau soit une espèce d'ordinateur, c'est davantage qu'une métaphore : un modèle, qui nous en apprend plus sur la pensée, peut-être bien, que toute la phénoménologie du monde.

COGNITIVISME La philosophie des sciences cognitives, ou ce qui en tient lieu. C'est considérer la pensée comme un calcul formalisé (un « processus computationnel »), qui traite l'information, à l'intérieur de cette espèce d'ordinateur qu'est le cerveau, de façon rationnelle et efficace. Matérialisme ? Sans doute, mais pensé sur le modèle de l'intelligence artificielle : la pensée serait le *software* (le logiciel et sa mise en œuvre) ; le cerveau, le *hardware* (la machine). C'est moins une mode qu'un modèle.

COHÉRENCE Le fait de se tenir ensemble *(co-haerens),* mais en un sens logique plutôt que physique : est cohérent ce qui est dépourvu de contradiction. On remarquera que la cohérence ne fait pas preuve, ou ne prouve qu'elle-même. Des erreurs bien liées et non contradictoires ne cessent pas pour cela d'être fausses.

COHÉSION C'est un doublet, mais pas tout à fait un synonyme, du précédent. La cohésion, c'est le fait de se tenir ensemble, mais en un sens physique plutôt que logique : c'est moins l'absence de contradiction que l'absence de failles ou d'affrontements. Ainsi parle-t-on de la cohérence d'une théorie, et de la cohésion d'une société. Cela ne prouve pas que la première soit vraie, ni que la seconde soit juste. Mais une théorie incohérente est nécessairement fausse. Et une société sans cohésion, nécessairement injuste.

COLÈRE Indignation violente et passagère. C'est moins une passion qu'une émotion : la colère nous emporte, et finit par s'emporter elle-même. Mieux vaut, pour la surmonter, l'accepter d'abord. Le temps joue pour nous, et contre elle.

La colère naît le plus souvent d'un dommage injuste, ou qu'on juge être tel. Aussi y a-t-il de justes colères, quand elles viennent au secours de la justice. Mais la plupart ne viennent au secours, hélas, que du narcissisme blessé : désir, non de justice, mais de vengeance.

Au reste, s'il est de justes et nécessaires colères, il n'en est guère d'intelligentes. C'est leur faiblesse et leur danger : la plus justifiée peut déboucher sur l'injustice. Aurait-on autrement besoin des tribunaux, qui jugent lentement et sereinement – au moins en principe – de la colère des hommes ? Un procès, même médiocre, vaut mieux qu'un bon lynchage. Cela dit à peu près ce qu'il faut penser de la colère : parfois nécessaire, jamais suffisante.

COLLECTIVISME Le règne en tout de la collectivité, et spécialement de la propriété collective. C'est vouloir triompher de l'égoïsme par la loi. Cela explique que le collectivisme, historiquement, ait mené au totalitarisme. Il faut bien imposer par la contrainte ce que la morale échoue à obtenir.

COMÉDIE Tout spectacle qui amuse ou fait rire. C'est en quoi la vie est une comédie, tant qu'on ne la prend ni au sérieux ni au tragique. Mais s'en amuser ne dispense pas de la vivre.

COMIQUE L'art de faire rire. On distingue plusieurs types de comique : la farce, qui fait rire de la bêtise ou bêtement, les jeux de mots, qui font rire du langage, le comique de caractère, qui fait rire de l'humanité, le comique de situation, qui fait rire de ce qu'on comprend, le comique de l'absurde, qui fait rire de l'incompréhensible, le comique de répétition, qui fait rire du même, l'ironie, qui fait rire des autres, l'humour, qui fait rire de soi et de tout… Il y a aussi un comique involontaire, qui n'est plus un art mais un ridicule. Encore n'est-il drôle que par l'art de l'observateur : c'est retrouver l'humour (si l'on se reconnaît dans le ridicule qu'on perçoit), l'ironie (si l'on ne s'y reconnaît pas) et Molière.

COMMUNAUTÉ Ce qui est commun, et spécialement, chez Kant, l'action réciproque entre l'agent et le patient. C'est l'une des trois catégories de la relation (avec l'inhérence et la causalité), en l'occurrence celle qui débouche sur la troisième « analogie de l'expérience », dite aussi « principe de la communauté » : « Toutes les substances, en tant que simultanées, sont dans une communauté universelle (c'est-à-dire dans un état d'action réciproque) ».

En son sens le plus ordinaire et le plus fort, le mot peut désigner un groupe quelconque, mais considéré dans ce que ses membres ont en commun : c'est un ensemble d'individus qui communient au moins en quelque chose.

COMMUNICATION Échange de signes, de messages, d'informations, entre deux ou plusieurs individus. Elle ne vaut jamais par elle-même, mais seulement par son contenu ou son résultat. Une sottise répandue à des milliers d'exemplaires reste une sottise. Et une idée vraie ou forte, dans la tête d'un seul, ne cesse pas pour cela de l'être. C'est en quoi l'idée, si rebattue, de « société de la communication » est inquiétante : c'est accorder trop d'importance aux médias, pas assez aux messages.

COMMUNION Un partage sans division. On se répartit un gâteau (chacun en a d'autant moins que les autres sont plus nombreux ou en reçoivent davantage). On communie dans le plaisir qu'on prend à le manger (le plaisir des autres, loin d'amputer le mien, le redoublerait plutôt : quelle tristesse ce serait que de le manger seul !). On partage un trésor, un pouvoir, un bureau. On communie dans une connaissance ou un amour (que nous soyons plusieurs à connaître une même vérité ou à aimer un même individu, cela ne diminue en rien cette connaissance ni cet amour). C'est pourquoi l'on parle de la communion des esprits : parce que seul l'esprit sait partager sans diviser.

COMMUNISME Une société sans classes, sans État, sans propriété privée (au moins pour les moyens de production et d'échange), qui serait en même temps une société d'abondance et de liberté… Que demander de plus ? Rien, sinon l'humanité qui va avec.

Le communisme n'a guère le choix qu'entre l'utopie et le totalitarisme : il faut rêver l'homme ou transformer l'humanité. Illusion, ou bourrage de crâne. Niaiserie, ou dictature.

Le mot désigne aussi le mouvement politique qui voulait imposer cette utopie. On lui doit des millions de morts et des milliers de héros.

COMPARAISON Comparer, c'est associer dans le langage, et par le langage, deux objets différents : soit pour en souligner les ressemblances ou dissemblances, soit pour évoquer l'un, poétiquement, par l'invocation de l'autre. Si cette comparaison reste implicite, il s'agit alors d'une métaphore. Si l'objet évoqué est abstrait, d'un symbole.

COMPASSION C'est souffrir de la souffrance de l'autre. Très proche en cela de la pitié, mais sans l'espèce de condescendance que cette dernière, presque inévitablement, comporte ou suggère. La compassion, dirais-je volontiers, c'est la pitié entre égaux. Très proche aussi, et par là même, de la *commiseratio* spinoziste (que l'on traduit ordinairement par pitié : « une tristesse qu'accompagne l'idée d'un mal arrivé à un autre, que nous imaginons être semblable à nous », *Éthique*, III, déf. 18 des affects), mais plus encore, à ce que je crois, de la *misericordia*, qu'il vaut mieux traduire par *compassion* ou par *sympathie* que par *miséricorde* (« un amour, en tant qu'il affecte l'homme de telle sorte qu'il se réjouisse du bien d'autrui et soit affligé par le mal d'autrui », *ibid.*, déf. 24 des affects). Entre ces deux notions, Spinoza, curieusement, ne perçoit guère de différence, « sinon peut-être que la pitié concerne un affect particulier, et la compassion une disposition habituelle à l'éprouver » (*ibid.*, déf. 18, explic.). Je dirais plutôt que la pitié est un sentiment, qui ne connaît que la tristesse, quand la compassion est une vertu, qui sait aussi se réjouir. Voyez les larmes du Bouddha, quand il découvre la souffrance, et son sourire, quand il enseigne à s'en libérer. C'est la grande vertu de l'Orient bouddhiste ; elle ressemble à la charité des chrétiens, en plus réaliste et en mieux attestée.

COMPLEXE Comme adjectif, qualifie tout ensemble qui résiste, du fait de sa composition, à une compréhension immédiate (avec une nuance plutôt emphatique, qui le distingue de « compliqué »). Comme nom, peut désigner cet ensemble lui-même. Le mot sert surtout, en psychologie ou en psychanalyse, pour désigner un groupe de représentations conscientes ou inconscientes (désirs, fantasmes, traumatismes...), « liées entre elles, comme dit Freud, et chargées d'affect ». Ainsi le complexe d'Œdipe ou celui de castration. Ce n'est pas une maladie ; c'est une structure de la personnalité.

Au pluriel et dans le langage courant (« avoir des complexes »), désigne le plus souvent un sentiment d'infériorité ou d'insatisfaction.

En tous ces sens, le mot s'oppose à la simplicité, qui est un état de fait, une conquête ou une vertu.

COMPORTEMENT Façon d'agir ou de réagir, en tant qu'elle peut être saisie de l'extérieur. S'oppose à *motif* ou à *motivation*, et plus généralement à tout ce qui ne peut être saisi que subjectivement ou de l'intérieur. Ainsi, chez Pascal : « Pour connaître si c'est Dieu qui nous fait agir, il vaut bien mieux s'examiner par nos comportements au-dehors que par nos motifs au-dedans ». Depuis Watson et Piéron, on appelle « psychologie du comportement » (ou parfois *béhaviorisme*, de l'américain *behavior*, conduite, comportement) celle qui, se voulant objective, ne se fonde que sur des données observables de l'extérieur. Aussi s'interdit-elle tout recours à l'introspection, aux sentiments, voire à la conscience elle-même : elle ne connaît que des *stimuli* et des réactions. C'est vouloir saisir l'esprit du dehors – par le corps.

COMPOSSIBLE Ce qui est possible avec ou ensemble. Deux événements sont *compossibles* s'ils peuvent se produire, fût-ce à des moments différents, dans un même monde. La notion est importante, spécialement chez Leibniz, pour comprendre l'existence du mal. Dieu, quoique tout-puissant et souverainement bon, ne choisit pas toujours les événements qui seraient, à les considérer séparément, les meilleurs possibles (par exemple Hitler mourant à la naissance, ou ne s'occupant que de peinture, ou se convertissant au judaïsme...). C'est qu'il est soumis à sa propre raison, qui est la raison même, donc au principe de non-contradiction : il ne peut choisir que les meilleurs *compossibles*, autrement dit que des événements qui peuvent exister dans un même monde et former ensemble (le monde, étant la totalité des choses contingentes, ne peut être qu'unique) le meilleur de tous. Un monde sans Auschwitz aurait sans doute été possible, comme un monde sans cancers, sans guerres, sans imbéciles. Mais tous ces mondes auraient été pires que le nôtre. Qu'en savons-nous ? C'est que Dieu, autrement, aurait créé l'un de ceux-là, plutôt que celui-ci. Argument imparable, puisque *a priori*. Mais aussi sans portée : puisqu'il expliquerait aussi bien n'importe quel monde (par exemple un monde où Hitler aurait gagné la guerre). Et obscène, puisqu'il amène à justifier les horreurs de détail (les maladies, les massacres, les tremblements de terre...) au nom de l'indépassable harmonie, ou supposée telle, de l'ensemble. Un enfant qui meurt ? Ce n'est qu'un peu de noir, dans un coin du tableau, pour rehausser, par contraste, les couleurs et la parfaite luminosité de l'ensemble... Une famine ? Ce n'est qu'une dissonance placée où il faut, qui donne du relief à l'harmonie (*Théodicée*, I, § 12). Pourquoi Dieu a-t-il choisi ce monde-là ? Parce que c'était, de toute éternité, le meilleur arrangement d'événements compossibles – le meilleur monde. Comment savons-nous qu'il est le meilleur ? Parce que Dieu l'a choisi (*ibid.*, § 8 à 10). C'est une surprise toujours renouvelée que de voir cet immense génie qu'est Leibniz – peut-être le plus grand qui fût jamais – tourner en rond dans son petit cercle optimiste. C'est que le génie ne peut rien contre la foi, alors que la foi, contre le génie, peut encore quelque chose – le bercer doucement, jusqu'à ce qu'il s'endorme.

COMPRÉHENSION Le fait de comprendre ou de contenir. Spécialement, en logique ou en linguistique, l'ensemble des caractères communs aux individus d'une même classe, qui vont servir à en définir le concept. S'oppose alors à *extension*. Par exemple, définir le concept de « mammifère » *en compréhension* (les linguistes disent parfois *en intension*), c'est énumérer les caractéristiques qui justifient l'appartenance à ce groupe : animal vertébré (c'est le genre prochain), pourvu de mamelles, d'une peau souple, d'un cœur à quatre cavités, respirant par des poumons, à reproduction vivipare (sauf les monotrèmes), à température constante... Définir le même concept *en extension*, ce serait donner la liste de toutes les espèces de mammifères (qu'il faudrait alors définir en compréhension), voire de tous les mammifères (si l'on voulait s'en tenir à une stricte extension). La compréhension fait gagner du temps : elle seule, presque toujours, permet de définir.

On remarquera que plus la compréhension d'un concept est riche, plus son extension est pauvre, et inversement : il y a plus dans le concept de mammifère que dans celui de vertébré, mais plus de vertébrés que de mammifères.

COMPRENDRE Saisir intellectuellement, autrement dit par la pensée : c'est connaître comme de l'intérieur, par sa structure ou par son sens, l'objet qu'on considère. C'est donc savoir comment c'est fait, comment cela fonctionne, ce que cela veut dire, et être capable d'en rendre raison.

On distingue parfois l'*explication*, qui donnerait les causes et connaîtrait du dehors, de la *compréhension*, qui donnerait le sens et connaîtrait du dedans (« par interpénétration psychologique », disait Jaspers). Les sciences de la nature relèveraient alors de l'explication ; les sciences humaines, du moins certaines d'entre elles, de la compréhension. Je ne suis pas sûr qu'une telle distinction puisse être pensée jusqu'au bout, mais elle indique au moins une direction, ou plutôt deux : comprendre un texte, c'est savoir ce que son auteur voulait dire (son sens). L'expliquer, ce serait savoir pourquoi (par quelles causes) il a été amené à l'écrire, et de cette façon plutôt que d'une autre. Comprendre un délire, ce serait saisir son sens. L'expliquer, ce serait connaître ses causes. Les deux démarches sont légitimes, mais point interchangeables. Le sens n'est jamais cause, toujours effet. Expliquer peut permettre de comprendre ; comprendre n'a jamais suffi à expliquer.

Appliquée aux comportements humains, la compréhension s'accompagne ordinairement de miséricorde : « Juger, c'est de toute évidence ne pas comprendre, disait Malraux, puisque si l'on comprenait, on ne pourrait plus juger. » C'est l'esprit de Spinoza, et peut-être l'esprit tout court : *« Non ridere, non lugere, neque detestari, sed intelligere »* (ne pas railler, ne pas déplorer, ne pas détester, mais comprendre).

Cela toutefois ne dispense pas de juger, pour agir. Mais interdit de réduire le jugement à la compréhension. Distinction des ordres : la compréhension relève de la vérité ; le jugement, de la valeur. Comprendre un fou, ce n'est pas une raison pour déraisonner avec lui, ni pour renoncer à la santé, ni pour cesser, le cas échéant, de s'en protéger ou de l'empêcher de nuire. Comprendre un raciste, cela ne dispense pas de le combattre ; cela permet de le combattre plus intelligemment, plus efficacement, et avec moins de haine.

COMPULSION Une impulsion irrésistible, presque toujours pathologique.

CONATUS La puissance de vivre ou d'exister. Ce n'est pas l'être en puissance, mais la puissance de l'être, en tant qu'elle est toujours en acte.

Le mot, en latin, signifie *effort, tendance, poussée* ou *pulsion*. Dans la langue philosophique (et même si on le trouve aussi chez Hobbes, Descartes ou Leibniz), il s'est surtout imposé dans l'acception que lui donne Spinoza : le *conatus* d'un être quelconque, c'est son effort pour persévérer dans son être, autrement dit sa puissance d'exister, de résister et d'agir (*Éthique*, III, prop. 6 et dém.). C'est son essence actuelle (*ibid.*, prop. 7), qui prend la forme, pour nous, du désir (*ibid.*, prop. 9 et scolie).

S'il fallait traduire *conatus* en grec, on hésiterait entre *hormè* (la tendance) et *energeia* (la force en action, la puissance en acte). En français, entre *effort, pulsion* (voire « pulsion de vie »), *puissance* ou *énergie*. C'est pourquoi on renonce ordinairement à le traduire, et l'on a – pour une fois – raison. Le mot, dans son usage philosophique, a cessé d'être latin ; il n'est plus que spinoziste.

CONCEPT C'est Simone de Beauvoir, si mes souvenirs sont exacts, qui raconte comment Sartre et Merleau-Ponty, étudiants, s'amusaient à inventer des sujets de dissertation impossibles ou caricaturaux. L'un d'eux surtout, j'étais en terminale, m'avait à la fois amusé et effrayé : *« Le* *concept de notion et la notion de concept* ». C'est que les deux concepts sont tellement proches qu'on pourrait y voir une même notion : ce seraient deux synonymes, pour désigner une idée abstraite ou générale.

S'il faut les distinguer, comme la langue y invite, on considérera que la notion est ordinairement plus vague ou plus vaste, le concept plus précis ou plus strict. On parlera par exemple de la notion d'animal, et du concept de mammifère. Ou de la notion de liberté, et du concept de libre arbitre. Le concept, au sens où je le prends, a une compréhension plus riche – donc une extension moindre – que la notion. C'est qu'il est souvent une notion précisée ou rectifiée.

D'autres différences en découlent. La notion est déjà donnée ; le concept, produit. La notion est le résultat d'une certaine expérience ou d'une certaine éducation (la *prolèpsis* des Grecs) ; le concept, d'un certain travail. Toute notion est commune (elle n'appartient qu'à la langue ou à l'humanité) ; tout concept, singulier (il n'a de sens qu'à l'intérieur d'une certaine théorie). Une notion est un fait ; un concept, une œuvre. On parlera par exemple de la notion de justice ; et du concept de justice chez Platon. De la notion de force ; et du concept de force dans la mécanique classique ; de la notion de concept ; et du concept de notion chez Kant…

Ainsi le concept – qu'il soit scientifique ou philosophique – est une idée abstraite, définie et construite avec précision : c'est le résultat d'une pratique et l'élément d'une théorie.

CONCEPTUALISME L'une des trois façons traditionnelles de résoudre le problème des universaux : le conceptualisme affirme que les idées générales n'existent que dans l'esprit qui les conçoit (contre le réalisme, qui voudrait qu'elles existent en elles-mêmes ou dans l'absolu), mais y existent bien, à titre d'entités mentales, et ne sauraient se réduire aux mots qui servent à les désigner (contrairement à ce que prétend le nominalisme). C'était la doctrine, par exemple, d'Abélard ou de Locke. Mais beaucoup de nominalistes, et dès Guillaume d'Occam, lui empruntent aussi quelque chose. Dès qu'un concept est *pensé*, n'est-ce pas déjà davantage qu'un mot ?

CONCILE Une assemblée générale des évêques, sous la direction du premier d'entre eux. Voltaire, dans l'article qu'il leur consacre, évoque ironiquement les plus fameux : les conciles de Nicée, d'Éphèse, de Constantinople, de Latran, de Trente… Tous décident souverainement de l'indécidable (la consubstantialité du Père et du Fils, la divinité du Saint-Esprit, la transsubstantiation...). C'est qu'ils sont infaillibles. Qu'en sait-on ? C'est qu'ils l'ont décidé, avant d'attribuer l'infaillibilité aussi au Pape. Le dogmatisme fait système. Même Vatican II, si ouvert, si courageux à bien des égards, n'y changera rien. « Tous les conciles sont infaillibles, disait Voltaire, car ils sont composés d'hommes. » Que cette explication vaille comme réfutation, c'est ce que chacun comprend. Mais les conciles préfèrent s'occuper de ce qu'on ne comprend pas.

CONCORDE Une paix librement acceptée, partagée, et comme intériorisée : non la simple absence de guerre, mais la volonté commune de l'empêcher.

C'est comme une paix qui serait une vertu, comme une vertu qui serait collective : c'est la vertu des pacifiques, quand ils sont entre eux, ou leur victoire.

On peut imposer la paix ; la concorde, non : on ne peut que la préparer, l'entretenir, la préserver, et c'est pourquoi il le faut.

CONCRET Tout ce qui n'est pas séparé du réel par l'abstraction : ce peut être le réel lui-même (un corps est toujours concret) ou une certaine façon de l'appréhender, soit par les sens (le concret c'est alors ce qui se touche, se voit, se sent...), soit même par la pensée, si elle semble éviter tout recours à quelque théorie ou idée générale que ce soit. En ce dernier sens, c'est presque inévitablement une illusion : ce serait penser sans mots, sans concepts, sans opérateurs logiques – sans penser. Il n'y a pas de pensée concrète : il n'y a que de bonnes ou de mauvaises abstractions, selon qu'elles permettent ou non de comprendre et d'agir.

CONCUPISCENCE C'est à tort qu'on la confond aujourd'hui avec le désir sexuel, qui n'en est qu'un cas particulier. La tradition appelle *concupiscence*, en un sens à la fois plus vaste et plus précis, tout amour égoïste ou intéressé : c'est n'aimer l'autre que pour son bien à soi. La concupiscence est donc la règle (si j'aime le poulet, ce n'est pas pour le bien du poulet), aussi sûrement que l'amour de bienveillance – aimer l'autre pour son bien à lui – est l'exception. Il arrive pourtant que les deux se mêlent, spécialement dans la famille et le couple. Si j'aime mes enfants, ce n'est pas seulement pour mon bien à moi. Et comment ne pas vouloir du bien à celui ou celle qui nous en fait ?

La concupiscence est première : elle est l'amour qui prend, et nul n'apprendrait autrement à donner. Encore faut-il apprendre. Tout commence par la concupiscence, mais ce n'est qu'un commencement.

CONDITION Moins qu'une cause, plus qu'une circonstance. C'est une circonstance nécessaire ou une cause non suffisante : ce sans quoi le phénomène considéré ne se produirait pas, mais qui ne suffit pas pour autant à l'expliquer. Ainsi l'existence de nos parents est condition de la nôtre (nous n'aurions pu exister sans eux), mais point sa cause (ils auraient pu exister sans nous). On remarquera qu'aucune cause n'étant jamais strictement suffisante, il n'y a en vérité que des conditions, qui sont toutes conditionnées avant d'être conditionnantes.

C'est ce qui autorise à parler de *condition humaine*, pour désigner l'ensemble des circonstances qui s'imposent à tout être humain, sans lesquelles il ne serait pas ce qu'il est : le corps, la finitude et la mortalité font partie de la condition humaine.

CONDITIONNEL Qui dépend d'une condition ou en énonce. Par exemple une proposition conditionnelle ou hypothétique : « Si Socrate est un homme, il est mortel. » On remarquera que ce type de proposition est vraie, ou peut l'être, que la condition soit ou non avérée (vous pouvez remplacer « Socrate », dans l'exemple précédent, par tout ce que vous voudrez, homme ou pas, la proposition n'en perdra pas sa vérité).

CONFESSION C'est avouer une faute, dans l'espoir d'un pardon. Aveu intéressé, donc, et pour cela toujours suspect.

CONFIANCE C'est comme une espérance bien fondée ou volontaire, qui porte moins sur l'avenir que sur le présent, moins sur ce qu'on ignore que sur ce qu'on connaît, moins sur ce qui ne dépend pas de nous que sur ce qui en dépend (puisqu'on est maître au moins de sa confiance : on choisit ses amis et ses combats). Cela n'empêche ni l'erreur ni la déception, mais vaut mieux pourtant que l'espérance aveugle ou la suspicion généralisée.

C'est aussi comme une foi, mais en acte, et qui porterait moins sur Dieu que sur autrui ou sur soi. Foi en l'Homme ? Ce serait bêtise ou religion. Foi, plutôt, en tel ou tel que l'on connaît, et d'autant plus qu'on le connaît davantage : ce n'est plus foi mais confiance. Son lieu naturel est l'amitié.

CONFIDENCE C'est dire à quelqu'un, sur soi-même (sans quoi ce n'est plus confidence mais indiscrétion), ce qu'on ne dirait pas à n'importe qui : marque de confiance, d'amour ou d'intimité. Se distingue de l'aveu, parce qu'elle ne suppose aucune culpabilité. De la confession, parce qu'elle n'attend aucun pardon. C'est la parole privilégiée des amis, qui s'aiment trop pour se juger.

CONFUS Ce qui manque d'ordre. À ne pas confondre avec l'obscur, qui manque de clarté, ni avec le flou, qui manque de précision. Toutefois les trois, en philosophie, vont souvent ensemble. C'est ce qui rend certaines dissertations de nos étudiants plus difficiles à comprendre, et plus fatigantes, que bien des pages d'Aristote ou de Kant.

CONJONCTION Une rencontre ou une liaison. Se dit spécialement, en logique, d'une proposition composée de deux ou plusieurs propositions reliées par le connecteur « et » : *« p et q »* est une conjonction. Elle n'est vraie que si toutes les propositions qui la composent le sont.

CONNAISSANCE Connaître, c'est penser ce qui est comme cela est : la connaissance est un certain rapport d'adéquation entre le sujet et l'objet, entre l'esprit et le monde, bref entre la *veritas intellectus* (la vérité de l'entendement) et la *veritas rei* (la vérité de la chose). Qu'il s'agisse de deux *vérités* est ce qui distingue la connaissance de l'erreur ou de l'ignorance. Mais qu'il s'agisse de *deux* vérités, non d'une seule, est ce qui distingue la connaissance de la vérité même : la connaissance est un rapport extrinsèque (c'est l'adéquation de soi à l'autre) ; la vérité, intrinsèque (c'est l'adéquation de soi à soi). Ainsi tout est vrai, même une erreur (elle est vraiment ce qu'elle est : vraiment fausse). Mais tout n'est pas connu, ni connaissable.

Parce qu'elle est une relation, toute connaissance est toujours relative : elle suppose un certain point de vue, certains instruments (les sens, les outils, les concepts...), certaines limites (celles du sujet qui connaît). Se connaître soi, par exemple, n'est pas la même chose qu'être soi : nul ne se connaît totalement ; nul n'existe en partie.

Une connaissance absolue ne serait plus une connaissance : elle serait la vérité même, dans l'identité de l'être et de la pensée. C'est ce qu'on peut appeler Dieu, et qui le rend inconnaissable.

CONSCIENCE L'un des mots les plus difficiles à définir – peut-être parce que toute définition s'adresse à une conscience et la suppose.

La conscience est un certain rapport de soi à soi, mais qui n'est ni d'adéquation (toute conscience n'est pas connaissance : il y a des consciences fausses), ni d'identité (avoir conscience de soi n'est pas la même chose qu'être soi), ni pourtant de pure altérité (puisqu'il n'y a de conscience que pour soi). Disons que la conscience est présence à soi de l'esprit ou de l'âme, comme une pensée qui se pense : un savoir qui se sait, une croyance qui se croit, une sensation ou un sentiment qui se sentent... Toute conscience suppose en cela une certaine dualité : « *conscience* veut dire *science avec...*, remarquait Biran, science de soi *avec celle* de quelque chose ». C'est aussi ce que suggère, chez les phénoménologues, l'idée d'intentionnalité, laquelle débouche sur la très fameuse définition sartrienne : « *La conscience est un être pour lequel il est dans son être question de son être en tant que cet être implique un être autre que lui* » (*L'être et le néant*, Introduction). Je ne peux pas avoir conscience de cet arbre ou de cette idée sans avoir conscience aussi, fût-ce obscurément, de la conscience que j'en ai. Cela ne veut pas dire que toute conscience soit réflexive, si l'on entend par là qu'elle se prendrait elle-même, nécessairement, explicitement, pour objet. Mais plutôt qu'aucun objet n'existe pour elle qu'à la condition qu'elle existe elle-même pour soi. C'est comme une fenêtre qui ne s'ouvrirait sur le monde qu'en se faisant d'abord regard. C'est pourquoi il n'y a pas de conscience absolue : parce que toute conscience est médiation. Quand je regarde cet arbre, est-ce l'arbre que je vois, ou la vision que j'en ai ?

CONSTITUTIF Est *constitutif*, chez Kant, ce qui détermine l'expérience objective, et peut donc être affirmé de tout objet de l'expérience. S'oppose à *régulateur* (voir ce mot).

CONTEMPLATION Le regard attentif et désintéressé. Par métaphore, désigne l'attitude de la conscience quand elle se contente de connaître ce qui est, sans vouloir le posséder, l'utiliser ou le juger. C'est le sommet de la vie spirituelle : la pure joie de connaître (la *vie théorétique* d'Aristote, l'*amor intellectualis* de Spinoza), ou l'amour vrai du vrai. Le moi semble se dissoudre dans la contemplation de son objet : il n'y a plus personne à sauver, et c'est le salut même.

CONTINENCE L'absence volontaire de tout plaisir sexuel. Cela suppose presque toujours qu'on en exagère l'importance, et la redouble.

CONTINGENCE On la définit ordinairement comme le contraire de la nécessité : est contingent, explique Leibniz, tout ce dont le contraire est possible, autrement dit tout ce qui *pourrait* ou *aurait pu* ne pas être. Ces conditionnels sont à prendre en considération. Car quelle *condition* supposent-ils ? Que le réel ne soit pas ce qu'il est. C'est en quoi tout, dans le temps, est contingent (le néant était possible aussi, ou un autre réel), aussi sûrement que tout, au présent, est nécessaire (ce qui est ne peut pas ne pas être pendant qu'il est). Si le temps et le présent sont une seule et même chose, comme je le crois, il faut en conclure que *contingence* et *nécessité* ne s'opposent que pour l'imagination : quand on compare ce qui est, fut ou sera (le réel), à autre chose, qui pourrait ou aurait pu être (le possible, en tant qu'il *n'est pas* réel). Au présent, ou *sub specie aeternitatis*, seul le réel est possible : tout le contingent est nécessaire, tout le nécessaire est contingent. C'est où Spinoza et Lucrèce se rejoignent.

CONTRADICTION Le fait de contredire, et spécialement, en philosophie, de *se* contredire (de dire à la fois une chose et sa négation : *p* et *non-p*). Cela suppose un *dire* : il n'y a de contradiction, en toute rigueur, que dans le discours, jamais dans le réel (si le réel était contradictoire, on ne pourrait plus le penser). Tel est en tout cas le sens logique du mot : une contradiction, c'est la présence, dans le même énoncé, de deux éléments incompatibles ; « cercle carré » est une contradiction.

Au sens ontologique, ce serait la présence, dans le même être, de deux propriétés incompatibles (auquel cas l'être en question ne saurait subsister) ou opposées. En ce dernier sens, qui est un sens vague, mieux vaut parler d'ambivalence, de discordance ou de conflit. Cela évitera de prendre la dialectique pour une nouvelle logique, quand elle n'est qu'une nouvelle grille de lecture, voire une nouvelle rhétorique.

Par exemple, que l'histoire de toute société jusqu'à nos jours soit l'histoire de luttes de classes, comme dit Marx, cela n'a rien de contradictoire ; il serait plutôt contradictoire, aux yeux de Marx, qu'il en aille autrement.

Et que l'inconscient ne soit pas soumis au principe de non-contradiction, comme dit Freud, cela n'est pas davantage contradictoire, ni ne saurait dispenser la psychanalyse (en tant que théorie) de s'y soumettre.

Que toute société soit conflictuelle, que tout affect soit ambivalent, cela peut et doit se penser sans contradiction. Par quoi la contradiction reste critère de fausseté ; c'est ce qui exclut qu'on la rencontre dans le réel, et qui la rend indispensable, dans la pensée, à toute recherche de la vérité.

CONTRADICTION (PRINCIPE DE NON -) Le principe de non-contradiction stipule que deux propositions contradictoires ne peuvent être vraies simultanément : la conjonction « *p et non-p* » est une contradiction, comme telle nécessairement fausse. Il en résulte que la vérité d'une proposition suffit à prouver la fausseté de sa contradictoire. On peut ajouter : « et réciproquement ». C'est ce que postule le principe du tiers exclu (*p ou non-p* : deux propositions contradictoires ne peuvent êtres fausses toutes les deux), qu'on distingue du principe de non-contradiction mais qui lui est logiquement équivalent.

Le principe de non-contradiction est évidemment indémontrable, puisque toute démonstration le suppose. Mais la même raison le rend irréfutable (on ne pourrait le réfuter qu'à la condition de le supposer d'abord : si sa réfutation l'annule, elle s'annule elle-même). La vérité, qui n'est pas une preuve mais une justification forte, c'est qu'on ne peut pas penser valablement sans accepter, au moins implicitement, ce principe : toute discussion intellectuelle le suppose, montre Aristote (*Métaphysique*, Γ, 3-4), et ne peut avancer qu'à la condition de s'y soumettre.

CONTRADICTOIRE Qui contredit, ou *se* contredit. Spécialement, en logique, deux propositions sont contradictoires quand l'une est la négation de l'autre (*p* et *non-p* sont deux propositions contradictoires), ou quand elle implique cette négation (si *p* implique *non-q*, *p* et *q* peuvent être dites contradictoires). Par exemple « Tous les hommes sont mortels » a pour contradictoire « Tous les hommes ne sont pas mortels », ou plutôt (car cette dernière formulation est équivoque) « Quelque homme n'est pas mortel ». Deux propositions contradictoires ne peuvent ni être vraies (principe de non-contradiction) ni être fausses (principe du tiers exclu) ensemble. Elles constituent donc une alternative : la fausseté de l'une suffit à prouver la vérité de l'autre, et réciproquement. De là, dans nos raisonnements, cette démarche en zigzag (nous serions autrement prisonniers de l'évidence), qui prouve une thèse par la fausseté de sa contradictoire. Nous nous heurtons au faux, presque à chaque pas : la raison nous guide, comme l'aveugle sa canne.

CONTRAIRE L'extrême opposé. En logique, le mot désigne deux propositions universelles comportant les mêmes termes, dont l'une est affirmative *(Tous S est P)* et l'autre négative *(aucun S n'est P).* On évitera donc, malgré l'usage courant, de confondre la relation de *contrariété* avec celle de *contradiction.* La contradictoire de « Tous les hommes sont mortels » est « Tous les hommes ne sont pas mortels » (il existe au moins un homme qui n'est pas mortel). Son contraire : « Aucun homme n'est mortel. » Le contradictoire de « blanc » est « non blanc ». Son contraire, selon le contexte, peut être noir, rouge, bleu, enfin n'importe quelle couleur qui se trouve, de tel ou tel point de vue et dans tel ou tel champ, ou qu'on croit se trouver, à l'extrême opposé.

On remarquera que deux propositions contraires ne peuvent être vraies ensemble (la vérité de l'une implique donc la fausseté de l'autre), mais peuvent être fausses toutes les deux (de la fausseté de l'une, on ne peut donc conclure à la vérité de l'autre). Soient par exemple les deux propositions contraires : « Tous les cygnes sont blancs », « Aucun cygne n'est blanc ». Un cygne noir suffit à prouver la fausseté de la première, non la vérité de la seconde.

Le mot, je l'ai signalé en passant, a aussi un usage plus large. Il désigne l'opposition absolue ou, comme disait Aristote, la *différence maximale*, dans un même genre. Le contraire de *grand* est *petit*, le contraire de *beau* est *laid*... La contrariété joue ainsi un rôle important dans les définitions, en ce qu'elle précise, pour chaque mot, l'ampleur de la différence qu'il autorise en l'excluant (son empan de sens). Les mots, comme les humains, ne se posent qu'en s'opposant. Cela n'autorise pas à oublier l'entre-deux.

CONTRAT C'est un engagement mutuel, ayant, pour les parties contractantes, force de loi. On y voit parfois l'origine du droit : le contrat social serait un contrat de chaque citoyen avec tous. Mais ce genre de contrat ne vaut vraiment que dans un État de droit. Comment pourrait-il expliquer ce qui le permet ?

Le contrat social n'est qu'une fiction utile : il indique non l'origine de l'État de droit, mais son fondement ou sa règle ; non comment il est né, mais comment on doit le penser pour que chacun y soit libre, ou puisse l'être.

CONVERSATION C'est parler ensemble, sans chercher à convaincre l'autre, ni à le vaincre : le but est de se comprendre, non de se mettre d'accord. Se distingue par là de la *discussion* (qui suppose un désaccord et le désir d'y mettre fin) et du *dialogue* (qui tend vers une vérité commune). La conversation ne tend vers rien, ou ne tend que vers elle-même. Sa gratuité fait partie de son charme. C'est l'un des plaisirs de l'existence, spécialement entre amis : leurs différences mêmes les réjouissent ; pourquoi chercheraient-ils à les supprimer ?

CONVOITISE C'est désirer ce qu'on n'a pas, qu'on voudrait posséder, et d'autant plus fortement que quelqu'un d'autre en jouit ou en dispose. La convoitise commence dans le manque et culmine dans l'envie. C'est où l'amour de soi mène à la haine de l'autre.

COPERNICIENNE (RÉVOLUTION –) On appelle « révolution copernicienne » celle que Kant prétend avoir effectuée, qu'il juge analogue, dans la métaphysique, à celle de Copernic en astronomie : là où l'on croyait traditionnellement que la connaissance devait se régler sur les objets, supposons plutôt que ce sont les objets qui doivent se régler sur notre connaissance. Ce qu'il y a de commun avec Copernic, c'est que ce dernier, selon Kant, a recherché « l'explication des mouvements observés, non dans les objets du ciel, mais dans leur spectateur » (*Critique de la raison pure*, Préface de la deuxième édition). On remarquera pourtant qu'on pourrait parler aussi bien de *contre-révolution copernicienne* : Kant remet l'homme au centre de la connaissance, quand Copernic l'avait chassé du centre de l'univers.

COPULE Dans la logique classique, c'est le mot (le plus souvent le verbe être) qui relie le sujet et le prédicat.

CORPS Un peu de matière organisée, et spécialement celle qui nous constitue : ce serait l'objet dont je suis le sujet. Mais si « l'âme et le corps sont une seule et même chose », comme dit Spinoza, le corps est à lui-même son propre sujet ; le *moi* ne le dirige qu'autant qu'il en résulte.

COSMOLOGIE La cosmologie, qui étudie le tout (le *cosmos* : le monde, l'univers), n'est qu'une partie de la physique, qui étudie plutôt les éléments – comme si le plus grand, pour la connaissance, était inclus dans le plus petit. Cette espèce de paradoxe est un argument en faveur du matérialisme : le supérieur résulte de l'inférieur. De fait, tant qu'on connaissait l'univers mieux que les atomes, il était difficile de ne pas y voir un *ordre* (tel était le premier sens, en grec, du mot *kosmos*), qui supposait presque inévitablement une intention. C'est pourquoi l'astronomie, si souvent, se fit théologie astrale, chez les Anciens, ou justification astronomique de la théologie, chez les Modernes. C'était l'univers-horloge de Voltaire, qui supposait un Dieu-horloger. La connaissance du détail des choses a fragilisé cette évidence : le chaos semble désormais l'emporter sur le cosmos, le désordre sur l'ordre, la physique de l'infiniment petit sur celle de l'infiniment grand (même la cosmologie aujourd'hui est quantique), enfin une espèce de lassitude, comme en fin d'analyse, sur l'enthousiasme des commencements. Ce n'était donc que cela ?

Sagesse désabusée de Cioran : « Après avoir entendu un astronome parler de milliards de galaxies, j'ai renoncé à faire ma toilette. À quoi bon se laver encore ? »

On se lave pourtant. Cela ne prouve rien contre la cosmologie contemporaine, ni contre Cioran.

COSMOLOGIE RATIONNELLE C'est cette partie de la philosophie classique qui traitait du monde et de son origine. Kant a eu raison d'en montrer l'illusion, qui la voue à d'inévitables antinomies. Le monde, comme ensemble de tous les phénomènes, *n'est pas* un phénomène. Ce n'est pas l'objet d'une expérience possible : ce n'est qu'une idée de la raison, d'où nul savoir, jamais, ne peut être tiré. La balle, désormais, est dans le camp des physiciens.

COSMOLOGIQUE (PREUVE –) L'une des trois preuves traditionnelles de l'existence de Dieu, laquelle prétend démontrer son existence (comme être nécessaire) à partir de celle du monde (comme être contingent). Cette preuve, que Leibniz appelait *a contingentia mundi*, peut se résumer de la manière suivante : le monde existe, mais pourrait ou aurait pu ne pas être (il est contingent) ; il faut donc, pour rendre raison de son existence, une cause ; mais si celle-ci était elle-même contingente, elle devrait avoir à son tour une cause, et ainsi à l'infini ; or, pour satisfaire le principe de raison suffisante, il faut s'arrêter quelque part : on ne peut échapper à la régression à l'infini qu'en supposant, comme raison suffisante du monde, un être qui n'ait plus besoin lui-même d'une autre raison, autrement dit « un être nécessaire, comme dit Leibniz, portant la raison de son existence avec soi ». C'est cette « dernière raison des choses » qui serait Dieu (*Principes de la nature et de la grâce*, § 7 et 8).

Que vaut cette preuve ? Elle ne vaut que ce que vaut le principe de raison suffisante, qui ne saurait valoir absolument. Pourquoi l'être aurait-il besoin d'une raison, puisque toute raison le suppose ? Au reste, quand bien même on accorderait à Leibniz ce qu'il prétend avoir démontré (l'existence d'un être absolument nécessaire), on n'en serait guère plus avancé : qu'est-ce qui nous prouve que cet être nécessaire soit un Dieu, c'est-à-dire un sujet ou une personne ? Ce pourrait être aussi bien la nature, comme le voulait Spinoza, autrement dit un être nécessaire, certes, mais sans conscience, sans volonté, sans amour : non la cause de tout, mais le tout comme cause. À quoi bon le prier, s'il ne nous entend pas ? À quoi bon lui obéir, s'il ne commande pas ? À quoi bon y croire, si lui-même n'y croit pas ?

Ainsi cette preuve cosmologique n'en est pas une ; cela laisse de beaux jours à la foi, comme l'a vu Kant, et à l'athéisme.

COSMOPOLITISME « On demandait à Socrate d'où il était. Il ne répondit pas : d'Athènes ; mais : du monde. » Tel est, dans les mots de Montaigne (I, 26, p. 157), l'énoncé du cosmopolitisme socratique, qu'on trouvait déjà évoqué, c'est sans doute l'une des sources de Montaigne, par Cicéron : Socrate se voulait « habitant et citoyen du monde entier » (*Tusculanes*, V, 37). On voit que le mot cosmopolitisme (de *kosmos*, monde, et *politês*, citoyen) n'a rien d'abord de péjoratif ; c'est plutôt l'énoncé d'une vertu ou d'une exigence. Seul le nationalisme y verra un défaut : cela condamne le nationalisme plus que cela n'atteint le cosmopolitisme, qui est au-dessus de ces bassesses. Se vouloir citoyen du monde, c'est simplement assumer son humanité et la faire passer, comme il faut en effet, avant l'appartenance à quelque nation que ce soit. Il faut ajouter toutefois qu'être citoyen du monde n'a jamais dispensé d'assumer aussi les devoirs qu'impose la citoyenneté ordinaire. Socrate, tout citoyen du monde qu'il se voulût, obéit aux lois d'Athènes, jusqu'à la mort.

COSMOS Pour les Anciens, c'était d'abord l'*ordre (kosmos)*, tel qu'il se donne à voir et à admirer, spécialement, dans le ciel : l'ordre et la beauté (le bel ordre, la beauté ordonnée) qui nous entourent ou nous surplombent. C'est pourquoi le mot, très vite, en vint à désigner le *monde* même, qu'on supposait en effet ordonné : c'était le contraire du chaos (chez Hésiode) ou du tohu-bohu (dans la Genèse). C'est le monde d'Aristote – fini, finalisé, hiérarchisé – plutôt que l'univers d'Épicure, mais qui dominera d'autant plus, pendant deux mille ans, que le christianisme l'avait entre-temps adopté. Si c'est Dieu qui crée le monde, comment ne serait-il pas ordonné ? La révolution scientifique des XVIe et XVIIe siècles (Copernic, Galilée, Newton...) mettra fin, Koyré en a retracé les étapes, à ce bel édifice : la destruction du cosmos, « conçu comme un tout fini et bien ordonné », et la géométrisation de l'espace (qui suppose au contraire son « extension homogène et nécessairement infinie ») nous ont fait passer *du monde clos*, comme dit encore Koyré, *à l'univers infini*. C'était donner raison à Épicure, et redonner sens à la plus difficile sagesse : non pas occuper la place que le monde nous assigne – dans un univers infini, toutes les places se valent –, mais accepter sereinement d'être perdu dans le tout immense, sans autre justification que de jouir, d'agir et d'aimer. Il n'y a pas d'ordre du monde (pas de *cosmos*), et c'est tant mieux : la nature est libre, comme dit Lucrèce, et nous en elle. Il s'agit non de se tenir à sa place (ce qui ne serait que politesse ou religion), mais d'habiter l'infini.

COUPLE Deux individus qui s'aiment ou qui vivent ensemble (la disjonction est ici inclusive : amour et cohabitation ne sont pas incompatibles), qui partagent le plus souvent la même demeure, le même lit, la même intimité, les mêmes occasions de plaisir et de peine, les mêmes soucis, les mêmes espérances, enfin l'essentiel de ce qu'on peut partager quand on s'aime et même, parfois, quand on ne s'aime plus. C'est la forme la plus ordinaire de l'amour. Aussi est-ce presque toujours une amitié, tant que l'amour demeure, davantage qu'une passion, un plaisir davantage qu'une souffrance, une joie davantage qu'un manque, une douceur, enfin, davantage qu'un emportement. Il faut être bien jeune ou bien niais pour le regretter. Être amoureux est à la portée de n'importe qui ; aimer est plus difficile, et c'est pourquoi le couple est difficile.

Qu'il y ait des couples malheureux, lourds, étouffants, des couples sans amour, d'autres pleins de haine et de mépris, c'est ce que nul n'ignore. Cela fait comme une prison d'un type particulier, où l'on apporte son manger, où l'autre fournit le lit et les barreaux... Mais l'échec, aussi fréquent qu'il puisse être ou qu'il soit, ne saurait suffire à le définir. L'essence du couple se lit mieux dans ses réussites : c'est l'amour le plus intime, le plus quotidien, le plus lucide, et le seul peut-être qui puisse nous consoler de ses échecs.

Le couple suppose une intimité sexuelle vécue dans la durée, qu'il est à peu près seul à permettre et qui le rend spécialement précieux et troublant. Comment connaître vraiment celui ou celle avec qui on n'a jamais fait l'amour, ou quelques fois seulement, comme en passant, comme par hasard ? Et quoi de plus fort, quoi de plus délicieux, que de faire l'amour avec son ou sa meilleur(e) ami(e) ? C'est ce qu'on appelle un couple, quand il est heureux.

« On ne peut me connaître mieux que tu ne me connais. » Ce vers d'Eluard dit la vérité réussie du couple : qu'il est le lieu de rencontre du plaisir, de l'amour et de la vérité. Si vous n'aimez pas ça, n'en dégoûtez pas les autres.

C'est peut-être Rilke qui a trouvé le mots les plus justes : « deux solitudes se protégeant, se complétant, se limitant, et s'inclinant l'une devant l'autre ». Auguste Comte y voyait le début de la vie sociale, et c'est aussi le début de la vie tout court. Il s'agit de permettre « l'action de la femme sur l'homme » (comme dit Comte encore, mais la même idée se trouvait déjà chez Lucrèce), qui nous sauve à peu près de la barbarie. Le couple est la civilisation minimale – le contraire de la guerre, l'antidote de la mort. Alain, qui fut célibataire longtemps, l'avait compris : « Finalement, c'est le couple qui sauvera l'esprit. »

COURAGE La vertu qui affronte le danger, la souffrance, la fatigue, qui surmonte la peur, la plainte ou la paresse. C'est la vertu la plus universellement admirée, sans doute depuis le plus longtemps, et d'ailleurs (avec la prudence) l'une des plus nécessaires. Toutes les autres, sans courage, seraient impuissantes ou incomplètes. Vertu cardinale, donc, proprement, ce que l'étymologie à sa façon confirme (dans courage il y a cœur, dans vertu il y a courage) et que l'expérience ne cesse de nous rappeler. On évitera pourtant de le louer trop aveuglément. D'abord parce que le courage peut servir aussi au pire ; ensuite parce qu'il ne tient lieu d'aucune des vertus qu'il sert. L'amour peut donner du courage, non le courage suffire à l'amour.

COURTOISIE C'est la politesse de la cour, comme l'urbanité est celle de la ville. On comprend que la courtoisie est plus raffinée, plus recherchée, plus élégante. Trop ? Ce ne serait plus courtoisie mais snobisme ou préciosité.

COUTUME Une habitude, mais sociale plutôt qu'individuelle : c'est une habitude qui nous précède, nous constitue ou nous accompagne. On prend une habitude ; on intériorise une coutume, au point parfois de ne plus la voir. « Les lois de la conscience que nous disons naître de la nature, écrit Montaigne, naissent de la coutume. [...] Par où il advient que ce qui est hors des gonds de la coutume, on le croit hors des gonds de la raison » (*Essais*, I, 23 ; comparer avec Pascal, *Pensées*, 125-92 et 126-93).

C'est aussi l'une des sources du droit, ou l'un de ses principes : coutume fait loi, mais dans la mesure seulement où les lois n'y contredisent pas.

CRAINTE La peur présente d'un mal à venir (j'ai peur du chien qui me menace, je crains qu'il me morde), quand elle porte sur un objet réel (par différence avec l'angoisse). C'est une peur justifiée, ou qu'on croit telle, et comme en avance sur le danger qui la suscite. Par quoi elle a sa fonction vitale, qui est de précaution.

On dit souvent que la crainte est le contraire de l'espérance. Ce n'est pas faux, si l'on n'oublie pas que c'est l'un des cas les plus évidents de l'unité des contraires. « Il n'y a pas d'espoir sans crainte, disait Spinoza, ni de crainte sans espoir » (*Éthique*, III, 50, scolie, et explication de la déf. 13 des affects).

Comment se libérer de la crainte, demandera-t-on, sans renoncer à la prudence ? Par connaissance et volonté. Le sage, face au danger à venir, n'est pas craintif, disaient les stoïciens. Mais il est vigilant et circonspect. Il ne le craint pas ; il le limite ou s'y prépare.

CRÉATION Créer, au sens strict ou absolu, ce serait produire quelque chose à partir de rien, ou plutôt à partir de soi seul : ainsi Dieu, créant le monde. En un sens plus large, on parle de *création* pour toute production qui semble absolument neuve et singulière, ou dans laquelle nouveauté et singularité l'emportent sur le simple progrès technique ou la transformation d'éléments préexistants : ainsi parle-t-on de création artistique, parce que ni les matériaux utilisés (le marbre, les couleurs, les notes, la langue…) ni les règles ou procédés ordinaires ne suffisent à l'expliquer. C'est une œuvre sans précédent, sans modèle ou sans pareil.

On ne confondra pas la *création* avec la *découverte*, qui suppose un objet préexistant, ni avec l'*invention*, qu'un autre aurait pu faire. Christophe Colomb a découvert l'Amérique ; il ne l'a ni inventée ni créée (elle existait avant lui). Edison a inventé la lampe à incandescence : serait-il mort à la naissance, celle-ci n'en existerait pas moins aujourd'hui. Mais Beethoven a bien *créé* ses symphonies : elles n'existaient pas avant lui ni ne pouvaient être créées par un autre.

CRÉATION DU MONDE Le passage de l'infinie perfection à l'imparfaite finitude, par quoi Dieu, disent les théologiens, *condescend* à n'être plus tout. C'est ce que Valéry appelait la *diminution divine* : on passe du plus au moins (« Dieu et toutes les créatures, écrit Simone Weil, cela est moins que Dieu seul »), du bien absolu au mal relatif. Créer, pour Dieu, c'est se retirer. C'est la seule solution au problème du mal qui me paraisse théologiquement satisfaisante (même si, philosophiquement, elle ne l'est pas tout à fait). Dieu, étant tout le Bien possible, ne pouvait créer que moins bien que soi – il ne pouvait créer que le mal. Pourquoi l'a-t-il fait ? Par amour, répond Simone Weil : pour nous laisser exister. Le monde n'est que le vide qui en résulte, comme la trace d'un Dieu absent.

Je vois bien le vide, point la trace.

CREDO *Je crois*, en latin. C'est le nom d'une prière, qui énonce les principaux dogmes de la foi chrétienne. Par extension, peut désigner tout ensemble de croyances fondamentales. Mais qu'elles soient fondamentales ne saurait bien sûr garantir qu'elles soient vraies. Si on les savait telles, aurait-on besoin d'un *credo* ?

CRÉDULE Celui qui croit trop facilement. Ce n'est pas qu'il soit plus doué qu'un autre pour la croyance ; c'est qu'il l'est moins pour le doute.

CRIME Plus qu'une faute ou qu'un délit : d'abord parce qu'il est l'une et l'autre (alors que toute faute n'est pas délit, que tout délit n'est pas faute), ensuite par sa gravité. Le crime est une violation et du droit et de la morale, mais sur un point particulièrement important. Aussi le meurtre est-il le crime par excellence – et le crime contre l'humanité, le crime maximum.

CRISE Un changement rapide et involontaire, qui peut s'avérer favorable ou défavorable, mais qui est toujours difficile et presque toujours douloureux. Étymologiquement, c'est le moment de la décision ou du jugement, disons le moment décisif : non qu'on décide d'une crise, mais parce qu'elle nous oblige à nous décider, ou décide à notre place. Ainsi l'adolescence ou l'agonie. On parle aussi de crise cardiaque, de crise économique, de crise politique, de crise de nerfs... Moments de déséquilibre ou de rupture. Quelque chose est en train de se décider sans nous ; il est urgent, si on le peut, de prendre une décision.

Husserl, dans les années 1930, parlait d'une crise des sciences et de l'humanité européennes. Mais ce sont moins les sciences qui sont en crise que la civilisation, et moins l'Europe que le monde. Comment survivre à la mort de Dieu, à la disparition des fondements, à l'entropie généralisée du sens – au nihilisme ? Je ne partage guère les solutions de Husserl, qui ne voyait d'issue que dans la phénoménologie. Mais je me répète souvent la juste formulation de son inquiétude, qui est encore la nôtre : « Le principal danger qui menace l'Europe, disait-il en 1935, c'est la lassitude » (*La crise de l'humanité européenne et la philosophie*, III).

CRITICISME La philosophie de Kant, ou plutôt la solution kantienne au problème critique. C'est d'abord une méthode : « La méthode critique de philosopher, qui consiste à enquêter sur le procédé de la raison elle-même, à analyser l'ensemble de la faculté humaine de connaissance, et à examiner jusqu'où peuvent s'étendre ses limites » (*Logique*, introd., IV). Mais c'est aussi un ensemble de réponses aux principales questions auxquelles se ramène la philosophie. *Que puis-je connaître ?* Tout ce qui entre dans le cadre d'une expérience possible, et cela seul : nous ne connaissons que les phénomènes, jamais les noumènes ou les choses en soi ; l'absolu, par définition, est hors d'atteinte. *Que dois-je faire ?* Mon devoir, autrement dit ce que la raison (en tant qu'elle est pratique) ou la liberté (en tant qu'elle est raisonnable) suffisent à m'ordonner de façon universelle et inconditionnelle. *Que m'est-il permis d'espérer ?* Qu'en me rendant digne du bonheur – en faisant mon devoir – je m'en rapprocherai en effet. Cela suppose une conjonction nécessaire du bonheur et de la vertu (le souverain bien), laquelle n'est pas attestée sur terre, c'est le moins qu'on puisse dire, mais dont on doit croire – si l'on veut échapper au désespoir – qu'elle le sera dans une autre vie, ce qui suppose que Dieu existe et que l'âme est immortelle. Ainsi le criticisme ramène à la religion (« abolir le savoir, afin d'obtenir une place pour la foi »), et la « Révolution copernicienne » aboutit à ce résultat grandiose : « Tout reste dans le même état avantageux qu'auparavant » (*Critique de la raison pure*, Préface de la seconde édition).

CRITIQUE Tout ce qui décide ou juge. Spécialement, en philosophie, ce qui juge le jugement même. C'est soumettre nos connaissances, nos valeurs et nos croyances au tribunal de la raison. La raison s'y juge donc elle-même ; c'est ce qui rend la critique nécessaire (une raison qui ne s'examine pas pèche contre la raison) et interminable (puisque circulaire) : on ne peut éviter d'y entrer, ni en sortir.

CROYANCE Dit moins que savoir, moins que foi, et les enveloppe pour cela l'un et l'autre. Croire, c'est penser comme vrai, sans pouvoir absolument le prouver. Par exemple je crois qu'il fera beau demain, que la Terre est ronde, que deux plus deux font quatre, que Dieu n'existe pas... On dira que deux au moins de ces propositions font l'objet d'une démonstration possible : ce ne serait plus croyance mais savoir. En quoi je ne conteste que le *« ne... plus »*, qui suppose que savoir et croyance soient incompatibles. Il n'en est rien. Car ces démonstrations (que la Terre est ronde, que deux plus deux font quatre...) ne valent absolument que s'il y a des démonstrations absolument valides, ce qui ne se démontre pas. Comment démontrer rationnellement la validité de la raison, que toute démonstration suppose ? Comment vérifier empiriquement la validité de l'expérience ? Ainsi le scepticisme revient toujours, pour lequel toute pensée est croyance. Lisez Hume, qui vous réveillera de votre sommeil dogmatique. Et évitez, lisant Kant, de vous rendormir trop vite...

CRUAUTÉ Le goût ou la volonté de faire souffrir. Proche en cela du sadisme, en plus coupable. Le sadisme est une perversion. La cruauté, un vice. C'est à mes yeux l'un des péchés capitaux, et le pire de tous.

CULPABILITÉ Être coupable, c'est être responsable d'une faute qu'on a accomplie non seulement volontairement mais délibérément, c'est-à-dire en sachant qu'elle était une faute. C'est en quoi la culpabilité suppose la liberté (on n'est responsable que de ce qu'on a fait librement) et semble l'attester. On remarquera pourtant qu'on ne choisit que ce qu'on fait, non ce qu'on est. Ainsi chacun est coupable de ses actions, et innocent de soi.

CULTURE Au sens strict, le mot désigne l'ensemble des connaissances qu'une société transmet et valorise, et spécialement celles qui portent sur le passé de l'humanité (son histoire, ses croyances, ses œuvres). C'est le contraire de l'inculture.

Au sens large, qui domine aujourd'hui dans les sciences humaines (sans doute par influence de l'allemand *Kultur*), le mot est devenu un quasi-synonyme de civilisation : il désigne tout ce qui est produit ou transformé par l'humanité. C'est le contraire de la nature.

Le premier sens donne l'adjectif *cultivé*, qui s'applique à des individus et vaut comme éloge, sinon toujours comme approbation.

Le second donne l'adjectif *culturel*, qui s'applique plutôt à des produits ou à des pratiques, et reste le plus souvent dépourvu de toute visée normative.

Une robe, une moissonneuse-batteuse ou un morceau de rap sont aussi *culturels*, en ce sens, qu'une symphonie de Mahler. Mais les gens cultivés ne les mettent pas sur le même plan.

CUPIDITÉ L'amour exagéré de l'argent, spécialement de celui qu'on n'a pas encore. C'est ce qui distingue la cupidité de l'avarice : le cupide veut acquérir, l'avare veut conserver. Un psychanalyste pourrait voir dans le premier le triomphe de l'oralité ; dans le second, celui de l'analité. Ce sont deux façons infantiles de désirer (deux régressions), qui menacent particulièrement les vieillards.

En pratique, ces deux passions vont souvent ensemble, voire n'en font qu'une, qui est la passion d'amasser.

CURIOSITÉ Le désir de savoir, quand on n'en a pas le droit ou l'usage. C'est aimer la vérité qu'on ignore, et d'autant plus qu'elle se cache – ou qu'on nous la cache – davantage. De là les sciences et le voyeurisme.

Un défaut ? Une vertu ? Ce peut être l'un et l'autre, et souvent c'est les deux. C'est pourquoi c'est si bon et si troublant...

CYNISME Le refus des conventions, des grands principes ou des bons sentiments. Être cynique, au sens philosophique, c'est refuser de confondre le réel et le bien, l'être et la valeur, autrement dit « ce qui se fait », comme disait Machiavel, et « cela qui se devrait faire » (*Le Prince*, XV). Au sens trivial, c'est ne viser qu'à l'efficacité, sans s'encombrer de morale ni d'idéologie. On y voit ordinairement une forme d'impudence ; ce peut être aussi une forme de lucidité : le refus de faire semblant ou de se raconter des histoires.

Avant d'être un défaut, ou d'être considéré comme tel, le cynisme fut d'abord une école de vertu, peut-être la plus exigeante qui fut jamais. Philosophiquement, c'est l'un des deux chaînons – avec l'école Mégarique – qui mène de Socrate au stoïcisme, et à ce titre l'un des courants les plus importants de toute la philosophie antique. L'école, inspirée par Antisthène (qui fut l'élève de

Socrate), est dominée par la belle figure de Diogène, qui fut l'élève d'Antisthène. C'est un nominalisme radical. Aucune abstraction n'existe, aucune loi ne vaut, aucune convention n'importe : il n'y a que des individus et des actes. De là une indépendance farouche, qui ne reconnaît de vertu que libre, et de liberté que vertueuse. C'est dominer en soi la bête ou la bêtise. Ascétisme ? Certes ; mais sans pudibonderie. Le même Diogène, qui enlaçait en hiver des statues gelées, pour s'endurcir, n'hésitait pas à se masturber en public. Il jugeait l'hypocrisie plus coupable que le plaisir, le plaisir plus sain que la frustration. C'est le même aussi qui n'eut pour Alexandre que dédain. Liberté, toujours. Vérité, toujours. Pourquoi cacher ce qui n'est pas un mal ? Pourquoi adorer ce qui n'est pas un bien ?

Le cynisme ancien (celui de Diogène ou Cratès) et le cynisme moderne (celui de Machiavel) ont en commun une même disjonction des ordres : le vrai n'est pas le bien, ce qui se fait ne saurait fonder ce qui se devrait faire, pas plus que le devoir ne saurait tenir lieu d'efficacité. Peu importe dès lors qu'on privilégie la vertu morale, comme Diogène, ou l'efficacité politique, comme Machiavel. L'essentiel est de ne pas les confondre, et de ne renoncer ni à l'une ni à l'autre.

Le cynique refuse de prendre ses désirs pour la réalité, comme de céder sur la réalité de ses désirs. Il refuse d'adorer le réel : l'action lui tient lieu de prière. Il ne croit en rien, mais n'a pas besoin de croire pour vouloir. La volonté lui suffit. L'action lui suffit.

On les appela des chiens, parce qu'ils enseignaient sur la place du *cynosarges* (le chien agile) et faisaient fi de toute pudeur. Ils en firent leur emblème. « Je suis en effet un chien, disait Diogène, mais un chien de race, de ceux qui veillent sur leurs amis. » Vertu cynique : vertu sans foi ni loi, mais non sans fidélité ni courage.

CYRÉNAÏQUE Aristippe de Cyrène, le fondateur de l'école cyrénaïque, fut l'élève de Socrate. Il ne reconnaissait qu'une seule certitude, la sensation, qu'un seul bien, le plaisir, qu'un seul temps, le présent. De là une sagesse sympathique et un peu courte, qui est un art de jouir plutôt que d'être heureux. Le cyrénaïsme est comme un épicurisme avant la lettre, mais qui s'enfermerait dans le corps et le présent : c'est un sensualisme subjectiviste (nous ne connaissons pas les choses, mais seulement les impressions qu'elles nous procurent) et un hédonisme de l'instant – une esthétique (de *aisthèsis*, la sensation) plutôt qu'une éthique. Sa maxime pourrait être celle d'Horace : *Carpe diem* (cueille le jour). Ou celle d'Oscar Wilde : « Pas le bonheur, le plaisir ! » C'est renoncer un peu vite à l'éternité et à l'esprit.

L'école débouchera, avec Hégésias, sur un pessimisme absolu. C'est que le plaisir est rare ou faible, et que le présent dure longtemps… À quoi l'on n'échappe que par le suicide, que prônait en effet Hégésias, ou la pensée, qui ne saurait s'épanouir dans l'instant. L'âme jouit aussi, et davantage : tel sera l'enseignement d'Épicure, qui l'obligera à dépasser le cyrénaïsme.

D

DANDYSME C'est une esthétique qu'on prend pour une éthique, ou qui voudrait en tenir lieu. Le dandy rêve de faire de sa vie une œuvre d'art. Il n'y parvient pas et s'en console comme il peut, par coquetterie et dérision. L'élégance lui paraît une vertu suffisante ; suivre la mode, la seule sagesse nécessaire. C'est un virtuose de l'apparence. Son corps, ses vêtements, sa parole… sont autant d'instruments, qu'il utilise pour se faire valoir ou remarquer. Le dandysme, écrit Baudelaire, est « une espèce de culte de soi-même ». C'est sa limite. Quel dieu plus dérisoire ? Le dandy n'échappe au ridicule que par l'humour. S'il se prend au sérieux, ce n'est plus un dandy : c'est un snob.

DANSE C'est une espèce de gymnastique, mais qui serait aussi un art : elle tend moins à la santé qu'au plaisir, moins à la force qu'à la beauté ou à la séduction. La musique ordinairement l'accompagne, ou même la suscite. C'est que le rythme y est roi, et cela fait partie de sa définition : la danse est un mouvement rythmé des corps, quand il se suffit de soi ou de sa beauté. De là une impression de liberté paradoxale (puisqu'il n'est pas de danse sans contraintes), que ceux qui ne dansent pas envient et voudraient imiter. Ce qui leur manque ? Un peu de talent, d'inconscience ou d'abandon.

DARWINISME La théorie de Darwin et de ses disciples : c'est une façon d'expliquer l'apparente finalité du vivant par l'évolution des espèces et la sélection naturelle – par le jeu aveugle des mutations, de la reproduction et de la mort. On en retient surtout que l'homme descend du singe, ou que les singes, à tout le moins, sont nos cousins. Le scandale retombé, c'est devenu une espèce d'évidence, qui nous réintroduit heureusement dans la nature. Reste un type d'explication plus général, qui fait aujourd'hui l'enjeu essentiel du darwinisme. C'est une façon d'expliquer l'ordre par le désordre, et le sens, au moins apparent, par le hasard. Un changement survient, sur tel ou tel chromosome : il a d'autant plus de chances de se répandre qu'il est plus favorable à l'espèce (il constitue un avantage sélectif), d'autant moins qu'il lui est plus néfaste (auquel cas ceux qui le possèdent voient leur vie ou leur fécondité diminuer). Même chose si c'est l'environnement qui change : certaines espèces vont disparaître, d'autres ne s'en multiplieront que mieux, et les jobards pourront toujours s'étonner, avant comme après, de l'étonnante harmonie qui règne dans la nature, malgré les massacres ou plutôt grâce à eux... Certains y verront une main invisible. Cela ressemble plutôt à une loterie paradoxale, où les gagnants seraient le gros lot. Comment, s'ils ont une métaphysique, ne croiraient-ils pas en Dieu ? C'est ériger la loterie en religion. De cette superstition habituelle des gagnants, le darwinisme heureusement nous dissuade. La nature ne choisit pas, jamais ; simplement les individus transmettent ou non leurs gènes, et ils le font, selon leurs aptitudes, plus ou moins efficacement, plus ou moins abondamment... Cela fait une espèce de tri – par la mort, par la reproduction –, qui prend la forme, pour nous, d'une finalité quasi providentielle, mais qui n'est que le jeu du hasard (des gènes, des mutations) normé par la nécessité (le combat pour la vie et l'élimination des plus faibles ou des moins aptes à se reproduire). Ainsi le darwinisme pousse à l'athéisme. La nature joue aux dés ; c'est donc qu'elle n'est pas Dieu.

DASEIN Mot allemand du langage courant, où il correspond à peu près à notre « existence ». Dans l'usage philosophique, qui lui valut ses lettres de noblesse internationales, le mot peut se traduire également par « existence » (notamment chez Kant), par « être-là » (notamment chez Hegel) ou par « réalité humaine » (chez Heidegger, du moins chez ses premiers traducteurs français). En ce dernier sens, qui est seul usuel en français, le *Dasein* est simplement cet étant que nous sommes, mais considéré dans sa dimension existentielle (comme être-au-monde-et-pour-la-mort) plutôt qu'anthropologique ou psychologique. C'est l'étant pour lequel *il y a* de l'être, et qui a *à* être. L'homme ? Si l'on veut. Mais comme ouverture (de l'être et à l'être) davantage que comme sujet ou comme intériorité. Nos heideggériens ont essayé plus récemment, selon une indication de Heidegger lui-même, de le rendre par « être-le-là » (l'homme est le « là » de l'être : l'ouverture pour laquelle, et par laquelle, il y a de l'être), puis ont renoncé à le traduire. Renonçons plutôt à l'utiliser.

DÉBAT C'est une discussion publique, donc aussi un spectacle. C'est ce qui rend le débat nécessaire, spécialement dans une démocratie, et presque toujours décevant. Le souci de plaire ou de convaincre tend à l'emporter sur les exigences de la raison. Et l'amour du succès, sur l'amour de la vérité. Toute démocratie, on le sait depuis les Grecs, pousse à la sophistique. Cela ne condamne pas la démocratie, ni n'excuse les sophistes.

DÉCADENCE Le début de la fin, et le contraire par là du progrès : la décadence est une évolution lente, qui semble irréversible, vers le pire ou vers rien. Il en résulte ordinairement un climat de pessimisme et de langueur, qui ne va pas, chez les artistes, sans beaucoup de raffinements et d'artifices. Les décadents sont volontiers esthètes : ils mettent l'art plus haut que le réel (Mallarmé : « Le monde est fait pour aboutir à un beau livre »), plus haut que la vie (Villiers de l'Isle-Adam : « Vivre ? Les serviteurs feront cela pour nous »), plus haut que la vérité (Nietzsche : « L'art a plus de valeur que la vérité »), plus haut que tout. Le réel se venge ; la décadence sombre dans le ridicule ou l'ennui. Les barbares, déjà, se préparent.

DÉCENCE C'est comme une pudeur minimale, que la société nous impose. Relève moins de la morale que de la politesse : l'apparence de décence est une décence suffisante.

DÉCENTREMENT Le fait de changer de perspective, en adoptant, au moins à titre provisoire ou méthodique, un autre point de vue que le sien. C'est se mettre à la place d'un autre, ou à une autre place que la sienne propre, ce qu'on ne peut faire, toujours incomplètement, que par sympathie ou intelligence. Le contraire par là de l'égocentrisme, du fanatisme et de la bêtise.

DÉCEPTION La fin d'une espérance, quand le réel lui donne tort – presque toujours. On espérait un avenir, on se découvre incapable d'aimer le présent : soit parce qu'il ne correspond pas à notre attente (souffrance, frustration), soit parce que notre désir ne survit pas à sa propre satisfaction (ennui). On s'en console ordinairement par une nouvelle espérance, qui sera déçue à son tour. « Nous espérons que notre attente ne sera pas déçue en cette occasion comme en l'autre, explique Pascal, et ainsi, le présent ne nous satisfaisant jamais, l'expérience nous pipe, et de malheur en malheur nous mène jusqu'à la mort, qui en est un comble éternel » (*Pensées*, 148-425).

Le remède serait de n'espérer rien, et d'aimer tout. Mais qui le peut ? La déception est la marque de notre finitude, face à l'infini du réel. Un être omniscient, tout-puissant ou tout amour ne la connaîtrait jamais. Mais il serait Dieu. C'est dire assez que la déception fait partie de notre humanité. Il faut donc l'accepter aussi : cesse d'espérer n'être jamais déçu.

DÉCISION L'acte de la volonté, quand elle choisit entre plusieurs possibles. C'est passer du conditionnel à l'indicatif, de l'imaginaire au réel, de la délibération à l'action. Moment de crise et de résolution.

DÉCOUVERTE Faire apparaître ce qui existait déjà (c'est ce qui distingue la découverte de l'invention), mais était inconnu. Ainsi Christophe Colomb découvrant l'Amérique, ou Newton la gravitation universelle. Notion presque toujours relative : l'Amérique n'était pas inconnue de tous, Newton n'a pas découvert la gravitation tout seul. Au reste, une découverte absolue n'en serait plus une : ce serait invention ou création.

DÉDUCTION Déduire, c'est mener de propositions vraies ou supposées (principes ou prémisses) à une ou plusieurs autres, qui en découlent nécessairement. « Par déduction, écrit Descartes, nous entendons toute conclusion nécessaire tirée d'autres choses connues avec certitude » ou, ajouterions-nous aujourd'hui, posées à titre d'hypothèses. La déduction est donc un raisonnement, qui suppose, comme l'écrit encore Descartes, « une sorte de mouvement ou de succession » (*Règles pour la direction de l'esprit*, III). S'oppose en cela à l'*intuition*, qui est la saisie séparée d'une vérité évidente. Sans la déduction, nous ne pourrions jamais passer d'une vérité à une autre : nous serions prisonniers de l'évidence actuelle. Mais sans l'intuition, pas davantage : il n'y aurait plus d'évidence du tout.

On oppose également la *déduction* à *l'induction*. La déduction irait du général au particulier (du principe à ses conséquences) ; l'induction, du particulier au général (du fait à la loi). Cela indique en effet deux directions, et deux faiblesses. La faiblesse de l'induction, c'est que la particularité des faits, aussi nombreux soient-ils, ne pourra jamais justifier l'universalité d'une loi (quand bien même j'aurais vu dix mille cygnes blancs, cela ne m'autorisera jamais à affirmer que tous les cygnes sont blancs). La faiblesse de la déduction, c'est qu'elle n'est vraie que si les principes le sont – ce que ni la déduction ni l'induction ne suffisent à attester. Ainsi toute induction est abusive, et toute déduction incertaine. À la gloire du pyrrhonisme.

DÉFENSE Il n'y a pas d'être invincible : pour toute chose existante, explique Spinoza, il en existe une autre plus forte par laquelle la première peut être détruite (*Éthique*, IV, axiome). Cela vaut spécialement pour les vivants, qui ne survivent qu'à la condition toujours de se défendre. On préférerait la paix. On a raison. Mais la paix suppose la défense et ne saurait en tenir lieu.

Qu'est-ce que la défense ? La tendance de tout être à persévérer dans son être, en tant qu'elle se heurte à un autre qui le menace ou pourrait le menacer. C'est le *conatus* en situation de danger, comme il est toujours. Ainsi les défenses immunitaires d'un individu, la défense nationale, la défense d'un accusé, ou, chez Freud, les mécanismes de défense du moi. On remarquera que cela ne garantit nullement, dans chacun de ces cas, que la défense retenue soit la bonne. Il y a des maladies auto-immunes et des névroses de défense. Qu'il faille toujours se défendre ne prouve pas que toute défense soit opportune.

On parle de légitime défense quand la sauvegarde d'un individu le contraint à accomplir un acte ordinairement interdit par la loi. C'est une autodéfense justifiée et proportionnée au danger, ce qui rappelle qu'elles ne le sont pas toutes.

Dans le *Traité des passions*, Descartes écrit qu'il y a « toujours plus de sûreté en la défense qu'en la fuite ». Ce n'est vrai que si l'on a les moyens de se défendre. C'est une raison forte pour se les donner.

DÉFÉRENCE Le respect à l'égard des supérieurs. Ce n'est un sentiment moral que si la supériorité l'est également. À l'égard des puissants, ce n'est que lâcheté ou bassesse.

DÉFI « *T'es pas cap !* » C'est le défi premier : l'enfant est mis en demeure de prouver de quoi il est capable. Seuls les actes comptent ici ; il faut accepter le risque ou le déshonneur. Cette alternative, quand elle est imposée par autrui, est le défi même. Le sage, légitimement, s'en défie. Pourquoi se laisserait-il imposer sa conduite par moins sage que lui ?

DÉFIANCE Une occurrence de la prudence, dans les rapports à autrui : c'est un doute préalable, qui refuse de se fier à ce qu'on ne connaît pas.

Sur ce qui la distingue de la méfiance, Littré a dit l'essentiel : « La méfiance fait qu'on ne se fie pas du tout ; la défiance fait qu'on ne se fie qu'avec précaution. Le défiant craint d'être trompé ; le méfiant croit qu'il sera trompé. La méfiance ne permettrait pas à un homme de confier ses affaires à qui que ce soit ; la défiance peut lui faire faire un bon choix. » La méfiance est un défaut (c'est manquer de confiance) ; la défiance, une vertu : c'est vouloir ne se fier ou ne se confier qu'à bon escient, autrement dit, la formule est encore de Littré, « qu'après examen et réflexion ». Vertu peu sympathique, je l'accorde, mais nécessaire. Il faut bien que les enfants sachent qu'il existe des pédophiles et des assassins.

DÉFINITION Tout énoncé qui fait connaître ce qu'est une chose, disait Aristote, ou ce que signifie un mot. On parlera dans le premier cas de *définition réelle*, dans le second de *définition nominale*. Mais on n'a accès aux premières que par les secondes.

Définir, c'est établir la compréhension d'un concept (souvent en indiquant son genre prochain et ses différences spécifiques), et permettre par là de le comprendre. On se souviendra pourtant que les concepts ne sont pas le réel, et qu'aucune définition ne saurait pour cela tenir lieu de connaissance. « Dieu, dit Spinoza, ne connaît rien abstraitement, ni ne forme de définitions générales. » En quoi définir est un exercice d'humilité : c'est assumer, sans en être dupe, notre lot de sens et d'abstraction.

DÉGÉNÉRESCENCE C'est comme une décadence naturelle (de même que la décadence serait une dégénérescence culturelle). Le dégénéré est victime de ses gènes ; le décadent, de son éducation ou de ses goûts.

Le mot, dont les nazis abusèrent, est devenu pour cela malsonnant. Rappelons pourtant que la dégénérescence fait bien partie des évolutions, ou des involutions, possibles du vivant. L'erreur des nazis, comme de tous les racistes, fut d'en voir la source dans le mélange des races, qui la combattrait plutôt (la dégénérescence peut venir d'un excès d'endogamie). C'est la répétition du même, non la rencontre de l'autre, qui fait dégénérer. Contre quoi la nature a inventé le sexe et la mort ; et la culture, la prohibition de l'inceste. Trois façons, pour combattre la dégénérescence, de sortir de soi, de sa famille et de tout.

DÉGOÛT Impuissance momentanée à jouir, et même à désirer, qui va parfois jusqu'à l'aversion. Le dégoût peut naître d'un excès préalable, mais aussi d'une maladie, d'une fatigue, d'un chagrin, d'une angoisse... Quand le dégoût devient général, il ne se distingue de la mélancolie que par la durée. La mélancolie serait un dégoût généralisé ou permanent ; le dégoût, une mélancolie ponctuelle ou provisoire. C'est le jusant de vivre : le désir à marée basse.

DÉISME Croyance en Dieu, sans la prétention de le connaître. Mais si on ne le connaît pas du tout, comment savoir qu'il est Dieu ?

DÉLASSEMENT Une activité qui repose ou détend, par le libre jeu, toujours agréable, de telle ou telle faculté : c'est le repos en acte et en mouvement. Proche du loisir, par le temps libre qu'il suppose, il s'en distingue par une fatigue préalable et un travail prévisible. C'est comme un loisir nécessaire, entre deux fatigues ; le vrai loisir serait plutôt un délassement superflu ou gratuit, entre deux repos. Le loisir tend au plaisir ; le délassement, au travail ou à l'effort. C'est donc le loisir qui est bon, et le délassement qui est nécessaire.

DÉLATION Une dénonciation coupable. En est-il d'innocentes ? Oui : celles qui viennent de la victime, quand il y en a une, ou qui ne sont inspirées que par les exigences de la justice. Ce n'est plus délation, mais plainte ou témoignage. La différence, souvent ténue ou incertaine, est plutôt morale que juridique. Une délation, même intéressée ou haineuse, peut parfois servir la justice. Elle en est plus utile. Elle n'en est pas moins méprisable.

DÉLECTATION Se délecter, c'est plus que jouir ou que se réjouir, parce que c'est l'un et l'autre, inséparablement : c'est jouir joyeusement, c'est se réjouir de son plaisir et jouir de sa joie. Ce sont les meilleurs moments de vivre. Poussin y voyait le but de l'art. Ce n'est sans doute pas le seul. Mais c'est le plus délectable.

DÉLIBÉRATION L'examen avant la décision ou l'action. Les linguistes ne savent trop si le mot vient de *libra*, la balance, ou de *liber*, libre. Cette hésitation est significative. Délibérer, c'est peser le pour et le contre ; mais c'est aussi le propre de l'homme libre. L'esclave n'a pas à délibérer ; il lui suffit d'obéir à son maître ou à ses impulsions.

L'usage moderne et ordinaire du mot suppose une discussion à plusieurs : toute délibération, en ce sens, serait collective. Mais dans la langue philosophique (où *délibération* traduit la *bouleusis* d'Aristote), la délibération est souvent un examen qui reste purement intérieur. Le mot, dans les deux cas, évoque pourtant une certaine pluralité conflictuelle, qui est celle des arguments : il n'y a pas délibération si tous les arguments vont dans le même sens.

Aristote, dans l'*Éthique à Nicomaque* (III, 5), remarque que nous ne délibérons que « sur les choses qui dépendent de nous et que nous pouvons réaliser ». La délibération est de l'ordre de l'action. On ne délibère pas sur le vrai et le faux, mais seulement sur la décision que la situation, pour autant qu'on la connaisse, semble justifier ou imposer. On ne délibère pas davantage sur les fins elles-mêmes, ajoute Aristote, mais sur les moyens de les atteindre. Un médecin, par exemple, ne se demande pas s'il doit guérir son malade, mais comment il peut y parvenir. C'est dire qu'on ne délibère jamais sur l'essentiel, mais seulement sur l'important.

DÉLICATESSE Mélange de douceur et de finesse, devant la fragilité de l'autre. Une vertu, donc, et un talent : le contraire exactement de la brute épaisse. Son danger serait qu'elle nous rende incapables de rudesse, lorsque celle-ci est nécessaire. Ce ne serait plus délicatesse, mais pusillanimité.

DÉLINQUANCE L'ensemble des crimes et des délits, mais considéré plutôt d'un point de vue sociologique. Les délinquants font partie de la société ; ils en vivent, bien ou mal, ils la subissent ou en profitent, comme tout le monde, ils lui ressemblent. Ce sont les hors-la-loi d'aujourd'hui, mais sans autre programme que de vivoter ou de s'enrichir. Coupables ? Victimes ? L'un et l'autre, presque toujours. C'est ce qui rend la répression insuffisante et nécessaire.

On parle beaucoup de délinquance juvénile. C'est que la plupart seront calmés par le mariage et les enfants. Les vrais délinquants sont ceux qui ne se calment pas. On les met en prison, dirait Rousseau, pour les obliger à être libres. Mais le plus souvent ils n'ont pas lu Rousseau, et se sentent plus libres dehors.

DÉLIRE Dérèglement de la pensée, quand elle cesse de se soumettre au vrai. C'est moins une perte de la raison (le délire paranoïaque, par exemple, est volontiers raisonneur) qu'une perte, qui peut être provisoire, du réel ou du bon sens. Quand la raison tourne à vide, elle tourne mal.

Delirare, en latin, c'est sortir du sillon (*lira*) ; on dirait aujourd'hui extravaguer ou dérailler. Cela suggère que le seul sillon, pour la pensée, c'est le réel ou le vrai, disons l'univers ou l'universel, qu'on ne peut tester ou attester que dans la rencontre de l'altérité : le monde, qui ne raisonne pas, ou la raison *des autres.* Le délire est une pensée singulière ; c'est par quoi le génie, parfois, lui ressemble. Mais le délire reste prisonnier de sa singularité, quand le génie, même fou, est plutôt ouverture à l'universel.

Par extension, on peut appeler *délire* toute pensée qui enferme : ainsi dans le fanatisme, la passion, la superstition. C'est mettre le sens plus haut que le vrai, ses croyances plus haut que la raison, ses désirs plus haut que le réel. Au bout les bûchers, l'asile, ou le mariage.

DÉLIT Violation du droit. On remarquera que tout délit n'est pas une faute (quand la loi est injuste, il peut être juste de la violer), que toute faute n'est pas un délit (aucune loi ne vous interdit d'être égoïste ou méchant), enfin qu'il y a davantage de fautes légales que de délits vertueux. C'est que la morale est plus exigeante. Les fautes sont innombrables ; les délits restent l'exception – non que nous soyons bons ou justes, mais parce que la loi et la police sont bien faites.

DÉMAGOGUE Celui qui veut guider le peuple en le suivant. Comme l'hystérique selon Lacan, il cherche un maître sur qui régner.

Les armes habituelles du démagogue sont la flatterie, le mensonge, les promesses inconsidérées, l'appel aux sentiments les plus bas ou les plus violents, spécialement la peur, l'envie, la haine. Il nourrit les passions, et s'en nourrit. Son contraire serait l'homme d'État, qui donnerait à raisonner, à vouloir, à agir. Mais s'il s'interdisait toute démagogie, pourrait-il parvenir au pouvoir ?

DÉMENCE Perte de la raison, ou incapacité à s'en servir. Plus grave en cela que le délire, qui est une raison déréglée, et même que la folie, qui peut laisser intactes certaines des capacités intellectuelles du sujet. La démence est une détérioration globale – que les psychiatres considèrent le plus souvent comme irréversible – des facultés cognitives, affectives et normatives.

C'est comme une désintégration de la personne. Le dément n'a pas seulement perdu l'esprit ; il s'est perdu lui-même.

DÉMESURE L'excès déraisonnable : l'*hubris* des Grecs, toujours preuve d'arrogance ou d'aveuglement, toujours source de violences ou d'injustices. C'est un propre de l'homme (les animaux sont mesurés par l'instinct), qui fait de la mesure, pour nous, une vertu.

DÉMIURGE « Si l'idée d'un Dieu créateur était rationnelle, me dit un jour Marcel Conche, les Grecs l'auraient eue... » Leurs dieux, de fait, ne créent pas le monde : soit parce que celui-ci est éternel (par exemple chez Aristote), soit parce qu'il résulte d'un agencement hasardeux (chez Épicure) ou divin (chez Platon) d'une matière préexistante. C'est ici qu'intervient le démiurge : tel est le nom que Platon, dans le *Timée*, donne à ce dieu qui ne crée pas le monde sensible à partir de rien, mais qui le fabrique en ordonnant le « réceptacle » (la matière, l'espace) à partir du modèle que lui offre l'éternel ordonnancement des Idées. C'est une espèce de dieu artisan (le *« démiourgos »*, étymologiquement, c'est l'artisan qui travaille pour le peuple), qui ne crée ni la matière ni les Idées, mais qui fait passer dans celle-là, autant que faire se peut, quelque chose de la perfection de celles-ci... Tel est resté, depuis Platon, le sens du mot : un démiurge, c'est un dieu ordonnateur plutôt que créateur, médiateur plutôt que transcendant, habile plutôt que parfait. L'idée est-elle pour cela plus rationnelle ? Je n'en suis pas sûr. Quand bien même les Grecs auraient eu toutes les idées rationnelles possibles, ce qui serait tout de même surprenant, cela ne prouverait pas qu'ils n'aient eu que cela. Il arrive que la déraison, elle aussi, parle grec.

DÉMOCRATIE Le régime où le peuple est souverain. Cela ne signifie pas qu'il gouverne, ni même qu'il fait la loi, mais que nul ne peut gouverner ou légiférer sans son accord ou hors de son contrôle. S'oppose à la monarchie (souveraineté d'un seul), à l'aristocratie (souveraineté de quelques-uns), enfin à l'anarchie ou à l'ultralibéralisme (pas de souverain).

On ne confondra pas la démocratie avec le respect des libertés individuelles ou collectives. Quand la Convention, en 1793, décréta « la terreur jusqu'à la paix », elle ne sortait pas pour cela de la démocratie. Si le peuple est souverain, il peut fixer souverainement des limites à telle ou telle liberté, et même il le fait nécessairement, mais plus ou moins. C'est ce qui donne son sens à l'expression « démocratie libérale » – parce qu'elles ne le sont pas toutes.

On ne confondra pas non plus la démocratie avec la république, qui serait plutôt sa forme pure ou absolue – une et indivisible, laïque et égalitaire, nationale et universaliste... « La Démocratie, écrit joliment Régis Debray, c'est ce qui reste de la République quand on éteint les Lumières. » Disons que la démocratie est un mode de fonctionnement ; la république, un idéal. Cela confirme que la démocratie, même impure, est la condition de toute république.

DÉMON Un petit diable ou (chez les Grecs) un petit dieu. Les démons sont innombrables : leur nom est légion. Le diable tend davantage à l'unicité d'un principe ou d'un prince.

DÉMON DE CHANGEUX C'est une fiction, que j'ai proposée, dans *Une éducation philosophique*, par analogie avec le démon de Laplace : celle d'un neurobiologiste surdoué, dans dix mille ans, qui pourrait tout connaître du cerveau de ses contemporains, jusqu'à y lire à livre ouvert. Imaginons qu'il étudie, grâce à une imagerie médicale hyper développée, les cerveaux de deux individus. Dans le cerveau de M. X., il lit que ce dernier est persuadé qu'il a existé, il y a dix mille ans, une horreur qu'on a appelée la Shoah. Dans le cerveau de M. Y, il lit au contraire qu'il n'en est rien : que ce n'est qu'un mythe des âges obscurs... Lequel des deux a raison ? Voilà ce que notre neurobiologiste ne peut lire dans aucun des deux cerveaux : il faudra, pour en décider, qu'il fasse autre chose que de la neurobiologie (en l'occurrence de l'histoire). Quelle différence y a-t-il, d'un point de vue neurobiologique, entre une idée vraie et une idée fausse ? Aucune, à ce que je crois, et c'est pourquoi la neurobiologie ne peut tenir lieu de pensée : la connaissance neurobiologique d'une idée vraie peut tout connaître d'elle, sauf sa vérité. Connaître une idée (comme objet) ne dispense pas de la penser (comme idée).

Notre neurobiologiste pourrait aussi lire, dans les cerveaux de MM. X et Y, un certain nombre de valeurs, parfois communes, parfois opposées. Mais il n'aurait aucun moyen, en ne faisant que de la neurobiologie, de juger de la valeur de ces valeurs. M. Y est plus heureux ? Peut-être, mais qu'est-ce que cela prouve ? M. X. est davantage attaché à la justice, à la compassion, au devoir de mémoire ? Cela ne prouve pas davantage qu'il ait raison. Bref, le démon de Changeux peut tout connaître de nos valeurs, sauf leur valeur. Connaître une valeur (comme objet) ne dispense pas de la juger (comme valeur).

Cela ne retire rien à la neurobiologie, comme science, mais souligne les limites du neurobiologisme, comme idéologie.

DÉMON DE LAPLACE L'expression fait allusion à un texte fameux de l'*Essai philosophique sur les probabilités*, de Pierre-Simon Laplace :

« Nous devons envisager l'état présent de l'univers comme l'effet de son état antérieur, et comme la cause de celui qui va suivre. Une intelligence qui, pour un instant donné, connaîtrait toutes les forces dont la nature est animée et la situation respective des êtres qui la composent, si d'ailleurs elle était assez vaste pour soumettre ces données à l'analyse, embrasserait dans la même formule les mouvements des plus grands corps de l'univers et ceux du plus léger atome : rien ne serait incertain pour elle, et l'avenir comme le passé serait présent à ses yeux. »

Le démon de Laplace serait cette intelligence hypothétique, dont le point de vue suffirait à abolir la différence entre le passé et l'avenir, donc l'idée même de possible et par conséquent le libre arbitre. Le déterminisme, si tel était le cas, mènerait nécessairement au prédéterminisme. C'est comme une personnification de ce qu'Épicure appelait, pour le critiquer, « le destin des physiciens ». On considère ordinairement qu'il est réfuté (comme il l'était, chez les épicuriens, par le *clinamen*) par l'indéterminisme de la physique quantique et par les processus chaotiques. L'avenir n'est pas davantage contenu dans le présent que celui-ci ne l'était dans le passé. Il y a de l'irréductiblement nouveau, de l'imprévisible, du chaos : l'avenir est ouvert. Même une intelligence infinie ne saurait transformer le futur en passé. C'est donc que le présent, qui les sépare, est quelque chose, ou plutôt qu'il est tout.

Cela, toutefois, ne règle pas la question de la liberté. Que l'avenir et le passé soient différents (celui-là possible, celui-ci nécessaire) ne dit pas encore ce qu'il en est du présent. Tant que je n'ai pas agi, je peux sans doute agir autrement ; une fois que j'ai agi, je ne peux plus faire que cela n'ait pas été : l'action future serait libre, l'action passée ne le serait pas. Mais l'action présente ? Comment pourrait-elle ne pas être, quand elle est, ou être différente de ce qu'elle est ? Et quelle autre action que présente ? Ainsi le démon de Laplace est mort : tout n'était pas écrit de toute éternité. Mais cela ne suffit pas à sauver le libre arbitre.

DÉMON DE SOCRATE C'est un bon démon, une espèce d'ange gardien, mais qui ne sait que parler et uniquement de façon négative : il ne dit jamais ce qu'il faut faire, seulement ce qu'il faut éviter ou s'interdire (voir par exemple Platon, *Apologie de Socrate*, 31 d et 40 a-c). Ceux qui ne croient ni aux démons ni aux anges y verront une image assez juste de la conscience morale. Elle ne sait guère dire que non. C'est qu'elle s'oppose à nos désirs égoïstes. Quant à ce qu'il faut faire de positif, c'est à l'intelligence, plus qu'à la morale, d'en décider.

DÉMONSTRATION Un raisonnement probant. Cela suppose que la raison puisse valoir comme preuve – ce qui est sans preuve, mais que toute preuve suppose. « Il se peut faire qu'il y ait de vraies démonstrations, écrit Pascal, mais cela n'est pas certain. » Cela, en effet, ne se démontre pas.

Toute démonstration est donc incomplète (Montaigne : « Aucune raison ne s'établira sans une autre raison : nous voilà à reculons jusques à l'infini »). Une démonstration incomplète est pourtant autre chose qu'une conviction indémontrable.

DÉNÉGATION Nier ce qu'on sait – fût-ce inconsciemment – être vrai. C'est une espèce de mensonge ou d'erreur (nier le vrai, c'est forcément affirmer le faux), mais plutôt défensif et de soi à soi. Le mot sert surtout, en psychanalyse, pour désigner un mécanisme de défense, qui consiste à formuler un désir ou un sentiment refoulés tout en niant les ressentir. *« Ce n'est pas que je souhaite la mort de mon père, mais… »* C'est ouvrir la soupape de l'inconscient, sans ôter le couvercle et pour aider à le maintenir. Le concept est toutefois susceptible d'une extension plus large. Une phrase commençant par *« Je ne suis pas raciste, mais… »* est souvent une dénégation.

DÉNI Une négation qui ne porte pas sur un affect inconscient (comme la dénégation) mais sur le réel lui-même. Mécanisme psychotique, selon Freud, plutôt que névrotique. L'inconscient n'a pas toujours tort, mais le réel a toujours raison : le nier, c'est la perdre.

DÉONTOLOGIE C'est une espèce de morale professionnelle : l'ensemble des devoirs (*to déon*, ce qu'il faut faire) qui ne s'imposent que dans certains métiers. Une déontologie est à la fois conditionnelle et particulière : c'est moins une morale, à strictement parler, qu'un code. Par exemple l'honnêteté ne fait pas partie de la déontologie médicale (ce n'est pas parce qu'il est médecin qu'il doit être honnête) ; mais l'obligation de soin et de secret, si.

DÉPASSEMENT Le fait d'aller plus loin, plus avant ou au-delà. En philosophie, c'est surtout l'équivalent usuel pour traduire l'*aufhebung* hégélienne, qui supprime et conserve à la fois ce qu'elle dépasse, transcende, relève ou sursume (pour reprendre d'autres traductions, plus récentes). Ainsi le chêne dépasse le gland (le supprime comme gland, le conserve comme arbre), comme le devenir dépasse l'opposition de l'être et du néant. C'est un processus de négation et de synthèse : le *happy end* de la dialectique, qui est sans fin.

DÉPRESSION Une perte d'énergie, de désir ou de joie, comme un effondrement du *conatus*. Se distingue du malheur par ses causes, qui sont psychologiques ou morbides : c'est une espèce de tristesse endogène et pathologique. La dépression se soigne ; le malheur se combat. Cela ne veut pas dire qu'il n'y ait pas, entre les deux, toutes sortes de degrés intermédiaires et d'actions réciproques (la dépression rend malheureux, le malheur déprime), qui peuvent justifier qu'on prescrive des antidépresseurs, parfois, à quelqu'un qui est simplement malheureux – non parce que sa souffrance serait pathologique, mais pour éviter, peut-être, qu'elle ne devienne pathogène. Puis il y a aussi, de la part du médecin, le simple devoir de compassion. Que celle-ci ne tienne pas lieu de diagnostic, c'est bien clair. Mais comment un diagnostic pourrait-il en dispenser ?

D'un point de vue clinique, la dépression s'accompagne ordinairement d'anxiété, d'autodépréciation et d'inhibition psychomotrice. Dans ses formes graves, elle rend la vie atrocement douloureuse, au point que la mort en devient souvent désirable. Le suicide constitue le risque majeur de la dépression, comme la dépression est l'une des causes principales de suicide. Raison de plus pour la soigner. Le progrès des antidépresseurs, celui, dans une moindre mesure, des psychothérapies, fait partie des bonnes nouvelles de ce temps. Que certains en abusent, c'est probable. Mais il y a aussi, nous apprennent les psychiatres, beaucoup de dépressions non soignées, et, rien qu'en France, plus de cent mille tentatives de suicide par an, dont une sur dix, à peu près, aboutit à la mort… Tous ces suicides ne relèvent pas de la dépression, et tous les déprimés ne se tuent pas. L'énormité de ces chiffres doit pourtant nous rappeler que la dépression est un problème plus grave, même dans notre pays surmédicalisé, que l'abus des psychotropes.

DÉRAISONNABLE Ce qui n'est pas conforme à la raison pratique (ce qu'elle ne peut ni approuver ni justifier) ou à notre désir de raison. À ne pas confondre avec l'irrationnel (voir ce mot) : il serait irrationnel que le déraisonnable n'existe pas, et déraisonnable de croire pour cela à l'existence de l'irrationnel.

DÉRÉLICTION C'est un état d'extrême abandon, qui fait comme une solitude redoublée. Ainsi le Christ, sur la croix : *« Mon Dieu, mon Dieu, pourquoi m'as-tu abandonné ? »* Cela suppose un reste de foi, par quoi le mot relève le plus souvent, au moins dans son sens premier, du vocabulaire religieux.

Au XXe siècle, les existentialistes s'en sont servis pour rendre le *Geworfenheit* de Heidegger, que les heiddegériens français traduisent plutôt, si on peut appeler cela une traduction, par l'*être-jeté*. C'est être au monde sans y être chez soi, et même sans y avoir été invité : sans recours, sans secours, sans justification. La déréliction est comme une solitude métaphysique : c'est la solitude de l'homme sans Dieu et sans place assignée.

DÉRISION Mélange d'ironie et de mépris ; cela fait deux raisons de s'en méfier. Elle n'est estimable que contre plus puissant que soi. Contre les plus faibles, elle est méprisable. Contre les égaux, dérisoire.

DÉRISOIRE Ce qui mérite la dérision, ou qui le mériterait si nous n'en faisions partie et si nous en étions tout à fait responsables. Pour qui a conscience, comme Montaigne, que « notre propre et péculière condition est autant ridicule que risible » (*Essais*, I, 50), il apparaît que la compassion vaut mieux que le mépris, et l'humour que la dérision.

DÉSAMOUR Le mot parle de lui-même : l'amour s'est retiré, et cela fait comme un grand vide où l'on voit enfin l'autre, croit-on, comme il est… Ainsi la plage, à marée basse. Mais c'est oublier que la mer est vraie aussi.

Belle formule de Marina Tsvetaïeva : « Quand une femme regarde un homme dont elle n'est pas amoureuse, elle le voit tel que ses parents l'ont fait. Quand elle l'aime, elle le voit tel que Dieu l'a fait. Quand elle ne l'aime plus, elle voit une table, une chaise… »

Le désamour a à voir avec la vérité : c'est un moment de désillusion. L'amour vrai, s'il est possible, commence en ce point. Mais les amoureux n'en veulent pas, qui préfèrent l'amour à la vérité.

C'est le vendredi saint de la passion.

DÉSENCHANTEMENT Une désillusion regrettable, ou qui laisse comme un parfum de nostalgie.

Le mot, dans son usage philosophique, fait surtout penser à Max Weber : le monde est *désenchanté* lorsqu'il apparaît sans magie, sans surnaturel, presque sans mystère. C'est le monde des Modernes, notre monde, tout entier offert à la connaissance et à l'action rationnelles. On évitera pourtant de confondre ce désenchantement du monde avec sa banalisation technicienne ou mercantile. L'existence même du monde est déjà un mystère suffisant, et un enchantement.

DÉSESPOIR Le degré zéro de l'espérance, et le contraire de la foi.

Au sens ordinaire, le mot désigne souvent le comble de la tristesse ou de la déception : quand on ne peut plus échapper au malheur, ni espérer quelque bonheur que ce soit. Ainsi les journaux parlent-ils souvent d'un *désespéré* pour désigner celui qui s'est suicidé. Cela suppose presque toujours un espoir préalable, qui s'est trouvé déçu (« l'espoir, m'écrivait un psychanalyste, est la principale cause de suicide : on ne se tue guère que par déception »), et même un espoir ultime (celui de mourir). C'est une déception insurmontable et mortifère.

Je prends le mot en un sens différent : pour désigner l'absence de tout espoir, autrement dit de tout désir portant sur l'avenir, sur ce qu'on ignore ou qui ne dépend pas de nous. C'est ne plus rien désirer du tout (désespoir négatif), ou ne désirer que ce qui est, que ce qu'on connaît ou qui dépend de nous (désespoir positif : amour, connaissance, volonté). C'est le contraire de la foi (qui désire ce qui n'est pas ou qu'elle ignore). C'est le contraire de l'espérance (qui désire ce qui n'est pas et qui ne dépend pas de nous). C'est pourquoi c'est le contraire de la religion. « Le contraire de désespérer, c'est croire », écrivait Kierkegaard. Cela se retourne : le contraire de croire, c'est désespérer.

C'est ce qui m'a autorisé à parler d'un *gai désespoir*. Pourquoi les croyants auraient-ils le monopole de la joie ? Qu'il y ait, si Dieu n'existe pas, quelque chose de désespérant dans la condition humaine, c'est une espèce d'évidence, puisque l'on vieillit, puisque l'on souffre, puisque l'on meurt. Mais cette évidence n'a jamais empêché de jouir du présent, ni de s'en réjouir. C'est plutôt l'inverse qui est vrai. Combien de croyants n'ont attendu le bonheur que pour après la mort, ou ne l'ont trouvé ici-bas, comme disait Pascal, que « dans l'espérance d'une autre vie » ? Et combien d'athées, au contraire, ont su profiter de la vie et de ses plaisirs, combien ont su l'aimer joyeusement et désespérément, non pour ce qu'elle annonçait mais pour ce qu'elle était ? Sagesse tragique : sagesse du bonheur et du désespoir. Les deux peuvent aller ensemble, et même ils le doivent. On n'espère que ce qu'on n'a pas : l'espoir du bonheur nous en sépare. Celui qui est pleinement heureux, à l'inverse, n'a plus rien à espérer, même pas que son bonheur continue (s'il espère le voir durer, il craint qu'il ne cesse : son bonheur déjà est derrière lui). C'est la sagesse de l'Orient : « Seul le désespéré est heureux, lit-on dans le *Sâmkhya-Sûtra*, car l'espoir est la plus grande torture qui soit, et le désespoir la plus grande béatitude. » C'est vivre au présent, et c'est la vérité de vivre.

En sommes-nous capables ? Disons qu'il nous arrive, par moments, d'en faire à peu près l'expérience : par exemple dans la sexualité, la contemplation ou l'action, quand nous ne désirons que ce qui est, que ce que nous faisons ou qui dépend de nous. Parfois, c'est d'une plénitude telle qu'il n'y a plus rien, en effet, à espérer – parce qu'il n'y a plus que le présent, que le réel, que le vrai. Parce qu'il n'y a plus que tout. Ce sont des expériences rares, mais qu'on n'oublie pas. Expériences d'éternité, dirait Spinoza, de celles, comme disait Proust, qui rendent l'idée de la mort indifférente.

De fait, il m'est arrivé quelquefois d'être vivant, simplement.

DÉSHONNEUR Une blessure d'amour-propre, quand on la prend au sérieux ou au tragique. C'est le principe des duels, de la vendetta, parfois des guerres. Quelqu'un vous a traité de lâche, ou a séduit votre femme, ou a mis en doute votre honnêteté, votre virilité, votre parole... Vous êtes déshonoré si vous ne le tuez pas, ou du moins si vous ne prouvez publiquement – dans l'ancien temps par un duel, aujourd'hui plutôt par une bagarre ou un procès – qu'il a tort. C'est ainsi que plusieurs cocus, état qui n'a rien d'indigne, devinrent des assassins, état qui n'a rien de respectable, pour échapper au déshonneur. Ou que plusieurs peuples se sont entre-tués, indignement, pour qu'on ne puisse pas suspecter leur courage. C'est accorder beaucoup d'importance au regard des autres, et bien peu à leur vie.

DÉSIGNATION Le rapport d'un signe à son référent, c'est-à-dire à un objet réel ou imaginaire qui lui est extérieur (les linguistes parlent aussi de *dénotation* ou de *référence*). À ne pas confondre avec la *signification*, qui est le rapport, interne au signe, entre le signifiant et le signifié.

DÉSINTÉRESSEMENT Un acte est désintéressé lorsqu'il ne poursuit aucun but égoïste, ou lorsque l'égoïsme, en tout cas, ne suffit pas à l'expliquer. C'est pourquoi le désintéressement, au moins depuis Kant, passe pour le propre de l'action morale : agir moralement, c'est agir, comme dit Kant, « sans rien espérer pour cela ». On n'en conclura pas que l'action morale doive forcément être triste ou dépourvue de plaisir. Vous avez trouvé un portefeuille bien garni : vous le retournez à son propriétaire. L'action n'est morale qu'à la condition que ne vous ne l'ayez pas fait dans l'espoir de recevoir une récompense (si possible supérieure à ce que contenait le portefeuille...), ni dans la crainte d'un châtiment (par exemple divin, auquel cas votre comportement ne relève plus de la morale mais de la religion et de l'égoïsme), ni même pour le simple plaisir d'avoir bien agi. Mais cela ne vous interdit ni ce plaisir ni cette récompense.

On discute pour savoir si le désintéressement est possible : n'est-ce pas violer le principe de plaisir ? La question est indécidable, mais peut-être aussi mal posée. Jouir du bien qu'on fait à l'autre, cela ne prouve pas qu'on le fait *pour* en jouir. Et quand bien même cela serait, mieux vaut cette jouissance-là – la plus désintéressée possible, même si elle ne l'est jamais totalement – que celle du salaud, qui ne sait jouir que du mal ou de son propre bien.

Enfin l'amour, quand il est là, rend la question dérisoire. Aucune mère ne nourrit son enfant de façon désintéressée : tout son bonheur à elle en dépend. Qui ne voit pourtant que son amour est supérieur au désintéressement ? C'est où l'on passe de la morale à l'éthique, du désintéressement à l'amour, de Kant à Spinoza.

DÉSIR Puissance de jouir ou d'agir.

On ne confondra pas le désir avec le manque, qui n'est que son échec, sa limite ou sa frustration. Le désir, en lui-même, ne manque de rien (c'est l'impuissance, non la puissance, qui manque de quelque chose). Pourquoi faudrait-il manquer de nourriture pour désirer manger ? Ce serait confondre la faim, qui est une souffrance, avec l'appétit, qui est une force et, déjà, un plaisir. Pourquoi faudrait-il être « en manque », comme on dit, pour désirer faire l'amour ? Ce serait confondre la frustration, qui est un malheur, avec la puissance ou l'amour, qui sont un bonheur et une chance. Le désir n'est pas manque, malgré Platon (*Le Banquet*, 200), mais puissance : c'est puissance de jouir et jouissance en puissance. Le plaisir est son acte ; la mort, son destin. Il est la force, en chacun de nous, qui nous meut et nous émeut : c'est notre puissance d'exister, comme dit Spinoza, de ressentir et d'agir. Le principe de plaisir, comme dit Freud, résulte de sa définition.

« Sont du désir, écrit Aristote, l'appétit, le courage et la volonté. » Il faut y ajouter l'amour et l'espérance. Le désir, explique en effet le *De Anima*, est en nous l'unique force motrice : « L'intellect ne meut manifestement pas sans le désir », alors que le désir « peut mouvoir en dehors de tout raisonnement » (*De l'âme*, II, 3, et III, 10). Or qui ne voit que l'amour et l'espérance nous meuvent ? Il n'y a ainsi « qu'un seul principe moteur, la faculté désirante » : c'est parce que nous désirons que nous sommes notre « propre moteur » (*ibid.*, III, 10).

Spinoza, qui définissait le désir comme « l'appétit avec conscience de lui-même » (ce qui suppose qu'il y a des appétits inconscients), soulignait aussitôt que cette définition ne disait pas l'essentiel : « Que l'homme, en effet, ait ou n'ait pas conscience de son appétit, cet appétit n'en demeure pas moins le même » (*Éthique*, III, 9, scolie, et déf. 1 des affects, explication). La vraie définition, qui vaut donc pour le désir comme pour l'appétit, est la suivante : « Le désir est l'essence même de l'homme, en tant qu'elle est conçue comme déterminée à faire quelque chose par une affection quelconque donnée en elle » *(ibid.)*. C'est la forme humaine du *conatus*, et le principe par là de « tous les efforts, impulsions, appétits et volitions de l'homme, lesquels varient suivant la disposition variable d'un même homme et s'opposent si bien les uns aux autres que l'homme est traîné en divers sens et ne sait où se tourner » *(ibid.)*. Le désir, pour Spinoza aussi, est l'unique force motrice : c'est la force que nous sommes ou dont nous résultons, qui nous traverse, qui nous constitue, qui nous anime. Le désir n'est pas un accident, ni une faculté parmi d'autres. C'est notre être même, considéré dans « sa puissance d'agir ou sa force d'exister » (*agendi potentia sive existendi vis*, III, déf. générale des affects). C'est dire qu'il serait absurde ou mortifère de vouloir supprimer le désir. On ne peut que le transformer, que l'orienter, que le sublimer parfois, et tel est le but de l'éducation. Tel est aussi, et plus spécialement, le but de l'éthique. Il s'agit de désirer un peu moins ce qui n'est pas ou qui ne dépend pas de nous, et un peu plus ce qui est ou qui en dépend : il s'agit d'espérer un peu moins, d'aimer et d'agir un peu plus. C'est libérer le désir du néant qui le hante, en l'ouvrant au réel qui le porte.

DÉSOBÉISSANCE C'est refuser de se soumettre à un pouvoir légitime. Ce ne peut être qu'une exception (il n'y aurait autrement ni pouvoir ni légitimité), mais c'est une exception nécessaire (il n'y aurait plus autrement de liberté).

Si je refuse de me soumettre au voyou qui m'agresse ou au tyran qui m'opprime, ce n'est pas désobéissance ; c'est combat, révolte, guerre – état de nature. Il n'y a désobéissance que lorsque je transgresse une loi dont je reconnais par ailleurs la légitimité. Pourquoi, alors, la transgresser ? Le plus souvent par égoïsme (parce que la loi s'oppose à mon intérêt), parfois par devoir (parce qu'elle s'oppose à ma conscience). Cela pose le problème de la désobéissance civique, ou plutôt permet seul de le résoudre. La question n'est pas de savoir si telle loi est bonne ou pas. Si chaque citoyen n'obéissait qu'aux lois qu'il approuve, il n'y aurait plus de République, donc plus de lois ni de citoyens. La vraie question, c'est de savoir si l'on peut obéir à l'État, dans telle ou telle circonstance, sans sacrifier quelque chose de plus essentiel encore que la République. Si la réponse est non, il faut désobéir. Chacun comprend que ces circonstances, dans un État de droit, ne peuvent être qu'exceptionnelles. La règle est simple à formuler, difficile à appliquer : *on a le droit de désobéir, mais seulement quand c'est un devoir.*

DÉSORDRE Jetez une poignée de cailloux sur le sol : vous aurez le sentiment du désordre. Si, par extraordinaire, les cailloux avaient formé une figure reconnaissable, par exemple un hexagone ou un visage, vous auriez eu le sentiment d'un ordre. Pour les cailloux, pourtant, il n'y a pas plus d'ordre, ni de désordre, dans un cas que dans l'autre. Cela dit à peu près ce que c'est que le désordre : un ordre qu'on ne reconnaît pas. Et ce que c'est que l'ordre : un désordre facile à imaginer, à mémoriser ou à utiliser. Ces notions n'ont donc de sens que relatif. « La réalité est ordonnée, écrit Bergson, dans l'exacte mesure où elle satisfait notre pensée », désordonnée lorsqu'elle échoue à nous satisfaire ou lorsque nous échouons, plutôt, à nous y retrouver. L'idée de désordre n'exprime que « la déception d'un esprit qui trouve devant lui un ordre différent de celui dont il a besoin, ordre dont il n'a que faire pour le moment, et qui, en ce sens, n'existe pas pour lui » (*L'évolution créatrice*, III ; voir aussi *La pensée et le mouvant*, p. 108-109). Ainsi il n'y a pas de désordre absolu, parce qu'il n'y a pas d'ordre absolu : il n'y a que des ordres différents et tous relatifs. C'est ce qui interdit à la notion d'entropie (voir ce mot) de valoir absolument. Que le désordre, dans tout système isolé, tende vers un maximum, cela n'empêche pas que ce désordre, à le considérer en lui-même, reste un ordre comme un autre : c'est l'ordre le plus probable, le plus stable et le moins créateur. Tout tend vers n'importe quoi, c'est-à-dire vers rien. Mais n'importe quoi, c'est encore quelque chose.

DESPOTISME Le pouvoir sans limite d'un seul.

Le despotisme peut être éclairé, et même légitime (c'est ce

qui le distingue de la tyrannie) ; mais il est toujours injuste : s'il se soumettait au droit, son pouvoir ne serait plus sans limite. C'est ce qui le distingue du régime monarchique, « où un seul gouverne, remarquait Montesquieu, mais par des lois fixes et établies ; au lieu que, dans le despotique, un seul, sans loi et sans règle, entraîne tout par sa volonté et par ses caprices » (*De l'esprit des lois*, II, 1). Le despote se met au-dessus des lois (Rousseau), ou n'en connaît pas d'autres que les siennes propres (Kant). Le despotisme est une monarchie absolue et autoritaire. Son principe n'est pas l'honneur, comme dans une monarchie bien réglée, ni la vertu, comme dans une démocratie, mais la crainte (*De l'esprit des lois,* III, 9). C'est aussi sa limite : il ne peut durer qu'à la condition de faire peur.

DESTIN L'ensemble de tout ce qui arrive, et qui ne peut pas ne pas arriver. Le mot s'applique spécialement à ce qui ne dépend pas de nous. On remarquera que tout passé est donc fatal (il ne dépend plus de moi, aujourd'hui, d'avoir fait ou non ce qui en dépendait), et tout présent, en tant qu'il relève de l'ordre ou du désordre du monde. Cela ne signifie pas que c'était écrit à l'avance, superstition néfaste, mais simplement que ce qui est ne peut pas ne pas être, ni dès lors, et à jamais, ne pas avoir été. Le destin est donc le réel même : ce n'est pas une cause de plus, c'est l'ensemble de toutes.

DESTINÉE Une fatalité qui aurait un sens. Son contraire est le hasard, qui est une nécessité insensée (un nœud insignifiant de causes).

DÉTERMINISME Doctrine selon laquelle tout est déterminé, c'est-à-dire soumis à des conditions nécessaires et suffisantes, qui sont elles-mêmes déterminées. Le déterminisme, en ce sens, n'est qu'une généralisation du principe de causalité. C'est une chaîne de causes, ou plusieurs, ou l'ensemble de ces chaînes, à quoi rien n'échappe, ni lui-même : on peut agir sur lui, le changer, le maîtriser, mais point en sortir. C'est le labyrinthe des causes, ou plutôt des effets. Kant a bien vu qu'il excluait à la fois la contingence et la fatalité (*C. R. Pure*, Analytique des principes, PUF, p. 208, Pléiade, p. 960). La multiplicité des causes explique tout, mais n'impose rien.

Le déterminisme n'est qu'un autre nom pour le hasard (comme pluralité des séries causales), en tant qu'il est connaissable. On ne le confondra pas avec le prédéterminisme, qui suppose qu'il existe une chaîne *unique et continue* de causes, de telle sorte que l'avenir serait tout entier inscrit dans le présent, comme le présent résulterait nécessairement du passé. C'est donner au temps une efficace qu'il n'a pas. Ni avec l'idée d'une prévision possible : un phénomène peut être intégralement déterminé tout en restant parfaitement imprévisible (c'est le principe des jeux de hasard et des systèmes chaotiques). Le temps qu'il fera dans six mois n'est écrit nulle part : il n'est pas *déjà* déterminé ; mais il le sera dans six mois. Ainsi le déterminisme n'est pas un fatalisme : il n'exclut ni le hasard ni l'efficacité de l'action. Il permet au contraire de les penser. De là la météorologie et le parapluie.

DÉTRESSE Le malheur, quand on n'a plus les moyens de le surmonter, ni même de le combattre – quand on ne peut plus qu'implorer secours ou grâce. C'est l'état ordinaire du vivant, quand il naît et meurt.

DEUIL C'est la perte d'un être cher, et la douleur qui en résulte : l'amour déchiré par l'arrachement de son objet. Blessure affective, comme une amputation de l'essentiel. On fait alors son deuil de ce qui manque, c'est-à-dire qu'on apprend à vivre sans. Apprentissage difficile et douloureux, toujours : être en deuil, c'est être en souffrance. Ainsi après la mort de celui que vous aimiez plus que tout au monde, quand vivre n'est plus que cette absence atroce, insupportable, comme une plaie béante, quand on a le sentiment que toute joie, à jamais, est devenue impossible… Le *travail du deuil*, comme dit Freud, sert à sortir de cet état. Travail d'acceptation, de détachement progressif, de réconciliation. Non contre l'amour, mais pour aimer autrement, puis autre chose. Il s'agit que la joie redevienne au moins possible. Le deuil est accompli quand on y parvient. C'est le plus dur chemin qui mène d'une vérité à un bonheur.

Le concept est susceptible d'une extension universelle. « Vivre, c'est perdre », écrit François George, et c'est en quoi le deuil est l'état ordinaire des vivants. On n'y échapperait qu'en cessant d'aimer, ce qu'on ne doit, de vivre, ce qu'on ne veut, de mourir, ce qu'on ne peut. Il faut donc s'accepter mortel (faire le deuil de soi, de son vivant), et amant de mortels. « À l'égard de toutes les autres choses, disait Épicure, il est possible de se procurer la sécurité, mais, à cause de la mort, nous, les hommes, habitons tous une cité sans murailles. » Vivre est une ville ouverte, et cette ouverture – l'amour, la mort – est l'unique demeure. Le deuil est l'horizon de l'amour, de tout amour, et l'unique chemin vers la sagesse.

« Doux est le souvenir de l'ami disparu », disait encore Épicure ; cela exprime assez bien ce qu'est un deuil réussi. Au bout du chemin ? Douceur, gratitude, joie – amour. On se disait d'abord : *« Quelle horreur qu'il ne soit plus !* » Puis peu à peu : « *Comme c'est bien qu'il ait existé !* » La vie emporte tout, jusqu'à la mort même qui l'emporte. Cela fait comme une paix très douce, après l'atrocité de la perte. Et si l'on n'y parvient pas ? La mort achèvera le travail. Toute douleur cesse, où elles vont toutes.

DEVENIR Le changement, considéré dans sa globalité. C'est donc l'être même, en tant qu'il ne cesse de changer. « *Panta rhei* », disait Héraclite : tout coule ou s'écoule, tout change, tout passe et rien ne demeure… On ne se baigne jamais deux fois dans le même fleuve, ni même, ajoutait Cratyle, une seule fois : le temps d'entrer dans l'eau, elle n'est plus la même.

Chez Hegel, le devenir est l'unité de l'être et du néant : le passage de l'un dans l'autre, et de l'autre dans l'un. C'est en quoi il est la première pensée concrète (l'être et le néant ne sont que des abstractions vides), et à ce titre la première vérité. C'était rester fidèle à Héraclite et au réel. « Le vrai, écrit Hegel, est le devenir de soi-même. »

DEVOIR Le verbe indique d'abord une dette (*debere*, en latin, vient de *de habere* : c'est avoir quelque chose de quelqu'un). Le substantif, une obligation : non plus *avoir de*, mais *avoir à.* La transition, entre les deux, relève d'une logique de l'échange ou du don : si j'ai reçu quelque chose de quelqu'un, je lui dois en retour autre chose. Il y a là une structure archaïque, dont le devoir, au sens moral du terme, manifeste la permanence. Dans la plupart des société primitives, a montré Marcel Mauss, tout don suppose un contre-don : « Les échanges et les contrats se font sous forme de cadeaux, en théorie volontaires, en réalité obligatoirement faits et rendus ». Le contre-don, dans ces sociétés, est un devoir. Le devoir, dans les nôtres, comme un contre-don obligé.

Qu'avons-nous donc reçu, qui nous oblige ? Nous avons *tout* reçu : la vie, l'humanité, la civilisation… De qui ? Peut-être de Dieu. Assurément de nos parents, de la société, de l'humanité… Comment cela ne nous créerait-il pas des devoirs ? La morale consiste à se savoir débiteur, dirais-je à la façon d'Alain, et obligé par là : car tout don oblige. Voyez la parabole des talents. Il ne s'agit pas seulement de rendre ce qu'on a reçu, mais de le faire fructifier au mieux. Ainsi le premier devoir est de ne pas oublier qu'on en a.

Chez Kant, le devoir est la nécessité d'accomplir une action par pur respect pour la loi morale, c'est-à-dire indépendamment de toute inclination sensible ou affective (si on agit par amour ou par compassion, on n'agit plus par devoir), et en faisant abstraction, même, de tous les objets de la faculté de désirer, de tout plaisir, de toute fin, et spécialement de toute récompense ou châtiment attendus. Le devoir, dans son principe, est désintéressé. Par exemple celui qui ne ferait le bien que dans l'espoir du paradis ou par crainte de l'enfer : il agirait certes *conformément au devoir*, mais pas *par devoir* (il agirait conformément au devoir, mais *par intérêt*), et son action serait pour cela moralement sans valeur. Mais celui qui ne ferait le bien que pour le plaisir de le faire, son action, si aimable qu'elle soit, n'aurait pas davantage « de valeur morale véritable » : mieux vaut pour Kant un misanthrope vertueux, qui n'agit que par devoir, plutôt qu'un philanthrope sympathique, qui n'agirait que par inclination (*Fondements*..., I). C'est où le devoir et la morale, tels que Kant les conçoit, s'opposent le plus clairement à la vertu et à l'éthique, telles que les Anciens ou Spinoza nous aident à les penser. La générosité, par exemple, est d'autant plus morale, pour Kant, qu'on y prend moins de plaisir ; d'autant plus vertueuse, pour Aristote ou Spinoza, qu'on en prend davantage (celui qui donne sans plaisir n'est pas généreux : c'est un avare qui se force). De là ce qu'on pourrait appeler une primauté de l'éthique, qui ne saurait pour autant abolir la morale (puisque la vertu, presque toujours, fait défaut) ni même en tenir lieu. La morale n'est bonne que pour les méchants, ou plutôt que pour les égoïstes. C'est pourquoi elle est bonne, en pratique, pour nous tous. C'est le contraire de l'égoïsme. C'est le contraire du mal radical. Agir moralement, c'est n'obéir qu'à la loi que la raison en nous se donne à elle-même, et nous donne, autrement dit qu'à l'universel. Par quoi le devoir est obligatoire, remarque Alain, « mais non point forcé » : nul ne peut nous contraindre à agir par devoir, nul n'agit par devoir qu'à condition de le faire librement. Cela suppose qu'on s'affranchisse de tout ce qui n'est pas libre en nous, de tout ce qui n'est pas universel, et d'abord du *« cher moi »*, comme dit Kant, de ses instincts, de ses penchants, de ses peurs, et même de ses espérances. « La majesté du devoir, écrit tranquillement Kant, n'a rien à faire avec la jouissance de la vie. » Non qu'il soit immoral de jouir, la vie n'est pas difficile à ce point, mais parce qu'il le serait de soumettre la morale au plaisir, quand c'est l'inverse qu'il faut faire (ne chercher le plaisir que lorsque aucun devoir ne s'y oppose). Les jobards reprochent à Kant son ascétisme. Mais lui donnent raison, à chaque fois qu'ils s'interdisent le viol ou l'assassinat, quelque plaisir qu'ils imaginent y trouver, ou à chaque fois qu'ils s'imposent, pour des raisons morales, une action désagréable ou risquée. Ainsi le plaisir n'est pas tout, ni le bonheur, ni même la sagesse, et c'est ce que signifie le devoir. Il y a en lui quelque chose de désespéré, par quoi il échappe à l'*ego* : agir moralement, c'est faire ce qu'on doit parce qu'on le doit, dût-on en souffrir et *« sans rien espérer pour cela »* (comme dit Kant à propos de la bienfaisance : *Doctrine de la vertu*, § 30).

Le devoir existe-t-il ? Point, certes, comme une chose ou un fait. Mais il n'en correspond pas moins à notre expérience. Si un enfant se noie, si un innocent appelle au secours, la situation prend pour moi la forme d'une obligation, d'un commandement, d'un impératif : je sais bien que je *dois* les aider, si je le peux, quand bien même je n'y aurais aucun intérêt et fût-ce au péril de ma vie. Par quoi Kant a au moins phénoménologiquement raison : il décrit la morale telle qu'elle nous apparaît, comme une libre obligation, et c'est la morale même.

Connaît-on toujours son devoir ? Disons qu'il n'y a *devoir*, en tout cas, qu'à la condition qu'on le connaisse à peu près. C'est le cas, de très loin, le plus fréquent. Pour ma part, je ne me rappelle pas m'être beaucoup interrogé sur mon devoir. J'ai presque toujours vu fort clairement quel il était – ce qui ne veut pas dire, tant s'en faut, que je l'aie toujours suivi. « Il n'y a jamais d'autre difficulté dans le devoir, disait Alain, que le faire. » Difficulté pratique, non théorique. Elle est souvent considérable ; c'est qu'il faut vaincre la peur, l'égoïsme, la fatigue.

DIABLE Le démon principal ou principiel. Il fait le mal pour le mal. C'est par quoi il est inhumain : l'homme ne fait jamais le mal pour le mal, explique Kant, mais seulement par égoïsme (pour son bien à lui). Le diable est méchant ; l'homme n'est que mauvais (*La religion dans les limites de la simple raison*, I, 3).

Le diable n'est pas seulement méchant ; il est aussi très bête ou inintelligible (pourquoi diable fait-il le mal, s'il n'y trouve pas son bien ?). On peut dire de lui ce que Stendhal disait de Dieu : sa seule excuse, c'est qu'il n'existe pas.

DIALECTIQUE L'art du dialogue et de la contradiction, donc de la controverse. C'est aussi une logique de l'apparence (dans le meilleur des cas) ou l'apparence d'une logique (dans le pire). Enfin – chez Hegel ou Marx – c'est une certaine méthode intellectuelle, fondée sur l'unité des contraires et leur dépassement dans une synthèse supérieure.

Le mot vient des Grecs. La *dialectikè*, chez Platon, c'est d'abord l'art du dialogue, tel que Socrate le pratiquait, autrement dit par questions et réponses (voir par exemple le *Cratyle*, 390 *c*). À partir de *La République* (livres VI et VII), c'est surtout la marche même de la pensée, qui part d'hypothèses, mais reconnues comme telles, pour « s'élever jusqu'au principe universel et anhypothétique » (dialectique ascendante), avant de redescendre, mais en n'ayant recours qu'aux seules idées, vers ses conséquences ou applications (dialectique descendante). C'est enfin – spécialement dans le *Phèdre* et le *Sophiste* – l'art des synthèses et des divisions, qui permet de passer du multiple à l'un et de l'un au multiple. Platon y voyait la science par excellence, celle de l'intelligible. Cette science n'est plus la nôtre, ni cette dialectique.

Aristote nous est plus proche. La dialectique, chez lui, est la logique du probable : non une science, mais ce qui en tient lieu lorsque toute science est impossible (*Topiques*, I, 1). C'est l'art de raisonner sur des opinions opposées, telles qu'elles peuvent s'exprimer dans un dialogue, à partir de prémisses seulement plausibles et sans qu'aucun savoir ni aucune démonstration ne permettent, entre ces opinions, de trancher absolument ou de façon apodictique. Cela suppose qu'on plaide le pour et le contre, la thèse et l'antithèse, et c'est en quoi la dialectique est à la fois universelle, quant à ses objets possibles, tout en restant particulière (puisque objectivement insuffisante) quant au sujet qui l'énonce. S'oppose en cela à l'analytique, qui est la science démonstrative, mais aussi la prépare et la complète. Toute démonstration, par exemple, suppose le principe de non-contradiction, qui est pour cela indémontrable. On ne peut le justifier, puisqu'il le faut, que de façon dialectique : non en prouvant qu'il est vrai, ce qui est impossible, mais en montrant que personne ne peut tenir un discours sensé sans présupposer d'abord la vérité de ce principe (*Métaphysique*, Γ, 4). Ainsi le vrai suppose le probable, et la science le dialogue.

Au Moyen Âge, à la suite sans doute des stoïciens, la dialectique absorbe la logique, ou plutôt ne fait qu'un avec elle : c'est l'art de raisonner (par opposition à la rhétorique, qui est l'art de parler). Ce n'est plus vrai aujourd'hui : de dialectique, nos logiciens ne se préoccupent guère. C'est que Kant, entretemps, revenant à Aristote, a redonné à la dialectique un sens spécifique, qui vaut chez lui comme condamnation. Qu'est-ce que la dialectique ? C'est « la logique de l'apparence » (par opposition à l'analytique, qui est « logique de la vérité ») : c'est « l'art sophistique de donner à son ignorance, et même à ses illusions délibérées, le vernis de la vérité » (*Critique de la raison pure*, « De la division de la logique générale en analytique et dialectique »). Le dialecticien voudrait se servir de la logique pour étendre ses connaissances (alors que la logique n'enseigne que les conditions formelles de leur cohérence), ce qui ne peut aboutir « à rien de plus qu'à un verbiage par lequel on affirme, avec quelque apparence, ou l'on conteste, suivant son humeur, tout ce qu'on veut ». L'exemple le plus parlant est celui des fameuses *antinomies* (voir ce mot), dans lesquelles la raison s'enferre – parce qu'elle peut démontrer aussi bien la thèse que l'antithèse – dès qu'elle essaye de raisonner sur l'inconditionné. Kant y voyait une impasse. Cela nous mène à Hegel, qui en fera son boulevard.

Dans le vocabulaire philosophique contemporain, lorsqu'il est utilisé sans autre précision et s'il n'est pas un simple effet de mode ou de snobisme, le mot « *dialectique* » renvoie en effet le plus souvent à la logique, ou prétendue telle, de Hegel. De quoi s'agit-il ? D'abord d'une pensée de la complexité, de l'interdépendance, de la non-séparation. Pour le dialecticien, tout est dans tout et réciproquement : « Nous appelons dialectique, écrit Hegel, le mouvement rationnel supérieur, dans lequel des termes en apparence tout à fait séparés passent l'un dans l'autre par eux-mêmes, par le fait même de ce qu'ils sont, et dans lequel la présupposition de leur séparation se supprime » (*Logique*, I, 1 ; même référence pour les citations qui suivent). Cela vaut spécialement pour les contraires. Loin de s'opposer de façon extérieure et statique, comme le voudrait l'entendement, ceux-ci n'existent en vérité qu'ensemble, dans le mouvement même qui les oppose de l'intérieur l'un à l'autre et les dépasse. Soit, par exemple, l'être et le néant. Si l'on commence par les séparer, comme font la plupart des philosophes, on ne pourra jamais comprendre l'origine (le passage du néant à l'être) ni la fin (le passage de l'être au néant). Ce que manifeste la première antinomie de Kant, souligne Hegel, c'est d'abord l'incapacité de l'entendement à penser le devenir : « Tant que se trouve présupposé le divorce absolu de l'être par rapport au néant, le commencement ou le devenir sont sans contredit quelque chose d'incompréhensible. » Pour la raison dialectique, il en va tout autrement. Partons de l'être pur. Qu'est-il ? Une table, une chaise, une multiplication, un tuyau d'arrosage ? Rien de tout cela, car alors il ne serait plus pur et ne saurait valoir, comme concept, pour tout être. La vérité de l'être, en tant qu'être pur, c'est qu'il n'est pas ceci ou cela (pas une table, pas une multiplication, pas un tuyau d'arrosage...), ni rien de déterminé : il est l'être qui n'est rien, par quoi « il est en fait néant, et ni plus ni moins que néant ». Mais le néant, qu'est-ce ? « Égalité simple avec lui-même, répond Hegel, vacuité parfaite, absence de détermination et de contenu, état de non-différenciation en lui-même... » Il est l'être de ce qui n'est rien, ou le rien qui est. « Le néant est donc la même détermination, ou plutôt la même absence de détermination, et, partant, *absolument la même chose que l'être pur.* » Ce qu'il faut penser, pour la dialectique, c'est donc l'unité de l'être et du néant. Après la thèse et l'antithèse, comme on dit dans les classes, voilà le moment de la synthèse, qui n'est pas un juste milieu mais un dépassement :

« L'être pur et le néant pur sont la même chose. Ce qui est la vérité, ce n'est ni l'être ni le néant, mais le fait que l'être – non point passe – mais est passé en néant, et le néant en être. Pourtant la vérité, tout aussi bien, n'est pas leur état de non-différenciation, mais le fait qu'ils sont absolument différents, et que pourtant, tout aussi immédiatement, chacun disparaît dans son contraire. Leur vérité est donc ce mouvement du disparaître immédiat de l'un dans l'autre : *le devenir*, un mouvement où les deux sont différents, mais par le truchement d'une différence qui s'est dissoute tout aussi immédiatement. »

Ce n'est qu'un exemple, qui donne autant à admirer qu'à douter. Que l'être et le néant, *comme mots*, s'opposent et reviennent au même, qu'est-ce que cela nous apprend sur le réel ou le vrai ? Et qu'est-ce que cela prouve contre le principe de non-contradiction, que toute preuve suppose ? La vérité, c'est que la dialectique ne prouve jamais rien, sinon, parfois, la virtuosité de qui s'en sert. Marx, qui s'en réclama, qui en fit un usage matérialiste et révolutionnaire, eut le mérite, au moins une fois, de le reconnaître. Il est vrai qu'on était entre connaisseurs, et entre intimes, puisqu'il s'agit d'une lettre à Engels, du 15 août 1857 : « Il se peut que je me fourre le doigt dans l'œil, mais avec un peu de dialectique, on s'en tirera toujours. » La dialectique, c'est sa fonction, a réponse à tout. Elle peut tout penser, tout expliquer, tout justifier, aussi bien l'État prussien (chez Hegel) que la Révolution (chez Marx), aussi bien le stalinisme que le trotskisme, la fin de l'histoire (chez Kojève) autant que sa continuation « sans sujet ni fin » (chez Althusser)... C'est l'art de se donner raison dans le langage, quand bien même tout le réel nous donnerait tort. C'est bien commode. C'est bien vain. Un dialecticien un peu talentueux est toujours invincible, au moins intellectuellement, puisqu'il peut à chaque fois intégrer la contradiction même qu'on lui oppose dans son propre développement, et la dépasser par là. Si tout est contradictoire, que nous fait une contradiction ? Ainsi la dialectique est sans fin. C'est le bavardage de la raison, qui fait mine de se contredire toujours pour ne se taire jamais.

DIALLÈLE Faute logique, qui consiste à utiliser, pour démontrer une proposition, une autre proposition qui la suppose – ce qui revient à une pétition de principe, mais indirecte. C'est le nom grec ou savant du cercle vicieux.

DIALOGUE Le fait de parler à deux ou à plusieurs, pour chercher une même vérité. C'est donc un genre de conversation, mais tendue vers l'universel plutôt que vers le singulier (comme dans la confidence) ou le particulier (comme dans la discussion). On considère ordinairement que c'est là, au moins depuis Socrate, une des origines de la philosophie. Parler à plusieurs, si c'est pour chercher le vrai, c'est supposer en tous une raison commune, et l'insuffisance en chacun de cette raison. Tout dialogue suppose l'esprit universel, et notre incapacité à nous y installer. De là l'échange des arguments, et la tentation, parfois, du silence.

DICTATURE Au sens vague et moderne : tout pouvoir imposé par la force.

Au sens strict et premier : un pouvoir autoritaire ou militaire, qui suspend les libertés individuelles et collectives, et même le fonctionnement ordinaire de l'État, en principe à titre provisoire et en vue de l'intérêt commun. Se distingue du despotisme par un statut moins monarchique (il peut y avoir des dictatures collectives, voire démocratiques) ; de la tyrannie, par un registre moins péjoratif. Une dictature peut être démocratiquement instituée, politiquement justifiée et moralement acceptable, ce qu'une tyrannie n'est jamais. Chez les Romains, par exemple, la dictature était un gouvernement d'exception, légalement institué pour six mois afin de sauver la République. Chez Marx ou Lénine, la dictature du prolétariat devait durer plus longtemps, mais c'est qu'aussi l'objectif était plus élevé : il s'agissait de sauver non la République, mais l'humanité. Cela déboucha partout sur la tyrannie ou le despotisme. L'usage positif de la notion ne s'en est pas relevé.

DICTIONNAIRE C'est un recueil de définitions, rangées dans l'ordre ou le désordre alphabétique. Les mots s'y définissent mutuellement (chaque définition est faite de mots, qui doivent eux-mêmes en avoir une), vouant ainsi tout dictionnaire à la circularité. C'est ce qui permet d'y entrer n'importe où, et qui interdit de le prendre pour un système (qui serait fondé, comme le voulait Descartes, sur l'ordre des raisons).

Faire un dictionnaire, c'est explorer comme on peut le désordre des mots et des idées. C'est prendre le langage au sérieux, mais sans y croire. Aucune langue ne pense ; c'est pourquoi elles nous permettent toutes de penser.

Un dictionnaire peut être linguistique (auquel cas il devrait contenir, en principe, tous les mots de la langue concernée) ou thématique. Un dictionnaire philosophique ne retiendra que les mots les plus importants, ou qui semblent l'être, du langage philosophique. La subjectivité du choix redouble celle des définitions : un tel dictionnaire, surtout s'il est écrit par un seul auteur, suppose toujours une philosophie particulière. Tout philosophe pourrait faire le sien, et ils seraient tous différents. On s'étonne qu'il n'y en ait pas davantage.

DIEU Chez les Grecs, et en général dans le polythéisme, c'est un être immortel et bienheureux. Ces deux caractères, s'ils subsistent dans le monothéisme, y prennent pourtant moins d'importance que les dimensions ontologiques et morales : Dieu, c'est l'être suprême, créateur et incréé (il est cause de soi), souverainement bon et juste, dont tout dépend et qui ne dépend de rien. C'est l'absolu en acte et en personne.

Les croyants reconnaissent ordinairement à leur Dieu quatre attributs principaux, dont chacun serait sans limite : l'être (Dieu est infini), la puissance (il est tout-puissant), la connaissance (il est omniscient), enfin la bonté ou l'amour (il est parfaitement bon et infiniment aimant). C'est en quoi nous lui ressemblons, s'il existe. Ne sommes-nous pas doués d'un peu d'être, d'un peu de puissance, d'un peu de connaissance et d'amour ? Et c'est en quoi il nous ressemble, s'il n'existe pas. L'homme est comme un Dieu fini et mortel ; Dieu, comme un homme infini et immortel. L'anthropomorphisme n'est pas l'erreur des religions, disait Alain, il en est plutôt « la vérité vivante ». Si Dieu ne nous ressemblait en rien, comment aurait-il pu nous créer *à son image* ? Et comment pourrions-nous y croire ?

Dieu est l'être suprême, aussi bien d'un point de vue théorique (c'est le maximum de vérité possible) que d'un point de vue pratique (c'est le maximum de valeur possible) : le *vrai Dieu*, le *bon Dieu*, c'est le même, et il ne serait pas *Dieu* autrement. Cette conjonction du vrai et du bien, l'un et l'autre portés à l'infini, est sans doute ce qui le définit le mieux, ou le moins mal. Dieu, c'est la vérité qui fait norme, et la norme, à ce titre, de toutes les vérités : il est celui qui connaît, juge et crée la *vraie valeur* de toutes choses. C'est le sens du sens, ou la norme absolue.

Toute vérité qui prétend valoir absolument est ainsi théologique : de là toutes sortes de religions (de Dieu, de l'Histoire, de la Science, de l'Inconscient...), et bien peu d'athéismes.

DIEU DE SPINOZA C'est le contraire du précédent : la vérité éternelle et infinie, mais sans valeur ni sens. La vérité, dirais-je, *désespérément vraie* – le réel, sans phrases. Il se reconnaît à son silence.

Comme tout est vrai, le Dieu de Spinoza est aussi l'ensemble infini de tout ce qui existe (la nature). C'est ce qui lui interdit de le créer.

DIFFÉRANCE Chez Jacques Derrida, qui invente cette graphie, et chez ses disciples, qui reconnaissent que la notion est à peu près indéfinissable, la différance conjoint les deux sens du verbe *différer* : être différent, et remettre à plus tard. Disons que c'est la version derridienne de la différence ontologique. J'y verrais volontiers la confirmation de quelque chose d'important : que cette différence n'existe que du point de vue de la temporalité (comme différ*a*nce), et s'abolit au présent, qui est tout (par quoi la différance n'est rien).

DIFFÉRENCE Je me souviens d'une devinette qui courait, lorsque j'étais enfant, les cours de récréation :

« – Sais-tu quelle différence il y a entre un corbeau ?

– ??

– Il a les deux ailes pareilles, surtout la gauche. »

C'était une façon de rappeler que différence et non-différence supposent la pluralité, soit dans l'espace (deux corbeaux différents, deux ailes semblables), soit au moins dans le temps (si l'on compare un individu à ce qu'il fut ou sera). C'est qu'elle suppose l'altérité : nul, au présent, n'est différent de ce qu'il est ; on n'est différent que d'un autre, ou de soi à un autre moment. Que nous soyons multiples, contradictoires, ambivalents, n'y change rien. C'est notre façon d'être nous-même, et nous le sommes très exactement (que l'inconscient ignore le principe d'identité, cela n'empêche pas qu'il lui reste soumis).

Mais si elle suppose l'altérité, la différence ne s'y réduit pas. Encore faut-il, pour qu'on puisse parler pertinemment de différence, qu'il y ait, entre les objets autres, au moins une certaine ressemblance ou identité. C'est ce qu'indique Aristote : « *Différent* se dit de choses qui, tout en étant autres, ont quelque identité, non pas selon le nombre, mais selon l'espèce, ou le genre, ou par analogie » (*Métaphysique*, Δ, 9). Il n'y a pas de différence *entre un corbeau* (s'il y a identité numérique, il n'y a plus de différence). Mais guère davantage entre un corbeau et une machine à laver (sauf à les ranger dans un genre commun : ce sont deux *choses* différentes). En revanche, il peut y avoir des différences, et il y en a assurément, entre deux corbeaux (différence numérique, identité spécifique), entre un corbeau et un merle (différence spécifique, identité générique), entre un corvidé et un calomniateur (analogie). Bref, la différence suppose la comparaison, et n'a de pertinence que dans la mesure où la comparaison elle-même en a. C'est pourquoi elle en a toujours, au moins d'un certain point de vue. Dire que deux choses sont incomparables, cela suppose qu'on les compare, donc aussi qu'on les range dans un même genre (fût-ce celui, quasiment indéterminé, d'être ou de chose). Ainsi tout est différent de tout, sauf de soi. Ou plutôt *tout est différent de tout le reste* (car le tout, bien sûr, est identique à soi), *y compris de soi à un autre moment* (puisque tout change) : la différence est la règle, qui fait de tout être une exception.

La différence et l'impermanence vont ensemble, explique Prajnânpad : tout est différent toujours (« chaque grain de sable ou de poussière est différent de tous les autres »), et tout change toujours (« Rien ne demeure constant ; tout est changement continuel »). Mais c'est la différence qui est le concept le plus fondamental : « Qu'est-ce que le changement ? Un autre nom pour la différence. Le changement, c'est la différence dans le temps » (R. Srinivasan, *Entretiens avec Svâmi Prajnânpad*, L'Originel, 2e édition, p. 19 à 26). Principe des indiscernables et du devenir : il n'y a jamais eu deux grains de sable identiques, ni deux instants. À la gloire d'Héraclite.

DIFFÉRENCE ONTOLOGIQUE Chez Heidegger et depuis : la différence entre l'être et l'étant. Pour moi, qui ne suis pas heideggérien, c'est distinguer un acte (l'acte d'*être*) du sujet ou du résultat de cet acte (l'étant, c'est-à-dire ce qui est : cette table, cette chaise, cette promenade...). Différence par nature insaisissable, puisque rien n'est en dehors des étants, et pourtant irréductible, puisqu'un étant n'est ce qu'il est qu'à la condition d'abord d'*être*. Cette différence, toutefois, suppose le temps : elle est le temps même. Soit par exemple une promenade... Il est certes légitime de distinguer le *se promener* du *se promenant*, qui sont en effet différents dans le temps (puisque le promeneur ne se promène pas toujours, puisque ce n'est pas toujours celui-ci qui se promène, puisqu'il ne fait jamais deux fois la même promenade...). Mais cette différence ne saurait annuler leur identité actuelle, et en acte : quand le *se promener*, le *se promenant* (le promeneur) et la promenade ne font qu'un... Le présent est le lieu de leur rencontre. Ainsi la différence ontologique, dans le temps, débouche sur l'indifférence, au présent, de l'être et de l'étant : sur leur identité en acte, qui est l'identité à soi du réel ou du devenir.

DIGNITÉ La valeur de ce qui n'a pas de prix, ni même de valeur quantifiable : objet non de désir ou de commerce, mais de respect. « Dans le règne des fins, écrit Kant, tout a un *prix* ou une *dignité*. Ce qui a un prix peut aussi bien être remplacé par quelque chose d'autre à titre d'équivalent ; au contraire, ce qui est supérieur à tout prix, ce qui par suite n'admet pas d'équivalent, c'est ce qui a une dignité » (*Fondements de la métaphysique des mœurs*, II). La dignité est une valeur intrinsèque absolue. C'est en quoi, écrit encore Kant, « l'humanité elle-même est une dignité : l'homme ne peut être utilisé par aucun homme (ni par autrui ni par lui-même) simplement comme moyen, mais doit toujours être traité en même temps comme fin, et c'est en cela que consiste précisément sa dignité ». La dignité d'un être humain, c'est la part de lui qui n'est pas un moyen mais une fin, qui ne sert à rien mais qu'il faut servir, qui n'est pas à vendre et que nul pour cela ne peut acheter. Si l'esclavage et le proxénétisme sont indignes, ce n'est pas parce qu'ils supprimeraient la dignité d'un individu, c'est un pouvoir qu'ils n'ont pas, mais parce qu'ils la nient ou lui manquent de respect.

DILEMME Au sens courant, c'est un choix difficile, entre deux possibilités également insatisfaisantes. Au sens strict, qui est le sens logique, c'est une espèce d'alternative, mais où les deux termes aboutissent à la même conclusion : celle-ci s'impose donc. Les philosophes, écrit par exemple Montaigne, « ont ce dilemme toujours en bouche pour consoler notre mortelle condition : ou l'âme est mortelle, ou immortelle. Si mortelle, elle sera sans peine ; si immortelle, elle ira en s'amendant » (*Essais*, II, 12, p. 551 ; voir aussi Pascal, *Pensées*, 409-220). La mort ne serait donc à craindre dans aucun des deux cas. On voit qu'un dilemme ne vaut que ce que valent les inférences qui le composent. Qu'est-ce qui nous prouve, demande Montaigne, que l'âme ne va pas aller en empirant ?

DIMANCHE Le septième jour, celui du Seigneur ou du néant. C'est aussi le jour du repos (quand le samedi serait plutôt celui du divertissement), et cela revient au même. Le dimanche, il n'y a plus rien à faire qu'à s'occuper de l'essentiel, qui est ce *rien* même peut-être... C'est le jour de vérité – moins par le repos qu'il permet que par l'ennui qu'il impose. Les dimanches, je l'ai senti enfant quand j'allais à la messe, sont jours d'angoisse ou de torpeur. Oh ! le vide, dans les églises pleines ! On dirait que Dieu même, le septième jour, perdit la foi.

DIONYSIAQUE Qui concerne Dionysos, dieu de la vigne et de la musique – de l'ivresse. Nietzsche en a fait l'un des deux pôles, avec Apollon, de son esthétique, qui est aussi son éthique. L'art dionysiaque, c'est l'art de la démesure, de l'extase, du devenir instable, création et destruction mêlées, du tragique, enfin, dirais-je volontiers, de tout ce qui n'est pas encore éternel – « le plaisir de ce qui doit venir, de ce qui est futur, de ce qui triomphe du présent, si bon soit-il » (*Volonté de puissance*, IV, 563). S'oppose à Apollon, dieu de la lumière et de la beauté, et à l'art apollinien, tout de mesure et d'harmonie (le plaisir de ce qui est *déjà* éternel). Nietzsche l'oppose aussi à Jésus-Christ (« Dionysos contre le Crucifié »), comme la vie à la morale. C'est suggérer qu'Apollon et Jésus sont du même côté : du côté de la vie éternelle, ici et maintenant éternelle (la vie *sub specie aeternitatis* : du point de vue de l'éternité ou du vrai). C'est où il faut choisir, malgré Deleuze, entre Nietzsche et Spinoza – entre l'ivresse et la sagesse.

DISCOURS Souvent un synonyme de « parole ». Si on veut les distinguer, on peut dire que la parole est un acte ou une faculté ; le discours, le résultat de l'une ou de l'autre. Les deux sont l'actualisation d'une langue. Mais la parole est son actualisation en puissance ou en acte ; le discours, son entéléchie, comme dirait un aristotélicien, ou son œuvre. C'est la parole achevée ou parfaite. C'est pourquoi on est sensible surtout à ses imperfections. Les paroles s'envolent. Les discours pèsent.

DISCURSIF Qui se fait par des discours et des raisonnements. La connaissance discursive s'oppose en cela à la connaissance intuitive ou immédiate. Une philosophie, par exemple, est toujours discursive. Mais il n'est pas exclu qu'elle parte d'intuitions ou d'expériences qui ne le soient pas, et débouche sur une sagesse qui ne le soit plus.

DISCUSSION Un échange contradictoire d'arguments, entre deux ou plusieurs personnes. Cela suppose une raison commune aux uns et aux autres, qui permette, au moins en droit, de trancher. C'est ce qui rapproche la *discussion* du *dialogue*, au point que les deux notions soient souvent interchangeables. Si l'on veut pourtant les distinguer, il me semble qu'il faut qu'on entende dans la *discussion* le choc que l'étymologie suggère (*discutere*, en latin, c'est d'abord fracasser). Le dialogue est un échange d'idées ou d'arguments ; la discussion serait plutôt leur affrontement. Le dialogue tend vers une vérité commune, qu'aucun des participants ne prétend déjà détenir. La discussion, qui est comme un dialogue contradictoire, suppose au contraire que chacun des participants pense avoir raison, au moins sur tel ou tel point, et essaie d'en convaincre les autres. Les deux supposent l'universel. C'est pourquoi on peut parler d'une éthique de la discussion (chez Habermas ou Appel) comme d'une éthique du dialogue (par exemple chez Marcel Conche) : discuter ou dialoguer, cela n'a de sens qu'à supposer la capacité des locuteurs à penser sous l'horizon d'une vérité au moins possible, donc leur égalité, au moins en droit, devant le vrai. Mais ce n'est pas la même chose que de chercher l'universel ensemble (dans le dialogue) ou les uns contre les autres (dans la discussion). Discuter, en ce sens strict, c'est moins chercher l'universel avec d'autres, qu'essayer de les convaincre qu'on le possède, c'est tout le paradoxe de la discussion, *en particulier*.

DISGRÂCE La perte d'une grâce, autrement dit d'une faveur, d'une protection, d'un amour possible ou nécessaire… Le mot indique que la grâce est première, ou devrait l'être. C'est que la vie en est une, comme l'amour d'abord reçu, presque toujours, avant d'être mérité ou partagé. Toute grâce est gratuite. Toute disgrâce pourtant semble injuste (ce serait autrement un châtiment), comme si la gratuité nous était due. C'est pourquoi peut-être l'adjectif *disgracieux* exprime le plus souvent la laideur : parce que la beauté est une chance par nature imméritée. Quelle plus claire image de l'injustice qu'une jeune fille laide ?

DISJONCTION Une séparation ou une dissociation. Se dit spécialement, en logique, d'une proposition composée de deux ou plusieurs propositions reliées par le connecteur « ou » : *« p ou q »* est une disjonction.

On distingue les disjonctions *exclusives* et les disjonctions *inclusives.* Une disjonction exclusive relie des propositions incompatibles : *« ou bien p, ou bien q »*. Elle n'est vraie que si une seule des propositions qui la composent l'est (si toutes ou plusieurs sont vraies, elle est fausse). Une disjonction inclusive relie des propositions qui peuvent être vraies toutes les deux. Il suffit, pour qu'elle soit vraie, qu'une seule des propositions qui la composent le soit (la conjonction « p ou non p » est donc une tautologie), mais elle l'est encore si toutes le sont.

Le langage courant, entre ces deux sortes de disjonction, est souvent équivoque. Par exemple quand Groucho Marx, prenant le pouls d'un malade, murmure : « Ou ma montre est arrêtée, ou cet homme est mort. » La disjonction, qu'il présente comme exclusive, ne l'est pas ; les deux positions qu'elle oppose pourraient être vraies toutes les deux.

DISSIMULATION C'est cacher ce qui ne devrait pas l'être : l'inverse en cela de la pudeur (cacher ce qui doit l'être) et le contraire de la franchise.

DISTINCT À la fois différent, séparé et précis. L'un des critères, chez Descartes, de la vérité : une connaissance « claire et distincte » est nécessairement vraie. De ces deux qualificatifs, les *Principes de la philosophie* proposent les définitions suivantes : « J'appelle claire celle qui est présente et manifeste à un esprit attentif [...] ; et distincte, celle qui est tellement précise et différente de toutes les autres, qu'elle ne comprend en soi que ce qui paraît manifestement à celui qui la considère comme il faut » (I, 45). Chez Leibniz, une connaissance est distincte quand on peut énumérer ou expliquer les marques qu'on en a, qui suffisent à la distinguer de toutes les autres. On remarquera qu'une connaissance peut être claire sans être distincte, mais non l'inverse.

L'exemple qu'en donne Descartes est celui de la douleur. Celui qui a mal sait clairement qu'il souffre, sans toujours savoir distinctement où il a mal ni pourquoi ou comment. Mais s'il le sait distinctement, il le sait clairement (I, 46). Leibniz donne un autre exemple, qui est celui du jugement de goût. Je peux voir *clairement* qu'un poème ou un tableau est réussi, sans connaître distinctement les éléments de cette réussite, qui se ramènent alors, écrit Leibniz, à « un je ne sais quoi qui nous satisfait ou qui nous choque » (*Discours de métaphysique*, § 24).

Que clarté et distinction constituent un critère de vérité, cela m'a toujours paru n'être ni clair ni distinct. Ce n'est pas une raison pour s'abandonner à l'obscur ou au confus.

DISTINCTION C'est faire une différence, ou justifier qu'on la fasse. Par exemple entre deux idées (voir « Distinct ») ou entre deux individus. Pris absolument, le mot indique une espèce de supériorité, d'origine le plus souvent sociale ou culturelle mais qui finit par sembler intrinsèque : c'est l'élégance dans les manières, une certaine façon d'être remarquable sans chercher à se faire remarquer, comme une politesse tellement intériorisée qu'elle semble naturelle, comme un honneur qu'on rendrait – discrètement – à soi-même ou à l'éducation qu'on a reçue. Pierre Bourdieu en a fait un concept sociologique, qu'il applique spécialement aux jugements de goût (*De la distinction, Critique sociale du jugement*, Minuit, 1979). Dans une société donnée, le jugement de goût juge aussi celui qui l'énonce : aimer telle œuvre d'art plutôt que telle autre, par exemple l'opéra plutôt que la variété, c'est une manière de se *distinguer*, c'est-à-dire de se faire valoir en marquant sa différence. On aurait tort d'en conclure que Michel Berger est l'égal de Mozart.

DIVERSION C'est détourner l'attention de l'autre, spécialement d'un ennemi ou d'un adversaire. En philosophie, c'est surtout le nom montanien du *divertissement* : parce que le chagrin est un adversaire aussi, qu'on ne peut vaincre que par ruse (*Essais*, III, 4 : « De la diversion »). C'est moins une faiblesse qu'une stratégie, moins une tentative d'oublier notre néant, comme chez Pascal, qu'un refus légitime de s'en laisser accabler. Art d'esquive et d'hygiène. Disons que c'est un divertissement lucidement assumé : c'est refuser de prendre le tragique au sérieux.

DIVERTISSEMENT Une façon de s'occuper l'esprit pour oublier l'essentiel : le peu que nous sommes, le néant qui nous attend. C'est comme un détournement d'attention, une distraction volontairement entretenue, une diversion métaphysique. L'idée se trouve déjà chez Montaigne (« peu de chose nous divertit et détourne, car peu de chose nous tient »), mais c'est surtout l'un des grands concepts pascaliens. Le divertissement est la marque de notre misère (qu'il suffise de si peu pour nous occuper !), en même temps qu'une tentative pour la masquer. Son contraire n'est pas le sérieux, qui n'est souvent qu'un divertissement comme un autre (« le chancelier est grave et revêtu d'ornements... »), mais l'ennui ou l'angoisse (*Pensées*, 622-131). C'est pourquoi nous aimons tant « le bruit et le remuement », qui nous empêchent de penser à nous et à la mort. « Ainsi s'écoule toute la vie : on cherche le repos en combattant quelques obstacles, et si on les a surmontés le repos devient insupportable par l'ennui qu'il engendre. Il en faut sortir et mendier le tumulte » (136-139, « Divertissement »). Se divertir, c'est se détourner de soi, de son néant, de sa mort. Et cela fait comme un néant redoublé.

Notre époque n'y voit guère qu'un délassement agréable. On remarquera pourtant que le divertissement, en ce sens philosophique, n'est pas forcément un repos, ni même un loisir ou un amusement : on peut se divertir aussi bien, et peut-être mieux, en s'étourdissant de travail ou de soucis. L'important est d'oublier que rien ne l'est, hormis l'essentiel, que nous voulons oublier.

DOCIMOLOGIE La science des examens et des évaluations (de *dokimè*, épreuve). Sert à ceux qui notent, dans l'intérêt, en principe, de ceux qui sont notés. En pratique, elle est ignorée de presque tous. Si l'on se met à évaluer les évaluateurs, où va-t-on ?

DOGMATISME Au sens courant : un penchant pour les dogmes, une incapacité à douter de ce qu'on croit. C'est aimer la certitude plus que la vérité, au point de tenir pour certain tout ce qu'on juge être vrai.

Au sens philosophique : toute doctrine qui affirme l'existence de connaissances certaines. C'est le contraire du scepticisme. Le mot, en ce sens technique, est sans valeur péjorative. La plupart des grands philosophes sont dogmatiques (le scepticisme est l'exception), et ils ont pour cela de bonnes raisons, à commencer par la raison elle-même. Qui peut douter de sa propre existence, de la vérité d'un théorème mathématique (s'il en comprend la démonstration), ou, aujourd'hui, du mouvement de la Terre autour du Soleil ? On remarquera pourtant qu'une incapacité à douter ne prouve rien (qui pouvait douter, il y a dix siècles, de l'immobilité de la Terre ou de la vérité universelle du postulat d'Euclide ?). C'est ce qui donne raison aux sceptiques, tout en leur interdisant de l'être dogmatiquement. La certitude que rien n'est certain serait aussi douteuse que les autres, ou plutôt elle le serait davantage – puisqu'elle se contredit.

Le dogmatisme relève principalement de la connaissance ; mais il arrive qu'il touche aussi, par là même, à la morale. C'est ce qui m'a amené à distinguer deux dogmatismes différents : un *dogmatisme théorique*, ou dogmatisme en général, qui porte sur les connaissances ; et un *dogmatisme pratique*, qui porte sur les valeurs. En quoi ce dernier est-il un dogmatisme ? En ceci qu'il considère que les valeurs sont des vérités, qui peuvent à ce titre être connues avec certitude. La vérité suffit alors à juger de la valeur d'une action, et le permet seule. Ainsi, chez Platon ou Lénine. Si le bien est à connaître, le mal n'est qu'une erreur : nul n'est méchant ni réactionnaire volontairement. À quoi bon la démocratie ? Une vérité, cela ne se vote pas ! À quoi bon les libertés individuelles ? Une vérité, cela ne se choisit pas ! Par quoi le dogmatisme pratique aboutit tout naturellement, chez Lénine (en pratique) comme déjà chez Platon (en théorie), à ce que nous appelons aujourd'hui le totalitarisme. Ce n'est pas vrai du dogmatisme seulement théorique, et suffit à les distinguer. Une vérité, même à supposer qu'on la connaisse avec certitude, pourquoi faudrait-il s'y soumettre ? Comment la connaissance de ce qui est suffirait-elle à décider de ce qui doit être ? Pourquoi la vérité devrait-elle commander ? Comment pourrait-elle choisir ? La biologie ne dit rien sur la valeur de la vie, ni sur celle du suicide. Le marxisme, s'il était une science, ne dirait pas davantage sur la valeur respective du capitalisme et du communisme. Mais alors c'est aux individus de savoir ce qu'ils veulent, non à la science de vouloir ce qu'elle sait, ou croit savoir.

DOGME Une vérité qu'on s'impose, ou qu'on prétend imposer aux autres. Se distingue en cela de l'évidence (qui s'impose d'elle-même) et de l'esprit critique (qui suppose le doute). Double aveu de fragilité, ou plutôt double dénégation. Tout dogme est bête, et rend bête.

DON Ce qu'on donne ou qu'on reçoit gratuitement. C'est l'échange premier, celui d'avant le commerce, ou le premier terme de l'échange. Échange ? C'est que la gratuité, presque toujours, s'accompagne de réciprocité. Dans son *Essai sur le don*, Marcel Mauss a montré qu'il y avait là tout un système d'obligations et de contreparties. Dans la plupart des sociétés archaïques, explique-t-il, tout don doit être suivi d'un contre-don, c'est-à-dire d'un don en retour : « Ces prestations et contre-prestations s'engagent sous une forme plutôt volontaire, par des présents, des cadeaux, bien qu'elles soient au fond rigoureusement obligatoires, sous peine de guerre privée ou publique. » Il m'a fait un cadeau ou une politesse ; je suis obligé de les accepter et de lui rendre l'équivalent. L'absence de contre-don marquerait la rupture du contrat social et risquerait de mener à la violence. Nous n'en sommes plus là : nous avons inventé le commerce, qui nous dispense de gratitude. Soit. Mais point tout à fait de contre-don : puisque le prix payé en est un. Surtout, dans la sphère non marchande des rapports humains, le don et le contre-don continuent de régner. Il est mal venu de ne jamais rendre les invitations, de ne pas offrir un cadeau à ses hôtes, de ne pas payer à son tour la tournée... Le don reçu nous oblige : le contre-don, encore aujourd'hui, est une espèce de devoir. Qui sait si tout devoir n'est pas d'abord un contre-don ?

On parle également de *don* pour une disposition qu'on a reçue à la naissance, et d'autant plus qu'elle est plus rare et plus précieuse : c'est comme un talent naturel, ou plutôt comme la base naturelle de ce qui, cultivé, travaillé, pourra devenir un talent... D'où une espèce d'inégalité originelle, qui rend la notion désagréable mais ne suffit pas à l'invalider. *« Les dons n'existent pas »*, titrait il y a quelques années un hebdomadaire de gauche ; il y voyait une leçon de justice. C'était bien sûr une sottise. Pourquoi la nature serait-elle juste ? Pourquoi Mozart serait-il de droite ? Mieux vaut travailler et admirer.

DOUCEUR Le refus de faire souffrir, ou la volonté de ne faire souffrir, quand c'est absolument nécessaire, que le moins possible. Se distingue en cela de la compassion (qui suppose une souffrance déjà existante), et la prolonge. Être compatissant, c'est souffrir de la souffrance de l'autre. Être doux, c'est ne rien faire pour l'augmenter.

La compassion s'oppose à l'égoïsme, à l'indifférence, à la dureté. La douceur, à la violence, à la cruauté, à la brutalité. À la colère ? Pas toujours, puisqu'il en est de justes et de nécessaires. Le doux, remarque Aristote, est plutôt celui qui se met en colère quand il faut, comme il faut, contre qui il faut – celui qui n'est ni colérique ni impassible, ni sauvage ni complaisant ou mou (*Éthique à Nicomaque*, IV, 11). C'est que la douceur est une force, non une faiblesse : c'est la force qui renonce à la violence, ou qui la limite le plus qu'elle peut. Par quoi c'est la plus douce des vertus, comme il convient, mais aussi l'une des plus nécessaires et des plus émouvantes. C'est la vertu des pacifiques.

DOULEUR L'un des affects fondamentaux. C'est le contraire du plaisir, et pourtant tout autre chose que son absence. Sur ce qu'elle est, le corps nous en dit assez, qui vaut mieux qu'une définition. On souffre aussi de l'âme ? Sans doute, et l'expérience, là encore, tient lieu de définition. La douleur est plus qu'une sensation pénible ou désagréable ; c'est une sensation qu'on ne peut oublier, qui s'impose absolument, qui interdit tout bien-être, toute détente, tout repos, enfin qu'on ne peut supporter, quand elle est vive, que dans l'horreur ou l'héroïsme.

Faut-il la distinguer de la souffrance ? Certains s'y sont risqués. Par exemple Michel Schneider, dans son beau livre sur Schumann : « La souffrance a un sens, la douleur n'en a pas. La douleur est davantage physique ou métaphysique, la souffrance, morale ou psychique... Nous avons telle ou telle souffrance, mais c'est la douleur qui s'empare de nous... Il existe un travail possible de la souffrance, une élaboration : le deuil. Il n'y a pas de travail de la douleur. » Ainsi Schumann serait le musicien de la douleur, comme Schubert peut-être celui de la souffrance... Cela me rendrait la souffrance plus sympathique, mais ne suffit pas toutefois à me convaincre. Je n'ai connu que souffrances et douleurs indistinctes.

DOUTE Le contraire de la certitude. Douter, c'est penser, mais sans être sûr de la vérité de ce qu'on pense. Les sceptiques en font l'état ultime de la pensée. Les dogmatiques, le plus souvent, un passage obligé. Ainsi, chez Descartes : son doute méthodique et hyperbolique (c'est-à-dire exagéré : il tient pour faux tout ce qu'il sait être douteux) n'est qu'un moment provisoire, dans sa quête de la certitude. Descartes en sort par le *cogito*, qui n'est pas douteux, et par Dieu, qui n'est pas trompeur. Mais son Dieu est douteux, quoi qu'il en dise, et rien n'exclut que le *cogito* soit trompeur. Ainsi le doute renaît toujours. On n'en sort que par le sommeil ou l'action.

DROIT Une possibilité garantie par la loi (le droit à la propriété, à la sûreté, à l'information...) ou exigée par la conscience (les droits de l'homme). Pris absolument, le droit est l'ensemble des lois qui limitent et garantissent – l'un ne va pas sans l'autre – ce qu'un individu peut faire, à l'intérieur d'une société donnée, sans encourir de sanction et sans que quiconque puisse l'en empêcher sans en encourir. Cela suppose un système de contraintes, donc une répression au moins possible : il n'y a de droit, en ce sens, que par la force, et telle est la fonction de l'État. Le droit naturel n'est qu'une abstraction ; les droits de l'homme, qu'un idéal. Seul le droit positif permet de passer, grâce à l'État, du *droit* au *fait.* C'est une raison forte de préférer l'état civil, même injuste, à l'état de nature : mieux vaut un droit imparfait que pas de droit du tout.

Chacun sait qu'il n'y a pas de droits sans devoirs. Mais point, comme on le croit parfois, parce qu'on ne pourrait bénéficier de ceux-là qu'à la condition de respecter d'abord ceux-ci. Un tortionnaire, on n'a pas le droit pour autant de le torturer. Un voleur, pas le droit de le voler. Qu'ils n'aient pas fait leur devoir ne nous dispense aucunement, fût-ce vis-à-vis d'eux, des nôtres. Mais il y a plus. Un nouveau-né ou un débile profond n'ont aucun devoir, et pourtant une multitude de droits. C'est dire assez que mon droit n'est pas défini par mes devoirs, mais par les devoirs des autres à mon égard. Si j'ai aussi des devoirs, ce qui est bien clair, ce n'est pas parce que j'ai des droits, mais parce que les autres en ont. Ainsi le droit, pris absolument, fixe les droits et les devoirs de chacun, les uns vis-à-vis des autres et de tous. C'est ce qui nous permet de vivre librement ensemble, par la limitation, rationnellement instituée, de notre liberté. Ma liberté s'arrête, selon la formule fameuse, où commence celle des autres. « Le droit, écrit Kant, est la limitation de la liberté de chacun à la condition de son accord avec la liberté de tous, en tant que celle-ci est possible selon une loi universelle. » Mais il n'existe, c'est ce qu'on appelle le droit positif, que par des lois particulières.

DROIT NATUREL Ce serait un droit inscrit dans la nature ou la raison, indépendamment de toute législation positive : un droit d'avant le droit, qui serait universel et servirait de fondement ou de norme aux différents droits positifs. En pratique, chacun y met un peu ce qu'il veut (par exemple, chez Locke, la liberté, l'égalité, la propriété privée, la peine de mort…), ce qui est bien commode mais ne permet guère de résoudre quelque problème effectif que ce soit. Que disent la nature ou la raison sur l'avortement, l'euthanasie, la peine de mort ? Sur le droit du travail et des affaires ? Sur le PACS et la libéralisation des drogues douces ? Sur le meilleur type de régime ou de gouvernement ? On a pu fonder sur le droit naturel, selon la conception qu'on s'en faisait, aussi bien la supériorité de la monarchie absolue (chez Hobbes) que celle de la démocratie (chez Spinoza). C'est dire assez la malléabilité de la notion. Les droits de l'homme ? Ce n'est pas la nature qui les définit mais l'humanité, non la raison mais la volonté. Pour ma part, si l'on tient à parler d'un droit naturel, j'aurais tendance à dire que ce n'est pas un droit du tout, mais le simple règne des faits ou des forces. « Le droit naturel de la nature entière et conséquemment de chaque individu s'étend jusqu'où va sa puissance, écrit Spinoza, et donc tout ce que fait un homme suivant les lois de sa nature propre, il le fait en vertu d'un droit de nature souverain, et il a sur la nature autant de droit qu'il a de puissance » (*Traité politique*, II, 4). C'est ainsi, précise-t-il ailleurs, que « les grands poissons mangent les petits en vertu d'un droit naturel souverain » (*Traité théologico-politique*, XVI). C'est la loi de la jungle, dont seul le droit positif nous sépare.

DROIT POSITIF L'ensemble des lois effectivement instituées, dans une société donnée, quel que soit par ailleurs le mode (coutumier ou écrit, démocratique ou monarchique…) de cette institution. C'est un *droit* qui existe *en fait*.

DROITE/GAUCHE Enfant, j'avais demandé à mon père ce que cela signifiait, dans la vie politique, qu'être de droite ou de gauche. Il me répondit : « Être de droite, c'est vouloir la grandeur de la France. Être de gauche, c'est vouloir le bonheur des Français. » Je ne sais si la formule était de lui. Il n'aimait pas les Français, ni les humains en général. Il me répétait toujours qu'on n'est pas sur Terre pour être heureux. La définition, dans sa bouche, était de droite. C'est pourquoi elle lui plaisait. Mais un homme de gauche pourrait également s'y retrouver, s'il croit peu ou prou au bonheur. C'est pourquoi elle ne me déplaît pas. « Car enfin, dira notre homme de gauche, la France et la grandeur ne sont que des abstractions dangereuses. Le bonheur des Français, voilà qui mérite autrement d'être poursuivi ! » Cela ne prouve pourtant pas que cette définition suffise, ni même qu'elle en soit une. Grandeur et bonheur n'appartiennent à personne.

Le temps a passé : mes enfants m'ont interrogé à leur tour… Je répondis comme je pus, autour de quelques différences qui me paraissaient essentielles. Sur le point de les mettre noir sur blanc, j'en perçois mieux les limites ou les approximations. Cette logique binaire, qu'impose le principe majoritaire, ne correspond ni à la complexité ni à la fluctuation des positions politiques effectives. Une même idée peut être soutenue dans des camps opposés (par exemple l'idée d'une Europe fédérale, ou son refus souverainiste, qu'on rencontre aujourd'hui à droite comme à gauche), ou bien passer d'un camp à un autre (ainsi l'idée de Nation, plutôt de gauche au XIXe siècle, plutôt de droite au XXe). Mais faut-il pour autant renoncer à nos deux catégories, si fortement ancrées dans la tradition démocratique, depuis 1789 (on sait qu'elles sont nées de la disposition spatiale des députés, lors de l'Assemblée constituante, qui se réunissaient, par affinité politique, à droite ou à gauche du président de séance), et si omniprésentes, encore aujourd'hui, dans le débat démocratique ? Faut-il les juger obsolètes ? Les remplacer par d'autres ? C'est ce que certains ont tenté. L'opposition n'est plus entre la droite et la gauche, disait De Gaulle en 1948, mais entre ceux qui sont en haut, parce qu'ils ont une vision, et ceux

« qui sont en bas et qui s'agitent dans les marécages »... J'y vois une idée de droite, comme dans toute tentative de récuser ce que cette opposition, même schématique comme elle est forcément, garde d'éclairant, de structurant, d'opératoire. Quel politologue pourrait s'en passer ? Quel militant ? Au reste Alain, dès 1930, avait déjà répondu : « Lorsqu'on me demande si la coupure entre partis de droite et partis de gauche, hommes de droite et hommes de gauche, a encore un sens, la première idée qui me vient est que l'homme qui pose cette question n'est certainement pas un homme de gauche » (Propos de décembre 1930). J'ai la même réaction, et c'est ce qui m'oblige, entre la droite et la gauche, à chercher quelques différences, même fluctuantes, même relatives, qui donnent un sens à cette opposition.

La première différence est sociologique. La gauche représente plutôt ce que les sociologues appellent les couches populaires, disons les individus les plus pauvres, ou les moins riches, ceux qui ne possèdent rien, ou presque rien, les prolétaires, comme disait Marx, qu'il vaut mieux aujourd'hui appeler les salariés. La droite, tout en recrutant aussi dans ces milieux (il le faut bien : ils sont majoritaires), a plus de facilité avec les indépendants, qu'ils soient ruraux ou urbains, ceux qui possèdent leur terre ou leur instrument de travail (leur boutique, leur atelier, leur entreprise...), ceux qui font travailler les autres ou qui travaillent pour eux-mêmes plutôt que pour un patron. Cela dessine comme deux peuples, ou plutôt comme deux pôles : les paysans pauvres et les salariés d'un côté ; les bourgeois, les propriétaires terriens, les cadres dirigeants, les professions libérales, les artisans et les commerçants de l'autre. Avec tous les intermédiaires que l'on veut, entre ces deux mondes (les fameuses « classes moyennes »), tous les échanges que l'on veut, entre les deux camps (les transfuges, les indécis). Que la frontière soit poreuse, et peut-être de plus en plus, c'est une affaire entendue. Mais elle n'en est pas moins frontière pour autant. Qu'aucun des deux camps n'ait le monopole d'aucune classe, c'est une évidence (on se souvient que le Front national, du temps de sa sinistre splendeur, était en passe de devenir le premier parti ouvrier de France). Mais qui ne suffit pas, me semble-t-il, à abolir tout à fait cette dimension sociologique de la question. Même en drainant des voix chez les plus pauvres, la droite n'a jamais réussi, du moins en France, à pénétrer vraiment le syndicalisme ouvrier. La gauche, chez les patrons et les grands propriétaires terriens, fait moins de 20 % des voix. J'ai quelque peine, dans l'un et l'autre cas, à n'y voir qu'une coïncidence.

La deuxième différence est plutôt historique. La gauche, depuis la Révolution française, se prononce en faveur des changements les plus radicaux ou les plus ambitieux. Le présent ne la satisfait jamais ; le passé, moins encore : elle se veut révolutionnaire ou réformiste (et la révolution est plus à gauche, bien sûr, que la réforme). C'est sa façon à elle d'être progressiste. La droite, sans être contre le progrès (personne n'est contre), se plaît davantage à défendre ce qui est, voire, cela s'est vu, à restaurer ce qui était. Parti du mouvement d'un côté, parti de l'ordre, de la conservation ou de la réaction de l'autre. Avec, là encore, tout ce qu'on veut d'échanges et de nuances entre les deux, surtout dans la dernière période (la défense des avantages acquis tend parfois à l'emporter, à gauche, sur la volonté réformatrice, comme la volonté de réformes libérales, à droite, sur le conservatisme), mais qui ne suffisent pas à annuler la différence d'orientation. La gauche se veut essentiellement progressiste. Le présent l'ennuie ; le passé lui pèse : elle en ferait volontiers, comme le chante encore l'Internationale, « table rase ». La droite est plus volontiers conservatrice. Le passé lui est un patrimoine, qu'elle veut préserver, plutôt qu'un poids. Le présent lui paraît supportable : puisse l'avenir lui ressembler ! Dans la politique, la gauche voit surtout l'occasion d'un changement possible ; la droite, d'une continuité nécessaire. Ils n'ont pas le même rapport au temps. C'est qu'ils n'ont pas le même rapport au réel, ni à l'imaginaire. La gauche penche, parfois dangereusement, vers l'utopie. La droite, vers le réalisme. La gauche est plus idéaliste ; la droite, plus soucieuse d'efficacité. Cela n'empêche pas un homme de gauche d'être lucide ou de se vouloir efficace, ni un homme de droite d'avoir des idéaux généreux. Mais ils risquent alors d'avoir fort à faire, l'un et l'autre, pour convaincre leur propre camp…

La troisième différence est proprement politique. La gauche se veut du côté du peuple, de ses organisations (les partis, les syndicats, les associations), de sa représentation (le Parlement). La droite, sans mépriser pour autant le peuple, est davantage attachée à la Nation, à la patrie, au culte du terroir ou du chef. La gauche a une certaine idée de la République. La droite, une certaine idée de la France. La première penche volontiers vers la démagogie. La seconde, vers le nationalisme, la xénophobie ou l'autoritarisme. Cela n'empêche pas les uns et les autres d'être souvent de parfaits démocrates, ni de tomber parfois dans le totalitarisme. Mais ils n'ont pas les mêmes rêves, ni les mêmes démons.

Quatrième différence : une différence économique. La gauche refuse le capitalisme, ou ne s'y résigne que de mauvais gré. Elle fait davantage confiance à l'État qu'au marché. Elle nationalise dans l'enthousiasme, ne privatise qu'à regret. La droite, c'est évidemment l'inverse (au moins aujourd'hui) : elle fait davantage confiance au marché qu'à l'État, et c'est pourquoi elle est tellement favorable au capitalisme. Elle ne nationalise que contrainte et forcée, privatise dès qu'elle le peut. Là encore cela n'empêche pas qu'un homme de gauche puisse être libéral, même au sens économique du terme (voyez Alain), ni qu'un homme de droite ait le sens de l'État ou du service public (voyez De Gaulle). Mais la différence n'en demeure pas moins, à l'échelle des grands nombres ou des orientations fondamentales. L'État providence est à gauche ; le marché, à droite. La planification est à gauche ; la concurrence et l'émulation, à droite.

On remarquera que la droite, sur ces questions économiques et dans la dernière période, l'a clairement emporté, au moins intellectuellement. Le gouvernement Jospin a privatisé davantage que ceux de Juppé ou de Balladur (il est vrai en s'en vantant moins), et il n'y a plus guère que l'extrême gauche, aujourd'hui, qui propose de nationaliser quelque entreprise que ce soit. On s'étonne, dans ces conditions, que la gauche ait si bien résisté, politiquement, voire l'ait emporté à plusieurs reprises. C'est que la sociologie lui est plutôt favorable (il y a de plus en plus de salariés, de moins en moins d'indépendants). C'est aussi qu'elle l'avait emporté précédemment sur d'autres fronts, qui lui font comme un capital de sympathie. La liberté d'association, l'impôt sur le revenu et les congés payés sont des inventions de gauche, que personne aujourd'hui ne remet en cause. L'impôt sur la fortune, plus récemment, est encore une invention de gauche ; la droite, qui voulut l'abolir, s'en est mordu les doigts. Et qui osera toucher à la semaine de 35 heures ? Mais si la gauche s'en sort si bien, c'est aussi, et peut-être surtout, qu'elle a compensé cette défaite intellectuelle (dont il faut lui savoir gré d'avoir pris acte : être de gauche, disait Coluche, cela ne dispense pas d'être intelligent) par une espèce de victoire morale ou spirituelle. J'écrirais volontiers que toutes nos valeurs aujourd'hui sont de gauche, puisqu'elles se veulent indépendantes de la richesse, du marché, de la nation, puisqu'elles se moquent des frontières et des traditions, puisqu'elles n'adorent que l'humanité et le progrès. Ce serait bien sûr aller trop loin. Il reste qu'on est de gauche, surtout chez les intellectuels, pour des raisons d'abord morales. On serait plutôt de droite par intérêt ou pour des raisons économiques. « Vous n'avez pas le monopole du cœur ! », lança un jour, lors d'un débat fameux, un homme politique de droite à son adversaire socialiste. Qu'il ait eu besoin de le rappeler est révélateur. Nul homme de gauche n'aurait eu l'idée d'une telle formule, tant elle lui paraîtrait évidente, ou plutôt tant il va de soi, de son point de vue, que le cœur, en politique aussi, bat à gauche… De là, dans le débat politique, en tout cas en France, une curieuse asymétrie. Vous ne verrez jamais un homme de gauche contester qu'il le soit, ni récuser la pertinence de cette opposition. Combien d'hommes de droite, au contraire, prétendent que ces notions n'ont plus de sens, ou que la France, comme disait l'un d'entre eux, veut être gouvernée au centre ? C'est qu'être de gauche passe pour une vertu : la gauche serait généreuse, compatissante, désintéressée… Être de droite, sans être un vice, passe plutôt pour une petitesse : la droite serait égoïste, dure aux faibles, âpre au gain… Qu'il y ait là une conception naïve de la politique, ce n'est guère niable, mais ne suffit pas à annuler cette asymétrie. On se flatte d'être de gauche. On avoue être de droite.

Cela nous conduit aux dernières différences que je voulais évoquer. Elles sont plutôt philosophiques, psychologiques ou culturelles : elles opposent moins des forces sociales que des mentalités ; elles portent moins sur des programmes que sur des comportements, moins sur des projets que sur des valeurs. À gauche, le goût de l'égalité, de la liberté des mœurs, de la laïcité, de la défense des plus faibles, fussent-ils coupables, de l'internationalisme, des loisirs, du repos (les congés payés, la retraite à 60 ans, la semaine de 35 heures...), de la compassion, de la solidarité... À droite celui de la réussite individuelle, de la liberté d'entreprendre, de la religion, de la hiérarchie, de la sécurité, de la patrie, de la famille, du travail, de l'effort, de l'émulation, de la responsabilité... La justice ? Ils peuvent s'en réclamer les uns et les autres. Mais ils n'en ont pas la même conception. À gauche, la justice est d'abord équité : elle veut les hommes égaux, non seulement en droits mais en fait. Aussi se fait-elle volontiers réparatrice et égalitariste. Sa maxime serait : *« À chacun selon ses besoins. »* Celui qui a déjà la chance d'être plus intelligent ou plus cultivé, de faire un travail plus intéressant ou plus prestigieux, pourquoi faudrait-il en outre qu'il soit plus riche ? Il l'est pourtant, en tout pays, et il n'y a plus que l'extrême gauche qui s'en étonne. Le reste de la gauche, toutefois, ne s'y résigne pas sans un peu de mauvaise conscience. Toute inégalité lui semble suspecte ou regrettable : elle ne la tolère qu'à regret, faute de pouvoir ou de vouloir tout à fait l'empêcher. À droite, la justice est plutôt conçue comme une sanction ou une récompense. L'égalité des droits suffit, qui ne saurait annuler l'inégalité des talents et des performances. Pourquoi les plus doués ou les plus travailleurs ne seraient-ils pas plus riches que les autres ? Pourquoi ne feraient-ils pas fortune ? Pourquoi leurs enfants ne pourraient-ils profiter de ce que leurs parents ont amassé ? La justice, pour eux, est moins dans l'égalité que dans la proportion. Aussi se fait-elle volontiers élitiste ou sélective. Sa maxime serait : *« À chacun selon ses mérites. »* Protéger les plus faibles ? Soit. Mais pas au point d'encourager la faiblesse, ni de décourager les plus entreprenants, les plus talentueux ou les plus riches !

Ce ne sont que des tendances, qui peuvent traverser chacun d'entre nous, chaque courant de pensées (dans les Évangiles, par exemple, la parabole du jeune homme riche est de gauche, celle des talents, de droite), mais qui me paraissent au total assez claires pour qu'on puisse à peu près s'y retrouver. La démocratie, parce qu'elle a besoin d'une majorité, pousse à cette bipolarisation. Mieux vaut en prendre acte que faire semblant de l'ignorer. Non, bien sûr, qu'un parti ou qu'un individu doive forcément, pour être de gauche ou de droite, partager toutes les idées qui caractérisent – mais d'un point de vue régulateur plutôt que constitutif – l'un ou l'autre courant. C'est à chacun, entre ces deux pôles, d'inventer son chemin, sa position propre, ses compromis, ses équilibres. Pourquoi faudrait-il, pour être de gauche, se désintéresser de la famille, de la sécurité ou de l'effort ? Pourquoi, parce qu'on est de droite, devrait-on renoncer aux réformes ou à la laïcité ? Droite et gauche ne sont que des pôles, je l'ai dit, et nul n'est tenu de s'enfermer dans l'un des deux. Ce ne sont que des tendances, et nul n'est tenu de s'amputer totalement de l'autre. Mieux vaut être ambidextre que manchot. Mais mieux vaut être manchot d'un bras que de deux.

Reste, qu'on soit de droite ou de gauche, à l'être intelligemment. C'est le plus difficile. C'est le plus important. L'intelligence n'est d'aucun camp. C'est pourquoi nous avons besoin des deux, et de l'alternance entre les deux.

DROITURE La qualité de ce qui est droit, mais en un sens moral et métaphorique : c'est une honnêteté qui va au plus court.

DUALISME Toute doctrine qui pose l'existence de deux principes irréductibles l'un à l'autre, et spécialement de deux substances distinctes, qui seraient la matière et l'esprit. C'est le contraire du monisme.

S'applique en particulier à l'être humain, ou plutôt à la conception que l'on s'en fait : être dualiste, c'est affirmer que l'âme et le corps sont deux choses différentes, qui peuvent ou pourraient, au moins en droit, exister séparément. Ainsi chez Descartes, pour qui le corps ne peut pas davantage penser que l'âme ne saurait être étendue, ce qui suppose (puisque le corps est étendu, puisque l'âme pense) qu'ils soient réellement distincts. À quoi l'on oppose communément que l'âme et le corps, loin d'être séparés, comme le voudrait Descartes, sont au contraire en interaction étroite, comme l'enseigne l'expérience commune et comme le confirment, aujourd'hui, les progrès des médecines dites « psychosomatiques »... C'est méconnaître la pensée de Descartes, et lui opposer, bien sottement, ce qu'il n'a cessé lui-même de répéter et qui lui donne raison : « que je ne suis pas seulement logé dans mon corps, ainsi qu'un pilote en son navire, mais outre cela que je lui suis conjoint très étroitement, et tellement confondu et mêlé que je compose comme un seul tout avec lui » (*Méditations*, VI). Que l'âme agisse sur le corps, que le corps agisse sur l'âme, bref que les deux substances en l'homme soient intimement unies et mêlées, la moindre action, la moindre passion, la moindre douleur le rendent manifeste. Mais loin que cela réfute le dualisme, cela le confirmerait plutôt : l'âme et le corps ne peuvent être en interaction qu'à la condition d'abord d'être distincts. C'est en quoi le sot reproche qu'on fait à Descartes manifeste aussi, et plus profondément, une méconnaissance du psychosomatisme même dont on prétend se réclamer. Car l'âme ne peut agir sur le corps, et le corps sur l'âme, que si l'âme et le corps sont deux choses différentes : le psychosomatisme, loin d'invalider le dualisme, le suppose. Si l'âme et le corps sont une seule et même chose, comme dit Spinoza et comme je le crois, la notion de phénomène psychosomatique n'a plus de sens : autant dire psycho-psychique, ou somato-somatique, c'est-à-dire rien. Le dualisme a encore de beaux jours devant lui.

DURÉE Durer, c'est continuer d'être. Ainsi chez Spinoza : « La durée, écrit-il dans l'*Éthique*, est une continuation indéfinie de l'existence » (*Éthique*, II, déf. 5). Ainsi chez Bergson : « L'univers dure », et il n'y aurait pas de temps autrement ; « la durée immanente au tout de l'univers » doit exister d'abord, comme nous en elle, pour que nous puissions, la découpant abstraitement, parler de temps (*L'évolution créatrice*, I).

On remarquera que toute durée effective est présente (puisque le passé n'est plus, puisque l'avenir n'est pas encore), et donc indivisible (comment diviser le présent ?). La durée se distingue en cela :

– du temps abstrait, qui serait la somme, indéfiniment divisible, d'un passé et d'un avenir ;

– du temps vécu ou de la temporalité, qui supposent la mémoire et l'anticipation ;

– enfin de l'instant, qui serait un présent discontinu et sans durée.

La durée est le présent même, en tant qu'il continue. Elle est la perpétuelle *présentation* de la nature. C'est donc le temps réel : le temps de l'être en train d'être, le temps de l'étant – ce que j'appelle l'être-temps.

DYNAMISME Au sens courant : manifestation d'une force, d'une puissance *(dunamis)*, d'une énergie. C'est le contraire de la mollesse ou de la langueur.

Au sens philosophique : toute doctrine pour laquelle la nature, loin de se réduire à l'étendue et au mouvement, suppose aussi l'existence d'une force ou d'une énergie intrinsèques. Ainsi chez Leibniz, contre Descartes (voir par exemple le *Discours de métaphysique*, § 17 et 18). On notera que le dynamisme, en ce sens, s'oppose au mécanisme, pris en son sens étroit, mais point forcément au matérialisme. Rien n'empêche que la matière soit énergie, ni que l'énergie soit matérielle. Le stoïcisme, par exemple, est un matérialisme dynamiste.

E

ÉCHANGE Changement simultané de propriétaire et de propriété, le plus souvent sous la forme d'une cession mutuelle : ce qui appartenait à l'un appartient désormais à l'autre, et réciproquement.

Les ethnologues, prenant le mot en un sens élargi, distinguent trois échanges fondamentaux : l'échange des biens, qui est troc ou commerce ; l'échange des signes, qui est langage ; l'échange des femmes, qui est alliance. Ce dernier échange, qui nous choque (parce qu'on y échange des sujets, non des objets), tend à disparaître : on n'échange plus les femmes ; hommes et femmes se donnent ou se prêtent, sans que nul pourtant puisse jamais les posséder. C'est libérer le couple des rapports marchands, et la seule forme réalisable, peut-être bien, du communisme – non par la propriété commune, qui ne serait que collectivisme, mais par l'abolition de la propriété. Par quoi l'amour et le respect, tant qu'ils durent, sont la seule utopie vraie.

ÉCHEC L'écart entre le résultat qu'on visait et celui qu'on obtient. C'est pourquoi l'histoire de toute vie, comme disait Sartre, est l'histoire d'un échec : le réel résiste et nous emporte.

On n'échappe à l'échec qu'en cessant de viser un résultat. Non parce qu'on cesserait d'agir, ce qui ne serait qu'un échec de plus, mais parce qu'on ne vise plus que l'action même. C'est ce qu'on appelle la sagesse, qui serait la seule vie réussie. On n'a une chance de l'atteindre qu'à condition de cesser de la poursuivre.

ÉCLECTISME Une pensée qui se constituerait par emprunts et collages : un système de bric et de broc, une doctrine qui serait un mélange de doctrines, comme un patchwork théorique. L'éclectisme se doit pourtant d'être cohérent : c'est ce qui le distingue du syncrétisme, et qui en fait une philosophie possible (par exemple chez Leibniz, qui n'utilise pas le mot, ou chez Victor Cousin, qui baptise ainsi son école). Dans la philosophie contemporaine, le mot tend toutefois à valoir comme condamnation. C'est que les grands philosophes n'empruntent pas : ils absorbent et recréent, transforment et dépassent. « Les abeilles pillotent [pillent, butinent] deçà delà les fleurs, remarquait Montaigne après tant d'autres, mais elles en font après le miel, qui est tout leur ; ce n'est plus thym, ni marjolaine ; ainsi les pièces empruntées d'autrui, il les transformera et confondra pour en faire un ouvrage tout sien, à savoir son jugement » (I, 26, 152). Cette métaphore, quoique rebattue, dit à peu près l'essentiel. Le miel n'est pas un mélange de fleurs. Mais cela n'a jamais dispensé les abeilles de butiner.

ÉCOLE Le lieu où l'on enseigne et où l'on apprend. Cela suppose un maître, celui qui sait et enseigne, et des écoliers, qui ne savent pas et sont là pour apprendre. La définition même de l'école semble rétrograde et antidémocratique. C'est bien ainsi. Toute école représente le passé, qu'elle doit transmettre à ceux, plus tard, qui inventeront l'avenir. Et aucune ne saurait se soumettre, sans y perdre son âme, à l'exigence démocratique, qui est celle du nombre et de l'égalité. On ne va pas voter, dans les classes, pour savoir comment s'écrit un mot, combien font trois fois huit, ou quelles sont les causes de la première guerre mondiale. Ni pour savoir s'il faut étudier l'orthographe, l'arithmétique et l'histoire. Le maître ne peut transmettre son savoir que si son pouvoir est à peu près reconnu par tous. Par quoi il n'y a pas d'école sans discipline, ni de discipline sans sanctions. L'école démocratique ? C'est celle qui est soumise à la démocratie, c'est-à-dire au peuple souverain, qui décide des budgets, des programmes, des objectifs. Non celle qui serait soumise, absurdement, aux suffrages des élèves ou des parents. Ouvrir l'école sur la vie ? Ce serait l'ouvrir au marché, à la violence, aux fanatismes de toutes obédiences. Mieux vaut la fermer sur elle-même – lieu d'accueil et de recueillement – pour l'ouvrir aux savoirs et à tous.

ÉCOLOGIE L'étude des milieux ou des habitats – *oikos*, en grec, c'est la maison –, spécialement des biotopes (les milieux vivants) et en général de la biosphère (l'ensemble des biotopes). On ne la confondra pas avec l'écologisme, qui est l'idéologie qui s'en réclame, ni même avec la protection de l'environnement, qui l'utilise. Rien n'interdirait, en théorie, d'utiliser l'écologie pour polluer le plus efficacement possible… En pratique, toutefois, personne ne le souhaite. C'est ce qui fait que le mot, presque toujours, prend un sens normatif, voire prescriptif. Reste à savoir si on veut mettre l'écologie au service de l'humanité (écologie humaniste), ou mettre l'humanité à son service (écologie radicale). Les deux positions sont respectables. Cela ne nous dispensera pas, entre les deux, de choisir ou de chercher un compromis.

ÉCONOMIE Étymologiquement, c'est la loi ou l'administration *(nomos)* de la maison *(oikos).* La première économie est domestique : c'est la gestion des biens d'une famille, de ses ressources, de ses dépenses, ce que Montaigne appelait le *mesnage*, où il voyait une tâche « plus empêchante [plus absorbante] que difficile ». L'essentiel est ici de ne pas dépenser plus qu'on ne possède ou qu'on ne gagne : de là le sens courant du mot, spécialement au pluriel (« faire des économies »), qui vise surtout une restriction des dépenses. Au sens moderne, le mot désigne à la fois une science humaine et l'objet qu'elle étudie : l'économie, c'est tout ce qui concerne la production, la consommation et l'échange des biens matériels, marchandises ou services, aussi bien à l'échelle des individus et des entreprises (micro-économie) qu'à l'échelle de la société ou de la planète (macro-économie). C'est moins l'art de réduire les dépenses que celui d'augmenter les richesses. Son lieu de prédilection est le marché, où règne la loi de l'offre et de la demande. Tout ce qui est rare est cher, mais à condition seulement d'être désiré par plusieurs (par quoi toute valeur, même économique, reste subjective) et de pouvoir être échangé (par quoi la subjectivité de la valeur, dans un marché donné, fonctionne objectivement). Si tout était à vendre, l'économie régnerait seule. On n'y échappe que par ce qui ne vaut rien (la gratuité) et par ce qui n'a pas de prix (la dignité, la justice). On n'y échappe donc, et jamais totalement, que par exception ou par devoir. C'est ce que nous rappellent la misère, chez les pauvres, et l'avidité, chez les riches.

ÉCRITURE C'est une technique, inventée il y a quelque cinq mille ans, qui permet de fixer la parole ou la pensée sur un support durable, au moyen de signes plus ou moins symboliques (pictogrammes, idéogrammes) ou conventionnels (les lettres d'un alphabet). C'est inscrire la pensée dans l'espace, où elle se fige et se conserve, et la libérer par là, au moins partiellement, du temps. Les livres remplacent la mémoire, ou plutôt la soutiennent, la démultiplient, la sauvent. Dans une société sans écriture, dit-on souvent, « un vieillard qui meurt, c'est une bibliothèque qui brûle ». Or les vieillards meurent tous, toujours. Les bibliothèques ne brûlent que par exception. L'accumulation des souvenirs, des idées, des savoirs, devient ainsi, grâce à l'écriture, indéfinie. On ne se contente plus de résister individuellement à l'oubli ; on ajoute des traces aux traces, des œuvres aux œuvres. C'est passer d'une logique de la répétition, qui est celle du mythe, à une logique de l'accumulation et du progrès, qui est celle de l'histoire. Ce n'est donc pas un hasard, ni pure convention, si l'invention de l'écriture marque la fin de la préhistoire. La conservation du passé bouleverse notre rapport à l'avenir : le présent, qui les sépare et les relie, est entré dans l'histoire.

ÉDUCATION C'est transformer un petit d'homme – le même à la naissance, à très peu près, que son ancêtre d'il y a dix mille ans – en être humain civilisé. Cela suppose qu'on lui transmette, dans la mesure du possible, ce que l'humanité a fait de meilleur ou de plus utile, ou qu'elle juge être tel : certains savoirs et savoir-faire (à commencer par la parole), certaines règles, certaines valeurs, certains idéaux, enfin l'accès à certaines œuvres et la capacité d'en jouir. C'est reconnaître qu'il n'y a pas de transmission héréditaire des caractères acquis, et que l'humanité, en chacun, est aussi une acquisition : on naît homme, ou femme, on *devient* humain. C'est reconnaître que la liberté n'est pas donnée d'abord, qu'elle ne va pas sans raison ni la raison sans apprentissage : on ne naît pas libre, on le devient. Cela ne va pas sans amour, dans la famille, mais pas non plus sans contraintes. Et encore moins, à l'école, sans travail, sans efforts, sans discipline. Le plaisir ? On n'en a jamais trop. Mais telle n'est pas la principale fonction de l'école, ni même de la famille. L'éducation est presque toute du côté du principe de réalité. Il s'agit non de remplacer l'effort par le plaisir, mais d'aider l'enfant à trouver du plaisir, peu à peu, dans l'effort accepté et maîtrisé. Jouer ? On ne le fait jamais trop. Mais c'est le travail qui est grand, et qui fait grandir. D'ailleurs les enfants jouent à travailler, très vite, et cela indique assez la direction. L'éducation n'est pas au service des enfants, comme on le dit toujours, mais au service des adultes qu'ils veulent et doivent devenir.

On se trompe pourtant si l'on croit que l'éducation doit inventer l'avenir. De quel droit parents et pédagogues, qui sont en charge de l'éducation, choisiraient-ils l'avenir des enfants à leur place ? La vraie fonction de l'éducation, et spécialement de l'école, ce n'est pas d'inventer l'avenir, c'est de transmettre le passé. C'est ce qu'avait vu Hannah Arendt, dès les années 50 : « Le conservatisme, pris au sens de conservation [je préférerais dire la transmission], est l'essence même de l'éducation », disait-elle. Non, certes, parce qu'il faudrait renoncer à transformer le monde, mais au contraire pour permettre aux enfants de le faire, s'ils le veulent, quand ils seront grands : « C'est justement pour préserver ce qui est neuf et révolutionnaire dans chaque enfant que l'éducation doit être conservatrice » (*La crise de la culture*, V). C'est ce qu'avait vu Alain, dès les années 20 : « L'enseignement doit être résolument retardataire. Non pas rétrograde, tout au contraire. C'est pour marcher dans le sens direct qu'il prend du recul ; car, si l'on ne se place point dans le moment dépassé, comment le dépasser ? (*Propos sur l'éducation*, XVII). Vous pouvez bien mettre des ordinateurs et des journaux dans toutes les classes. Cela ne remplacera jamais les chefs-d'œuvre – littéraires, artistiques, scientifiques – qui ont fait de l'humanité ce qu'elle est. D'ailleurs ordinateurs et journaux sont du passé aussi (dès qu'ils se répandent, ils sont obsolètes) et vieilliront plus vite que Pascal ou Newton, Hugo ou Rembrandt. Le progrès ? Il suppose la transmission, et ne saurait par conséquent autoriser qu'on y renonce. L'avenir ? Ce n'est pas une valeur en soi (sans quoi la mort, pour chacun, en serait une). Il ne vaut, ou plutôt il ne vaudra, que par fidélité d'abord à ce que nous avons reçu, que nous avons à charge de transmettre. Du passé, ne faisons pas table rase.

EFFET Un fait quelconque, en tant qu'il résulte d'une ou plusieurs causes. Ainsi tout fait est effet, et c'est ce que signifie le principe de causalité.

EFFICIENTE (CAUSE –) L'une des quatre sortes de causes selon Aristote, et la seule que la modernité ait véritablement retenue. Une cause efficiente, c'est une cause qui n'est ni finale ni formelle (voir ces mots), et qui ne se réduit pas non plus à la simple matière dont l'effet est constitué (ce qu'Aristote appelait la cause matérielle). C'est dire qu'elle produit ses effets par son action propre : c'est le « moteur prochain », comme disait Aristote, autrement dit ce qui meut ou transforme une matière première. Par exemple le sculpteur est la cause efficiente de la statue, comme les intempéries, la pollution et les touristes sont les causes efficientes de son inexorable dégradation.

On dit parfois que la cause efficiente est celle qui précède son effet (par opposition à la cause finale, qui le suivrait). Mais elle ne le produirait pas si elle n'avait avec lui au moins un point de tangence dans le temps, que ce soit directement ou par telle ou telle de ses suites. Par exemple mes parents décédés ne sont la cause efficiente de mon existence présente que parce qu'ils ont été celle de ma conception : preuve en est que je peux désormais exister sans eux comme eux sans moi. Ce n'est pas le passé qui agit sur le présent ou qui le cause ; c'est le présent qui continue le passé en agissant sur lui-même. La cause efficiente est le nom qu'on donne traditionnellement à cette action et à cette continuation.

EFFORT Une force volontaire ou instinctive, quand elle s'oppose à une résistance. Maine de Biran voyait dans l'effort « le fait primitif du sens intime » : celui par lequel le moi se découvre ou se constitue « par le seul fait de la distinction qui s'établit entre le sujet de cet effort libre et le terme qui résiste immédiatement par son inertie propre ». Mais comment savoir si le moi est la cause (comme le veut Biran) ou l'effet (comme je préférerais dire) de cet effort ? C'est où il faut choisir entre le *conatus* spinoziste et l'*effort* biranien, qui est sa version française et spiritualiste.

ÉGALITÉ Deux êtres sont égaux lorsqu'ils sont de même grandeur ou possèdent la même quantité de quelque chose. La notion n'a donc de sens que relatif : elle suppose une grandeur de référence. On parlera par exemple de l'égalité de deux distances, de deux poids, de deux fortunes, de deux intelligences… Mais une distance n'est pas égale à un poids, ni une fortune à une intelligence. Une égalité absolue ? Ce serait une identité, et nul ne serait l'égal, en ce sens, que de soi. Prise absolument, la notion perd son sens ou devient autre. On ne peut lui être absolument fidèle qu'à la condition d'accepter qu'elle soit relative.

Les hommes sont-ils égaux ? Tout dépend de quoi l'on parle : question de fait, ou question de droit ? En fait, c'est bien sûr l'inégalité qui est la règle : les hommes ne sont ni aussi forts, ni aussi intelligents, ni aussi généreux les uns que les autres. Ces différences parfois s'équilibrent ou se compensent : tel sera plus fort que tel autre, qui sera plus intelligent ou moins égoïste… Mais il arrive aussi, et peut-être plus souvent, qu'elles s'ajoutent : certains semblent avoir toutes les chances, tous les talents, toutes les vertus, quand d'autres n'ont que des faiblesses, que des tares ou du malheur. Si toutes les très belles femmes étaient stupides et méchantes, cela serait moins dur pour les laides. Si tous les champions étaient idiots et impuissants, ce serait moins blessant pour les autres. Mais ce n'est pas le cas, et les voilà qui deviennent, cela fait une inégalité de plus, riches à millions… En fait, donc, il n'y a pas de doute : quelle que soit la grandeur considérée, et même en essayant d'unifier ces grandeurs en une moyenne, les êtres humains, à les considérer comme individus, sont manifestement inégaux. Un Dieu juste, peut-être, aurait pu ou dû l'éviter. Mais s'il n'y a pas de Dieu ? Ou s'il en a jugé autrement ?

La démocratie ? Les droits de l'homme ? J'y suis attaché autant qu'un autre. Mais pourquoi faudrait-il, pour être démocrate, prétendre qu'Eichmann est l'égal, en fait, d'Einstein ou de Cavaillès ?

On a insuffisamment répondu à Le Pen, quand on lui objecte, sans autre précision, que tous les hommes sont égaux. Tous les individus ? Ce serait opposer un pieux mensonge à un mensonge impie. Toutes les races ? Si le concept est sans pertinence, comme semblent le penser nos généticiens, ce problème n'en a pas davantage. Si l'on continue pourtant à se servir de cette notion équivoque et désagréable, comme font beaucoup d'antiracistes (« toutes les races sont égales »), attention de ne pas tomber dans la même confusion que font ou qu'entretiennent ceux que nous combattons. Que les hommes soient égaux *en droit et en dignité*, cela seul dépend de nous, cela seul, moralement, politiquement, importe. Qu'ils soient égaux en fait, cela dépend de la nature, et rien ne garantit qu'elle soit démocrate, progressiste et humaniste… Elle ignore nos lois. Pourquoi faudrait-il accepter aveuglément la sienne ? « La biologie a depuis longtemps réfuté le racisme », disent de braves gens. Je m'en réjouis fort. Mais fallait-il être raciste, tant que ce n'était pas le cas ? Faudrait-il le devenir, si la biologie changeait d'orientation ? Faut-il soumettre nos principes au diktat des laboratoires ? N'être antiraciste que sous réserve d'inventaire génétique ? Ce serait confondre le fait et le droit, et c'est en quoi il est essentiel de les distinguer. Quand bien même les généticiens nous expliqueraient demain que les Noirs sont en effet plus doués pour la course à pied que les Blancs, quand bien même ils découvriraient que ce n'est pas absolument par hasard (ni pour des raisons seulement culturelles) que les Juifs ont proportionnellement davantage de prix Nobel que les soi-disant aryens, cela ne donnerait évidemment aucun droit ni aucune dignité supplémentaires aux uns ou aux autres. La question n'est pas de savoir si les hommes sont égaux en fait – cela ne dépend pas de nous, et les individus ne le sont pas –, mais si nous voulons qu'ils le soient (et il suffit que nous le voulions pour qu'ils le soient en effet) en droit et en dignité.

La réponse n'est pas dans les laboratoires des généticiens, ni dans les tests des psychologues. Elle est dans nos cœurs et dans nos parlements – dans nos principes et dans nos lois. Ne comptons pas sur la biologie pour être égalitaire à notre place. Ne renonçons pas à l'être sous prétexte que la nature, s'agissant des individus, ne l'est pas.

Ce n'est pas parce que les hommes sont égaux qu'ils ont les mêmes droits. C'est parce qu'ils ont les mêmes droits qu'ils sont égaux.

ÉGLISE La communauté des croyants, pour une religion donnée et lorsqu'elle a atteint une certaine dimension : c'est une secte trop nombreuse pour accepter d'en être une.

Quand il est utilisé sans autre précision, le mot désigne presque toujours l'une des Églises chrétiennes, et spécialement l'Église catholique. C'est qu'elles ont réussi, en tant qu'institutions, plus solidement que les autres. Cela ne suffit pas à leur donner raison, ni tort.

« Jésus annonçait le Royaume, écrit Alfred Loisy, et c'est l'Église qui est venue. » Cela pourrait presque valoir comme définition. Une Église, c'est ce qui vient à la place du Royaume qu'elle annonce. Seuls les vrais mystiques et les vrais athées peuvent s'en passer.

EGO Le moi, le plus souvent considéré comme objet de la conscience. C'est moins ce que je suis que ce que je crois être, moins le *je* que le *me* (par exemple quand on dit « je *me* connais », « je *me* sens triste »...), moins le sujet transcendantal, malgré Husserl, que l'objet transcendant, comme dit Sartre, d'une conscience impersonnelle (*La transcendance de l'Ego*, Conclusion : « L'Ego n'est pas propriétaire de la conscience, il en est l'objet » ; voir aussi *L'être et le néant*, p. 147). Ce n'est le sujet de la pensée qu'autant qu'elle croit en avoir un, et c'est pourquoi ce n'est rien.

ÉGOCENTRISME C'est se mettre au centre de tout. Se distingue de l'égoïsme par une dimension plus intellectuelle. L'égoïsme est une faute ; l'égocentrisme serait plutôt une illusion ou une erreur de perspective. C'est le point de vue spontané de l'enfant et de l'imbécile. Son remède est le décentrement ; son contraire, l'universel.

ÉGOÏSME Ce n'est pas l'amour de soi ; c'est l'incapacité à aimer quelqu'un d'autre, ou à l'aimer autrement que pour son bien à soi. C'est pourquoi j'y vois un péché capital (l'amour de soi serait plutôt une vertu) et le principe de tous.

C'est aussi une tendance constitutive de la nature humaine. On ne la surmonte que par effort ou par amour – par vertu ou grâce.

ÉGOTISME Ce n'est pas le culte du moi. Chez Stendhal, qui popularisa le mot, c'est bien plutôt son étude bienveillante et lucide, son analyse, son approfondissement, son perfectionnement – non son culte, mais sa culture.

ÉIDÉTIQUE Qui porte sur l'essence (l'*eîdos*) ou les essences. Le mot n'est guère utilisé que par les phénoménologues.

EÎDOS Ce qu'on voit, par les yeux ou par l'esprit : la forme, l'idée, l'essence. Mais pourquoi le dire en grec ?

ÉLÉATES Élée était une colonie grecque, au sud de l'Italie. C'est là que sont nés Parménide et Zénon d'Élée (qu'on ne confondra pas avec Zénon de Cittium, le fondateur du stoïcisme), qui dominent l'école dite des éléates. Si l'on se fie à ce qu'en a retenu la tradition, ils niaient l'existence du mouvement, du devenir, de la multiplicité, pour ne plus célébrer que l'unicité et l'immuabilité de l'être. C'était donner tort aux apparences et à l'opinion : de là les paradoxes de Zénon (Achille incapable de rattraper une tortue, la flèche immobile en plein vol…) et l'Être éternel et absolument plein de Parménide. L'être est, le non-être n'est pas. Comment le devenir (qui suppose le passage de l'être au non-être, du non-être à l'être) pourrait-il exister ? L'éléatisme, en ce sens, serait le contraire de l'héraclitéisme.

Pour ma part, guidé par Marcel Conche (Parménide, *Le poème : fragments*, PUF, 1996), j'y vois plutôt une pensée de l'éternelle présence : non le contraire de l'héraclitéisme, mais sa saisie *sub specie aeternitatis*. Au présent, l'être et le devenir sont un. Tout change (c'est ce qui donne raison à Héraclite), mais rien ne change qu'au présent, qui reste toujours identique à soi (c'est ce qui donne raison à Parménide : « Ni il n'était, ni il ne sera, puisqu'il est maintenant »). Ainsi l'éternité et le temps sont une seule et même chose. Quelle chose ? Le présent, qui passe et demeure – comme une flèche, en effet, à la fois mobile (elle n'est plus où elle était, pas encore où elle sera) et immobile (elle est ici et maintenant) en plein vol…

ÉLITE Étymologiquement, c'est l'ensemble de ceux qui ont été élus ; mais ils l'ont été par le hasard ou par eux-mêmes plutôt que par Dieu ou par le peuple. C'est une espèce d'aristocratie laïque et méritocratique : les meilleurs, quand ils ne le doivent qu'à leur talent ou à leur travail. L'erreur serait d'y croire tout à fait ou en bloc. Il y a des élites différentes (celle du sport n'est pas celle du savoir, qui n'est pas celle des affaires ou de la politique), dont la médiocrité, quand on y pénètre, ne cesse de surprendre. Une salle de profs, dans la plus prestigieuse des universités, ne donne pas une très haute idée de l'humanité. J'imagine qu'il en va de même dans d'autres milieux, que j'ai moins fréquentés. Nul n'est le meilleur en tout et absolument. Un sujet d'élite, c'est un individu dont la médiocrité générale, qui est celle de l'espèce, comporte au moins une exception, qui est celle du talent ou du savoir-faire. C'est mieux que rien. Ce n'est pas grand-chose.

On s'étonne qu'un grand philosophe ait été nazi, que tel autre ait été mesquin ou lâche... C'est qu'ils appartenaient à une élite, non à toutes. Autant s'étonner qu'un ministre fasse des fautes de français.

ÉLITISME Toute pensée qui reconnaît l'existence d'une élite ou favorise son émergence. L'élitisme républicain, qui vise à produire les élites dont la République a besoin, s'oppose donc à l'aristocratisme (qui voudrait que les élites se reproduisent par le sang) comme à l'égalitarisme (qui voudrait qu'il n'y ait pas d'élites du tout). C'est ce qui le rend doublement nécessaire. Pourquoi l'égalité des chances devrait-elle aboutir à un nivellement par le bas ?

ÉLOQUENCE L'art de la parole (c'est ce qui distingue l'éloquence de la rhétorique, qui serait plutôt l'art du discours) ou le talent qui permet d'y exceller. Art mineur, talent dangereux.

ÉMOTION C'est un affect momentané, qui nous meut plus qu'il ne nous structure (comme ferait un sentiment) ou qu'il ne nous emporte (comme ferait une passion). Par exemple la colère, la peur ou le coup de foudre sont des émotions. Mais qui peuvent déboucher sur des passions ou des sentiments, comme sont par exemple la haine, l'anxiété ou l'amour. « Une suite d'émotions vives et liées au même objet produit la passion, écrivait Alain ; et l'état de passion surmonté se nomme sentiment. » Mais l'enchaînement peut se prendre aussi dans l'autre sens : toute passion est source d'émotions, et l'on ne surmonte guère que les passions fatiguées. Les frontières, entre ces différents affects ou concepts, sont floues, et ce flou est essentiel à l'émotion : si l'on y voyait absolument clair, on ne serait pas ému. Par exemple ce trouble, entre deux regards qui se croisent, cette attirance, cette sensualité légère et joyeuse, cette inquiétude aussi, cette accélération du cœur et de la pensée, est-ce un amour qui commence ou un désir qui passe ? On ne le saura vraiment que plus tard, quand l'émotion sera retombée ou installée.

EMPIRIQUE Qui vient de l'expérience ou en dépend. Le mot, dans la philosophie continentale et depuis Kant, se prend plutôt en mauvaise part. Toute expérience étant particulière et contingente, une connaissance empirique ne saurait être ni universelle ni nécessaire. Que les choses, telles que nous avons pu les observer, se soient jusqu'à présent passées de telle et telle façons, cela ne prouve pas qu'elles se passent et se passeront *toujours* comme cela. Toute connaissance empirique reste donc approximative et provisoire. Mais une connaissance qui n'aurait absolument rien d'empirique ne serait plus une connaissance du tout. Si nous n'avions l'expérience des signes et des figures, de l'évidence et de l'absurdité, que resterait-il des mathématiques ?

EMPIRISME Toute théorie de la connaissance qui accorde la première place à l'expérience. C'est refuser les idées innées d'un Descartes autant que les formes *a priori* d'un Kant. La raison, pour l'empiriste, n'est pas une donnée première ou absolue : elle est elle-même issue de l'expérience, aussi bien extérieure (sensations) qu'intérieure (réflexion), et en dépend autant qu'elle la met en forme (spécialement par l'usage des signes). L'empirisme s'oppose en cela au rationalisme en son sens étroit et gnoséologique. Cela ne l'empêche évidemment pas d'être rationaliste au sens large ou normatif : la plupart des grands empiristes (Épicure, Bacon, Hobbes, Locke, Hume...) se sont battus pour que la raison l'emporte, non certes contre l'expérience, ce qu'elle ne peut ni ne doit, mais contre l'obscurantisme et la barbarie.

C'est ce qui amènera l'empirisme logique, au XXe siècle, à s'intéresser surtout aux sciences, au point de rejeter toute métaphysique : « L'analyse logique rend un verdict de non-sens, écrit Carnap, contre toute prétendue connaissance qui veut avoir prise par-delà ou par-derrière l'expérience. » La logique ne connaît que soi (elle est analytique, non synthétique). Seule l'expérience – et spécialement l'expérimentation scientifique – nous permet de connaître le monde.

Reste toutefois à penser cela même que l'on connaît, ce qui suppose toujours autre chose, que l'on ne connaît pas. C'est où la philosophie revient, y compris dans sa dimension spéculative, et qui lui interdit de se prendre pour une science. L'empirisme n'est pas nécessairement antimétaphysique. Mais il est antidogmatique, ou doit l'être. Si toute connaissance vient de l'expérience, comment pourrions-nous tout connaître ou connaître quoi que ce soit absolument ? Comment être certain que l'expérience dit vrai, puisqu'on ne pourrait en décider que par une autre expérience ? Comment être certain que l'inexpérimentable n'existe pas, puisqu'il serait par nature hors de notre portée ? L'empirisme, qui fut d'abord dogmatique (spécialement chez Épicure et Lucrèce), a surtout à voir, dans les temps modernes, avec le scepticisme. Plus l'expérience progresse, mieux on en comprend les limites, qui sont les nôtres.

EMPORTEMENT Une colère qui passe à l'acte. C'est suivre son corps, au lieu de le gouverner.

ÉNERGIE Une force en puissance *(dunamis)* ou en acte *(energeia)* : c'est la capacité de produire un effort ou un travail.

Nos physiciens nous apprennent que l'énergie peut prendre des formes différentes (cinétique, thermique, électrique…), qu'elle ne se perd ni ne se crée (elle se conserve toujours, même si elle se dégrade en chaleur), enfin qu'elle est équivalente à la masse $(E = mc^2)$. Philosophiquement, le mot ferait une assez bonne traduction pour le *conatus* spinoziste. Tout être tend à persévérer dans son être, et toute énergie se conserve : les deux idées, pour différentes qu'elles soient évidemment, sont au moins compatibles. Cela n'empêche ni la mort ni la fatigue.

ENFANCE Le premier âge de la vie : les années qui séparent la naissance de l'adolescence ou de la puberté. C'est l'âge de la plus grande fragilité – l'enfant est à peu près sans défense contre le mal et le malheur – et des plus grandes promesses. C'est ce qui nous impose, vis-à-vis des enfants, les plus grands devoirs (devoir de protection, de respect, d'éducation…), sans aucun droit jamais sur eux. « Cette faiblesse est Dieu », disait Alain. C'est qu'elle commande absolument, par l'incapacité où elle est de punir comme de récompenser. L'enfant-roi est sa caricature : s'il gouverne, il ne règne plus.

Les enfants veulent grandir. Notre devoir est de les y aider, et pour cela de grandir nous-mêmes. C'est la seule façon d'être fidèle à l'enfant que nous fûmes et que nous sommes. « Nous poussons notre enfance devant nous, écrit encore Alain, et tel est notre avenir réel. »

ENFER Le lieu du plus grand malheur. Les religions y voient souvent un châtiment, qui viendrait, après leur mort, punir les méchants. Les matérialistes, pour qui la mort n'est rien, y voient plutôt une métaphore : « C'est ici-bas, écrit Lucrèce, que la vie des sots devient un véritable enfer. » Hélas ! pas des sots seulement. La mort en délivre, plus sûrement que l'intelligence.

ENGAGEMENT C'est mettre son action ou sa personne au service d'un combat que l'on croit juste. Le mot sert surtout pour les intellectuels, jusqu'à en désigner un certain type (« l'intellectuel engagé »). Le risque, pour eux, est de soumettre aussi leur pensée aux nécessités du combat – quand elle devrait ne se soumettre qu'au vrai, ou à ce qui semble tel. Mieux vaudraient, me semble-t-il, des intellectuels citoyens. Participer au débat public, dans la limite de ses compétences, cela fait assurément partie de la responsabilité d'un intellectuel. Mais cela ne l'oblige pas à soumettre sa pensée, comme firent certains, à une cause déjà constituée par ailleurs. La bonne foi est plus importante que la foi. La liberté de l'esprit plus importante que l'engagement.

On pense aux Romains d'Astérix : *« Engagez-vous, engagez-vous, qu'ils disaient ! »* Le mot est d'abord militaire, et l'idée, dans son usage intellectuel, en a gardé quelque chose. Tout engagement suppose l'obéissance. Toute pensée la récuse. C'est assez, chers collègues, d'agir avec les autres. Cela ne saurait nous autoriser à penser pour leur faire plaisir ou pour leur donner raison.

ÉNIGME Un problème qu'on ne peut résoudre, non parce qu'il excède nos moyens de connaissance (ce n'est pas un mystère), ni pour des raisons seulement logiques (ce n'est pas une aporie), mais parce qu'il est mal posé. C'est pourquoi « l'énigme n'existe pas », comme disait Wittgenstein, ou n'existe que pour ceux qui en sont dupes : ce n'est qu'un jeu ou une illusion.

ENNUI « Le temps, c'est ce qui passe quand rien ne se passe. » Cette formule, dont j'ignore l'auteur, dit la vérité de l'ennui : c'est une expérience du temps, mais réduit absurdement à lui-même, comme s'il était quelque chose en dehors de ce qui dure et change. On s'ennuie quand le temps semble vide : parce que rien n'arrive, parce qu'on n'a rien à faire, ou parce qu'on échoue à s'y intéresser. Souvent c'est parce qu'on attend un avenir qui ne vient pas, ou qui vient trop lentement pour notre goût, bref qui nous empêche de désirer le présent : on s'ennuie quand on est séparé du bonheur par son attente, sans pouvoir agir pour accélérer sa venue. Mais on s'ennuie aussi, bien souvent, quand on n'attend plus rien, quand on n'est plus séparé du bonheur par aucun manque, sans pouvoir pour autant être heureux. C'est l'ennui selon Schopenhauer : l'absence du bonheur au lieu même de sa présence attendue. On n'y échappe que par la souffrance, comme on n'échappe à la souffrance que par l'ennui :

« Vouloir, s'efforcer, voilà tout leur être ; c'est comme une soif inextinguible. Or tout vouloir a pour principe un besoin, un manque, donc une douleur… Mais que la volonté vienne à manquer d'objet, qu'une prompte satisfaction vienne à lui enlever tout motif de désirer, et les voilà tombés dans un vide épouvantable, dans l'ennui ; leur nature, leur existence leur pèse d'un poids intolérable. La vie donc oscille, comme un pendule, de droite à gauche, de la souffrance à l'ennui ; ce sont là les deux éléments dont elle est faite, en somme. De là ce fait bien significatif par son étrangeté même : les hommes ayant placé toutes les douleurs, toutes les souffrances dans l'enfer, pour remplir le ciel n'ont plus trouvé que l'ennui. » (*Le monde*..., IV, 57.)

L'ennui a pourtant son utilité, qui est de désillusion. Quelqu'un qui ne s'ennuierait jamais, que saurait-il de soi et de sa vie ? Souvenez-vous de Pascal :

« Ennui.

Rien n'est si insupportable à l'homme que d'être dans un plein repos, sans passions, sans affaires, sans divertissement, sans application.

Il sent alors son néant, son abandon, son insuffisance, sa dépendance, son impuissance, son vide.

Incontinent il sortira du fond de son âme l'ennui, la noirceur, la tristesse, le chagrin, le dépit, le désespoir. »

C'est toucher le fond, ou constater qu'il n'y en a pas. Bonne occasion pour s'occuper enfin d'autre chose que de soi.

EN SOI Ce qui existe en soi, c'est ce qui existe indépendamment d'autre chose (la substance) et de nous (la chose en soi chez Kant). Mais c'est aussi ce qui existe sans se penser, indépendamment de toute réflexion et de toute conscience : c'est l'être qui est ce qu'il est, explique Sartre, de façon opaque ou massive, sans autre rapport à soi que d'identité (*L'être et le néant*, p. 33-34). Se distingue par là du pour soi, comme la matière se distingue de la conscience ou de l'esprit.

ENSTASE Néologisme forgé sur le modèle d'*extase*, et qui lui sert de contraire. C'est entrer en soi, pour se fondre en tout – comme un plongeon dans l'immanence (dans l'absolu où nous sommes).

Le mot sert surtout pour décrire certaines expériences mystiques, spécialement orientales. Si l'atman et le Brahman sont un, comme dans l'hindouisme, ou s'ils n'existent pas, comme dans le bouddhisme, comment pourrait-on passer de l'un à l'autre ? Mystiques non de la rencontre, mais de l'unité ou de l'immersion.

ENTÉLÉCHIE L'être en acte, par opposition avec l'être en puissance. Synonyme en ce sens d'*energeia*. Mais le mot, qui appartient au vocabulaire aristotélicien, désigne l'acte accompli (celui qui a sa fin, *telos*, en lui-même), plutôt que celui en train de se faire (qui tend vers sa fin, et ne l'a donc pas atteinte). C'est l'acte parfaitement achevé, ou la perfection en acte.

Chez Leibniz, le mot désigne les monades, en tant qu'elles ont en elles « une certaine perfection, qui les rend sources de leurs actions internes » (*Monadologie*, 18).

ENTENDEMENT La raison modeste et laborieuse, celle qui refuse les facilités de l'intuition et de la dialectique autant que les tentations de l'absolu, et qui se donne par là les moyens de connaître. C'est la puissance de comprendre, en tant qu'elle est toujours finie et déterminée – notre accès particulier (puisque humain) à l'universel. Son défaut est d'imaginer partout un ordre, pour ne se perdre pas.

ENTHOUSIASME « Le mot grec, écrit Voltaire, signifie *émotion d'entrailles, agitation intérieure.* » Ce n'est pas ce qu'on lit dans nos dictionnaires, qui rattachent le mot au verbe *enthousiazein*, « être inspiré par la divinité », lui-même dérivé du substantif *theos*. L'enthousiasme est un transport divin, ou se croit tel, ou y ressemble. Il se pourrait pourtant que Voltaire n'ait pas tout à fait tort : que les entrailles jouent un plus grand rôle, dans l'enthousiasme, que la divinité.

En un sens plus large, le mot désigne une exaltation joyeuse ou admirative. C'est une espèce d'ivresse, mais tonique, mais généreuse, que la raison doit pourtant apprendre à contrôler. Le danger est d'y perdre tout sens critique, toute indépendance, toute lucidité, tout recul. C'est vrai surtout des enthousiasmes collectifs, qui font la mode et les fanatismes. « L'esprit de parti dispose merveilleusement à l'enthousiasme, notait Voltaire ; il n'est point de faction qui n'ait ses énergumènes. »

ENTITÉ Un étant *(ens, entis)*, qu'on peut penser, mais qu'on ne peut prendre tout à fait pour une chose ou un individu : c'est un être abstrait, ou l'abstraction d'un être.

ENTROPIE Qualifie l'état d'un système physique isolé (ou considéré comme tel) par la quantité de transformation spontanée dont il est capable : l'entropie est à son maximum quand le système est devenu incapable de se modifier lui-même – parce qu'il a atteint son état d'équilibre, qui est aussi, d'un point de vue statistique et au niveau des particules qui le composent, son état le moins ordonné ou le plus probable. Ainsi, c'est l'exemple traditionnel, dans une tasse de café : il est exclu que le café se réchauffe ou se sépare de lui-même du sucre qu'on y a mis (il ne peut que refroidir et rester sucré). Le second principe de la thermodynamique stipule que l'entropie, dans un système clos, ne peut que croître, ce qui suppose que le désordre y tend vers un maximum : c'est ce que confirment l'histoire de l'univers (à l'exception de la vie) et la chambre de nos enfants (à l'exception du ménage). Le soleil ou les parents paient la facture.

ENVIE Le désir de ce qu'on n'a pas et qu'un autre possède, joint au désir d'être cet autre ou de prendre sa place. Il y a de la haine dans l'envie, presque toujours. Et de l'envie dans la haine, bien souvent. Comme on nous pardonne mieux nos échecs que nos réussites ! Cela vaut spécialement dans la vie intellectuelle. La haine s'accroît en proportion du succès.

ÉPICURISME La doctrine d'Épicure et de ses disciples. C'est un matérialisme radical, qui prolonge l'atomisme de Démocrite : rien n'existe que les atomes en nombre infini dans le vide infini ; rien n'advient que leurs mouvements ou leurs rencontres. C'est aussi un sensualisme paradoxal, puisque les atomes et le vide, qui font toute la réalité, sont insensibles. C'est enfin, et surtout, un hédonisme exigeant : le plaisir, qui est le seul bien, culmine dans ces plaisirs de l'âme que sont la philosophie, la sagesse et l'amitié. Cette âme n'est bien sûr qu'une partie du corps, composée d'atomes simplement plus mobiles que les autres : elle mourra avec lui. Pas d'autre vie que celle-ci. Pas d'autre récompense que le plaisir de bien la vivre. Nulle providence. Nul destin. Nulle finalité. Notre monde ? Ce n'est qu'un agrégat d'atomes, qui est né par hasard, qui aura nécessairement une fin. Les dieux ? Ils sont aussi matériels que le reste, et incapables d'ordonner une nature qu'ils n'ont pas créée et qui les contient. Au reste, ils ne s'occupent pas des humains : leur propre bonheur leur suffit. À nous, qui ne sommes pas des dieux, de prendre modèle sur eux. Cela passe par un « quadruple remède » (le *tetrapharmakon*) : comprendre que la mort n'est rien, qu'il n'y a rien à craindre des dieux, qu'on peut supporter la douleur, qu'on peut atteindre le bonheur. Le remède est simple. Le chemin, toutefois, ne va pas de soi : il suppose que nous renoncions aux désirs vains, ceux qui ne peuvent être rassasiés (désirs de gloire, de pouvoir, de richesse...), pour nous consacrer aux désirs naturels et nécessaires (manger, boire, dormir, philosopher...), qui sont bornés et faciles à satisfaire. Beaucoup ont cru que l'hédonisme épicurien débouchait ici sur une espèce d'ascétisme. C'est se méprendre. S'il faut renoncer à jouir toujours plus, ce n'est pas par dédain du plaisir ou fascination pour l'effort : c'est pour jouir au mieux. « Épicure, nous dit Lucrèce, fixa des bornes au désir comme à la crainte. » Les deux vont ensemble. Si tu désires n'importe quoi, tu auras peur de tout. Si tu ne désires que ce qui est à portée de main ou d'âme, tu n'auras peur de rien. L'épicurisme n'est pas un ascétisme ; c'est un hédonisme *a minima*. Encore ne l'est-il que relativement aux objets de la jouissance. Car la jouissance elle-même, libérée du manque et de la peur, est une jouissance maximale : « Du pain d'orge et de l'eau donnent le plaisir extrême, écrivait Épicure, lorsqu'on les porte à sa bouche en ayant faim ou soif. » Ainsi le plaisir est « le commencement et la fin de la vie heureuse », mais pour celui seulement qui sait choisir entre ses désirs. C'est la sagesse la plus simple et la plus difficile : l'art de jouir (plaisirs du corps) et de se réjouir (plaisirs de l'âme) sereinement – « comme un dieu parmi les hommes ». C'est où l'hédonisme mène à l'eudémonisme.

ÉPISTÉMOLOGIE C'est la partie de la philosophie qui porte non sur le savoir en général (théorie de la connaissance, gnoséologie), mais sur une ou plusieurs sciences en particulier. Une théorie de la connaissance se situe plutôt en amont du savoir : elle se demande à quelles conditions les sciences sont possibles. Une épistémologie, en aval : elle s'interroge moins sur les conditions des sciences que sur leur histoire, leurs méthodes, leurs concepts, leurs paradigmes. Elle sera le plus souvent régionale ou plurielle (l'épistémologie des mathématiques n'est pas celle de la physique, qui n'est pas celle de la biologie...). C'est philosophie appliquée, comme elle est presque toujours, mais sur le terrain des sciences plutôt que sur le sien propre. L'épistémologue campe en terre étrangère (c'est ordinairement un scientifique qui s'est lancé dans la philosophie, ou un philosophe qui s'intéresse aux sciences). Il méprise un peu les autochtones, ceux qui ne parlent qu'une seule langue, qui ne connaissent qu'un seul continent, où ils se croient chez eux. Il voudrait leur faire la leçon. Eux l'écoutent, quand ils en ont le temps, avec la politesse quelque peu condescendante qu'on réserve aux touristes étrangers.

ÉPOCHÈ Le mot, en grec, signifie arrêt ou interruption. Dans le langage philosophique, où l'on omet souvent de le traduire, il désigne la suspension du jugement (spécialement chez les sceptiques) ou la mise entre parenthèses du monde objectif (spécialement chez les phénoménologues) : c'est alors s'abstenir de toute position portant sur le monde, pour ne plus laisser paraître que l'absolu de la conscience ou de la vie. Synonyme, en ce dernier sens, de réduction phénoménologique (Husserl, *Méditations cartésiennes*, I, 8).

ÉQUIPE Un petit groupe organisé, en vue d'une fin commune. Le contraire d'une foule, et le moyen parfois de la contrôler ou de lui plaire.

ÉQUITÉ La vertu qui permet d'appliquer la généralité de la loi à la singularité des situations concrètes : c'est « un correctif de la loi », écrit Aristote (*Éthique à Nicomaque*, V, 14), qui permet d'en sauver l'esprit quand la lettre n'y suffit pas. C'est justice appliquée, justice en situation, justice vivante, et la seule qui soit vraiment juste.

En un second sens, plus vague, le mot finit par désigner la justice elle-même, en tant qu'elle ne peut se réduire ni à l'*égalité* (donner ou demander à tous les mêmes choses, ce ne serait pas juste : ils n'ont ni les mêmes besoins ni les mêmes capacités) ni à la *légalité* (puisqu'une loi peut être injuste). Disons que c'est la justice au sens moral du terme, qui permet seule de juger l'autre. On remarquera qu'elle porte pourtant l'égalité dans son nom (*aequus*, égal). Cela dit sans doute l'essentiel. Elle est la vertu qui restaure l'égalité de droit, non seulement contre les inégalités de fait, qui demeurent, mais en en tenant compte. Par exemple en matière de fiscalité : un impôt progressif, qui taxe plus lourdement les plus riches, est plus équitable qu'un impôt simplement proportionnel, qui demanderait à chacun la même portion de son revenu. C'est considérer que les hommes sont égaux en droits et en dignité, même quand ils sont inégaux, comme presque toujours, en talents, pouvoirs, richesses.

ÉQUIVOQUE Synonyme à peu près d'ambiguïté, avec quelque chose de plus inquiétant : l'équivoque est comme une ambiguïté volontaire, néfaste ou menaçante. Une situation ambiguë, par exemple entre un homme et une femme, peut être charmante. Une situation équivoque sera plutôt gênante ou suspecte. C'est une ambiguïté mal intentionnée ou mal interprétée.

ÉRISTIQUE L'art de la controverse (*erizein*, disputer), ou ce qui en relève. Mais c'est moins un art qu'un artifice. « Est éristique, écrit

Aristote, le syllogisme qui part d'opinions qui, tout en paraissant probables, en réalité ne le sont pas » (*Topiques*, I, 1). Le substantif peut devenir un synonyme de sophistique. Mais il désigne plus spécifiquement un type d'argumentation critique, qui tend moins à établir une vérité qu'à réfuter la position d'un adversaire. Les mégariques s'en étaient fait une espèce de spécialité : de là le nom d'école éristique qu'on leur donne parfois.

ÉROTISME L'art de jouir ? Plutôt l'art de désirer, et de faire désirer, jusqu'à jouir du désir même (le sien, celui de l'autre) pour en obtenir une satisfaction plus raffinée ou plus durable. L'orgasme est à la portée de n'importe qui : chacun, pour soi-même, y suffit. Mais qui voudrait s'en contenter ?

ERREUR Le propre de l'erreur est qu'on la prend pour une vérité. C'est ce qui distingue l'erreur de la simple fausseté (on peut savoir qu'on dit faux, non savoir qu'on se trompe) et qui lui interdit d'être volontaire. Ainsi l'erreur n'est pas seulement une idée fausse : c'est une idée fausse qu'on croit vraie. En tant qu'elle est fausse, elle n'a d'être que négatif (voir *fausseté*). Mais en tant qu'elle est idée, elle fait partie du réel ou du vrai (on se trompe réellement : l'erreur est vraiment fausse). Par exemple, explique Spinoza, « les hommes se trompent en ce qu'ils se croient libres ; et cette opinion consiste en cela seul qu'ils ont conscience de leurs actions et sont ignorants des causes par où ils sont déterminés » (*Éthique*, II, 35, scolie). Ce n'est pas parce que nous sommes libres que nous nous trompons, comme le voulait Descartes ; c'est parce que nous nous trompons que nous nous croyons libres, et cette erreur n'est elle-même qu'une vérité incomplète (puisqu'il est vrai que nous agissons). On ne se trompe que par ignorance ou impuissance. L'erreur n'est rien de positif : il n'y a que des connaissances partielles ou inachevées. Par quoi la pensée est un travail, et l'erreur, un moment nécessaire.

ESCHATOLOGIE La doctrine des fins dernières de l'humanité ou du monde. Le mot *fin* se prenant en deux sens (comme *finitude* ou comme *finalité*), il semble que l'eschatologie doive aussi être double : la mort et la fin du monde en relèveraient, autant que le jugement dernier ou la résurrection. En pratique, toutefois, on ne parle guère d'eschatologie que pour des pensées finalistes ou religieuses. C'est que le néant ne fait pas sens. Une eschatologie matérialiste, comme on voit chez Lucrèce, serait plutôt une anti-eschatologie : d'abord parce que l'univers est sans fin (*De rerum*, I, 1001), ensuite parce que aucun monde, dans l'univers, n'échappe à la mort (II, 1144-1174, V, 91-125 et 235-415), ni aucune vie dans le monde (III, 417-1094). Le salut n'est pas à espérer, il est à faire.

ÉSOTÉRIQUE Ce qui est réservé aux initiés ou aux spécialistes. Le mot, pris en lui-même, n'est pas péjoratif. Mais il le devient, légitimement, si l'initiation est elle-même réservée à certains, et spécialement si elle suppose une foi préalable : c'est soumettre l'universel au particulier, l'école à la secte, et l'esprit au gourou.

ÉSOTÉRISME Toute doctrine qui réserve la vérité aux initiés. C'est le contraire des Lumières, et un proche parent, presque toujours, de l'occultisme. C'est un obscurantisme savant, ou qui voudrait l'être.

ESPACE Ce qui reste quand on a tout ôté : le vide, mais à trois dimensions. On voit que ce n'est qu'une abstraction (si l'on ôtait vraiment tout, il n'y aurait plus rien : ce ne serait pas l'espace mais le néant), qu'on conçoit davantage qu'on ne l'expérimente. C'est l'étendue, mais considérée indépendamment des corps qui l'occupent ou la délimitent. C'est l'univers, mais considéré indépendamment de son contenu (indépendamment de lui-même !).

L'espace est à l'étendue ce que le temps est à la durée : son abstraction, qu'on finit par prendre pour son lieu ou sa condition. S'il n'y avait pas le temps, se demande-t-on, comment les corps pourraient-ils durer ? S'il n'y avait pas l'espace, comment pourraient-ils s'étendre ? C'est soumettre le réel à la pensée, quand c'est le contraire qu'il faut faire. Ce n'est pas parce qu'il y a du temps que l'être dure ; c'est parce qu'il dure qu'il y a du temps. Ce n'est pas parce qu'il y a de l'espace que l'être est étendu ; c'est parce qu'il est étendu – ou parce qu'il s'étend – qu'il y a de l'espace. L'espace n'est pas un être ; c'est le lieu de tous, considéré en faisant abstraction de leur existence ou de leur localisation. Non un être, donc, mais une pensée : c'est le lieu universel et vide. Comment ne serait-il pas infini, continu, homogène, isotrope et indéfiniment divisible, puisque aucun corps, par définition, ne peut le limiter, le rompre ou l'orienter ? Mais cela nous en apprend plus sur notre pensée que sur l'étendue du réel ou de l'univers.

L'espace est-il seulement une forme de la sensibilité, comme le voulait Kant ? Ce n'est guère vraisemblable : s'il n'était que cela, *où* la sensibilité aurait-elle pu apparaître ? Et comment penser l'extension de l'univers, des milliards d'années avant l'existence de toute vie et de toute sensibilité ? On dira que cela ne prouve rien, puisque cette extension et ces milliards d'années n'existent pour nous qu'à partir de notre sensibilité. J'en suis d'accord : l'idéalité transcendantale de l'espace n'est pas réfutable. Mais son objectivité ne l'est pas davantage (que l'espace soit une forme de la sensibilité, cela n'empêche pas qu'il soit aussi une forme de l'être), tout en étant plus économe : elle ne suppose pas l'existence d'un être non spatial, comme Kant est obligé de faire, pour rendre l'espace pensable.

L'espace, comme le temps, contient tout, mais dans la simultanéité d'un même présent : c'est « l'ordre des coexistences, écrivait Leibniz, comme le temps est l'ordre des successions ». On remarquera qu'au présent les deux ne font qu'un, qu'on peut appeler (comme font les physiciens, mais pour d'autres raisons) l'espace-temps. C'est le lieu des présences, ou le présent comme lieu.

ESPÈCE Un ensemble, le plus souvent défini, à l'intérieur d'un ensemble plus vaste (le genre prochain), par une ou plusieurs caractéristiques communes (les différences spécifiques). Par exemple l'espérance et la volonté sont deux espèces de désir, comme les tigres et les chats deux espèces de félins. Pour le biologiste, une espèce se reconnaît ordinairement à l'interfécondité : deux individus de sexes différents appartiennent à une même espèce s'ils peuvent se reproduire et engendrer un être lui-même fécond (par quoi l'âne et le cheval sont deux espèces différentes : mulets et bardots sont stériles). C'est pourquoi il vaut mieux parler de l'*espèce humaine* que du *genre humain*. Que l'unité de l'humanité soit une valeur morale, cela n'empêche pas qu'elle soit aussi et d'abord un fait biologique.

ESPÉRANCE Une certaine espèce de désir : c'est un désir qui porte sur ce qu'on n'a pas, ou qui n'est pas (espérer c'est désirer sans jouir), dont on ignore s'il est ou s'il sera satisfait (espérer c'est désirer sans savoir), enfin dont la satisfaction ne dépend pas de nous (espérer, c'est désirer sans pouvoir). S'oppose pour cela à la volonté (un désir dont la satisfaction dépend de nous), à la prévision rationnelle (lorsque l'avenir peut faire l'objet d'un savoir ou d'un calcul de probabilités), enfin à l'amour (lorsqu'on désire ce qui est ou ce dont on jouit). Cela indique assez le chemin : ne t'interdis pas d'espérer ; apprends plutôt à vouloir, à connaître, à aimer.

L'espérance porte le plus souvent sur l'avenir : c'est qu'il est, de tous nos objets de désirs, celui qui est le plus souvent soustrait à toute jouissance, à toute connaissance et à toute action possibles. Le passé est mieux connu. Le présent, plus disponible. Cela n'empêche pas d'espérer ce qui fut (« j'espère que je ne l'ai pas blessé ») ou ce qui est (« j'espère qu'il est guéri ») : il suffit pour cela qu'on le désire, que cela ne dépende pas de nous et qu'on ignore ce qu'il en est. L'orientation temporelle est moins essentielle à l'espérance que l'impuissance et l'ignorance : nul n'espère ce qu'il sait ni ce qu'il peut. L'espérance, marque de notre faiblesse. Comment serait-ce une vertu ? C'est le désir le plus facile et le plus faible.

ESPOIR Souvent synonyme d'espérance. Lorsqu'on veut les distinguer, c'est presque toujours au bénéfice de cette dernière : l'espérance serait une vertu, l'espoir ne serait qu'une passion. C'est le cas spécialement dans la théologie chrétienne, où l'espérance est l'une des trois vertus théologales, parce qu'elle a Dieu même pour objet. Qu'en conclure ? Qu'à chaque fois que j'espère autre chose que Dieu, ou autrement qu'en Dieu, ce n'est pas une espérance, ce n'est qu'un espoir, passionnel et vain comme ils sont tous. Et que cette distinction n'a guère de sens pour un philosophe non religieux : les Grecs ne la faisaient pas, et je ne vois nulle raison de la faire.

Spinoza ne la faisait pas davantage. Qu'est-ce que l'espoir ? « Une joie inconstante, répondait-il, née de l'idée d'une chose future ou passée, de l'issue de laquelle nous doutons en quelque mesure. » C'est pourquoi, selon une formule fameuse de l'*Éthique*, « il n'y a pas d'espoir sans crainte ni de crainte sans espoir » (III, 50, scolie, et déf. 13 des affects, explication). Le même doute, nécessaire à l'un et l'autre, fait qu'ils ne peuvent exister qu'ensemble. Espérer, c'est craindre d'être déçu ; craindre, c'est espérer d'être rassuré. La sérénité, si elle exclut la crainte, exclut donc aussi tout espoir : ce que j'ai appelé le *gai désespoir*, et que Spinoza, plus sage que moi, appelle la sagesse ou la béatitude. Le thème est stoïcien avant d'être spinoziste : « Tu cesseras de craindre, disait Hécaton, si tu as cessé d'espérer. » Et cynique avant d'être stoïcien : « Seul est libre, disait Démonax, celui qui n'a ni espoir ni crainte. » Le sage n'espère rien : il a cessé d'avoir peur. Il ne craint rien : il a cessé d'espérer quoi que ce soit. Parce qu'il serait sans désirs ? Au contraire : parce qu'il ne désire que ce qui est (ce n'est plus espérance mais amour) ou que ce qu'il peut (ce n'est plus espérance mais volonté).

On dira que cette sagesse est pour nous hors d'atteinte : l'espoir est là, toujours, puisque la faiblesse est là, puisque l'ignorance est là, puisque l'angoisse est là. Sans doute. Aussi ne sert-il à rien, je l'ai dit bien souvent, de vouloir s'amputer vivant de toute espérance : ce serait faire de la sagesse un nouvel espoir, qui nous en séparerait aussitôt. Développons plutôt notre part de puissance, de liberté, de joie : apprenons à connaître, à agir, à aimer. La sagesse n'est pas un idéal ; c'est un processus. « Plus nous nous efforçons de vivre sous la conduite de la raison, écrit Spinoza, plus nous faisons effort pour nous rendre moins dépendants de l'espoir, nous affranchir de la crainte, commander à la fortune autant que nous le pouvons, et diriger nos actions suivant le sûr conseil de la raison » (*Éthique*, IV, scolie de la prop. 47).

ESPRIT La puissance de penser, en tant qu'elle a accès au vrai, à l'universel ou au rire.

Le mot, en ce sens, ne s'utilise guère qu'au singulier (parler *des esprits*, c'est superstition). C'est que la vérité, pour autant qu'on y accède, est la même en tous. C'est en quoi elle est libre (elle n'obéit à personne, pas même au cerveau qui la pense), et libère. Cette liberté en nous, qui n'est pas celle d'un sujet mais de la raison, c'est l'esprit même.

On se trompe si l'on y voit une substance, mais pas moins si l'on n'y voit qu'un pur néant. L'esprit n'est pas une hypothèse, disait Alain, puisqu'il est incontestable que nous pensons. Ni une substance, puisqu'il ne peut exister seul. Disons que c'est le corps en acte, en tant qu'il a la vérité en puissance.

En puissance, non en acte. Aucun esprit n'est la vérité ; aucune vérité n'est esprit (ce serait Dieu). C'est pourquoi l'esprit doute de lui-même et de tout. Il sait qu'il ne sait pas, ou qu'il ne sait que peu. Il s'en inquiète ou s'en amuse. Deux façons (par la réflexion, par le rire) d'être fidèle à soi, sans se croire. L'esprit, sous ces deux formes, semble le propre de l'homme. C'est aussi une vertu : celle qui surmonte le fanatisme et la bêtise.

ESPRIT FAUX Un don particulier pour l'erreur. C'est l'incapacité à raisonner juste, au moins sur certaines questions, et quelque intelligent qu'on puisse être par ailleurs. C'est comme un manque de bon sens, qui autoriserait à penser n'importe quoi. Qui disait de Sartre qu'il était « un grand esprit faux » ? Cela ne l'empêchait pas d'avoir du talent, et sans doute davantage que l'inventeur de la formule. « Les plus grands génies peuvent avoir l'esprit faux sur un principe qu'ils ont reçu sans examen, notait Voltaire. Newton avait l'esprit faux quand il commentait l'Apocalypse. » Et Voltaire, pour d'autres raisons, quand il parle de l'Ancien Testament.

ESSENCE Le mot, qui semble mystérieux, a pourtant une étymologie transparente : il est forgé à partir de l'infinitif du verbe *être* en latin *(esse)*. En l'occurrence, l'étymologie trompe moins que le mystère : l'essence d'une chose, c'est son être vrai ou profond (par opposition aux apparences, qui peuvent être superficielles ou trompeuses), autrement dit ce qu'elle est (par opposition au simple fait qu'elle soit : son existence ; mais aussi à ce qui lui arrive : ses accidents). Synonyme à peu près de nature (l'essence d'une chose, c'est sa nature véritable), mais préférable : parce que le mot peut s'appliquer aussi à des objets culturels. L'essence d'un homme, par exemple, c'est ce qu'il est. Qui peut croire que la nature suffise à l'expliquer ?

L'essence, c'est donc ce qui répond aux questions « Quoi ? » ou « Qu'est-ce que c'est ? » (*Quid ?*, en latin, ce pourquoi les scolastiques parlaient plutôt de *quiddité*). Reste à savoir si ce qui répond à cette question c'est une définition ou un être, et si cet être est individuel ou générique. Soit cette table sur laquelle j'écris. Quelle est son essence ? D'être une table, ou d'être cette table-ci ? Des mots, ou du réel ? Une idée, ou un processus ? Il se pourrait qu'il n'y ait pas d'essences du tout, mais seulement des accidents, des rencontres, de l'histoire – non des êtres, mais des événements. On dira que pour que quelque chose arrive, il faut déjà que quelque chose soit. Sans doute. Mais pourquoi serait-ce autre chose que cela même qui arrive ?

C'est où l'on retrouve Spinoza. Qu'est-ce que l'essence d'une chose singulière ? Non, du tout, une abstraction ou une virtualité, mais son être même, considéré dans sa dimension affirmative, autrement dit dans sa puissance d'exister : ce qui la fait être (ce qui la « pose », écrit Spinoza), mais de l'intérieur (à la différence des causes qui la font être de l'extérieur). Par exemple cette table : qu'elle ait des causes externes, c'est une évidence ; mais elle n'existerait pas si elle n'avait en elle-même une essence affirmative – une puissance d'être – qui ne peut pas plus exister ou être conçue sans la table que la table ne peut exister ou être conçue sans elle (*Éthique*, II, déf. 2). Il en résulte que « l'effort par lequel chaque chose s'efforce de persévérer dans son être n'est rien en dehors de l'essence actuelle de cette chose » (*Éth.*, III, prop. 7) : l'essence d'un être, c'est sa puissance d'exister ; son existence, c'est son essence en acte.

Toute la difficulté est de penser les deux ensemble, dans leur simultanéité nécessaire – ce qui récuse l'essentialisme aussi bien que l'existentialisme. « L'essence, écrit Sartre après Hegel, c'est ce qui a été » (*L'être et le néant*, p. 72 et 577). Mais comment, si le passé n'est plus ? L'être et l'événement au présent ne font qu'un : ainsi l'essence et l'existence.

ESSENTIALISME Le contraire de l'existentialisme et du nominalisme : c'est croire que l'essence précède l'existence, ou qu'un être est contenu dans sa définition. Confiance exagérée dans le langage ou la pensée.

C'est le péché mignon des philosophes. La critique de l'essentialisme, bien avant Popper ou Sartre, a été énoncée au plus court par Shakespeare : « Il y a plus de choses dans le ciel et sur la terre, Horatio, que n'en rêve ta philosophie. » Ou encore : « Qu'y a-t-il donc en un nom ? Ce que nous appelons une rose, sous un autre nom, sentirait aussi bon. » Non qu'on doive se passer de définitions, ni même qu'on le puisse ; mais parce que aucune définition ne tient lieu d'expérience, ni d'existence.

ESTHÈTE Celui qui aime le beau – et spécialement le beau artistique – plus que tout, au point de lui sacrifier ou de lui soumettre tout le reste. Le vrai ? Le bien ? Ils ne valent, pour l'esthète, que s'ils sont beaux : mieux vaut un beau mensonge qu'une vérité laide ; mieux vaut un beau crime qu'une faute de goût. L'esthète n'est pas toujours un artiste, ni souvent (la plupart des grands créateurs mettent le vrai ou le bien plus haut que le beau). C'est un croyant. Il a fait de l'art sa religion : l'esthétique lui tient lieu de logique, de morale, de métaphysique. Philosophiquement, cela culmine chez Nietzsche : « Pour nous, seul le jugement esthétique fait loi », écrit-il. Et d'ajouter : « L'art et rien que l'art ! C'est lui qui nous permet de vivre, qui nous persuade de vivre, qui nous stimule à vivre… L'art a *plus de valeur* que la vérité… L'art au service de l'illusion – voilà notre culte » (*Volonté de puissance*, IV, 8, et III, 582). Ce qui résume au fond l'essentiel, par quoi Nietzsche est un esthète, et qui m'empêche d'être nietzschéen.

ESTHÉTIQUE L'étude ou la théorie du beau. On considère habituellement que c'est une partie de la philosophie, plutôt qu'un des Beaux-Arts. C'est justice. Le concept de beau n'est pas beau. Le concept d'œuvre d'art n'en est pas une. C'est pourquoi les artistes se méfient des esthéticiens, qui prennent le beau pour une pensée.

ESTHÉTIQUE TRANSCENDANTALE La première partie de la *Critique de la raison pure* de Kant. Elle ne porte pas sur le beau, qui sera étudié dans la *Critique de la faculté de juger*, mais sur la sensation *(aisthèsis)* ou la sensibilité. Elle est transcendantale en tant qu'elle fait ressortir les conditions de possibilité de toute expérience (l'espace et le temps comme formes *a priori* de la sensibilité). Se distingue de la Logique transcendantale, comme les formes de la sensibilité se distinguent des formes de la pensée (les catégories et principes de l'entendement).

ESTIME C'est un respect particulier : non celui qu'on doit à tout être humain, mais celui qu'on réserve à ceux qu'on juge les meilleurs, tant que leur valeur ne passe pas la norme commune ou la nôtre (auquel cas ce n'est plus estime mais admiration). L'estime manifeste une sorte d'égalité positive, qui en fait le prix. Ce n'est pas encore l'amitié, mais presque toujours une de ses conditions. Je peux estimer sans aimer. Mais comment aimer celui ou celle que je méprise ?

ÉTANT L'être en train d'être : l'être au présent, et le seul. L'usage substantivé de ce participe présent, quoique heurtant nos oreilles, permet d'éviter l'ambiguïté du mot *être*, qui en français désigne à la fois *ce qui est* (le *to on* des Grecs, l'*ens* des Latins ou des scolastiques : l'étant) et le fait que ce qui est *soit* (l'acte d'être : *to einai* ou *esse*). Dans son grand livre sur saint Thomas, Étienne Gilson notait que ce dernier disposait de « deux vocables distincts, pour désigner un étant, *ens*, et pour désigner l'acte même d'être, *esse* », ce qui n'est pas le cas du français et rend un certain nombre de traductions, faute de faire cette différence, inintelligibles. « La seule solution satisfaisante du problème, ajoutait Gilson en note, serait d'avoir le courage de reprendre la terminologie essayée au XVIIe siècle par quelques scolastiques français, qui traduisaient *ens* par *étant*, et *esse* par *être* » (*Le thomisme*, Vrin, 1979, p. 170). Cet usage tend aujourd'hui à se répandre, mais davantage par l'influence du *Seiend* allemand que par celle de saint Thomas ou de Gilson. Chez Heidegger et les heideggériens, l'étant (ce qui est : cette table, cette chaise, vous, moi…) se distingue en effet de l'être – c'est la fameuse « différence ontologique » – sans être pourtant autre chose. Que l'arbre soit un arbre, et cet arbre-ci, c'est sa banalité d'étant. Mais qu'il *soit*, c'est l'événement de l'être. Ainsi l'étant est l'être même, quand on s'interroge sur ce qu'il est au lieu de s'étonner de ce qu'il soit. Et réciproquement : l'être est l'étant, quand on s'étonne qu'il *soit* au lieu de chercher seulement *ce* qu'il est ou à quoi il peut servir.

ÉTAT Une façon d'être. Pris absolument, et avec une majuscule, c'est un corps politique, qui rassemble un certain nombre d'individus (le peuple) sous un même pouvoir (le souverain). Quand le peuple et le souverain sont un, l'État est une république.

ÉTAT CIVIL Le contraire de l'état de nature : c'est la vie en société, en tant qu'elle suppose un pouvoir et des lois.

ÉTAT DE NATURE L'état sans État : situation des êtres humains avant l'instauration d'un pouvoir commun, de règles communes, voire avant toute vie en société. État purement hypothétique, vraisemblablement insatisfaisant. « La vie de l'homme, disait Hobbes, est alors solitaire, besogneuse, pénible, quasi animale, et brève » (*Léviathan*, I, 13).

ÉTENDUE L'étendue est à l'espace ce que la durée est au temps : son contenu, sa condition, sa réalité. L'étendue d'un corps, c'est la portion d'espace que ce corps occupe ; l'espace n'est que l'abstraction d'une étendue qui existerait indépendamment des corps qui l'occupent ou la traversent. C'est donc l'étendue qui est première : ce n'est pas parce que les corps sont dans l'espace qu'ils sont étendus ; c'est parce qu'ils sont étendus, ou parce qu'ils s'étendent, qu'il y a de l'espace. Cette étendue, on pourrait l'appeler aussi bien, et peut-être mieux, l'*extension* (comme on pourrait appeler la durée *duration*) : c'est le fait de s'étendre et d'occuper ainsi un certain espace.

ÉTERNITÉ Si c'était un temps infini, quel ennui ! Cela donnerait raison à Woody Allen : « L'éternité c'est long, surtout vers la fin… » C'est qu'il n'y aurait pas de fin : on n'en aurait jamais fini d'attendre, et aucune raison pour commencer quoi que ce soit. Cela ferait comme un dimanche infini. Quelle plus belle image de l'enfer ?

Mais l'éternité, au sens où la prennent la plupart des philosophes, c'est tout autre chose. Ce n'est pas un temps infini (car alors il ne serait composé que de passé et d'avenir, qui ne sont pas), ni pourtant l'absence de temps (car alors ce ne serait rien) : c'est un présent qui reste présent, comme *un perpétuel aujourd'hui*, disait saint Augustin, et c'est le présent même. Qui a jamais vécu un seul *hier* ? un seul *demain* ? Qui a jamais vu le présent cesser ou disparaître ? C'est toujours aujourd'hui, c'est toujours maintenant : c'est toujours l'éternité, et c'est en quoi, en effet, elle est éternelle.

On ne confondra pas l'éternité avec l'immuabilité. Que tout change, c'est une vérité éternelle. Mais rien ne change qu'au présent, et c'est l'éternité vraie. On ne se baigne jamais deux fois dans le même fleuve ? Sans doute. Mais encore moins dans un fleuve passé ou futur. Ainsi il n'y a que le présent : il n'y a que l'éternité du *il y a*. Parménide et Héraclite, même combat !

L'éternité peut se penser de deux façons, qu'on peut formuler, par commodité, selon les deux attributs de Spinoza : selon l'étendue ou selon la pensée. Selon l'étendue, l'éternité ne fait qu'un avec le devenir : c'est le toujours-présent du réel (être, c'est être maintenant). Selon la pensée, elle ne fait qu'un avec la vérité : c'est le toujours-présent du vrai (une vérité n'est jamais future ou passée : ce qui était vrai l'est encore, ce qui le sera l'est déjà). C'est où le réel et le vrai, pour la pensée, se séparent : ce qui était réel ne l'est plus, ce qui était vrai l'est toujours. Par exemple la promenade que je fis hier : ce n'est plus réel, c'est toujours vrai. Ou celle que je ferai demain, si j'en fais une : ce n'est pas encore réel, c'est déjà vrai. On évitera pourtant d'absolutiser cette différence. Le réel et le vrai ne coïncident qu'au présent, certes ; mais ils coïncident donc *toujours*, pour tout réel donné, et *nécessairement*. Ainsi ces deux éternités n'en font qu'une (le présent est le lieu de leur conjonction : le point de tangence du réel et du vrai). C'est en quoi je suis libre de me promener ou non aujourd'hui : ce n'est pas parce que c'était déjà vrai de toute éternité que je le ferai au présent ; c'est parce que je le fais au présent, si je le fais, que c'est vrai de toute éternité. Le réel commande : le présent commande, puisqu'il n'y a rien d'autre, et c'est en quoi les deux attributs, au présent, ne font qu'un. Pluralité des attributs, dirait Spinoza, unité de la substance ou de la nature. L'éternité n'est pas un autre monde ; c'est la vérité de celui-ci.

ÉTHIQUE C'est souvent un synonyme de morale, en plus chic. Mieux vaut donc, quand on ne les distingue pas, parler plutôt de morale. Mais si on veut les distinguer ? L'étymologie ne nous aide guère. « Morale » et « éthique » viennent de deux mots – *ethos* en grec, *mos* ou *mores* en latin – qui signifiaient à peu près la même chose (les mœurs, les caractères, les façons de vivre et d'agir) et que les Anciens considéraient comme la traduction l'un de l'autre. Aussi est-ce une distinction qu'ils ne faisaient pas : *morale* et *éthique* ne seraient pour eux, si nous les interrogions en français, que deux façons différentes – l'une d'origine grecque, l'autre d'origine latine – de dire la même chose. Si l'on veut pourtant se servir de ces deux mots pour penser deux réalités différentes, comme un usage récent nous y pousse, le plus opératoire est sans doute de prendre au sérieux ce que l'histoire de la philosophie nous propose de plus clair : Kant, parmi les Modernes, est le grand philosophe de la morale ; et Spinoza, de l'éthique. Sans reprendre en détail ce que j'ai montré ailleurs (*Valeur et vérité*, chap. 8), cela amène à opposer la morale et l'éthique comme l'absolu (ou prétendu tel) et le relatif, comme l'universel (ou prétendu tel) et le particulier, enfin comme l'inconditionnel (l'impératif catégorique de Kant) et le conditionné (qui n'admet d'impératifs qu'hypothétiques). En deux mots : la morale commande, l'éthique recommande. Ces oppositions débouchent sur deux définitions différentes, que je ne fais ici que rappeler :

Par *morale*, j'entends le discours normatif et impératif qui résulte de l'opposition du Bien et du Mal, considérés comme valeurs absolues ou transcendantes. Elle est faite de commandements et d'interdits : c'est l'ensemble de nos devoirs. La morale répond à la question « Que dois-je faire ? ». Elle se veut une et universelle. Elle tend vers la vertu et culmine dans la sainteté (au sens de Kant : au sens où une volonté sainte est une volonté conforme en tout à la loi morale).

Et j'entends par *éthique* un discours normatif mais non impératif (ou sans autres impératifs qu'hypothétiques), qui résulte de l'opposition du *bon* et du *mauvais*, considérés comme valeurs simplement relatives. Elle est faite de connaissances et de choix : c'est l'ensemble réfléchi et hiérarchisé de nos désirs. Une éthique répond à la question « Comment vivre ? ». Elle est toujours particulière à un individu ou à un groupe. C'est un art de vivre : elle tend le plus souvent vers le bonheur et culmine dans la sagesse.

L'erreur, entre l'une et l'autre, serait de vouloir choisir. Nul ne peut se passer d'éthique, puisque la morale ne répond que très incomplètement à la question « Comment vivre ? », puisqu'elle ne suffit ni au bonheur ni à la sagesse. Et seul un sage pourrait se passer de morale : parce que la connaissance et l'amour lui suffiraient. Nous en sommes loin, et c'est pourquoi nous avons besoin de morale (voir ce mot).

L'éthique est pourtant la notion la plus vaste. Elle inclut la morale, alors que la réciproque n'est pas vraie (répondre à la question « Comment vivre ? », c'est entre autres choses déterminer la place de ses devoirs ; répondre à la question « Que dois-je faire ? », cela ne suffit pas à dire comment vivre). Elle est aussi la plus fondamentale : elle dit la vérité de la morale (qu'elle n'est qu'un désir qui se prend pour un absolu), et la sienne propre (qu'elle est comme une morale désillusionnée et libre). Ce serait la morale de Dieu, s'il existait. Nous ne pouvons ni tout à fait l'atteindre, ni tout à fait y renoncer.

Ainsi l'éthique est un travail, un processus, un cheminement : c'est le chemin réfléchi de vivre, en tant qu'il tend vers la vie bonne, comme disaient les Grecs, ou la moins mauvaise possible, et c'est la seule sagesse en vérité.

ETHNIE Un peuple, mais considéré d'un point de vue culturel plutôt que biologique (ce n'est pas une race) ou politique (ce n'est ni une nation ni un État).

ETHNOCENTRISME C'est juger les cultures des autres à partir de la sienne propre, érigée (le plus souvent inconsciemment) en absolu. Tendance spontanée de tout être humain, dont on ne sort, toujours incomplètement, que par l'étude patiente et généreuse des autres cultures, ce qui amène à relativiser celle dans laquelle on a été élevé. La difficulté est alors de ne pas renoncer pour autant à toute exigence d'universalité, ni à toute normativité. Si tous les points de vue se valaient, au nom de quoi combattre l'ethnocentrisme ?

ETHNOCIDE La destruction délibérée d'une culture. À ne pas confondre avec le génocide, qui veut supprimer une race ou un peuple. Par exemple au Tibet, occupé par la Chine : c'est l'ethnocide qui menace, non, semble-t-il, le génocide.

ETHNOGRAPHIE L'étude descriptive d'une ethnie ou en général d'un groupe humain, considéré dans ses spécificités culturelles ou comportementales. Se distingue de l'ethnologie par son aspect surtout empirique : l'ethnographe observe et décrit ; l'ethnologue compare, classe, interprète, théorise. L'ethnographie requiert une présence sur le terrain, souvent pendant de très longues périodes ; l'ethnologie, s'appuyant sur les travaux ethnographiques disponibles, peut se faire en chambre ou en amphithéâtre, ce qui est tout de même plus confortable. En pratique, un ethnologue est souvent un ethnographe qui a réussi ou qui s'est lassé des voyages.

On parle surtout d'ethnographie à propos de populations dites primitives. Mais rien n'empêche, et cela se fait de plus en plus, d'appliquer les mêmes exigences à l'étude d'une cité ouvrière, d'une entreprise ou d'un parti politique. C'est alors une partie de la sociologie, davantage que de l'anthropologie : elle nous en apprend moins sur l'homme que sur la société.

ETHNOLOGIE L'étude comparative des ethnies et en général des groupes humains. Correspond à peu près à ce que les Anglo-Saxons, qui ne parlent plus guère d'ethnologie, appellent plutôt l'anthropologie sociale et culturelle. L'ethnologie fait partie des sciences humaines : elle contribue à nous faire mieux connaître l'humanité, en faisant ressortir un certain nombre de différences mais aussi d'invariants structurels ou comportementaux. Comme le remarque Lévi-Strauss, l'ethnologie prolonge une remarque de Rousseau : « Quand on veut étudier les hommes, écrivait ce dernier, il faut regarder près de soi ; mais pour étudier l'homme, il faut apprendre à porter la vue au loin ; il faut d'abord observer les différences pour découvrir les propriétés » (*Essai sur l'origine des langues*, VIII, cité dans *La pensée sauvage*, IX).

L'un des apports décisifs de l'ethnologie est d'opérer un décentrement, qui met l'ethnocentrisme à distance (quitte à en faire un objet d'étude). « Il faut beaucoup d'égocentrisme et de naïveté, souligne Lévi-Strauss, pour croire que l'homme est tout entier réfugié dans un seul des modes historiques ou géographiques de son être, alors que la vérité de l'homme réside dans le système de leurs différences et de leurs communes propriétés » (*La pensée sauvage*, IX ; voir aussi *Anthropologie structurale deux*, XVIII, 3). L'ethnologie tend à l'universel, comme toute science, mais par l'étude du particulier.

ÉTHOLOGIE L'étude objective des mœurs ou des comportements, chez les hommes comme chez les bêtes, sans aucune visée normative. Ce dernier point est ce qui distingue l'éthologie de l'éthique, à peu près comme l'objectivité de la biologie (pour laquelle la vie est un fait, non une valeur) la distingue de la médecine (qui suppose la vie et la santé comme normes). Disons que l'éthologie est une science, ou tend à en être une ; l'éthique serait plutôt un art : c'est l'art de vivre le mieux qu'on peut.

C'est en quoi l'éthique de Spinoza, contrairement à ce qu'on en a dit, ne se réduit nullement à une éthologie. Qu'il faille connaître et comprendre avant de juger, c'est une évidence. Que connaissance et valeur soient irréductibles l'une à l'autre, c'est un point essentiel du spinozisme (toute vérité est objective : elle n'a que faire de nos désirs ; toute valeur est subjective : elle n'existe que pour autant que nous la désirons). Mais dès lors que nous sommes essentiellement des êtres de désirs, non de purs sujets connaissants, nous ne pouvons ni ne devons renoncer à juger : ce serait nous prendre pour Dieu, et nous vouer par là à l'illusion, ou bien renoncer à l'humanité, et nous vouer par là au malheur ou à la barbarie. Cela n'empêche pas qu'il y ait dans l'*Éthique* un moment éthologique, ou un point de vue éthologique, qui est fortement marqué : « Je considérerai les actions et les appétits humains, écrit Spinoza au début du livre III, comme s'il était question de lignes, de surfaces et de solides. » Mais les livres IV et V montrent clairement que cela ne suffit pas : que nous avons besoin aussi de « former une idée de l'homme qui soit comme un modèle de la nature humaine placé devant nos yeux », en référence auquel nous jugerons les hommes « plus ou moins parfaits », et les actions plus ou moins bonnes ou mauvaises (IV, Préface). L'éthologie est nécessaire, non suffisante. Le but n'est pas seulement de connaître les hommes, mais d'en devenir un point trop imparfait, autrement dit de nous rapprocher le plus que nous pouvons de « la liberté de l'âme ou béatitude » (V, Préface). À quoi l'éthologie peut et doit contribuer, mais au service d'une visée normative (« un bien véritable », dit Spinoza) qu'elle peut connaître, comme fait, mais qu'elle ne saurait à elle seule justifier comme valeur. La sagesse n'est ni un absolu ni une science : elle ne vaut que pour qui la désire ou s'efforce vers elle (III, 9, scolie). Ne compte pas sur la vérité pour être sage à ta place.

ÉTIOLOGIE L'étude des causes. Se dit surtout en médecine, par différence avec la sémiologie ou symptomatologie (l'étude des symptômes).

ÉTONNEMENT Au sens fort et classique : une surprise qui foudroie ou frappe de stupeur. Au sens moderne : toute surprise qui ne s'explique pas seulement par la soudaineté, mais bien par l'aspect étrange ou mystérieux du phénomène considéré. C'est en ce sens que l'étonnement est essentiel à la philosophie, qui s'étonne moins de ce qui est nouveau ou inattendu que de ce qui résiste à l'évidence ou à la familiarité. Le philosophe s'étonne de ce qui n'étonne pas, ou plus, la plupart de ses contemporains. « C'est l'étonnement qui poussa, comme aujourd'hui, les premiers penseurs aux spéculations philosophiques », remarquait déjà Aristote (*Métaphysique*, A, 2), et c'est ce que Jeanne Hersch, revenant sur vingt-cinq siècles de philosophie, a brillamment confirmé (*L'étonnement philosophique, Une histoire de la philosophie*, Gallimard, Folio-Essais, rééd. 1993). Par exemple l'existence du monde est étonnante : non qu'elle soit soudaine ou imprévue, mais en ceci qu'elle plonge l'esprit, pour peu qu'il s'interroge, dans une perplexité qui peut aller, en effet, jusqu'à la stupeur. Pourquoi y a-t-il quelque chose plutôt que rien ? Il en va de même de notre propre existence dans le monde. « Quand je considère, écrit Pascal, la petite durée de ma vie, absorbée dans l'éternité précédente et suivante, le petit espace que je remplis et même que je vois, abîmé dans l'infinie immensité des espaces que j'ignore et qui m'ignorent, je m'effraye et m'étonne de me voir ici plutôt que là, car il n'y a point de raison pourquoi ici plutôt que là, pourquoi à présent plutôt que lors. Qui m'y a mis ? Par l'ordre et la conduite de qui ce lieu et ce temps ont-ils été destinés à moi ? » De cet étonnement, on ne sort que par l'explication rationnelle, lorsqu'elle est possible, ou par l'habitude. C'est pourquoi la philosophie n'en sort guère, et y ramène.

ÊTRE « On ne peut pas entreprendre de définir l'être, observait Pascal, sans tomber dans cette absurdité [d'expliquer un mot par ce mot même] : car on ne peut définir un mot sans commencer par celui-ci, *c'est*, soit qu'on l'exprime ou qu'on le sous-entende. Donc pour définir l'être, il faudrait dire *c'est*, et ainsi employer le mot défini dans la définition » (*De l'esprit géométrique*, I). Ce que le *Vocabulaire* de Lalande, sans citer Pascal, confirmera : *être* est « un terme simple, impossible à définir ». Non que nous ne sachions ce que signifie le mot, mais en ceci plutôt que nous ne pouvons le définir sans présupposer ce savoir, même vague, que nous en avons. Si « l'être se dit en plusieurs sens », comme le remarquait Aristote (chez lequel chacun de ces sens débouche sur une *catégorie* : l'être se dit comme substance, comme quantité, comme qualité, comme relation...), cela ne nous dit pas encore ce que c'est qu'être, ni ce que ces différents sens peuvent avoir en commun.

Pour essayer d'y voir plus clair, on remarquera d'abord qu'*être*, en français, est à la fois un verbe et un substantif, et que c'est le verbe qui est premier (le substantif, une fois le verbe supposé défini, poserait moins de problème : *l'être*, mais on pourrait dire aussi bien *l'étant*, c'est *ce qui est*). S'agissant du verbe, on distingue traditionnellement deux usages principaux : un usage absolu (« cette table *est* »), et un usage relatif, logique ou copulatif (qui lie un sujet et un prédicat : « cette table *est* rectangulaire »). « Le verbe *être* est employé en deux sens, observe par exemple saint Thomas : d'une part il désigne l'acte d'exister, d'autre part il marque la structure d'une proposition que l'esprit forme en joignant un prédicat à un sujet. » Ces deux sens sont-ils vraiment différents ? Ne pourrait-on pas, par exemple, donner à la proposition « *Cette table est* », la forme copulative « *Cette table est un être* » ? Sans doute, mais cela ne nous apprendrait rien de plus sur la table. Au premier sens, remarque Kant, « *Être* n'est évidemment pas un prédicat réel, c'est-à-dire un concept de quelque chose qui puisse s'ajouter au concept d'une chose. C'est simplement la position d'une chose ou de certaines déterminations en soi ». Au second sens, autrement dit « dans l'usage logique, ce n'est que la copule d'un jugement » (*Critique de la raison pure*, « L'idéal de la raison pure », 4). Métaphysiquement, c'est bien sûr le premier sens surtout qui fait problème. Pourquoi l'être n'est-il pas un prédicat réel ? Parce qu'il n'ajoute rien au sujet supposé. Par exemple, explique Kant, que Dieu soit ou ne soit pas, le concept de Dieu n'en est pas pour cela changé : c'est pourquoi on ne peut pas passer du concept à l'existence, ni donc démontrer (comme le voudrait la preuve ontologique) l'existence de Dieu à partir de sa simple définition.

On remarquera que dans cet usage absolu, et sauf distinction particulière à tel ou tel philosophe, *être* signifie à peu près *exister* : c'est le contraire de n'être pas, comme l'être est le contraire du néant. C'est où l'on retrouve Parménide. « L'être est » : il y a de l'être, et non pas rien. Voilà ce que toute expérience et toute pensée nous apprennent ou supposent. Être, c'est faire partie de cet *il y a* : c'est être présent dans l'espace et le temps (ce que j'appelle *exister*), c'est persévérer dans la présence (ce que j'appelle *insister*), ou simplement être présent (ce que j'appelle *être*, proprement). Que cela ne vaille pas comme définition, c'est une évidence – puisque toutes ces expressions supposent l'être –, mais qui nous renvoie à nouveau à Pascal. On ne peut définir que ce qui est (les étants), point l'être même, que tout discours suppose. Spinoza, qui dans les *Pensées métaphysiques* risquait pourtant une définition (il entend par *être* « tout ce que, quand nous en avons une perception claire et distincte, nous trouvons qui existe nécessairement ou au moins peut exister »), se gardera bien, dans l'*Éthique*, de la reprendre ou d'en proposer une autre. Bel exemple, qu'on peut suivre. L'être n'est pas d'abord un concept, qu'on pourrait définir ; il est une expérience, une présence, un acte, que toute définition suppose et qu'aucune ne saurait contenir. Par quoi l'être est silence, et condition du discours.

ÊTRE-LÀ Voir *Dasein*.

EUDÉMONISME Toute éthique qui fait du bonheur *(eudaimonia)* le souverain bien. C'est le cas, depuis Socrate, de la quasi-totalité des écoles antiques, qui s'accordaient à penser que tout homme veut être heureux et que tel est le but aussi de la philosophie. Cela n'empêchait pas les philosophes de s'opposer résolument les uns aux autres – non sur ce but, qui leur est commun, mais sur son contenu ou ses conditions. Qu'est-ce qui fait le bonheur ? Le savoir (Socrate), la justice (Platon, dans la *République*), un mixte de plaisir et de sagesse (Platon, dans le *Philèbe*), la raison ou la contemplation (Aristote), l'indifférence (Pyrrhon), le plaisir (Épicure), la vertu (les stoïciens) ? Ces différents eudémonismes s'opposent davantage qu'ils ne se complètent. Ils cherchent la même chose – le bonheur –, mais ce n'est pas le même bonheur qu'ils trouvent. L'eudémonisme est un lieu commun de la sagesse grecque. Mais ce lieu est une arène, où les philosophes s'affrontaient. Les Modernes préfèrent parler d'autre chose. Non qu'ils aient forcément renoncé au bonheur. Mais parce qu'ils ont renoncé au souverain bien (voir ce mot).

EUGÉNISME C'est vouloir améliorer l'espèce humaine, non par l'éducation des individus mais par la sélection ou la manipulation des gènes – en transformant le patrimoine héréditaire de l'humanité plutôt qu'en développant son patrimoine culturel. L'idée, aujourd'hui disqualifiée par l'usage qu'en firent les nazis, pouvait paraître belle. Agir sur les gènes ? On le fait bien pour différentes espèces animales, ou pour tel ou tel être humain (les thérapies géniques). Pourquoi ne pas améliorer l'humanité elle-même ? La réponse, très difficile à argumenter dans le détail, me paraît tenir pour l'essentiel en une phrase, qui n'a rien à voir avec la biologie : *Parce que tous les êtres humains sont égaux en droits et en dignité.* Cela, qui vaut spécialement pour le droit de vivre et de faire des enfants, rend toute idée d'un *tri*, au sein de l'humanité, inacceptable : parce qu'elle est attentatoire à l'égale dignité de tous. On a le droit de faire ou pas des enfants, mais pas celui de choisir les enfants que l'on fait. On objectera qu'un tel choix existe pourtant, dans les avortements thérapeutiques... Sans doute. Mais pour combattre une souffrance, point pour fabriquer un surhomme. Pour épargner un individu, point pour améliorer l'espèce. Par compassion, point par eugénisme. Cela indique à peu près la voie, qui requiert d'autant plus de vigilance qu'elle est étroite et tortueuse.

EUROPE L'Europe n'est pas vraiment un continent : ce n'est qu'un cap de l'Asie. Ce n'est pas un État : ce n'est qu'une communauté, et encore, d'États indépendants. Combien de guerres entre eux dans le passé ! Combien, encore aujourd'hui, de conflits d'intérêts ou de sensibilités ! Ni la géographie ni l'histoire ne suffisent à faire de l'Europe autre chose qu'une abstraction ou qu'un idéal. Il faut donc qu'elle soit un idéal ou qu'elle ne soit rien, en tout cas rien qui vaille, rien qui mérite d'être défendu. L'Europe n'existe pas ; elle est à faire. Autant dire qu'elle n'existe que par les défis qu'elle affronte, dont le premier sans doute est celui de sa propre existence. L'Europe ne vaut qu'autant que nous le voulons, qu'autant que nous *la* voulons. Ce n'est ni un continent ni un État : c'est un effort, c'est un combat, c'est une exigence. L'Europe est devant nous, au moins autant que derrière. Mais elle ne vaut – et elle ne vaudra – que par fidélité à ce qu'elle fut. Fidélité critique, cela va sans dire, et d'ailleurs la critique (y compris réflexive) fait partie de son passé. Fidélité à Socrate, à Montaigne, à Hume, à Kant – et à nous-mêmes. L'Europe est notre origine et notre but, notre lieu et notre destin : l'Europe est notre tâche.

La vraie question reste celle de Rousseau : Qu'est-ce qui fait qu'un peuple est un peuple ? Ou pour l'Europe en construction : qu'est-ce qui fait que plusieurs peuples, tout en restant différents, peuvent tendre, et dans quelles limites, à n'en faire qu'un ? Cela suppose des institutions, et qu'on choisisse entre les deux modèles, fédéral ou confédéral, qui s'offrent à nous. Rassemblement de Républiques (confédération), ou République rassemblée (fédération) ? Souveraineté nationale, pour chaque pays, ou supranationale, pour l'ensemble ? Aucune de ces deux voies n'est indigne, et aucune n'est facile. Mais refuser de choisir entre l'une et l'autre serait une façon sûre de les fermer toutes deux.

Toutes les institutions resteront vaines, pourtant, si l'Europe ne sait affronter le principal défi qui s'offre à elle, qui est celui de son esprit ou, cela revient au même, de sa civilisation. L'Europe n'est pas une race ; c'est un espace économique, politique et culturel. Mais il faut ajouter : culturel d'abord et surtout. L'économie n'est qu'un moyen. La politique n'est qu'un moyen. Au service de quoi ? De certaines valeurs, de certaines traditions, de certains idéaux – au service d'une civilisation. Celle-ci est un fait de l'histoire. L'Europe, c'est d'abord l'empire romain : le mariage obligé d'Athènes et de Jérusalem, sur l'autel de leur vainqueur et le civilisant peu à peu… C'est d'où nous sommes issus, que nous ne pourrons continuer qu'à la condition de ne pas le trahir. C'est ce que Rémy Brague appelle *la voie romaine* : être européen, c'est n'exister que par cette tension en soi « entre un classicisme à assimiler et une barbarie intérieure à dominer ». L'Europe, la vérité de l'Europe, c'est la Renaissance, ou plutôt c'est « cette série ininterrompue de "Renaissances" qui constitue l'histoire de la culture européenne », comme dit encore Rémy Brague (*Europe, la voie romaine*, p. 165), ou, mieux encore, c'est cette hésitation toujours, cette oscillation toujours, cette tension toujours entre la Renaissance et la décadence, entre les Lumières et l'obscurantisme, entre la fidélité et la barbarie. Fidélité critique, là encore : être européen, en ce sens, c'est être fidèle à la meilleure part de l'Europe, telle qu'elle se donne dans les sommets indépassés de son histoire. *« Notre patrie sacrée, l'Europe… »*, disait Stefan Zweig. Mais à la condition seulement de choisir ce qui mérite, dans cette patrie, d'être défendu.

On dira que la civilisation européenne est devenue mondiale, en tout cas occidentale, et qu'elle ne se distingue plus guère, ou de moins en moins, de sa filleule américaine… Sans doute, et c'est un danger encore qui la menace que cette dissolution dans ce qu'elle croit son triomphe, qui pourrait être sa défaite ultime. Le développement sans précédent des moyens de communication et des échanges ne peut qu'entraîner, à l'échelle de la planète, une réduction des différences. Sommes-nous pour autant condamnés à l'uniformité ? À l'expansion irrésistible d'une sous-culture *« made in USA »*, avec son esthétique de *fast-food* et de *sit-com* ? Le *show-biz* est-il l'avenir de l'homme ? L'américanisation, celui de l'Europe ? Ce n'est pas sûr, mais ce n'est pas impossible. C'est ce qui donne aux Européens des raisons de s'inquiéter, et de se battre. Contre quoi ? Contre la barbarie qu'ils portent en eux, ou qu'ils importent, qui risque de les emporter. Pour quoi ? Pour une Renaissance de l'Europe, et c'est l'Europe même.

EUTHANASIE Étymologiquement : une bonne mort. En pratique, le mot ne sert guère que pour désigner une mort délibérément acceptée ou provoquée, avec l'aide de la médecine, pour abréger les souffrances d'un malade incurable : c'est une mort médicalement assistée. Le mot, qui fut lui aussi compromis dans l'abjection nazie, s'en sort pourtant mieux que celui d'eugénisme. C'est sans doute que l'euthanasie, à condition qu'elle soit strictement contrôlée, pose moins de problèmes : d'abord parce qu'elle ne concerne que des individus, point l'espèce elle-même ; ensuite, et surtout, parce qu'elle ne vaut que pour des malades incurables, qui l'ont expressément demandée (euthanasie volontaire) ou dont les proches, si les malades ne peuvent s'exprimer, l'ont demandé à leur place (euthanasie non volontaire). J'y vois un progrès plus qu'un danger. Quand la médecine ne peut nous guérir, pourquoi ne nous aiderait-elle pas à mourir ? Le danger n'en existe pas moins, qui est celui d'une élimination systématique des malades les plus lourds. Raison de plus pour qu'une loi, comme il convient dans un État de droit, vienne fixer des limites et imposer des contrôles.

ÉVANGILE Du grec *euangelos*, le bon messager, celui qui apporte une bonne nouvelle. Avec une majuscule, et souvent au pluriel, c'est le nom donné aux quatre livres qui retracent la vie et l'enseignement de Jésus-Christ. Voltaire rappelle qu'ils ont été « fabriqués environ un siècle après Jésus-Christ », et qu'il en existe plusieurs autres, dits apocryphes, qui mériteraient autant d'intérêt. Cela confirme la singularité de cette histoire. Quand bien même ce ne serait qu'un roman, ce que je ne crois pas, et quoiqu'il soit parfois ennuyeux, ce *roman*-là resterait, de tous les livres de l'humanité, l'un des plus éclairants. Pour ce qu'il nous dit sur Dieu ? Guère. Mais pour ce qu'il nous dit sur nous-mêmes. Pour la résurrection de son personnage principal ? Non plus. Mais pour sa vie.

Si on laisse de côté l'invraisemblable exploitation théologique qui en sera faite, les Évangiles sont le récit d'une existence, et le portrait, même approximatif, d'un individu. On aurait bien tort de les abandonner aux Églises. Jésus, pour moi, n'est pas un prophète – je ne crois pas aux prophètes –, encore moins le Messie ou Dieu. C'était un homme, et d'ailleurs il n'a jamais prétendu être autre chose. C'est pourquoi il m'intéresse. C'est pourquoi il me touche. Par la simplicité. Par la fragilité. Par l'humanité nue. Qui peut imaginer, lisant les Évangiles, que cet homme ait pu se prendre pour Dieu ? Pour son fils ? Nous le sommes tous, puisque ce Dieu-là, selon la prière même que Jésus nous laissa, serait Notre Père… Bref, Jésus, tel que je le vois, tel que je crois le comprendre en lisant les Évangiles, n'a jamais été chrétien. Pourquoi le serions-nous ? C'était un Juif pieux. C'était un homme plein de sagesse et d'amour. La seule façon de lui être vraiment fidèle, pour ceux qui ne sont ni juifs ni croyants, c'est d'être un peu plus sages, un peu plus aimants, un peu plus humains, et pour cela d'abord de respecter la justice et la charité, qui sont toute la loi. C'est ce que Spinoza appelait « l'esprit du Christ », qui est l'esprit tout court et le principal message des Évangiles.

ÉVÉNEMENT Ce qui advient, plutôt que ce qui est ou dure : « non ce qui subsiste, mais ce qui survient » (Francis Wolff, *Dire le monde*, 1). L'événement s'oppose en cela à la substance, à l'être, à la chose – à tout ce qui demeure. Au monde ? Seulement si l'on suppose un monde qui serait fait de choses, d'essences ou de substances. Mais il se pourrait qu'il soit fait plutôt d'événements : que le monde soit l'ensemble de tout ce qui arrive, comme disait Wittgenstein, plutôt que de tout ce qui est (la totalité des événements, non des choses), ou du moins que cette distinction n'ait de sens que pour nous, qui pensons et vivons dans le temps, non pour le réel, qui n'existe qu'au présent. Tout événement occupe une certaine durée, fût-elle infiniment brève : rien ne se passe que dans un présent qui passe. Toute durée est faite d'événements, qu'ils soient très lents ou très rapides : l'expansion de l'univers, la dérive des continents, un enfant qui grandit ou qui tombe, un oiseau qui s'envole... Advenir et durer au présent sont un : ainsi l'être et l'événement.

(On notera que la notion d'événement, en philosophie et contrairement à l'usage historique ou journalistique du mot, est le plus souvent dépourvue de toute visée normative. Là où le langage courant ne parle d'événement que pour un fait d'une certaine importance – un train qui arrive à l'heure n'est pas un événement, un train qui déraille en est un –, les philosophes prennent ordinairement le mot dans son sens neutre et son extension maximale : tout ce qui arrive ou a lieu est un événement, quand bien même cela n'aurait d'importance pour personne. Le seul *non-événement*, pour le philosophe, c'est celui qui n'advient pas.)

ÉVIDENCE Ce qui s'impose à la pensée, ce qui ne peut être contesté ou nié, ce dont la vérité paraît immédiatement et ne peut être mise en doute. Il n'y aurait pas autrement de certitude, et c'est pourquoi il n'y en a jamais d'absolue. Par exemple le *cogito*, le postulat d'Euclide ou l'immobilité de la Terre ont longtemps été tenus pour des évidences, ce qu'ils ne sont plus. C'est dire que l'évidence dépend de l'état des connaissances. Comment pourrait-elle les fonder ou les garantir ?

Si l'on se fie à l'étymologie (*evidens*, en latin, vient de *videre*), le modèle de l'évidence est visuel : *« Je l'ai vu, te dis-je, vu de mes yeux vu, ce qui s'appelle vu »*, tel est, dans les mots de Molière, le type même de l'évidence. Pour la vie courante, c'est un critère très fiable, et d'autant plus qu'il est attesté par un plus grand nombre d'individus : si plusieurs témoins vous ont vu assassiner quelqu'un, vous aurez quelque peine à faire croire que vous n'êtes pour rien dans sa mort... Sous réserve toutefois de la vraisemblance, de la confrontation et de la critique des témoignages. Les milliers d'individus qui ont vu fort distinctement la sainte Vierge, que ce soit ensemble ou séparément, ne convainquent que ceux, sauf exception, qui y croyaient déjà. Quoi de plus évident, tant qu'on est dedans, qu'un rêve ou qu'un délire ?

« Les dieux existent, disait Épicure : la connaissance que nous en avons est évidente » (*Lettre à Ménécée*, 123). Je ne connais pas de phrase qui m'ait davantage poussé vers l'athéisme.

ÉVOLUTION La transformation, souvent lente et en tout cas progressive, d'un être ou d'un système : s'oppose à *permanence* (l'absence de changement) et à *révolution* (un changement brusque et global).

Le vocable doit beaucoup de son succès, à partir du XIXe siècle, aux différentes *théories de l'évolution* (spécialement celle de Darwin, même si ce dernier n'utilisa le mot qu'avec réticence) visant à expliquer l'origine et le développement des espèces vivantes. Cet exemple privilégié montre qu'une évolution peut se faire de façon discontinue et hasardeuse (les mutations) ; elle suppose toutefois la continuité, au moins relative et fût-elle reconstruite après coup, d'un processus. « Nul n'appellera stades évolutifs, remarque le *Lalande*, les transformations qu'on observe dans un kaléidoscope. » Non, pourtant, que chacun de ces mouvements soit irrationnel ou sans cause ; mais parce que leur série paraît sans logique, sans continuité, sans orientation. C'est dire que les mutations, à elles seules, ne suffiraient pas à parler d'évolution des espèces : il y faut encore la sélection naturelle et l'apparente finalité qu'elle entraîne. Par quoi l'*évolution*, qui avance vers des stades de plus en plus complexes ou différenciés, s'oppose à l'*involution*, qui régresse vers le plus simple, le plus homogène, ou le plus pauvre. La croissance, pour l'individu, est une évolution ; le vieillissement, une involution.

EXACTITUDE Une vérité modeste, qui tiendrait tout entière dans la précision des mesures, des descriptions, des constats, sans prétendre pour cela atteindre l'être ou l'absolu : c'est une adéquation de surface, la seule peut-être qui permette d'avancer en profondeur.

L'exactitude dépend bien sûr de l'échelle considérée. Une erreur d'un micron, en biologie ou en physique des particules, peut être plus inexacte qu'une erreur de plusieurs kilomètres, en astronomie. Il n'est d'exactitude que relative : c'est une erreur minimale.

EXCEPTION Un cas singulier, qui semble violer une loi et par là la suppose. On dit que l'exception confirme la règle ; le vrai est qu'elle l'enfreint sans l'abolir. Par exemple quand le Comité national consultatif d'éthique suggère une *« exception d'euthanasie »* : c'est reconnaître que la règle, pour les médecins comme pour tous, reste le respect de la vie humaine ; mais que ce respect peut justifier parfois qu'on l'interrompe, quand elle ne pourrait continuer que dans l'horreur. Respecter la vie humaine, c'est aussi lui permettre de rester humaine jusqu'au bout.

EXEMPLE Un cas particulier, qui sert à illustrer une loi ou une vérité générale. Un exemple ne prouve jamais rien (alors qu'un contre-exemple peut être une réfutation suffisante), mais il aide à comprendre, et à faire comprendre. C'est comme une expérience de pensée, à visée surtout pédagogique ou persuasive. En philosophie on ne peut guère s'en passer, ni s'en contenter.

EXERCICE Une action, le plus souvent répétitive, qui ne se justifie que par d'autres, qu'elle prépare ou facilite. C'est s'habituer au difficile, pour qu'il le soit moins.

Les Anciens parlaient d'exercices *(askèsis)* de sagesse : parce qu'il est difficile d'être simple ou libre, et qu'on n'y parvient qu'à la condition de s'y entraîner. Diogène, en hiver, étreignant une statue gelée : c'est s'exercer à vouloir, pour apprendre à agir.

Il reste qu'aucun exercice ne vaut par soi. C'est ce que les ascètes oublient, parfois, et que les sages leur rappellent. Vas-tu passer ta vie à faire des gammes ?

EXHIBITIONNISME C'est jouir du spectacle que l'on donne ou que l'on est, et d'autant plus qu'il est plus intime ou plus obscène. L'exhibitionnisme attente à la pudeur, ou (entre amants) s'en libère.

EXIGENCE Un désir confiant et résolu, qui ne se résigne pas au médiocre ou au pire. C'est le contraire de la veulerie (s'agissant de soi) ou de la complaisance (s'agissant d'autrui).

EXISTENCE Souvent synonyme d'être. L'étymologie suggère pourtant une différence. Exister, c'est naître ou se trouver *(sistere) dehors (ex),* autrement dit – il n'y a pas de *dehors* absolu – dans autre chose : c'est être dans le monde, dans l'univers, dans l'espace et le temps. Par exemple, on hésitera à dire que les êtres mathématiques *existent.* Et quand bien même Dieu *serait,* il ne pourrait pas pour autant, remarquait Lagneau, être dit *exister* en ce sens. « Exister, c'est dépendre, écrira Alain, c'est être battu du flot extérieur. » Si Dieu existait, il ne serait pas Dieu, puisqu'il serait une partie de l'univers, puisqu'il serait dans un dehors, puisqu'il en dépendrait, et c'est pourquoi il n'existe pas. « L'existence toujours suppose l'existence, hors d'elle toujours et autre ; et voilà l'existence. » Son essence est de n'en pas avoir : « La nature, même intérieure, de toute chose est hors d'elle... La relation est la loi de l'existence » (*Entretiens au bord de la mer,* VI). Alain, précurseur de l'existentialisme ? C'est ce que Jean Hyppolite s'amusait à suggérer, qui n'est pas tout à fait faux (*Figures de la pensée philosophique,* IX et X). Mais à ceci près que l'existence, pour Alain, ne saurait se dire de l'homme seul. L'existence est la loi du monde, ou le monde même comme loi. L'homme ne s'en distingue que par la conscience qu'il en prend, qui le sépare de ce *dehors* qui le fait exister, et de lui-même. C'est en quoi il *ex-siste,* au sens cette fois heideggérien ou existentialiste du terme, toujours hors de soi, toujours en avant de soi et de tout, toujours jeté (dans le monde) et se projetant (dans l'avenir), toujours autre qu'il n'est, toujours libre, toujours voué au souci ou à l'angoisse, toujours tourné vers la mort ou le néant. On voit que ces deux sens, pour différents qu'ils demeurent, peuvent être pris ensemble. Exister, c'est être dehors : c'est dépendre ou se séparer. S'oppose par là à un Être absolu, qui ne serait qu'indépendance et intériorité. Exister, c'est n'être pas Dieu : c'est être au monde, toujours pris dans un dehors (toujours dedans, donc, mais *un dedans qui n'est pas soi*), toujours dépendant, toujours luttant ou résistant. « Ce qui n'existe pas c'est l'inhérence, écrit Alain, c'est l'indépendance, c'est le changement [seulement] interne, c'est le dieu ; et ce n'est rien. »

EXISTENTIALISME Toute philosophie qui part de l'existence individuelle plutôt que de l'être ou du concept (c'est en ce sens que Pascal et Kierkegaard sont souvent considérés comme les précurseurs de l'existentialisme), et spécialement, selon une formule fameuse de Jean-Paul Sartre, toute doctrine pour laquelle *« l'existence précède l'essence »*. Qu'est-ce à dire ? Que l'homme n'a pas d'abord une essence, qui lui préexisterait et dont il resterait prisonnier, mais qu'il existe « avant de pouvoir être défini par aucun concept » et ne *sera* (quand on pourra parler de son essence au passé) que ce qu'il aura *choisi* d'être. C'est dire qu'il est libre absolument : « Qu'est-ce que signifie ici que l'existence précède l'essence ? Cela signifie que l'homme existe d'abord, se rencontre, surgit dans le monde, et qu'il se définit après. L'homme, tel que le conçoit l'existentialisme, s'il n'est pas définissable, c'est qu'il n'est d'abord rien. Il ne sera qu'ensuite, et il sera tel qu'il se sera fait. Ainsi il n'y a pas de nature humaine, puisqu'il n'y a pas de Dieu pour la concevoir. [...] L'homme n'est rien d'autre que ce qu'il se fait » *(L'existentialisme est un humanisme)*. Par quoi l'existentialisme est une philosophie de la liberté, au sens métaphysique du terme, et l'une des plus radicales qui fut jamais.

Reste à savoir si on peut la faire sienne. Comment *exister*, comment faire ou choisir quoi que ce soit, comment s'inventer ou se projeter, avant d'*être* d'abord quelque chose ou quelqu'un ? Qui dirait d'un nouveau-né qu'il n'est *rien* ? Et comment considérer qu'être ce qu'on est soit seulement une *situation*, qu'il nous appartiendrait de transcender, et point, au moins en partie, une *détermination*, dont il est exclu que nous sortions jamais (puisque changer, c'est toujours *se* changer) ? « Chaque personne est un choix absolu de soi », écrit Sartre dans *L'Être et le Néant* ; c'est ce que je n'ai jamais pu croire ni penser. Comment choisir sans être d'abord ? Ou plutôt quel sens y a-t-il, au présent, à distinguer ce que je *fais* ou *veux* de ce que je *suis* ? Exister, c'est être en acte et en situation : l'essence et l'existence, au présent, sont une seule et même chose. Certes ce n'est pas ainsi que nous le vivons ou l'imaginons ; nous avons le sentiment d'être ce que le passé a fait de nous, et de choisir ce que nous ferons de l'avenir. « L'essence, c'est *ce qui a été* », écrit Sartre dans *L'Être et le Néant* ; l'existence, à l'inverse, c'est ce qui n'est pas encore, ce qui se jette vers l'avenir, ce qui *sera*, si je le veux ou le fais. « La liberté s'échappe vers le futur, elle se définit par la fin qu'elle pro-jette, c'est-à-dire par le futur qu'elle a à être » (*L'Être et le Néant*, p. 577). Mais cette distinction, entre l'essence et l'existence, n'a dès lors de sens que pour la conscience, qui se donne un passé et un avenir, point pour le réel lui-même, qui n'existe qu'au présent – et dont la conscience, qu'elle le veuille ou pas, fait partie. Un souvenir n'existe qu'au présent. Un projet n'existe qu'au présent. Et comment le présent pourrait-il n'être pas ce qu'il est ou être autre ? Sartre, en toute cohérence, explique que la liberté n'est possible que comme néant, point comme être, ce qui m'a toujours paru une réfutation suffisante : la liberté, en ce sens absolu, n'est possible qu'à la condition de n'être pas. L'existentialisme n'est qu'un humanisme imaginaire.

Faut-il alors retomber dans un *essentialisme* qui nous enfermerait à jamais dans ce que nous sommes, pour lequel l'existence ne serait qu'un *effet* de l'essence ? Nullement. Au présent, l'essence et l'existence ne font qu'un, et ne sauraient se *précéder* mutuellement. Ni existentialisme, donc, ni essentialisme : l'existence ne précède pas plus l'essence que l'essence ne précède l'existence. Elles n'existent qu'ensemble, dans un même monde, dans un même présent, et c'est ce que signifie exister.

EXOTÉRIQUE Qui s'adresse à tous, y compris à ceux qui sont en dehors *(exô)* de l'école ou du groupe. S'oppose à l'enseignement ésotérique ou acroamatique, qui ne s'adresse qu'aux initiés ou aux spécialistes. On remarquera que l'école publique, dès lors qu'elle est laïque, gratuite et obligatoire, tend à relativiser cette opposition : c'est qu'elle forme des élèves, non des disciples ; des citoyens, non des initiés.

EXPÉRIENCE Notre voie d'accès au réel : tout ce qui vient en nous du dehors (expérience externe), et même du dedans (expérience interne), en tant que cela nous apprend quelque chose. S'oppose à la raison, mais aussi la suppose et l'inclut. Pour un être tout à fait dépourvu d'intelligence, aucun fait ne ferait expérience, puisqu'il ne lui apprendrait rien. Et un raisonnement, pour nous, n'est qu'un fait comme un autre. Ainsi on ne sort pas de l'expérience ; c'est ce qui donne raison à l'empirisme et qui lui interdit d'être dogmatique.

EXPÉRIMENTATION Une expérience active et délibérée : c'est interroger le réel, au lieu de se contenter de l'entendre (expérience) et même de l'écouter (observation). Se dit spécialement de l'expérimentation scientifique, qui vise ordinairement à tester une hypothèse en la soumettant à des conditions inédites, artificiellement obtenues (le plus souvent en laboratoire) et reproductibles. Cela suppose qu'on cherche quelque chose, et même, presque toujours, qu'on sache ce qu'on cherche : il n'y a pas d'expérimentation sans une hypothèse préalable et une théorie – fût-elle fausse ou provisoire – de référence. « Pour un esprit scientifique, écrit Bachelard, toute connaissance est une réponse à une question. S'il n'y a pas eu de question, il ne peut y avoir connaissance scientifique. Rien ne va de soi. Rien n'est donné. Tout est construit. » (*La formation de l'esprit scientifique*, I). L'expérimentation est une expérience qui ne va pas de soi – une expérience *construite*.

Aucune expérimentation ne suffit jamais à prouver la vérité d'une hypothèse, encore moins d'une théorie. On cherche une preuve ; on ne trouve qu'un exemple, ou un contre-exemple : ce dernier seul est probant. Vous pouvez vérifier dix mille fois que la nature a horreur du vide ou que les corps les plus lourds tombent plus vite que les autres, vous n'aurez pas prouvé par là que c'est vrai ; une seule expérimentation, si elle est bien conduite et reproductible, peut suffire à montrer que c'est faux. Ainsi l'expérimentation n'est décisive ou cruciale que par les théories qu'elle permet d'éliminer. Les sciences expérimentales avancent par conjectures et réfutations, montre Popper, non par induction et vérification : « c'est la falsifiabilité d'un système, et non sa vérifiabilité, qu'il faut prendre comme critère de démarcation » d'une démarche expérimentale (*La logique de la découverte scientifique,* I). C'est ce qui permet aux sciences d'avancer, sans jamais les autoriser à s'arrêter.

EXPLICATION Le fait d'expliquer, c'est-à-dire de donner la cause, le sens ou la raison. Le principe de raison et le principe de causalité entraînent que tout fait, quel qu'il soit, a une explication : l'inexplicable n'existe pas. On remarquera que cette explication n'a en elle-même aucune visée normative, et ne saurait donc valoir comme approbation ou comme justification. Qu'une maladie puisse s'expliquer, cela ne la rend ni moins pathologique ni moins grave. Que le nazisme puisse s'expliquer, cela ne le rend ni moins ignoble ni moins lourd de conséquences. J'ai lu plusieurs fois que la Shoah était par nature inexplicable, qu'il fallait la laisser telle, qu'on ne pourrait entreprendre de l'expliquer, d'ailleurs en pure perte, qu'à la condition de nier d'abord son irréductible et atroce singularité. C'est donner raison à l'irrationalisme nazi, et à la nuit contre les Lumières. Pourquoi le racisme serait-il inexplicable ? Et quoi de plus explicable, quand le racisme atteint ce degré de fanatisme et de haine, qu'il devienne assassin ? Racisme de masse : crime de masse. Mieux vaut essayer de le comprendre, pour le combattre. Mais si l'on comprend, dira-t-on, on ne peut plus juger ! C'est se méprendre. Ce n'est pas la cancérologie qui nous dit que le cancer est mauvais ; mais elle nous aide à le combattre. L'explication ne tient jamais lieu de jugement de valeur, ni le jugement, d'explication.

EXTASE C'est sortir de soi et de tout, pour se fondre en autre chose (spécialement en Dieu) – comme un saut dans la transcendance ou dans l'absolu. S'oppose par là à l'*enstase* (voir ce mot).

EXTENSION L'ensemble des objets désignés par un même signe ou compris dans un même concept. Définir ce concept *en extension*, ce sera dresser la liste, quand c'est possible, de tous les objets auquel il s'applique. S'oppose à *compréhension* (voir ce mot). L'extension du concept « homme » est l'ensemble de tous les hommes. Les femmes en font-elles partie ? Cela dépend de la *compréhension* du concept.

EXTRÉMISME Propension à aller jusqu'au bout, dans une direction donnée, en oubliant ce que les autres directions peuvent avoir aussi de légitime ou de sensé. Si la droite n'est qu'une erreur, l'extrême gauche a raison, contre la gauche, comme l'extrême droite contre la droite si la gauche est le mal. Et à quoi bon autrement être de droite ou de gauche ? Ainsi l'extrémisme est la tentation des plus convaincus ou des plus haineux : double danger, double force.

« On ne pense bien qu'aux extrêmes », disait Louis Althusser, et cela sans doute n'est pas tout à fait faux. Un marxiste ou un ultra-libéral, parlant d'économie, seront presque toujours plus intéressants, intellectuellement, qu'un centriste ou un social-démocrate. Mais le réel résiste, qui n'est pas une pensée. « Le peuple se trompe, observait Montaigne : on va bien plus facilement par les bouts, où l'extrémité sert de borne d'arrêt et de guide, que par la voie du milieu, large et ouverte, et selon l'art que selon la nature, mais bien moins noblement aussi, et moins recommandablement » (*Essais*, III, 13). Quel penseur plus radical pourtant que celui-ci ? Et quel vivant plus modéré ? On ne pense bien qu'aux extrêmes. On ne vit bien que dans l'entre-deux.

« La sagesse est l'extrême de vivre », ai-je pourtant écrit quelque part. Mais c'est qu'elle n'est qu'une idée de philosophe. « La sagesse a ses excès, écrit encore Montaigne, et n'a pas moins besoin de modération que la folie » (III, 5). Celui-ci était sage véritablement, qui ne crut jamais à la sagesse.

F

FABLE Une histoire inventée, qu'on ne cherche pas à faire passer pour vraie, ou dont on ne peut envisager qu'elle le soit : c'est un mythe qui donne à penser ou à rire, plutôt qu'à croire.

FACTICE Ce qui est faux ou fabriqué.

FACTICITÉ Dans la langue philosophique contemporaine, ici très influencée par l'allemand, le substantif a rarement le sens que l'adjectif semble annoncer : la *facticité* caractérise non ce qui est faux ou fabriqué, mais ce qui est un fait, à la fois nécessaire (puisqu'il est là) et contingent (il aurait pu ne pas y être), comme ils sont tous. Mieux vaudrait, en ce sens, parler de factualité.

FACULTÉ Une puissance innée ou *a priori* : par exemple la puissance de sentir (la sensibilité), de penser (l'intelligence, l'entendement), de désirer, de vouloir, d'imaginer, de se souvenir... La difficulté est de rattacher la pluralité de ces facultés, qui semble un fait d'expérience, à l'unité de l'esprit ou du cerveau, sans laquelle il n'y aurait pas d'expérience du tout. La neurobiologie, dans ce domaine, a sans doute davantage à nous apprendre que la philosophie. La « doctrine des facultés », comme on disait jadis, a laissé place aux sciences cognitives.

FAIT Un événement quelconque, dès lors qu'il est constaté ou établi – ce qui ne peut se faire que par expérience. On parle de « fait scientifique » quand il a été l'objet d'une expérimentation, ou à tout le moins d'une observation rigoureuse, ce qui suppose presque toujours une théorie préalable et une technologie adaptée : c'est un fait « bien fait », comme dit Bachelard, plutôt que tout fait.

En philosophie, on oppose traditionnellement la question de fait *(quid facti)* à la question de droit *(quid juris)*, comme ce qui est à ce qui doit ou devrait être. Par exemple, qu'il y ait des riches et des pauvres : c'est là un fait incontestable ; mais qui ne dit rien sur sa légitimité. « L'égalité des biens serait juste, écrit Pascal, mais... » Mais quoi ? Mais cela n'est pas en fait, et même le droit en a décidé autrement. Car le droit lui-même, pris au sens juridique, n'est qu'un fait comme un autre.

Cela vaut aussi d'un point de vue gnoséologique ou pratique. Que nous ayons, en fait, des sciences et une morale, cela ne nous dit pas ce qu'elles valent, ni à quelles conditions. En faire la critique ? C'est toujours légitime, mais cela ne fera qu'un fait de plus, qui viendra s'ajouter aux autres sans pouvoir les fonder.

Ainsi il n'y a que des faits, et c'est ce qu'on appelle le monde.

FALSIFIABILITÉ Néologisme proposé par Karl Popper, qui y voit la ligne de démarcation entre les sciences empiriques, d'un côté, et de l'autre les énoncés métaphysiques, pseudo-scientifiques, ou encore relevant de la seule logique formelle. Un énoncé n'est *falsifiable* que s'il peut être contredit, au moins en principe, par l'expérience, autrement dit que si l'on peut concevoir au moins un fait susceptible, le cas échéant, de le réfuter. Par exemple les énoncés « Il pleuvra ici demain » ou « Tous les cygnes sont blancs » sont falsifiables : on peut imaginer un fait qui les réfute (qu'il ne pleuve pas ici demain, ou qu'on voie un cygne qui ne soit pas blanc). Ce sont des énoncés empiriques. En revanche, les énoncés « Il pleuvra ou il ne pleuvra pas ici demain », « Dieu existe » ou « le communisme est l'avenir de l'humanité » ne sont pas falsifiables : on ne peut concevoir aucun fait qui suffirait à prouver qu'ils sont faux. Ce ne sont donc pas des énoncés empiriques. On remarquera que ces trois énoncés ont pourtant un sens (puisqu'on peut les comprendre, les approuver ou les critiquer), et que le premier est assurément vrai (c'est une tautologie). La falsifiabilité n'est ni un critère de signification ni un critère de vérité, mais seulement un critère d'empiricité et donc, s'agissant des sciences expérimentales, de scientificité possible. « Un système n'est empirique ou scientifique que s'il est susceptible d'être soumis à des tests expérimentaux », reconnaît classiquement Popper ; mais aucun test, ajoute-t-il, ne suffit jamais à prouver la vérité d'une théorie : quand bien même j'aurais vu cent mille cygnes blancs ou comparé cent mille fois la vitesse de corps en chute libre, cela ne suffira pas à prouver que *tous* les cygnes sont blancs ni que *tous* les corps, dans le vide, tombent à la même vitesse. « Les théories ne sont donc *jamais* vérifiables empiriquement », conclut Popper ; elles ne peuvent être testées que négativement : « c'est la falsifiabilité et non la vérifiabilité d'un système qu'il faut prendre comme critère de démarcation » (*La logique de la découverte scientifique*, I, 6 ; voir aussi le chap. IV).

J'ai longtemps regretté que les traducteurs français se soient résignés au néologisme *falsifiabilité* (alors que « falsifier », en français, a un tout autre sens, et que le mot *réfutabilité* était disponible). Mais, outre que les deux mots existent chez Popper, et qu'il était légitime de les traduire en français par deux mots différents, on remarquera avec Alain Boyer qu'ils ne sont pas tout à fait synonymes : une théorie peut être *réfutée* par un argument simplement logique (par exemple en mathématiques) ; elle ne peut être *falsifiée* que par un fait empirique. Ainsi *réfutabilité* est le genre prochain ; la *falsifiabilité* est une espèce particulière de réfutabilité, dont l'empiricité est la différence spécifique. Ce qui autorise une définition simplifiée : est falsifiable tout énoncé possiblement réfutable par l'expérience.

FAMILLE Ensemble d'individus, liés par le sang, le mariage ou l'amour. Où finit la famille ? Cela dépend des époques, des régions, des contextes. De nos jours, et dans nos pays, on peut distinguer la famille au sens restreint (le père, la mère, leurs enfants), et la famille au sens large (il faut alors ajouter les grands-parents, les oncles et tantes, cousins et neveux, sans parler de la belle-famille ni des familles recomposées…). Où commence-t-elle ? Cela peut se discuter, notamment d'un point de vue juridique. Pour ma part, et d'un point de vue philosophique, je répondrai simplement : la famille commence à l'enfant. Un ménage sans enfant, ce n'est pas une famille : c'est un couple. Alors qu'une mère célibataire, qui élève seule son ou ses enfants, c'est évidemment une famille. On m'objectera qu'un orphelinat, où il y a tant d'enfants, n'est pas une famille pour autant… Certes ; mais c'est que les enfants y sont considérés simplement comme enfants, non comme fils ou filles. Cela fait toute la différence, qui distingue aussi la famille de l'école. La famille, c'est la filiation acceptée, assumée, *cultivée*. Car la famille est un fait de culture, autant ou davantage qu'un fait biologique. Deux adultes qui adoptent un enfant, c'est une famille ; un couple qui abandonne le sien, ce n'en est pas une. La famille est la filiation selon l'esprit, ou le devenir-esprit de la filiation.

La famille, sous des formes bien sûr différentes, semble avoir existé à toutes les époques, et en tous lieux : « le fait de famille, reconnaît Claude Lévi-Strauss, est universel » (*Le regard éloigné*, p. 80). Ce n'est pas sans poser un problème. Si l'on admet avec Lévi-Strauss que l'universel est le critère de la nature, et la règle particulière le critère de la culture, comment expliquer l'existence *universelle* d'une institution évidemment *réglée*, et donc culturelle ? On reconnaît ici la problématique qui est celle de Lévi-Strauss quand il s'interroge sur la prohibition de l'inceste, et ce n'est pas un hasard : si la famille, comme la prohibition de l'inceste, présente les deux caractères en principe opposés de deux ordres exclusifs (l'universalité de la nature, la particularité réglée de la culture), c'est que la famille réalise concrètement – non une fois pour toutes mais à chaque génération, et pour chaque individu de chaque génération – ce que la prohibition de l'inceste ne fait qu'instituer formellement : le *passage* de la nature à la culture, de l'humanité biologique à l'humanité culturelle – de la filiation selon la chair à la filiation selon l'esprit, de l'humanité comme espèce à l'humanité comme valeur.

On sait que la prohibition de l'inceste, pour les ethnologues, vaut moins par ce qu'elle interdit que par ce qu'elle impose : l'échange sexuel avec un membre d'une autre famille, d'où résulte l'alliance entre les familles et donc la société. Ce que je ne peux trouver chez les miens – la jouissance sexuelle du corps de l'autre –, il faut que je le cherche à l'extérieur, dans une autre famille, et c'est ce qui permet, ou impose, d'en fonder une troisième… « Dans tous les cas, remarque encore Lévi-Strauss, la parole de l'Écriture : *"Tu quitteras ton père et ta mère"*, fournit sa règle d'or (ou, si l'on préfère, sa loi d'airain) à l'état de société. » La famille n'est pas seulement l'élément premier de la société, comme le voulait Auguste Comte (plusieurs familles dispersées ne font pas encore une société), mais bien sa condition : elle représente la nature dans la culture, par la filiation, et la culture dans la nature, par la prohibition de l'inceste. Elle est le creuset où animalité et humanité ne cessent de se fondre : elle réalise le passage de la nature à la culture, en imposant le passage de la famille à la société.

La famille, qui donne tout à l'enfant, finit ainsi par donner son enfant même. À qui ? À un autre homme, à une autre femme, certes, mais aussi – et d'abord, et surtout – à lui-même. C'est ce dernier don, le plus beau, le plus difficile qu'on appelle *liberté*. La famille donne et perd : elle donne *pour perdre*, même, pour que l'enfant s'en aille, pour qu'il puisse quitter sa famille, et c'est ce qu'on appelle élever un enfant.

FANATISME « Le fanatisme, disait Alain, ce redoutable amour de la vérité… » Mais il n'aime que la sienne. C'est un dogmatisme haineux ou violent, trop sûr de sa bonne foi pour tolérer celle des autres. Le terrorisme est au bout.

On remarquera qu'il n'y a pas de fanatisme dans les domaines où une preuve est possible (pas de fanatisme en mathématiques, en physique, presque pas en histoire, quand les faits sont un peu anciens et bien établis), et c'est ce qui énerve les fanatiques : parce qu'ils ne peuvent ni faire partager leur certitude, ni accepter qu'elle n'en soit pas une. Le fanatisme touche à la foi, mais l'exacerbe. À l'enthousiasme, mais le pervertit. Il est à la superstition, disait Voltaire, « ce que le transport est à la fièvre, ce que la rage est à la colère. Celui qui a des extases, des visions, qui prend des songes pour des réalités, et ses imaginations pour des prophéties, est un enthousiaste ; celui qui soutient sa folie par le meurtre est un fanatique. » C'est se laisser emporter par sa faiblesse, au point de la prendre pour une force.

FANTAISIE L'imagination, mais joueuse plutôt que visionnaire, plaisante plutôt que fascinante, enfin sans trop d'illusions sur elle-même. C'est l'imagination la plus libre et la plus sympathique : celle qui n'est pas dupe de ses rêves, ni de soi.

FANTASME Une image ou un scénario suscités par le désir, mais dont on voit clairement qu'ils sont imaginaires (c'est ce qui distingue le fantasme de l'illusion), voire, parfois, qu'ils doivent le rester.

FATALISME Croyance en la fatalité de tout. Cela revient à décourager l'action : tout fatalisme est paresseux ou devrait l'être.

FATALITÉ Le nom superstitieux du destin : tout serait écrit à l'avance, de sorte que l'avenir serait aussi impossible à changer que le passé. Et certes il était vrai, il y a cent mille ans, que tu lirais ces lignes aujourd'hui. Mais ce n'est pas parce que c'était vrai que tu les lis ; c'est parce que tu les lis que c'était vrai. La fatalité n'est qu'un contresens sur l'éternité : c'est soumettre le réel au vrai, quand toute action fait l'inverse.

FATIGUE C'est un affaiblissement, durable ou passager, de la puissance d'exister et d'agir, suite à un effort trop intense ou trop long. On dirait une usure ou un épuisement du *conatus*, mais qui affecterait le corps ou le cerveau plutôt que l'âme. C'est ce qui distingue la fatigue de la tristesse, et qui explique qu'elles aillent si souvent ensemble. Toute tristesse fatigue, et il n'est guère de fatigue, si elle dure, qui ne rende un peu triste. L'usage et l'expérience interdisent pourtant de les confondre absolument : aucun repos ne suffit à la joie, aucune joie au repos.

Vivre fatigue, et la fatigue ne se dit au sens propre que des êtres vivants. Elle est l'entropie de vivre. Cela fait comme une lourdeur de tout l'être : les jambes, la tête, les paupières, la pensée... Le corps n'est plus qu'un poids, et l'esprit n'est plus rien. C'est le triomphe des imbéciles et des physiciens. Une force obscure – la vie même – nous pousse vers la mort ou le repos. Vivre fatigue et tue. Le sommeil est une homéopathie de la mort.

FAUSSETÉ C'est une pensée qui ne correspond pas au réel ou au vrai. Elle en fait pourtant partie (elle existe réellement : elle est vraiment fausse), et c'est en quoi sa fausseté reste une détermination extrinsèque ou négative. « Il n'y a dans les idées rien de positif à cause de quoi elles sont dites fausses », écrit Spinoza, ce qui veut dire qu'aucune idée n'est fausse en elle-même ou par ce qu'elle est, mais seulement par ce qu'elle n'est pas ou qui – si on la compare à une idée vraie – lui fait défaut : « La fausseté consiste dans une privation de connaissance qu'enveloppent les idées inadéquates, c'est-à-dire mutilées et confuses » (*Éthique*, II, prop. 33 et 35). Ainsi tout est vrai en Dieu ou en soi, sans que cela nous empêche de mentir ou de nous tromper. C'est que nous ne sommes pas Dieu. La fausseté est la marque en nous de la finitude : ce n'est qu'un premier pas vers le vrai. L'erreur est de vouloir s'arrêter.

FAUSSETÉ DES VERTUS HUMAINES C'est le titre d'un livre de Jacques Esprit (1611-1678), comparable, avec moins de talent, aux *Maximes* de La Rochefoucauld. Toutes nos vertus ne seraient que des vices déguisés, que des ruses de l'intérêt ou des mensonges de l'amour-propre. Voltaire lui consacre un des articles de son *Dictionnaire*. Il lui reproche de ne critiquer la morale que pour faire le lit de la religion, en l'occurrence catholique, et surtout de mettre Marc Aurèle ou Épictète sur le même plan que le premier coquin venu. Car enfin si toute vertu est fausse, pourquoi admirer ces deux-là ou s'interdire de ressembler à celui-ci ? Non, pourtant, que l'amour-propre n'ait en effet ses pièges, ses leurres, ses illusions. Comment la vertu serait-elle transparente, puisqu'elle est humaine ? Mais elle n'en continue pas moins, même opaque, de valoir mieux que son absence. J'imagine, chers immoralistes, que vous faites une différence entre Cavaillès et ses bourreaux. Que vous mettez un homme courageux, généreux et droit plus haut qu'un salaud égoïste et lâche. Mais alors pourquoi ce mot de *vertu* vous agace-t-il si fort ? Parce que vous doutez qu'elle soit complètement désintéressée ? La belle affaire ! Qu'un héros puisse trouver du plaisir à en être un, cela en fait-il un méchant homme ? Parce que vous ne savez pas ce que c'est ? Je vous renvoie à la définition que j'en donne, qui reprend celles d'Aristote et de Spinoza. Mais pour aller au plus court, je vous répondrais volontiers ce que Voltaire lançait à Jacques Esprit : « Qu'est-ce que la vertu, mon ami ? C'est de faire du bien : fais-nous-en, et cela suffit. Alors nous te ferons grâce du motif. »

FAUTE Une erreur pratique, qui s'écarte moins du vrai que du bien ou du juste. Par exemple une faute d'orthographe : ce n'est pas qu'elle soit *moins vraie* que l'écriture correcte, mais qu'elle n'est pas *la bonne*. Toute faute suppose une norme de référence, qu'elle reconnaît (dans son principe) et méconnaît ou transgresse (dans son détail).

Une faute est souvent une erreur, mais pas toujours. Il arrive que je fasse ce que je crois, à tort, être bien, mais aussi que je fasse ce que je sais pertinemment être mal. C'est à peu près la différence qu'il y a entre une faute intellectuelle (une erreur de jugement) et une faute morale. Je suis responsable de la première ; coupable de la seconde.

FAVORITISME C'est manquer à la justice par amour ou par solidarité. Comment est-ce possible ? C'est qu'il s'agit d'un amour toujours particulier, d'une solidarité toujours partielle, contre la justice universelle. L'amour n'excuse pas tout ; la solidarité non plus. C'est ce que le mot de favoritisme, qui vaut universellement comme condamnation, nous rappelle.

FÉLICITÉ Ce serait un bonheur absolu : une joie permanente, et qui persévérerait dans son intensité. Mais la notion en est contradictoire : ce serait un *passage* (Spinoza, *Éthique*, III, déf. 2 des affects, et explic. de la déf. 3) qui ne *passerait* pas. Son impossibilité nous distingue des dieux ; son rêve, des animaux. Elle est au paradis terrestre ce que la béatitude serait à l'autre. Double mensonge.

FÉMINITÉ C'était à la rue d'Ulm, dans les soixante-dix. Je bavardais avec un ami, dans un couloir de l'École normale supérieure. Soudain, je vois arriver trois jeunes femmes, bottées, casquées, la cigarette au bec, qui me demandent d'un ton rogue : « *C'est où, les chiottes ?* » Elles devaient descendre de moto, et je n'ai évidemment rien contre. Elles avaient bien sûr le droit de fumer et de dire des gros mots. Mais elles étaient étonnamment masculines, au pire sens du terme : sans douceur, sans finesse, sans poésie. Cela suggère, au moins par différence, ce qu'est la féminité. Non une essence ou un absolu, cela va de soi (les trois motardes, aussi peu féminines qu'elles m'aient paru, n'en étaient pas moins femmes pour autant), mais un certain nombre de traits ou de caractères qu'on trouve plus souvent chez les femmes, sans lesquels l'humanité se réduirait à la masculinité, avec tout ce qu'elle comporte de violence et de lourdeur, de prosaïsme et d'ambition – ce que Rilke appelait « le mâle prétentieux et impatient ».

Les deux notions de féminité et de masculinité ne peuvent se définir que l'une par l'autre. C'est ce qui les rend toujours relatives et insatisfaisantes, mais aussi nécessaires. Freud, à la fin de sa vie, s'interrogeait encore sur ce que veulent les femmes. Peut-être savait-il mieux, parce qu'il en était un, ce que veulent les hommes : le pouvoir, le sexe, l'argent, l'efficacité, la gloire. On m'objectera que les femmes n'y sont pas non plus indifférentes. Je le sais bien. Mais il me semble qu'elles auront tendance, plus souvent que les hommes, à privilégier un certain nombre d'enjeux qui relèvent davantage de la vie privée et affective : la parole, l'amour, les enfants, le bonheur, la durée, la paix, la vie... Il faut certes se méfier de ces catégories, toujours trop massives, toujours trop vagues, et qui risquent d'enfermer chaque être humain dans un rôle convenu, qu'il n'aurait pas choisi. Mais comment – sauf à refuser à la différence sexuelle toute autre réalité que physiologique – s'en passer tout à fait ? Il m'est arrivé de dire, par boutade, que l'amour était une invention des femmes, qu'une humanité exclusivement masculine n'en aurait jamais eu l'idée – que le sexe et la guerre lui auraient suffi, toujours. Disons, plus sérieusement, qu'hommes et femmes ont tendance à vivre différemment l'articulation de l'amour et de la sexualité. La plupart des hommes mettent l'amour au service du sexe, quand les femmes, du moins la plupart d'entre elles, mettraient plutôt le sexe au service de l'amour. Ce n'est qu'une tendance, dont il se peut qu'elle soit davantage culturelle que naturelle. Elle n'en fait pas moins partie, me semble-t-il, de notre expérience. Cela laisse une chance à la séduction et au couple (puisque nous désirons les uns et les autres et l'amour et le sexe), mais n'est pas non plus sans entraîner parfois, dans nos relations, un certain nombre de difficultés ou de malentendus.

On pourrait faire des remarques du même genre sur la violence et la douceur, sur le rapport au temps ou à l'action. Quelques semaines de guerre suffisent à tout détruire : les hommes s'en chargent fort bien. Après quoi il faut des années de patience et d'efforts pour que la vie reprenne ses droits : je ne suis pas sûr que nous en serions capables sans les femmes.

Mais revenons à nos trois motardes. C'était la première fois, je crois bien, que la féminité, alors peu en vogue, m'apparaissait comme une valeur. J'avais vingt ans. Je n'avais pas encore lu Rilke (« la femme est sans doute plus mûre, plus près de l'humain que l'homme… »), ni Colette, ni Simone Weil, ni Etty Hillesum… Certes, j'avais fait toutes mes études secondaires dans un lycée mixte : sortant de l'école communale, alors exclusivement masculine, cela m'avait paru une espèce de paradis, comme quand on quitte un wagon de bidasses pour entrer dans un lieu civilisé… Mais je disais « les filles » alors, plutôt que les femmes ou la féminité, et n'aurais guère osé, surtout, en tirer quelque idée générale que ce soit. Le féminisme, ces années-là, était une espèce d'évidence, pour tout intellectuel progressiste. Mais la féminité, non : beaucoup, chez les hommes comme chez les femmes, n'y voyaient qu'un dernier piège ou une dernière illusion, dont il était urgent – au nom de l'universel ou de la Révolution, voire au nom du féminisme lui-même – de se libérer. Regardant les trois motardes s'éloigner, je réalisais que ce n'était pas si simple, et que nous risquions, sur cette pente-là, de perdre quelque chose d'important. Elles ne m'ont pas rendu le féminisme moins sympathique. Mais la féminité, plus précieuse.

FEMME Un être humain, de sexe féminin. On dira que c'est l'humanité qui importe, non le sexe. Peut-être. Mais que l'humanité soit sexuée n'est pas non plus anecdotique.

La différence sexuelle est sans doute l'une des plus fortes, des plus constantes, des plus structurantes qui soient. Chacun d'entre nous ne cesse de s'y confronter. Et pourtant toute tentative de caractériser positivement cette moitié-là de l'humanité (donc aussi de caractériser l'autre) ne débouche que sur des approximations ou des platitudes. Que les femmes soient ordinairement moins violentes que les hommes, qu'elles aient davantage le sens du concret, de la durée, du quotidien (une certaine façon, chez les meilleures, d'être de plain-pied avec la vie ou le réel), qu'elles soient plus douées pour l'amour et l'intimité, moins portées vers la pornographie et le pouvoir, c'est ce qui semble souvent vrai, mais qui ne va pas, chez les hommes comme chez les femmes, sans de nombreux contre-exemples, qui interdisent d'en faire une loi ou une essence. La différence, entre les deux sexes, reste floue, et doit autant ou davantage à la culture, selon toute vraisemblance, qu'à la nature. Toutefois cela ne prouve pas que les femmes n'existent pas, ni qu'elles ne soient tendanciellement différentes des hommes. Pourquoi le flou existerait-il moins que le net, ou le culturel moins que le naturel ? « On ne naît pas femme, disait Simone de Beauvoir, on le devient. » C'était mettre curieusement le corps entre parenthèses. La biologie m'éclaire davantage (on naît femme, ou homme, puis on devient ce que l'on est, de façon plus ou moins féminine ou masculine), mais peu importe : ce *devenir*-là, quand bien même il devrait tout à la culture, est l'un des plus beaux cadeaux que l'humanité se soit faits à elle-même.

FÊTE Un moment privilégié, souvent inscrit d'avance dans le calendrier en souvenir d'un autre, qu'il commémore : occasion d'abord de recueillement, puis de réjouissances. De nos jours, les réjouissances tendent de plus en plus à l'emporter. C'est pourquoi elles sont souvent un peu tristes ou contraintes – ou le seraient, sans l'alcool. « Une fête est un excès permis, écrit Freud, voire ordonné » (*Totem et tabou*, IV, 5). Mais quoi de plus oppressant qu'un excès obligatoire ? Quoi de plus démoralisant qu'une joie programmée ? Heureusement que la fête nous le fait oublier ! Puis c'est aussi l'occasion de revoir ses amis, à quoi le hasard et l'amitié ne suffisent pas toujours.

FÉTICHISME C'est aimer un objet plutôt qu'un sujet, un symbole plutôt que ce qu'il symbolise, ou la partie plutôt que le tout : par exemple une statuette plutôt que le dieu, la valeur d'échange ou l'argent plutôt que la valeur d'usage ou le travail (Marx), une partie du corps ou un vêtement plutôt que le corps entier et sexué (Freud). C'est avouer et dénier à la fois une absence : celle du dieu, celle du travail vivant, celle (selon Freud) du phallus de la mère.

En un sens plus large, on pourrait parler de fétichisme pour tout amour qui reste prisonnier de son objet, dont il croit dépendre. Si je l'aime parce qu'il est seul aimable, comment pourrais-je jouir ou me réjouir sans lui ? À quoi Spinoza objecte que le désir est premier, qui donne à l'objet sa valeur : ce n'est pas parce qu'il est aimable que je l'aime, c'est parce que je l'aime qu'il est aimable (pour moi), et c'est en quoi tout l'est ou peut l'être. Ainsi tout amour est fétichiste, tant qu'il n'est pas universel. C'est avouer et dénier à la fois l'absence en nous de l'amour pour tout le reste. Seule la charité y échappe. Mais en sommes-nous capables ?

FIDÉISME Toute doctrine, spécialement religieuse, qui ne se fonde que sur la foi *(fides)*, à l'exclusion de toute connaissance rationnelle. C'est le contraire du rationalisme en matière de religion. L'Église y voit traditionnellement deux hérésies : ni foi seule ni raison seule ne suffisent ; la vraie religion a besoin des deux. Sans doute. Mais quelle est la vraie religion ? Seule la foi répond, et c'est ce qui donne raison, malgré tout, au fidéisme – ou à l'athéisme.

FIDÉLITÉ On ne la confondra pas avec l'exclusivité. Être fidèle à ses amis, ce n'est pas n'en avoir qu'un. Être fidèle à ses idées, ce n'est pas se contenter d'une seule. Même en matière amoureuse ou sexuelle, et malgré l'usage ordinaire du mot, la fidélité ne se réduit pas plus à l'exclusivité qu'elle ne la suppose nécessairement. Rien n'empêche, au moins en théorie, deux amants de se rester fidèles, quand bien même ils pratiqueraient l'échangisme ou s'autoriseraient mutuellement des aventures avec d'autres. Combien d'époux, à l'inverse, sans jamais se tromper mutuellement, au sens sexuel du terme, ne cessent pourtant de se mentir, de se mépriser, de se haïr parfois, qui sont pour cela plus infidèles que les plus libérés des amants ?

La fidélité n'est pas l'exclusivité ; c'est la constance, c'est la loyauté, c'est la gratitude, mais tournées toutes les trois vers l'avenir au moins autant que vers le passé. Vertu de mémoire, certes, mais aussi d'engagement : c'est le souvenir reconnaissant de ce qui a eu lieu, joint à la volonté de l'entretenir, de le protéger, de le faire durer, tant que c'est possible, bref de résister à l'oubli, à la trahison, à l'inconstance, à la frivolité, et même à la lassitude. C'est pourquoi la fidélité amoureuse a souvent à voir, en pratique, avec l'exclusivité sexuelle : dès lors qu'on s'est promis celle-ci, elle fait partie de celle-là. Faut-il se la promettre ? Affaire de goût ou de convenance, à ce que je crois, davantage que de morale. La fidélité, sans cette exclusivité, n'en vaut pas moins. Mais elle me semble plus inconfortable, plus exposée, plus aléatoire, enfin plus difficile et trop pour moi.

On parle aussi de fidélité en matière de religion : c'est la vertu des croyants, qui restent fidèles à leur foi ou à leur Église. On aurait tort de croire que les athées en seraient pour cela dispensés. C'est le contraire qui me paraît vrai. Tant que la foi est là, elle pousse à la fidélité. C'est dire que la fidélité n'est jamais aussi nécessaire que lorsque la foi fait défaut. Que les deux mots aient la même origine (le latin *fides*), cela ne signifie pas qu'ils soient synonymes. La foi est une croyance ; la fidélité, une volonté. La foi est une grâce ou une illusion ; la fidélité, un effort. La foi est une espérance ; la fidélité, un engagement. Allons-nous, sous prétexte que nous ne croyons plus en Dieu, oublier toutes ces valeurs que nous avons reçues, dont la plupart sont d'origine religieuse, certes, mais dont rien ne prouve qu'elles aient besoin d'un Dieu pour subsister, et dont tout prouve au contraire que nous avons besoin d'elles pour survivre d'une façon qui nous paraisse humainement acceptable ? Allons-nous, sous prétexte que Dieu est mort, laisser son héritage en déshérence ? Que Dieu existe ou pas, qu'est-ce que cela change à la valeur de la sincérité, de la générosité, de la justice, de la miséricorde, de la compassion, de l'amour ? Vertu de mémoire, disais-je, qui vaut aussi pour la mémoire des civilisations. S'agissant de la nôtre, puisqu'il faut bien en dire un mot, la vraie question me paraît être la suivante : que reste-t-il de l'Occident chrétien, quand il n'est plus chrétien ? Je ne vois guère que deux réponses possibles. Ou bien vous pensez qu'il n'en reste rien, et alors nous sommes une civilisation morte, ou mourante : nous n'avons plus rien à opposer ni au fanatisme, à l'extérieur, ni au nihilisme, à l'intérieur (et le nihilisme est de très loin le danger principal). Autant aller se coucher et attendre la fin, qui ne tardera pas... Ou bien, deuxième possibilité, vous pensez qu'il en reste quelque chose ; et si ce qu'il en reste ce n'est plus une *foi* commune (puisqu'elle a cessé, de fait, d'être commune : un Français sur deux se dit athée ou agnostique, un sur quatorze est musulman...), ce ne peut être qu'une *fidélité* commune : le refus d'oublier ce qui nous a faits, de trahir ce que nous avons reçu, de le laisser finir ou dépérir avec nous. La fidélité, c'est ce qui reste de la foi quand on l'a perdue : un attachement partagé à ces valeurs que nous avons reçues et que nous avons à charge de transmettre (la seule façon d'être vraiment fidèle à ce qu'on a reçu, c'est d'assurer sa pérennité, pour autant qu'elle dépend de nous, autrement dit sa transmission). Du passé ne faisons pas table rase : ce serait vouer l'avenir à la barbarie.

« Quand on ne sait où l'on va, dit un proverbe africain, il faut se souvenir d'où l'on vient. » C'est la seule façon de savoir où l'on *veut* aller. Cela vaut pour notre civilisation comme cela vaut pour les autres, et pour leur ensemble qui est la civilisation même. Fidélité à l'humanité, je veux dire (car la fidélité n'est ni la complaisance ni l'aveuglement) à sa meilleure part : celle qui la rend humaine, et nous avec.

« La fidélité, disait Alain, est la principale vertu de l'esprit. » C'est qu'il n'y a pas d'esprit sans mémoire, et que la mémoire pourtant n'y suffit pas : encore faut-il vouloir ne pas oublier, ne pas trahir, ne pas abandonner, ne pas renoncer, et c'est la fidélité même.

FIERTÉ Contentement de soi (fût-ce dans son rapport à autrui : « Je suis fier de toi »), mais qui ne va guère sans un peu de mépris pour les autres. C'est le sentiment, qui se croit légitime, de sa propre supériorité, ou en tout cas de sa propre valeur, en tant qu'elle excède la moyenne ou qu'elle serait (mais par qui ?) *méritée*. Si la fierté se situe quelque part entre la dignité et l'orgueil, elle est plus proche de celui-ci : c'est un défaut qui se prend pour une vertu, une petitesse qui se croit grande. Manque d'humilité, donc de lucidité.

La fierté ne vaut que comme défense, contre le mépris dont on est l'objet. Qu'on manifeste pour la « fierté homosexuelle » (la *gay pride*), soit. Une manifestation pour la fierté hétéro ne serait qu'un rassemblement de beaufs ou d'homophobes.

FIN Le mot a deux sens très différents, qu'il importe de ne pas confondre : il peut désigner la limite ou le but, le terme ou la destination, la *finitude* ou la *finalité*. Par exemple que la mort soit la *fin* de la vie, cela fait partie de sa définition ; mais ne nous dit pas si elle est son *but*, comme le voulait Platon, ou simplement, et comme disait Montaigne, son *bout* (*Essais*, III, 12, 1051). On dira que les deux peuvent ne faire qu'un : tel serait le cas de la ligne d'arrivée dans une course. Je ne suis pas sûr que l'exemple soit pertinent (le but, dans une course, est moins d'arriver que de vaincre), ni, encore moins, qu'on puisse le généraliser. Ce n'est pas pour son dernier mot qu'on écrit un livre, pas pour son dernier jour qu'on vit tous les autres, pas pour sa clôture qu'on cultive un jardin.

Ce qui reste vrai, en revanche, et que les Grecs savaient mieux que nous, c'est que ces deux sens sont à la fois liés et asymétriques : la finalité suppose la finitude, non la finitude la finalité. L'infini, par définition, ne peut aller nulle part, ni tendre vers quoi que ce soit. Imaginez une autoroute infinie : *où* pourrait-elle aller ? Un univers infini : *vers quoi* pourrait-il tendre ? Un Dieu infini : *à quoi* pourrait-il servir ? Alors que le moindre de nos actes, pour fini qu'il soit, n'en a pas moins une finalité (le but que nous visons à travers lui). L'infini n'est pas un but plausible, ni n'en peut avoir. Seul le fini vaut la peine qu'il se donne.

FINALE (CAUSE –) Une cause, c'est ce qui répond à la question « *Pourquoi ?* » ; une cause finale, ce qui y répond par l'énoncé d'un *but*. Par exemple, explique Aristote, la santé est la *cause finale* de la promenade, si, à la question : « Pourquoi se promène-t-il ? », on peut répondre légitimement : « Pour sa santé » (*Physique*, II, 3). Ainsi la cause finale est *ce en vue de quoi* quelque chose existe, qui n'existerait pas sans cela.

Mais alors pourquoi ne se promènent-ils pas tous, ni toujours ? La santé n'est-elle une fin que pour quelques-uns, et à quelques moments ? Non pas ; mais elle n'agit, comme fin, qu'à condition qu'un désir actuel et actif la vise. C'est où l'on échappe au finalisme – et à Aristote – par Spinoza : la santé n'est une cause finale que pour autant que le désir de santé est une cause efficiente (*Éthique*, IV, Préface).

FINALISME Toute doctrine qui accorde aux causes finales un rôle effectif. On l'illustre souvent par les exemples délicieusement outrés de Bernardin de Saint-Pierre. Pourquoi les melons sont-ils divisés en côtes ? Pour qu'on puisse plus aisément les manger en famille. Pourquoi Dieu nous a-t-il donné des fesses ? Pour que nous puissions plus confortablement nous asseoir et méditer sur les merveilles de sa création... Mais cela ne doit pas faire oublier que la plupart des grands philosophes – depuis Platon et Aristote jusqu'à Bergson et Teilhard de Chardin – ont été finalistes. Au reste, comment y échapper, si l'on croit en un Dieu créateur ou ordonnateur ? Même Descartes, qui fit tant pour que les scientifiques cessent de chercher des causes finales, ne contestait pas qu'elles puissent exister en Dieu, mais seulement que nous puissions les connaître (*Principes*, III, 1-3). Quant à Leibniz, il y voyait « le principe de toutes les existences et des lois de la nature, parce que Dieu se propose toujours le meilleur et le plus parfait » (*Discours de métaphysique*, 19). Pourquoi aurions-nous des yeux, si ce n'était *pour voir* ?

Ce dernier exemple, repris par Leibniz et tant d'autres, suggère bien l'essentiel. Pourquoi voyons-nous ? Parce que nous avons des yeux. Pourquoi avons-nous des yeux ? Pour voir. Ainsi les yeux sont la cause efficiente de la vue ; la vue, la cause finale des yeux. Mais laquelle de ces deux causes existe d'abord ? Est-ce la fonction qui crée l'organe (ce qui est une forme de finalisme), ou l'organe qui crée la fonction ? Les matérialistes, presque tous, presque seuls, choisissent résolument le deuxième terme de l'alternative. Penser que nous avons des yeux pour voir, explique Lucrèce, « c'est faire un raisonnement qui renverse le rapport des choses, c'est mettre partout la cause après l'effet » (IV, 823 sq.). Mais pourquoi, alors, avons-nous des yeux ? Par hasard ? Non pas ; mais seulement par des causes efficientes, qui renvoient au passé de l'espèce (par l'hérédité et la sélection naturelle), non à l'avenir de l'individu.

Spinoza, sur cette question comme sur tant d'autres, est du côté des matérialistes. Le finalisme, pour lui aussi, « renverse totalement la nature : il considère comme effet ce qui en réalité est cause, et met après ce qui de nature est avant » (*Éthique*, I, Appendice). C'est là le préjugé fondamental, dont tous les autres dérivent : « Les hommes supposent communément que toutes les choses de la nature agissent, comme eux-mêmes, en vue d'une fin » *(ibid.)*. S'agissant de la nature, c'est clairement une illusion. Mais s'agissant d'eux-mêmes ? C'en est une aussi, du moins si l'on y voit la cause de leurs actes : cette illusion s'appelle alors le libre arbitre. Soit par exemple cette maison que je construis.

Pourquoi le fais-je ? Si on répond *« pour l'habiter »*, comme beaucoup le feront spontanément, cela signifie que ce qui n'est pas encore (l'habitation) explique et produit ce qui est (le travail de construction), que c'est la fin, comme dira Sartre, qui « éclaire ce qui est » : tel est le paradoxe de la liberté (*L'Être et le Néant*, p. 519-520, 530, 577-578...). Mais comment ce qui n'est pas encore pourrait-il produire ou expliquer quoi que ce soit ? Que les hommes agissent toujours « en vue d'une fin », comme le reconnaît Spinoza, cela ne prouve pas que cette fin soit la cause de l'action : ce qu'on prend pour une cause finale n'est rien d'autre qu'un désir déterminé (ici le désir d'habiter cette maison), et ce désir « est en réalité une cause efficiente » (*Éthique*, IV, Préface). Les hommes se trompent en ce qu'ils se figurent être libres ; cette illusion n'est pas autre chose qu'un finalisme à la première personne : ils ont conscience de viser une fin, point des causes efficientes qui les déterminent à le faire (I, Appendice).

Ainsi il n'y a pas de finalité du tout : il n'y a que la puissance aveugle de la nature, et celle, qui peut être éclairée, du désir.

FINALITÉ Le fait de tendre vers une fin ou un but. C'est le cas par exemple de la plupart de nos actions, et même, selon Freud, de nos actes manqués. Cela ne prouve pas que cette fin soit la *cause* de l'acte. C'est où la finalité, qui est une donnée de la conscience ou un fait, se distingue du finalisme, qui est une doctrine et un contresens. On agit *pour* une fin, mais *par* un désir : la finalité n'est elle-même qu'un effet de l'efficience du désir.

On pourrait en dire autant de la finalité du vivant, qui est un fait d'expérience, mais dont rien ne prouve qu'elle soit une *cause*. C'est pourquoi nos biologistes parlent plutôt, pour la désigner, de téléonomie, qui est une finalité sans finalisme (une finalité pensée comme effet, point comme cause).

FINESSE (ESPRIT DE –) Le sens des nuances, du flou, de la complexité inépuisable du réel, bref de tout ce qui se sent davantage que cela ne se voit ou ne se démontre. S'oppose traditionnellement, surtout depuis Pascal, à l'esprit de géométrie (*Pensées*, 512-1 et 513-4).

FINI En philosophie, c'est moins ce qui est terminé que ce qui peut l'être : ce qui n'est pas infini. La *Symphonie inachevée* est aussi *finie* que toutes les autres. Et nous sommes voués à la finitude bien avant d'être morts.

FINITUDE Le fait d'avoir une limite, un terme, une borne *(finis)* – de n'être pas infini. Les Anciens y voyaient plutôt un bonheur, pour qui savait s'en contenter. « Épicure fixa des bornes *(finem statuit)* au désir comme à la crainte », se réjouit Lucrèce, et il n'y aurait pas de sagesse autrement. Le faux infini des désirs nous voue à l'insatisfaction, au malheur, à la démesure. Seul celui qui s'accepte fini peut échapper à l'angoisse : la sagesse est une finitude heureuse, dans l'infini qui nous contient. Quel bonheur d'être un homme, quand on ne prétend pas à autre chose !

Chez les Modernes, et spécialement chez les existentialistes, la finitude prend des couleurs plus sombres : c'est comme une amputation de l'infini, qui resterait, telle un membre fantôme, à jamais douloureuse. C'est le malheur de n'être pas Dieu. La finitude, en ce sens, est le propre de l'homme, en tant qu'il est voué à la mort. Non qu'il soit seul fini, ni qu'il le soit par la mort seule. Mais parce qu'il est seul à savoir clairement qu'il l'est (les animaux, selon toute vraisemblance, n'ont aucune notion de l'infini, ni donc de la finitude), et qu'il va mourir. Attention, toutefois, de ne pas accorder trop à la mort. Sur la finitude, il me semble que le sexe et la fatigue nous en apprennent davantage.

FLATTERIE C'est dire à quelqu'un, pour attirer ses bonnes grâces, plus de bien qu'on n'en pense. Quand c'est fait un peu habilement, cela ne rate presque jamais, ce qui en dit long sur l'humanité. L'amour-propre, presque inévitablement, l'emporte sur l'amour de la vérité. « Ainsi, écrit Pascal, la vie humaine n'est qu'une illusion perpétuelle ; on ne fait que s'entre-tromper et s'entre-flatter. Personne ne parle de nous en notre présence comme il en parle en notre absence. L'union qui est entre les hommes n'est fondée que sur cette mutuelle tromperie ; et peu d'amitiés subsisteraient, si chacun savait ce que son ami dit de lui lorsqu'il n'y est pas, quoiqu'il en parle alors sincèrement et sans passion » (*Pensées*, 978-100).

FOI Croyance sans preuve, comme toute croyance, mais qui s'en passe avantageusement, par volonté, confiance ou grâce. Avantage équivoque, voire suspect. C'est se croire, se fier, ou se soumettre. Toute foi pêche par suffisance, ou par insuffisance.

« La foi, écrit Kant, est une croyance qui n'est suffisante que subjectivement » (*C. R. Pure*, théorie de la méthode, II, 3). Elle ne l'est donc que pour les sujets qui se suffisent de leur subjectivité. Pour les autres, le doute l'accompagne et la sauve.

Au sens le plus ordinaire, le mot désigne une croyance religieuse, et tout ce qui lui ressemble. C'est croire en une vérité qui serait une valeur, en une valeur qui serait une vérité. Avoir foi en la justice, par exemple, c'est non seulement aimer la justice mais croire qu'elle existe. Avoir foi en l'amour, c'est non seulement l'aimer mais en faire un absolu, qui existerait indépendamment de nos amours très relatives. C'est pourquoi la foi porte spécialement sur Dieu : parce qu'il serait la conjonction absolue de la valeur (qu'on doit aimer) et de la vérité (qu'on peut connaître ou reconnaître). C'est aussi sa limite : si l'on connaissait Dieu, on n'aurait plus besoin d'y croire.

La foi porte également sur l'avenir. C'est comme une utopie métaphysique : l'espérance s'invente un objet, qui la transforme en vérité. Il s'agit de croire, comme disait Kant, que « quelque chose est… puisque quelque chose doit arriver ». Ce mensonge, dans sa sincérité, est la religion même.

La foi ne se nourrit que de l'ignorance de son objet. « Je dus donc mettre de côté le *savoir*, reconnaît encore Kant, afin d'obtenir une place pour la *foi* » (*C. R. Pure*, Préface de la 2e éd.). Les savants, depuis vingt-cinq siècles, font l'inverse.

FOLIE « Le fou a tout perdu, disait un psychiatre, sauf la raison. » Mais elle tourne à vide : elle a perdu les *rails* du réel. Le délire paranoïaque, par exemple, peut être d'une formidable cohérence (ce n'est pas un hasard si Freud compare les systèmes philosophiques à des paranoïas réussies) ; mais il est fermé sur lui-même au lieu d'ouvrir sur le monde. C'est une leçon pour le philosophe : la pensée n'échappe à la folie que par son dehors, qui est le réel ou la pensée des autres. Ce qui n'est vrai que pour toi ne l'est pas.

FONDEMENT Disons d'abord, avec Marcel Conche, ce que ce n'est pas : un fondement n'est ni un principe, ni une cause, ni une origine. La cause explique un fait ; le fondement établit un droit ou un devoir. L'origine rend raison d'un devenir ; le fondement, d'une valeur. Enfin un principe n'est que le point de départ – qui peut être hypothétique ou douteux – d'un raisonnement ; le fondement serait « la justification radicale du principe lui-même » (*Le fondement de la morale*, Introduction). Qu'est-ce qu'un fondement ? La justification nécessaire et suffisante d'un droit, d'un devoir, d'une valeur ou d'un principe, de telle sorte que l'esprit puisse *et doive* leur donner son assentiment. Un fondement, c'est donc ce qui garantit la valeur ou la vérité de ce qu'il fonde : ce qui nous permettrait d'être certain (non seulement en fait mais en droit) d'avoir raison.

C'est pourquoi il n'y a pas de fondement, me semble-t-il, ni ne peut y en avoir : parce qu'il faudrait qu'il soit d'abord lui-même rationnellement démontré ou établi, ce qui n'est possible qu'à la condition de fonder d'abord la valeur de notre raison, laquelle ne peut l'être ni sur elle-même (car il y aurait là un cercle) ni sur autre chose (car il y aurait là une régression à l'infini, cette autre chose devant à son tour être fondée, et ne pouvant l'être que sur la raison ou sur autre chose). Non, certes, que la raison ne vaille rien, ce qui n'est ni démontrable ni vraisemblable, mais parce que sa valeur, qui permet nos démonstrations, ne peut elle-même être rationnellement démontrée. La proposition « Il y a de vraies démonstrations » est indémontrable – puisque toute démonstration le suppose.

Un fondement des mathématiques ? Non seulement on a fait des mathématiques bien avant de disposer de quelque fondement que ce soit, mais les mathématiciens d'aujourd'hui, si brillants, si performants, ont à peu près renoncé à en chercher un. Au reste, dès lors que le théorème de Gödel a établi que, dans un système formel contenant au moins l'arithmétique, on ne peut ni tout démontrer (il y a des énoncés indécidables) ni démontrer que le système n'est pas contradictoire (la cohérence du système est elle-même indécidable à l'intérieur de ce système), on ne voit guère, d'un point de vue philosophique, quel sens il y aurait à prétendre *fonder* les mathématiques : comment garantir une cohérence que l'on ne peut démontrer ? La proposition « Les mathématiques sont vraies » (ou « Les mathématiques sont cohérentes ») n'est pas susceptible d'une démonstration mathématique, ni de quelque démonstration que ce soit. Cela, qui interdit de fonder les mathématiques, n'empêche pas d'en faire, et ne leur retire rien d'autre que l'illusion de l'absoluité.

Un fondement de la morale ? Ce ne pourrait être que la conjonction nécessaire et absolue (ni contingente ni dépendante) du vrai et du bien, de la valeur et de la vérité : ce ne pourrait être que Dieu, et c'est pourquoi ce n'est pas. Que vaudrait une morale qui aurait besoin d'un Dieu pour valoir ? Ce serait une morale dépendante d'une religion, qu'il faudrait à son tour fonder : démontrez-moi quelle est la vraie religion, je vous dirai quelle est la vraie morale ! Si on laisse de côté ce fondement théologique, qui n'en serait pas un, tout fondement de la morale doit lui-même être démontré (ce qui nous renvoie aux apories précédentes), et peut d'autant moins l'être que sa vérité même, à supposer qu'on puisse l'établir, n'y suffirait pas : car pourquoi devrais-je me soumettre au vrai ? Pourquoi ne pas préférer le faux, l'erreur, l'illusion ? Cet individu, par exemple, qui n'hésite pas à assassiner, à violer, à torturer, pourquoi devrait-il se soumettre au principe de non-contradiction ? Et pourquoi aurions-nous besoin d'un fondement pour le combattre ou pour lui résister ? L'horreur suffit. La compassion suffit, et vaut mieux.

FORCE Une puissance en acte (*energeia*, en grec, plutôt que *dunamis*). Se dit spécialement en mécanique : on appelle *force* ce qui modifie le mouvement (ou le repos) d'un corps, qui resterait autrement – par le principe d'inertie – rectiligne et uniforme.

On oppose souvent la force au droit, comme les lois de la nature aux lois des hommes. On a raison. Le droit du plus fort n'est pas un droit ; le droit du plus faible, pas une force. C'est pourquoi on a besoin d'un État, pour que la force et le droit aillent ensemble.

On parle parfois de *force d'âme* pour désigner le courage. C'est encore, quoiqu'en un sens métaphorique, le contraire de l'inertie : la puissance de modifier son propre mouvement, ou son propre repos. Le corps voudrait fuir, et l'on ne fuit pas. Céder, et l'on ne cède pas. Frapper, et l'on ne frappe pas. C'est ce qui fait croire à l'âme, et l'on a à nouveau bien raison. Mais elle n'existe que par courage et volonté : « Ce beau mot ne désigne nullement un être, disait Alain, mais toujours une action. » Ainsi toute âme est force d'âme, mais non toute force.

FORCLORE C'est enfermer dehors. Se dit par exemple d'un droit, lorsque son délai d'application a été dépassé, ou d'une représentation, quand on refuse de la prendre en compte. Le mot, qui n'appartenait guère qu'au vocabulaire des juristes, a trouvé une nouvelle jeunesse et un nouvel emploi dans la psychanalyse, spécialement lacanienne, pour traduire le *Verwerfung* de Freud : c'est rejeter une représentation ou un signifiant hors du sujet ou de son univers symbolique (et non pas, comme dans le refoulement, à l'intérieur de l'inconscient), de telle sorte qu'ils feront retour du dehors, spécialement sous forme d'hallucinations : « Ce qui a été aboli à l'intérieur revient de l'extérieur », écrit Freud, ce qui veut dire, précise Lacan, que « ce qui a été forclos du symbolique réapparaît dans le réel ». Ce mécanisme serait à l'origine des psychoses, et les distinguerait des névroses (qui doivent davantage au refoulement et au retour du refoulé). Le névrosé est prisonnier du passé, qu'il a refoulé ; le psychotique, du présent, qu'il a forclos : il s'enferme hors du réel (délire, hallucination) en voulant l'enfermer hors de lui (forclusion). Cela me fait penser à cette histoire d'un fou aveugle, qui se heurte à une colonne, qui en fait le tour plusieurs fois, qui la palpe, comme à la recherche d'une issue, puis qui finit par s'écrier : « Je suis enfermé ! » Ainsi le psychotique, enfermé dans le réel même qu'il rejette.

FORMALISME Juger sur la forme, plutôt que sur le contenu matériel ou affectif. Ainsi en logique formelle ou en mathématiques :

on raisonne sur des *x* et des *y*, à l'intérieur d'un système de signes lui-même réglé par une axiomatique et sans se soucier de ce que ces signes peuvent signifier. C'est remplacer la représentation par le calcul, et il n'y aurait pas de science autrement. Cela, toutefois, ne prouve pas que le monde soit fait d'*x* et d'*y*.

En philosophie morale, on parle de formalisme, spécialement chez Kant, pour désigner une doctrine morale qui fait de « la pure forme d'une loi » (donc de l'exigence d'universalisation possible) l'essentiel de la moralité, indépendamment des affects mis en jeu comme des effets de l'action. C'est mettre le devoir plus haut que les sentiments, et l'intention plus haut que la réussite.

FORME Soit, par exemple, cette statue d'Apollon. On peut, avec Aristote, distinguer sa *matière* (le marbre dont elle est faite) et sa *forme* (celle que le sculpteur lui a donnée). On comprend que la forme est la fin, vers laquelle tend le travail du sculpteur (la matière n'est qu'un matériau : un point de départ), et où il s'arrête. Mais la forme est aussi l'essence ou la quiddité. Qu'est-ce que c'est ? Une statue d'Apollon. On aurait pu faire, avec le même bloc de marbre, une tout autre statue, comme on aurait pu faire la même, pour l'essentiel, avec un autre bloc, voire en bois ou en bronze. Ainsi la forme est à la fois la définition et le définitif : ce qu'est cette statue, une fois qu'elle est achevée. Non, bien sûr, qu'on ne puisse la briser (le définitif n'est pas éternel), mais parce qu'elle a atteint sa perfection ou son entéléchie : elle n'était qu'en puissance dans la matière ; elle est en acte dans sa forme.

Une forme sans matière ? Ce ne serait plus une *forme* mais une *idée* (en grec c'est le même mot : *eîdos*) ou Dieu. C'est où l'on remonte d'Aristote à Platon – ou du moins où l'on remonterait, si une forme sans matière était autre chose qu'une abstraction.

Chez Kant, la forme est ce qui met en forme, autrement dit ce qui, venant du sujet, organise la matière de la sensation. Ainsi les formes de la sensibilité (l'espace et le temps) ou de l'entendement (les catégories). Reste à savoir si ces formes existent elles-mêmes indépendamment de la matière, comme le veut Kant, ou si elles ne sont que l'effet en nous de sa puissance auto-organisatrice. C'est où il faut choisir entre l'idéalisme et le matérialisme : entre la transcendance de la forme et l'immanence de la structure.

FORMELLE (CAUSE) L'une des quatre causes chez Aristote : celle qui répond à la question « Pourquoi ? » par l'énoncé d'une *forme*. Par exemple : Pourquoi cette maison ? À cause des briques (cause matérielle), du plaisir de l'habiter (cause finale), du maçon, de l'architecte, du maître d'œuvre (causes efficientes) ? Sans doute. Mais aucune de ces causes n'aurait fait une maison sans le plan qui la rend possible et qu'elle actualise – sans la forme ou idée *(eîdos)* de la maison, non de façon séparée, comme le voudrait Platon, mais telle qu'elle existe d'abord dans l'esprit des bâtisseurs puis dans la maison elle-même (sa forme immanente). On dira qu'à ce compte, la cause de la maison… c'est la maison. Pourquoi non ? En ce sens, écrit Aristote, « nous entendons par cause l'essence *(ousia)* de la chose, ce qui fait qu'elle est ce qu'elle est » (*Métaphysique*, A, 3 ; Tricot traduit : « la substance formelle ou quiddité »). Aucune des trois autres causes, sans celle-ci, ne rendra jamais compte du réel. Mais celle-ci fait-elle autre chose que le présupposer ?

FORTUNE Le hasard ou la richesse. Comme le remarque Alain, la rencontre de ces deux sens est bien instructive : « c'est ramener l'origine des richesses au pur hasard ; ce qui va au fond ; car le travail n'enrichit pas sans quelque rencontre de fortune. Ainsi demander si la fortune est juste, c'est demander si la loterie est juste » (*Définitions*, art. « Fortune »). Heureusement qu'il y a les impôts et la sécurité sociale.

FOULE Une multitude d'individus rassemblés, considérée d'un point de vue seulement quantitatif. Il y manque la qualité : les corps s'additionnent ; les esprits, non. De là cette force collective des passions, des émotions, des pulsions… Le plus bas, presque inévitablement, prend le dessus. C'est parfois plaisant, parfois exaltant, parfois effrayant, jamais admirable. Toute foule est dérisoire ou dangereuse.

FRANCHISE Une sincérité simple et directe. C'est s'interdire non seulement le mensonge, mais la dissimulation et le calcul. La franchise va souvent contre la politesse, parfois contre la compassion. À réserver à ses amis et aux puissants.

FRAUDE Une tromperie intéressée. Voltaire se demande « s'il faut user de fraudes pieuses avec le peuple », pour le maintenir dans le droit chemin. Platon répondait que oui. Voltaire s'y refuse : la vraie religion, celle qui est « sans superstition », n'a pas besoin de ces mensonges ; et « la vertu doit être embrassée par amour, non par crainte ». Mais en quoi, alors, a-t-elle besoin de religion ?

FRIVOLITÉ Le contraire de la gravité. À ne pas confondre avec la légèreté. La légèreté est sans lourdeur ; la frivolité, sans profondeur. C'est moins un goût pour les petites choses qu'une incapacité à s'intéresser aux grandes. On n'est pas frivole parce qu'on aime la bonne chère, les jeux de mots ou les bals. Mais on l'est, assurément, si l'on est incapable d'apprécier autre chose. Célimène est frivole, non parce qu'elle est coquette, mais parce qu'elle ne sait pas aimer.

FRUSTRATION Un manque, quand on est incapable de le satisfaire ou d'y renoncer. Se distingue par là de l'espérance (qui peut être satisfaite), du deuil (qui renonce à l'être) et du plaisir (qui est la satisfaction même).

La frustration aboutit presque toujours à exagérer les plaisirs qu'on n'a pas (obsession), et d'autant plus que d'autres en jouissent (envie). Contre quoi le plaisir est un premier pas vers la sagesse.

FUTUR Un autre mot pour l'avenir. Si on veut les distinguer, on peut dire que le futur désigne davantage une dimension du temps que son contenu. L'avenir, c'est ce qui viendra ; le futur, le *temps* à venir. L'avenir est fait d'événements, dont nous ignorons la plupart. Le futur n'est fait que de lui-même : c'est un temps vide, bien sûr imaginaire, que l'avenir viendra remplir. Mais alors ce ne sera plus du futur, ni de l'avenir : ce sera du présent, qui est le seul temps réel.

G

GAIETÉ J'aime cet *e* central, facultatif et muet, comme un rayon de lumière ou de silence. J'y reconnais quelque chose de la gaieté : sa transparence, sa fragilité, sa fraîcheur, sa légèreté, sa délicieuse inutilité... Qu'est-elle ? Une disposition à la joie, qui la rend facile, naturelle, spontanée, comme déjà là avant même qu'on ait quelque raison de se réjouir. Vertu d'insouciance, qui serait d'humeur plus que de volonté. Sa force est dans sa superficialité : les grand malheurs comme les grandes joies sont trop profonds pour elle ; ils la traversent davantage qu'ils ne l'atteignent. Être gai, c'est avoir la joie facile ou à fleur de peau. Quel talent plus enviable ? Quel charme plus séduisant ?

GÉNÉALOGIE L'étude des origines, de la filiation, de la genèse. Se dit surtout des familles et, depuis Nietzsche, des valeurs : c'est rattacher un individu à ses ancêtres ou une valeur à un type de vie, pour les faire valoir ou au contraire pour les dévaluer. Dans *La généalogie de la morale*, spécialement, Nietzsche s'interroge sur « l'origine de nos préjugés moraux » (y compris sur la valeur de la vérité), afin de se diriger « vers une véritable histoire de la morale ». Travail d'historien ? Si l'on veut. Mais c'est une histoire normative et critique, qui met la santé plus haut que le vrai, et qui doit déboucher, en retour, sur une nouvelle évaluation. « Nous avons besoin d'une *critique* des valeurs morales, écrit Nietzsche, et *la valeur de ces valeurs* doit tout d'abord être mise en question. » Comment ? Par l'étude des « conditions et des milieux qui leur ont donné naissance, au sein desquels elles se sont développées et déformées (la morale en tant que conséquence, symptôme, masque, tartuferie, maladie ou malentendu ; mais aussi la morale en tant que cause, remède, stimulant, entrave ou poison)... » Philosophie à coups de marteaux. Mais c'est le marteau d'un archéologue, voire d'un médecin (pour tester les réflexes), avant d'être celui d'un iconoclaste.

GÉNÉRAL Qui concerne un vaste ensemble (un genre) ou la plupart de ses éléments. S'oppose à *spécifique* (qui concerne un ensemble moins vaste : une espèce), à *particulier* (qui ne vaut que pour une partie d'un ensemble), enfin et surtout à *singulier* (qui ne vaut que pour un seul individu ou un seul groupe). À ne pas confondre avec *universel*, qui concerne tous les genres ou tous les individus d'un même genre. Par exemple la parole est un attribut *général* de l'humanité (il y a des individus qui ne parlent pas), mais un trait *universel* des peuples. Et la prohibition de l'inceste, qui est une règle universelle, est généralement respectée.

GÉNÉRATION Le fait d'engendrer *(generare)*, le temps qu'il y faut (de la naissance d'un individu à celle de ses enfants : environ un quart de siècle), ou bien l'ensemble des individus qui ont été engendrés à peu près à la même époque, qui ont donc à peu près le même âge et souvent un certain nombre d'expériences ou de préoccupations communes ou proches. Ce dernier sens pose bien sûr la question des limites, ici toujours floues et qui doivent plus à l'histoire qu'à la génétique. La génération à laquelle on appartient, c'est moins celle de sa naissance que de sa jeunesse : la génération des soixante-huitards est née dans les années 40 ou 50, mais ce ne sont pas ces années-là qui la définissent. Et la « génération Mitterrand », si elle existe, est l'ensemble de ceux qui ont été jeunes – et non qui sont nés ou qui ont vécu – sous sa présidence : ni mes amis, s'ils ont mon âge, ni mes enfants (qui sont nés dans les années 80) n'en font partie. Une génération se forge pendant l'adolescence : c'est l'ensemble de ceux qui ont été jeunes dans la même période historique. Ils trimbaleront ce poids ou cette légèreté toute leur vie, comme une patrie commune, comme un accent, comme un terroir, jusqu'à ne plus pouvoir comprendre tout à fait ceux qui les suivent, qui ne les comprennent pas davantage. Ils sont *« pays »,* comme on disait autrefois, mais dans le temps plutôt que dans l'espace : ils sont contemporains, depuis leur jeunesse et par elle, de la même histoire ou de la même éternité. C'est parfois une chance, parfois un handicap, plus souvent un mixte des deux. C'est où le hasard se mue en destin ; c'est où le destin, qu'on le fasse ou qu'on le subisse, reste essentiellement hasardeux. Si nous étions nés vingt ans plus tôt ou plus tard, que serions-nous ? Nous serions quelqu'un d'autre, et c'est pourquoi nous ne serions pas.

GÉNÉROSITÉ C'est la vertu du don. On dira qu'on donne aussi par amour. Sans doute, et c'est pourquoi l'amour est généreux. Mais toute générosité n'est pas aimante, et même elle n'est une vertu spécifique que vis-à-vis de ceux que l'on n'aime pas. Qui se jugerait généreux parce qu'il couvre ses enfants de cadeaux ? Il sait bien que c'est amour, non générosité. La générosité est la vertu du don, en tant qu'elle excède l'amour dont on est capable. Vertu classique plutôt que chrétienne. Morale, plutôt qu'éthique. Cela fixe sa limite en même temps que sa grandeur. L'amour ne se commande pas ; la générosité, si. L'amour ne dépend pas de nous (c'est nous qui en dépendons) ; la générosité, si. Pour être généreux, il suffit de le vouloir ; pour aimer, non. La générosité touche à la liberté, comme l'a vu Descartes : c'est la conscience d'être libre, expliquait-il, jointe à la résolution d'en bien user (*Traité des passions*, III, 153). Cela suppose qu'on vainque en soi tout ce qui n'est pas libre : sa propre petitesse, sa propre avidité, sa propre peur, enfin la plupart de ses passions, jusqu'à mépriser son propre intérêt, pour ne plus s'occuper que du bien qu'on peut faire à autrui (III, 156). Pas étonnant que la générosité soit si rare ! Donner c'est perdre, et l'on voudrait garder. C'est prendre un risque, et l'on a peur. Nul n'est libre qu'à la condition d'abord de se surmonter. Nul n'est généreux par naissance, malgré l'étymologie, mais par éducation, mais par choix, mais par volonté. La générosité est vertu du don, mais n'est pas elle-même un don ; c'est une conquête, c'est une victoire, qui ne va pas sans courage (les deux mots, chez Corneille, sont à peu près synonymes) et qui peut aller jusqu'à l'héroïsme. C'est donner ce qu'on possède, plutôt qu'en être possédé. C'est la liberté à l'égard de soi et de sa peur : le contraire de l'égoïsme et de la lâcheté.

GENÈSE Un devenir primordial, comme en amont de la naissance ou du réel. C'est moins une origine que ce qui en résulte. Moins un commencement, que le processus qui y mène ou le constitue. Toute genèse prend du temps : elle ne peut être qu'historique ou mythique.

GÉNÉTIQUE Comme substantif, c'est désormais une science, celle de l'hérédité. Comme adjectif, c'est plutôt un point de vue, qui peut certes concerner les gènes ou ce qui en dépend (une maladie génétique), mais qui porte plus souvent, en philosophie, sur la genèse ou le devenir d'un être quelconque. Une *définition génétique* est celle qui comporte en elle, comme le voulait Spinoza, l'origine ou la cause prochaine de ce qu'elle définit (par exemple cette définition du cercle, dans le *Traité de la réforme de l'entendement* :

« Une figure qui est décrite par une ligne quelconque dont une extrémité est fixe et l'autre mobile »). Et l'*épistémologie génétique* est celle qui étudie la connaissance scientifique, comme le voulait Piaget, dans son développement, aussi bien individuel (chez l'enfant) que collectif (dans l'histoire des sciences) : c'est s'interroger sur le processus de la connaissance plutôt que sur son origine ou son fondement.

GÉNIE L'abbé Dubos, au début du XVIIIe siècle, en donnait la définition suivante : « On appelle *génie* l'aptitude qu'un homme a reçue de la nature pour faire bien et facilement certaines choses que les autres ne sauraient faire que très mal, même en prenant beaucoup de peine. » En ce sens général, c'est un synonyme de *talent*. L'usage s'est pourtant généralisé de distinguer les deux notions. D'abord par une différence de degré : le génie est comme un talent extrême ; le talent, comme un génie limité. Mais aussi par une différence plus mystérieuse, qui semble de statut ou d'essence. « Le talent fait ce qu'il veut ; le génie, ce qu'il peut. » Cette formule, dont je ne sais plus l'auteur, indique au moins une direction. Le génie est une puissance créatrice, qui excède non seulement la puissance commune (ce que fait déjà le talent) mais celle même du créateur, au point d'échapper, au moins en partie, à son contrôle ou à sa volonté. On ne choisit pas d'avoir du génie, ni lequel, ni même toujours ce qu'on en fait. Le génie est un « don naturel », écrit Kant, autrement dit « une disposition innée de l'esprit, par laquelle la nature donne à l'art ses règles » (*Critique de la faculté de juger*, I, § 46). Cela ne signifie pas que le génie n'ait pas besoin d'être cultivé, mais qu'aucune culture ne saurait en donner ou le remplacer. Mozart, si son père n'avait pas été le pédagogue que l'on sait, n'aurait peut-être jamais été musicien. Mais aucun pédagogue ne fera un Mozart d'un enfant sans génie. Le génie est comme un dieu personnel (tel était le sens, en latin, de *genius*), qu'on ne choisit pas, mais qui nous choisit. C'est marquer assez ce qu'il doit au hasard ou à l'injustice. Comment se consoler de n'être pas Mozart ?

La différence avec le talent ne doit pas être exagérée, ni pourtant, me semble-t-il, tout à fait abolie. Si on laisse de côté l'exaltation romantique, j'y vois plus une différence de degré que de nature, de point de vue que d'orientation. Toutefois quelque chose résiste, dans certaines œuvres, qui interdit de n'y voir que talent et travail. Voyez Bach ou Michel-Ange, Rembrandt ou Shakespeare, Newton ou Einstein, Spinoza ou Leibniz… Illusion rétrospective ? Sans doute, pour une part. Si l'on fait du génie une exception absolue, il est clair qu'il est toujours mythique, et qu'il convient pour cela de n'en parler qu'à propos des morts. Tout vivant est médiocre par tel ou tel côté. Seuls le temps et l'absence donneront à certains cette stature démesurée. Mais enfin l'œuvre reste, qui maintient ou rétablit les proportions. « Un livre n'est jamais un chef-d'œuvre, remarquaient finement les Goncourt, il le devient : le génie est le talent d'un homme mort. » Ces deux-là toutefois sont morts, qui n'ont toujours que du talent.

GÉNIE (MALIN –) Chez Descartes, c'est un petit dieu ou démon, bien sûr imaginaire, qui nous tromperait toujours (*Méditations*, I). Le but de cette fiction est d'exagérer le doute (puisqu'on va considérer comme faux ce qui n'est qu'incertain), afin de nous désaccoutumer de nos préjugés, de nos anciennes opinions, enfin de toute croyance. C'est tordre le bâton dans l'autre sens, pour le redresser. Le but est d'atteindre une certitude absolue – celle qui résisterait à l'hypothèse du malin génie. Ce sera le *cogito*, qui n'est peut-être qu'un génie un peu plus *malin* que les autres.

GÉNOCIDE L'extermination d'un peuple. Ce n'est pas seulement un crime de masse : c'est un crime contre l'humanité, en tant qu'elle est une et plurielle.

GENRE Un vaste ensemble, qui ne se définit pourtant que par rapport à d'autres : plus vaste que l'espèce (un genre en comporte plusieurs), plus réduit que l'ordre (au sens biologique du terme : le genre *Homo*, dont *Homo sapiens* est la seule espèce survivante, fait partie de l'ordre des primates). Notion par nature relative. Ce qui est *genre* pour ses espèces peut être *espèce* pour un autre genre, qui l'inclut. Par exemple le quadrilatère, qui est un genre pour ses différentes espèces (trapèze, losange, rectangle…) est lui-même une espèce du genre polygone, qui peut à son tour être considéré comme une espèce du genre figure géométrique. Tout dépend de l'échelle et du point de vue adoptés. C'est pourquoi on parle de *genre prochain*, depuis Aristote, pour désigner l'ensemble immédiatement supérieur (en extension) à celui qu'on veut définir (en compréhension) : il suffira pour cela d'indiquer la ou les différences spécifiques de ce dernier. Par exemple un quadrilatère est un polygone (genre prochain) à quatre côtés (différence spécifique), comme un trapèze est un quadrilatère (genre prochain) dont deux des côtés sont parallèles (différence spécifique). C'est une façon d'ordonner le réel, pour pouvoir le dire.

GÉOMÉTRIE (ESPRIT DE –) L'art de raisonner juste, explique Pascal, sur des principes « palpables mais éloignés de l'usage commun » : une fois qu'on les voit, « il faudrait avoir l'esprit tout à fait faux pour mal raisonner sur des principes si gros qu'il est presque impossible qu'ils échappent » (*Pensées*, 512-1). S'oppose à l'esprit de finesse (voir ce mot).

GLOIRE Ce serait la confirmation de notre valeur par le grand nombre de ceux qui en ont moins et le reconnaissent : comble de l'élitisme (la gloire ne va qu'à quelques-uns) en même temps que de la démagogie (elle dépend de tous), et qui trouve ses limites dans cette contradiction. Qu'elle nous tente, c'est ce que Descartes, Pascal et Spinoza ont assez expliqué : c'est l'amour de soi, mais comblé par les louanges dont on imagine être l'objet. C'est mettre l'humanité plus haut que tout, comme il convient, et soi plus haut que tout autre. C'est un humanisme narcissique.

Grandeur de l'homme : de pouvoir admirer. Misère de l'homme : d'avoir besoin de l'être. « La plus grande bassesse de l'homme est la recherche de la gloire, écrit Pascal, mais c'est cela même qui est la plus grande marque de son excellence ; car, quelque possession qu'il ait sur la terre, quelque santé et commodité essentielle qu'il ait, il n'est pas satisfait s'il n'est dans l'estime des hommes » (*Pensées*, 470-404). La gloire, tant qu'on y rêve, fait comme un simulacre de salut. Son seul avantage, pour qui l'atteindrait de son vivant, serait qu'elle nous guérirait de la désirer, peut-être. On dit aussi qu'elle sauve de la mort ; mais c'est l'inverse qui est vrai.

GNOSE Doctrine religieuse des premiers siècles de l'ère chrétienne, peut-être d'inspiration platonicienne (voire manichéenne : ce monde est le mal, tout le bien vient d'ailleurs), qui voudrait assurer le salut par la connaissance *(gnosis)* de Dieu, telle qu'elle est transmise aux initiés par une tradition primordiale et secrète. Le gnosticisme est un ésotérisme. C'est une superstition de la connaissance.

L'Église considère le gnosticisme comme une hérésie. De fait, les commentateurs y voient souvent une contamination du christianisme par l'hellénisme. Ce peut être aussi l'inverse, et c'est en quoi Simone Weil, à bien des égards, relève de ce courant. Le gnosticisme, qu'on retrouve dans d'autres religions et à d'autres époques, se reconnaît presque toujours à la haine du monde, du corps ou de soi. Le gnostique ne veut sauver que son esprit, et par l'esprit seul. D'où le paradoxe de la gnose, qui est d'être une sotériologie pessimiste. Le monde est une prison ; le gnostique ne trouve de salut que dans la fuite.

GNOSÉOLOGIE L'étude ou la philosophie de la connaissance *(gnôsis)*. Plus abstraite que l'épistémologie (qui porte moins sur la connaissance en général que sur les sciences en particulier). Le mot vaut surtout par l'adjectif *gnoséologique*, qui est commode et n'a guère de synonyme. Le substantif, en français, reste rare : les philosophes parleront plus volontiers de théorie de la connaissance.

GOÛT C'est la faculté de juger du beau et du laid, du bon et du mauvais, comme un plaisir qui serait critère de vérité. Le goût touche au corps, par la sensation, et à l'esprit, par la culture. Il s'éduque ; il ne se crée pas.

Le goût prétend à l'universel (j'ai le sentiment que tout le monde devrait trouver beau, en droit, ce que je juge être tel), tout en restant subjectif (je n'ai aucun moyen d'obtenir, en fait, l'accord de tous). C'est ce qui le voue presque inévitablement au conflit et à la polémique. Il ne s'agit pas de tout aimer, de tout admirer, encore moins de faire semblant. « Le vrai goût, disait Auguste Comte, suppose toujours un vif dégoût. » Et Kant, plus profondément : « Une obligation de jouir est une évidente absurdité. » Le goût ne se commande pas, puisque c'est lui qui commande.

Ainsi le plaisir a toujours raison, mais ne prouve rien. On peut *discuter* du goût (prétendre à l'assentiment nécessaire d'autrui), observe Kant, non *disputer* à son sujet (décider par des preuves). C'est ce qu'on oublie presque toujours, et qui nous voue, en un autre sens, aux disputes…

GOUVERNEMENT Ce n'est pas le souverain (qui fait la loi), mais un « corps intermédiaire », comme disait Rousseau, « chargé de l'exécution des lois et du maintien de la liberté » (*Contrat social*, III, 1). C'est donc le pouvoir exécutif, ou plutôt son sommet. Il ne gouverne légitimement qu'à la condition d'obéir. « Le gouvernement reçoit du souverain, écrit excellemment Rousseau, les ordres qu'il donne au peuple. » Dans une démocratie, cela signifie qu'il doit être soumis, d'une manière ou d'une autre, au suffrage universel et au contrôle du parlement.

GRÂCE Un don sans raison, sans condition, sans mérite. Le réel en est une, tant qu'il nous épargne ou nous comble, et la seule.

GRANDEUR Une quantité quelconque, mais perçue positivement, voire emphatiquement (c'est le contraire de la petitesse). C'est pourquoi on se sert de l'expression *grandeur d'âme* pour traduire la *megalopsuchia* ou *magnanimitas* des Anciens. C'est que la quantité semble ici valoir comme qualité. « Il n'y a point d'âme vile, disait Alain, mais seulement on manque d'âme. »

GRATITUDE C'est le souvenir reconnaissant de ce qui a eu lieu : souvenir d'un bonheur ou d'une grâce, et bonheur lui-même, et grâce renouvelée. C'est par quoi c'est une vertu : parce qu'elle se réjouit de ce qu'elle doit, quand l'amour-propre préférerait l'oublier.

La gratitude porte sur ce qui fut, en tant que ce qui fut demeure. C'est la joie de la mémoire, et le contraire de la nostalgie : il s'agit d'aimer le passé, non en tant qu'il manque (nostalgie), mais dans sa vérité toujours présente, qui ne manque jamais. C'est le temps retrouvé, et Proust a bien montré ce qui s'y joue de joie ou d'éternité. La mémoire fait comme un port, dans la tempête de vivre. Au contraire, disait Épicure, « la vie de l'insensé est ingrate et inquiète : elle se porte tout entière vers l'avenir ». La gratitude est le contraire de la nostalgie, et l'inverse de l'espérance.

GRATUIT Ce n'est pas ce qui n'a pas de prix (gratuité n'est pas dignité), mais ce pour quoi on n'exige pas d'être payé ou récompensé – ce qui est disponible sans échange ou offert sans contrepartie. On parle aussi d'*acte gratuit*, depuis Gide, pour désigner un acte sans motif. Ce serait bien sûr se tromper que d'y voir un acte libre : à supposer qu'il soit en effet sans motif, il n'est pas pour autant sans causes (car alors il n'existerait pas). Et il n'est pas besoin non plus de travailler *gratuitement* pour travailler *librement*... Ainsi le gratuit n'est pas le libre, mais le désintéressé : marque, selon les cas, d'indifférence, de surabondance, de générosité, ou de folie.

GRAVITÉ Je n'aime pas trop qu'on en dise du mal. Tout le monde ne peut pas être Mozart, et la légèreté n'y a jamais suffi. Au reste, la gravité, malgré l'étymologie, n'est pas la lourdeur. Elle est plutôt une sensibilité à ce qui pèse, au poignant des choses et de la vie. « Le vice, la mort, la pauvreté, les maladies, sont sujets graves, écrit Montaigne, et qui grèvent » (*Essais*, III, 5, p. 841). C'est comme un tragique quotidien, mais sans emphase, sans grandiloquence, sans *affolement*, comme dit encore Montaigne – un tragique qui ne se prend pas au tragique, mais qui ne parvient pas non plus à en rire. On ne la confondra pas avec l'esprit de sérieux : son contraire n'est pas l'humour, mais la frivolité.

GROUPE Un ensemble d'individus en interaction, de telle sorte qu'il y a plus dans le groupe que la simple addition des comportements individuels. Notion par nature relative, et même floue, qu'on ne peut guère préciser que par différence. C'est à la fois moins (d'un point de vue quantitatif) et plus (d'un point de vue qualitatif) qu'une foule : c'est comme une foule limitée, unifiée, presque toujours hiérarchisée. Par exemple dans un stade, lors d'un match de football : parmi la *foule* des spectateurs, il y a des *groupes* de supporteurs, et deux groupes de joueurs (les équipes).

GUERRE « La guerre, écrivait Hobbes, ne consiste pas dans un combat effectif, mais dans une disposition avérée, allant dans ce sens, aussi longtemps qu'il n'y a pas d'assurance du contraire. Tout autre temps se nomme paix » (*Léviathan*, I, 13). Cela, qui distingue la guerre de la bataille, suggère assez que la guerre, entre les États, est la disposition première : la guerre est donnée ; la paix, il faut la *faire*. C'est ce qui donne raison aux pacifiques, sans donner tort aux militaires.

On remarquera que le but d'une guerre est ordinairement la victoire, qui est une paix avantageuse. Que le droit y trouve aussi son compte n'est jamais garanti, mais peut seul la justifier. Une guerre juste ? Elle peut l'être par ses buts, jamais totalement par ses moyens. Le mieux, presque toujours, est de l'éviter : le rapport violent des forces (la guerre) n'est légitime que lorsque leur rapport non violent (la politique) serait suicidaire ou indigne.

H

HABITUDE La facilité qui naît de la répétition. Un acte qu'on accomplit souvent devient ainsi presque instinctif, remarquait déjà Aristote (*Rhétorique*, I, 11), et c'est pourquoi on dit souvent que l'habitude est une seconde nature : c'est comme une nature acquise, qui viendrait corriger la première ou prendre sa place. Reste à savoir, observe Pascal, si cette nature elle-même n'est pas une première habitude (*Pensées*, 126-93).

L'habitude, en diminuant la difficulté, rend la conscience moins nécessaire. Elle peut même s'en passer tout à fait, abandonnant le corps, pour ainsi dire, à lui-même. C'est une « spontanéité irréfléchie » (Ravaisson, *De l'habitude*), qui permet de penser à autre chose. Ainsi le virtuose, libéré des notes, n'a plus à s'occuper que de la musique.

Cabanis et Destutt de Tracy ont souligné que les effets de l'habitude sont contrastés, qui peuvent aussi bien développer une faculté que l'engourdir : une oreille exercée entendra ce qu'une autre n'entendrait pas, comme un nez exercé percevra des arômes pour d'autres imperceptibles ; mais on finit par ne plus entendre un bruit trop habituel, par ne plus sentir une odeur trop constante… « L'accoutumance accroît toutes les habitudes actives, remarquait déjà Hume, et affaiblit les habitudes passives » (*Traité…*, II, 3, 5 ; il semble que l'idée vienne de Joseph Butler). C'est ce qui justifiera la distinction, chez Maine de Biran, entre les impressions passives (les sensations : voir, entendre, sentir, toucher…) et les impressions actives (les perceptions : regarder, écouter, humer, palper…). L'habitude affaiblit ou obscurcit les premières, avive ou précise les secondes. Elle fait qu'on entend moins (par exemple le tic-tac du réveil ou le bruit d'une autoroute) et qu'on écoute mieux (par exemple une musique ou un souffle). Aussi peut-elle servir de réactif pour dissocier en nous ce qui est passif (que Maine de Biran rattachera au corps) de ce qui est actif (qu'il rattachera au moi ou à la volonté : *De l'influence de l'habitude*, chap. I et II). C'est où le thème de l'habitude, d'abord empiriste, chez Condillac et Hume, devient spiritualiste. Cela continuera jusqu'à Ravaisson : « La réceptivité diminue, la spontanéité augmente ; telle est la loi générale de l'habitude » (Ravaisson, *op. cit.*, II). C'est l'esprit qui redescend dans la nature, ou le devenir esprit de la spontanéité naturelle. Dualisme ? Ce n'est pas si sûr. Spiritualisme ? Ce n'est qu'une possibilité parmi d'autres. Il se pourrait aussi bien, et peut-être mieux, que l'âme ne soit qu'une habitude du corps.

HABITUS Une manière d'être et d'agir (une disposition), mais acquise et durable. Le mot, réactualisé par Bourdieu, sert surtout aux sociologues. Un *habitus*, en ce sens, c'est comme une idéologie incarnée et génératrice de pratiques : c'est notre façon d'être nous-mêmes et d'agir comme nous agissons, mais en tant qu'elle résulte de notre insertion dans une société donnée, dont nous incorporons inconsciemment les structures, les clivages, les valeurs, les hiérarchies… Par quoi chacun fait librement, ou en tout cas volontairement, ce qu'il est socialement déterminé à vouloir.

HAINE « La seule chose universelle, me dit un jour Bernard Kouchner, c'est la haine ! » Il revenait d'une de ses expéditions humanitaires, au fin fond de l'horreur et du monde. La seule ? Je n'irais pas jusque-là. Mais que la haine soit universelle, en effet, partout présente, partout agissante, c'est ce que trop de massacres ne cessent de nous confirmer. Reste à la penser, pour essayer d'en sortir ou de s'en protéger. Qu'est-ce que la haine ? « Une tristesse, répondait Spinoza, qu'accompagne l'idée d'une cause extérieure » (*Éthique*, III, 13, scolie, et déf. 7 des Affects). Haïr, c'est *s'attrister de*. Or c'est la joie qui est bonne : toute haine, par définition, est mauvaise. C'est aussi ce qui la rend mortifère. Celui qui hait, ajoute Spinoza, « s'efforce d'écarter et de détruire la chose qu'il a en haine » – parce qu'il préfère la joie, comme tout le monde, autrement dit par amour. Mais c'est un amour malheureux, qui en veut à l'autre de son propre échec. Ainsi toute haine, même justifiée, est injuste.

HALLUCINATION C'est percevoir ce qui n'est pas. Mais comme nous n'avons aucun moyen de savoir ce qui est qu'à la condition de le percevoir, directement ou indirectement, nous n'avons non plus aucun moyen de distinguer absolument la perception de l'hallucination, sinon en confrontant nos perceptions à celles d'autrui ou au souvenir de nos perceptions passées. Encore cela ne nous dit-il pas si c'est l'hallucination qui est une perception pathologique, ou si c'est la perception qui est une hallucination collective et durable... On ne peut en décider par des preuves, et cela n'a pas tant d'importance. Ce que tout le monde perçoit fait partie du réel commun, quand bien même il n'aurait d'autre réalité que cette perception (Berkeley). Ce que je perçois seul, quand les autres devraient le percevoir, est réputé hallucinatoire : c'est un réel privé, mais qu'on ne sait pas tel, comme un monde intérieur qu'on prendrait abusivement pour l'autre. « Il y a pour les éveillés un monde unique et commun, disait Héraclite, mais chacun des endormis se détourne dans un monde particulier. » L'hallucination est comme un rêve éveillé ; le rêve, comme une hallucination endormie.

HARMONIE C'est un accord heureux ou agréable, entre plusieurs éléments simultanés mais indépendants les uns des autres : par exemple entre plusieurs sons (l'harmonie s'oppose alors à la mélodie, qui unit des sons successifs), entre plusieurs couleurs, entre plusieurs individus... Leibniz parlait d'*harmonie préétablie* entre l'âme et le corps ; c'est qu'il refusait que ces deux substances puissent agir l'une sur l'autre et constatait pourtant, comme tout le monde, leur singulier accord (je veux lever le bras : mon bras se lève)... L'âme et le corps seraient donc comme deux horloges, l'image est de Leibniz, tellement bien fabriquées et réglées au départ qu'elles seront toujours d'accord par la suite, sans qu'on ait besoin pour cela de supposer entre elles quelque relation causale que ce soit. Cette théorie, aussi difficile à accepter qu'à réfuter, explique que l'expression ait souvent pris, par la suite, un sens péjoratif : une harmonie préétablie serait une espèce de miracle originel, trop étonnant pour qu'on puisse y croire. C'est reconnaître que l'harmonie n'est jamais le plus probable, ce qui explique qu'elle soit rarement donnée au départ. Elle résulte d'un travail ou d'une adaptation, plus souvent que de la chance.

HASARD Ce n'est ni l'indétermination ni l'absence de cause. Quoi de plus déterminé qu'un dé qui roule sur une table ? Le *six* sort ? C'est là un effet, qui résulte de causes très nombreuses (le geste de la main, l'attraction terrestre, la résistance de l'air, la forme du dé, sa masse, son angle de contact avec la nappe, ses frottements contre elle, ses rebonds, son inertie...). Si l'on juge pourtant légitimement que le *six* est sorti *par hasard*, c'est que ces causes sont trop nombreuses et trop indépendantes de notre volonté pour qu'on puisse, lorsqu'on jette le dé, choisir ou prévoir le résultat qu'on obtiendra. Ainsi le hasard est une détermination imprévisible et involontaire, qui résulte de la rencontre de plusieurs séries causales indépendantes les unes des autres, comme disait Cournot, rencontre qui échappe pour cela à tout contrôle comme à toute intention. Ce n'est pas le contraire du déterminisme : c'est le contraire de la liberté, de la finalité ou de la providence.

Un autre exemple ? On peut reprendre celui de Spinoza, dans l'Appendice de la première partie de l'*Éthique*. Une tuile tombe d'un toit. Il y a à cela des causes (le poids de la tuile, la pente du toit, le vent qui soufflait, un clou rongé par la rouille, qui finit par céder...), dont chacune s'explique à son tour par une ou plusieurs autres, et ainsi à l'infini. Vous étiez, à ce moment précis, sur le trottoir, juste à la verticale du toit. Cela s'explique aussi, ou peut s'expliquer, par un certain nombre de causes : vous alliez à un rendez-vous, vous aviez choisi l'itinéraire le plus simple, vous pensiez que la marche à pied vous ferait du bien... Ni la chute de la tuile ni votre présence sur le trottoir ne sont donc sans causes. Mais les deux séries causales (celle qui fait tomber la tuile, celle qui vous amène où vous êtes), outre leur complexité propre, qui suffirait à les rendre hasardeuses, sont indépendantes l'une de l'autre : ce n'est pas parce que la tuile tombe que vous êtes là, ni parce que vous êtes là qu'elle tombe. Si elle vous brise le crâne, vous serez donc bien mort *par hasard* : non parce qu'il y aurait là une exception au principe de causalité, mais parce que celui-ci s'est exercé de façon irréductiblement multiple, imprévisible et aveugle. Ou bien il faut imaginer un Dieu qui aurait voulu ou prévu la rencontre de la tuile et de votre crâne. La providence est un anti-hasard, et le hasard une anti-religion.

Le hasard se calcule, mais dans sa masse plutôt que dans son détail. C'est ce qui permet aux assureurs de mesurer les risques que nous prenons, et qu'ils prennent : un accident de voiture, aussi imprévisible qu'il puisse être, fait partie d'une série (le nombre d'accidents dans une période donnée) qui peut se prévoir à peu près. C'est vrai aussi pour les jeux de hasard. S'il est impossible, sauf trucage, de prévoir le résultat d'un seul coup de dé, il est facile de calculer la répartition statistique de coups très nombreux : chacune des six possibilités se vérifiera, si vous jouez assez longtemps, environ une fois sur six, et s'approchera d'autant plus de cette moyenne que la série sera plus longue. C'est pourquoi la chance ne dure pas toujours, ni la malchance, du moins dans les phénomènes qui ne dépendent que du hasard. Simplement la vie ne dure pas assez longtemps, et est soumise à des causes trop lourdes et trop constantes, pour que le hasard vienne toujours corriger l'injustice.

Toute vie n'en est pas moins hasardeuse, dans son détail comme dans son principe. La naissance de chacun d'entre nous, quelques années avant notre conception, était d'une probabilité extrêmement faible ; comme c'est vrai aussi des naissances de nos parents, de nos grands-parents, etc., qui conditionnent la nôtre, il en résulte que notre existence, il y a quelques siècles, était d'une probabilité quasi nulle, comme celle, si l'on prend assez de recul, de tout événement contingent. C'est en quoi tout réel, aussi banal qu'il soit, a quelque chose de rétrospectivement surprenant, qui tient au fait qu'il était non seulement imprévisible à l'avance mais hautement improbable : c'est l'exception du possible. L'univers fait une espèce de loterie, dont le présent serait le gros lot. D'aucuns s'étonnent que ce soit justement ce numéro-là qui soit sorti, alors que c'était tellement improbable... Mais qu'aucun numéro ne sorte, une fois la loterie lancée, l'était bien davantage.

HÉDONISME Toute doctrine qui fait du plaisir (*hèdonè*) le souverain bien ou le principe de la morale : ainsi chez Aristippe, Épicure (quoique son hédonisme se double d'un eudémonisme), ou aujourd'hui chez Michel Onfray. Ce n'est pas forcément un égoïsme, puisqu'on peut prendre en compte le plaisir des autres ; ni un matérialisme, puisqu'il peut exister des plaisirs spirituels. C'est même le point faible de l'hédonisme : la doctrine n'est acceptable qu'à la condition de donner au mot *plaisir* une extension tellement vaste qu'il ne veut plus dire grand-chose. Je veux bien que celui qui meurt sous la torture, plutôt que de dénoncer ses camarades, agisse *pour le plaisir* (ou pour éviter une souffrance plus grande : celle d'avoir trahi, celle de ses camarades qui seraient autrement torturés à leur tour, celle de la défaite...). Mais alors l'hédonisme n'est qu'une espèce de théorie passe-partout, qui perd sa vertu discriminante. Si tout le monde en relève, à quoi bon s'en réclamer ?

La maxime de l'hédonisme est bien énoncée par Chamfort : « Jouis et fais jouir, sans faire de mal ni à toi ni à personne, voilà, je crois, toute la morale » (*Maximes...*, 319). Formule sympathique, et même vraie pour une bonne part, mais courte. C'est ériger le principe de plaisir (qui ne se veut que descriptif) en éthique (qui serait normative). Mais comment ce principe, dans son universalité simple, pourrait-il suffire ? Reste à savoir quels plaisirs, et pour qui, peuvent justifier quelles souffrances. Il faut donc choisir *entre les plaisirs*, comme disait Épicure, et il est douteux que le plaisir, moralement, y suffise. Combien de salauds jouisseurs ? Combien de souffrances admirables ? Et un mensonge qui ne fait de mal à personne, fût-il même agréable pour tout le monde (vous vous vantez d'un exploit que vous n'avez jamais accompli : vos auditeurs sont presque aussi contents que vous), en quoi en est-il moins méprisable ? On me répondra que le mépris est une espèce de déplaisir, et que mon exemple confirme par là l'hédonisme qu'il prétend réfuter... J'y consens, mais cela redouble plutôt mes réticences. L'hédonisme est aussi irréfutable qu'insatisfaisant : il n'échappe au paradoxe que pour tomber dans la tautologie.

HÉRACLITÉISME La pensée d'Héraclite, et toute pensée qui en reprend la thèse centrale : qu'il n'y a pas d'êtres immuables, que tout change, que tout coule *(« Panta rhei »),* que tout est devenir. Ainsi peut-on parler de l'héraclitéisme de Montaigne. « Je ne peins pas l'être, disait-il, je peins le passage. » C'est le seul être qui nous soit accessible. « Le monde n'est qu'une branloire pérenne. Toutes choses y branlent sans cesse : la terre, les rochers du Caucase, les pyramides d'Égypte, et du branle public et du leur. La constance même n'est autre chose qu'un branle plus languissant » (*Essais*, III, 2). C'est le contraire de l'éléatisme, ou sa vérité *sub specie temporis.*

HERMÉNEUTE Au sens général : celui qui interprète, c'est-à-dire qui cherche le sens de quelque chose (d'un signe, d'un discours, d'un événement). En un sens plus restreint, j'appelle *herméneute* toute personne qui prend le sens absolument au sérieux : qui veut en rendre raison par lui-même ou par un autre sens, au lieu de l'expliquer par ses causes, qui ne signifient rien. C'est supposer un sens ultime ou infini (un sens du sens), qui serait la vérité même. Mais si la vérité voulait dire quelque chose, elle serait Dieu. Toute herméneutique, en ce sens restreint, est religieuse, ou tend à le devenir : ce n'est qu'une superstition du sens.

HÉROÏSME C'est un courage extrême et désintéressé, face à tous les maux réels ou possibles.

Ce courage-là ne résiste pas seulement à la peur, mais aussi à la souffrance, à la fatigue, à l'abattement, au dégoût, à la tentation… Vertu d'exception, pour des individus d'exception. Nul n'est tenu d'être un héros, et c'est ce qui rend les héros admirables.

HÉTÉRONOMIE C'est être soumis à une autre loi que la sienne propre, et le contraire par là de l'autonomie (voir ce mot). S'applique spécialement, chez Kant, à toute détermination de la volonté par autre chose que la loi qu'elle se fixe à elle-même (la loi morale), par exemple par tel ou tel objet de la faculté de désirer (le plaisir, le bonheur…) ou par tel ou tel commandement extérieur, fût-il par ailleurs légitime. Obéir à ses penchants, c'est être esclave. Obéir à l'État ou à Dieu ? On ne le peut de façon autonome qu'à la condition de leur obéir par devoir, non par crainte ou par espérance. On n'a le droit d'obéir (hétéronomie) qu'à la condition de se gouverner (autonomie).

HEUREUX Être heureux, étymologiquement, c'est avoir de la chance. Cela en dit long sur le bonheur : non que la chance y suffise, mais parce que aucun bonheur, sans elle, n'est possible. Tu es heureux ? C'est d'abord que rien ne t'en empêche, qui serait plus fort que toi. Et comment serais-tu plus fort que tout ?

Être heureux, c'est aussi avoir le sentiment de l'être. C'est ce que Marcel Conche appelle le *cogito eudémonique* de Montaigne : « Je pense être heureux, donc je le suis. » Cela laisse une marge à l'évaluation, au travail sur soi, à la philosophie. Plutôt que de regretter toujours ce qui n'est pas (« Quel malheur de n'être pas heureux ! »), apprends plutôt, quand c'est possible, à jouir de ce qui est (« Quel bonheur de n'être pas malheureux ! »).

C'est aussi une question de tempérament. Heureux ceux qui sont doués pour le bonheur !

HEURISTIQUE Qui concerne la recherche ou la découverte (*heuriskein* : trouver, de *heuris*, le flair). Par exemple une hypothèse heuristique est une hypothèse qui prétend moins résoudre un problème que permettre de le poser autrement, et mieux : elle ne propose pas une solution, elle aide à la chercher.

HIC ET NUNC Ici et maintenant, en latin. C'est la situation de tout être, de tout sujet, de tout événement : son ancrage singulier dans l'universel devenir. Même la mémoire et l'imagination n'y échappent pas (se souvenir d'un passé, imaginer un ailleurs ou un avenir, c'est toujours s'en souvenir ou les imaginer *ici et maintenant*). Nos utopies sont datées, autant que nos émotions, et vieillissent plus mal.

HIÉRARCHIE C'est un classement normatif, qui instaure des liens de domination, de dépendance ou de subordination. La norme est le plus souvent de puissance ou d'argent. C'est ce qu'on appelle la hiérarchie sociale, qui rend l'idée même de hiérarchie suspecte. Si tous les hommes sont égaux en droit et en dignité, comment pourrait-on les classer par ordre d'importance ou de valeur ? Mais c'est que la hiérarchie, quand elle est légitime, porte moins sur les êtres que sur les fonctions ou les œuvres. Ainsi dans l'État ou dans un parti, dans une entreprise ou une Église, en art ou en sport. Que tous les hommes soient égaux en droit et en dignité, cela ne signifie pas que tous les pouvoirs le soient, ni toutes les responsabilités, ni tous les talents.

L'erreur, à quoi pousse l'étymologie, est d'y voir du sacré *(hiéros)*, quand il ne s'agit que d'organisation ou d'efficacité. Le protocole, qui met en scène cette hiérarchie, le montre bien : ce n'est qu'une apparence réglée, qui ne dit rien sur la valeur des individus mais qui manifeste quelque chose de l'institution ou des pouvoirs. Pascal, comme toujours, va au plus court : « M. N… est un plus grand géomètre que moi ; en cette qualité il veut passer devant moi. Je lui dirai qu'il n'y entend rien. La géométrie est une grandeur naturelle ; elle demande une préférence d'estime ; mais les hommes n'y ont attaché aucune préférence extérieure. Je passerai donc devant lui, et l'estimerai plus que moi en qualité de géomètre » (*Trois discours…*, 2). La hiérarchie des pouvoirs n'est pas celle des talents, comme celle de la naissance n'est pas celle des vertus. Pascal encore : « Il n'est pas nécessaire, parce que vous êtes duc, que je vous estime ; mais il est nécessaire que je vous salue. » Il n'y a pas de hiérarchie absolue. Cela, loin de les annuler toutes, justifie leur pluralité. C'est vrai spécialement en démocratie : que tous les citoyens soient égaux, cela ne dit rien sur leurs fonctions ou leurs mérites respectifs, ni ne dispense d'admirer les uns et d'obéir à d'autres. Ainsi l'idée de hiérarchie revient toujours, mais au pluriel et sans qu'on puisse jamais en absolutiser une.

HISTOIRE L'ensemble non seulement de tout ce qui arrive (le monde), mais aussi de tout ce qui est arrivé et arrivera : la totalité diachronique des événements. C'est en ce sens qu'on parle d'une histoire de l'univers, qui serait la seule histoire universelle. En pratique, le mot a pourtant rarement une extension aussi large : sauf précision particulière, il ne désigne que le passé humain, et la connaissance de ce passé. De là deux sens différents, que le français ne distingue pas : il y a l'histoire réelle (*Geschichte* en allemand : ce qu'on appelait en latin les *res gestas*, les faits accomplis, le passé tel qu'il fut, l'histoire des hommes historiques) et l'histoire comme discipline (qu'on appelle parfois *Historie* en allemand : *l'historia rerum gestarum*, la connaissance du passé, l'histoire des historiens). On ne connaît la première que par la seconde ; mais la seconde n'existe que par et dans la première.

L'histoire a-t-elle un sens ? La science historique a celui qu'on lui prête ou qu'on y trouve : faire de l'histoire, cela peut viser un certain but ou signifier quelque chose, qui variera en fonction des historiens. Mais l'histoire réelle ? Quel sens pourrait-elle avoir ? Qu'on le prenne comme but ou comme signification, ce sens ne pourrait être qu'autre chose que l'histoire (comment aller vers soi ? comment se signifier soi ?), qui serait son message ou sa fin. Mais l'idée d'une fin de l'histoire est contradictoire ou absurde : elle ne peut exister ni si l'histoire continue (car sa fin alors n'en serait pas une) ni si elle s'arrête (car sa fin alors ne serait pas sienne, et ne ferait pas sens). Quant à penser une signification de l'histoire, c'est lui supposer un sujet, qui veuille dire, à travers elle, quelque chose. Mais si ce sujet est *dans* l'histoire, comment ce qu'il veut dire serait-il le sens de l'histoire, puisqu'il en fait partie ? Et comment, s'il est au-dehors, pourrait-il s'y exprimer ? On dira qu'il en est ainsi de tout sens. Mais non, puisque le sens d'une phrase, par exemple, n'est ni son point final ni une partie de cette phrase : son sens est un dehors, qui est visé de l'extérieur par celui qui l'énonce (lequel ne fait pas partie de la phrase). Mais hors de l'histoire, quoi, et pour quel locuteur ? « Le sens du monde, disait Wittgenstein, doit se trouver hors du monde. » Le sens de l'histoire, pareillement, ne peut exister qu'en dehors d'elle. C'est ce qu'on appelle Dieu, lorsqu'on y croit : ce n'est plus histoire mais théodicée. Pour les autres, ceux qui n'adorent aucun Dieu, on peut dire de l'histoire ce que Shakespeare disait de toute vie : « C'est une histoire pleine de bruit et de fureur, racontée par un idiot, et qui ne signifie rien. » Cela ne nous empêche pas, en elle, de viser tel ou tel but, ni de tenir tel ou tel discours. Mais nous interdit de croire que c'est elle qui parle ou vise à travers nous. Que signifie la Guerre de 1914 ? Quel but visait-elle ? Aucun, bien sûr, puisque les individus qui la firent poursuivaient eux-mêmes des buts différents, qui donnaient à leur existence, bien souvent, des significations opposées. Il en va de même pour tout événement. La Révolution française ? La Révolution russe ? Ceux qui les firent visaient sans doute un but ou un sens, mais pas davantage que ceux qui les combattirent. C'est ce qu'avait vu Engels : « L'histoire se fait de telle façon que le résultat final se dégage toujours des conflits d'un grand nombre de volontés individuelles, dont chacune à son tour est faite telle qu'elle est par une foule de conditions particulières d'existence ; il y a donc là d'innombrables forces qui se contrecarrent mutuellement, un groupe infini de parallélogrammes de forces, d'où ressort une résultante – l'événement historique – qui peut être regardée elle-même, à son tour, comme le produit d'une force agissant comme un tout, de façon inconsciente et aveugle. Car ce que veut chaque individu est empêché par chaque autre, et ce qui s'en dégage est quelque chose que personne n'a voulu » (*Lettre à Joseph Bloch*, du 21 septembre 1890). C'est précisément parce que tout individu, dans l'histoire, poursuit un but, ou plusieurs, qu'il est exclu que l'histoire elle-même veuille aller quelque part ou signifier quelque chose. Si tout sujet est historique, comment l'histoire serait-elle sujet ? Si tout sens est dans l'histoire, comme l'histoire elle-même pourrait-elle en avoir un ? Cela ne nous empêche pas d'y poursuivre des buts, répétons-le, ni même de les atteindre parfois. Mais le sens alors qui s'en dégage n'est pas celui de l'histoire ; c'est celui de notre action. Mieux vaut un militant qu'un prophète.

HISTORICISME C'est vouloir tout expliquer par l'histoire. Mais si l'histoire produit tout, y compris les explications qu'on en donne, que valent ces explications, et que vaut l'historicisme ?

Il faut que l'histoire soit rationnelle, ou bien que la raison soit historique : rationalisme ou historicisme. Les deux ne peuvent être vrais ensemble et totalement. Mais ils peuvent l'être l'un et l'autre dans des ordres différents : rationalisme dans l'ordre théorique (contre la sophistique), historicisme dans l'ordre pratique (contre le dogmatisme pratique). Toute valeur est historique ; toute vérité, éternelle. Qu'on ne puisse connaître totalement celle-ci, ce n'est pas une objection contre elle – puisque toute objection la suppose. Qu'on ne puisse totalement se défaire de celle-là, et qu'on ne le doive, ce n'est pas davantage une objection contre l'historicisme : l'histoire, en effet, peut l'expliquer, par l'impossibilité où nous sommes d'en sortir. L'historicisme et le rationalisme peuvent ainsi s'articuler l'un à l'autre : l'histoire explique tout, sauf ce qu'il y a de vrai dans nos explications.

HOLISME Une pensée qui accorde davantage d'importance au tout (*holos*, entier) qu'à ses parties, ou qui s'interdit de réduire un ensemble aux éléments qui le composent. Appliqué à la société, le holisme s'oppose à l'individualisme.

HOMINISATION L'humanité n'est pas une essence, c'est une histoire, et cette histoire est d'abord naturelle : l'hominisation est ce processus biologique par lequel *homo sapiens* se distingue progressivement – par mutations et sélection naturelle – des espèces dont il descend. Reste, ensuite, à devenir humain, au sens normatif du terme : ce n'est plus *hominisation*, mais *humanisation*. La seconde, sans la première, serait impossible. Mais la première, sans la seconde, serait vaine : cela ne ferait qu'un grand singe de plus.

HOMME Au sens étroit : un membre de l'espèce humaine, de sexe masculin et d'âge adulte. Au sens large ou générique : tout être humain, quel que soit son âge ou son sexe. C'est en ce sens que tous les hommes sont égaux en droits et en dignité. Cela ne supprime bien sûr pas la différence sexuelle, pas plus que celle-ci ne porte atteinte à l'unité de l'espèce. Que l'humanité soit sexuée, c'est au contraire ce qui lui permet d'exister et d'être humaine. Qu'est-ce, en effet, qu'un être humain ? Un animal qui parle, qui raisonne, qui vit en société, qui travaille, qui rit, qui crée ? Rien de tout cela, puisque la découverte, sur Terre ou sur une autre planète, d'une espèce vivante douée de langage, de raison, etc., ne changerait pas les limites de l'espèce humaine ; et puisqu'un débile profond, même incapable de parler, de raisonner, de travailler, de créer, de rire, et fût-il, tel l'Enfant sauvage d'Itard, dépourvu de toute socialité, n'en est pas moins *homme* pour autant. On peut faire le même reproche à la fameuse définition de Linné : *Animal rationale, loquens, erectum, bimane.* Elle ne vaut pas pour tous les hommes, et rien ne prouve qu'elle vaille pour eux seuls. Aucune définition fonctionnelle ou normative n'est ici acceptable, puisqu'elle reviendrait à exclure de l'espèce humaine ceux qui sont hors d'état de *fonctionner* normalement. Il faut donc un autre critère, non plus fonctionnel mais générique, non plus normatif mais spécifique. La biologie en propose un, pour toute espèce animale, qui est l'interfécondité : un individu appartient à une espèce s'il peut se reproduire par croisement avec un autre membre de cette espèce et engendrer un être lui-même fécond. Cela toutefois ne vaut que pour l'espèce, point pour l'individu : un homme stérile ne cesse pas pour cela d'être un homme. Nous devons donc, si nous voulons un critère qui soit individuellement opératoire, prendre le problème par l'autre côté : celui non de l'engendrement, mais de la filiation. On aboutit alors à la définition suivante, qui me paraît seule valoir pour tout le défini et pour aucun autre : *Est un être humain tout être né de deux êtres humains.* On m'objectera que cette définition est circulaire, puisqu'elle suppose l'humanité. Mais c'est moins une faiblesse définitionnelle qu'un fait de l'espèce, que tout individu suppose en effet pour pouvoir exister et être défini. Quant à définir l'espèce elle-même, c'est aux naturalistes de le faire, qui nous apprennent qu'*homo sapiens* fait partie de la classe des mammifères et de l'ordre des primates, dont il se distingue spécifiquement (quoiqu'il puisse y avoir des exceptions individuelles) par un certain nombre de caractères génétiques bien connus : un cerveau plus gros, un pouce opposable aux autres doigts, un larynx apte à la parole… L'humanité, sans ces caractères biologiques, ne serait pas ce qu'elle est. Mais ce n'est pas parce qu'il a ces caractères qu'un individu est humain : c'est parce qu'il est né de deux êtres humains qu'il peut les avoir – et qu'il restera humain, d'ailleurs, quand bien même tel ou tel de ces caractères lui ferait défaut. Si c'est la filiation qui fait l'homme, l'humanité ne peut être définie, en chacun, par ses performances. Comment un handicap, aussi grave soit-il, pourrait-il annuler ce qu'il suppose ?

On m'objectera aussi le clonage reproductif, qui permettrait d'engendrer un être humain à partir d'un seul individu. J'y vois moins une objection qu'une raison forte de refuser le clonage : non parce qu'il invaliderait ma définition (laquelle pourrait s'en trouver simplement modifiée : Est un être humain, pourrait-on dire sans difficulté, tout être né d'au moins un être humain), mais parce qu'il mettrait en cause l'un des traits les plus précieux de l'humanité, qui est l'engendrement, par deux individus différents, et parce qu'ils sont différents, d'un troisième individu, qui ne saurait pour cela être identique à aucun des deux premiers. Se reproduire, pour un homme ou une femme, ce n'est jamais se reproduire à l'identique, et c'est très bien ainsi. Un être humain engendré par clonage, à partir d'un seul individu, appartiendrait assurément à l'espèce (d'où la définition modifiée que je propose par anticipation) ; mais l'humanité, si la chose se généralisait, en serait moins riche de différences, et par là moins humaine : ce n'est pas une définition, qu'il faut sauver, mais ce qu'il y a d'infiniment diversifié et imprévisible dans l'humanité. Procréer, c'est créer, non répéter. Le droit d'être différent de ses parents fait partie des droits de l'homme.

HONNÊTETÉ C'est la justice à la première personne, telle qu'elle s'impose surtout dans les rapports de propriété, les échanges, les contrats : le respect non seulement de la *légalité*, dans un pays donné, mais de l'*égalité*, au moins en droit, entre tous les individus concernés. Par exemple si je vends un appartement sans indiquer à l'acheteur tel vice caché qui s'y trouve, ou même tel inconvénient du voisinage. Il se peut que je n'aie violé aucune loi (cela dépend de l'état de la législation : nul vendeur n'est légalement obligé, que je sache, d'indiquer que son voisin est bruyant ou grossier) ; mais je n'aurai pas été tout à fait *honnête* avec lui, puisque j'aurai profité d'une inégalité (de connaissance, d'information) entre nous pour en tirer parti à son désavantage. La règle de l'honnêteté est donc une règle de justice, en tant qu'elle s'impose à chacun dans ses rapports, spécialement marchands ou contractuels, avec autrui. Elle est bien énoncée par Alain : « Dans tout contrat et dans tout échange, mets-toi à la place de l'autre, mais avec tout ce que tu sais, et, te supposant aussi libre des nécessités qu'un homme peut l'être, vois si, à sa place, tu approuverais cet échange ou ce contrat » (*81 chapitres*…, VI, 4). L'échange ou le contrat sont honnêtes quand je peux répondre oui ; malhonnête dans le cas contraire. L'honnêteté est moins fréquente qu'on ne le croit.

En pratique, la notion sert surtout par rapport à la propriété : être honnête, ce serait respecter la propriété d'autrui ; être malhonnête, s'en emparer indûment. C'est bien commode pour les propriétaires. Et certes le voleur, même le plus pauvre, manque à l'honnêteté. Toute personne qui a été cambriolée le sait bien : qu'on prenne ce qui lui appartient, sans son accord et sans contrepartie, cela n'est pas juste. Mais combien de riches, même n'ayant jamais volé personne, même honnêtes en ce sens, attentent – par trop de richesse, par trop d'égoïsme et de bonne conscience – à la justice ? C'est que l'égalité des hommes entre eux ne saurait se cantonner au monde du droit, des échanges, des contrats. L'honnêteté est une justice de propriétaires, ou vis-à-vis d'eux. Mais c'est la justice, moralement, qui vaut, non la propriété.

HONNEUR La dignité, quand elle passe par le regard des autres. Ou l'amour-propre, quand il se prend au sérieux. Peut pousser à l'héroïsme autant qu'à la guerre ou à l'assassinat (les « crimes d'honneur »). C'est un sentiment foncièrement équivoque, qu'on ne saurait ni admirer ni mépriser tout à fait. C'est une passion noble ; mais ce n'est qu'une passion, point une vertu. Qu'on ne puisse socialement s'en passer, j'en suis d'accord. Raison de plus, individuellement, pour s'en méfier. « L'honneur national, disait Alain, est comme un fusil chargé. » Et que dire de l'honneur de ces adolescents qui s'entre-tuent, à la porte de nos collèges, pour un regard ou une injure ? L'honneur a fait plus de morts que la honte, et plus d'assassins que de héros.

HONTE Ce n'est pas le sentiment de culpabilité, puisqu'on peut avoir honte en se sachant innocent. Par exemple parce qu'on souffre, sous le regard d'autrui, de se sentir ridicule ou pitoyable. Un faux pas, une disgrâce physique, une tache sur le visage ou un vêtement, peuvent y suffire. Et combien de femmes, après avoir été violées, disent la honte qu'elles ont ressentie, non assurément qu'elles se jugeassent coupables, mais parce qu'elles s'étaient senties humiliées, méprisées, avilies, quoiqu'elles n'y soient pour rien, enfin en quelque chose atteintes dans leur honneur ou leur dignité. Le jugement compte moins ici que la sensibilité, la morale moins que la souffrance, la culpabilité moins que l'amour-propre. On ne peut donc accepter tout à fait, du moins en français, la définition que proposait Spinoza : « La honte est une tristesse qu'accompagne l'idée d'une action, dont nous imaginons qu'elle est blâmée par d'autres » (*Éthique*, III, déf. 31 des Affects). Que ce puisse être le cas, dans telle ou telle honte particulière, n'autorise pas à penser que ce soit le cas de toutes. On peut avoir honte là où l'on n'a pas agi, là où aucun blâme n'est envisageable, simplement parce que l'image qu'on donne de soi, ou que les autres en ont, ne correspond pas à celle que l'on voudrait offrir. Certains peuvent avoir honte de leur corps, de leur misère, de leur inculture, de leurs parents parfois, non parce qu'ils s'en sentent responsables, mais parce qu'ils se sentent amoindris ou humiliés, sous le regard des autres, d'être dans ce corps, cet état ou cette famille... Descartes a bien vu que la honte avait à voir avec l'amour de soi, et que cela, loin de la condamner, pouvait faire, parfois, son utilité (*Passions*, III,

205 et 206). Reste à n'en être pas prisonnier. C'est un amour malheureux ou blessé, qu'il importe de guérir.

On remarquera qu'on n'a pas honte devant les animaux, ni tout à fait dans la solitude (ce ne serait plus honte mais remords ou repentir). La honte est un sentiment de soi à soi, mais par la médiation d'un ou de plusieurs autres. La honte, souligne Jean-Paul Sartre, est « une appréhension unitaire de trois dimensions ». J'ai honte lorsque le sujet que je suis se sent objet, pour un autre sujet : « *J'*ai honte de *moi* devant *autrui* » (*L'être et le néant*, p. 350). On n'y échappe qu'en échappant aux regards, par la solitude, ou au statut d'objet, par l'amour ou le respect. Nietzsche, en trois aphorismes, a peut-être dit l'essentiel :

« *Qui appelles-tu mauvais ?* – Celui qui veut toujours faire honte.

Que considères-tu comme ce qu'il y a de plus humain ? – Épargner la honte à quelqu'un.

Quel est le sceau de la liberté conquise ? – Ne plus avoir honte de soi-même » (*Le gai savoir*, III, 273-275).

HUMANISATION On naît homme, ou femme ; on devient humain. Ce processus, qui vaut pour l'espèce autant que pour l'individu, c'est ce qu'on peut appeler l'humanisation : c'est le devenir humain de l'homme – le prolongement culturel de l'hominisation.

HUMANISME Historiquement, c'est d'abord un courant intellectuel de la Renaissance (ceux qu'on appelle les humanistes : Pétrarque, Pic de La Mirandole, Érasme, Budé...), fondé sur l'étude des humanités grecques et latines et débouchant sur une certaine valorisation de l'individu. Mais le mot, en philosophie, a un sens beaucoup plus large : être humaniste, c'est considérer l'humanité comme une valeur, voire comme la valeur suprême. Reste à savoir si cette valeur est elle-même un absolu, qui se donne à connaître, à reconnaître, à contempler, ou bien si elle reste relative à notre histoire, à nos désirs, à une certaine société ou civilisation... On parlera dans le premier cas d'*humanisme théorique*, lequel peut être métaphysique ou transcendantal, mais tend toujours à devenir une religion de l'homme (voyez *L'homme-Dieu*, de Luc Ferry) ; dans le second, d'*humanisme pratique*, qui ne prétend à aucun absolu, à aucune religion, à aucune transcendance : ce n'est qu'une morale ou un guide pour l'action. Le premier est une foi ; le second, une fidélité. Le premier fait de l'humanité un principe, une essence ou un absolu ; le second n'y voit qu'un résultat, qu'une histoire, qu'une exigence. La vraie question est de savoir s'il faut croire en l'homme (humanisme théorique) pour vouloir le bien des individus, ou si l'on peut vouloir leur bien (humanisme pratique) quand bien même on aurait toutes les raisons de ne pas s'illusionner sur ce qu'ils sont. Tel était l'humanisme de Montaigne, dont j'ai parlé ailleurs (*Valeur et vérité*, p. 94-95 et 238-240). Tel aussi celui de La Mettrie. « Je déplore le sort de l'humanité, écrivait-il, d'être, pour ainsi dire, en d'aussi mauvaises mains que les siennes. » Ce n'est pas une raison pour l'abandonner à son sort, puisque ces mains, précisément, sont les nôtres. En bon matérialiste, La Mettrie ne voit dans les êtres humains que de purs produits de la matière et de l'histoire (c'est la thèse fameuse de *l'homme machine*, qui fonde un anti-humanisme théorique). Mais le médecin qu'il était aussi n'a pas renoncé pour cela à les soigner, pas plus que le philosophe à les comprendre et à leur pardonner. « Savez-vous pourquoi je fais encore quelque cas des hommes ?, demandait-il. C'est que je les crois sérieusement des machines. Dans l'hypothèse contraire, j'en connais peu dont la société fût estimable. Le matérialisme est l'antidote de la misanthropie. » Humanisme sans illusions, et de sauvegarde. Ce n'est pas la valeur des hommes qui fonde le respect que nous leur devons ; c'est ce respect qui leur donne de la valeur. Ce n'est pas parce que les hommes sont bons qu'il faut les aimer ; c'est parce qu'il n'y a pas de bonté sans amour. Enfin, ce n'est pas parce qu'ils sont libres qu'il faut les éduquer ; c'est pour qu'ils aient une chance, peut-être, de le devenir. C'est ce que j'appelle l'humanisme pratique, qui ne vaut que par les actions qu'il suscite. Ce n'est pas une croyance ; c'est une volonté. Pas une religion ; une morale. Croire en l'homme ? Je ne vois pas ce que cela signifie, puisque son existence est avérée, ni pourquoi ce serait nécessaire. Pas besoin de croire en l'homme pour vouloir le bien des individus et le progrès de l'humanité. Au reste, nous partons de si bas qu'il doit bien être possible de nous *élever* quelque peu. C'est où l'on retrouve le premier sens du mot *humanisme*, qui renvoie aux études, à la culture, à l'étude attentive et fidèle du passé humain. C'est la seule voie pour l'avenir, si l'on veut qu'il soit acceptable. L'homme n'est pas Dieu. Faisons au moins en sorte, et l'on n'en a jamais fini, qu'il soit à peu près humain.

HUMANITÉ Le mot se prend en deux sens, l'un descriptif l'autre normatif : l'humanité, le cas est assez singulier, est à la fois une espèce animale et une vertu. Et non par métaphore (comme on dit d'un homme très courageux : « C'est un lion »), mais par métonymie : c'est passer du tout (l'espèce humaine) à la partie (puisque certains membres de l'espèce seront dits inhumains), du donné au résultat (l'humanité, c'est ce que l'espèce humaine a fait de soi, qu'elle doit préserver), de la nature à la culture, du fait à la valeur, de l'existence à l'exigence, de l'appartenance à la fidélité. C'est pourquoi on parle aussi des *Humanités*, pour désigner la culture, spécialement littéraire : parce que le passé de l'humanité s'y reflète, qui nous apprend ce que nous sommes par ce que nous pouvons et devons devenir. « Il n'y a point d'Humanités modernes, disait Alain. Il faut que le passé éclaire le présent, sans quoi nos contemporains ne sont à nos yeux que des animaux énigmatiques. » L'humanité n'est devant nous, comme idéal, que parce qu'elle est d'abord derrière nous, comme histoire, comme mémoire, comme fidélité. Que nous devions nous soucier de nos descendants, c'est une évidence. Mais qui ne vient pas d'eux.

HUMILITÉ Être humble, c'est avoir le sentiment de sa propre insuffisance. C'est pourquoi c'est une vertu : être *suffisant*, c'est manquer à la fois de lucidité et d'exigence. Voyez par exemple la prétention de Greuze, Boucher, Fragonard, et l'humilité de Chardin. On ne confondra donc pas l'humilité avec la haine de soi, encore moins avec la servilité ou la bassesse. L'homme humble ne se croit pas inférieur aux autres : il a cessé de se croire supérieur. Il n'ignore pas ce qu'il vaut, ou peut valoir : il refuse de s'en contenter. Vertu humble (qui se vanterait de la sienne prouverait par là qu'il en manque), mais nécessaire. C'est le contraire de l'orgueil, de la vanité, de l'amour aveugle de soi-même, de la complaisance, de la suffisance, j'y reviens, et c'est pourquoi elle est si précieuse : il ne lui manque qu'un peu de simplicité et d'amour pour être bonne absolument.

HUMOUR C'est une forme de comique, mais qui fait rire surtout de ce qui n'est pas drôle. Par exemple ce condamné à mort qu'évoque Freud, qu'on mène un lundi à l'échafaud : « Voilà une semaine qui commence bien ! », murmure-t-il. Ou Woody Allen : « Non seulement Dieu n'existe pas, mais essayez de trouver un plombier pendant le week-end ! » Ou encore Pierre Desproges annonçant sa maladie au public : « Plus cancéreux que moi, tu meurs ! » Cela suppose un travail, une élaboration, une création. Ce n'est pas le réel qui est drôle, mais ce qu'on en dit. Non son sens, mais son interprétation – ou son non-sens. Non le plaisir qu'il nous offre, mais celui que nous prenons à constater qu'il n'en propose aucun qui puisse nous satisfaire. Conduite de deuil : nous cherchons un sens ; nous constatons qu'il fait défaut ou se détruit ; nous rions de notre propre déconfiture. Et cela fait comme un triomphe pourtant de l'esprit.

L'humour se distingue de l'ironie par la réflexivité ou l'universalité. L'ironiste rit des autres. L'humoriste, de soi ou de tout. Il s'inclut dans le rire qu'il suscite. C'est pourquoi il nous fait du bien, en mettant l'*ego* à distance. L'ironie méprise, exclut, condamne ; l'humour pardonne ou comprend. L'ironie blesse ; l'humour soigne ou apaise.

Il y a du tragique dans l'humour ; mais c'est un tragique qui refuse de se prendre au sérieux. Il travaille sur nos espérances, pour en marquer la limite, sur nos déceptions, pour en rire, sur nos angoisses, pour les surmonter. « Ce n'est pas que j'aie peur de la mort, explique par exemple Woody Allen, mais je préférerais être ailleurs quand cela se produira. » Défense dérisoire ? Sans doute. Mais qui s'avoue telle, et qui indique assez, contre la mort, qu'elles le sont toutes. Si les fidèles avaient le sens de l'humour, que resterait-il de la religion ?

HYPOCRISIE C'est vouloir passer pour ce qu'on n'est pas, afin d'en tirer avantage – non par vanité, comme dans le snobisme, mais par calcul ou intérêt ; non pour imiter ceux qu'on admire ou qu'on envie, mais pour duper ceux qu'on méprise ou qu'on veut utiliser. Le snob est un simulateur sincère, qui se dupe lui-même ; l'hypocrite, un simulateur mensonger, qui dupe les autres. Ainsi, Tartuffe : s'il admirait les dévots, il ne serait pas hypocrite ; il serait snob. Mais il n'a que faire d'admirer : il ne veut paraître ce qu'il n'est pas que pour tromper et utiliser. L'hypocrisie est une mauvaise foi lucide et intéressée. C'est pourquoi elle est rare (la lucidité l'est toujours) et habituellement efficace (elle peut compter sur le snobisme des autres : si Orgon n'avait voulu passer pour pieux, à ses propres yeux autant qu'à ceux des autres, il ne se serait pas entiché à ce point de Tartuffe). Contre elle, la lucidité et l'humour : se défier des autres, et de soi.

HYPOSTASE Ce qui se trouve sous (c'est l'équivalent grec du latin *substantia*), autrement dit ce qui porte ou fonde. Le mot désigne une réalité existant en soi, mais considérée, surtout depuis le néoplatonisme, dans son rapport à d'autres hypostases, dont elle procède ou qu'elle engendre : ainsi, chez Plotin, l'Un (première hypostase) engendre l'Intellect (deuxième hypostase, qui émane de l'Un), lequel engendre à son tour l'Âme du monde (troisième hypostase, qui émane de l'Intellect). Le mot sera repris par la tradition chrétienne, pour désigner les trois Personnes de la Trinité – le Père, le Fils, le Saint Esprit –, considérées comme trois hypostases d'un seul et même être *(ousia)*, qui est Dieu. Ces deux usages, néoplatonicien puis chrétien, fortement marqués de mysticisme, expliquent peut-être que le mot ait fini par se distinguer assez fortement de celui de substance. On peut dire d'une pierre qu'elle est une substance (si l'on considère qu'elle existe en soi) ; on évitera de dire qu'elle est une hypostase. C'est qu'il y a du mystère dans l'hypostase : c'est une substance qu'on ne comprend pas, qui nous dépasse, qu'on ne peut expérimenter, si on le peut, que de façon surnaturelle ou mystique. De là le sens péjoratif que le mot, dans la période moderne, finit par prendre : une hypostase serait une substance supposée ou fictive, une entité à laquelle on accorderait, à tort, une réalité indépendante. Ainsi Platon hypostasie ses idées, comme Descartes son *cogito*. Un matérialiste leur objectera que les Idées ou l'âme ne sont que des fictions : une façon d'ériger la pensée, qui n'est qu'un acte du corps, au rang de réalité indépendante ou substantielle. L'hypostase, en ce dernier sens, n'est qu'une abstraction hypostasiée : on sépare d'abord la pensée de ce qui la produit (le corps, le cerveau), puis on en fait une réalité existant en soi. Reste à savoir, toutefois, si la matière n'est pas, elle aussi, une hypostase.

HYPOSTASIER Considérer comme hypostase ou comme substance. Le mot a le plus souvent un sens péjoratif : c'est prêter une réalité absolue ou indépendante à ce qui n'est qu'un processus, qu'un accident ou qu'une abstraction.

HYPOTHÈSE C'est une supposition, qui prend ordinairement place dans une démarche démonstrative ou expérimentale : une idée qu'on admet provisoirement comme vraie, afin d'en déduire les conséquences et, le cas échéant, d'en confirmer ou d'en infirmer la vérité. Dans les sciences expérimentales, c'est une « explication anticipée », disait Claude Bernard, qu'on soumet à l'expérience afin d'en tester la validité. Ces sciences, qu'on a dit longtemps inductives (parce qu'elles iraient du fait à la loi), sont plutôt hypothético-expérimentales : leurs hypothèses ne sont scientifiques, montre Popper, que dans la mesure où elles peuvent être soumises à l'expérience et, le cas échéant, réfutées par elle (voir l'article « Falsifiabilité »). En mathématiques, les hypothèses sont plutôt des conventions, qui valent moins par elles-mêmes que par le système des conséquences nécessaires qu'on en peut déduire (les théorèmes) : elles forment une axiomatique, qui sert de base à un système hypothético-déductif.

HYPOTHÉTICO-DÉDUCTIVE (MÉTHODE -) Toute méthode qui part d'hypothèses pour en déduire des conséquences, que celles-ci soient falsifiables (dans les sciences expérimentales) ou non. Se dit spécialement des mathématiques, qui visent moins à vérifier leurs hypothèses (comment une convention pourrait-elle être démontrée ?) qu'à produire, à partir d'elles, un système cohérent : la vérité est moins dans les théorèmes que dans le lien nécessaire qui les unit aux hypothèses de départ (principes, axiomes, postulats...) ou à d'autres théorèmes. C'est l'une des conséquences épistémologiques de l'invention des géométries non euclidiennes : le postulat d'Euclide n'est plus une évidence ni une proposition à démontrer, mais une simple convention, qu'on peut poser ou pas, et qui ne débouche que sur un système géométrique particulier (la géométrie euclidienne), parmi d'autres possibles. Il en va de même des autres axiomes ou postulats, de telle sorte que le statut des théorèmes eux-mêmes s'en trouve transformé. Il n'y a plus pour eux de vérité séparée : « leur vérité, c'est seulement leur intégration au système » (R. Blanché, *L'axiomatique*, PUF, p. 7). Ce système est-il vrai ? Ce n'est plus la question : il lui suffit d'être cohérent. C'est pourquoi les mathématiques ne suffisent pas.

HYPOTHÉTIQUE (JUGEMENT -) Ce n'est pas un jugement qui ne prétendrait qu'au statut d'hypothèse ou de simple possibilité (on parle alors de jugement *problématique*). Un jugement est *hypothétique* lorsqu'il énonce une relation entre une hypothèse et l'une au moins de ses conséquences. Par exemple : « Si Médor est un homme, il est mortel. » Ou bien : « Si Médor est un triangle, ses trois angles sont égaux à deux droits. » On voit que ce jugement, même valide, ne prouve rien sur la nature de mon chien, ni sur sa forme ou sa mortalité. Le jugement, considéré en tant que tel, n'en est pas moins assertorique : la relation entre l'hypothèse et sa conséquence est énoncée comme un fait, non comme une hypothèse. Rien n'empêche pour autant qu'un jugement hypothétique, du point de vue de la relation, soit par ailleurs problématique, quant à sa modalité (voir ce mot). Par exemple : « Si Dieu existe, il est possible que l'âme soit immortelle. » Cela ne prouve pas davantage que Dieu existe, ni que l'âme soit immortelle. Mais reconnaît que l'existence de celui-là ne saurait garantir l'immortalité de celle-ci.

HYSTÉRIE C'est une névrose, qui enferme l'hystérique dans l'apparence qu'il veut prendre : le voilà comme prisonnier à la surface de soi. L'utérus, malgré l'étymologie, n'y est pour rien. Il y a des hommes hystériques, et certains psychiatres me disent qu'il y en a de plus en plus. C'est que la notion relève de la psychopathologie, non de la physiologie. Et dépend de l'évolution de la société, selon toute vraisemblance, presque autant que des histoires individuelles. Les grandes crises d'hystérie, telles que les décrivait

Charcot, se font rares (il m'est pourtant arrivé d'en voir une). C'est peut-être que notre société, où tout est spectacle, n'a plus besoin de tels débordements – que l'hystérie s'est banalisée en se répandant. Société du spectacle : hystérisation de la société. Plus besoin de courir les hôpitaux. La rue et la télévision suffisent.

Freud voyait dans l'hystérie un effet du refoulement. D'un point de vue philosophique, j'y verrais plutôt, mais ce n'est pas contradictoire, une incapacité à supporter la vérité, une fuite dans l'apparence, un enfermement dans le simulacre. C'est une maladie du mensonge, mais d'abord à soi-même. L'hystérique est un simulateur sincère, comme un comédien qui se prendrait pour son personnage. Il veut faire illusion, et y parvient en effet, jusqu'à y croire lui-même. Il veut séduire, et y parvient souvent. Mais cela ne fait que le couper un peu plus du réel, que l'enfermer davantage dans le semblant, dans le factice, dans la superficialité. Hyperexpressivité, mais à vide ; émotivité à fleur de peau, mais sans chair ou sans cœur. Volubilité, suggestibilité, mythomanie. Beaucoup de charme au-dehors, beaucoup de vide au-dedans. L'hystérique en fait trop ; mais c'est pour masquer (et *se* masquer) un manque d'être. Chatoiement de surface, absence de profondeur. Multiplication des signes, fuite du sens. Somatisation, théâtralisation, donjuanisme. Besoin éperdu de séduire, incapacité d'aimer et de jouir. C'est comme un narcissisme extraverti, qui ne saurait s'aimer que dans le regard de l'autre. Avec l'âge, cela devient de plus en plus difficile : la dépression ou l'hypocondrie menacent. Tristesse du comédien, quand le public se détourne.

I

ICÔNE Une image signifiante, ou un signe imagé. Proche en ce sens de *symbole*, mais avec quelque chose de plus immédiatement figuratif. C'est que les symboles portent le plus souvent sur des abstractions ; les icônes, sur des objets ou des individus.

IDÉAL C'est quelque chose qui n'existe qu'en idée, donc qui n'existe pas. Ainsi l'homme idéal, ou la femme idéale, ou la société idéale... Comme nos idées correspondent plus facilement à nos désirs que ne le fait la réalité, qui n'en a cure, le mot indique aussi une quasi-perfection. L'idéal n'a qu'un seul défaut ; c'est qu'il n'existe pas.

« Il faut croire au bien, disait Alain, car il n'est pas ; par exemple à la justice, car elle n'est pas » (*81 chapitres*, IV, 7). C'est dire que le bien et la justice ne sont que des idéaux. On n'en conclura pas qu'il n'y a pas lieu de s'en occuper, mais au contraire qu'ils n'existent que dans la mesure où nous nous en occupons. Rien n'est réel, dans l'idéal, que la valeur que nous lui prêtons – que le désir, qui nous fait agir.

IDÉALISME Le mot se prend principalement en trois sens, l'un trivial, les deux autres philosophiques.

Au sens trivial, c'est le fait d'avoir des idéaux, autrement dit de ne pas se résigner à la médiocrité ambiante, aux plaisirs matériels, à la réalité telle qu'elle est. S'oppose alors au matérialisme ou au cynisme, pris eux aussi en un sens trivial.

Dans le langage philosophique, le mot peut désigner une certaine conception de l'être (une ontologie) ou une certaine théorie de la connaissance (une gnoséologie).

D'un point de vue ontologique, il désigne l'un des deux grands camps dont l'opposition, au moins depuis Démocrite et Platon, traverse et structure la philosophie : est *idéaliste* toute doctrine pour laquelle la pensée existe indépendamment de la matière, voire existe seule, que ce soit sous la forme d'idées (idéalisme au sens strict) ou sous la forme d'êtres spirituels (auquel cas on parlera plutôt de spiritualisme). C'est le contraire du matérialisme au sens philosophique.

D'un point de vue gnoséologique, l'idéalisme désigne plutôt une limite de la connaissance : est *idéaliste* tout penseur pour lequel nous ne pouvons rien connaître de la réalité en soi, soit parce qu'elle n'existe pas, soit parce que nous ne pouvons connaître que nos représentations. C'est le contraire du réalisme, au sens gnoséologique du terme. C'est cette dernière acception qui explique que Kant ait pu caractériser son propre système à la fois comme *idéalisme transcendantal* (nous ne connaissons que des phénomènes, jamais les choses en soi) et comme *réalisme empirique* (nous connaissons effectivement les phénomènes, qui ne sont pas de pures illusions).

On remarquera qu'on peut être idéaliste au sens ontologique sans l'être au sens gnoséologique (c'est le cas par exemple de Descartes) ; mais qu'il est difficile de l'être au sens gnoséologique sans l'être aussi au sens ontologique (si nous ne connaissons que nos représentations ou notre esprit, pourquoi penser qu'il existe autre chose, qui serait d'un autre ordre ?). Enfin, qu'on peut être idéaliste au sens trivial et matérialiste au sens philosophique. Ainsi, Marx : le communisme était son idéal ; le matérialisme, sa philosophie.

IDÉE C'est une représentation : les idées ne sont visibles (*idein*, en grec, signifie voir) que pour l'esprit, et tout ce que l'esprit se représente peut être appelé *idée*. La forme de cet arbre, devant moi, est son *eîdos* (son aspect, sa forme visible). Mais en tant que je la perçois intérieurement, c'est une idée. « J'appelle généralement du nom d'idée, écrit Descartes, tout ce qui est dans notre esprit, lorsque nous concevons une chose, de quelque manière que nous la concevions » (*Lettre à Mersenne*, juillet 1641). En pratique, toutefois, le mot ne sert guère que pour les représentations les plus abstraites ou les plus élaborées, à l'exclusion des simples images ou perceptions : on parlera de l'idée d'arbre, plutôt que de l'idée de cet arbre-ci, et cette dernière ne sera appelée *idée* qu'à la condition de comporter quelque chose de plus que la simple sensation. L'idée, en ce sens, ce n'est pas seulement ce qui est « dans la pensée », comme disait aussi Descartes, mais ce qui en résulte, ce que la pensée produit ou élabore, qui est moins son objet que son effet. Penser, c'est avoir des idées, mais on ne peut les avoir qu'à la condition de les produire ou de les reproduire – qu'à la condition de les penser –, ce qui ne va pas sans effort ou travail. « Par idée, écrivait Spinoza, j'entends un concept de l'esprit, que l'esprit forme parce qu'il est une chose pensante » (*Éth.* II, déf. 3). L'idée n'est pas une copie des choses, mais le résultat d'un acte de penser : non « quelque chose de muet, comme une peinture sur un panneau, souligne encore Spinoza, mais un mode de penser, savoir l'acte même de connaître » (*ibid.*, scolie de la prop. 43). C'est dire, contre Platon, qu'il n'y a pas d'idées séparées ou en soi : il n'y a que le travail de la pensée. Comment existerait-il des idées innées ou absolues ? Ce serait pensée sans travail – pensée sans pensée. Une idée qui n'est pensée par personne n'est pas une idée et n'est rien.

Ce travail a ses exigences propres, qui sont de vérité plutôt que de ressemblance. Certes, « une idée vraie doit s'accorder avec l'objet dont elle est l'idée » (*Éth.* I, axiome 6). Mais cet accord ne saurait prendre la forme d'une reproduction. La pensée n'est pas un art figuratif : une idée n'est ni une peinture ni une image (*Éth.* II., scolie de la prop. 48). Il s'agit de penser vrai, pas de faire ressemblant. L'idée de cercle n'est pas ronde, l'idée de chien n'aboie pas (*T.R.E.*, 27), et aucune idée n'a d'idée.

IDENTITÉ Le fait d'être le même. Mais le même que quoi ? Le même que le même : il n'y aurait pas autrement identité. Ainsi l'identité est d'abord une relation de soi à soi (mon identité, c'est mon être moi-même), ou, lorsqu'il ne s'agit pas de sujets, une relation entre deux objets qui n'en font qu'un. « Pris au sens strict, ce terme est on ne peut plus précis, remarque Quine : une chose est identique à elle-même et à rien d'autre, pas même à un double gémellaire » (*Quiddités*, art. « Identité »). Deux jumeaux monozygotes, même à les supposer parfaitement semblables, ne sont jumeaux qu'en tant qu'il sont deux individus différents : s'ils étaient absolument le même (au sens où l'auteur de *La Chartreuse de Parme* et celui de *Lucien Leuwen* sont le même), ils ne seraient qu'un et il n'y aurait pas de jumeaux. Ainsi l'identité, prise en ce sens strict, suppose l'unicité : c'est être *un et le même*, et nul n'est le même que de soi.

En un sens plus large, mais bien avéré dans la tradition, il arrive pourtant qu'on parle d'identité à propos de deux objets différents, pour marquer qu'ils sont semblables : par exemple lorsqu'on constate, entre amis, une identité de points de vue ou de goûts.

Ces deux sens peuvent être légitimes l'un et l'autre ; encore convient-il de ne pas les confondre. C'est pourquoi on parle souvent, pour désigner le premier, d'*identité numérique* (être un et le même : « Nous habitons dans le même immeuble »), alors qu'on parlera d'*identité spécifique* ou *qualitative* pour désigner la parfaite similitude entre plusieurs objets différents (« Nous avons la même voiture », c'est-à-dire ici deux véhicules de la même marque, du même modèle et de la même couleur).

Cette dernière identité n'est jamais absolue (deux voitures identiques ne sont jamais absolument indiscernables). Mais l'identité numérique l'est-elle ? Au présent, sans doute ; mais au présent seulement. À la considérer dans le temps, elle est aussi relative – et peut-être plus illusoire – que l'autre. Le Stendhal qui commence *Lucien Leuwen*, en 1834, a quatre ans de moins que celui qui écrira *La Chartreuse de Parme*. Comment lui serait-il identique ? Et pourquoi, s'il l'était, n'écrivit-il pas le même livre ?

L'erreur serait de croire que cette notion, qui reste toute formelle, puisse nous apprendre quoi que ce soit sur le réel. Que Stendhal, Henri Beyle et l'auteur de *La vie de Henri Brulard* ne fassent qu'un, cela ne nous apprend quelque chose que pour autant que nous savons ce que ces mots désignent, ou plutôt c'est parce que nous le savons que nous pouvons affirmer que ces trois personnages ne font qu'un. L'identité, pas plus que la carte du même nom, ne se prononce sur le contenu de ce qu'elle désigne (ce n'est pas la quiddité), mais seulement sur l'égalité de ce contenu à lui-même. A = A. L'identité n'est pas l'essence, mais l'essence suppose l'identité.

Il se pourrait, et c'est ce que je crois, que rien, dans le temps, ne reste identique à soi : que tout soit impermanent, comme disent les bouddhistes, et qu'on ne se baigne jamais deux fois dans le même fleuve. Le réel ne cesserait pas pour autant, au présent, d'être identique à soi. C'est où Parménide triomphe d'Héraclite, mais en vain : puisqu'il triomphe même si Héraclite a raison. Le même est à penser, qui est ; mais ce qu'il est, la pensée ne peut l'apprendre que de l'être, point du même. Il n'y a pas d'ontologie *a priori*. L'identité est un concept nécessaire, mais vide. Elle est le nom qu'on donne à la pure présence à soi du réel, qui n'est pas un nom.

C'est une dimension du silence, par quoi le discours est possible.

IDENTITÉ (PRINCIPE D'–) C'est le principe qui fonde l'adéquation de la vérité à elle-même. Tout être est ce qu'il est : $a = a$, $p = p$; ou mieux, et comme disaient déjà les stoïciens : *Si a, alors a* ; *Si p, alors p*. Si je vis, je vis ; si je fais ce que je fais, je le fais. D'où il ne suit rien, que la nécessité absolue du présent, qui est tout.

Le principe d'identité est ce qui rend la pensée possible, et la vérité nécessaire.

IDÉOLOGIE Pour ceux des disciples de Condillac qu'on appelait, au tout début du XIXe siècle, les *idéologues* – et spécialement chez Destutt de Tracy, qui inventa le mot –, c'était la science des idées, qui serait par là même la science des sciences. Mais une telle science n'existe pas : on ne peut connaître que le cerveau, qui pense les idées, ou une théorie particulière, qui s'en sert ou les sert. C'est pourquoi sans doute ce sens est aujourd'hui tombé en désuétude. Le mot, depuis des décennies, ne se prend plus guère que dans son acception marxiste : l'idéologie est un ensemble d'idées ou de représentations (valeurs, principes, croyances...) qui ne s'expliquent pas par un processus de connaissance – l'idéologie n'est pas une science – mais par les conditions historiques de leur production, dans une société donnée, et spécialement par le jeu conflictuel des intérêts, des alliances et des rapports de forces. C'est comme une pensée sociale, qui ne serait pensée par personne mais qui penserait en tous, ou plutôt à l'intérieur de laquelle tous, nécessairement, penseraient. L'idéologie est inconsciente : elle est le lieu, socialement et historiquement déterminé, de toute conscience possible. C'est « le langage de la vie réelle » (Marx et Engels, *L'idéologie allemande*, I). Elle est par nature hétéronome : son histoire est soumise à celle de la société matérielle, elle-même dominée « en dernière instance » par l'infrastructure économique (forces productives et rapports de production). On n'a pas les mêmes idées à l'âge de la pierre taillée et à celui de la pierre polie, dans une société féodale et dans une société capitaliste, à l'époque de la révolution industrielle et à celle de la révolution informatique.

« L'idéologie n'a pas d'histoire », écrivaient les mêmes auteurs *(ibid.).* Il faut entendre : pas d'histoire autonome, pas d'autre histoire que celle de la société dont elle fait partie, qui la détermine et sur laquelle elle agit en retour. Car l'idéologie n'est pas un simple reflet, encore moins un épiphénomène. C'est une force agissante : la fonction pratico-sociale, soulignait Althusser, l'emporte en elle sur la fonction théorique. Elle fait de nous des sujets, en nous *assujettissant* à elle. Elle constitue « le rapport imaginaire des individus à leurs conditions d'existence » (*Positions*, p. 101 ; voir aussi *Pour Marx*, p. 240). Elle vise moins un effet de connaissance qu'un effet de pouvoir ou de sens.

L'idéologie dominante, disait Marx, est l'idéologie de la classe dominante : celle-ci fait passer pour des exigences universelles – bien sûr en y croyant elle-même – des opinions qui ne font qu'exprimer ses intérêts particuliers, tels qu'ils résultent de sa position dans les rapports sociaux. Seule la vérité lui échappe, qui n'a que faire de nos intérêts. C'est dire que tout ce qui n'est pas vrai, dans une pensée donnée, est idéologique. De là l'usage souvent péjoratif du mot, qui assimile l'idéologie à une conscience fausse. Cet usage est lui-même idéologique. Qu'une pensée ne soit pas vraie n'implique pas, en effet, qu'elle soit fausse. Soit par exemple la proposition : « *Tous les hommes sont égaux en droit et en dignité.* » Que cette affirmation ne relève pas d'une connaissance, c'est bien clair. Mais cela même, qui lui interdit en effet d'être vraie, lui interdit aussi d'être fausse. Cela ne signifie pas qu'elle soit sans portée ou sans valeur. Une thèse idéologique n'est ni vraie ni fausse, explique Althusser, mais elle peut être juste ou injuste, dans un combat donné. Et je n'en connais guère de plus juste, dans le combat qui est aujourd'hui le nôtre, que celle-ci. Ainsi rien n'est faux, dans l'idéologie, que sa prétention à la vérité : ce n'est pas une conscience fausse, c'est une conscience illusoire, et nécessairement illusoire – non un ensemble d'erreurs, mais un ensemble d'illusions nécessaires. Que la morale en fasse partie, par exemple, n'implique pas qu'on doive ou qu'on puisse se passer de morale : c'est ce qui le rend au contraire impossible. Le scientisme, qui voudrait se passer de toute idéologie, n'est qu'une idéologie parmi d'autres. « Seule une conception idéologique de la société, écrit Althusser, a pu imaginer des sociétés sans idéologies (*Pour Marx*, Maspero, 1965, p. 238). Et seule une conception idéologique du marxisme, ajouterai-je, a pu imaginer qu'il échappe à l'idéologie.

On demandera si la philosophie fait partie de l'idéologie. Il faut répondre : oui, sauf pour ce qui, dans une philosophie donnée, relève de la vérité (vérité et science, il faut le rappeler, ne sont pas synonymes), et quand bien même il serait impossible, entre ces deux parts, de fixer quelque limite assurée que ce soit. C'est ce qui explique que les pensées d'Aristote ou de Montaigne, qui vivaient dans des sociétés si différentes de la nôtre, nous semblent encore si vivantes, si éclairantes, si actuelles. Cela ne signifie pas qu'on puisse, au XXIe siècle, être aristotélicien ou réécrire les *Essais*, mais qu'on peut lire Montaigne ou Aristote pour un intérêt autre qu'historique : parce qu'ils nous aident, aujourd'hui, à penser. Ils avaient le même corps que nous, le même cerveau que nous. Comment n'auraient-ils pas, pour une part, le même esprit ? L'économie n'est pas tout. L'infrastructure biologique compte aussi, et sans doute davantage. Au reste, si nous étions incapables de vérité (si tout était idéologie), le marxisme n'aurait aucun sens. Il faut donc que quelque chose échappe à l'idéologie pour que la notion d'idéologie puisse prétendre à la vérité. Parce qu'elle est scientifique ? Je n'en suis pas sûr. Mais parce qu'elle est rationnelle. On pourrait dire la même chose, chez Montaigne ou Aristote, de toute argumentation rigoureuse, et on leur en doit d'innombrables. Ainsi toute philosophie est *dans* l'idéologie ; mais tout, dans une philosophie, n'est pas nécessairement idéologique.

IDÉOLOGUE C'est d'abord un praticien de l'idéologie, au sens premier du terme, c'est-à-dire de ce qui passait, au début du XIXe siècle, pour la science des idées : Cabanis et Destutt de Tracy sont les plus fameux ; Stendhal et le jeune Maine de Biran s'en réclameront. Ce sens n'a plus d'usage qu'historique. Aujourd'hui, on appelle plutôt *idéologue* toute personne qui développe ou représente une idéologie, au sens actuel et plus ou moins marxiste du terme. Le mot, dans cette dernière acception, est presque toujours péjoratif : un idéologue, c'est quelqu'un qui travaille dans l'illusion, mais sans le savoir, et qui prétend pour cela ériger en vérité universelle son propre point de vue, lequel ne fait qu'exprimer des intérêts ou des partis pris banalement particuliers.

IDIOSYNCRASIE C'est le *mélange (sunkrasis) propre (idios)* à un individu donné, autrement dit ce qu'il a de singulier, qui résulte de la rencontre en lui d'éléments qui ne le sont pas. Ce n'est qu'un mot savant, pour dire la banalité hétérogène d'être soi.

IDIOTIE Manque extrême d'intelligence. Dans la psychopathologie traditionnelle, l'idiot est l'équivalent de ce qu'on appellerait aujourd'hui un débile profond (par différence avec l'imbécile, qui correspond plutôt au débile léger). L'idiot est incapable de parler ; l'imbécile, de parler intelligemment. Mais le mot a fait son entrée dans la langue proprement philosophique, il y a une vingtaine d'années, en un sens tout à fait différent, que l'on doit à Clément Rosset et qui renvoie à l'étymologie. *Idiôtès*, en grec, c'est le simple particulier (le mot est dérivé d'*idios*, propre), par opposition aux magistrats ou aux savants, qui sont supposés parler du point de vue de l'universel. L'idiotie, en ce sens, est le propre de tout être singulier, en tant qu'il n'est que soi : c'est la singularité brute, sans phrases, sans double, sans alternative. C'est comme un idiotisme ontologique : la pure singularité d'exister. C'est donc le propre de tout être (la singularité est une caractéristique universelle), et c'est ce qu'indique bien clairement l'un des plus beaux titres de Clément Rosset et de l'histoire de la philosophie : *Le réel, Traité de l'idiotie* (Éditions de Minuit, 1977 ; sur le sens du mot, voir spécialement les p. 7 et 40-51).

IDOLÂTRIE C'est adorer une idole, c'est-à-dire une image de la divinité plutôt que Dieu même, ou un faux dieu plutôt que le vrai. L'idolâtrie, en ce sens, est la religion *des autres*. On ne pourrait y échapper qu'en adorant un Dieu qu'on ne puisse aucunement imaginer. Mais comment savoir, alors, s'il est Dieu ?

On peut parler d'idolâtrie, en un sens plus général, pour toute adoration d'un objet visible ou sensible, et même d'une entité quelconque, dès lors qu'elle est supposée exister ici-bas. Adorer la Nature, la Force, l'État, la Société, l'Argent, la Science, l'Histoire ou l'Homme, c'est idolâtrie toujours. Simone Weil, commentant le début du Notre Père, en apparence si dérisoire (« Notre Père, qui êtes aux cieux... »), en a fait la remarque : « Le Père est dans les cieux. Non ailleurs. Si nous croyons avoir un Père ici-bas, ce n'est pas lui, c'est un faux Dieu » (*Attente de Dieu*, p. 215). Dieu n'est Dieu que par son absence, et tel est le secret peut-être de la transcendance : tant que nous adorons quelque chose de présent, nous adorons un faux Dieu ; même monothéistes ou athées, nous sommes idolâtres. On n'y échappe qu'en adorant l'absence même, ou en cessant d'adorer.

IDOLE Une image *(eidolon)* divine, ou un Dieu imaginaire. Par métaphore, toute personne que l'on adore comme un dieu. Reste à savoir si Dieu lui-même n'est pas une première métaphore.

ILLUSION Ce n'est pas la même chose qu'une erreur. C'est une représentation prisonnière de son point de vue, et qui résiste même à la connaissance de sa propre fausseté : j'ai beau savoir que la Terre tourne autour du Soleil, je n'en vois pas moins le Soleil se mouvoir d'est en ouest... « Est illusion, écrit Kant, le leurre qui subsiste, même quand on sait que l'objet supposé n'existe pas » ou est autre (*Anthropologie*..., § 13). Il y a donc une positivité de l'illusion. Si l'erreur n'est qu'une privation de connaissance (ce en quoi elle n'est rien et s'abolit dans le vrai), l'illusion serait plutôt un excès de croyance, d'imagination ou de subjectivité : c'est une pensée qui s'explique moins par le réel que je connais que par le réel que je suis.

Cette subjectivité peut être purement sensorielle (les illusions des sens) ou transcendantale (s'il existe, comme le veut Kant, des illusions de la raison). Mais elle s'exprime plus souvent comme subjectivité désirante : se faire des illusions, c'est prendre ses désirs pour la réalité. Tel est le sens du mot chez Freud : « Ce qui caractérise l'illusion, écrit-il, c'est d'être dérivée des désirs humains » (*L'avenir d'une illusion*, VI). Toute erreur n'est donc pas une illusion, ni toute illusion une erreur. Je peux me tromper sans que ce soit du fait de mes désirs (c'est alors une erreur, non une illusion), et ne pas me tromper bien que ma pensée doive plus à mes désirs qu'à une connaissance (c'est alors une illusion, non une erreur : par exemple la jeune fille pauvre qui croit qu'un prince va venir l'épouser ; quelques cas de ce genre, observe Freud, se sont réellement présentés). L'illusion, bien qu'elle puisse être fausse, et bien qu'elle le soit le plus souvent, n'est donc pas un certain type d'erreur. C'est un certain type de croyance : « Nous appelons illusion une croyance, continue Freud, quand, dans la motivation de celle-ci, la réalisation d'un désir est prévalante », et quoi qu'il en soit par ailleurs de son rapport à la réalité. C'est une croyance désirante, ou un désir crédule.

Si l'on admet, avec Spinoza, que tout jugement de valeur suppose un désir et s'y ramène (*Éthique*, III, 9, scolie), il en résulte que toutes nos valeurs sont des illusions. On n'en conclura pas qu'il faudrait s'en passer, mais au contraire qu'on ne le peut (puisque nous sommes des êtres de désirs) et qu'on ne le doit (l'humanité n'y survivrait pas). Illusions nécessaires : on ne pourrait y échapper que pour tomber aussitôt dans d'autres. « Seule une conception idéologique de la société a pu imaginer des sociétés sans idéologies », écrivait Althusser. Seule une conception illusoire de l'humanité a pu imaginer une humanité sans illusions.

IMAGE Reproduction ou figuration sensible – qu'elle soit matérielle ou mentale – d'un objet quelconque. L'important n'est pas que cet objet existe ou pas réellement (on peut imaginer ou peindre une chimère aussi bien que son voisin de palier), mais qu'il soit figurable. De là les métaphores, symboles, allégories et autres images (mais en un sens dérivé), qui visent à représenter ce qui n'est pas immédiatement présentable : par exemple une balance pour la justice, une colombe pour la paix, un vieillard ou un jeune homme pour Dieu.

IMAGINATION La faculté d'imaginer, autrement dit de se représenter intérieurement des images, y compris et surtout quand ce qu'elles représentent est absent. Ces images sont des actes, remarquait Sartre, non des choses : l'imagination est « une certaine façon qu'a la conscience de se donner un objet », mais de se le donner, paradoxalement, comme absent. C'est ce qui la rend utile et dangereuse : elle libère du réel, dont elle fait pourtant partie, mais aussi nous en sépare. Se distingue par là de la connaissance, qui libère sans séparer, et de la folie, qui sépare sans libérer.

On oppose couramment les classiques, qui se méfiaient de l'imagination (« la folle du logis »), aux romantiques et aux modernes, qui en font la faculté créatrice par excellence. C'est bien sûr moins simple que cela. L'imagination, écrivait par exemple Pascal, « est cette partie dominante dans l'homme, cette maîtresse d'erreur et de fausseté, et d'autant plus fourbe qu'elle ne l'est pas toujours ; car elle serait une règle infaillible de vérité, si elle l'était infaillible du mensonge. » C'est ce qui permet à certains romans d'être vrais, et à tant d'autres d'être faux. « Je ne parle pas des fous, ajoute Pascal, je parle des plus sages, et c'est parmi eux que l'imagination a le grand droit de persuader les hommes. La raison a beau crier, elle ne peut mettre le prix aux choses. [...] L'imagination dispose de tout : elle fait la beauté, la justice et le bonheur, qui est le tout du monde » (*Pensées*, 44-82). Maîtresse d'erreur, créatrice de valeur. Seule la vérité lui échappe, qui ne vaut, toutefois, que pour autant qu'on l'imagine.

IMMANENCE C'est la présence de tout dans tout (immanence absolue), ou dans autre chose (immanence relative). Le contraire donc de la transcendance. Est transcendant ce qui s'élève *(scandere)* au-delà *(trans)* ; immanent, ce qui reste *(manere)* dans *(in)*. Se dit spécialement de ce qui est dans la nature et en dépend. Si tout est matériel, comme je le crois, s'il n'existe rien d'autre que l'univers ou la nature (rien d'autre que tout !), il faut en conclure que tout est immanent : la transcendance n'est qu'une extériorité imaginaire, comme telle immanente (l'imagination fait partie de l'univers).

IMMANENT Est immanent, au sens classique, ce qui est intérieur, ce qui demeure dans (*in-manere*) quelque chose ou quelqu'un. On parlera par exemple de « justice immanente » pour désigner une récompense ou une punition incluses dans l'acte même qu'elles sanctionnent (la satisfaction du devoir accompli, chez l'homme vertueux, la solitude du méchant, l'indigestion du goinfre...), par opposition à une justice transcendante, qui suppose une intervention extérieure, qu'elle soit divine ou humaine. On remarquera que l'une et l'autre sont douteuses. Mais cela en dit plus sur la justice que sur l'immanence.

Chez Kant, tout ce qui fait partie de l'expérience et ne s'applique qu'à elle.

Chez Husserl et les phénoménologues, tout ce qui est intérieur à la conscience.

Au sens absolu, est immanent tout ce qui est intérieur au tout, ou du moins (si l'on veut que la notion de transcendance garde un contenu) tout ce qui fait partie de l'univers matériel, c'est-à-dire de l'univers. Le matérialisme, en ce sens, est un immanentisme absolu : seul Dieu serait transcendant, qui n'est pas.

IMMANENTAL Il m'est arrivé d'appeler *immanental* tout ce qui, à l'intérieur de l'expérience, la rend possible : les conditions empiriques de l'empiricité, autrement dit son pouvoir ou son processus d'autoconstitution historique. C'est l'équivalent, pour le matérialisme, du *transcendantal* pour l'idéalisme. Est immanental tout ce qui constitue une condition de possibilité, mais *a posteriori*, de la connaissance : le corps (spécialement le cerveau), le langage et l'expérience sont des immanentaux.

On dira qu'à ce compte il y a cercle (puisque les conditions de l'expérience résultent de l'expérience). Mais ce cercle, qui est plutôt une spirale, est celui-là même de la pensée. « Les choses qu'il faut avoir apprises pour les faire, disait Aristote, c'est en les faisant que nous les apprenons » (*Éthique à Nicomaque*, II, 1 : c'est en forgeant que l'on devient forgeron). Ainsi faut-il apprendre à penser, et nul ne le peut qu'en pensant. L'immanental indique que l'origine de ce processus, qui rend la pensée possible, n'est pas elle-même une pensée, mais une expérience. À la gloire de l'empirisme.

IMMANENTISME Doctrine pour laquelle tout est immanent, au sens absolu du terme, ce qui suppose qu'il n'existe aucune transcendance. Synonyme parfois de matérialisme, mais avec une extension plus large : le spinozisme – qui n'est ni matérialiste ni idéaliste – est un immanentisme, et le modèle, depuis trois cents ans, de tous.

IMMATÉRIALISME Une forme extrême et rare d'idéalisme, qui va jusqu'à nier l'existence de la matière. La philosophie de Berkeley est sans doute l'exemple le plus radical qu'on en puisse proposer. « Être, c'est percevoir ou être perçu » ; il n'existe que des esprits et des idées. La « matière » n'est qu'un mot, qui ne correspond à aucune expérience réelle (puisque nous ne pouvons expérimenter, par définition, que nos perceptions, qui sont en nous). Qu'une pensée aussi éloignée du sens commun soit irréfutable en dit long sur la pensée, et sur le sens commun.

IMMORAL Qui s'oppose à la morale, tant que celle-ci est supposée légitime. À ne pas confondre avec l'immoralisme, qui conteste cette légitimité, ni avec l'amoralité, qui n'en relève pas.

IMMORALISME C'est s'opposer à la morale, le plus souvent parce qu'elle ne serait qu'une illusion néfaste. Ainsi, chez Nietzsche : « La morale est le danger par excellence, écrivait-il, l'instinct négateur de la vie :

il faut détruire la morale pour libérer la vie. » Aussi faut-il s'efforcer de vivre « par-delà le bien et le mal », se faire « plus fort, plus méchant, plus profond ». C'est combattre la morale, mais au nom d'une certaine éthique : « Par-delà le Bien et le Mal, disait encore Nietzsche, cela du moins ne veut pas dire : par-delà le bon et le mauvais. » On ne sort pas des jugements de valeur : l'immoralisme est le contraire d'un amoralisme. C'est ce qui autorise la plupart des immoralistes à être de très braves gens : ce qu'ils reprochent à la morale, presque toujours, c'est d'être immorale.

IMMORTALITÉ Est immortel ce qui ne peut mourir : ainsi l'âme selon Platon, ou Dieu selon les croyants. On remarquera que l'immortalité de l'âme n'est pas une idée chrétienne (si Jésus nous sauve de la mort, et si nous pouvons ressusciter, c'est que nous pouvons mourir), ni une idée juive. Une idée grecque ? En partie. Épicure, si elle n'avait été si répandue, n'aurait pas consacré autant d'énergie à la combattre. Il y voyait moins une espérance qu'une source intarissable de craintes. Être immortel, ce serait être exposé à jamais au malheur, aux châtiments, à la répétition – à l'enfer. La mortalité vaut mieux, qui ne nous expose qu'au néant.

IMPÉRATIF Un commandement, mais qui s'énoncerait à la première personne : non le contraire de la liberté, mais ce qu'elle s'impose à elle-même. Ce n'est pas la même chose d'obéir à un souverain ou à un Dieu (commandement), ou de n'obéir qu'à soi (impératif). Obéir à un commandement, c'est se soumettre, et sans doute il le faut souvent. Obéir à un impératif, c'est se gouverner, et il le faut toujours.

On distingue depuis Kant deux types d'impératifs : l'impératif hypothétique et l'impératif catégorique.

Le premier reste soumis à une condition, qui est ordinairement la fin poursuivie. Par exemple : « Si tu veux que tes amis soient loyaux avec toi, sois loyal avec eux. » Ou encore : « Si tu veux éviter la prison, sois honnête. » Ce ne sont que des règles de la prudence ou de l'habileté. Il s'agit de choisir des moyens adaptés à la fin qu'on poursuit, et ils ne valent que pour autant qu'on la poursuit effectivement.

L'impératif catégorique, au contraire, est inconditionnel. C'est qu'il n'a que faire de quelque fin que ce soit. Par exemple : « Sois loyal avec tes amis. » Ou bien : « Ne mens pas. » Impératifs moraux, qui commandent absolument : ils n'ont pas à voir avec la réussite ou l'efficacité, comme la prudence ou l'habileté, mais avec le devoir. Ainsi, explique Kant, lorsqu'il s'agit de témoigner devant un tribunal : celui qui se demande dans quel but il devrait dire la vérité est déjà un misérable.

Les impératifs hypothétiques restent particuliers : ils ne valent que pour ceux qui en vérifient la condition, autrement dit qui visent tel ou tel but (des amis loyaux, la confiance, la réussite...). L'impératif catégorique, parce qu'il est inconditionnel et ne vise aucun but, est universel : il vaut pour tout être raisonnable fini, comme dit Kant, y compris pour ceux qui ne le respectent pas. Il est l'universel même, en tant que la raison l'énonce et se le prescrit à elle-même – non pour la pensée seule (raison théorique), mais pour l'action (raison pratique). C'est ce qui détermine sa formule bien connue et bien exigeante : « Agis uniquement d'après la maxime qui fait que tu peux vouloir en même temps qu'elle devienne une loi universelle » (*Fondements...*, II). C'est n'obéir qu'à la raison en soi, autrement dit qu'à la partie de soi qui est libre (parce qu'elle n'est pas soumise aux penchants ou aux instincts du « cher petit moi »). C'est n'obéir qu'à soi (autonomie) en se libérant de soi (universalité). Ainsi la morale ne vaut pour tous que parce qu'elle vaut pour chacun (« tout seul, disait Alain, universellement »), et le seul devoir est d'être libre.

IMPLICATION C'est une relation entre deux propositions, telle que la seconde soit une conséquence nécessaire de la première : *si p, alors q*. Si la première est vraie, la seconde l'est aussi. Si la seconde est fausse, la première également. En revanche, si la première est fausse, la seconde peut être vraie ou fausse. À la considérer en bloc et d'un point de vue strictement logique, une implication n'est donc fausse que si et seulement si elle relie un antécédent vrai à un conséquent faux : « Si Paris est la capitale de la France, alors les poules ont des dents » est une proposition fausse. Une implication commençant par une proposition fausse, à l'inverse, est nécessairement valide. « Si les poules ont des dents, alors je suis roi de France » est une proposition vraie, qu'elle soit prononcée par Louis XIV ou par votre serviteur.

IMPRESSION C'est une espèce de perception, mais qui renvoie davantage à l'état du sujet percevant qu'à celui de l'objet perçu. Toute impression est subjective ; c'est sa façon à elle d'être vraie, ou de pouvoir l'être. Ainsi dans l'impressionnisme (qui doit son nom, d'abord péjoratif, à un tableau fameux de Monet, intitulé *Impression, soleil levant*) : il s'agit de peindre non ce qu'on sait ou croit être, mais ce qu'on voit. De là une objectivité nouvelle, plutôt phénoménologique qu'ontologique. C'est un réalisme à la première personne, qui cherche moins la vérité des choses que leur apparence fugitive, moins l'éternité que l'instant, moins l'absolu que le mouvement ou la lumière. Par quoi les plus grands, parfois, retrouveront – comme faisait déjà Corot, comme fera Cézanne, dans ses meilleurs toiles – et la vérité, et l'éternité, et l'absolu, qui sont le devenir même, dans son impermanence dévoilée ou retrouvée.

En philosophie, toutefois, le mot renvoie moins à l'esthétique qu'à la théorie de la connaissance, spécialement dans sa version empiriste et sceptique. Les impressions, écrit Hume, sont « les perceptions qui pénètrent en nous avec le plus de force et de violence » (par différence avec les idées, qui sont comme les images effacées ou affaiblies des impressions dans nos pensées) ; « et sous ce nom, ajoute-t-il, je comprends toutes nos sensations, passions et émotions, telles qu'elles font leur première apparition dans l'âme » (*Traité*..., I, I, 1). Il en résulte qu'on ne connaît que des impressions ou des idées, sans pouvoir jamais les comparer à quelque modèle original qui serait l'objet même (puisqu'on ne pourrait connaître celui-ci que par l'intermédiaire d'une impression). C'est où l'empirisme mène au scepticisme.

IMPULSIF Celui qui ne peut résister à ses impulsions : elles sont trop fortes pour lui ; il est trop faible pour elles.

IMPULSION Un mouvement irraisonné. À la raison de le comprendre (il est irraisonné, point irrationnel : il a des causes) ; à la volonté de le contrôler, s'il le faut, ou de l'utiliser, si elle le peut.

INCERTITUDE Est incertain tout ce dont on peut ou doit douter. C'est-à-dire tout ? Oui, en un sens, puisqu'il se peut que je rêve, que nous soyons tous fous, ou qu'un Dieu tout-puissant prenne un malin plaisir à nous tromper toujours... Il n'en serait pas moins vrai que j'existe ? Cette évidence suppose la validité de notre raison, qui est sans preuve (puisque toute preuve la suppose), et n'en est donc pas une. Au reste, quand bien même on admettrait qu'une erreur suppose quelque chose qui se trompe, cela ne saurait prouver, tout au plus, que l'existence de... quelque chose. De là à prétendre que cette chose est moi... Qui sait si je ne suis pas le rêve d'un autre, ou bien un fou qui se prend pour André Comte-Sponville, ou encore un cerveau dans une cuve, qu'un expérimentateur de génie – ou un technicien médiocre dans dix mille ans – programmerait en permanence, à l'aide d'électrodes et d'ordinateurs, pour qu'il se croie philosophe et en train, par exemple, d'écrire une définition de l'incertitude… Cela est improbable ? Sans doute. Par quoi il n'est pas certain, comme disait Pascal, que tout soit incertain. Mais cela ne fait qu'une incertitude de plus.

Toutefois ce doute, pour légitime qu'il soit en toute rigueur, reste métaphysique : nous serons presque tous portés, comme le Descartes de la sixième Méditation, à le trouver quelque peu « hyperbolique et ridicule ». Aussi ne parlera-t-on d'incertitude, en un sens plus restreint, que pour ce qui peut être faux, quand bien même nos sens et notre raison seraient supposés à peu près fiables. L'incertain, c'est alors ce dont on peut ou doit douter, non en toute rigueur ou dans l'absolu, mais dans les conditions ordinaires de notre vie et de notre pensée – ce qui est *particulièrement* douteux. Par exemple que Napoléon ait été assassiné est incertain ; qu'il soit mort ne l'est pas. L'existence d'une vie extra-terrestre est incertaine ; celle d'une vie sur Terre ne l'est pas. Que nous ayons une âme immatérielle est incertain ; que nous ayons un corps matériel ne l'est pas. Cela ne prouve pas que les sceptiques aient tort, mais simplement qu'on n'a pas besoin d'être dogmatique pour faire une différence entre ce qui est incertain, en ce sens restreint, et ce qui ne l'est pas. Hume, quand il jouait au trictrac, ne doutait pas de son jeu.

INCERTITUDE (RELATIONS D'–) C'est une espèce de principe, qu'on appelle parfois « principe d'indétermination », et qu'on doit à Heisenberg. Ce dernier a montré que les conditions de l'observation modifiant, à l'échelle quantique, ce qu'on veut observer (en éclairant une particule, on modifie sa trajectoire), il n'est pas possible de déterminer à la fois la position et la vitesse d'une particule, voire qu'il n'est pas possible de leur attribuer à la fois l'une et l'autre de ces deux caractéristiques. On en conclut parfois que l'esprit humain est voué à l'échec, qu'il n'y a pas de vérité, que l'idée même d'une connaissance scientifique s'écroule… C'est bien sûr un contresens. La physique quantique est au contraire l'une des plus formidables victoires de l'esprit humain, l'un des principaux progrès scientifiques de tous les temps, enfin l'une des plus certaines (au sens restreint ci-dessus défini) de nos théories. Tant pis pour les sophistes. Tant mieux pour les physiciens et les rationalistes.

INCLINATION C'est un penchant durable et plaisant, qui séduit davantage qu'il ne contraint. On peut résister à ses inclinations (c'est ce qui les distingue des compulsions) ; mais il est plus sage, quand elles ne sont pas déshonorantes, de s'y abandonner de temps en temps : cela évitera de les transformer en obsessions ou en regrets.

INCONDITIONNÉ Le mot parle de lui-même : est inconditionné ce qui ne dépend d'aucune condition. C'est un autre nom pour l'absolu théorique. Il est par nature inconnaissable. On ne pourrait en effet le connaître, montre Kant (après Montaigne et Hume), qu'en le soumettant aux *conditions* de nos sens et de notre esprit. Mais alors ce ne serait plus l'inconditionné : ce ne serait que le réel, qui est l'ensemble indéfini de toutes les conditions. On remarquera pourtant que cet ensemble de toutes les conditions est lui-même nécessairement inconditionné : on ne peut pas davantage renoncer à le penser que parvenir à le connaître.

INCONDITIONNEL Un de mes fils, il devait avoir sept ou huit ans, me posa un jour la question suivante : « Qu'est-ce que je pourrais faire, qui ferait que tu ne m'aimerais plus ? » Je n'ai pas trouvé la réponse, ou plutôt je n'ai pu répondre que *« rien »*. Cela m'a surpris moi-même. C'est la première fois que je comprenais ce qu'est un amour inconditionnel. Je ne l'ai vécu, faut-il le préciser, qu'avec mes enfants. Mais cela m'en a plus appris sur l'amour que tous les livres.

Est *inconditionnel* ce qui ne dépend d'aucune condition, mais dans l'ordre pratique ou affectif plutôt que théorique : ce qui s'impose absolument au cœur ou à la volonté, non parce que cela existerait de façon inconditionnée (hélas, nos enfants dépendent de tellement de choses !), mais parce que nous ne saurions vivre autrement. C'est ce que j'appelle l'absolu pratique : ce que nous voulons ou aimons sans réserve et sans condition (de façon, dirait-on aujourd'hui, « non négociable »), au point de lui sacrifier, si nécessaire, tout le reste (du moins tout ce qui, dans le reste, n'est pas inconditionnel).

L'inconditionnel n'est donc pas nécessairement inconditionné, et même, pour le matérialiste que je suis, il ne l'est jamais. Par exemple le refus du racisme : qu'il y ait là une valeur inconditionnelle, cela n'empêche pas qu'elle n'apparaisse que sous certaines conditions. C'est ce qui distingue la morale de la religion : l'absolu pratique, pour l'athée, n'existe que *relativement à nous*.

INCONSCIENT Comme adjectif, c'est tout ce qui n'est pas conscient : par exemple la circulation du sang ou les échanges électriques entre les neurones sont des processus inconscients, comme la quasi-totalité de notre fonctionnement organique. « On ne sait pas ce que peut le corps », disait Spinoza. C'est que l'essentiel de ce qu'il peut est inconscient.

Comme substantif, c'est tout ce qui *pourrait* être conscient, en droit, mais qui ne *peut* l'être, en fait : le refoulement et la résistance s'y opposent. L'inconscient est alors un inconscient *psychique*, comme dit Freud, et c'est ce paradoxe qui le définit : c'est comme un esprit sans esprit, une pensée sans pensée, un sujet sans sujet. Impossible ? Ce n'est pas sûr. Il se pourrait que l'inconscient soit la vérité de l'esprit, dont la conscience ne serait que la pointe ultime, toujours menacée, ou le sommet, toujours à conquérir. Si la pensée se pensait soi, elle serait Dieu. L'inconscient est ce qui nous en sépare.

On évitera donc de l'adorer, et même d'y croire tout à fait. L'inconscient non plus n'est pas Dieu. La psychanalyse, quand on veut en faire une religion, n'est qu'une superstition comme une autre.

INDÉFINI Ce qui n'a pas de définition ou de fin déterminées. C'est le cas, spécialement, des termes qui ne sont que la négation d'un autre. Par exemple, précise Aristote, « non-homme est seulement un nom indéfini, car il appartient pareillement à n'importe quoi, à ce qui est et à ce qui n'est pas » (*De l'interprétation*, 2). Un chat, une racine carrée, un dahu ou Dieu font partie de l'ensemble de tout ce qui n'est pas un homme ; mais cela ne nous dit pas ce qu'est cet ensemble (sinon négativement) ni ne permet de lui fixer une limite (cet ensemble, incluant par exemple la suite des nombres, dont aucun n'est un homme, est bien sûr infini).

On évitera pourtant de confondre l'*indéfini* et l'*infini*. Si on laisse de côté la question des termes négatifs, l'indéfini occupe une espèce d'entre-deux entre le fini et l'infini. L'infini est ce qui n'a pas de limite. L'indéfini, ce dont la limite est indéterminée ou indéterminable. Par exemple la suite des nombres entiers est infinie ; l'histoire de l'humanité, indéfinie. L'ensemble des vérités possibles est infini ; le progrès des connaissances, indéfini.

On notera que Descartes appelle parfois *indéfini* ce qui n'est infini que d'un certain point de vue ou dans un certain ordre, et n'appelle *infini* que ce qui n'a aucune limite, de quelque point de vue ou en quelque ordre que ce soit. En ce sens, Dieu seul est infini, explique-t-il ; l'étendue des espaces imaginaires ou la multitude des nombres ne sont qu'indéfinis. Ce sens est à connaître, mais point, me semble-t-il, à utiliser.

INDÉTERMINISME Toute pensée qui nie la validité universelle du déterminisme. Les partisans de l'indéterminisme soutiennent qu'il existe des phénomènes absolument indéterminés, autrement dit sans causes nécessaires et suffisantes : par exemple un acte libre, chez Sartre, ou l'effectuation spatio-temporelle du clinamen chez Lucrèce (le clinamen a bien une cause, qui est l'atome, mais cette cause agit en un temps et en un lieu que rien ne détermine). On y voit souvent une condition de la liberté. Mais cette condition n'est pas suffisante. À supposer que les particules qui constituent mon cerveau soient indéterminées, au niveau quantique, elles n'en seraient pas moins déterminantes, au niveau neurobiologique, où plutôt elles le seraient encore plus (si elles sont indéterminées, il est exclu que je puisse les gouverner, non qu'elles me gouvernent). Et cette condition n'est pas non plus nécessaire. Une autre liberté est possible, montre Spinoza, qui ne serait pas l'absence de détermination, mais une détermination propre et par soi (*Éthique*, I, déf. 7 : « Cette chose est dite libre qui existe par la seule nécessité de sa nature et est *déterminée par soi seule à agir* »). Il n'y a que Dieu, en ce sens, qui soit absolument libre. Mais la raison l'est davantage en nous que la folie, nos actions davantage que nos passions, nos vertus davantage que nos vices. Ce n'est plus indéterminisme, mais indépendance ou autonomie. Qu'elle ne soit jamais complète, c'est une raison pour l'accroître, non pour y renoncer.

Ainsi l'indéterminisme relève de la physique, non de la morale. Reste à savoir s'il exprime une dimension du réel (des événements absolument indéterminés) ou seulement une limite de nos connaissances (des événements indéterminables). Il me semble que le deuxième terme de l'alternative, qui est avéré, interdit d'exclure le premier tout autant que de l'ériger en certitude.

INDICE Un signe fondé sur un rapport de causalité : c'est un fait perceptible qui renvoie à un autre, ordinairement imperceptible, qu'il implique ou annonce, au point que nous utilisons celui-là comme le signe de celui-ci. Un symptôme est l'indice d'une maladie, comme ces gros nuages noirs peuvent être l'indice d'un orage prochain. Pourtant ni la fièvre ni les nuages ne veulent rien dire : c'est nous qui les faisons parler en les interprétant. Un indice n'est donc un signe que pour nous : il ne veut rien dire ; c'est nous qui le faisons parler. Disons que c'est un fait susceptible d'une interprétation : un fait significatif, mais sans volonté de signification.

INDICIBLE Ce qui ne peut être dit, parce qu'il excéderait tout discours possible. On pense à la dernière formule, si fameuse, du *Tractatus* de Wittgenstein : « Ce dont on ne peut parler, il faut le taire. » Mais pourquoi ce *« il faut »*, si l'on ne peut ? À quoi bon interdire ce dont nul n'est capable ? C'est qu'en vérité il n'y a pas d'indicible : tout peut être dit, bien ou mal, mais il arrive que le silence, en effet, vaille mieux.

Dieu, par exemple, serait indicible. Les mystiques pourtant n'ont cessé d'en parler, souvent fort bien, comme aussi, avec d'autres mots, les philosophes et les théologiens. Leur discours reste inadéquat à son objet, qui l'excède de toute part ? Sans doute. Mais c'est le cas aussi de l'univers, et de tout ce qui s'y trouve. Essayez de dire adéquatement un caillou : l'essentiel nécessairement échappe, qui est la différence entre le caillou et ce qui en est dit – qui est donc, très exactement, le caillou lui-même. Est-ce à dire que le caillou soit indicible ? Bien sûr que non, puisque vous pouvez en parler avec pertinence. Simplement ce caillou, même dicible, même dit, est autre chose qu'un discours. C'est ce que j'appelle non l'indicible, mais le silence. La différence entre les deux ? Le silence, lui, peut être dit. C'est même le cas dans la plupart de nos discours. Le métalangage, malgré nos bavards et nos sophistes, reste l'exception : le plus souvent, et c'est heureux, on parle d'autre chose que du langage. Par exemple ces deux vers d'Angelus Silesius : « La rose est sans pourquoi, fleurit parce qu'elle fleurit, / N'a souci d'elle-même, ne désire être vue. » Cela parle, mais de quelque chose qui ne parle pas. Non que la rose soit indicible, mais parce qu'elle est silencieuse. Non qu'elle soit ineffable, mais parce qu'elle est *ineffante* (si l'on m'autorise ce décalque de l'*infans* latin : celui qui ne parle pas). Royauté du silence : royauté d'un enfant.

C'est donc Hegel, sur ce point, qui a raison : « Ce qu'on appelle l'indicible n'est pas autre chose que le non-vrai, le non-rationnel, le seulement visé » (*Phénoménologie de l'esprit*, « La certitude sensible », III). Non que le vrai soit un discours, mais parce que toute vérité peut être dite. Elle n'en restera pas moins silencieuse pour autant : si le réel n'est pas un discours, comment un discours, même vrai, pourrait-il le contenir tout entier ou le dissoudre ? Toute vérité peut être dite, mais aucun discours n'*est* la vérité. Ce dont on peut parler n'en continue pas moins à se taire. Royauté d'un enfant : royauté du silence.

INDIFFÉRENCE Ce n'est pas l'absence de différences (l'identité), mais le refus ou l'incapacité d'en faire qui soient affectivement significatives : l'absence non de différences, mais de préférences, de hiérarchie ou même de normativité. Pour l'indifférent, tout n'est pas le même (tout n'est pas identique), mais tout *revient au même*, comme on dit, tout est égal, ce qui signifie que les différences, même effectives, ne sont jamais des différences de valeur. C'est la version pyrrhonienne de l'ataraxie (*adiaphoria* : l'indifférence), telle qu'elle résulte du fameux *ou mallon* : une chose n'est pas plus *(ou mallon)* qu'elle n'est pas, ni plutôt ceci que cela, ni ne vaut davantage ou moins qu'une autre. Non, répétons-le, que toutes les apparences soient identiques (Pyrrhon, qui en vendait parfois sur les marchés, devait bien faire la différence entre un cochon et un poulet), mais parce que aucune n'est fondée en vérité ni en valeur : parce que tout se vaut, qui ne vaut rien. On objectera que Pyrrhon, sur les marchés, devait bien évaluer différemment ce qu'il vendait (un cochon n'a pas le même prix qu'un poulet). Mais c'était le problème des clients, non le sien. Être indifférent, ce n'est pas être aveugle ou stupide. C'est être neutre et serein.

Le peut-on ? Et pourquoi le faudrait-il, si la sérénité elle-même est indifférente ? Pyrrhon est l'un des rares philosophes qui ait été vraiment nihiliste, et qui donne envie de l'être. Mais cette envie le réfute ou nous empêche de le suivre. Si rien ne vaut, le nihilisme ne vaut rien.

Il y a pourtant de bonnes indifférences, mais partielles ou ciblées : celles qui refusent de considérer ce qui ne doit pas l'être ou d'attacher de l'importance à ce qui n'en a pas. La justice, par exemple, ne va guère sans impartialité, qui est comme une indifférence de principe. Et la charité se distingue de l'amitié en ce qu'elle est un amour indifférencié (ce que Fénelon appelait la « sainte indifférence »). Mais ni la charité ni la justice ne supposent pour cela qu'on soit indifférent à tout ou à elles-mêmes : elles cesseraient autrement de valoir. Être impartial, ce n'est pas être indifférent à la justice. C'est être indifférent à tout le reste. Ainsi l'indifférence ne vaut, c'est son paradoxe, qu'à la condition d'être différenciée. Il arrive même qu'elle soit une vertu : rester indifférent au médiocre ou au dérisoire, ce n'est pas nihilisme, c'est grandeur d'âme.

INDIFFÉRENCE (LIBERTÉ D'–) Le libre arbitre, mais en tant qu'il ne serait soumis à aucune inclination ou préférence : c'est la liberté de l'âne de Buridan, s'il en a une. Descartes n'y voyait que « le plus bas degré de la liberté, qui fait plutôt paraître un défaut dans la connaissance qu'une perfection dans la volonté ; car si je connaissais toujours clairement ce qui est vrai et ce qui est bon, je ne serais jamais en peine de délibérer quel jugement et quel choix je devrais faire, et ainsi je serais entièrement libre sans jamais être indifférent (*Méditations*, IV ; voir aussi la *Lettre au Père Mesland* du 9 février 1645). Celui, à l'inverse, qui serait parfaitement indifférent, que lui importerait d'être libre ? Et quel usage pourrait-il faire de sa liberté ?

INDISCERNABLES (PRINCIPE DES –) C'est un principe leibnizien, qui stipule que tout être réel est intrinsèquement différent de tous les autres, autrement dit qu'il n'existe pas d'êtres absolument identiques ou indiscernables (qui ne se distingueraient que numériquement ou par des données extrinsèques, comme leur position dans l'espace et le temps). Deux gouttes d'eau, deux feuilles du même arbre ou deux cachets d'aspirine ne semblent indiscernables que parce que nous les observons mal : mettez-les sous un microscope, il ne sera plus possible de les confondre. Le principe, selon Leibniz, est sans exception : tout être est unique ; l'infinie multiplicité du réel n'est constituée que de singularités absolues (les monades).

Et si l'on n'est pas leibnizien ? Alors il reste que tout être est différent de tous les autres – y compris de lui-même à un autre moment. C'est pourquoi il n'y a pas d'êtres : il n'y a que des événements. On ne se baigne jamais deux fois dans le même fleuve, ni même une seule fois. On n'est plus chez Leibniz, mais chez Héraclite ou Montaigne.

INDIVIDU Un être vivant quelconque, dans une espèce quelconque, mais en tant qu'il est différent de tous les autres. Rien de plus banal qu'un individu, et rien de plus singulier : c'est la banalité d'être soi.

Se dit spécialement d'un être humain, mais considéré plutôt comme objet que comme sujet, plutôt comme résultat que comme principe, plutôt comme élément (dans un ensemble donné : une espèce, une société, une classe...) que comme personne. N'importe qui, donc, en tant qu'il est quelqu'un.

Indivisible ? C'est ce que suggère l'étymologie : *individuum*, en latin, traduit le grec *atomon*. Cela ne prouve pas plus dans un cas que dans l'autre (nous savons aujourd'hui que les atomes sont sécables), mais rencontre pourtant l'expérience commune. Non qu'on ne puisse diviser un être vivant ; mais parce que ce qu'il y a d'individuel en lui n'est pas divisé par là. Un cul-de-jatte n'est pas une moitié d'individu.

INDIVIDUALISME C'est mettre l'individu plus haut que l'espèce ou que la société, voire plus haut que tout (par exemple plus haut que Dieu ou la justice). Mais quel individu ? S'il ne s'agit que du moi, l'individualisme n'est qu'un autre nom, moins péjoratif, pour dire l'égoïsme. S'il s'agit de tout individu, ou plutôt de tout être humain, ce n'est qu'un autre nom, moins emphatique, pour dire l'humanisme. Entre ces deux pôles, le mot ne cesse de fluctuer ; il doit l'essentiel de son succès au flou qui en résulte.

INDUCTION C'est un type de raisonnement, qu'on définit classiquement par le passage du particulier au général, ou des faits à la loi.

S'oppose en cela à la déduction, qui va du général au particulier ou d'un principe à ses conséquences.

On comprend que l'induction, qui est amplifiante, pose davantage de problèmes que la déduction, qui est plutôt réductrice. Une fois admis que tous les hommes sont mortels, il n'est pas douteux que cet homme-ci le soit : le singulier n'est qu'un sous-ensemble de l'universel. Mais combien faut-il avoir vu d'hommes mourir pour savoir qu'aucun n'est immortel ? En pratique ou psychologiquement, beaucoup moins qu'il n'en meurt en effet. Mais d'un point de vue logique ? Comment passer d'énoncés singuliers en nombre toujours fini (« Tel homme est mort, et tel autre, et tel autre, et tel autre… ») à un énoncé universel (« *Tous* les hommes sont mortels ») ? C'est ce qu'on appelle depuis Hume le problème de l'induction. Combien faut-il avoir vu de cygnes blancs pour savoir qu'ils le sont tous ? Combien de corps en chute libre faut-il avoir observés pour savoir que, dans le vide, ils tombent tous à la même vitesse ? Il faudrait avoir vu tous les cygnes et mesuré toutes les chutes, ce qui est bien sûr impossible, ou bien supposer, au bout d'une certain nombre d'observations, que les cas à venir ressembleront à ceux déjà observés. Mais cette dernière supposition – que le futur ressemblera au passé – ne va pas de soi et ne peut être démontrée ni par déduction (puisqu'il s'agit d'une question de fait) ni par induction (puisque toute induction le suppose). Toute induction aboutit donc à une conclusion qui excède ses capacités logiques : elle est formellement non valide et empiriquement douteuse. La confiance que nous accordons à ce type de raisonnement doit beaucoup plus à l'habitude, conclut Hume, qu'à la logique (*Traité*, I, 3 ; *Enquête*, IV). Or, s'agissant de la connaissance du monde, c'est ordinairement l'induction qui fournit à la déduction les principes généraux dont celle-ci déduit les conséquences : si l'induction est douteuse, toute déduction appliquée à l'expérience l'est aussi. À la gloire de Hume et du scepticisme.

À ce problème de l'induction, je ne connais qu'une seule solution satisfaisante. C'est celle de Popper, qui résout le problème, de façon à la fois négative et radicale, en montrant qu'*il n'y a pas d'induction logiquement valide*. Comment les sciences expérimentales sont-elles pourtant possibles ? Par déduction : on pose un principe (une hypothèse, une loi, une théorie…), dont on déduit des conséquences (par exemple sous la forme de prévisions). Si ces conséquences sont réfutées par l'expérience, le principe est faux. Si les conséquences ne sont pas réfutées par l'expérience, ou tant qu'elles ne le sont pas, le principe est considéré comme possiblement vrai : il a survécu, au moins provisoirement, à l'épreuve du réel. Il en résulte que « seule la fausseté d'une théorie est susceptible d'être inférée des données empiriques, et que cette sorte d'inférence est purement déductive » (*Conjectures et réfutations*, I, 9 ; voir aussi *La logique de la découverte scientifique*, I).

L'argumentation de Popper est fondée, comme il le remarque lui-même, sur « une *asymétrie* entre la vérifiabilité et la falsifiabilité, asymétrie qui résulte de la forme logique des énoncés universels » : on ne peut conclure de la vérité d'énoncés singuliers à celle d'un énoncé universel (dix mille cygnes blancs ne prouvent pas qu'ils le soient tous), mais on peut conclure de leur vérité à la *fausseté* d'énoncés universels (il suffit d'un cygne noir pour prouver qu'ils ne sont pas tous blancs). « Cette manière de prouver la fausseté d'énoncés universels, conclut Popper, constitue la seule espèce d'inférence strictement déductive qui procède, pour ainsi dire, dans la "direction inductive", c'est-à-dire qui va des énoncés singuliers aux énoncés universels. » Ainsi il n'y a pas de logique inductive, ni d'induction logiquement probante, mais il y a ce qu'on pourrait appeler un *effet d'induction* (on passe bien du particulier au général ou à l'universel) qui permet d'énoncer des lois scientifiques – par exemple celle de la chute des corps – qui sont à la fois possiblement vraies et empiriquement testables. Les sciences et l'action n'en demandent pas davantage.

INEFFABLE Synonyme à peu près d'indicible, en plus suave ou plus mystérieux. L'indicible le serait plutôt par excès de force, de plénitude ou de simplicité ; l'ineffable, par excès de délicatesse, de finesse, de subtilité… Enfin, l'ineffable ne se dit guère que positivement (alors qu'on peut parler d'une souffrance indicible, d'un malheur indicible). Ces nuances, sans être tout à fait indicibles, restent toutefois quelque peu ineffables.

INERTIE C'est d'abord et paradoxalement une force : la force qu'a un corps de persévérer dans son mouvement ou son repos. Le principe d'inertie stipule en effet qu'un objet matériel conserve de lui-même son état de repos ou de mouvement rectiligne uniforme : qu'il ne peut être mû (s'il est en repos), dévié ou freiné (s'il est en mouvement) que par une force extérieure. L'inertie n'est donc pas l'immobilité (un corps en mouvement rectiligne uniforme ne manifeste pas moins d'inertie qu'un corps immobile), ni même l'inaction (un corps inerte peut produire quelque effet : par exemple s'il me tombe sur le pied). L'inertie, c'est l'incapacité à changer de soi-même son mouvement, ou à se changer soi. C'est pourquoi le mot, appliqué à un être humain, est toujours péjoratif : se subir, c'est déchoir.

INESPOIR L'absence d'espoir, mais considérée comme un état neutre et originel : « non le deuil de l'espoir, disait Mounier, mais son constat de défaut ». C'est ce qui le distingue du désespoir, ou qui l'en distinguerait s'il était possible de se passer d'espoir sans en faire le deuil. Mais qui le peut ? L'espoir est premier : il faut le perdre, d'abord, pour apprendre à s'en passer. Ainsi l'inespoir n'est qu'un désespoir qui serait parfaitement accompli. Non un point de départ, mais un point d'arrivée. Non un travail, mais un repos. C'est le propre des sages et des dieux. Pour tous les autres, ce n'est qu'un mensonge de plus.

INFÉRENCE C'est passer d'une proposition tenue pour vraie à une autre qu'on juge en conséquence l'être aussi, en vertu d'un lien nécessaire ou supposé tel. Ce passage peut être inductif (si on passe de faits particuliers à une conclusion plus générale) ou déductif (si on passe d'une proposition à l'une de ses conséquences). On considère généralement que l'inférence inductive ne peut faire passer que du vrai au probable, quand la déduction conclut du vrai au vrai. On n'en tirera pas trop vite un argument contre les faits. Il suffit d'un seul pour réfuter – par inférence déductive, en l'occurrence sous la forme du *modus tollens* – la théorie la plus ambitieuse. C'est ce que Karl Popper appelle la falsification (*La logique de la découverte scientifique*, chap. I, III et IV).

INFINI L'étymologie est transparente : l'infini, c'est ce qui est sans limite, sans borne *(finis),* sans fin. On ne le confondra pas avec l'indéfini, qui est sans limite connue ou connaissable.

Les illustrations les plus commodes sont mathématiques. Chacun comprend que la suite des nombres est infinie, puisqu'on peut toujours ajouter un nombre quelconque à celui qui serait supposé être le plus grand. On remarquera qu'une partie d'un ensemble infini n'est pas nécessairement infinie (par exemple les entiers situés entre 3 et 12 sont en nombre fini), mais peut l'être (la suite des nombres pairs est aussi infinie que celle des entiers, dont elle constitue pourtant une partie). Ainsi un ensemble infini a cette caractéristique exceptionnelle – qui peut servir, mathématiquement, à le définir – qu'il peut être mis en bijection (en correspondance biunivoque) avec l'un au moins de ses sous-ensembles stricts : tout entier peut être mis en relation biunivoque avec son carré, c'était l'exemple pris par Galilée, quand bien même la série infinie des carrés parfaits n'est qu'un sous-ensemble de la série des entiers. Il en résulte que le tout, s'agissant de l'infini, n'est pas nécessairement plus grand que telle de ses parties (puisque celle-ci peut être aussi infinie). Ce qui permet de définir, par différence, la finitude : est fini tout ensemble qui est nécessairement plus grand que l'un quelconque de ses sous-ensembles stricts (c'est-à-dire autres que lui-même).

Un exemple non mathématique ? On pense bien sûr à Dieu, dont Descartes disait qu'il était seul infini proprement, n'ayant aucune borne d'aucune sorte. Si on lui applique l'observation qui précède, on peut en conclure qu'il ne serait pas nécessairement plus grand que telle de ses parties, et par exemple qu'un Dieu trinitaire ne serait pas plus grand que chacune des trois Personnes qui constituent l'unité de son essence (du moins si chacune est supposée infinie). Cela toutefois ne prouve pas qu'il existe, ni qu'il soit trois.

Quant à trouver un exemple empirique, c'est ce qu'on ne peut : l'expérience n'a accès qu'au fini, ou à l'indéfini. On pensera pourtant à la fameuse formule de Pascal, dont on croit parfois qu'elle s'applique à Dieu, ce n'est pas un hasard, mais que Pascal, qui reprend d'ailleurs une métaphore traditionnelle, n'utilise qu'à propos de l'univers : « une sphère infinie dont le centre est partout, la circonférence nulle part » (*Pensées*, 199-72). Mais de cette infinité, d'ailleurs douteuse, nous n'avons qu'une idée, point une expérience.

INJURE C'est une dénonciation haineuse, qui s'adresse, c'est son paradoxe, à celui-là même qu'elle dénonce. Dans quel but ? D'abord le plaisir qu'on y trouve, qui est parfois d'hygiène. Cela vaut mieux qu'un meurtre ou qu'un ulcère de l'estomac. Aussi une certaine exigence de vérité, voire de justice, qu'on imposerait par la parole à celui qu'on insulte, comme s'il était besoin de lui apprendre ce qu'il est, ou ce qu'on en pense, de le démasquer à ses propres yeux, enfin de l'obliger à se voir, au moins une fois, dans le miroir de notre mépris. Regarde-toi dans mon regard, juge-toi dans mon jugement : tu es ce que je dis ! C'est comme une vérité performative, et l'on se doute que la logique n'y trouve pas son compte. L'injure peut être fondée ou non (elle peut être médisance ou calomnie) ; elle est toujours injuste, comme l'indique l'étymologie, par le refus de comprendre et la volonté de blesser. Mais cette injustice en vient corriger une autre, qui nous semble, au moins dans l'instant, plus grave ou plus insupportable. La logique est celle d'un châtiment ; injurier, c'est se faire juge, procureur et bourreau. La conjonction de ces trois rôles suffit à mettre l'injure à sa place : ce n'est pas justice, mais colère.

INNÉ Ce qui est donné ou programmé dès la naissance. On ne confondra pas l'inné (qui s'oppose à l'acquis) avec l'*a priori* (qui s'oppose à l'empirique). L'inné relève moins du transcendantal que de l'immanental (voir ces mots).

Et l'on évitera de dire trop vite que rien n'est inné en l'homme : ce serait faire comme si nous n'avions pas de corps (lequel est par définition inné) ou comme s'il était quantité négligeable. L'expérience et la génétique prouvent le contraire.

INNÉISME Ce n'est pas croire qu'il y a de l'inné en l'homme, ce qui n'est guère contestable, mais que l'innéité ne se réduit pas au corps : que certaines idées ou conduites sont inscrites en nous dès la naissance. C'est croire en l'innéité non du corps seulement mais de l'esprit.

Pour un matérialiste, un certain innéisme va de soi : si le corps et l'esprit sont une seule et même chose, l'innéité du corps entraîne celle de l'esprit. Le cerveau, par définition, est inné. Cela n'empêche pas qu'il se développe et se construise aussi *après* la naissance. L'inné ne s'oppose à l'acquis que pour autant qu'il le permet, comme l'acquis ne s'oppose à l'inné que pour autant qu'il le suppose. Par exemple le langage, comme faculté, est inné ; mais toute langue est acquise. L'erreur de Descartes est d'avoir cru que l'innéité de l'esprit était celle d'idées toutes faites, alors qu'il s'agit plutôt de fonctions (indissociablement neuronales et logiques) et d'idées à faire.

INQUIÉTUDE C'est un rapport présent à l'avenir, en tant que l'avenir vient troubler le présent. Oscille entre le souci *(« Que faire ? »)* et la crainte *(« Comment y échapper ? »)*. C'est pourquoi on n'échappe pas à l'inquiétude, ou c'est pourquoi, plutôt, on n'y échappe que dans les rares moments où l'on vit pleinement au présent : dans la quiétude de la contemplation ou de l'action.

INQUISITION Le mot signifie d'abord recherche ou enquête. Mais avec une majuscule, c'est une enquête très particulière, plutôt policière que théorique : les inquisiteurs ne cherchent plus la vérité, puisqu'ils sont censés la connaître, mais des coupables. Qu'on ait pu torturer et massacrer au nom des Évangiles en dit long sur la bêtise humaine, et sur les dangers du fanatisme. C'est vouloir éclairer la splendeur de la vérité, comme dit Jean-Paul II, par des bûchers. *Veritatis terror !*

INSENSÉ Qui est contraire au bon sens ou à la raison.

On remarquera que ce qui est insensé est rarement insignifiant. La folie est un état grave, qui peut être riche de sens ; et le bavardage le plus insignifiant est rarement insensé.

INSIGNIFIANT Qui n'a pas de sens, pas de valeur ou pas d'importance. Cette polysémie en dit long sur les humains, qui n'accordent ordinairement d'intérêt qu'à ce qui *signifie*. Le doigt montre la lune. Ils regardent le doigt.

INSISTANCE C'est un mot que j'ai pris l'habitude d'opposer à l'existence, au sens existentialiste du terme, et qui permet de la penser autrement. Exister, c'est être dehors (hors de soi, hors de tout). Insister, c'est être *dans*, et s'efforcer de s'y maintenir. Dans quoi ? Dans l'être, dans le présent, dans tout. Comment pourrait-on *exister* autrement ? L'insistance, au sens où je prends le mot, est un autre nom pour dire le *conatus*, en tant qu'il n'existe que dans le temps et l'espace, en tant qu'il est toujours confronté à autre chose, à quoi il résiste. C'est moins le contraire de l'existence que sa vérité. Nul ne s'oppose à la nature qu'à la condition d'être dedans ; nul ne se projette dans l'avenir qu'au présent : exister, c'est insister et résister. L'homme n'est pas un empire dans un empire, ni un néant dans l'être. Il n'y a pas de transcendance : il n'y a que l'immanence, que l'impermanence, et le *dur désir de durer*. Il n'y a que des forces et des rapports de forces. Il n'y a que l'histoire. Il n'y a que l'être, et l'insistance de l'être.

INSISTANTIALISME Il m'est arrivé d'utiliser ce mot, par jeu et par opposition à l'existentialisme, pour caractériser ma propre position (*L'être-temps*, VIII). Exister, c'est être *dehors* – hors de soi, hors de tout. Insister, c'est être *dans*, et s'efforcer d'y rester : philosophie de l'immanence, de la puissance, de la résistance (l'*energeia* chez Épicure, la *tendance* ou la *tension* chez les stoïciens, le *conatus* chez Spinoza, la volonté de puissance chez Nietzsche, l'intérêt chez Marx, la pulsion de vie chez Freud…). C'est qu'il n'y a pas de *dehors* absolu, pas de transcendance, pas d'au-delà : il n'y a que le monde, il n'y a que tout. L'insistantialisme n'est pas un humanisme : c'est une pensée de l'être, non de l'homme. Il enseigne que l'essence précède l'existence, ou plutôt que rien n'existe que ce qui est (essence et existence, dans le présent de l'être, sont bien sûr confondues ; c'est ce que Spinoza appelle *l'essence actuelle*, qui ne fait qu'un avec la puissance en acte : *Éthique*, III, prop. 7 et dém.) et continue d'être : rien n'*existe* que ce qui *insiste*. Philosophie non de l'homme mais de la nature. Non de la transcendance mais de l'immanence. Non du néant mais de l'être. Non du sujet mais du devenir. Non de la conscience mais de l'acte. Non du libre arbitre, mais de la nécessité et de la libération.

INSTANT Ce serait un point de temps : une portion de durée qui ne durerait pas – non une durée, disait Aristote, mais une limite entre deux durées. Ce n'est donc qu'une abstraction. Le seul instant réel, c'est le présent, qui ne cesse de continuer. En quoi est-ce un instant ? En ceci qu'il est indivisible (que serait un demi-présent ?) et sans durée (combien dure le présent ? et comment pourrait-il durer sans être composé de passé et d'avenir ?). C'est l'instant vrai : non une portion de durée qui ne durerait pas, mais l'acte même de durer, en tant qu'il est indivisible et sans durée. C'est l'éternité en acte.

INSTINCT Un savoir-faire transmis biologiquement. L'homme en est à peu près dépourvu : il n'a guère que des pulsions, qu'il faut éduquer.

INTELLECTUEL C'est celui qui vit de sa pensée, ou pour sa pensée. Il n'a guère le choix qu'entre une petitesse (penser pour vivre) et une illusion (vivre pour penser). Il n'y a pas de sot métier, mais pas non plus de vanité intelligente.

INTELLIGENCE La capacité, plus ou moins grande, de résoudre un problème, autrement dit de comprendre le complexe ou le nouveau.

INTELLIGIBLE Au sens large : ce qui peut être compris par l'intelligence (c'est le contraire d'inintelligible).

Au sens étroit : ce qui ne peut être compris ou visé *que* par l'intelligence, jamais senti par le corps. Ainsi le *monde intelligible* chez Platon. C'est le contraire du matériel ou du sensible.

INTENTION Une volonté présente, mais qui porte sur l'avenir ou sur la fin qu'on poursuit. C'est le projet de vouloir, ou la visée de la volonté.

C'est pourquoi on parle d'une *morale de l'intention*, pour désigner une morale, comme celle de Kant, qui mesure la moralité d'une action non à ses effets mais à la disposition de la volonté qui l'accomplit. L'expression, bizarrement, a souvent un sens péjoratif. J'y vois un contresens sur l'intention ou sur Kant. Une morale de l'intention n'est pas une morale qui se contenterait d'avoir de bonnes intentions, comme on dit : c'est une morale qui juge la volonté en acte, non ses suites éventuelles, que personne, quand il agit, ne connaît tout à fait. Un homme tombe à la mer. L'un des matelots lui jette un rondin, pour l'assommer ; le rondin flotte et le sauve. Un autre matelot lui jette une bouée, pour qu'il s'y agrippe : la bouée lui tombe sur la tête et l'assomme ; il se noie. Une morale de l'intention est celle qui juge l'attitude du second marin, aussi néfaste qu'elle s'avère finalement, plus estimable que celle du premier, fût-elle salutaire. Qui ne voit que c'est la morale même ? Nul n'est tenu de réussir, ni dispensé d'essayer.

INTENTIONNALITÉ Rien à voir avec le fait d'avoir une intention, au sens courant du terme. L'intentionnalité, en philosophie, relève du vocabulaire technique (l'*intentio*, chez les scolastiques, est l'application de l'esprit à son objet), spécialement phénoménologique. « Le mot *intentionnalité*, écrit Husserl, ne signifie rien d'autre que cette particularité foncière et générale qu'a la conscience d'être conscience *de* quelque chose, de porter, en sa qualité de *cogito*, son *cogitatum* en elle-même » (*Méditations cartésiennes*, § 14). La conscience n'est pas une chose ou une substance, qui se suffirait de soi ; elle est visée, relation à, éclatement vers. « Toute conscience, écrit Husserl, est conscience *de* quelque chose. » Telle est l'intentionnalité. « La conscience, écrira Sartre, n'a pas de "dedans" ; elle n'est rien que le dehors d'elle-même » (« Une idée fondamentale de la phénoménologie de Husserl : l'intentionnalité », *Situations*, I). L'intentionnalité est cette ouverture de la conscience vers son dehors (y compris vers l'*ego*, en tant qu'il est objet pour la conscience). C'est la seule intériorité vraie : « tout est dehors, écrit Sartre, tout, jusqu'à nous-mêmes » *(ibid.)*.

INTÉRÊT Subjectivement, c'est une forme de désir ou de curiosité, et souvent la conjonction des deux. Mais on peut aussi avoir objectivement intérêt à quelque chose pour lequel on n'éprouve ni désir ni curiosité. On peut dire, par exemple, que c'est l'intérêt de l'enfant que d'apprendre sa leçon ; ou, avec Marx, que les travailleurs ont intérêt à la révolution : cela ne prouve pas que tous les travailleurs soient révolutionnaires, ni que tous les élèves soient studieux.

Qu'est-ce alors que cet intérêt prétendument objectif ? Non ce qu'on désire, mais ce qu'on *devrait* désirer, si l'on connaissait vraiment son bien et le chemin qui y mène. C'est le désir réfléchi ou intelligent : celui qu'on éprouve à juste titre ou qu'un autre juge qu'on devrait éprouver. Intérêt objectif ? Seulement pour celui qui le juge tel. Intérêt subjectif, donc, ou projectif. Car enfin nul n'est tenu d'être marxiste, ni studieux.

La plupart des matérialistes enseignent que c'est l'intérêt qui meut les hommes : ainsi chez Épicure, chez Hobbes, chez Helvétius (« on obéit toujours à son intérêt », *De l'esprit*, I, 4 et II, 3), chez d'Holbach (« l'intérêt est l'unique mobile des actions humaines », *Système de la nature*, I, 15), enfin chez Freud (par les principes de plaisir et de réalité) ou chez Marx (« Les individus ne cherchent que leur intérêt particulier », *Idéologie allemande*, I). C'est vrai aussi (sous l'appellation de « l'utile propre » : voir *Éthique*, IV, prop. 19 à 25) chez Spinoza, qui n'est pas matérialiste, comme chez Hegel, qui ne l'est pas davantage ou plutôt qui l'est encore moins : « C'est leur bien propre que peuples et individus cherchent et obtiennent dans leur agissante vitalité » ; toute la « ruse de la raison » est de mettre ces intérêts particuliers au service d'une fin générale (*Leçons sur la philosophie de l'histoire*, Introd., II). On se trompe évidemment si l'on y voit une apologie de l'égoïsme. C'est tout le contraire : une tentative pour le dépasser ou le sublimer. Il est de l'intérêt de chacun, pour tous ces auteurs, de tendre à l'intérêt général. Qui peut être heureux tout seul ? Qui peut s'aimer sans s'estimer ? C'est où l'amour de soi mène à l'amour de la justice ou du prochain. « Soyez égoïstes, dit un jour le dalaï-lama : Aimez-vous les uns les autres ! »

INTERPRÉTATION C'est chercher ou révéler le sens de quelque chose (d'un signe, d'un discours, d'une œuvre, d'un événement...). S'oppose par là à l'*explication*, qui donne non le sens mais la cause. Les deux démarches peuvent bien sûr être légitimes ; mais il ne l'est jamais de les confondre. Tout a une cause, et certains faits ont un sens. Mais comment un fait pourrait-il s'expliquer par ce qu'il signifie ? On pense aux actes manqués ou aux symptômes selon Freud : leur sens (par exemple un désir refoulé) n'est-il pas aussi leur cause ? Sans doute, mais de deux points de vue différents. Ce n'est pas parce qu'il signifie quelque chose qu'un lapsus se produit (car bien des lapsus seraient tout aussi signifiants, qui ne se produisent pas) ; c'est parce qu'il est produit par autre chose (un désir, une résistance, tel ou tel processus psychique ou neuronal...) qu'il a un sens. Ainsi l'ordre des signes est soumis à celui des causes, qui ne signifie rien. C'est en quoi la sexualité est bien, comme Freud l'a dit lui-même, « le bloc de granit » de la psychanalyse. Tout sens inconscient y renvoie. Mais elle-même ne signifie rien.

INTERSUBJECTIVITÉ L'ensemble des relations entre les sujets : leurs échanges, leurs sentiments mutuels, leurs ébats et leurs débats, leurs conflits, leurs rapports de forces ou de séduction... Il n'y aurait pas de sujet autrement. Chacun ne se constitue que dans son rapport aux autres : on ne se pose qu'en s'opposant, comme disait Hegel, on n'apprend à aimer qu'en étant aimé d'abord, à penser qu'en comprenant la pensée d'autrui, etc. Le solipsisme est une idée de philosophe, et c'est une idée creuse. Cela, toutefois, ne supprime pas la solitude. On n'existe qu'avec les autres, mais ils ne sauraient exister à notre place.

INTROSPECTION L'observation de soi par soi, mais tournée vers l'intérieur, comme une autocontemplation de l'esprit. Elle est impossible à effectuer en toute rigueur (autant vouloir, disait Auguste Comte, du haut de son balcon, se regarder passer dans la rue) et pourtant nécessaire : il faut bien apprendre à se connaître ou à se reconnaître. Le *je* se mire dans la conscience ; c'est ce qu'on appelle le *moi*. Mais ce n'est jamais qu'un reflet, qu'une image sans consistance ni véritable profondeur. La mémoire, le dialogue et l'action nous en apprennent davantage.

INTUITION *Intueri*, en latin, c'est voir ou regarder : l'intuition serait une vue de l'esprit, avec tout ce que cela suppose d'immédiat, d'instantané, de simple... et de douteux. Avoir une intuition, c'est sentir ou pressentir, sans pouvoir démontrer ni prouver. L'intuition se situe en amont du raisonnement. Mais un esprit totalement dépourvu d'intuition serait aveugle. Comment pourrait-il raisonner ?

Dans la langue philosophique, la polysémie du mot, qui est à peu près inépuisable, s'organise autour de trois sens principaux : ceux de Descartes, Kant et Bergson.

Pour Descartes, l'intuition est « une représentation qui est le fait de l'intelligence pure et attentive, représentation si facile et si distincte qu'il ne subsiste aucun doute sur ce que l'on comprend » (*Règles pour la direction de l'esprit*, III). C'est la simple vision intellectuelle du simple : vision évidente de l'évidence. « Ainsi, chacun peut voir par intuition qu'il existe, qu'il pense, que le triangle est délimité par trois lignes seulement et la sphère par une seule surface. » S'oppose en ce sens à la déduction ou au raisonnement, mais aussi les permet : ce sont comme des chaînes de pensées, dont chaque maillon doit être vu par intuition pour que la chaîne elle-même soit saisie ou suivie par « un mouvement continu et ininterrompu de la pensée qui prend de chaque terme une intuition claire ». Pour comprendre que 2 et 2 font la même chose que 3 et 1, explique Descartes, « il faut voir intuitivement, non seulement que 2 et 2 font 4, et que 3 et 1 font 4 également, mais en outre que, de ces deux propositions, cette troisième-là se conclut nécessairement ». Ainsi l'intuition peut se passer de raisonnement, non le raisonnement se passer d'intuition.

Chez Kant, l'intuition est aussi une façon immédiate, pour la connaissance, de se rapporter à un objet quelconque : elle est ce par quoi un objet nous est donné (*C. R. Pure*, « Esthétique transcendantale », § 1). Mais l'homme ne dispose d'aucune intuition intellectuelle ou créatrice. Il n'a d'intuition que sensible et passive : l'intuition est la réceptivité de la sensibilité (elle ne contient que « la manière dont nous sommes affectés par des objets »), dont les formes pures sont l'espace et le temps. S'oppose à la connaissance par concepts, qui n'est pas intuitive mais discursive : « Des pensées sans contenu sont vides ; des intuitions sans concepts sont aveugles » (*C. R. Pure*, « Logique transcendantale », Introd., I).

Chez Bergson, l'intuition est surtout une méthode : c'est retrouver les vrais problèmes et les vraies différences (celles qui sont de nature, non de degré) en se transportant « à l'intérieur d'un objet, pour coïncider avec ce qu'il a d'unique et par conséquent d'inexprimable », spécialement avec sa durée propre et son essentielle mobilité. Penser intuitivement, c'est penser en durée et en mouvement. L'intuition s'oppose en ce sens à l'analyse (qui exprime une chose « en fonction de ce qui n'est pas elle ») ou à l'intelligence (qui part de l'immobile), comme la métaphysique s'oppose à la science (qui ne connaît guère que l'espace) et comme l'absolu s'oppose au relatif (*La pensée et le mouvant*, II et VI ; voir aussi Deleuze, *Le bergsonisme*, PUF, 1966, chap. I).

On voit que l'intuition, dans les trois cas, est définie positivement, mais de trois façons différentes : elle est la condition de toute pensée (Descartes), de toute connaissance (Kant), enfin de toute saisie de l'absolu, qui est esprit, durée, changement pur (Bergson). Elle donne à la pensée son évidence (chez Descartes), son objet (chez Kant) ou son absoluité (chez Bergson). Elle n'a en commun, chez ces trois auteurs, qu'une forme d'immédiateté, qui peut servir pour cela de définition générale : on peut appeler *intuition* toute connaissance immédiate, s'il en est une.

INVENTION Plus qu'une découverte, moins qu'une création. Inventer, c'est faire être ce qui n'existait pas (c'est ce qui distingue l'invention de la découverte), mais qui aurait existé tôt ou tard (c'est ce qui distingue l'invention de la création). Ainsi, Christophe Colomb a *découvert* l'Amérique (il ne l'a pas inventée : elle existait avant lui) ; Newton a *découvert* la gravitation universelle (même remarque) ; alors que Denis Papin a *inventé* la machine à vapeur, avec d'autres, comme Edison le télégraphe, le phonographe et la lampe à incandescence. Ces quatre instruments, avant d'être inventés, n'existaient nulle part. Mais sans Papin ou Edison, nul doute qu'ils auraient fini, fût-ce un peu plus tard et sous une autre forme, par exister : notre univers technique, si ces deux inventeurs étaient morts à la naissance, serait peut-être différent de ce qu'il est, mais plutôt dans ses détails ou le cheminement anecdotique de son développement que dans son contenu essentiel (la révolution industrielle et celle de la communication n'en auraient pas moins eu lieu). Alors que si Mozart ou Michel-Ange étaient morts à la naissance, nous n'aurions jamais eu ni les *Esclaves* du Louvre ni le *Concerto pour clarinette* : ce n'est plus *invention* mais *création*.

INVOLUTION Le contraire d'une évolution (voir ce mot), ou sa forme régressive : c'est évoluer à l'envers.

IPSÉITÉ Du latin *ipse* (même : au sens de *lui-même*, *moi-même*, etc.). Le fait d'être soi. Suppose l'unité, l'unicité, l'identité, enfin (spécialement chez les phénoménologues : voir *L'être et le néant*, p. 147 à 149) la conscience. C'est l'idiotie (voir ce mot) en personne.

IRONIE C'est se moquer des autres, ou de soi (dans l'autodérision) comme d'un autre. L'ironie met à distance, éloigne, repousse, rabaisse. Elle vise moins à rire qu'à faire rire. Moins à amuser qu'à désabuser. Ainsi Socrate, vis-à-vis de tous les savoirs, et du sien propre. Il interroge (*eirôneia*, en grec, c'est l'interrogation), quitte, parfois, à feindre d'ignorer ce qu'il sait, pour essayer de découvrir ce qu'il ignore ou qu'on ne peut savoir. L'ironie est le contraire d'un jeu : elle relève moins du principe de plaisir, dirait Freud, que du principe de réalité, moins du loisir que du travail, moins de la paix que du combat. Elle est utile : c'est là sa force en même temps que sa limite. C'est une arme, c'est un outil, et ce n'est que cela. Un moyen, jamais une fin. Parfois indispensable, jamais suffisante. C'est un moyen de se faire valoir, fût-ce à ses dépens. C'est le moment du négatif, qui n'est supportable que comme moment. L'esprit toujours nie, mais évite soigneusement, dans l'ironie, de se nier lui-même : c'est un rire qui se prend au sérieux. Comment atteindrait-il l'essentiel, puisqu'il nous en sépare ? « Gagnez les profondeurs, conseillait Rilke :

l'ironie n'y descend pas. » Ce ne serait pas vrai de l'humour, et suffit à les distinguer.

IRRATIONNEL Ce qui n'est pas conforme à la raison théorique : ce qu'elle ne peut, en droit, ni connaître ni comprendre. Si la raison a toujours raison, comme le veut le rationalisme et comme je le crois, l'irrationnel n'est qu'une illusion ou un passage à la limite : on ne juge irrationnel (c'est-à-dire incompréhensible en droit) que ce qu'on n'arrive pas, en fait, à comprendre. Ainsi l'irrationnel n'existe pas. Cela suffit à le distinguer du déraisonnable, qui n'existe que trop.

IRRÉVERSIBILITÉ Le fait de ne pouvoir revenir en arrière : ainsi le temps est irréversible, et lui seul peut-être. Mais tout ce qui se passe dans le temps – c'est-à-dire tout – l'est aussi par là même. Projeter un film à l'envers, quand on le peut sans absurdité (parce que les phénomènes filmés sont réversibles), n'est possible que parce que le temps, lui, continue de se dérouler à l'endroit : la projection inversée reste pour cela tout aussi irréversible que l'autre. C'est en quoi toute action, même physiquement réversible (encore qu'elle ne le soit jamais absolument : il y faut une nouvelle énergie), est ontologiquement irréversible. Ce qu'on a fait, on peut ordinairement le défaire, mais point faire que cela n'ait pas eu lieu. Pénélope, amoureuse irréversible.

ISOLEMENT L'absence de relations avec autrui. À ne pas confondre avec la solitude, qui est une relation – à la fois singulière et inaliénable – à soi et à tout.

ISONOMIE Une loi égale, ou l'égalité devant la loi. Le mot, en Grec, vient de la terminologie juridique ou politique. Mais il est susceptible d'un usage plus large, par exemple médical (pour dire l'équilibre des humeurs) ou cosmologique (pour dire l'égale distribution des êtres dans l'univers). Dans l'atomisme antique, par exemple, la notion semble avoir joué un rôle important pour penser la répartition des atomes dans le vide (donc la pluralité des mondes) ainsi que l'équilibre entre les forces destructrices et les forces de conservation. C'était parier non sur la justice de la nature, mais sur la neutralité du hasard.

J K

JALOUSIE Parfois un synonyme d'*envie* ; plus souvent une de ses formes ou de ses variantes. L'envieux voudrait posséder ce qu'il n'a pas et qu'un autre possède ; le jaloux veut posséder seul ce qu'il croit être à lui. L'un souffre du manque ; l'autre, du partage. Se dit surtout en matière amoureuse ou sexuelle. C'est que toute possession vraie y est impossible ou illusoire. Cela rend la jalousie plus cruelle. Il arrive que l'envie s'apaise, soit parce qu'on possède enfin ce qu'on désirait, soit parce que celui qu'on enviait ne le possède plus. La jalousie, non : tant que l'amour demeure, elle s'entretient d'elle-même, par le soupçon ou l'interprétation interminable des signes. L'envie est un rapport imaginaire au réel (« Qu'est-ce que je serais heureux si… »). La jalousie serait plutôt un rapport réel à l'imaginaire (« Qu'est-ce que je suis malheureux de… »). L'envie a davantage à voir avec l'espérance. La jalousie, avec la crainte. C'est pourquoi elles vont ensemble, sans tout à fait se confondre.

JE Le sujet à la première personne et en tant que tel. Se distingue par là du *moi*, qui serait le sujet en tant qu'objet (y compris pour le *je* : quand je *me* connais, ou crois me connaître). Le *je* est par nature insaisissable (on ne peut saisir, et encore, que le *me*), rarement saisissant. Le monde ou la vérité sont plus intéressants ; le *tu* ou le *nous*, plus aimables. À quoi l'on objectera que c'est toujours un *je* qui connaît ou aime… Sans doute. C'est ce qui le sauve en l'abolissant – quand il n'y a plus que la vérité ou l'amour. « Le péché en moi dit "je" », écrit Simone Weil dans *La pesanteur et la grâce*. Puis elle ajoute, très proche ici du Vedânta : « Je suis tout. Mais ce "je" là est Dieu. Et ce n'est pas un je. »

JEU Une activité sans autre but qu'elle-même ou que le plaisir qu'on y trouve, sans autre contrainte que ses propres règles, enfin sans effet irréversible (ce qu'une partie a fait, une autre partie peut toujours l'ignorer ou le refaire). C'est pourquoi la vie, même visée pour elle-même ou pour le plaisir, n'est pas un jeu : parce que les contraintes y sont innombrables, qui sont celles du réel, parce qu'on n'y a pas le choix des règles ni du jeu, parce qu'on y vit et qu'on y meurt *pour de vrai*, sans pouvoir jamais recommencer à neuf ni jouer à autre chose. La vie, pourtant, vaut mieux que tous les jeux. Les enfants le savent bien, qui jouent à être grands. Et les joueurs, lorsqu'ils jouent de l'argent. C'est que le jeu ne leur suffit pas. Ils ont besoin d'enjeu, de sérieux, de gravité. Ils ont besoin de la morsure du réel – non du jeu, mais du tragique. « Le contraire du jeu n'est pas le sérieux, disait Freud, mais la réalité. » Cela n'empêche pas le jeu d'être réel aussi, mais interdit de s'en contenter.

JEUNE Celui qui n'a pas encore commencé à décliner, qui a encore des progrès à faire, qui les fera sans doute... Notion par nature relative. Un sportif de trente-cinq ans est un vieux sportif ; un philosophe de trente-cinq ans, un jeune philosophe. Être jeune, c'est avoir, dans tel ou tel domaine, plus d'avenir, du moins en principe, que de passé. Quant au présent, tous en ont autant. C'est ce qui rend la jeunesse impatiente, et les vieillards nostalgiques. Le présent ne leur suffit pas.

On pense à la formule fameuse de Nizan, dans *Aden Arabie* : « J'avais vingt ans. Je ne laisserai personne dire que c'est le plus bel âge de la vie. » C'est qu'il n'y a pas de plus bel âge. Les uns auront préféré l'enfance, d'autres l'adolescence, d'autres la quarantaine... Mais enfin je n'en connais pas qui préfèrent la vieillesse. La jeunesse, même difficile, est plus désirable. Le corps ne s'y trompe pas. Non pourtant que les vieux soient à plaindre. Ils ont été jeunes aussi. Les jeunes ne sont pas sûrs d'être vieux un jour, ni même de pouvoir disposer d'une jeunesse entière... Pour moi, je ne me reconnais jamais mieux que dans mes dix-sept ans. Mais si j'étais mort à vingt, je n'en aurais pas moins raté l'essentiel. Mieux vaut vivre vieux que mourir jeune. Cette évidence met la jeunesse à sa place, qui n'est la première que dans le temps. Ce n'est pas une valeur ; c'est une étape.

JEUNISME C'est faire de la jeunesse une valeur, voire l'ériger en valeur suprême, y compris dans des domaines (politiques, artistiques, intellectuels, culturels...) où elle n'a aucune légitimité particulière. Le premier imbécile venu, à vingt ans, est ordinairement plus beau, plus fort, plus souple, plus désirable que ses parents ou ses grands-parents. Il n'en est pas moins bête pour autant. Quant aux avantages de la jeunesse, ils sont surtout indirects. Ce n'est pas l'âge en lui-même qui vaut ; c'est la beauté, la force, la souplesse, la santé, l'éroticité... Qu'on s'efforce de les conserver le plus longtemps possible, je n'ai rien contre. Ce n'est pas refuser de vieillir ; c'est vouloir vieillir le mieux qu'on peut. Tant mieux si nos médecins peuvent nous y aider. Mais ne leur demandons pas davantage. Si la jeunesse était le souverain bien, nos jeunes n'auraient plus rien à désirer. Idée de vieux.

JOIE L'un des affects fondamentaux, en tant que tel impossible à définir absolument. Qui ne l'aurait jamais ressentie, comment lui faire comprendre ce qu'elle est ? Mais nous en avons tous une expérience. La joie naît lorsqu'un désir intense est satisfait (la joie du bachelier, le jour des résultats), lorsqu'un malheur est évité (la joie du miraculé ou du convalescent), lorsqu'un bonheur arrive, ou semble arriver (la joie de l'amoureux, lorsqu'il se sait aimé)... Jouissance, mais spirituelle ou spiritualisée (ré-jouissance). Elle est l'élément du bonheur, à la fois minimum (dans le temps) et maximum (en intensité). Élément singulier pourtant : on n'imagine pas le bonheur sans elle (du moins sans sa possibilité), mais elle peut exister sans lui. C'est comme une satisfaction momentanée de tout l'être – un acquiescement à soi et au monde. Épicure dirait : plaisir en mouvement de l'âme ; et Spinoza : accroissement de puissance (*passage* à une perfection supérieure). De fait, il y a dans la joie une mobilité spécifique, qui est sa force en même temps que sa faiblesse. Quelque chose en elle – ou en nous – lui interdit de durer. De là le désir de béatitude (désir d'éternité) et le rêve du bonheur (dont la joie est peut-être le seul contenu psychologique observable). La joie est ainsi notre guide et notre règle : c'est l'étoile du berger de l'âme. Elle est l'origine, pour nous, de l'idée de salut. « La joie, écrit Spinoza, est le passage de l'homme d'une moindre à une plus grande perfection » (*Éthique*, III, déf. 2 des affects ; voir aussi le scolie de la prop. 11). Comme la perfection elle-même n'est pas autre chose que la réalité, cela signifie que la joie est passage à une réalité supérieure, ou plutôt à un degré supérieur de réalité. Se réjouir, c'est exister davantage : la joie est le sentiment qui accompagne en nous une expansion, ou une intensification, de notre puissance d'exister et d'agir. C'est le plaisir – en mouvement et en acte – d'exister plus et mieux.

JUDAÏSME C'était au début des années 80. Je rencontre un ancien condisciple de khâgne et de la rue d'Ulm, que j'avais perdu de vue depuis nos années d'études. Nous prenons un verre, nous faisons en vitesse le bilan de nos vies. Le métier, le mariage, les enfants, les livres projetés ou en cours... Puis mon ami ajoute :

– « Il y a autre chose. Maintenant, je retourne à la synagogue.

– Tu étais juif ?

– Je le suis toujours ! Tu ne le savais pas ?

– Comment l'aurais-je su ? Tu n'en parlais jamais...

– Avec le nom que je porte !

– Tu sais, quand on n'est ni juif ni antisémite, un nom, sauf à s'appeler Lévy ou Cohen, cela ne dit pas grand-chose... J'ai gardé de toi le souvenir d'un kantien athée. Ce n'est pas une appartenance ethnique ou religieuse ! »

De fait, cet ami faisait partie de cette génération de jeunes Juifs si parfaitement intégrés que leur judéité, pour qui en était informé, semblait comme irréelle ou purement réactive. Ils donnaient raison à Sartre : ils ne se sentaient juifs que pour autant qu'il y avait des antisémites. Beaucoup d'entre eux, plus tard, feront ce chemin d'une réappropriation spirituelle, qui donnera un sens positif – celui d'une appartenance, celui d'une fidélité – au fait, d'abord contingent, d'être juif. L'ami dont je parle fut le premier pour moi d'une longue série, qui me donnera beaucoup à réfléchir. Peut-être avions-nous tort de dénigrer systématiquement le passé, la tradition, la transmission ? Mais je n'en étais pas encore là. En l'occurrence, c'est surtout la question religieuse qui me turlupinait. Je lui demande :

– « Mais alors, maintenant... tu crois en Dieu ?

– Tu sais, me répond-il en souriant, pour un Juif, l'existence de Dieu, ce n'est pas vraiment la question importante ! »

Pour quelqu'un qui a été élevé dans le catholicisme, comme c'est mon cas, la réponse était étonnante : croire ou non en Dieu, c'était la seule chose, s'agissant de religion, qui me paraissait compter vraiment ! Naïveté de goy. Ce que je lisais, dans le sourire de mon ami, c'était tout autre chose : qu'il est vain de centrer une existence sur ce qu'on ignore, que la question de l'appartenance – à une communauté, à une tradition, à une histoire – est plus importante que celle de la croyance, enfin que l'étude, l'observance et la mémoire – ce que j'appellerai plus tard la fidélité – importent davantage que la foi.

Le judaïsme est religion du Livre. Je sais bien qu'on peut le dire aussi du christianisme et de l'islam. Mais pas, me semble-t-il, avec la même pertinence. « Le judaïsme, ajoute mon ami, c'est la seule religion où le premier devoir des parents est d'apprendre à lire à leurs enfants.... » C'est que la Bible est là, qui les attend, qui les définit. Pour un chrétien, sans doute aussi pour un musulman, c'est Dieu d'abord qui compte et qui sauve : le Livre n'est que le chemin qui en vient et y mène, que sa trace, que sa parole, qui ne vaut absolument que par Celui qui l'énonce ou l'inspire. Pour un Juif, me semble-t-il, c'est différent. Le Livre vaut pour lui-même, par lui-même, et continuerait de valoir si Dieu n'existait pas ou était autre. D'ailleurs, qu'est-il ? Nul prophète juif n'a prétendu le savoir, mais seulement ce qu'il voulait ou ordonnait. Le judaïsme est religion du Livre, et ce Livre est une Loi (une *Thora*) bien davantage qu'un *Credo* : c'est ce qu'il faut faire qu'il énonce, bien plus que ce qu'il faudrait croire ou penser ! D'ailleurs on peut croire ce qu'on veut, penser ce qu'on veut, c'est pourquoi l'esprit est libre. Mais point faire ce qu'on veut, puisque nous sommes en charge, moralement, les uns des autres.

Si le Christ n'est pas Dieu, s'il n'est pas ressuscité, que reste-t-il du christianisme ? Rien de spécifique, rien de proprement religieux, et pourtant, à mes yeux d'athée, l'essentiel : une certaine fidélité, une certaine morale – une certaine façon, parmi cent autres possibles, d'être juif… Il m'est arrivé, quand on m'interrogeait sur ma religion, de me définir comme *goy assimilé*. C'est que je suis judéo-chrétien, que je le veuille ou pas, et d'autant plus *assimilé*, en effet, que j'ai perdu la foi. Il ne me reste que la fidélité pour échapper au nihilisme ou à la barbarie.

Il y a quelques années, lors d'une conférence à Reims ou à Strasbourg, je ne sais plus, j'eus l'occasion de m'expliquer sur ces deux notions de *foi* et de *fidélité*. Après la conférence, qui se passait dans une faculté ou une grande école, se tient une espèce de cocktail. On me présente un certain nombre de collègues et de personnalités. Parmi celles-ci, un rabbin.

« – Pendant votre conférence, me dit-il, il s'est passé quelque chose d'amusant…

– Quoi donc ?

– Vous étiez en train de parler de fidélité. Je dis à l'oreille de l'ami qui m'accompagnait : “Cela me fait penser à une histoire juive. Je te la raconterai tout à l'heure…”

– Et alors ?

– Alors, c'est l'histoire que vous avez racontée vous-même, quelques secondes plus tard ! »

Voici donc cette histoire, qui me paraît résumer l'esprit du judaïsme, ou du moins la part de lui qui me touche le plus, et qu'il me plaît de voir ainsi, en quelque sorte, authentifiée.

C'est l'histoire de deux rabbins, qui dînent ensemble. Ils discutent de l'existence de Dieu, et concluent d'un commun accord que Dieu, finalement, n'existe pas. Puis ils vont se coucher… Le jour se lève. L'un de nos deux rabbins se réveille, cherche son ami, ne le trouve pas dans la maison, va le chercher dehors, et le trouve en effet dans le jardin, en train de faire sa prière rituelle du matin. Il va le voir, quelque peu interloqué :

– « Qu'est-ce que tu fais ?

– Tu le vois bien : je fais ma prière rituelle du matin…

– Mais pourquoi ? Nous en avons discuté toute une partie de la nuit, nous avons conclu que Dieu n'existait pas, et toi, maintenant, tu fais ta prière rituelle du matin ? ! »

L'autre lui répond simplement :

– « Qu'est-ce que Dieu vient faire là-dedans ? »

Humour juif : sagesse juive. Qu'a-t-on besoin de croire en Dieu pour faire ce que l'on doit ? Qu'a-t-on besoin d'avoir la foi pour rester fidèle ?

Dostoïevski, à côté, est un petit enfant. Que Dieu existe ou pas, tout n'est pas permis : puisque la Loi demeure, aussi longtemps que les hommes s'en souviennent, l'étudient et la transmettent.

L'esprit du judaïsme, c'est l'esprit tout court, qui est humour, connaissance et fidélité.

Comment les barbares ne seraient-ils pas antisémites ?

JUGEMENT Une pensée qui vaut, ou qui prétend valoir. C'est en quoi tout jugement est un jugement de valeur, quand bien même la valeur en question n'est pas autre chose que la vérité (et quand bien même la vérité, à la considérer en elle-même, n'est pas une valeur). Un jugement de réalité, comme « La Terre est ronde », peut toujours être formulé, sans en changer le contenu, sous la forme « Il est vrai que la Terre est ronde », où l'idée de vérité fonctionne, pour nous, de façon normative. De même qu'un jugement normatif peut prendre la forme d'un jugement de réalité : *« Cet homme est un salaud. »* Ainsi la frontière entre les jugements normatifs et les jugements descriptifs reste floue. Cela ne signifie pas que les normes soient réelles, ni que la réalité soit la norme. Mais que tout jugement est humain, et subjectif par là. Seule la vérité, qui ne juge pas, est objective. Mais nul ne la connaît que par ses jugements, qui restent subjectifs. C'est pourquoi Dieu ne juge pas, dirait Spinoza : parce qu'il est la vérité même. Et c'est pourquoi nous jugeons : parce que nous ne sommes pas Dieu.

Un jugement, dans sa forme élémentaire, unit classiquement un sujet à un prédicat, ou un prédicat à un sujet, par la médiation d'une copule : *« A est B »* (dans les jugements affirmatifs) ou *« A n'est pas B »* (dans les jugements négatifs). Par exemple : *« Socrate est mortel »* ou *« Socrate n'est pas immortel »* sont des jugements. On parle de *jugement analytique*, spécialement depuis Kant, lorsque « le prédicat B appartient au sujet A comme quelque chose qui est contenu implicitement dans ce concept » ; et de *jugement synthétique*, « lorsque B est entièrement en dehors du concept A, quoiqu'il soit, à la vérité, en connexion avec lui » (*C. R. Pure*, Introd., IV). Par exemple, précise Kant, « *Tous les corps sont étendus* » est un jugement analytique (il suffit de décomposer, ou même de comprendre, l'idée de corps pour y trouver l'étendue) ; alors que « Tous les corps sont pesants » est un jugement synthétique : l'idée de poids n'est pas contenue dans celle de corps (l'idée d'un corps sans poids n'est pas contradictoire), elle n'est unie à lui que de l'extérieur, en fonction d'autre chose (en l'occurrence de l'expérience).

Il en suit, selon Kant :

1 – Que les jugements analytiques n'étendent pas du tout nos connaissances (ils ne nous apprennent rien de nouveau), mais les développent, les précisent ou les explicitent ;

2 – Que les jugements empiriques sont tous synthétiques ;

3 – Que les jugements synthétiques *a priori*, comme on voit dans les sciences en général *(« Tout ce qui arrive a une cause »)* et dans les mathématiques en particulier *(« 7 + 5 = 12 »)*, sont profondément mystérieux : sur quoi peut-on bien s'appuyer pour sortir ainsi du concept et lui rattacher, de façon à la fois universelle et nécessaire, un prédicat qu'il ne contient pas ? Tel est le problème de la *Critique de la raison pure* : « Comment des jugements synthétiques *a priori* sont-ils possibles ? » Kant répondra qu'un tel jugement n'est possible que pour autant que nous nous appuyons, pour l'énoncer, sur les formes pures de l'intuition (l'espace et le temps) ou de la pensée (les catégories de l'entendement). Il ne vaut donc que pour nous, point en soi, et dans les limites d'une expérience possible, point dans l'absolu. C'est résoudre le problème des jugements synthétiques *a priori*, mais par l'*a priori* lui-même, considéré comme antérieur au jugement et le rendant possible, autrement dit par le transcendantal. Ce n'est pas l'expérience qui permet la connaissance ; ce sont au contraire les formes *a priori* du sujet qui rendent l'expérience possible et la connaissance nécessaire. Telle est la révolution copernicienne : c'est faire tourner l'objet autour du jugement (ou du sujet qui juge), non le jugement autour de l'objet.

Une autre solution, à laquelle je me range plus volontiers, serait de dire qu'il n'y a pas de jugement *a priori* : c'est sortir de Kant pour revenir à Hume, à l'empirisme et à l'histoire des sciences. Un pas en arrière, deux pas en avant. C'est où il faut choisir entre le sujet transcendantal et le processus immanental (voir ce mot), entre l'anhistoricité de la conscience et l'historicité des connaissances. Ainsi, Cavaillès : « Je crois malhonnête tout recours à un *a priori* quelconque », écrivait-il en 1938 à son ami Paul Labérenne, avant d'en conclure qu'il fallait donc opérer une « rupture complète avec l'idéalisme, même brunschvicgien », considérer la logique « comme une première technique naturelle », bref affirmer la « subordination complète » de la connaissance, y compris des mathématiques, « à une expérience, qui n'est sans doute pas l'expérience historique, puisqu'elle permet d'obtenir des résultats dont la validité est hors du temps, mais qui *naît* de l'expérience historique ». Ainsi il n'y a pas d'*a priori*, et tout jugement, même éternellement vrai, n'est rendu possible que par une histoire qui le précède et le contient. Nous n'avons accès à l'éternel que dans le temps ; tel est le jugement, quand il est vrai.

JUGER C'est relier un fait à une valeur, ou une idée à une autre. C'est pourquoi « penser, c'est juger », comme disait Kant : parce qu'on ne commence vraiment à penser qu'en reliant deux idées (au moins deux !) différentes. Cela suppose l'unité de l'esprit ou du *je pense* (« l'unité originairement synthétique de l'aperception »), comme pouvoir de liaison. Reste à savoir si cette unité elle-même est première ou seconde, autrement dit si elle est donnée *(a priori)* ou construite (dans le cerveau, dans l'expérience). Est-ce l'unité du sujet qui rend le jugement possible, ou bien l'unité du jugement, même progressivement constituée, qui rend le sujet nécessaire ? Est-ce parce que je suis un sujet que je juge, ou est-ce à force de juger que je deviens sujet ? Est-ce le transcendantal qui permet l'expérience, ou l'expérience qui constitue l'immanental ? On remarquera que juger, dans les deux cas, reste le fait d'un sujet : si le réel se jugeait soi, il serait Dieu ; si Dieu ne juge pas (Spinoza), il est le réel même.

JUSTE Celui qui respecte la justice – la légalité et l'égalité, le droit (*jus*) et les droits (des individus) – et qui se bat pour elle, autrement dit pour que ces deux justices aillent ensemble : pour que la loi soit la même pour tous (pour que la légalité respecte l'égalité), pour qu'elle soit appliquée avec équité (voir ce mot), enfin pour que le droit (de la Cité) protège les droits (des individus). C'est le plus haut devoir ; non, pourtant, la plus haute vertu. « Amis, disait Aristote, on n'a que faire de la justice ; justes, on a encore besoin de l'amitié » (*Éthique à Nicomaque*, VIII, 1). Ainsi l'amour, qui n'est pas un devoir, vaut mieux que la justice, qui en est un. Les justes ne l'ignorent pas ; mais ils n'attendent pas d'aimer pour être justes.

JUSTICE L'une des quatre vertus cardinales : celle qui respecte l'égalité et la légalité, les droits (des individus) et le droit (de la Cité). Cela suppose que la loi soit la même pour tous, que le droit respecte les droits, enfin que la justice (au sens juridique) soit juste (au sens moral). Comment le garantir ? On ne le peut absolument ; c'est pourquoi la politique, même lorsqu'elle y tend, reste conflictuelle et faillible. C'est pourtant la seule voie. Aucun pouvoir n'est la justice ; mais il n'y a pas de justice sans pouvoir.

« Sans doute l'égalité des biens est juste, écrit Pascal, mais… » Mais quoi ? Mais le droit en a décidé autrement, qui protège la propriété privée et par là l'inégalité des biens. Faut-il le regretter ? Ce n'est pas sûr (il se peut qu'une société inégalitaire soit plus prospère, même pour les plus pauvres, qu'une société égalitaire). Ce n'est pas impossible (notamment si on met la justice plus haut que la prospérité). Qui en décidera ? Le droit positif (*jus*, en latin, d'où vient justice), ou plutôt ceux qui le font. Les plus justes ? Non pas. Les plus forts – donc presque toujours, dans nos sociétés démocratiques, les plus nombreux. La propriété privée fait-elle partie du droit naturel ? Fait-elle partie des droits de l'homme ? Ce sont deux questions différentes, mais toutes deux insolubles par le droit seul. Questions philosophiques plutôt que juridiques, et politiques plutôt que morales. « Ne pouvant faire qu'il soit force d'obéir à la justice, continue Pascal, on a fait qu'il soit juste d'obéir à la force. Ne pouvant fortifier la justice, on a justifié la force, afin que le juste et le fort fussent ensemble, et que la paix fût, qui est le souverain bien » (*Pensées*, 81-299 ; voir aussi le fr. 103-298).

C'est où l'on rencontre la fiction, mais éclairante, du contrat social. « La justice, écrivait Épicure, n'est pas un quelque chose en soi ; elle est seulement, dans les rassemblements des hommes entre eux, quels qu'en soient le volume et le lieu, un certain contrat en vue de ne pas faire de tort et de ne pas en subir » (*Maximes capitales*, 33 ; voir aussi les maximes 31 à 38). Peu importe que ce contrat ait existé en fait ; il suffit à la justice qu'il puisse exister en droit : il est « la règle, souligne Kant, et non pas l'origine de la constitution de l'État, non le principe de sa fondation mais celui de son administration » (*Réfl.*, Ak. XVIII, n° 7734 ; voir aussi *Théorie et pratique*, II, corollaire). Une décision est juste quand elle pourrait être approuvée, en droit, par tous (par tout un peuple, dit Kant) et par chacun (s'il fait abstraction de ses intérêts égoïstes ou contingents : c'est ce que Rawls appelle la « position originelle » ou le « voile d'ignorance »). Cela vaut pour l'État, mais tout autant pour les individus. « Le moi est injuste en soi, écrivait Pascal, en ce qu'il se fait le centre de tout » (*Pensées*, 597-455). Contre quoi toute justice est universelle, au moins dans son principe, et n'agit, en chacun, que contre l'égoïsme ou par décentrement. Cela donne à peu près la règle, telle qu'Alain la formule, et qui ne vaut pour tous que parce qu'elle vaut d'abord pour chacun : « Dans tout contrat et dans tout échange, mets-toi à la place de l'autre, mais avec tout ce que tu sais, et, te supposant aussi libre des nécessités qu'un homme peut l'être, vois si, à sa place, tu approuverais cet échange ou ce contrat » (*81 chapitres...*, VI, 4, « De la justice »). Cela vaut pour les individus, mais donc aussi pour les citoyens. Pour la morale, mais donc aussi – si les citoyens font leur devoir – pour la politique. « Est juste, écrivait Kant, toute action ou toute maxime qui permet à la libre volonté de chacun de coexister avec la liberté de tout autre suivant une loi universelle » (*Doctrine du droit*, Introd., § C). Cette coexistence des libertés sous une même loi suppose leur égalité, au moins en droit, ou plutôt elle la réalise (malgré les inégalités de fait, qui sont innombrables), et elle seule : c'est la justice même, toujours à faire ou à refaire, toujours à défendre ou à conquérir.

KAIROS C'est un mot grec, qu'on peut sans trop de cuistrerie utiliser en français, faute d'équivalent tout à fait satisfaisant. Le *kairos*, c'est l'occasion propice, le moment opportun ou favorable, autrement dit *le bien*, comme on voit chez Aristote, mais *dans le temps* (*Éthique à Nicomaque*, I, 4). Le thème, chez Aristote, est antiplatonicien. Le bien n'est pas une essence éternelle ou absolue. Il se dit en plusieurs sens, tout comme l'être, et nul ne peut le faire, dans le monde sublunaire, sans tenir compte du devenir : faire le bien, c'est le faire *quand il faut* (le faire trop tôt ou trop tard ce n'est pas le faire, ou c'est le faire moins bien qu'il ne faudrait ou qu'il n'aurait fallu : ainsi en médecine, en politique ou en morale). Le *kairos* est comme la juste mesure, si l'on veut, mais appliquée au temps : c'est « la juste mesure de l'irréversible » (Francis Wolff).

KINESTHÉSIE Sensation par un individu des mouvements de son propre corps (de *kinein*, se mouvoir, et *aisthèsis*, la sensation). Sans doute l'une des origines, avec la sensation d'effort, de la conscience de soi. Je bouge, donc je suis.

L

LÂCHETÉ Le manque de courage : non le fait d'avoir peur, mais l'incapacité à surmonter la peur qu'on a, ou qu'on est, et même à lui résister. C'est une complaisance pour sa propre frayeur, comme une soumission à soi : son geste est de fuir ou de fermer les yeux.

Alain, dans un Propos du 27 mai 1909, notait que « le mot "lâche" est la plus grave des injures ». Cela, qui semble à peu près vrai, au moins entre hommes, n'en est pas moins curieux, puisqu'on peut être lâche sans être méchant ou cruel, méchant et cruel sans être lâche, et que ces deux vices sont pires, assurément, que la simple lâcheté. Combien de salauds sont capables de courage ? Combien de braves gens, de lâcheté ? Et qui ne voit que ces millions de Français, qui se contentèrent lâchement de ne rien faire, pendant l'Occupation, furent pourtant moins coupables que les plus courageux des nazis ou des collabos ? Mais alors, pourquoi cette injure fait-elle si mal ? Parce qu'il n'y a pas de vertu sans courage, répond Alain : ainsi le mot lâche est l'injure la plus grave parce qu'elle est la plus globale, qui ne laisse rien à estimer. Qu'un brave homme puisse être lâche, à l'occasion, c'est entendu. Mais s'il l'était toujours, il ne serait plus « brave », en aucun sens du mot : toujours la peur l'empêcherait d'être généreux ou juste, et même d'être sincère ou aimant ; car enfin rien de cela ne va sans risque – rien de cela ne va sans courage. Qui s'abandonne à sa peur, il est même incapable d'être prudent : fuir toujours, fermer les yeux toujours, c'est manquer de prudence presque autant que de courage.

Cela ne prouve pas que le courage soit la plus grande vertu, mais seulement qu'il est la plus nécessaire.

LAÏC Qui fait partie du peuple *(laos)* et non du clergé. Par extension, le mot désigne tout ce qui est indépendant de la religion, ou doit l'être.

LAÏCITÉ Ce n'est pas l'athéisme. Ce n'est pas l'irréligion. Encore moins une religion de plus. La laïcité ne porte pas sur Dieu, mais sur la société. Ce n'est pas une conception du monde ; c'est une organisation de la Cité. Ce n'est pas une croyance ; c'est un principe, ou plusieurs : la neutralité de l'État vis-à-vis de toute religion comme de toute métaphysique, son indépendance par rapport aux Églises comme l'indépendance des Églises par rapport à lui, la liberté de conscience et de culte, d'examen et de critique, l'absence de toute religion officielle, de toute philosophie officielle, le droit en conséquence, pour chaque individu, de pratiquer la religion de son choix ou de n'en pratiquer aucune, enfin, mais ce n'est pas le moins important, l'aspect non confessionnel et non clérical – mais point non plus anticlérical – de l'école publique. L'essentiel tient en trois mots : *neutralité* (de l'État et de l'école), *indépendance* (de l'État vis-à-vis des Églises, et réciproquement), *liberté* (de conscience et de culte). C'est en ce sens que Mgr Lustiger peut se dire laïque, et je lui en donne bien volontiers acte. Il ne veut pas que l'État régente l'Église, ni que l'Église régente l'État. Il a évidemment raison, même de son propre point de vue : il rend « à César ce qui est à César, et à Dieu ce qui est à Dieu » (Mt 22, 21). Les athées auraient tort de faire la fine bouche. Que l'Église catholique ait mis tant de temps pour accepter la laïcité, cela ne rend sa conversion, si l'on peut dire, que plus spectaculaire. Mais cette victoire, pour les laïcs, n'est pas pour autant une défaite de l'Église : c'est la victoire commune des esprits libres et tolérants. La laïcité nous permet de vivre ensemble, malgré nos différences d'opinions et de croyances. C'est pourquoi elle est bonne. C'est pourquoi elle est nécessaire. Ce n'est pas le contraire de la religion. C'est le contraire, indissociablement, du cléricalisme (qui voudrait soumettre l'État à l'Église) et du totalitarisme (qui voudrait soumettre les Églises à l'État).

On comprend qu'Israël, l'Iran ou le Vatican ne sont pas des États laïques, puisqu'ils se réclament d'une religion officielle ou privilégiée. Mais l'Albanie d'Enver Hoxha ne l'était pas davantage, qui professait un athéisme d'État. Cela dit assez ce qu'est vraiment la laïcité : non une idéologie d'État, mais le refus, par l'État, de se soumettre à quelque idéologie que ce soit.

Et les droits de l'homme ? demandera-t-on. Et la morale ? Ce n'est pas à eux que l'État se soumet, mais à ses propres lois et à sa propre constitution – ou aux droits de l'homme pour autant seulement que la constitution les énonce ou les garantit. Pourquoi, dans nos démocraties, le fait-elle ? Parce que le peuple souverain en a décidé ainsi, et ce n'est pas moi qui le lui reprocherai. C'est mettre l'État au service des humains, comme il doit être, plutôt que les humains au sien. Mais la même raison interdit d'ériger les droits de l'homme en religion d'État. Distinction des ordres : l'État ne doit régner ni sur les esprits ni sur les cœurs. Il ne dit ni le vrai ni le bien, mais seulement le permis et le défendu. Il n'a pas de religion. Il n'a pas de morale. Il n'a pas de doctrine. Aux citoyens d'en avoir une, s'ils le veulent. Non pourtant que l'État doive tout tolérer, ni qu'il le puisse. Mais il n'interdit que des actions, point des pensées, et pour autant seulement qu'elles enfreignent la loi. Dans un État vraiment laïque, il n'y a pas de délit d'opinion. Chacun pense ce qu'il veut, croit ce qu'il veut. Il doit rendre compte de ses actes, non de ses idées. De ce qu'il fait, non de ce qu'il croit. Les droits de l'homme, pour un État laïque, ne sont pas une idéologie, encore moins une religion. Ce n'est pas une croyance, c'est une volonté. Pas une opinion, une loi. On a le droit d'être contre. Pas de les violer.

LAIDEUR Ce n'est pas l'absence de beauté, mais son contraire : non ce qui ne plaît pas, mais ce qui déplaît ; non ce qui ne séduit pas, mais ce qui repousse.

« La beauté, écrivait Spinoza, n'est pas tant une qualité de l'objet considéré qu'un effet se produisant en celui qui le considère » ; si nous avions d'autres yeux ou un autre cerveau, « les choses qui nous semblent belles nous paraîtraient laides et celles qui nous semblent laides deviendraient belles », de même que « la plus belle main, vue au microscope, paraîtra horrible » (*Lettre 54*, à Hugo Boxel). Ainsi toute laideur est relative, comme toute beauté. Il n'y a pas de laideur en soi, ni de laideur objective : être laid, c'est déplaire, disais-je, et l'on ne peut déplaire qu'à un sujet. Cela ne rend pas la laideur moins injuste, ou plutôt c'est ce qui rend son injustice plus cruelle : parce qu'elle semble repousser l'amour, et même la sympathie, et les repousse en effet, au moins un temps – puisqu'elle n'est pas autre chose que cette *répulsion* qu'elle suscite et à quoi on la reconnaît. On peut, en art, jouer avec elle, jusqu'à la beauté (les « peintures noires » de Goya, la *Raie* de Chardin, les portraits de Bacon). Mais dans la vie ? Il y faut de l'art aussi, et une part de talent – y compris chez le spectateur.

LANGAGE Au sens large : toute communication par signes (on parlera par exemple du « langage des abeilles »). Au sens strict, ou spécifiquement humain : la faculté de parler (la parole en puissance), ou la totalité des langues humaines. On remarquera que le langage ne parle pas, ne pense pas, ne veut rien dire, et qu'il n'est pas une langue ; c'est pourquoi nous pouvons parler et penser. Le langage n'est qu'une abstraction : seules les paroles, mais en actes, sont réelles, qui ne s'actualisent que dans une langue particulière. Ainsi le langage est à peu près aux langues et aux paroles ce que la vie est aux espèces et aux individus : leur somme, ou leur reste.

LANGUE « La langue, disait De Saussure, c'est le langage moins la parole » : ce qui reste, quand on se tait. C'est ce qui donne tort aux bavards, et raison aux linguistes.

Mais qu'est-ce que la parole ? La mise en œuvre, par un individu singulier, en un moment singulier, d'une langue quelconque. Ainsi la langue est ce dans quoi nous parlons : c'est un ensemble de signes conventionnels, articulés (et même doublement articulés : en monèmes et en phonèmes) et soumis à un certain nombre de structures aussi bien sémantiques que grammaticales.

On remarquera que la pluralité des langues, qui est une donnée de fait, n'exclut ni l'unité du langage (puisque tout discours dans une langue naturelle peut être traduit dans une autre) ni celle de la raison. Il me semble même qu'elle les suppose. S'il n'y avait une raison avant le langage, et une fonction symbolique avant les langues, aucune parole jamais n'eût été possible. De ce point de vue, l'aporie bien connue de l'origine des langues (il faut une langue pour raisonner, et de la raison pour inventer une langue) n'en est pas tout à fait une : d'abord parce qu'une langue n'est pas *inventée* (elle est le résultat d'un processus historique, non d'un acte individuel), ensuite parce que l'intelligence et la fonction symbolique existent *avant* les langues : cela même qui permet aux nouveau-nés d'apprendre à parler dut permettre aux humains, au fil des millénaires, de passer d'une communication seulement sensori-motrice (cris, gestes, mimiques, comme on voit chez les animaux) à une communication linguistique.

Il faut souligner pour finir l'extrême efficacité – en termes de puissance et d'économie – de ce que Martinet appelle la double articulation. Toute langue se divisant en unités minimales de signification (les monèmes), dont chacune peut à son tour se diviser en unités sonores minimales (les phonèmes), on aboutit à cette espèce de miracle objectif qu'est la communication humaine : l'ensemble de nos expériences, de nos idées et de nos sentiments – tous les livres écrits et possibles, toutes les paroles prononcées et prononçables – peut s'énoncer au moyen de quelques dizaines de petits cris brefs, ou plutôt de sons minimaux, de pures différences vocales, toujours les mêmes dans chaque langue (le français, par exemple, compte une quarantaine de phonèmes), à la fois dépourvus de signification et les permettant toutes. C'est le plus simple toujours qui permet le plus complexe : on ne pense que grâce à des atomes qui ne pensent pas, on ne parle que grâce à des sons qui ne veulent rien dire. C'est où la linguistique, qui semble si peu matérielle, peut mener au matérialisme.

LAPSUS « Ayant entendu quelqu'un crier naguère que sa maison s'était envolée sur la poule du voisin, je n'ai pas cru qu'il se trompait, écrit Spinoza, parce que sa pensée me semblait assez claire » (*Éthique,* II, scolie de la prop. 47). C'était en effet ce que nous appelons un lapsus : moins une erreur, dans la pensée, qu'un acte manqué dans le discours. C'est dire involontairement un mot à la place d'un autre *(lapsus linguae)*, ou l'écrire *(lapsus calami)*. Freud nous a habitués à en chercher le sens inconscient, et l'on aurait tort de se l'interdire : c'est souvent amusant, parfois éclairant. Il reste qu'un acte manqué n'a valeur que d'exception, et que son interprétation elle-même n'est légitime qu'à la condition de n'en être pas un. L'inconscient parle, sans doute. Mais la conscience parle aussi, et ce qu'elle a à dire, sauf bêtise ou bavardage, est plus intéressant. Les textes de Freud donnent davantage à penser que les lapsus de ses patients.

LARMES « Ne me secouez pas ; je suis plein de larmes. » Cette formule d'Henri Calet m'a toujours touché. Les larmes ressemblent à la mer, dont nous sommes issus. C'est de l'eau salée, qui vient humidifier la cornée, qui la protège par là. Mais pourquoi coulent-elles quand on a du chagrin ? On dirait que le cœur déborde. Qu'il retrouve en lui, intarissable, inconsolable, l'océan primordial du malheur. Ou est-ce celui de vivre, qui vient tout emporter, tout nettoyer, jusqu'à l'envie de pleurer ?

LASSITUDE C'est une fatigue ressentie, et qui se porte à l'âme. Elle doit moins à l'intensité de l'effort qu'à sa durée, moins au travail qu'à l'ennui, moins à l'excès qu'à la répétition. C'est comme la fatigue d'être fatigué. Son remède, les mots l'indiquent assez, est moins le repos que le délassement. Mais l'homme absolument las n'en a cure, et préférerait n'être pas né.

LATENT Ce qui existe sans se manifester, ou, s'il se manifeste, sans être perçu ou compris. Se dit spécialement, chez Freud, du sens des rêves, qui n'apparaît jamais immédiatement : le travail du rêve transforme – notamment par déplacement et condensation – leur contenu latent (inconscient) en contenu manifeste (le rêve tel que le vit le rêveur, ou tel qu'il s'en souvient au réveil). L'interprétation essaie, à l'inverse, de remonter de celui-ci à celui-là. Le plus sage, en dehors de la cure, est de ne se préoccuper ni de l'un ni de l'autre.

LÉGALITÉ La conformité factuelle à la loi. À ne pas confondre avec la *légitimité*, qui suppose un jugement de valeur, ni avec la *moralité*, qui peut parfois pousser à violer une loi juridique et qui ne saurait se contenter d'être simplement conforme à la loi morale. Par exemple, explique Kant, le commerçant qui n'est honnête que pour garder ses clients : il agit bien *conformément au devoir*, mais point *par devoir* (il agit conformément au devoir, mais par intérêt) ; son action, pour *légale* qu'elle soit (en l'occurrence au double sens, juridique et moral, du terme), n'en est pas moins dépourvue de toute valeur proprement *morale* (puisqu'une conduite n'a de valeur morale qu'à la condition d'être désintéressée). Ainsi la légalité n'est qu'un fait, qui ne dit rien sur la légitimité d'une action ni, encore moins, sur sa moralité. Les lois antijuives de Vichy, à les supposer même juridiquement inattaquables, n'en étaient pas moins illégitimes : il était immoral de les voter, de les appliquer, et même (sauf pour les victimes, quand elles ne pouvaient faire autrement) de leur obéir.

LÉGÈRETÉ C'est une manière de ne peser sur rien, qui est le propre de l'esprit, des dieux et, parfois, des musiciens.

« Tout ce qui est bon est léger, écrivait Nietzsche, tout ce qui est divin court sur des pieds délicats » (*Le cas Wagner*, I). Cela, qui fut écrit à propos de Bizet et contre Wagner, pourrait presque tenir lieu de définition : toute personne connaissant la musique de ces deux compositeurs peut comprendre ce qu'est cette *divine légèreté*, comme dit ailleurs Nietzsche, qui résonne ou danse chez le premier, quand on n'entend chez le second, par différence et sauf exception (comme dans la *Siegfried idylle*), que le poids écrasant du sérieux, de la prétention, de la sublimité feinte ou recherchée… Toutefois cela ne suffit pas à prouver que Bizet soit un plus grand musicien que Wagner, ni que la légèreté, en toute chose, soit bonne. Il ne s'agit que d'une catégorie esthétique, qui ne saurait valoir universellement. La légèreté est le contraire de la lourdeur, du sérieux, de la gravité. Elle n'exclut pas le tragique ; elle l'ignore ou le surmonte. C'est comme une grâce, mais qui serait purement immanente, comme une élégance, mais qui serait de l'âme, comme une insouciance, mais qui serait sans petitesse. Elle est bouleversante chez Mozart ; cela ne retire rien à Bach ou Beethoven, dont la légèreté n'est pas le fort. Enfin elle est simplement agaçante chez les esprits frivoles, dans les situations qui requièrent du sérieux ou de la gravité. « C'est une manière qui ne me va guère, disait Colette, que cette affectation de légèreté envers l'amour. » Celle-là pourtant savait ce que c'est que la légèreté des mœurs et de la plume. Mais elle n'oubliait pas pour cela la gravité d'aimer, ou d'être aimée. La légèreté vaut mieux que lourdeur ; la gravité, mieux que la frivolité.

LÉGITIMITÉ La notion se situe à l'interface entre le droit et la morale, mais aussi entre le droit et la politique. Est légitime ce qui est dans son *bon droit*, ce qui suppose qu'un droit ne l'est pas toujours. La légitimité, c'est la conformité non seulement à la loi (légalité) mais à la justice ou à un intérêt supérieur. Voler pour ne pas mourir de faim, comploter contre un tyran, désobéir à un pouvoir totalitaire, résister, les armes à la main, contre un occupant, voilà autant de comportements qui, pour être le plus souvent illégaux, n'en seront pas moins, sauf situation très particulière, parfaitement légitimes. On demandera qui en décide. Un tribunal le peut, s'il est assez fort et assez juste, mais il ne le fera le plus souvent qu'après coup – quand il sera trop tard – et non sans risque, bien souvent, de se tromper. Seuls les vainqueurs, sauf exception, disposent de tribunaux, et rien n'interdit que la justice, parfois, soit du côté des vaincus. C'est pourquoi la seule instance de légitimation reste la conscience individuelle. Cela fait peu ? Sans doute, pour ceux qui en manquent ou qui voudraient une garantie. Mais ce peu, pourtant, doit suffire – puisqu'il n'y a rien d'autre. Quel était le représentant légitime de la France, pendant la dernière guerre mondiale : le maréchal Pétain ou le général de Gaulle ? La réponse est facile aujourd'hui. Mais c'est alors qu'elle était importante.

LETTRÉS, GENS DE LETTRES Un lettré, ce n'est pas seulement quelqu'un qui sait lire et écrire : c'est un homme de culture, surtout littéraire, et de pensée, surtout philosophique – l'équivalent, chez Voltaire, de ce que nous appelons aujourd'hui un *intellectuel.* Quant aux gens de lettres, ce sont ceux des lettrés qui en font un métier, qui écrivent des livres, qui les publient, qui essaient d'en vivre... La dénomination, dans ce petit milieu, est souvent péjorative. C'est qu'elle désigne d'abord les collègues, qui sont aussi des rivaux et qu'il est dès lors naturel de détester. Voltaire, qui parlait d'expérience, notait pourtant que « le plus grand malheur d'un homme de lettres n'est peut-être pas d'être l'objet de la jalousie de ses confrères [...] ; c'est d'être jugé par des sots ». Il faut être détesté ou méprisé, mal compris ou mal aimé, et souvent les deux. Dur métier. « L'homme de lettres est sans secours, continue Voltaire ; il ressemble aux poissons volants : s'il s'élève un peu, les oiseaux le dévorent ; s'il plonge, les poissons le mangent. » Bien peu, pourtant, regrettent l'anonymat. Ils sont descendus pour leur plaisir dans l'arène, comme dit Voltaire, ils se sont donnés eux-mêmes aux bêtes. Cela leur donne le droit d'être lus, pas celui de se plaindre.

LIBÉRAL Qui respecte la liberté, et d'abord celle des autres. Un État libéral est donc celui qui respecte les libertés individuelles, dût-il pour cela limiter la sienne propre. On ne le confondra pas avec la démocratie (il peut exister des démocraties autoritaires et des monarchies libérales), encore moins avec le laisser-faire : les libertés individuelles n'existent que par la loi, qui suppose la contrainte.

LIBÉRALISME La doctrine des libéraux, quand ils en ont une. En français, se dit surtout de la doctrine économique : celle qui veut que l'État intervienne le moins possible dans la production et les échanges, si ce n'est pour garantir, quand nécessaire, le libre jeu du marché. Doctrine respectable, mais qui ne saurait valoir, me semble-t-il, que pour ce qui relève du marché, autrement dit que pour les marchandises. Or la justice n'en est pas une, ni la liberté, ni l'égalité, ni la fraternité… Elles sont donc à la charge, légitimement, de l'État et des citoyens. C'est ce qui permet de distinguer le *libéralisme*, pour lequel la politique garde ses droits et ses ambitions, de l'*ultra-libéralisme*, qui voudrait cantonner l'État dans ses fonctions régaliennes d'administration, de police, de justice et de diplomatie. Ce serait renoncer à agir sur la société elle-même, voire renoncer à la République. Quand le général de Gaulle, dans les années 60, disait que « la politique de la France ne se fait pas à la corbeille », il ne manifestait pas seulement un trait de tempérament personnel, ni ne voulait cantonner la politique dans son pré carré diplomatique, administratif et judiciaire. Il rappelait un principe essentiel à toute démocratie véritable. Si le peuple est souverain, comment le marché le serait-il ?

LIBÉRALITÉ Le juste milieu dans les affaires d'argent : c'est n'être ni avare ni prodigue (Aristote, *Éthique à Nicomaque*, IV, 1119 b-1122 a).

Il est improbable que l'homme libéral devienne riche, constate Aristote, et encore plus qu'il le reste : car « il n'apprécie pas l'argent en lui-même, mais comme moyen de donner ». Aussi est-il improbable, pour la même raison, que les riches sachent faire preuve de libéralité : c'est qu'il n'est pas possible « d'avoir de l'argent si on ne se donne pas de peine pour l'acquérir » et pour le garder. C'est dire qu'on a peu de chance de devenir riche sans cupidité, comme de le rester sans avarice. Le juste milieu est plus exigeant qu'on ne le croit.

LIBÉRATION Le fait de devenir libre, et le processus qui y mène. C'est la liberté en acte et en travail. S'oppose par là au libre arbitre, qui serait une liberté originelle et absolue (une liberté toujours déjà donnée : une liberté en puissance et en repos !). « Les hommes se trompent en ce qu'ils se croient libres », disait Spinoza (*Éthique*, II, 35, scolie), et cette illusion est l'une des principales causes qui les empêchent de le devenir. Le mixte singulier de conscience et d'inconscience qui les constitue (ils ont conscience de leurs désirs et de leurs actes, mais non des causes qui les font désirer et vouloir) les *assujettit*, comme dira Althusser, en les faisant *sujets*. Leur soi-disant liberté n'est qu'une causalité qui s'ignore. C'est au contraire parce que le libre arbitre n'existe pas qu'il faut se libérer toujours, et d'abord de soi. La vérité seule le permet, où toute subjectivité se brise. Liberté, nécessité comprise (Spinoza, Hegel, Marx, Freud), ou compréhension, plutôt, de la nécessité. Non que la compréhension échappe à la nécessité (comment le pourrait-elle, puisqu'elle en fait partie ?), mais parce que la raison n'y obéit qu'à soi (*Éthique*, I, déf. 7). Seule la connaissance est libre, et libère. C'est où l'éthique, qui tend à la liberté, se distingue de la morale, qui la suppose.

LIBERTÉ Être libre, c'est faire ce que l'on veut. De là trois sens principaux du mot, selon le *faire* dont il s'agit : liberté d'action (si faire c'est agir), liberté de la volonté (si faire c'est vouloir : on verra que ce sens-là se subdivise en deux), enfin liberté de l'esprit ou de la raison (quand faire c'est penser).

La liberté d'action ne pose guère de problèmes théoriques. Ce n'est autre chose, disait Hobbes, que « l'absence de tous les empêchements qui s'opposent à quelque mouvement : ainsi l'eau qui est enfermée dans un vase n'est pas libre, à cause que le vase l'empêche de se répandre, et lorsqu'il se rompt, elle recouvre sa liberté » (*Le Citoyen*, IX, 9). S'agissant des humains, c'est ce qu'on appelle souvent la *liberté au sens politique* : parce que l'État est la principale force qui la limite et la seule qui puisse la garantir à peu près. Je suis libre d'agir quand rien ni personne ne m'en empêche : c'est pourquoi je le suis davantage dans une démocratie libérale que dans un État totalitaire, et c'est pourquoi je ne saurais jamais l'être absolument (il y a toujours des empêchements, qui tiennent spécialement, dans un État de droit, à la loi : ma liberté s'arrête où commence celle des autres). C'est la liberté au sens de Hobbes, de Locke, de Voltaire. Elle existe évidemment, mais *plus ou moins* : liberté toujours relative, toujours limitée, pour cela toujours à défendre ou à conquérir.

La liberté de la volonté ne semble pas poser beaucoup plus de problèmes. Puis-je vouloir ce que je veux ? Oui, sans doute, puisque personne, sauf manipulation mentale ou neurologique, ne peut m'empêcher de vouloir ni vouloir à ma place. Au reste, comment pourrais-je vouloir ce que je ne veux pas ou ne pas vouloir ce que je veux ? La liberté de la volonté, en ce sens, est moins un problème qu'une espèce de pléonasme : vouloir, c'est par définition vouloir ce que l'on veut (puisque la volonté ne saurait échapper au principe d'identité) et c'est en quoi c'est être libre. C'est ce que j'appelle la spontanéité du vouloir, qui n'est pas autre chose que la volonté en acte : au présent, « libre, spontané et volontaire ne sont qu'une même chose » (comme le reconnaissait Descartes de l'acte en train de s'accomplir) ; c'est pourquoi toute volonté est libre, et elle seule (le reste n'est que passion ou passivité). C'est la liberté au sens d'Épicure et d'Épictète, mais aussi, pour l'essentiel, au sens d'Aristote, de Leibniz ou de Bergson. Je veux ce que je veux : je veux donc librement.

Soit. Mais peut-on vouloir aussi autre chose ? Autre chose que ce que l'on veut ? Cela semble violer le principe d'identité. Mais comment, sans ce pouvoir-là, aurait-on le choix ? Il semble que la volonté ne soit vraiment libre que si elle peut se choisir elle-même, ce qui suppose – puisqu'on ne choisit que le futur – qu'elle n'existe pas encore. Il faut donc, pour que la volonté soit absolument libre, que le sujet préexiste paradoxalement à ce qu'il est (puisqu'il doit le choisir) : de là le mythe d'Er, chez Platon, le caractère intelligible, chez Kant, ou l'existence-qui-précède-l'essence chez Sartre. Cette liberté-là reste bien une liberté de la volonté, si l'on veut, mais antérieure, au moins en droit, à toute volition effective. Elle est absolue ou elle n'est pas. C'est ce qu'on appelle parfois la liberté au sens métaphysique du terme, et plus souvent le libre arbitre : ce n'est plus spontanéité mais création, plus un être mais un néant, comme dit Sartre, plus un sujet qui choisit mais le choix du sujet par lui-même. C'est la liberté selon Descartes (peut-être déjà selon Platon, du moins dans certains textes), selon Kant, selon Sartre : le pouvoir indéterminé de se déterminer soi-même, autrement dit de se choisir (Sartre : « toute personne est un choix absolu de soi ») ou de se créer (Sartre encore : « liberté et création ne font qu'un »). Mais comment, puisque nul ne peut se choisir qu'à la condition d'être déjà ? Cette liberté-là n'est possible que comme néant : elle n'est possible qu'à la condition de n'être pas ! J'aurais tendance à y voir une réfutation ; c'est sans doute que le néant n'est pas mon fort. « Je suis en plein exercice de ma liberté, écrit Sartre, lorsque, vide et néant moi-même, je *néantis* tout ce qui existe » (« La liberté cartésienne », *Situations*, I). C'est une chose dont je n'ai aucune expérience. Je ne connais que l'être. Je ne connais que l'histoire en train de se faire, toujours simultanée à soi, toujours déterminée en même temps que déterminante. Je ne connais, comme liberté de la volonté, que sa spontanéité : que le pouvoir *déterminé* de se déterminer soi-même. Est-ce moi qui manque d'imagination, ou Sartre, de réalisme ?

« Les hommes se trompent en ce qu'ils se croient libres, écrivait Spinoza, et cette opinion consiste en cela seul qu'ils ont conscience de leurs actions et sont ignorants des causes par où ils sont déterminés » (*Éthique*, II, scolie de la prop. 35). Ils ont conscience de leurs désirs et volitions, mais point des causes qui les font désirer et vouloir (*Éthique* I, Appendice ; voir aussi la *Lettre 58*, à Schuller). Comment ne croiraient-ils pas être libres de vouloir, puisqu'ils veulent ce qu'ils veulent ? Et certes Spinoza ne nie pas qu'il y ait là une spontanéité effective (voir par exemple *Éthique* III, scolie de la prop. 2), qui est celle du *conatus*. Leur erreur est de l'absolutiser, comme si elle était indépendante de la nature et de l'histoire. Comment le serait-elle, puisqu'elle n'aurait alors aucune raison d'exister ni d'agir ? La volonté n'est pas un empire dans un empire. Je veux ce que je veux ? Certes, mais point de façon indéterminée ! « Il n'y a dans l'âme aucune volonté absolue ou libre ; mais l'âme est déterminée à vouloir ceci ou cela par une cause qui est aussi déterminée par une autre, et cette autre l'est à son tour par une autre, et ainsi à l'infini » (*Éthique*, II, prop. 48 ; voir aussi I, prop. 32 avec sa démonstration). On ne sort pas du réel. On ne sort pas de la nécessité. Est-ce à dire que chacun reste prisonnier de ce qu'il est ? Non pas, puisque la raison, qui est en tous, n'appartient à personne. Comment pourrait-elle nous obéir ? « L'esprit ne doit jamais obéissance, écrivait Alain. Une preuve de géométrie suffit à le faire voir ; car si vous la croyez sur parole, vous êtes un sot ; vous trahissez l'esprit » (Propos du 12 juillet 1930). C'est pourquoi aucun tyran n'aime la vérité. Parce qu'elle n'obéit pas. C'est pourquoi aucun tyran n'aime la raison. Parce qu'elle n'obéit qu'à elle-même : parce qu'elle est libre. Non, certes, qu'elle ait le choix, si l'on entend par là qu'elle pourrait penser n'importe quoi. Mais parce que sa nécessité propre est le gage de son indépendance. Non que la vérité soit à *choisir* ; mais au contraire parce qu'elle ne l'est pas : parce qu'elle s'impose nécessairement à toute personne qui la connaît au moins en partie, et parce qu'il suffit de la connaître pour être libéré, au moins partiellement, de soi (puisque la vérité est la même en tout esprit qui la perçoit : quand un névrosé fait des mathématiques, la vérité des mathématiques n'en devient pas névrosée pour autant). C'est ce qu'on peut appeler la liberté de l'esprit ou de la raison, qui n'est pas autre chose que la libre nécessité du vrai. C'est la liberté selon Spinoza, selon Hegel, sans doute aussi selon Marx et Freud : la liberté comme nécessité comprise, ou comme compréhension, plutôt, de la nécessité. La vérité n'obéit à personne, pas même au sujet qui la pense : c'est en quoi elle est libre, et libère.

Trois sens, donc, dont le deuxième se subdivise en deux : la liberté d'action, la liberté de la volonté (qu'on peut penser comme spontanéité ou bien comme libre arbitre), enfin la liberté de l'esprit ou de la raison. Seul le libre arbitre me paraît douteux, et à la vérité impensable. Les trois autres libertés n'en existent pas moins, qui se complètent. À quoi bon vouloir, si l'on ne pouvait agir librement ? Et au nom de quoi, si toute pensée était esclave ? Mais cela n'est pas. Nous sommes libres d'agir, de vouloir, de penser, du moins nous pouvons l'être, et il dépend de nous – par la raison, par l'action – de le devenir davantage. Quant à pouvoir faire, vouloir ou penser autre chose que ce que nous faisons, voulons ou pensons (ce que suppose le libre arbitre), je n'en ai aucune expérience, je le répète, ni ne vois comment la chose serait possible. On m'objectera qu'à ce compte notre liberté n'est que relative, toujours dépendante (du corps ou de la raison, de l'histoire ou du vrai), toujours déterminée, et j'en suis d'accord. C'est dire, contre Sartre, que la liberté n'est jamais infinie ni absolue. Mais comment le serait-elle, en des êtres relatifs et finis, comme nous sommes tous ? Nul n'est libre absolument, ni totalement. On est *plus ou moins* libre : c'est pourquoi on peut philosopher (parce qu'on est un peu libre), et c'est pourquoi on le doit (pour le devenir davantage). La liberté n'est pas donnée, elle est à conquérir. Nous ne sommes pas « condamnés à la liberté », comme le voulait Sartre, mais point non plus à l'esclavage. Ce n'est pas la liberté qui est « le fondement du vrai », comme disait encore Sartre (si c'était vrai, il n'y aurait plus de vérité du tout) ; c'est la vérité qui libère. Ainsi la liberté est moins un mystère qu'une illusion ou un travail. Les ignorants sont d'autant moins libres qu'ils se figurent davantage l'être. Au lieu que le sage le devient, en comprenant qu'il ne l'est pas.

Encore faut-il rappeler que nul n'est sage en entier – que la liberté est moins une faculté qu'un processus. On ne naît pas libre ; on le devient, et l'on n'en a jamais fini. C'est parce que le libre arbitre n'existe pas qu'il faut se libérer toujours, et d'abord de soi. C'est parce que la liberté n'est jamais absolue que la libération reste toujours possible, et toujours nécessaire.

LIBERTÉ DE PENSER C'est moins une liberté de plus, qu'un cas particulier de toutes : le droit de penser ce qu'on veut, sans autre contrainte que soi ou la raison. C'est la pensée même, en tant qu'elle échappe aux préjugés, aux dogmes, aux idéologies, aux inquisitions. Elle n'est jamais donnée, toujours à conquérir. Sa formule est énoncée par Voltaire, après Horace, après Montaigne, avant Kant : *« Osez penser par vous-même. »*

LIBIDO *Libido*, en latin, c'est le désir, souvent avec un sens péjoratif (l'envie égoïste, la convoitise, la sensualité, la débauche...). Pascal, dans le prolongement de saint Jean (*1 Jn*, 21, 16) et de saint Augustin (*Confessions*, X, 30-39), y voit un autre nom pour la concupiscence : « Tout ce qui est au monde est concupiscence de la chair, ou concupiscence des yeux, ou orgueil de la vie : *libido sentiendi, libido sciendi, libido dominandi* » (*Pensées*, 545-458 ;

voir aussi les fr. 145-461 et 933-460). Mais le mot doit son usage moderne à Freud, qui nomme ainsi l'énergie sexuelle, telle qu'elle se manifeste dans la vie psychique et quelles que soient les formes – y compris sublimées ou apparemment désexualisées – qu'elle peut prendre. Plus rien ici de péjoratif : la libido est « la manifestation dynamique, dans la vie psychique, de la pulsion sexuelle » (*Psychoanalyse und Libidotheorie*, 1922, cité par Laplanche et Pontalis). Freud la distingue parfois de l'instinct de conservation (*Introduction à la psychanalyse*, chap. 26), avant de les fondre l'une et l'autre dans la pulsion de vie (les pulsions d'auto-conservation relevant désormais de la libido, qui s'oppose elle-même à la pulsion de mort : *Essais*, « Au-delà du principe de plaisir », 6). On ne confondra pas la libido avec le désir sexuel, qui n'est qu'une de ses expressions, encore moins avec la sexualité génitale, qui n'est qu'une de ses formes. La libido peut se porter sur le moi aussi bien que sur un objet extérieur, s'investir dans la sexualité, au sens étroit du terme, aussi bien que dans les affaires, l'art, la politique ou la philosophie. Son retrait, tel qu'il apparaît dans la mélancolie, aboutit à « la perte de la capacité d'aimer » (*Métapsychologie*, « Deuil et mélancolie »), voire au suicide. Cela dit peut-être l'essentiel. Qu'est-ce que la libido ? C'est la puissance de vivre, d'aimer et de jouir, en tant qu'elle est d'origine sexuelle et susceptible de prendre des formes différentes. C'est le nom freudien et sexuel du *conatus*.

LIBRE ARBITRE La liberté de la volonté, en tant qu'elle serait absolue ou indéterminée : c'est « le pouvoir de se déterminer soi-même sans être déterminé par rien » (Marcel Conche, *L'aléatoire*, V, 7). Pouvoir mystérieux, et métaphysique strictement : si on pouvait l'expliquer (par des causes) ou le connaître (par une science), il ne serait plus libre. On ne peut y croire qu'en renonçant à le comprendre, ou le comprendre (comme illusion) qu'en cessant d'y croire. C'est où il faut choisir entre Descartes et Spinoza, entre Alain et Freud, entre l'existentialisme, spécialement sartrien, et ce que j'ai appelé, faute de mieux, l'*insistantialisme* – entre le libre arbitre et la libération.

On ne confondra pas le libre arbitre avec l'indétermination : un électron, même à le supposer absolument indéterminé, n'est pas doué pour autant de libre arbitre (qui suppose une volonté), pas plus qu'un cerveau qui dépendrait de particules indéterminées ne serait libre pour cela (puisqu'il dépend d'autre chose que de lui-même). Le libre arbitre n'est pas non plus la spontanéité du vouloir, qui serait plutôt – comme on voit chez Lucrèce ou les stoïciens – le pouvoir *déterminé* de se déterminer soi-même. Mais il emprunte quelque chose à l'une et l'autre : il est une spontanéité indéterminée, qui aurait, c'est son mystère propre, la faculté de se choisir ou de se créer soi, ce qui suppose –

puisqu'on ne peut choisir que l'avenir – qu'elle se précède inexplicablement elle-même (le mythe d'Er chez Platon, le caractère intelligible chez Kant, le projet originel ou l'existence-qui-précède-l'essence chez Sartre). Ce n'est pas ce que je suis qui expliquerait mes choix ; ce sont mes choix, ou un choix originel, qui expliqueraient ce que je suis. Je ne serais d'abord rien ; et c'est ce néant qui choisirait librement ce que j'ai à être et que j'aurai été. « Chaque personne, écrit Sartre dans *L'être et le néant*, est un choix absolu de soi. » Le libre arbitre est ce choix, ou plutôt (puisqu'il faut *être* d'abord pour se choisir) cette impossibilité.

LIEU La situation dans l'espace, ou l'espace qu'un corps occupe : c'est le *là* d'un être, comme l'espace est le *là* de tous (la somme de tous les lieux). Les deux notions d'*espace* et de *lieu* sont solidaires, voire se présupposent mutuellement, au point qu'on ne puisse les définir, peut-être, sans tomber dans un cercle. Ce sont deux façons de penser l'extension des corps – qui est une donnée de l'expérience –, en l'inscrivant dans une limite (le lieu) ou dans l'illimité (l'espace). Le lieu, disait Aristote, est « la limite immobile et immédiate du contenant » (*Physique*, IV, 4). L'espace serait plutôt le contenant sans limites.

LOGIQUE Ce serait la science de la raison *(logos)*, si une telle science était possible. À défaut, c'est l'étude des raisonnements, et spécialement de leurs conditions formelles de validité. Elle apparaît de plus en plus comme une partie des mathématiques ; cela n'autorise pas les philosophes à s'en passer.

LOGOS Le mot, en grec, pouvait signifier à la fois la raison et le discours. Par exemple chez Héraclite : « Il est sage que ceux qui ont écouté, non moi, mais le *logos*, conviennent que tout est un. » Ou chez saint Jean : « Au commencement était le *Logos*, et le *Logos* était avec Dieu, et le *Logos* était Dieu… » Une parole, donc, mais qui serait celle de la vérité : le discours vrai, ou la vérité comme discours. Langage ? Raison ? Plutôt l'unité indissoluble des deux. C'est ce qui fait la pérennité, même en français, du mot : parler de *logos*, aujourd'hui, ce serait suggérer qu'il n'y a ni langage sans raison ni raison sans langage. Ces deux propositions me semblent douteuses, et la seconde, même, impensable. Si la raison n'existait avant le langage et indépendamment de lui, comment le langage serait-il advenu ? Dieu, dirait Spinoza, ne parle ni ne raisonne (ce n'est pas un *Logos* : pas un Verbe). Rien de plus rationnel pourtant que ce Dieu-là. La vraie raison – le vrai rapport du vrai à lui-même – est en deçà du langage : l'idée vraie ne consiste « ni dans l'image de quelque chose ni dans des mots, écrit Spinoza ; car l'essence des mots et des images est constituée seulement par des mouvements corporels, qui n'enveloppent en aucune façon le concept de la pensée » (*Éthique*, II, scolie de la prop. 49). La vraie logique est muette : non *logos*, mais *alogos*. Non un Verbe mais un acte. Non un discours mais un silence. Logique de l'être : onto-logique. Au commencement était l'action.

LOI Un énoncé universel et impératif. En ce sens, il est clair qu'il n'y a pas de « lois de la nature » : on n'en parle que par analogie, pour évoquer ou expliquer certaines régularités observables. La rationalité de l'univers est au contraire toute silencieuse (pas d'énoncés) et simple (pas d'impératifs). L'identité est ordre qui lui suffit. Et sa nécessité, s'il fallait la formuler, ne se dirait qu'à l'indicatif. Les lois humaines tendent vers ce modèle (« tout condamné à mort aura la tête tranchée... »), sans pouvoir jamais complètement y atteindre. Faute de pouvoir, justement, ou abus de volonté. D'où l'idée de Dieu, qui serait une volonté toute-puissante : un indicatif-impératif. L'idée de silence, poussée à sa limite, nous débarrasse de ces deux anthropomorphismes.

Une loi, c'est ce qui s'impose (la nécessité), ou devrait s'imposer (la règle, l'obligation). On parle dans le premier cas de lois de la nature ; dans le second, de lois morales ou juridiques. Les premières, qui ne sont voulues par personne, s'imposent à tous. Les secondes, qui sont voulues par la plupart, ne s'imposent à personne : elles n'existent, comme loi, que par la puissance que nous gardons, malgré elles, de les violer. Si le meurtre ne restait possible, aucune loi n'aurait besoin de l'interdire. Si la gravitation universelle pouvait être violée, ce ne serait plus une loi.

C'est le sens juridique qui est premier : la loi est d'abord une obligation imposée par le souverain. On ne parle de lois de la nature que secondairement, parce qu'on imagine que la nature obéit elle aussi à quelqu'un, qui serait Dieu. Toutefois ce n'est qu'une métaphore. La nature n'est pas assez libre pour pouvoir obéir. Dieu le serait trop pour pouvoir commander.

On s'en voudrait de ne pas citer la définition fameuse que donnait Montesquieu : « Les lois, dans la signification la plus étendue, sont les rapports nécessaires qui dérivent de la nature des choses » (*L'esprit des lois*, I, 1). On ne peut pourtant s'en contenter : car comment, si cette définition était bonne, y aurait-il de *mauvaises* lois ? C'est que Montesquieu, comme Auguste Comte après lui, pense d'abord aux lois de la nature, qui ne sont ni bonnes ni mauvaises, qui ne sont que « des relations constantes entre les phénomènes observés » (*Discours sur l'esprit positif*, § 12). Les lois humaines sont d'une autre sorte : elles ne s'imposent que pour autant qu'on les impose, ce qui ne garantit ni qu'elles soient justes ni qu'il faille leur obéir. Ainsi cette notion de loi reste irréductiblement hétérogène : elle sert surtout à masquer cette dualité même qui la constitue, afin que le fait semble juste ou que la justice semble faite. C'est une façon d'échapper au désordre et au désespoir. La vérité est qu'il n'y a que des faits. Mais qui pourrait la supporter ?

LOISIR Au singulier, c'est la traduction de l'*otium* des Anciens : le temps libre, celui qui ne sert qu'à vivre, celui qui n'est pas dévoré par le travail. Non la paresse ni le repos, mais la disponibilité, comme une ouverture au monde et à soi, au présent et à l'éternité : l'espace offert à l'action, à la contemplation, à la citoyenneté, à l'humanité.

Au pluriel, c'est l'ensemble des divertissements qui permettent de supporter ce temps libre, le plus souvent en payant pour qu'il cesse de l'être.

LOTERIE Un jeu de hasard, ou le hasard comme jeu. Le mot vient des lots qu'on y gagne. « C'est le moyen de faire jouer la fortune sans aucune injustice », écrit Alain. Mais sans aucune justice non plus. Par quoi c'est une image de la vie, davantage que de la société. « Toute la mécanique de la loterie va à égaliser les chances, écrit encore Alain. Ainsi la chance se trouve purifiée. Cent mille pauvres font riche un d'entre eux, sans choix. C'est le contraire de l'assurance. » C'est que l'assurance est une mutualisation des risques. La loterie serait plutôt une mutualisation des chances. Qu'on en ait fait un impôt volontaire montre l'intelligence de nos grands argentiers. Seul l'État gagne à tout coup. C'est mettre le hasard au service de la comptabilité nationale.

LUCIDITÉ C'est voir ce qui est comme cela est, plutôt que comme on voudrait que cela soit. Par quoi la lucidité ressemble beaucoup au pessimisme : non que les choses aillent toujours de pire en pire (pourquoi serait-ce le cas ?), mais parce qu'il n'est pas d'usage qu'elles aillent comme nous voudrions, ni habituel que nous voulions qu'elles aillent comme elles vont en effet. Ainsi la lucidité marque d'abord la distance entre l'ordre du monde et celui de nos désirs, tout en refusant de renoncer – car alors il n'y aurait plus distance – à l'un ou à l'autre. C'est l'amour de la vérité, quand elle n'est pas aimable.

Cela vaut aussi pour soi. Car enfin se connaître comme on est, c'est presque toujours se décevoir. Lucidité bien ordonnée commence par soi-même : tel est le secret de l'humilité.

LUMIÈRES Le mot désigne une période en même temps qu'un idéal. La période, c'est le XVIIIe siècle européen. L'idéal, c'est celui de la raison, que Descartes appelait déjà « la lumière naturelle », mais délivrée de toute théologie, voire de toute métaphysique, c'est celui de la connaissance, celui du progrès, de la tolérance, de la laïcité, de l'humanité lucide et libre. Être un homme des Lumières, explique Kant, c'est penser par soi-même, c'est se servir librement de sa raison, c'est se libérer des préjugés et de la superstition. C'est ce qui justifie la formule fameuse : « *Sapere aude* ! aie le courage de te servir de ton propre entendement ! voilà la devise des Lumières » (Kant, *Réponse à la question « Qu'est-ce que les Lumières ? »*, 1784). La maxime est d'Horace, elle pourrait être de Lucrèce, et Montaigne déjà l'avait faite sienne (*Essais*, I, 26, 159), comme Voltaire après lui et avant Kant (*Dictionnaire philosophique*, article « Liberté de penser »). On voit que les Lumières, en tant qu'idéal, sont de tous les temps. C'est que la superstition et le dogmatisme toujours nous précèdent, et nous accompagnent.

LUXE C'est jouir de l'inutile. Par exemple une cuillère : qu'elle soit en or, cela ne sert à rien, mais c'est un plaisir supplémentaire. Notion par nature relative, mais qui suppose toujours une part d'excès, de surabondance, d'*exagération*, comme dit Kant, dans le confort, la joliesse ou la dépense. C'est le contraire des plaisirs naturels et nécessaires d'Épicure : le luxe est fait de plaisirs culturels et superflus. C'est pourquoi c'est un piège, s'il devient nécessaire, et un luxe, s'il reste superflu.

LUXURE L'usage immodéré des plaisirs sexuels. Ce n'est le plus souvent qu'une petite faute, mais c'en est une : non parce que le sexe serait coupable, il l'est rarement, mais parce que l'intempérance l'est toujours. Faute vénielle, du moins entre partenaires consentants. Mais l'obligation d'obtenir ce consentement interdit de s'abandonner tout à fait à la luxure. Au reste le corps, presque toujours, fait une limite suffisante. Si Sade n'avait passé tant d'années en prison, s'il avait fait davantage l'amour, et plus heureusement, le plaisir même lui aurait enseigné – contre le faux infini du manque ou de l'imaginaire

– son très positif et très voluptueux pouvoir de *modération*. La luxure n'est pas un luxe ; l'érotisme en est un.

LYCÉE C'est le nom, en grec, de l'école d'Aristote, parce qu'il enseignait dans un gymnase proche d'un temple ou d'une statue d'Apollon Lycien (*lykeios*, loup dieu). Aristote y délivrait son enseignement, aussi bien acroamatique, le matin, qu'exotérique, le soir, dans le promenoir (*peripatos* : d'où le nom d'école péripatéticienne qu'on donne aussi au Lycée) du gymnase. L'école, à la mort d'Aristote (ou plutôt dès son départ en quasi exil, dans l'île d'Eubée, où il mourra quelques mois plus tard), sera dirigée par Théophraste, puis, à la mort de celui-ci, par Straton de Lampsaque. Après quoi elle connut un déclin progressif, qui n'empêchera pas Andronicos de Rhodes, son dixième et dernier scholarque, de publier, au Ier siècle avant Jésus-Christ, les œuvres ésotériques du Maître, lesquelles reprennent pour l'essentiel son enseignement du matin et sont parvenues, grâce à cette édition, jusqu'à nous. Quant aux textes exotériques, que les Anciens admiraient fort (Cicéron compare le style d'Aristote à un « fleuve d'or », Quintilien en loue la grâce et la douceur), il n'en reste à peu près rien. De là l'image d'un Aristote exclusivement professoral ou technicien, qui aurait omis d'être artiste : philosophe professeur, pour les professeurs de philosophie. L'injustice n'est pas trop grave : même amputé de la moitié de son œuvre, ce philosophe reste le plus grand de tous – et le Lycée le modèle, à jamais, de l'exigence intellectuelle. De là un peu de nostalgie, parfois, quand on pense à nos lycées d'aujourd'hui. Nouvelle injustice : l'éducation de masse est évidemment un progrès, et l'on ne saurait pas davantage demander à nos enseignants d'égaler Aristote qu'à leurs élèves de mettre le savoir, dans une société qui n'y croit plus guère, plus haut que tout. Ce n'est pas une raison pour remplacer la lecture des grands auteurs par celle des journaux, ni le travail par le débat, ni l'amour de la vérité par celui de la communication. Le Lycée n'était pas l'*agora* : c'était un lieu d'étude, d'enseignement, de réflexion, bien plus que d'échanges ou de « spontanéité ». Nos lycées ne méritent leur nom qu'en restant fidèles, au moins de ce point de vue, au grand modèle auquel ils doivent leur appellation et une partie, malgré tout, de ce qu'on y enseigne. Mieux vaut rivaliser avec Aristote, même de très loin, qu'avec la télévision.

LYMPHATIQUE L'un des quatre tempéraments de la tradition hippocratique. Mollesse, lenteur, inattention.

M

MACHIAVÉLISME Une forme de cynisme, mais qui sacrifie la morale à la politique : l'opposé par là, ou le symétrique, du cynisme de Diogène.

Le mot, qui se prend ordinairement en mauvaise part, vise surtout une certaine façon, qu'on trouve en effet chez Machiavel, de juger une action à ses résultats plutôt qu'à sa moralité intrinsèque (« Si le fait l'accuse, le résultat l'excuse », *Discours*, I, 9), et de s'autoriser pour cela, dans l'ordre politique, plusieurs actions qui seraient, du point de vue de la morale ordinaire, répréhensibles. C'est considérer que la fin justifie les moyens, et que la ruse, quand elle est efficace, vaut mieux qu'une droiture qui ne le serait pas. Le machiavélisme dit ainsi la vérité de la politique : « Il y a si loin de la sorte qu'on vit à celle selon laquelle on devrait vivre, écrit Machiavel, que celui qui laissera ce qui se fait pour cela qui se devrait faire, il apprend plutôt à se perdre qu'à se conserver ; car qui veut faire entièrement profession d'homme de bien, il ne peut éviter sa perte, parmi tant d'autres qui ne sont pas bons ; aussi est-il nécessaire au Prince qui se veut conserver, qu'il apprenne à pouvoir n'être pas bon, et d'en user ou pas selon la nécessité » (*Le Prince*, XV). Les médiocres y voient une justification de l'immoralité, de la perfidie, de l'arrivisme sans vergogne, de ce que Machiavel, qui n'écrivait pas pour les médiocres, appelle la *scélératesse*. C'est bien sûr se méprendre. Un scélérat au pouvoir reste un scélérat.

MACHINE « Si les navettes tissaient d'elles-mêmes, écrivit un jour Aristote, alors les artisans n'auraient pas besoin d'ouvriers, ni les maîtres d'esclaves » (*Politique*, I, 4). Cela dit à peu près ce que c'est qu'une machine : un objet animé, mais sans âme (un automate), capable de fournir un certain travail, autrement dit d'utiliser efficacement l'énergie qu'il reçoit ou dont il dispose. Ainsi un métier à tisser, un lave-linge, un ordinateur. C'est en ce sens que les animaux, pour Descartes, et l'homme, pour La Mettrie, sont des machines. Non parce qu'ils seraient dépourvus d'intelligence et de sensibilité, comme le premier l'a cru bêtement des bêtes, encore moins parce qu'ils seraient faits de vis et de boulons (pourquoi une machine ignorerait-elle les cellules, les organes, les échanges biologiquement organisés d'énergie et d'informations ?), mais parce qu'ils sont *sans âme*, autrement dit sans autre réalité substantielle que matérielle. En ce sens *L'homme-machine*, de La Mettrie, énonce l'une des thèses les plus radicales du matérialisme : nous ne sommes que « des animaux et des machines perpendiculairement rampantes », comme il dit étonnamment, mais vivantes (La Mettrie était médecin), conscientes (grâce au cerveau, qui est comme une machine particulière dans la machine globale de l'organisme), et capables pour cela de souffrir et de jouir, de connaître et de vouloir, enfin d'agir et d'aimer. « Nous ne pensons, et même nous ne sommes honnêtes gens, que comme nous sommes gais ou braves ; tout dépend de la manière dont notre machine est montée » (*L'homme-machine*, Éd. Fayard, p. 70-71).

MAGIE Une action qui excéderait les lois de la nature ou de la raison ordinaires : du surnaturel efficace, ou une efficacité surnaturelle, mais qui obéirait à notre volonté (par différence avec la grâce et le miracle, qui n'obéissent qu'à Dieu) ou serait instrumentalisé par elle. Cette efficacité, même lorsqu'elle semble avérée (par exemple dans le chamanisme : une parole qui tue, un rite qui guérit), suppose toutefois la croyance, ce qui est très naturel et très raisonnable : ce n'est pas magie, mais suggestion. « L'efficacité de la magie, écrit Lévi-Strauss, implique la croyance en la magie » (*Anthropologie structurale*, IX). Raison de plus pour ne pas y croire.

MAGNANIMITÉ La grandeur d'âme : se juger digne de grandes choses, explique Aristote, et l'être en effet (*Éthique à Nicomaque*, IV, 7-9). C'est la vertu des héros, comme l'humilité est celle des saints. Vertu grecque, contre vertu chrétienne.

La magnanimité s'oppose à la fois à la bassesse (ou pusillanimité : se juger incapable d'une grande action, et l'être par là même) et à la vanité (avoir les yeux ou le discours plus grands que l'âme : se croire ou se prétendre capable de ce qu'on est en vérité incapable de réussir). Elle correspond assez bien à l'*acquiescentia in se ipso* de Spinoza (la satisfaction intime, le contentement lucide, l'amour heureux de soi-même) : « une joie née de ce qu'un homme se considère lui-même et sa puissance d'agir » (*Éthique*, III, déf. 25 des affects ; voir aussi IV, 52, dém. et scolie). Toutefois la magnanimité peut aller sans la joie, comme on voit chez Athos : ce n'est plus sagesse, c'est toujours vertu.

MAÏEUTIQUE *Maîa*, en grec, c'est la sage femme. C'est à elle que Socrate, dans le *Théétète*, se compare : la maïeutique est l'art d'accoucher les esprits, autrement dit d'en faire sortir – par le questionnement et le dialogue – une vérité qu'ils contiennent sans la connaître. L'exemple classique est celui du jeune esclave du *Ménon* : Socrate l'amène à découvrir comment obtenir un carré double d'un autre (en le construisant sur la diagonale du premier), alors même qu'il l'ignorait et sans avoir besoin pour cela de lui apprendre quoi que ce soit. C'est supposer que la vérité est déjà en nous, ou nous en elle : réminiscence, ou éternité.

En pratique, la maïeutique atteint vite ses limites. Interroger un ignorant, cela ne saurait suffire à l'éduquer. Le modèle socratique, dans nos classes, n'est souvent qu'une utopie de plus.

MAÎTRE Celui qui enseigne, guide ou commande. Les trois à la fois ? Pas nécessairement. Cela dépend en partie de lui, de ce qu'il sait ou peut, mais aussi de ceux dont il est le maître : sont-ce des élèves, des disciples ou des esclaves ?

MAJESTÉ Une grandeur visible, qui justifierait à la fois le respect et l'obéissance. C'est ce qui faisait dire à Alain qu'il était « l'ennemi de toute espèce de Majesté ». Et d'en donner cette définition parfaite : « La Majesté, c'est tout ce qui, ayant le pouvoir, veut encore être respecté. » C'est vouloir régner sur les esprits aussi. Toute majesté est ridicule ou tyrannique.

MAJEURE Dans un syllogisme, celle des deux prémisses qui contient le grand terme. On la place traditionnellement en premier ; mais c'est son contenu qui importe, non sa place.

MAL On ne disculpera pas Dieu à si bon compte. Le mal n'est pas seulement l'absence d'un bien (absence que Dieu ne tolérerait qu'autant que nécessaire, pour créer autre chose que soi), mais son contraire. Ainsi la souffrance est un mal (qui ne se réduit pas à l'absence de plaisir), et le modèle de tous : le mal, c'est d'abord ce qui *fait* mal. Et Dieu n'est innocent qu'à la condition stricte de n'exister pas.

Le mal existe positivement : non certes parce qu'il serait une réalité objective ou absolue (il n'y a de mal que pour un sujet), mais parce qu'il constitue, pour tout sujet, une expérience première. Point besoin, pour souffrir, d'avoir connu le plaisir. Il est vraisemblable au contraire que le bien ne vienne qu'après, et secondairement, de ce que l'expérience même du mal fait désirer sa disparition, et la rend agréable. Épicure est sublime ici de simplicité. Ce n'est pas le mal qui est l'absence du bien ; c'est le bien qui est l'absence du mal.

Cela dut être vrai pour l'humanité comme pour l'individu. Le mal est premier. Et la peur – notre mère la peur – engendre en nous l'espérance, mais aussi le courage.

Le mal, disais-je, c'est d'abord ce qui fait mal : la souffrance est le mal premier, et le pire. Toutefois, ce n'est pas le seul : une bassesse indolore, et même qui serait agréable à tous, ne cesse pas pour cela, moralement, d'être mauvaise. C'est donc qu'il y a autre chose que la souffrance. Quoi ? « Une certaine idée de l'homme, comme dit Spinoza, qui soit comme un modèle de la nature humaine placé devant nos yeux » ; le mal, ou le mauvais *(malum)*, c'est ce qui nous éloigne de ce modèle ou nous empêche de le reproduire (*Éthique*, IV, Préface).

« On peut prendre le mal métaphysiquement, physiquement et moralement », écrivait Leibniz : « Le *mal métaphysique* consiste dans la simple imperfection, le *mal physique* dans la souffrance, et le *mal moral* dans le péché » (*Théodicée*, I, 21). Qu'en reste-t-il pour l'athée ? Les deux premiers restent à peu près inentamés. L'imperfection du monde et l'ampleur de la souffrance font même partie de nos plus fortes raisons de ne pas croire en Dieu. « *Si Deus est, unde malum ? si non est, unde bonum ?* », demandait Leibniz (I, 20 : Si Dieu existe, d'où vient le mal ? s'il n'existe pas, d'où vient le bien ?). La première des deux interrogations semble la plus redoutable. D'abord parce que le mal l'emporte, en force et en fréquence, ensuite parce que la puissance indéfinie et imparfaite de la nature est mieux à même d'expliquer le bien qu'elle comporte que l'infinie et toute-puissante bonté de Dieu ne le serait de justifier le mal qu'elle tolère. La souffrance serait un châtiment ? Le prix à payer de notre liberté, de nos fautes ? Comment l'accepter, puisque le mal est antérieur à la culpabilité et même – les bêtes souffrent aussi – à l'humanité ? Mieux vaut la révolte, ou plutôt mieux vaut pardonner à Dieu de n'exister pas.

Qu'en est-il alors, pour finir, du mal moral ? S'il n'est plus *péché*, au sens religieux du terme, c'est-à-dire offense faite à Dieu ou violation d'un de ses commandements, il reste à le penser, conformément à la lettre et à l'esprit du spinozisme, comme ce qui nous éloigne de notre idéal d'humanité ou nous empêche de le reproduire (*Éthique*, IV, Préface ; voir aussi les *Lettres* 19, 21 et 23, à Blyenbergh). C'est pécher encore, mais contre l'humanité ou contre soi. Le mal, c'est ce qui nous empêche d'être pleinement *humains*, au sens normatif du terme, c'est-à-dire accessibles à la raison, quand nous en sommes capables, ou à la compassion, quand la raison ne suffit pas. « Quant à celui qui n'est poussé ni par la raison ni par la compassion à être secourable aux autres, on l'appelle justement inhumain, car il ne paraît pas ressembler à un homme » (*Éthique,* IV, scolie de la prop. 50).

MALÉDICTION C'est vouer au mal par des mots. On a bien tort d'y voir de la magie, quand il n'y a là que haine et superstition. Le mieux serait d'en rire. Un bras d'honneur, si l'on n'est pas capable d'indifférence, fait un exorcisme suffisant.

Quant à maudire les méchants, cela ne sert à rien. L'action vaut mieux.

MALHEUR Je l'ai vécu juste assez pour savoir ce qu'il est : le malheur, c'est quand toute joie paraît impossible, quand il n'y a plus que l'horreur et l'angoisse, que la douleur, que le chagrin, quand on voudrait être mort, quand vivre n'est plus que survivre et endurer, que souffrir et pleurer… Se rappeler, dans ces moments-là, que tout est impermanent : ce malheur passera aussi. Et que sa réalité suffit à prouver, au moins par différence, au moins pour les autres, la possibilité du bonheur. Ce n'est pas une consolation ? Dans les pires moments, il m'a semblé que si. Que le malheur tombe sur moi ou sur un autre, qu'est-ce que cela change d'essentiel ? Consolation insuffisante ? Si elle ne l'était pas, ce ne serait pas un malheur.

MALVEILLANCE C'est vouloir du mal à quelqu'un, soit par pure méchanceté, si nous en sommes capables, soit, plus vraisemblablement, par haine ou par intérêt (par égoïsme). C'est vouloir le mal, sinon pour le mal, mais en le sachant tel. Nul n'est méchant volontairement, ni malveillant involontairement.

MANICHÉISME C'est d'abord une religion, apparue entre la Mésopotamie et la Perse, au IIIe siècle de notre ère, sous la dynastie des

Sassanides. Mani, son fondateur, voulut inventer ou transmettre une religion universelle. Tout en s'inspirant de ses propres visions ou révélations, il tenta pour cela une espèce de synthèse entre trois religions déjà existantes, qui lui semblaient aller dans le même sens : l'antique religion persane, celle de Zoroastre, le christianisme (Mani prétend être le Paraclet annoncé par Jésus) et le bouddhisme. Sa doctrine, telle qu'on peut à peu près la reconstituer, était un dualisme gnostique et sotériologique. Le manichéisme oppose en effet deux principes coéternels – la Lumière et les Ténèbres, le Bien et le Mal, l'Esprit et la Matière –, qui ne cessent ici-bas de se mêler et de se combattre : l'âme est le lieu et l'enjeu, en l'homme, de cet affrontement. Cette nouvelle religion, qui avait ses Écritures, sa liturgie, son Église, fut bientôt combattue par la force (Mani, d'abord protégé par Shâpur Ier, mourra en prison, sous le roi Bahrâm Ier, qui voulait restaurer le mazdéisme comme religion d'État). Elle se répandit pourtant pendant quelques siècles, aussi bien vers l'Afrique et l'Europe que vers la Chine et l'Inde, avant de disparaître ou de se dissoudre, sans qu'on sache trop pourquoi ni comment, dans les religions plus anciennes dont elle s'inspirait ou dans d'autres, plus neuves (spécialement l'Islam), qui finirent par la recouvrir. Il en reste une tentation gnostique ou dualiste, repérable dans la plupart des grandes religions, dès lors qu'elles diabolisent – parfois officiellement, plus souvent sous forme d'hérésies – le monde ou le corps. Saint Augustin lui-même, qui combattit si vigoureusement les manichéens de son temps, n'en fut pas toujours exempt : le jansénisme, qui se réclamera à juste titre de l'Évêque d'Hippone, doit sans doute quelque chose de sa belle intransigeance à ce qu'on pourrait interpréter, au moins à certains égards, comme un retour du refoulé manichéen… Mais ce sont les Cathares, en Occident, qui porteront le plus haut le flambeau dualiste et gnostique. Ils seront éliminés, on sait avec quelle sauvagerie. Sans doute pensèrent-ils, sur le bûcher, que leur défaite même leur donnait raison.

En un sens second, on parle de manichéisme pour qualifier une pensée qui oppose le Bien et le Mal de façon absolue, comme si tout le bien était d'un côté (par exemple dans tel camp politique) et tout le mal d'un autre (par exemple dans le camp opposé). Ce dernier sens est toujours péjoratif. Qu'un camp soit absolument mauvais, cela peut arriver (le nazisme en est un exemple commode), mais n'autorise pas à penser que l'autre soit bon absolument. Quand bien même Hitler serait le diable, cela ne saurait faire de Staline ou de Roosevelt des anges. Par quoi tout manichéisme, appliqué à la politique, est bête et dangereux : c'est adorer son propre camp, quand il ne faudrait que le soutenir.

MANIÉRISME C'est une exagération du style, qui mène ordinairement au baroque. Formes graciles ou allongées, compositions recherchées voire alambiquées, sentiments délicats ou rares, parfois évanescents, parfois exacerbés, comme un raffinement qui hésiterait entre la grâce et l'outrance, entre la poésie et l'affectation, entre la préciosité et l'expressionnisme. C'est vouloir imiter la *manière* des maîtres, tout en voulant les dépasser (en allant plus loin qu'eux, sinon plus haut). Cela vaut mieux que l'académisme, qui renonce à dépasser ; mais moins que le classicisme, qui n'imite que la nature ou les Anciens.

L'époque maniériste proprement dite est le XVIe siècle, d'abord en Italie (le Pontormo, Jules Romain, Giambologna, le Parmesan, le Tintoret...) puis dans le reste de l'Europe (spécialement avec le Greco, en Espagne, mais aussi avec un certain nombre d'artistes, souvent d'origine italienne, de l'école de Fontainebleau : le Rosso, le Primatice, Jean Cousin...). On peut pourtant parler de maniérisme pour d'autres artistes (il y a du maniérisme, à certains égards, chez Botticelli ou Dürer) ou pour d'autres époques, comme le IVe siècle avant Jésus-Christ, en Grèce, ou le début du XXe, en Europe. Le maniérisme est la tentation des tard venus, qui doivent rivaliser avec plus fort qu'eux – par exemple avec Phidias ou Michel-Ange. Ils s'en sortent par un excès de recherche, de virtuosité, de sophistication, au service d'une sensibilité « artiste » ou mondaine. C'est préférer la grâce à la beauté, le style à la vérité, enfin l'art à la nature. Esthétique *maniérée* et somptueuse. C'est une décadence recherchée.

MARCHÉ – Quand tu achètes une baguette chez ta boulangère, me demande un ami économiste, pourquoi te la vend-elle ?

– C'est son métier...

– C'est surtout son intérêt ! Elle préfère avoir 4 F 20 plutôt qu'une baguette...

– C'est normal : la baguette lui a coûté beaucoup moins cher.

– Exactement. Et pourquoi est-ce que tu lui achètes sa baguette ?

– Parce que j'ai besoin de pain...

– Sans doute. Mais tu pourrais faire ton pain toi-même. La vraie raison, c'est que tu préfères avoir une baguette plutôt que 4 F 20.

– Bien sûr ! La baguette, si je devais la fabriquer moi-même, me reviendrait, temps de travail compris, beaucoup plus cher...

– Tu commences à comprendre ce que c'est que le marché. Elle te vend une baguette par intérêt, tu l'achètes par intérêt, et chacun de vous y trouve son compte. C'est le triomphe de l'égoïsme...

– C'est surtout le triomphe de l'intelligence ! Faire son pain, passe encore. Mais qui pourrait se fabriquer une voiture ou une machine à laver ? C'est ce que Marx appelle la division du travail...

– Adam Smith en avait parlé avant lui. Or Smith, ici, est plus éclairant que Marx.

– Je te vois venir : éloge du libéralisme...

– Essayons plutôt de comprendre. Je reviens à ta boulangère. Tu pourrais aussi bien aller chez un de ses concurrents. Pourquoi vas-tu chez elle ?

– Parce que son pain est meilleur.

– Elle a donc intérêt à faire le meilleur pain possible. Mais l'achèterais-tu à n'importe quel prix ?

– Sans doute pas.

– Pour te garder comme client, elle a donc intérêt, dans une économie concurrentielle, à t'offrir le meilleur rapport qualité-prix possible. C'est aussi ce que tu souhaites. Vos intérêts ne sont pas seulement complémentaires, ils sont convergents !

– Pas étonnant qu'elle me sourie si gentiment...

– Ni que tu sois si poli avec elle ! Chacun de vous deux n'agit que par égoïsme, mais cela, loin de vous opposer, vous rapproche. Pourquoi serait-on désagréable avec celui dont on a besoin ? Mais que le pain soit moins bon ou plus cher qu'à la boulangerie voisine, ou que tu ne puisses plus payer, c'en est terminé de votre relation : tu ne lui dois rien, ni elle à toi, qu'autant que vous y trouvez l'un et l'autre votre compte. C'est ce qu'on appelle le marché : la rencontre de l'offre et de la demande, autrement dit la libre convergence – par la médiation de l'échange et sous réserve de la concurrence – des égoïsmes. Chacun est utile à l'autre, sans qu'on ait besoin de le forcer. Tous ne cherchent que leur propre intérêt, mais ne peuvent le trouver qu'ensemble. C'est pourquoi le pain est meilleur et plus abondant dans une économie libérale que dans une économie collectiviste. La convergence des égoïsmes est plus efficace que les contrôles et la planification !

– Tu enfonces une porte ouverte...

– Elle ne l'a pas toujours été !

– Elle l'est désormais, depuis des décennies. Qui voudrait fixer un prix par force ou par décret ? Ce ne serait plus marché, mais racket ou police. La misère, dans les deux cas, est au bout, et les queues immenses devant des magasins presque vides...

– Je ne te le fais pas dire ! Mais alors, il faut en tirer les conséquences. Ce que tu appelais le triomphe de l'intelligence, c'est le triomphe du marché.

– C'est surtout le triomphe de la solidarité.

– Revoilà ta morale et tes idées de gauche...

– Qui te parle de morale ? Si je devais compter sur la générosité de ma boulangère pour avoir du pain, je serais mort de faim depuis longtemps ! Comme elle, si elle devait compter sur ma générosité pour avoir de l'argent. Au contraire, si nous comptons chacun sur l'égoïsme de l'autre, nous ne serons jamais déçus !

– C'est ce que j'appelle le marché…

– C'est ce que j'appelle la solidarité : non le contraire de l'égoïsme, comme la générosité, mais sa socialisation bien réglée. Non le désintéressement, mais la convergence des intérêts. C'est pourquoi la générosité, moralement, vaut mieux (elle est désintéressée). Et c'est pourquoi la solidarité, socialement, économiquement, est beaucoup plus efficace.

– Alors il faut dire que le marché est un formidable créateur de solidarité. Tes amis de gauche ne vont pas être contents !

– À moins qu'ils ne soient en train de le comprendre. Tu en connais encore beaucoup qui veulent étatiser l'économie ?

– Peut-être pas. Mais ils croient davantage aux lois et aux impôts qu'au marché et à la concurrence…

– C'est que le marché ne vaut que pour les marchandises !

– Pour les marchandises et les services…

– Disons pour tout ce qui se vend et qui s'achète. Un service, dès lors qu'il est à vendre, n'est qu'une marchandise comme une autre. Mais la santé ? Mais la justice ? Mais l'éducation ? Si tu penses qu'elles sont à vendre, soumets-les au marché ! Que restera-il de notre société, de nos idéaux et du droit des plus faibles ? Si au contraire, comme je le crois, la justice n'est pas à vendre, ni la liberté, ni la santé, ni l'éducation, ni la dignité…, il faut en conclure qu'elles ne sont pas des marchandises. Le marché, sur elles, est donc sans pertinence, sans légitimité, sans valeur. On peut aller plus loin. Le monde non plus n'est pas à vendre (c'est ce qui donne raison aux écologistes : « Le monde n'est pas une marchandise »). Le marché, même, n'est pas à vendre : c'est ce que signifie le droit du commerce. C'est pourquoi nous avons besoin de politique : parce que le marché est nécessaire (or il ne peut se développer vraiment que dans un État de droit) et parce qu'il ne suffit pas. Quelle folie ce serait que d'abandonner au marché ce qui n'est pas à vendre ! Autant abandonner à l'État, autre folie, la fabrication du pain et le sourire de ma boulangère.

– Les médicaments, cela s'achète !

– Mais on ne peut accepter qu'ils soient réservés à ceux qui ont les moyens de les payer. C'est pourquoi on a inventé la Sécurité sociale.

– … Et les impôts !

– Tu préférerais qu'on compte sur la charité des plus riches pour que les plus pauvres puissent se soigner ? Autant compter sur la générosité de ta boulangère pour avoir du pain ! Personne ne cotise à la Sécu ou ne paie ses impôts par générosité. Nous le faisons tous par intérêt, et il faut bien que quelques contrôles nous y poussent... Moyennant quoi la fiscalité et la Sécurité sociale ont fait beaucoup plus, pour la justice, que le marché et la générosité réunis. Ce n'est pas de la morale, mais de la politique : pas de la charité, mais de la solidarité !

– Peut-être. Mais s'il n'y avait pas le marché pour créer de la richesse, l'État n'aurait rien à redistribuer...

– Et s'il n'y avait pas l'État pour garantir le droit de propriété et la liberté des échanges, il n'y aurait pas de marché du tout.

– Alors ne demandons pas à l'État de produire de la richesse : le marché le fait plus et mieux !

– Ni au marché de produire de la justice : seul l'État a une chance d'y parvenir !

– Soyons donc libéraux en économie...

– Et solidaires en politique !

MARTYR « Je ne crois que les témoins qui se feraient égorger », dit à peu près Pascal (*Pensées*, 822-593). Cela vaut presque comme définition : un martyr – c'est-à-dire, étymologiquement, un témoin –, c'est quelqu'un qui se fait tuer pour qu'on le croie. Mais qu'est-ce que cela prouve ? Plusieurs de ses assassins se feraient volontiers égorger aussi... Tant d'enthousiasme ou de fanatisme me rendrait plutôt son témoignage suspect : s'il met sa foi plus haut que sa vie, il y a lieu de craindre qu'il la mette aussi plus haut que le bon sens et la lucidité. Galilée, sauvant sa peau contre l'Inquisition, m'inspire autrement confiance : il eût été bien bête de mourir ; la Terre n'en aurait pas tourné davantage.

En un autre sens, le martyr est seulement celui qu'on assassine ou qu'on torture. Ce n'est plus un témoin, c'est une victime. Plus besoin d'être d'accord avec lui ; l'urgent est de lui porter secours. Logique de l'humanitaire : logique de la compassion, non de la foi.

MARXISME La doctrine de Marx et d'Engels, puis le courant de pensée, passablement hétérogène, qui s'en réclame. C'est un matérialisme dialectique, appliqué surtout à l'histoire : celle-ci serait soumise à des forces exclusivement matérielles (principalement économiques, mais aussi sociales, politiques, idéologiques...) et mue par un certain nombre de contradictions (entre les forces productives et les rapports de production, entre les classes, entre les individus…). La lutte des classes est le moteur de l'histoire, qui mène nécessairement – on reconnaîtra là une *aufhebung* très hégélienne – à une société sans classe et sans État, le communisme, dont nous ne sommes plus guère séparés que par une dernière révolution et une dernière dictature (celle du prolétariat)… Science ? Philosophie ? Ce serait l'une et l'autre, qu'on distingue parfois sous les deux appellations de *matérialisme historique* et de *matérialisme dialectique*, dont la conjonction serait le marxisme même. Cela aboutira à des dizaines de milliers d'ouvrages, aujourd'hui presque tous illisibles, mais qui forment pourtant, c'est la moindre des choses, un massif théorique qui reste impressionnant. Quant au corps de la doctrine, Marx en avait donné lui-même un résumé fameux, qui mérite d'être cité largement :

« Le mode de production de la vie matérielle conditionne le processus de vie social, politique et intellectuel en général. Ce n'est pas la conscience des hommes qui détermine leur être ; c'est inversement leur être social qui détermine leur conscience. À un certain stade de leur développement, les forces productives matérielles de la société entrent en contradiction avec les rapports de production existants, ou, ce qui n'en est que l'expression juridique, avec les rapports de propriété au sein desquels elles s'étaient mues jusqu'alors. De formes de développement des forces productives qu'ils étaient, ces rapports en deviennent des entraves. Alors s'ouvre une époque de révolution sociale. […] À grands traits, les modes de production asiatique, antique, féodal et bourgeois moderne peuvent être qualifiés d'époques progressives de la formation sociale économique. Les rapports de production bourgeois sont la dernière forme contradictoire du processus de production sociale […]. Les forces productives qui se développent au sein de la société bourgeoise créent en même temps les conditions matérielles pour résoudre cette contradiction. Avec cette formation sociale s'achève donc la préhistoire de la société humaine » (*Critique de l'économie politique*, Préface).

J'ai beau ressentir pour Marx beaucoup d'admiration et de sympathie, cette dernière phrase me fait froid dans le dos. Cette façon d'annuler tout le passé, qui ne serait que préhistoire, au nom de l'avenir, au nom d'une histoire enfin véritable mais qui n'aurait pas encore véritablement commencé, j'y reconnais trop la structure mortifère de l'utopie, cette volonté de donner tort au réel, de l'invalider, de le réfuter (l'utopie comme forclusion du réel : comme psychose historique), avant de fusiller, au nom des lendemains qui chantent, le triste et pleurnichard aujourd'hui… On me dira qu'on a le droit de rêver, et même qu'il le faut. Sans doute. Mais faut-il pour cela prétendre que toute veille, jusque-là, ne fut qu'un long, qu'un très long et très mensonger sommeil ? Et de quel droit ériger ce rêve en certitude prétendument démontrée ? Que Marx ait rêvé une autre politique, qu'il l'ait désirée, voulue, préparée, ce n'est pas moi qui le lui reprocherai. Son erreur fut d'y voir une science, sans renoncer pour cela à sa vertu prescriptive : le marxisme dirait à la fois la vérité de ce qui est (le capitalisme) et de ce qui *doit* être (le communisme). De là un penchant originellement dogmatique et virtuellement totalitaire. Staline y fera son lit, ou son trône. La vérité ne se vote pas, et ne se discute valablement qu'entre esprits compétents. S'il existe une politique scientifique (or le marxisme, spécialement dans sa version léniniste, prétendra être cette science), à quoi bon la démocratie ? Autant voter pour savoir s'il fera beau demain… Et quel scientifique voudrait respecter les opinions, dans une science donnée, de ceux, même sincères, qui n'y connaissent rien ? On a le droit de se tromper, mais cela n'appelle que correction et travail, qu'explications ou redressement – que pédagogie ou thérapie. Tout désaccord devient l'indice d'un conflit d'intérêts ou d'une incompréhension : les positions des adversaires sont toujours idéologiquement suspectes (encore un valet de la bourgeoisie) et scientifiquement inconsistantes (encore un idéaliste ou un ignorant). Nul n'est réactionnaire volontairement, ou bien seulement les riches : éliminons ceux-ci, éduquons ou rééduquons les autres, et plus rien ne séparera l'humanité de la justice et du bonheur… C'est ainsi qu'une utopie sympathique doublée d'une pensée forte dériva, dès ses commencements, vers une conception bureaucratique de la politique (le Parti communiste comme avant-garde scientifique et révolutionnaire du prolétariat), avant de s'enfoncer, dès qu'elle parvint au pouvoir, dans les horreurs totalitaires que l'on sait. Cela était-il évitable ? On ne le saura jamais, sauf à recommencer l'expérience, ce qui ne paraît guère raisonnable. Cela ne dispense pas de lire Marx et Engels, de les méditer, de les utiliser, parfois, pour leur vertu explicative ou critique ; mais devrait dissuader de se dire marxiste. Cette pensée, qui a échoué partout où elle parvint au pouvoir, et presque toujours criminellement, du moins dans sa version révolutionnaire, a fait trop de mal pour qu'on puisse s'en réclamer en bloc. Ce n'est qu'une fausse science, qui n'aura abouti qu'à de vraies dictatures. Il en reste, chez les lecteurs de Marx, un peu de nostalgie et d'effroi, qui ne sauraient pourtant tenir lieu d'analyse. Qu'une si belle intelligence ait pu mener, même indirectement, à tant d'horreurs, c'est une raison pour se méfier de l'intelligence, certainement pas pour s'en passer.

MASCULINITÉ Voir « Féminité ».

MATÉRIALISME Toute doctrine ou attitude qui privilégie, d'une façon ou d'une autre, la matière. Le mot se prend principalement en deux sens, l'un trivial, l'autre philosophique. Il s'oppose dans les deux cas à l'idéalisme, mais considéré lui aussi en deux acceptions différentes.

Au sens trivial, le matérialisme est un certain type de comportement ou d'état d'esprit, caractérisé par des préoccupations « matérielles », c'est-à-dire ici sensibles ou basses. Le mot, dans cette acception, est presque toujours péjoratif. Le matérialiste, c'est alors celui qui n'a pas d'idéal, qui ne se soucie ni de morale ni de spiritualité, et qui, ne cherchant que la satisfaction de ses pulsions, penche toujours vers son corps, pourrait-on dire, plutôt que vers son âme. Au mieux : un bon vivant. Au pire : un jouisseur, égoïste et grossier.

Mais le mot *matérialisme* appartient aussi au langage philosophique : il y désigne l'un des deux courants antagonistes dont l'opposition, depuis Platon et Démocrite, traverse et structure l'histoire de la philosophie. Le matérialisme, c'est alors la conception du monde ou de l'être qui affirme le rôle primordial, voire l'existence exclusive, de la matière. Être matérialiste, en ce sens philosophique, c'est affirmer que tout est matière ou produit de la matière, et qu'il n'existe en conséquence aucune réalité spirituelle ou idéelle autonome – ni Dieu créateur, ni âme immatérielle, ni valeurs absolues ou en soi. Le matérialisme s'oppose pour cela au spiritualisme ou à l'idéalisme. Il est incompatible, sinon avec toute religion (Épicure n'était pas athée, les stoïciens étaient panthéistes), du moins avec toute croyance en un Dieu immatériel ou transcendant. C'est un monisme physique, un immanentisme absolu et un naturalisme radical. « Le matérialisme, écrivait Engels, considère la nature comme la seule réalité » ; il n'est rien d'autre « qu'une simple intelligence de la nature telle qu'elle se présente, sans adjonction étrangère » (*Ludwig Feuerbach et la fin de la philosophie classique allemande*, I).

On objectera que cette *intelligence*, pour la nature, est *déjà* une adjonction étrangère : si la nature ne pense pas, comment pourrait-on la penser sans en sortir ? Mais Lucrèce avait déjà répondu : de même qu'on peut rire sans être formé d'atomes rieurs, on peut philosopher sans être formé d'atomes philosophes. Ainsi la compréhension matérialiste de la nature est produite – comme toute pensée, vraie ou fausse –, par une matière qui ne pense pas. C'est ce qui sépare les matérialistes de Spinoza : la nature, pour eux, n'est pas « chose pensante » (contrairement à ce que suppose la première proposition du livre II de l'*Éthique*), et c'est pourquoi elle n'est pas Dieu. Il n'est de pensée – par exemple humaine – que *dans* la nature, qui ne pense pas.

Être matérialiste, ce n'est donc pas nier l'existence de la pensée – car alors le matérialisme se nierait soi. C'est nier son absoluité, son indépendance ontologique ou sa réalité substantielle : c'est considérer que les phénomènes intellectuels, moraux ou spirituels (ou supposés tels) n'ont de réalité que seconde et déterminée. C'est où le matérialisme contemporain rencontre la biologie, et spécialement la neurobiologie. Être matérialiste, pour les Modernes, c'est d'abord reconnaître que c'est le cerveau qui pense, que « l'âme » ou « l'esprit » ne sont que des illusions ou des métaphores, enfin que l'existence de la pensée (comme Hobbes, contre Descartes, l'avait fortement marqué) suppose assurément celle d'un être qui pense, mais nullement que cet être soit lui-même une pensée ou un esprit : autant dire, parce que je me promène, que je suis une promenade (Hobbes, Deuxième objection aux *Méditations* de Descartes). « Je pense, donc je suis » ? Sans doute. Mais que suis-je ? Une « chose pensante » ? Soit. Mais quelle chose ? Les matérialistes répondent : *un corps*. C'est peut-être le point, entre les deux camps, où l'opposition est la plus nette. Là où l'idéaliste dirait : « J'*ai* un corps », ce qui suppose qu'il soit autre chose, le matérialiste dira plutôt : « Je *suis* mon corps ». Il y a là une part d'humilité, mais aussi de défi et d'exigence. Les matérialistes ne prétendent pas être autre chose qu'un organisme vivant et pensant. C'est pourquoi ils mettent la vie et la pensée si haut : parce qu'ils n'y voient qu'une exception, d'autant plus précieuse qu'elle est plus rare et qu'elle les constitue. Ils expliquent donc bien, comme Auguste Comte l'avait vu, *le supérieur* (la vie, la conscience, l'esprit) *par l'inférieur* (la matière inorganique, biologiquement puis culturellement organisée), mais ne renoncent pas pour autant, d'un point de vue normatif, à sa supériorité. Ils défendent le *primat de la matière*, comme disait Marx, mais n'en sont que plus attachés à ce que j'appelle la *primauté de l'esprit*. Que ce soit le cerveau qui pense, ce n'est pas une raison pour renoncer à penser ; c'en est une au contraire, bien forte, pour penser le mieux qu'on peut (puisque toute pensée en dépend). Et de même : que la conscience soit gouvernée par des processus inconscients (Freud) ou que l'idéologie soit déterminée en dernière instance par l'économie (Marx), ce n'est pas une raison pour renoncer à la conscience ou aux idées : c'en est une, au contraire, pour les défendre (puisqu'elles n'existent qu'à cette condition) et pour essayer de les rendre – par la raison, par la connaissance – plus lucides et plus libres. Pourquoi autrement faire une psychanalyse, de la politique ou des livres ?

L'esprit, loin d'être immortel, est cela même qui va mourir. Il n'est pas principe mais résultat, non sujet mais effet, non substance mais acte, non essence mais histoire. Il n'est pas absolu mais relatif (à un corps, à une société, à une époque...) ; il n'est pas être ou vérité, mais valeur ou sens, et fragile toujours. La mort aura le dernier mot, ou plutôt le dernier silence, puisqu'elle seule, comme disait Lucrèce, est immortelle. Raison de plus pour profiter de cette vie unique et passagère. Le pire seul – ou plutôt le rien – nous attend ; le mieux, toujours, est à inventer. De là cette constante du matérialisme philosophique, de déboucher sur une éthique de l'action ou du bonheur. C'est ce qu'Épicure résumait en quatre propositions, qui constituaient son *tetraphar-*

makon (voir ce mot), dont j'adopterais volontiers cette version légèrement modifiée :

Il n'y a rien à attendre des dieux ;
Il n'y a rien à attendre de la mort ;
On peut combattre la souffrance ;
On peut atteindre le bonheur.

Ou pour le dire plus simplement : cette vie est ton unique chance ; ne la gâche pas.

MATÉRIALISTE « J'ai souvent remarqué le contraste, écrivait Alain, entre les matérialistes, qui sont des esprits résolus, et les spiritualistes, qui sont des esprits fatigués » (Propos du 29 juin 1929). Celui-là pourtant n'était pas matérialiste, mais il avait compris ce qu'est, en son fond, le matérialisme philosophique : une tentative pour *sauver l'esprit en niant l'esprit*, comme il disait à propos de Lucrèce *(ibid.)*, autrement dit pour penser l'esprit comme acte, non comme substance, comme valeur, non comme être, enfin comme création plutôt que comme créateur ou créature. Et qui pourrait agir, évaluer ou créer, sinon un corps ? Être matérialiste, ce n'est pas affirmer que l'esprit n'existe pas (il existe, puisque nous pensons) ; c'est affirmer qu'il n'existe que de façon seconde et déterminée. « Qu'est-ce donc que je suis ? Une chose qui pense, répondait Descartes, c'est-à-dire un esprit » (*Méditations*, II). C'est ce que le matérialiste refuse. Il dirait plutôt : Qu'est-ce donc que je suis ? Une chose qui pense, c'est-à-dire un corps pensant. C'est en quoi Épicure, Hobbes, Diderot, Marx, Freud ou Althusser sont des matérialistes. Cela ne les empêchait pas d'avoir des idées, ni des idéaux, mais leur interdisait (ou aurait dû leur interdire) de les ériger en absolus. Le matérialisme n'est pas une théorie de la matière ; c'est une théorie de l'esprit, mais comme effet ou comme acte. Ce n'est pas parce que nous avons un esprit que nous pensons ; c'est parce que nous pensons que nous avons un esprit.

MATÉRIELLE (CAUSE –) L'une des quatre causes selon Aristote et la scolastique : celle qui explique un être quelconque (par exemple une statue) par la matière qui le constitue (par exemple le marbre). Explication toujours insuffisante et toujours nécessaire. Nulle cause n'agit qu'en transformant une matière ; mais dès qu'elle agit, et toute matérielle qu'elle puisse être, elle est déjà efficiente.

MATHÉMATIQUE C'est d'abord la science des grandeurs, des figures et des nombres (voir Aristote, *Métaphysique*, M, 3). Puis, de plus en plus, la science qui sert à penser ou à calculer, de façon hypothético-déductive, les ensembles, les structures, les fonctions, les relations. Que le réel lui obéisse, comme le prouve la mathématisation si spectaculaire de la physique, ne laisse pas de surprendre. Mais c'est qu'il ne lui obéit pas. La feuille qui tombe d'un arbre, son mouvement peut assurément être calculé de façon mathématique. Mais ce ne sont pas les mathématiques qui la font tomber, ni tournoyer. C'est la gravitation, c'est le vent, c'est la résistance de l'air – qui se calculent, mais ne calculent pas.

Ce n'est pas l'univers qui est écrit en langage mathématique, comme le voulait Galilée ; c'est le cerveau humain qui écrit dans le langage de l'univers, qui est sa langue maternelle.

MATIÈRE On ne confondra pas le concept scientifique, qui relève de la physique et évolue en même temps qu'elle, avec la notion ou la catégorie philosophique de matière, qui peut bien sûr évoluer aussi, en fonction des théories mises en œuvre, mais dont le contenu essentiel, spécialement chez les matérialistes, reste à peu près constant. La matière, pour la plupart des philosophes, c'est tout ce qui existe (ou semble exister) en dehors de l'esprit et indépendamment de la pensée : c'est la partie non spirituelle et non idéelle du réel. Définition purement négative ? Sans doute. Mais non pas vide. Car de l'esprit ou de la pensée nous avons une expérience intérieure, laquelle, fût-elle illusoire, nous permet, par différence, de donner un contenu aussi à la notion de matière. Si l'on admet – conformément à cette expérience et d'ailleurs d'accord en cela avec Bergson et la plupart des spiritualistes – que l'esprit et la pensée vont ensemble, qu'ils se caractérisent par la conscience, la mémoire, l'anticipation de l'avenir et la volonté (à quoi j'ajouterais volontiers l'intelligence et l'affectivité), il faut en conclure que la matière, à l'inverse, est sans conscience ni mémoire, sans projet ni volonté, sans intelligence ni sentiments. Cela ne nous dit pas ce qu'elle est (c'est aux physiciens de nous l'apprendre) mais ce que signifie le mot qui la désigne et comment nous pouvons, philosophiquement, la penser. Qu'est-ce que la matière ? Tout ce qui existe, disais-je, ou semble exister, en dehors de l'esprit et indépendamment de la pensée : c'est tout ce qui est sans conscience, tout ce qui ne pense pas (et qui n'a pas besoin d'être pensé pour exister), tout ce qui est dépourvu de mémoire, d'intelligence, de volonté et d'affectivité – tout ce qui n'est pas *comme nous*, donc, ou du moins pas comme nous avons le sentiment, intérieurement, d'être. C'est une définition qui n'est que nominale (la définition réelle relève des sciences), mais c'est la seule qui soit philosophiquement nécessaire et d'ailleurs suffisante. Ondes ou particules ? Masse ou énergie ? Peu importe ici : les ondes, les particules, la masse ou l'énergie, sauf à les supposer spirituelles (douées de conscience, de pensée, d'affectivité...), ne sont que des formes, philosophiquement, de la matière. Il en va de même, notons-le en passant, de ce que les physiciens ont maladroitement (de leur propre aveu) appelé l'*antimatière* : dès lors qu'on la suppose non spirituelle, elle est aussi matérielle que le reste.

On se trompe donc quand on prétend définir la matière, au sens philosophique du terme, par des caractéristiques physiques (la matière, ce serait ce qui se conserve, ce qu'on peut toucher, ce qui est solide, ce qui a une forme, ce qui a une masse...), et l'on a beau jeu, dès lors, de reprocher au matérialiste d'être dépassé par l'évolution récente de la physique ! Il n'en est bien sûr rien, et d'ailleurs bien des physiciens se réclament, aujourd'hui encore et peut-être plus que jamais, de ce courant de pensée que Bernard d'Espagnat et d'autres prétendent obsolète. La vérité, c'est que l'idée philosophique de matière fait moins référence à ce qu'est cette dernière (problème scientifique, répétons-le, bien plus que philosophique) qu'à ce qu'elle n'est pas (l'esprit, la pensée). Problème de définition, si l'on veut, non d'essence, de consistance ou de structure : de même qu'un courant d'air n'est pas moins matériel qu'un rocher, une onde n'est pas moins matérielle qu'une particule, ni l'énergie moins matérielle que la masse. Et ni la pensée, dans le cerveau humain, moins matérielle que ce cerveau lui-même. C'est où la boucle se referme : la matière, c'est tout ce qui existe indépendamment de l'esprit ou de la pensée, y compris (pour le matérialiste) l'esprit et la pensée. Contradiction ? Nullement, puisque nous savons que la pensée peut exister sans se penser soi, et même, en chacun, contre sa propre volonté (essayez un peu d'arrêter de penser). C'est dire que l'esprit n'est pas une substance mais un acte, que toute pensée suppose un corps (par exemple un cerveau) qui la pense, enfin que ce dernier dépend à son tour d'une matière qui le constitue, et qui ne pense pas.

MAUVAIS Ce qui est mal, fait le mal, ou fait du mal. Se prend le plus souvent en un sens relatif : « Il n'y a pas de *mal* (en soi), écrivait Deleuze à propos de Spinoza, mais il y a du *mauvais* (pour moi) » (*Spinoza, Philosophie pratique*, III). Cette distinction, que le latin de Spinoza n'exprime pas (il écrirait dans les deux cas *malum*), est pourtant fidèle à sa pensée. « Bon et mauvais se disent en un sens purement relatif, une seule et même chose pouvant être appelée bonne et mauvaise suivant l'aspect sous lequel on la considère » (*TRE*, 5) ou la personne qui en use : par exemple, précise l'*Éthique*, « la musique est bonne pour le mélancolique, mauvaise pour l'affligé ; pour le sourd, elle n'est ni bonne ni mauvaise » (IV, Préface). Le mauvais, en ce sens, est la vérité du mal, comme le mal n'est que l'hypostase du mauvais.

MAUVAISETÉ Néologisme introduit en français par certains traducteurs de Kant, pour désigner le fait d'être mauvais, non méchant : de faire le mal *pour son propre bien* (par égoïsme) plutôt que *pour le mal* (par méchanceté). En ce sens, les hommes ne sont jamais méchants ; mais ils sont tous mauvais, ou peuvent l'être (*La religion dans les limites de la simple raison*, I, 3).

MAXIME Une formule singulière, pour énoncer une règle ou une vérité générale. Plus personnelle qu'un proverbe, moins qu'un aphorisme : c'est comme un proverbe qui aurait un auteur, comme un aphorisme qui aurait fait oublier le sien.

Chez Kant, le mot désigne le principe subjectif du vouloir ou de l'action. C'est ce qui distingue la maxime (qui reste singulière) de la loi (qui est universelle) : la maxime est « le principe d'après lequel le sujet *agit* ; tandis que la loi est le principe objectif, valable pour tout être raisonnable, d'après lequel il *doit* agir » (*Fondements*..., II). C'est ce qui justifie la fameuse formulation de l'impératif catégorique : « Agis uniquement d'après la maxime qui fait que tu peux vouloir en même temps qu'elle devienne une loi universelle » *(ibid.)*. C'est vouloir singulièrement l'universel.

MÉCANISME Le mot peut désigner un objet ou une doctrine. Comme objet, c'est un assemblage mobile ou moteur, capable de transformer ou de transmettre efficacement un mouvement ou une énergie : c'est une machine élémentaire, ou l'un des éléments d'une machine, de même qu'une machine est un mécanisme complexe.

Comme doctrine, c'est considérer la nature et tout ce qui s'y trouve comme un mécanisme, au sens précédent, ou comme un ensemble de mécanismes, au point que tout puisse s'y expliquer, comme le voulait Descartes, par « grandeurs, figures et mouvements ». En ce sens restreint, le mécanisme s'oppose traditionnellement au dynamisme, qui affirme, avec Leibniz et à juste titre, que figures et mouvements ne suffisent pas, qu'il faut encore prendre en compte un certain nombre de *forces*. Mais rien n'empêche de considérer ces forces comme faisant partie des grandeurs ci-dessus évoquées : de là un mécanisme au sens large, qui s'oppose moins au dynamisme qu'il ne l'inclut. Le mécanisme est alors la doctrine qui veut tout expliquer – au moins s'agissant de la nature – par la seule mécanique, au sens scientifique du terme, c'est-à-dire par l'étude des forces et des mouvements (au sens où l'on parle, par exemple, de mécanique quantique). En ce sens large, le mécanisme est très proche du matérialisme, ou le matérialisme, pour mieux dire, n'est qu'un mécanisme généralisé.

MÉCHANCETÉ Le fait d'être méchant, ou d'agir comme si on l'était. Le plus souvent, ce n'est qu'égoïsme : celui qu'on croit méchant n'est que mauvais. Il ne fait pas le mal pour le mal, ni même pour le seul plaisir de le faire : il ne fait du mal (à l'autre) que pour son bien (à lui), dont le mal qu'il fait est moins la cause ou l'objet que la condition. Ce n'est qu'un salaud ordinaire. Si tous les tortionnaires n'étaient que des sadiques, la torture serait moins répandue, et moins difficile à combattre. Si seuls les méchants faisaient le mal, le bien aurait tôt fait de l'emporter.

MÉCHANT Le méchant est un être paradoxal. Il semble, c'est la définition traditionnelle du mot, qu'il fasse le mal pour le mal ; mais cela suppose en lui une perversité déjà réalisée (une nature mauvaise ou diabolique), qui l'excuse. S'il est méchant par essence, et non par choix, ce n'est pas sa faute ; aussi n'est-il pas vraiment méchant, mais victime lui aussi (de sa nature ou de son histoire, peu importe) et par là innocent. Inversement, comment expliquer qu'il ait pu *choisir* d'être méchant, sinon par une méchanceté antécédente, qui devrait à son tour être expliquée ? Il faut être bien méchant pour vouloir le devenir. Et l'on retombe dans le premier cas de figure (la méchanceté perverse et innocente), où la méchanceté s'annule dans sa factualité. Nul n'est méchant volontairement (puisqu'il faut l'être déjà pour vouloir le devenir) ni involontairement (puisqu'une méchanceté involontaire n'en serait plus une). Le méchant, en ce sens fort, est un être paradoxal et impossible. Le diable, pour parler comme Kant, n'existe pas : il n'y a pas de méchants ; il n'y a que des mauvais ou des salauds.

De là un sens affaibli, qui est le seul courant : le méchant est celui qui fait le mal volontairement, non certes *pour le mal*, mais *pour son plaisir* (qui est un bien). Ce n'est pas forcément un sadique (la souffrance d'autrui est plus souvent le moyen que l'objet de son plaisir), mais toujours un égoïste.

Non, pourtant, que tout égoïste soit méchant (nous le serions tous). Est égoïste qui ne fait pas, pour autrui, tout le bien qu'il devrait ; est méchant qui lui fait plus de mal qu'il ne pourrait. L'égoïste manque de générosité ; le méchant, de douceur et de compassion. Les méchants, en ce dernier sens, existent bien. Mais ils restent l'exception : il y a moins de salauds que de lâches.

MÉDIÉTÉ Un autre mot pour dire le juste milieu *(mésotès)* chez Aristote. Ainsi la vertu est-elle « une médiété entre deux vices, l'un par excès, l'autre par défaut ». C'est le contraire d'une médiocrité : une perfection et un sommet, comme une ligne de crête entre deux abîmes, ou entre un abîme et un marais (*Éthique à Nicomaque*, II, 5-6, 1106 a – 1107 a).

MÉDIOCRITÉ La moyenne, mais considérée dans son insuffisance. C'est notre état normal, mais ce n'est pas la norme. L'exception seule, pour l'esprit, mérite de faire règle.

La médiocrité est l'opposé du *juste milieu* aristotélicien : non une ligne de crête, entre deux abîmes, mais un caniveau, comme on faisait dans les rues au Moyen-Âge, entre deux pentes. Il suffit de se laisser aller pour y glisser.

MÉDISANCE Dire le mal qui est, mais pour le plaisir de le dire plutôt que par devoir de le dénoncer. C'est une sincérité mauvaise (par différence avec la calomnie, qui serait plutôt une méchanceté mensongère), et l'un des plaisirs de l'existence.

MÉFIANCE Défiance généralisée et excessive. Le méfiant est incapable de se fier à quiconque, y compris à ceux qui le mériteraient. Ce n'est plus prudence ; c'est petitesse.

MEILLEUR (PRINCIPE DU –) C'est un principe leibnizien, selon lequel Dieu, étant à la fois tout-puissant, omniscient et parfaitement bon, agit toujours de façon optimale : il voit tous les possibles, peut réaliser tous les compossibles (voir ce mot), et choisit toujours, entre eux, le meilleur arrangement. Le monde étant par définition unique (puisqu'il est la totalité des choses contingentes), il faut en conclure que notre monde, même imparfait (s'il était parfait, il ne serait plus le monde : il serait Dieu), est le meilleur des mondes possibles : Dieu en aurait autrement créé un autre (*Discours de métaphysique*, § 3 et 4 ; *Théodicée*, I, § 8 à 19, II, § 193 à 240, III, § 413 à 416...). C'est le fondement de l'optimisme leibnizien, dont Voltaire s'est moqué dans *Candide* et dans son *Dictionnaire* : voir l'article « Bien (tout est –) ». On dira que l'ironie ne tient pas lieu de réfutation. Sans doute. Mais une foi irréfutable n'est pas davantage prouvée par là.

MÉLANCOLIE L'humeur noire (ou la bile noire) des Anciens. Aujourd'hui, le mot se prend surtout en deux acceptions. Dans le langage courant, c'est une tristesse légère et diffuse, sans objet particulier et pour cela à peu près inconsolable. Dans le vocabulaire psychiatrique, à l'inverse, c'est un dérèglement pathologique de l'humeur, caractérisé par une tristesse extrême, souvent mêlée d'anxiété, d'auto-dépréciation, de ralentissement psychomoteur et d'idées suicidaires. Inconsolable dans les deux cas, donc, mais pour des raisons plutôt opposées : parce qu'elle est trop légère ou trop lourde, trop vague ou trop grave, trop « normale » (la mélancolie ordinaire est moins un trouble qu'un tempérament) ou pas assez. La première peut être presque agréable (« la mélancolie, disait Victor Hugo, c'est le bonheur d'être triste ») ; la seconde ne l'est jamais : elle relève de la médecine, et peut tuer si on ne la soigne pas. Toutefois la distinction, entre ces deux états, n'est pas toujours aussi nette : les tempéraments mélancoliques ne sont pas à l'abri d'une psychose ou d'une dépression.

MÊME L'expression de l'identité, qu'elle soit numérique (« nous habitons dans la même rue ») ou spécifique (« nous portons la même cravate »). S'oppose traditionnellement à l'*autre*, spécialement depuis Platon (voir par exemple le *Sophiste*, 254-258, et le *Timée*, 34-36). Tout être est réputé le même que lui-même (principe d'identité) et autre que tous les autres (principe des indiscernables). Mais cela ne l'empêche pas de devenir autre que soi (impermanence) : le même, dans le temps, n'est jamais qu'une abstraction. À la gloire d'Héraclite.

MÉMOIRE La conscience présente du passé, que ce soit en puissance (comme faculté) ou en acte (comme mémoration ou remémoration). Cette conscience est actuelle, comme toute conscience, mais elle n'est mémoire qu'en tant qu'elle perçoit, ou peut percevoir, le passé *en tant que passé* – sans quoi ce ne serait plus mémoire mais hallucination. C'est la conscience actuelle de ce qui ne l'est plus, en tant que cela l'a été.

On évitera de dire que la mémoire est la *trace* du passé : d'abord parce qu'une tache ou un pli, qui sont assurément de telles traces, ne sont pas des actes de mémoire ; ensuite parce qu'une trace n'est qu'un morceau du présent, qui n'évoque le passé que pour une conscience. Qu'il y ait des traces du passé dans le cerveau, et qu'elles contribuent à la mémoire, c'est vraisemblable. Mais cela n'est un fait de mémoire que pour autant que le cerveau, grâce à elles, produit – ou peut produire – autre chose que des traces : la conscience présente de ce qui ne l'est plus.

On évitera aussi de dire que la mémoire est une dimension de la conscience. Elle est bien plutôt la conscience elle-même, laquelle n'est consciente qu'à la condition de se souvenir continûment de soi ou de ses objets. Anticiper ? C'est se souvenir qu'on anticipe. Imaginer ? C'est se souvenir qu'on imagine. Être attentif ? C'est se souvenir qu'on l'est, ou de l'être, ou de ce à quoi l'on fait attention. Ainsi toute conscience est mémoire : la mémoire n'est pas seulement « coextensive à la conscience », comme disait Bergson, elle est la conscience même.

On parle d'un devoir de mémoire. À ce niveau de généralité, cela n'a pas grand sens. La mémoire est une faculté, point une vertu : le tout est de s'en servir au mieux, ce qui ne va pas sans sélection, ni donc sans oubli. Comment la mémoire pourrait-elle y suffire, puisqu'elle en a besoin ? Ce n'est pas une faute que d'oublier ce qui ne mérite pas d'être retenu, ni même d'oublier ce qui mériterait d'être mémorisé mais pour des raisons qui ne touchent pas à la morale (par exemple son numéro de carte bancaire). Le vrai devoir, ce n'est pas de se souvenir, c'est de *vouloir* se souvenir. Et non de tout ou de n'importe quoi, mais de ce que l'on doit *à d'autres* : à cause du bien qu'ils nous ont fait (gratitude), du mal qu'ils ont subi ou subissent (compassion, justice) ou qu'on leur a fait soi-même (repentir). Devoirs, non de mémoire, mais de fidélité. C'est aussi la seule façon de préparer valablement l'avenir. Du passé, ne faisons pas table rase.

MENSONGE C'est dire, dans l'intention de tromper (et non par antiphrase ou par ironie), ce qu'on sait être faux. Tout mensonge suppose un savoir, et au moins l'idée de vérité. C'est en quoi le mensonge récuse la sophistique, qui l'excuse. Le paradoxe du Menteur (voir ce mot) montre suffisamment que le mensonge n'est possible qu'à titre d'exception : par où il confirme la règle même qu'il viole (« la norme, dirait Spinoza, de l'idée vraie donnée ») et qui le rend possible. Tant pis pour les menteurs et les sophistes.

MENTEUR (PARADOXE DU–) Épiménide, qui est crétois, dit : *« Tous les crétois sont menteurs. »* Ce qu'il dit est donc faux, si c'est vrai (puisque alors il ne ment pas), et vrai, si c'est faux (puisqu'il ment en effet). C'est l'un des paradoxes traditionnels, depuis les mégariques, de l'autoréférence. Ce n'est vraiment un paradoxe, et non un simple sophisme, que si l'on donne à l'expression « être menteur » le sens de

« mentir toujours ». C'est pourquoi, en pratique, ce n'en est pas un. La vérité est que tous sont menteurs, crétois ou non, et qu'aucun ne ment toujours – car alors on ne pourrait plus mentir. La formule vraiment paradoxale ou aporétique serait : *« Je suis en train de mentir »* ; ou bien : *« La phrase que vous lisez en ce moment est fausse »*. Car chacune de ces deux propositions serait vraie si elle est fausse, et fausse si elle est vraie : ce serait une violation du principe de non-contradiction. On remarquera que ce ne serait pas le cas de ces autres propositions : *« Je mentais »* (qui n'est pas autoréférentielle), ou bien : *« La phrase que vous lisez en ce moment est vraie »*, qui sont banalement vraies si elles sont vraies et fausses si elles sont fausses. Cela semble indiquer que l'autoréférence n'est logiquement valide que sous réserve, c'est la moindre des choses, de ne pas nier sa propre vérité. Mais c'est qu'aussi ces propositions autoréférentielles, même correctement formées, restent en l'occurrence à peu près vides. Dire « Je dis la vérité », c'est ne rien dire. Dis-la plutôt, au lieu de te contenter de dire que tu la dis !

MÉPRIS C'est refuser le respect ou l'attention. Ainsi peut-on mépriser le danger ou les convenances. Se dit plus souvent vis-à-vis d'un être humain : c'est alors refuser à quelqu'un le respect qu'on doit ordinairement à son prochain, soit parce qu'il en semble en l'occurrence indigne, soit parce qu'on est incapable, à tort ou à raison, de le considérer comme son égal. On remarquera que si tous les hommes sont égaux en droits *et en dignité*, le mépris est toujours injuste, et méprisable par là.

MÈRE « Dieu ne pouvant être partout, dit un proverbe yiddish, il inventa les mères. » Cela m'éclaire sur l'idée de Dieu, comme sur celle de maternité.

Qu'est-ce qu'une mère ? C'est la femme qui a porté et enfanté. Celle aussi, presque toujours, qui a aimé son enfant, qui l'a protégé (y compris contre le père), nourri, bercé, éduqué, caressé, consolé. Il n'y aurait pas d'amour autrement, ni d'humanité.

On parle depuis longtemps de mères adoptives et de mères biologiques, et l'on a raison, depuis peu de mères porteuses, et l'on n'a pas tout à fait tort (quoique l'expression soit atroce). C'est que les deux fonctions d'enfantement et d'éducation, ordinairement conjointes, ne le sont pas nécessairement. Et bien sûr l'amour donné importe davantage ici que les gènes transmis. On dira que voilà, pour un matérialiste, une curieuse idée. Mais c'est que l'amour n'est pas moins matériel que le reste.

On discute beaucoup pour savoir si l'amour maternel est un instinct ou un fait de culture. Un instinct, certainement pas (puisqu'il connaît des exceptions et n'entraîne guère de savoir-faire). Un fait de culture ? Il le faut bien, même si celui-ci vient se greffer, selon toute vraisemblance, sur des données biologiques. La langue non plus n'est pas un instinct ; cela n'empêche pas que le langage soit une faculté biologiquement déterminée – et qu'on parle aussi, légitimement, de langue *maternelle*. La parole est un avantage sélectif évident. L'amour parental, spécialement maternel, aussi. Dans les conditions qui furent celles, pendant des dizaines de milliers d'années, de nos ancêtres préhistoriques, on n'ose imaginer ce qu'il fallut d'amour, d'intelligence et de douceur, chez les mères, pour que l'humanité puisse simplement survivre. Il m'est arrivé de dire que l'amour était une invention des femmes. C'est une boutade, mais qui n'est pas sans rencontrer quelque chose d'important, sur quoi Freud, à sa façon, a insisté aussi. Notre première histoire d'amour, pour la quasi-totalité d'entre nous, hommes ou femmes, a commencé dans les bras de notre mère : la femme qui nous aima d'abord, sauf exception, et nous apprit à aimer.

Cela ne veut pas dire que les pères n'ont pas d'importance, ce qui serait une évidente absurdité (quoiqu'ils n'en aient, s'agissant de l'éducation des enfants et dans certaines cultures, que fort peu), ni qu'ils soient incapables d'aimer, ce qui serait une évidente injustice (mais en seraient-ils capables s'ils n'avaient été aimés d'abord ?), mais que leur rôle et leur amour, aussi considérables qu'ils puissent être, restent en quelque sorte seconds, au moins chronologiquement, et comme greffés sur une histoire qui les précède et les prépare. Cela vaut pour l'espèce autant que pour les individus. Romain Gary, en une phrase, a dit l'essentiel : « L'homme – c'est-à-dire la civilisation –, ça commence dans les rapports de l'enfant avec sa mère. »

MÉRITE Ce qui rend digne d'éloge ou de récompense. On croit souvent que cela suppose le libre arbitre, mais à tort. Personne ne décide librement d'avoir du talent ou du génie : faut-il pour cela réserver nos éloges aux médiocres besogneux ? Il n'est pas sûr que le courage doive davantage au libre arbitre : faut-il pour cela refuser de l'admirer ou de le récompenser ? Ce serait une curieuse conception du mérite, qui rendrait Mozart moins admirable que Salieri (qui se donna peut-être davantage de mal), et la sainteté ou l'héroïsme moins méritoires que nos efforts, parfois, pour n'être pas tout à fait méprisables...

Celui qui donne sans plaisir n'est pas généreux, expliquait Aristote : ce n'est qu'un avare qui se force. Faut-il pour cela – parce qu'il aurait plus de mérite ! – l'admirer davantage que celui qui donne sans efforts, facilement, spontanément, presque sans y penser, parce que l'amour ou la générosité sont devenus en lui comme une seconde nature ?

L'amour ne se commande pas, remarquait Kant. On ne m'ôtera pourtant pas de l'idée que l'amour (en tout cas celui qui donne : *philia*, *agapè*) est bien un mérite, et le plus grand de tous. Pourquoi, autrement, les chrétiens loueraient-ils leur Dieu ?

MESSIANISME C'est attendre son salut d'un sauveur, au lieu de s'en occuper soi-même. Le contraire, donc, de la philosophie.

MESSIE Un sauveur, qui serait envoyé par Dieu. C'est pourquoi on l'attend, y compris quand on croit qu'il est déjà venu (on attend alors son retour). De là le messianisme, qui est une utopie religieuse ou une religion de l'histoire.

MESURE Repas de famille. La mère apporte le dessert. Elle demande à son petit garçon : « Tu en veux beaucoup ? » Et l'enfant de répondre, les yeux brillants de convoitise : « J'en veux *trop* ! »

C'était poser le problème de la mesure, par la démesure. De la règle, par sa transgression. Comment la démesure pourrait-elle annuler ce qu'elle suppose ? C'est où échoue, peut-être, le romantisme. Mais n'allons pas trop vite. Ce mot d'enfant, lu il y a longtemps, je ne sais si les enfants d'aujourd'hui peuvent encore l'apprécier, voire le comprendre. « Trop », dans leur langage, s'est banalisé au point de se vider à peu près de son sens : ce n'est souvent qu'un synonyme de « très » ou de « beaucoup ». Ainsi, au sortir d'un cinéma : « Ce film, c'est *trop bien* ! » Ou devant un plat dont ils raffolent : « *C'est trop bon !* » Comme si seul l'excès pouvait suffire. Comme si la démesure était la seule mesure acceptable. Ce n'est qu'une mode, qui passera comme les autres. Elle dit pourtant quelque chose sur l'enfance et sur l'époque. Le sens de la mesure s'acquiert peu à peu, et plus ou moins. Les enfants et les modernes y sont peu portés. Ils préfèrent l'infini. Ils préfèrent la démesure. Il faudra donc qu'ils changent, puisque la mesure seule – fût-ce pour habiter l'infini – est à notre portée. Les Grecs le savaient. L'infini c'est l'inaccessible, l'inachevé, l'imparfait. Toute perfection, à l'inverse, suppose un équilibre, une harmonie, une proportion. « Ni trop ni trop peu », comme dit souvent Aristote. C'est la seule perfection qui nous soit accessible. Cela vaut aussi en esthétique : « Ce n'est pas assez qu'une chose soit belle, expliquait Pascal, il faut qu'elle soit propre au sujet, qu'il n'y ait rien de trop ni rien de manque. » Et Poussin : « La mesure nous astreint à ne passer pas outre, nous faisant opérer en toutes choses avec une certaine médiocrité et modération… » Cette *médiocrité*, pas plus que le *juste milieu* d'Aristote, n'a rien de médiocre, au sens moderne du terme. C'est plutôt le refus de tous les excès, de tous les défauts, comme un archer vise le centre *(medium)* de la cible, non sa périphérie ou son dehors. Ce qu'il faut comprendre ? Que la mesure est à la fois l'exception et la règle. C'est où commence, peut-être, le classicisme. « Entre deux mots, écrit Paul Valéry, il faut choisir le moindre. » Esthétique de la mesure, de la litote, comme disait Gide, de la finitude heureuse. C'est le contraire de l'exagération, de l'emphase, de la grandiloquence. Apollon contre Dionysos. Socrate contre Calliclès. C'est victoire sur soi, sur la démesure de ses désirs, de ses colères, de ses peurs. Par quoi la mesure touche à l'éthique et devient une vertu.

Le mot « mesure », en français, se prend en deux sens. Il désigne d'abord le fait de mesurer, c'est-à-dire l'évaluation ou la détermination d'une grandeur, qu'elle soit intensive (par degrés) ou extensive (par quantités). La mesure, qui peut être objective ou chiffrée, s'oppose alors au non-mesurable, à l'incommensurable, à l'indéterminable, à tout ce qui est trop petit, trop grand ou trop fluctuant pour être mesuré. C'est en ce sens qu'on parlera de la mesure d'une distance, d'une température, d'une vitesse… Mais le mot désigne aussi – sans doute par abréviation de l'expression « juste mesure », autrement dit par dérivation du sens premier – une certaine qualité, ou un certain idéal, de modération, d'équilibre, de proportion, vers lesquels doivent tendre nos œuvres (d'un point de vue esthétique) comme nos actions (d'un point de vue éthique). La mesure s'oppose alors à la démesure, et c'est en ce sens qu'on parlera d'un homme *mesuré* : c'est celui qui refuse tous les excès, spécialement ceux de l'emportement ou du fanatisme. On voit que la mesure, en ce second sens, est une donnée plutôt subjective, qu'aucune évaluation chiffrée ne saurait suffire à définir ou à caractériser. C'est ce qu'on peut appeler aussi la modération, que les Grecs appelaient *sophrosunè*, et le contraire de leur *hubris* (la démesure, l'excès). La tempérance ? Disons plutôt que la tempérance est une espèce particulière de mesure ou de modération : c'est la modération dans les plaisirs sensuels, le contraire autrement dit de ces excès particuliers que sont la goinfrerie, l'ivrognerie ou la débauche. L'homme mesuré se doit d'être tempérant. Mais il ne suffit pas d'être tempérant, hélas, pour être mesuré. Savonarole était tempérant. Robespierre était tempérant. Quelle démesure pourtant dans l'action, la pensée, le caractère ! La mesure est comme une modération de l'âme ou de tout l'être, non seulement face au corps et à ses plaisirs, mais face au monde, à la pensée, à soi. C'est le contraire du fanatisme, de l'extrémisme, de l'emportement par les passions. C'est pourquoi la mesure séduit peu. On préfère les passionnés, les enthousiastes, tous ceux qui se laissent entraîner par leur foi ou leurs affects. On préfère les prophètes, les démagogues, les tyrans bien souvent, aux arpenteurs du réel, aux comptables sourcilleux du possible. L'histoire est pleine de ces enthousiastes massacreurs, qui ont triomphé, sous les acclamations de la foule, d'esprits plus mesurés. Mais un triomphe ne prouve rien, ou moins, en tout cas, qu'un massacre. Quelle paix sans mesure ? Quelle justice sans mesure ? Quel bonheur sans mesure ?

Épicure, disait Lucrèce, « fixa des bornes au désir comme à la crainte ». C'est que la démesure voue les humains au malheur, à l'insatisfaction, à l'angoisse, à la violence. Ils en veulent toujours plus ; comment en auraient-ils jamais assez ? Ils veulent tout ; comment sauraient-ils partager ou se contenter de ce qu'ils ont ? Le sage épicurien, au contraire, est un homme mesuré. Il sait limiter ses désirs aux plaisirs effectivement accessibles, ceux qui peuvent le combler, ceux qui ont en eux-mêmes leur propre mesure, comme sont les plaisirs du corps (quand ils sont naturels et nécessaires), ou ceux qu'aucune démesure ne menace (comme sont les plaisirs de l'amitié ou de la philosophie). Sur ce dernier point, on peut discuter. Inventer un système, comme fit Épicure, prétendre dire la vérité sur le tout, n'est-ce pas déjà démesure ? Peut-être bien. Montaigne sera plus mesuré et plus sage. C'est pourquoi sans doute il est plus actuel. Les systèmes sont tous morts, tous faux, tous abandonnés. La démesure vieillit mal, même dans la pensée. Dans l'art ? Cela dépend des goûts. Il y a ceux qui préfèrent Rabelais, et ceux qui préfèrent Montaigne. Mais même la belle démesure, celle de Rabelais ou Shakespeare, n'est artistique que par la mesure qui la domine ou la surmonte. « Tout ce en quoi il y a de l'art, disait Platon, participe de quelque manière à la pratique de la mesure » (*Le politique*, 285 a). Il n'y a pas de livre infini, il ne peut y en avoir, pas de peinture infinie, pas de sculpture infinie. Une musique infinie ? On peut la concevoir ou la programmer, par l'ordinateur. Mais l'écouter, non. Mais la jouer, non. L'homme n'est pas Dieu, c'est par quoi l'humanisme a à voir, toujours, avec la mesure.

C'est ce que Camus dut rappeler, contre « la démesure contemporaine », et qu'il faut rappeler avec lui : « Toute pensée, toute action qui dépasse un certain point se nie elle-même ; il y a en effet une mesure des choses et de l'homme » (*L'homme révolté*, V). C'est cette mesure que les révolutionnaires, presque toujours, ont oubliée, ce qui les vouait au terrorisme (tant qu'ils furent dans l'opposition) ou au totalitarisme (là où ils sont parvenus au pouvoir). Romantisme de Marx. Romantisme, presque toujours, des révolutionnaires. C'est ce qui les rend sympathiques et dangereux. Car la démesure séduit, exalte, fascine. La mesure ennuie. C'est du moins le préjugé romantique ou moderne, qu'il faut comprendre et vaincre. « Quoi que nous fassions, écrit encore Camus, la démesure gardera toujours sa place dans le cœur de l'homme, à l'endroit de la solitude. Nous portons tous en nous nos bagnes, nos crimes, nos ravages. Mais notre tâche n'est pas de les déchaîner à travers le monde ; elle est de les combattre en nous-mêmes et dans les autres. » Contre la barbarie, quoi ? L'action prudente, réfléchie, déterminée – la mesure, mais résolue.

On m'objectera, et l'on aura raison, qu'il y a aussi des choses qui ne se mesurent pas, ou mal. C'est vrai dans les sciences : il y a des mesures impossibles, incertaines ou paradoxales, soit parce qu'elles modifient ce qu'elles doivent mesurer (relations d'incertitude de Heisenberg, réduction du paquet d'ondes en mécanique quantique...), soit parce qu'elles varient en fonction de l'échelle utilisée (par exemple si l'on veut mesurer les côtes de la Bretagne). C'est vrai dans la vie des sociétés : comment mesurer la liberté ou le bonheur d'un peuple, sa cohésion, sa civilisation ? C'est vrai enfin, et peut-être surtout, dans la vie des individus. La souffrance ne se mesure pas. Le plaisir ne se mesure pas. L'amour ne se mesure pas. L'essentiel ne se mesure pas, et c'est pourquoi la mesure n'est pas l'essentiel.

Ne confondons pas, toutefois, ce qui ne peut être mesuré exactement ou absolument avec ce qui n'existerait pas ou récuserait toute approche quantitative. La longueur des côtes bretonnes varie en fonction de l'échelle utilisée (selon qu'elle prendra ou non en compte telle ou telle crique, tel ou tel rocher, telle ou telle anfractuosité, telle ou telle dentelure de tel ou tel rocher ou anfractuosité...). Cela ne signifie pas que la Bretagne n'existe pas, ni qu'elle n'ait pas de côtes, ni que ces côtes ne soient plus longues que celles de la Vendée ou du Cotentin... Même chose pour les peuples : leur liberté ou leur paix ne sauraient se mesurer exactement ; cela ne veut pas dire qu'elles n'existent pas, ni qu'elles soient constantes ou égales... Même chose, enfin, pour les individus. Le plaisir ne se mesure pas ; mais tous les plaisirs ne se valent pas. La souffrance ne se mesure pas ; mais il en est de plus grandes que d'autres. L'amour ne se mesure pas ; mais il peut être plus ou moins fort, plus ou moins grand, plus ou moins profond... C'est pourquoi, même quand toute mesure objective ou chiffrée est impossible, la mesure comme vertu reste nécessaire. Il s'agit de proportionner sa conduite à ce qu'on ressent effectivement ou à ce que le réel requiert. Ne pas faire l'acteur tragique, comme disait Marc Aurèle, ne pas s'arracher les cheveux pour des broutilles, ne pas en rajouter, ne pas se laisser emporter ou dépasser. Résister, donc. Mais pas non plus vivre par défaut ou *a minima*, ne pas s'enfermer dans le déni ou l'insensibilité, ne pas s'interdire d'aimer, de souffrir, de jouir... Il y a là un art difficile, qu'on n'a jamais fini d'apprendre, qui est la mesure même. Un art, mais sans artifice (ou avec le moins d'artifices possible) et d'ailleurs sans œuvre. C'est ce que Pascal appelle « le simple naturel », que j'appellerais plus volontiers la justesse : « Ne pas faire grand ce qui est petit, ni petit ce qui est grand. » C'est comme une justice à la première personne, ou de soi à soi. La balance pourrait lui servir, à elle aussi, de symbole. Mais cette balance c'est l'âme ou le cœur, comme dirait Pascal, qui mesure ce qui ne se mesure pas. C'est donc le corps (le seul instrument de mesure dont on ne puisse se passer, celui que tous les autres supposent), mais éduqué, à la fois sensible et raisonnable, mesureur et mesuré, et c'est ce qu'on appelle l'esprit.

MÉTAMORPHOSE Changement complet de forme, quand il est assez rapide pour surprendre. On parle de métamorphose pour la chenille qui devient papillon, pas pour le nouveau-né qui devient un vieillard.

MÉTAPHORE Figure de style. C'est une comparaison implicite, qui fait utiliser un mot à la place d'un autre, en raison de certaines analogies ou ressemblances entre les objets comparés. Par exemple, mais ils seraient bien sûr innombrables, lorsque Homère évoque « l'aurore aux doigts de rose » (ou Baudelaire, homme du nord, « l'aurore grelottante en robe rose et verte »), ou lorsque Eschyle nous donne à voir, je ne connais pas de plus suggestive évocation de la Méditerranée, « le sourire innombrable de la mer ». En français, il est difficile de ne pas songer à la fin de *Booz endormi*, de Victor Hugo. C'est la nuit. Une jeune fille, allongée sur le dos, contemple la lune et les étoiles. Cela fait comme un bouquet de métaphores :

> Tout reposait dans Ur et dans Jérimadeth ;
> Les astres émaillaient le ciel profond et sombre ;
> Le croissant fin et clair parmi ces fleurs de l'ombre
> Brillait à l'occident, et Ruth se demandait,
>
> Immobile, ouvrant l'œil à moitié sous ses voiles,
> Quel dieu, quel moissonneur de l'éternel été,
> Avait, en s'en allant, négligemment jeté
> Cette faucille d'or dans le champ des étoiles.

Lacan a cru reconnaître la métaphore dans le processus freudien de *condensation*, tel qu'il apparaît ou se masque dans les rêves et les symptômes. Il y a substitution, dans les deux cas, d'un signifiant à un autre : « La *Verdichtung*, condensation, c'est la structure de surimposition des signifiants où prend son champ la métaphore » (« L'instance de la lettre dans l'inconscient », *Écrits*, p. 511 ; voir aussi p. 506 à 509). Cela ne suffit pas à faire de l'inconscient un poète, mais peut expliquer, au moins en partie, l'impact sur nous de la poésie en général et de la métaphore en particulier. Toutefois il convient de ne pas en abuser : désigner une chose par ce qu'elle n'est pas ne saurait suffire à exprimer ce qu'elle est. C'est où la prose et la veille retrouvent leurs droits, ou plutôt leurs exigences.

MÉTAPHYSIQUE C'est une partie de la philosophie, celle qui porte sur les questions les plus fondamentales, disons sur les questions premières ou ultimes : l'être, Dieu, l'âme ou la mort sont des problèmes métaphysiques.

Le mot a une origine curieuse, qui fait comme un jeu de mots objectif. Lorsque Andronicos de Rhodes, au Ier siècle avant Jésus-Christ, voulut éditer les œuvres ésotériques d'Aristote, il regroupa les textes ou traités dont il disposait en un certain nombre de recueils, qu'il agença comme il put. Pour plusieurs d'entre eux, le titre semblait s'imposer, en fonction de leur contenu : la physique, la politique, l'éthique, la connaissance du vivant et des animaux… Dans l'un de ces recueils, il rassembla un certain nombre de textes majeurs, qui portaient sur la science de l'être en tant qu'être, sur les premiers principes et les premières causes, sur la substance et sur Dieu, bref sur ce qu'Aristote aurait appelé plutôt, s'il avait dû donner lui-même un titre, des textes de « philosophie première » (de même que ce que nous appelons en français les *Méditations métaphysiques* de Descartes s'appelait en latin *Meditationes de prima philosophia*). Il se trouve que ce recueil, dans le classement d'Andronicos, venait après la physique. On prit l'habitude de l'appeler, d'un mot qu'on ne trouve jamais chez Aristote, *Meta ta phusika* : le livre qui vient *après la physique*, peut-être aussi (*meta*, en grec, peut avoir ces deux sens) celui qui va *au-delà*. Aussi l'usage s'imposa-t-il, au fil des siècles, d'appeler *métaphysique* tout ce qui allait au-delà de la physique, c'est-à-dire, et plus généralement, au-delà de l'expérience, donc de la connaissance scientifique ou empirique. C'est le sens qu'elle a gardé chez Kant, qui la récuse (comme métaphysique dogmatique : comme connaissance de l'absolu ou des choses en soi) et veut la sauver (comme métaphysique critique : comme « l'inventaire, systématiquement ordonné, de tout ce que nous possédons par la raison pure »). C'est le sens qu'elle a toujours, même si certains, sottement, y mettent des accents d'ironie ou de dédain. Faire de la métaphysique, c'est penser plus loin qu'on ne sait et qu'on ne peut savoir. C'est donc penser aussi loin qu'on peut, et qu'on doit. Celui qui voudrait rester dans les limites strictes de l'expérience ou des sciences, il ne pourrait répondre à aucune des questions principales que nous nous posons (sur la vie et la mort, l'être et le néant, Dieu ou l'homme), ni même à celles que nous posent l'expérience et les sciences elles-mêmes, ou plutôt que nous nous posons à leur propos (sont-elles vraies, à quelles conditions et dans quelles limites ?). C'est en quoi, comme Schopenhauer l'a vu, « l'homme est un animal métaphysique » : parce qu'il s'étonne de sa propre existence, comme de celle du monde ou de tout (*Le Monde…*, suppl. au livre I, chap. XVII ; le thème de l'*étonnement* est expressément repris d'Aristote : *Métaphysique*, A, 2). La plus grande question métaphysique, de ce point de vue, est sans doute la question de l'être, telle qu'elle est posée, par exemple, par Leibniz : *Pourquoi y a-t-il quelque chose plutôt que rien ?* Qu'aucun savoir n'y réponde n'interdit pas de la poser, ni n'en dispense.

MÉTEMPSYCOSE Le passage de l'âme *(psukhè)* d'un corps à un autre. Croyance traditionnelle en Orient, plus rare en Occident (quoiqu'on la trouve dans l'orphisme, chez Pythagore ou chez Platon). Il faut tenir beaucoup à la vie, et bien peu à ses souvenirs, pour y voir une consolation.

MÉTHODE Un ensemble, rationnellement ordonné, de règles ou de principes, en vue d'obtenir un certain résultat. En philosophie, je n'en connais pas qui soit vraiment convaincante, sinon la marche même de la pensée, qui est sans règle, ou sans autre règle que soi. Le *Traité de la réforme de l'entendement* de Spinoza, si difficile, si décevant à certains égards, me paraît pourtant plus utile et plus vrai que les *Règles pour la direction de l'esprit* de Descartes, ou même que le *Discours de la méthode*, évident chef-d'œuvre mais qui ne le doit guère aux quatre préceptes (de l'évidence, de l'analyse, de la synthèse et du dénombrement) qu'il propose dans sa deuxième partie. S'il y avait une méthode pour trouver la vérité, cela se saurait et ne serait plus de la philosophie. Ainsi parle-t-on de *méthode expérimentale*, dans les sciences, mais qui se ramène à quelques banalités sur les rôles respectifs de la théorie et de l'expérience, des hypothèses et de la falsification. Cela ne tient lieu, même dans les sciences, ni de génie ni de créativité. Comment cela pourrait-il suffire à la vérité ? La vraie méthode, explique Spinoza, est plutôt la vérité même, mais réfléchie et ordonnée :

> « La vraie méthode ne consiste pas à chercher la marque à laquelle se reconnaît la vérité après l'acquisition des idées ; la vraie méthode est la voie par laquelle la vérité elle-même, ou les essences objectives des choses, ou leurs idées (tous ces termes ont même signification) sont cherchées dans l'ordre dû. […] De là il ressort que la méthode n'est pas autre chose que la connaissance réflexive ou l'idée de l'idée ; et, n'y ayant pas d'idée

d'une idée si l'idée n'est donnée d'abord, il n'y aura donc point de méthode si une idée n'est donnée d'abord. La bonne méthode est donc celle qui montre comment l'esprit doit être dirigé selon la norme de l'idée vraie donnée » (*T.R.E.*, 27).

Il s'agit moins d'appliquer des règles que d'apprendre à s'en passer : la vérité suffit et vaut mieux.

MÉTONYMIE C'est une figure de style par laquelle un mot est utilisé à la place d'un autre, non pas en vertu d'une comparaison implicite, comme dans la métaphore, mais en raison d'un rapport, plus ou moins nécessaire ou constant, de voisinage ou d'interdépendance : par exemple quand l'effet est désigné par sa cause, ou inversement (« la pâle mort mêlait les sombres bataillons »), le contenu par le contenant (« La rue assourdissante autour de moi hurlait »), ou le tout par la partie (si le rapport est purement quantitatif, du moins au plus ou du plus au moins, c'est alors une synecdoque : « trente voiles », dans *Le Cid*, pour désigner trente navires). Lacan y voit le principe du *déplacement*, tel qu'il s'effectue dans le travail du rêve ou les symptômes : « La *Verschiebung* ou déplacement, c'est plus près du terme allemand ce virement de la signification que la métonymie démontre et qui, dès son apparition dans Freud, est présenté comme le moyen le plus propre à déjouer la censure » (« L'instance de la lettre dans l'inconscient », *Écrits*, p. 511 ; voir aussi p. 505-506).

MILIEU (JUSTE –) Voir les articles « Médiété », « Vertu », et « Vice ».

MIMÉTIQUE (FONCTION –) Ce qui nous pousse à imiter *(mimeisthai)* ou passe par l'imitation. C'est une dimension essentielle du désir. Le rapport entre le sujet désirant et l'objet désiré n'est pas duel, montre René Girard : c'est un rapport triangulaire, car médiatisé par le désir de l'autre (je ne désire un objet que parce qu'un autre le désire, que j'imite ou auquel je m'identifie). C'est ce que Spinoza appelait « l'imitation des affects » : « Si nous imaginons qu'une chose semblable à nous et à l'égard de laquelle nous n'éprouvons aucun affect éprouve de son côté quelque affect, nous éprouvons par cela même un affect semblable » (*Éthique*, III, prop. 27 et scolie). De là la commisération, qui est l'imitation d'une tristesse, et l'émulation, qui est l'imitation d'un désir, ou plutôt qui « n'est rien autre que le désir d'une chose engendré en nous de ce que nous imaginons que d'autres êtres semblables à nous en ont le désir » *(ibid.)*. De là aussi l'envie, qui est l'imitation d'un amour et pousse à la haine : « Si nous imaginons que quelqu'un tire de la joie d'une chose qu'un seul peut posséder, nous nous efforcerons de faire qu'il n'en ait plus la possession » (prop. 32). C'est vrai spécialement des enfants (*ibid.*, scolie), mais les adultes n'y échappent pas : « Les hommes sont généralement prêts à avoir de la commisération pour ceux qui sont malheureux, à envier ceux qui sont heureux, et leur haine pour ces derniers est d'autant plus grande qu'ils aiment davantage ce qu'ils imaginent dans la possession d'un autre » *(ibid.)*. Reste à aimer ce que tous peuvent posséder : l'amour de la vérité (voir *Éthique*, IV, prop. 36 et 37, avec les dém. et scolies) nous fait sortir, sinon de l'imitation, du moins de l'envie et de la haine.

MIMÉTISME Le devenir même de l'autre : c'est devenir semblable à ce qu'on n'est pas, mais par une imitation involontaire, qui relève davantage de la physiologie ou de l'imprégnation que d'un apprentissage délibéré. Ainsi le caméléon, se confondant avec son milieu, ou l'enfant, intériorisant le sien.

MINEURE Dans un syllogisme, celle des deux prémisses qui contient le petit terme. On la place ordinairement en second ; mais ce n'est que convention : Socrate, si l'on commence par lui, n'en mourra pas moins...

MIRACLE « Pour en être réduit à marcher sur les eaux, me dit un jour Marcel Conche, il faut vraiment n'avoir que de bien piètres arguments ! » Cela dit à peu près ce qu'il faut penser des miracles. Ce sont des événements qui paraissent incompréhensibles, qu'on prétend expliquer par une intervention surnaturelle qui l'est encore davantage. Mais que prouve une double incompréhension ?

Hume a bien montré (*Enquête sur l'entendement humain*, chap. X) qu'un miracle est par définition plus incroyable que son absence. On vous dit qu'un homme a ressuscité. La fausseté du témoignage, fût-elle à vos yeux très improbable (une chance sur cent ? une sur mille ?), l'est de toute façon beaucoup moins que la résurrection d'un mort (on n'en connaît pas un seul cas vérifié sur des milliards). Pourquoi est-ce à celle-ci que vous croyez ?

Et quand il y a non pas témoignage mais expérience directe ? Le même argument vaut aussi. Vous voyez quelqu'un marcher sur les eaux : il est plus probable que vous ayez une hallucination, ou que ce soit un illusionniste, ou qu'il y ait au phénomène une explication naturelle que vous ignorez, qu'il ne l'est qu'il y ait en effet un miracle, c'est-à-dire une violation, supposée surnaturelle, de la causalité ordinaire. Qu'est-ce que j'en sais ? C'est que ce ne serait pas un *miracle* autrement, c'est-à-dire un événement par définition tout à fait improbable ou exceptionnel. La bêtise ou l'aveuglement le sont moins.

Un miracle est un événement incroyable, auquel on croit pourtant, qu'on juge inexplicable, et qu'on explique pourtant. Croire aux miracles, c'est non seulement croire sans comprendre, ce qui est le lot ordinaire, mais croire *parce que* l'on ne comprend pas ; ce n'est plus foi mais crédulité.

MIRAGE Une apparence trompeuse, due aux contrastes de température entre différentes couches d'air superposées. En un sens plus large, et par métaphore, c'est « une erreur chérie, comme dit Alain, qui concerne principalement les événements extérieurs ». Toutefois on ne parle de mirage que lorsqu'on cesse d'en être dupe.

MISANTHROPIE La haine ou le mépris de l'humanité, en tant qu'on en fait partie. Moins grave par là qu'une haine dont on s'exempte (ainsi la misogynie, chez un homme, ou le racisme, chez celui qui se croit d'une race supérieure). Molière, qui fit là-dessus l'un de ses chefs-d'œuvre, montre bien ce qu'il peut y avoir, dans la misanthropie, d'exigence estimable. Toutefois ce n'est qu'un leurre : aucune exigence n'est vraiment estimable qui porte sur autrui. Alceste a beau jeu de mépriser ; ce ne sont pas les occasions qui manquent. Mais à quoi bon ? Que n'exige-t-il plutôt de lui-même la compassion et la miséricorde ?

MISÉRICORDE La vertu du pardon : non en annulant la faute, ce qu'on ne peut ni ne doit, mais en cessant de haïr. On y parvient par la connaissance des causes, et de soi. « Ne pas railler, disait Spinoza, ne pas pleurer, ne pas détester, mais comprendre » (*Traité politique*, I, 4). La miséricorde est ainsi le contraire de la misanthropie, ou plutôt son remède.

MISOLOGUE Celui qui déteste la raison. C'est ordinairement qu'elle l'a déçu, remarque Platon (*Phédon*, 89 d – 91 a) : il s'en sert mal, puis lui reproche de ne pas le servir ; il se trompe, puis lui reproche d'être trompeuse. C'est le défaut commun des sophistes et des imbéciles.

MODALITÉ Ce jour-là je réunissais dans un restaurant, à propos d'un numéro de revue que nous faisions ensemble, cinq ou six amis. Parmi eux, A. et F., tous deux connus en khâgne, tous deux, vingt ans plus tard, brillants historiens de la philosophie, universitaires réputés, penseurs véritables. Ils ne se sont pas vus depuis plusieurs années, mais je sais qu'ils ont gardé, l'un pour l'autre, beaucoup d'estime et d'amitié. Ils parlent d'abord de broutilles, puis, très vite : « Je voudrais te poser une question, annonce F. : est-ce que tu crois qu'on peut se forger une représentation cohérente du monde, sans les catégories de la modalité ? » Silence de plusieurs secondes. A. tire sur sa pipe. Réfléchit. Puis répond simplement : « Non. » Comme retrouvailles de vieux copains, j'ai connu plus sentimental, et j'aurais apprécié, je crois, davantage d'intimité, de confidences, d'émotion... Mais j'admirais aussi, j'admire toujours, cette façon d'aller droit à l'essentiel, au moins celui de la pensée, cette intellectualité vraie, dont je savais bien qu'elle n'excluait pas les sentiments, mais qui ne consentait pas à différer pour cela le débat philosophique... Quelques années plus tard, je reparlerai à l'un des deux de sa question : il l'avait oubliée, comme la réponse de l'autre. *Sic transit gloria mentis.*

Qu'est-ce que la modalité ? Une modification du jugement, ou plutôt de son statut. « La modalité des jugements, soulignait Kant, en est une fonction tout à fait spéciale qui a ce caractère de ne contribuer en rien au contenu du jugement, [...] mais de ne concerner que la valeur de la copule par rapport à la pensée en général. Les jugements sont *problématiques* lorsqu'on admet l'affirmation ou la négation comme simplement *possibles* ; *assertoriques* quand on les considère comme *réelles* (vraies) ; *apodictiques* quand on les regarde comme *nécessaires* » (*C. R. Pure*, Analytique des concepts, chap. I). Cela débouche, chez Kant, sur les trois catégories, ou plutôt sur les trois paires de catégories, de la modalité : *possibilité et impossibilité, existence et non-existence, nécessité et contingence.* Pourquoi peut-on envisager de s'en passer ? Parce qu'elles ne portent pas sur l'objet (comme les catégories de la quantité ou de la qualité), ni sur les rapports entre les objets (comme les catégories de la relation), mais simplement sur le rapport de notre entendement à ces objets. À ne penser que le monde même, si cela se peut, il semble que le réel y soit tout – que l'existence, comme dirait Kant, en soit la seule modalité envisageable. Mais alors tout le possible serait réel, tout le réel serait nécessaire, l'impossible et le contingent ne seraient rien (ou n'auraient d'existence qu'imaginaire). C'est le monde, à peu près, de Spinoza. C'est le monde, à peu près, des stoïciens. Est-il cohérent ? Je le crois. Se passe-t-il des catégories de la modalité ? Pas tout à fait. Mais il les met à leur place : les unes du côté de l'être ou de Dieu (réalité, possibilité, nécessité : seul le réel est possible, et il est toujours nécessaire, par quoi ces trois catégories, à la limite, n'en font qu'une), les autres du côté des êtres de raison ou d'imagination (l'impossible, l'inexistant, le contingent : ce ne sont que des façons de penser ce qui n'est pas). C'est ce qui lui permet d'être cohérent. Non qu'un monde ne puisse exister sans ces catégories, mais parce que nous ne pourrions, sans elles, le penser. Ainsi toute représentation cohérente du monde doit intégrer les catégories de la modalité (puisque notre pensée fait partie du monde), sans avoir besoin pour cela d'en faire des formes de l'être. Je ne peux penser le monde sans distinguer le possible du réel ou de l'impossible ; mais cela ne signifie pas que le monde, lui, les distingue. Ma pensée fait partie du monde, non le monde, de ma pensée.

MODE Au masculin : une manière, une façon d'être ou une modification, mais inessentielles (par différence avec l'attribut). « J'entends par *attribut*, écrit Spinoza, ce que l'entendement perçoit d'une substance comme constituant son essence. J'entends par *mode* les affections d'une substance, autrement dit ce qui est dans une autre chose, par le moyen de laquelle il est aussi conçu » (*Éthique*, I, déf. 4 et 5). Un mode, chez Spinoza, est donc un être quelconque, en tant qu'il est la modification, dans un attribut donné, de la substance unique. Il y a des modes finis (cet arbre, cette chaise, vous, moi...) et des modes infinis (l'entendement de Dieu, le mouvement et le repos, l'univers entier...). Les premiers, pour finis qu'ils soient, n'en sont pas moins réels : ce sont des êtres finis mais ce sont des êtres vrais, comme autant de fragments de l'infini ou de l'absolu.

Au féminin, le mot désigne une manière collective et provisoire de se comporter, par exemple de voir les choses, de parler, de penser, de s'habiller... D'où la terrible formule de Pascal : « Comme la mode fait l'agrément, aussi fait-elle la justice » (*Pensées*, 61-309). C'est que toute justice, au moins humaine, est collective et provisoire. En pratique, on réservera pourtant le mot à ce qui change spécialement vite, sans autre justification apparente que ce changement même. C'est pourquoi on dit que « la mode, c'est ce qui se démode » : la fugacité fait partie de sa définition. De là cette surprise, quand on voit des photos ou des magazines d'il y a vingt ans. Toutefois Mozart et Molière, qui furent fort à la mode, ne se démodent pas.

Toute mode est normative : elle exprime ce qui se fait, mais est vécue (par ceux qui la suivent) comme indiquant ce qui *doit* se faire. C'est une normativité fugace, ou une fugacité normative. L'enjeu principal – outre la dimension purement commerciale – est de distinction : « La mode, écrit excellemment Edgar Morin, est ce qui permet à l'élite de se différencier du commun, d'où son mouvement perpétuel, [mais aussi] ce qui permet au commun de ressembler à l'élite, d'où sa diffusion incessante. »

MODÉRATION La mesure (voir ce mot) dans la pensée ou l'action. On ne la confondra pas avec la petitesse. Un républicain modéré n'est pas moins républicain que les extrémistes qui le combattent ou le méprisent. Il le sera souvent davantage. On dira qu'un « révolutionnaire modéré » est une contradiction dans les termes. Je n'en suis pas sûr (voyez Condorcet ou Desmoulins) ; mais si c'était vrai, il faudrait en conclure que toute révolution est excessive – ce qui donnerait raison aux conservateurs ou aux réformistes.

La modération n'est pas le contraire de la force, de la grandeur ou de la radicalité ; c'est le contraire de l'excès ou de l'abus. C'est pourquoi elle est bonne en tout. « La sagesse a ses excès, disait Montaigne, et n'a pas moins besoin de modération que la folie. »

MODUS PONENS C'est une inférence valide, qui fait passer de la vérité d'une proposition à la vérité de sa conséquence nécessaire, sous la forme : Si *p* alors *q* ; or *p* ; donc *q* (par exemple : Si Socrate est un homme, il est mortel ; or Socrate est un homme ; donc Socrate est mortel).

MODUS TOLLENS Une inférence valide, qui conclut à la fausseté d'une proposition par celle de l'une au moins de ses conséquences, sous la forme : Si *p* alors *q* ; or *non-q* ; donc *non-p* (par exemple : Si Socrate est un dieu, il est immortel ; or il n'est pas immortel ; donc il n'est pas un dieu). C'est cette inférence déductive qui est au cœur, selon Popper, de la *falsification* et donc de la démarche des sciences expérimentales. Si la prévision *q* est une conséquence nécessaire de la théorie (ou de l'hypothèse) *p*, il suffit en effet d'un seul fait attestant la fausseté de *q* pour entraîner la fausseté de *p*.

MŒURS Les actions humaines, surtout les plus répandues, considérées comme objets de connaissance ou de jugement. Et bien sûr la connaissance vaut mieux, qui dissuade de juger. C'est pourquoi nos plus grands moralistes sont si peu moralisateurs.

MOI Le sujet, mais en tant qu'objet : c'est le nom français ou commun de l'*ego*. C'est aussi, et par là même, un objet (ou un processus) qui se prend pour un sujet. Le moi n'est pas une substance, ni un être : il n'est « ni dans le corps ni dans l'âme » (Pascal, *Pensées,* 688-323) ; il n'est que l'ensemble des qualités qu'on lui prête ou des illusions qu'il se fait sur lui-même.

Dans le vocabulaire psychanalytique, le même pronom substantivé désigne l'une des trois instances de la seconde topique de Freud : le pôle conscient (quoique incomplètement) de l'appareil psychique, qui fluctue et se bat comme il peut entre les pulsions du ça, les exigences du surmoi et les contraintes de la réalité. Instance d'équilibre, mais instable : quelque chose comme le fléau de la balance ou le dindon de la farce.

La construction du moi n'en est pas moins un processus nécessaire, toujours inachevé. C'est que le moi est à lui-même son propre but : « *Wo es war*, écrivait Freud, *soll ich werden* » ; là ou *ça* était, *moi* je dois advenir. Non que le moi doive « déloger le ça », comme on l'a longtemps traduit (le ça garde bien sûr sa place, qui est fondamentale), mais en ceci que le moi ne saurait pourtant la lui abandonner toute : car il n'existe, comme instance spécifique, que pour autant qu'il se construit, et il ne peut le faire que contre le ça et le réel – tout contre. *Devenir ce que l'on est*, comme disait Nietzsche ? Devenir, plutôt, ce que l'on veut être, mais que l'on est déjà, en effet, par cette volonté même, sans qu'on ait pourtant jamais fini de le devenir et sans qu'on puisse davantage y renoncer. Non déloger le ça, donc, mais lui résister et le surmonter, au moins par endroits. « C'est là une tâche qui incombe à la civilisation, concluait Freud, tout comme l'assèchement du Zuyderzee » (*Nouvelles conférences*, III).

MONADE C'est une unité *(monas)* spirituelle. Le mot n'est plus guère employé que dans un registre leibnizien. La monade est « une substance simple, qui entre dans les composés ; simple, c'est-à-dire sans parties » (*Monadologie*, § 1). Un atome ? Non pas, si l'on entend par là un être matériel. Les monades sont des substances spirituelles, et uniquement spirituelles : des âmes absolument simples, donc impérissables, qui peuvent être douées ou non de conscience, mais dont chacune exprime à sa façon l'univers que leur ensemble constitue. Le leibnizianisme est un panpsychisme pluraliste : « tout vit, tout est plein d'âme », comme dira Hugo, mais dans l'irréductible multiplicité de substances individuelles séparées et tout intérieures (« sans porte ni fenêtres »). C'est en quoi une monadologie est l'homologue spiritualiste de l'atomisme, donc aussi son contraire.

MONARCHIE Le pouvoir d'un seul, mais conformément à des lois (par différence avec le despotisme, qui ne se soumet à aucune règle). On parlera de monarchie absolue quand ces lois dépendent elles-mêmes de la volonté du monarque (quand le monarque, autrement dit, est souverain) ; et de monarchie limitée ou constitutionnelle lorsque c'est au contraire le monarque qui est soumis aux lois (et spécialement quand c'est le peuple qui est souverain). On voit que la monarchie absolue est très proche du despotisme (c'est un despotisme bien réglé), comme la monarchie constitutionnelle peut n'être qu'une forme de démocratie. En Angleterre ou en Espagne, aujourd'hui, c'est évidemment le peuple qui est souverain : le monarque règne, dans ces pays ; il ne gouverne ni ne légifère. Le roi, dans une monarchie constitutionnelle, n'est pas souverain ; il n'est que le symbole, tant que le peuple y consent, de la nation ou de la souveraineté.

MONDE Dans la langue philosophique, c'est souvent un synonyme d'univers : le monde est « l'assemblage entier des choses contingentes » (Leibniz), l'ensemble de « tous les phénomènes » (Kant) ou de « tout ce qui arrive » (Wittgenstein). Mais alors l'idée d'une pluralité des mondes, bien attestée dans l'histoire de la philosophie, devient inintelligible : comment y aurait-il plusieurs *Tout* ? Il convient donc de distinguer le monde (le *kosmos* des Grecs) du Tout *(to pan)*. Pour les Anciens, le monde est un tout, mais pas *le* Tout. C'est l'ensemble ordonné qui nous contient, tel que nous pouvons l'observer, depuis la Terre jusqu'au ciel et aux astres. Il n'est pas inenvisageable qu'il en existe d'autres, voire un nombre infini (c'est ce que pensait Épicure). Mais nous ne pouvons les connaître, faute d'en avoir la moindre expérience.

Quand on parle du monde, sans plus de précision, il est entendu que c'est le nôtre. C'est l'ensemble, qui nous contient, de tout ce avec quoi nous sommes en relation, de tout ce que nous pouvons constater ou expérimenter – l'ensemble des faits, plutôt que des choses ou des événements. C'est le réel qui nous est accessible : une petite portion de l'être, valorisée (pour nous) par notre présence. C'est notre lieu de coïncidence, ou le paquet-cadeau du destin. Après tout, nous aurions pu tomber plus mal.

Les scientifiques l'appellent parfois l'univers, qui serait le tout du réel. Mais comme nous ne le connaissons jamais qu'en partie, et comme nous ne connaissons rien d'autre, comment savoir s'il est le tout ?

MONÈME Une unité minimale de signification. Par exemple le mot *monde* n'en comporte qu'un (si on le divise, le sens se perd) ; le mot *monisme*, deux : *mon* (qui différencie par exemple *monisme* de *dualisme*) et *isme* (qui le différencie par exemple de *monarchie*) ; la phrase « Vous êtes embarqués », cinq. C'est l'élément de la première articulation (voir ce mot), comme le phonème est celui de la seconde.

MONISME Toute doctrine pour laquelle il n'existe qu'une seule substance, ou qu'un seul type de substances. Un monisme peut être matérialiste, s'il affirme que toute substance est matérielle (ainsi chez les stoïciens, Diderot ou Marx), spiritualiste, s'il les juge toutes spirituelles (ainsi chez Leibniz ou Berkeley), ou ni l'un ni l'autre, si matière et pensée ne sont pour lui que des modes ou des attributs d'une substance unique, qui ne saurait dès lors se réduire à l'une ou l'autre (c'est le cas, spécialement, chez Spinoza). S'oppose en tous les cas au dualisme, qui pose l'existence de deux types de substances (Descartes) ou de deux mondes (Platon, Kant). Devrait pouvoir s'opposer aussi au pluralisme, qui supposerait, pris en son sens fort, l'existence d'un nombre indéfini de substances de natures différentes. Mais l'imagination des philosophes ne s'est guère étendue jusque-là. Nous savons, au moins vaguement, ce que c'est qu'un corps et qu'un esprit. Mais de substances qui ne seraient ni l'un ni l'autre, ni l'unité indissoluble des deux, nous n'avons aucune expérience. Comment pourrions-nous les penser ?

MONNAIE Instrument de paiement : un petit morceau du réel, qui peut être échangé contre la plupart des autres – à condition toutefois que quelqu'un les possède et soit prêt à les vendre. C'est « l'équivalent universel », comme disait Marx, qui libère le commerce du troc et la richesse de l'encombrement.

MONOTHÉISME La croyance en un Dieu unique. Les Modernes ont le sentiment qu'il serait autrement moins divin, son pouvoir se trouvant inévitablement limité par celui, dans le polythéisme, des autres dieux. Le fait est que les plus hautes pensées du divin, dès l'Antiquité (chez Platon, chez Aristote, chez Plotin...), ont eu tendance à le penser comme unité, au moins en son sommet, et comme unicité : le Bien en soi, le Premier Moteur immobile ou l'Un ne sont guère susceptibles d'exister au pluriel. J'y vois plutôt un progrès. Moins il y a de dieux, mieux ça vaut.

On a pourtant beaucoup reproché au monothéisme, ces dernières décennies, de mener directement au monolithisme, au totalitarisme, à l'exclusion de l'autre, de la pluralité, de la différence, du multiple... Que ce thème ait suscité tellement d'enthousiasme à l'extrême droite me le rendrait déjà suspect. Qu'il ait été à ce point démenti par l'histoire (car enfin qui ne voit que les deux grands totalitarismes de ce siècle n'avaient, pour le monothéisme, que haine ou mépris ?) n'est pas non plus à son avantage. Mais il y a autre chose, qui est l'universel. S'il n'existe qu'un seul Dieu, c'est donc le même pour tous : nous voilà tous frères, en tout cas susceptibles de le devenir, tous ouverts à la même vérité, tous soumis, au moins en droit, à la même loi. Totalitarisme ? Mais alors il faudrait parler aussi de totalitarisme pour les sciences, qui sont les mêmes pour tous, pour la morale, qui tend à l'être, enfin pour les droits de l'homme, qui n'ont de sens qu'universels. Et au nom de quoi ? De Zeus, d'Arès ou d'Aphrodite, d'Odin ou de Thor, de tout ce grand guignol de l'Olympe ou du Walhalla ? Mieux vaut l'immense absence, comme disait Alain, partout présente. Voilà le monde vidé de tous ses dieux, et bientôt rendu à lui-même.

MORALE L'ensemble de nos devoirs, autrement dit des obligations ou des interdits que nous nous imposons à nous-mêmes, indépendamment de toute récompense ou sanction attendue, et même de toute espérance.

Imaginons qu'on nous annonce la fin du monde, certaine, inévitable, pour demain matin. La politique n'y survivrait pas, qui a besoin d'un avenir. Mais la morale ? Elle demeurerait pour l'essentiel inchangée. La fin du monde, même inévitable à très court terme, n'autoriserait en rien à se moquer des infirmes, à calomnier, à violer, à torturer, à assassiner, bref à être égoïste ou méchant. C'est que la morale n'a pas besoin d'avenir. Le présent lui suffit. Elle n'a pas besoin d'espérance. La volonté lui suffit. « Une action accomplie par devoir tire sa valeur *non pas du but* qui doit être atteint par elle, souligne Kant, mais de la maxime d'après laquelle elle est décidée. » Sa valeur ne dépend pas de ses effets attendus, mais seulement de la règle à laquelle elle se soumet, indépendamment de tout penchant, de toute inclination, de tout calcul égoïste, enfin « sans égard à aucun des objets de la faculté de désirer » et « abstraction faite des fins qui peuvent être réalisées par une telle action » (*Fondements...*, I). Si tu agis pour la gloire, pour ton bonheur, pour ton salut, et quand bien même tu agirais en tout conformément à la morale, tu n'agis pas encore moralement. Une action n'a de valeur morale véritable, explique Kant, que dans la mesure où elle est désintéressée. Cela suppose qu'elle n'est pas seulement accomplie *conformément au devoir* (à quoi l'intérêt peut suffire : ainsi le commerçant qui n'est honnête que pour garder ses clients), mais bien *par devoir*, autrement dit par pur respect de la loi morale ou, cela revient au même, de l'humanité. La proximité de la fin du monde n'y changerait rien d'essentiel : nous serions toujours tenus, et jusqu'au dernier instant, de nous soumettre à ce qui nous paraît universellement valable, universellement exigible, et spécialement (mais à nouveau cela revient au même) de respecter l'humanité en nous et en l'autre. C'est en quoi la morale est désespérée, au moins en un certain sens, et désespérante peut-être. « Elle n'a aucunement besoin de la religion », insiste Kant, ni de quelque fin ou but que ce soit : « elle se suffit à elle-même » (*La religion dans les limites de la simple raison*, Préface). C'est en quoi elle est laïque, même chez les croyants, et commande, c'est du moins le sentiment que nous avons, absolument. Que Dieu existe ou pas, qu'est-ce que cela change au devoir de protéger les plus faibles ? Rien, bien sûr, et c'est pourquoi on n'a pas besoin de savoir ce qu'il en est de cette existence pour agir humainement.

Imaginons à l'inverse, c'est un exemple qu'on trouve chez Kant, que Dieu existe et soit connu de tous. Que se passerait-il ? « Dieu et l'éternité, avec leur majesté redoutable, seraient sans cesse devant nos yeux. » Nul n'oserait plus désobéir. La peur de l'enfer et l'espérance du paradis donneraient aux commandements divins une force sans pareille. Ce serait le règne en tout de la soumission intéressée ou craintive, comme un ordre moral absolu : « La transgression de la loi serait bien sûr évitée, ce qui est ordonné serait accompli. » Mais nulle *moralité* n'y survivrait : « La plupart des actions conformes à la loi seraient produites par la crainte, quelques-unes seulement par l'espérance, et aucune par devoir, de sorte que la valeur morale des actions, sur laquelle seule reposent la valeur de la personne et même celle du monde aux yeux de la suprême sagesse, n'existerait plus » (*C. R. Pratique*, Dialectique, II, 9). Non seulement il n'est pas besoin d'espérer pour faire son devoir, mais on ne le fait vraiment qu'à la condition que ce ne soit pas par espérance.

Où veux-je en venir ? Simplement à ceci : la morale, contrairement à ce qu'on croit souvent, n'a rien à voir avec la religion, encore moins avec la peur du gendarme ou du scandale. Ou si elle fut liée, historiquement, aux Églises, aux États et à l'opinion publique, elle ne devient vraiment elle-même – c'est l'un des apports décisifs des Lumières – que dans la mesure où elle s'en libère. C'est ce qu'ont montré, chacun à sa façon, Spinoza, Bayle ou Kant. C'est ce que Brassens, quand j'avais quinze ans, suffit à me faire comprendre. Ramenée à son essence, la morale est le contraire du conformisme, de l'intégrisme, de l'ordre moral, y compris sous leurs formes molles qu'on appelle aujourd'hui le « politiquement correct ». Elle n'est pas la loi de la société, du pouvoir ou de Dieu, encore moins celle des médias ou des Églises. Elle est la loi que l'individu se prescrit à lui-même : c'est en quoi elle est libre, comme dirait Rousseau (« l'obéissance à la loi qu'on s'est prescrite est liberté »), ou autonome, comme dirait Kant (parce que l'individu n'y est soumis qu'à « sa législation propre, et néanmoins universelle »). Que cette liberté ou cette autonomie ne soient elles-mêmes que relatives, c'est ce que je crois, contre Kant et Rousseau, mais qui ne change pas le sentiment que nous avons d'un absolu pratique (qui relève de la volonté, non de la connaissance) et d'une exigence, pour nous, inconditionnelle. Que toute morale soit historique, j'en suis convaincu. Mais, loin que cela supprime la morale, c'est au contraire ce qui la fait exister et nous y soumet : puisque nous sommes *dans* l'histoire et produits par elle. Autonomie relative, donc, mais qui vaut mieux que l'esclavage des penchants ou des peurs. Qu'est-ce que la morale ? C'est l'ensemble des règles que je m'impose à moi-même, ou que je devrais m'imposer, non dans l'espoir d'une récompense ou la crainte d'un châtiment, ce qui ne serait qu'égoïsme, non en fonction du regard d'autrui, ce qui ne serait qu'hypocrisie, mais au contraire de façon désintéressée et libre : parce qu'elles me paraissent s'imposer universellement (pour tout être raisonnable) et sans qu'on ait besoin pour cela d'espérer ou de craindre quoi que ce soit. « *Tout seul*, disait Alain, *universellement.* » C'est la morale même.

Cette morale est-elle *vraiment* universelle ? Jamais complètement sans doute : chacun sait bien qu'il existe des morales différentes, qui varient selon les lieux et les époques. Mais elle est universalisable sans contradiction, et d'ailleurs de plus en plus universelle en fait. Si on laisse de côté quelques archaïsmes douloureux, qui doivent plus à des pesanteurs religieuses ou historiques qu'à des jugements proprement moraux (je pense spécialement à la question sexuelle et au statut des femmes), force est de reconnaître que ce qu'on entend par *« un type bien »*, en France, n'est pas très différent – et le sera sans doute de moins en moins – de ce que les expressions équivalentes peuvent désigner en Amérique ou en Inde, en Norvège ou en Afrique du Sud, au Japon ou dans les pays du Maghreb. C'est quelqu'un qui est sincère plutôt que menteur, généreux plutôt qu'égoïste, courageux plutôt que lâche, honnête plutôt que malhonnête, doux ou compatissant plutôt que violent ou cruel… Cela ne date pas d'hier. Rousseau déjà, contre le relativisme montanien, ou plutôt contre la vision qu'il en avait, en appelait à une forme de convergence morale, à travers les différentes civilisations : « O Montaigne ! toi qui te piques de franchise et de vérité, sois sincère et vrai, si un philosophe peut l'être, et dis-moi s'il est quelque pays sur la terre où ce soit un crime de garder sa foi, d'être clément, bienfaisant, généreux ; où l'homme de bien soit méprisé, et le perfide honoré ? » Montaigne n'en eût guère trouvé, ni cherché : relisez ce qu'il écrit sur les indiens d'Amérique, que nous avons si atrocement traités, sur leur courage, sur leur constance, sur leur « bonté, libéralité, loyauté, franchise » (*Essais*, III, 6). L'humanité n'appartient à personne : le relativisme montanien est aussi un universalisme, et ce n'est en rien contradictoire (puisque la morale est relative à toute l'humanité : « chaque homme porte la forme entière de l'humaine condition », III, 2). Au reste l'histoire, sur tous les continents, parle assez clair. Nul ne sait quand la morale a commencé ; mais cela fait deux ou trois mille ans, selon les différentes régions du globe, que l'essentiel a été dit : par les prêtres égyptiens ou assyriens, par les prophètes hébreux, par les sages hindous, enfin, c'est l'étonnante floraison des sixième et cinquième siècles avant notre ère, par Zarathoustra (en Iran), Lao-tseu et Confucius (en Chine), le Bouddha (en Inde), et en Europe par les premiers philosophes grecs, ceux qu'on appelle les présocratiques... Qui ne voit que leurs messages moraux, par-delà d'innombrables oppositions philosophiques ou théologiques, sont fondamentalement convergents ? Qui ne voit que c'est encore plus vrai aujourd'hui ? Prenez l'Abbé Pierre et le Dalaï-Lama. Ils n'ont pas la même origine, pas la même culture, pas la même religion... Mais il suffit de les écouter quelques minutes pour constater que les morales qu'ils professent vont dans la même direction. La mondialisation n'a pas que des mauvais côtés, et elle a commencé bien plus tôt qu'on ne le croit. Nous bénéficions aujourd'hui d'un lent processus historique, qui s'est poursuivi, avec des hauts et des bas, durant quelque vingt-cinq siècles, dont nous sommes à la fois le résultat et les débiteurs. Ce processus, à ne le considérer ici que d'un point de vue moral, et malgré les formes violentes qu'il prit souvent, est un processus de convergence des plus grandes civilisations autour d'un certain nombre de valeurs communes ou voisines, celles qui nous permettent de vivre ensemble sans trop nous nuire ou nous haïr. C'est ce qu'on appelle aujourd'hui les droits de l'homme, qui sont surtout, moralement, ses devoirs.

Cette morale, d'où vient-elle ? De Dieu ? Ce n'est pas impossible : il a pu mettre en nous, comme le voulait Rousseau, « l'immortelle et céleste voix » de la conscience, qui prendrait le pas, ou qui devrait le prendre, sur toute autre considération, fût-elle celle de notre salut ou de sa propre gloire... Mais s'il n'y a pas de Dieu ? Alors il faut penser que la morale n'est qu'humaine, qu'elle n'est qu'un produit de l'histoire, que l'ensemble des normes que l'humanité, au fil des siècles, a retenues, sélectionnées, valorisées. Pourquoi celles-là ? Sans doute parce qu'elles étaient favorables à la survie et au développement de l'espèce (c'est ce que j'appelle la morale selon Darwin), aux intérêts de la société (c'est la morale selon Durkheim), aux exigences de la raison (c'est la morale selon Kant), enfin aux recommandations de l'amour (c'est la morale selon Jésus ou Spinoza).

Imaginez une société qui prônerait le mensonge, l'égoïsme, le vol, le meurtre, la violence, la cruauté, la haine... Elle n'aurait guère de chances de subsister, encore moins de se répandre à l'échelle de la planète : parce que les hommes ne cesseraient de s'y affronter, de s'y nuire, de s'y détruire... Aussi n'est-ce pas une coïncidence si toutes les civilisations qui se sont répandues dans le monde s'accordent au contraire pour valoriser la sincérité, la générosité, le respect de la propriété et de la vie d'autrui, enfin la douceur, la compassion ou la miséricorde. Quelle humanité autrement ? Quelle civilisation autrement ? Cela dit quelque chose d'important sur la morale : qu'elle est ce par quoi l'humanité devient humaine, au sens normatif du terme (au sens où l'humain est le contraire de l'inhumain), en refusant la veulerie et la barbarie qui ne cessent, ensemble, de la menacer, de l'accompagner, et qui la tentent. Seuls les humains, sur cette terre, ont des devoirs. Cela indique clairement la direction, vers quoi il faut tendre : le seul devoir, ou celui qui résume tous les autres, c'est d'agir humainement.

Que cela ne tienne pas lieu de bonheur, ni de sagesse, ni d'amour, c'est une évidence ; c'est pourquoi nous avons besoin aussi d'une éthique (voir ce mot). Mais sauf à être sage absolument, ou inhumain absolument, qui pourrait se passer de morale ?

MORT Le néant ultime. Ce n'est donc rien ? Pas tout à fait pourtant, puisque ce *rien* nous attend, ou puisque nous l'attendons. Disons que la mort n'est rien, mais que nous mourrons : cette vérité au moins n'est pas rien.

Épicure et Lucrèce, sur cette question, me paraissent plus judicieux que Spinoza. « Un homme libre ne pense à aucune chose moins qu'à la mort, dit une fameuse proposition de l'*Éthique*, et sa sagesse est une méditation non de la mort mais de la vie » (IV, 67). À la seconde affirmation, j'adhère absolument. Mais à la première, non, ni ne vois comment les deux peuvent être compatibles. Comment méditer la vie sans penser la mort, qui l'achève ? C'est au contraire parce que nous pensons que la mort n'est rien, dirait Épicure (rien pour les vivants, puisqu'ils sont vivants, rien pour les morts, puisqu'ils ne sont plus), que nous pouvons profiter de la vie sereinement. À quoi bon autrement philosopher ? Et comment le faire en laissant la mort de côté ? Celui qui a peur de la mort, il a peur, exactement, *de rien*. Comment n'aurait-il pas peur de tout ? Alors qu'il n'y a rien à craindre dans la vie, expliquait encore Épicure, pour celui qui a compris que le mal le plus redouté, la mort, n'est rien pour nous (*Lettre à Ménécée*, 125). Encore faut-il la penser strictement – comme néant – pour cesser de l'imaginer (comme enfer ou comme manque) et de la craindre. Cela suffira-t-il ? Ce n'est pas sûr. Et même ce n'est pas, lorsque la mort sera toute proche, le plus probable. Mais pourquoi la pensée devrait-elle suffire ? Comment le pourrait-elle ? Et qu'importe qu'elle ne suffise pas, si cette idée vraie, ou qui nous paraît telle, nous aide, ici et maintenant, à vivre mieux ? Une philosophie, même insuffisante, vaut mieux que pas de philosophie du tout.

Apprendre à mourir ? Ce n'est qu'une partie, non la plus importante ni la plus difficile, du général apprentissage de vivre. Au reste, et comme l'a dit plaisamment Montaigne, quand bien même nous ne saurions mourir, nous aurions tort de nous en inquiéter : « Nature nous en informera sur-le-champ, pleinement et suffisamment » (*Essais*, III, 12). S'il faut penser la mort, ce n'est pas pour apprendre à mourir – nous y parviendrons de toute façon – mais pour apprendre à vivre. Penser la mort, donc, pour l'apprivoiser, pour l'accepter, puis pour penser à autre chose. « Je veux qu'on agisse, écrit merveilleusement Montaigne, et qu'on allonge les offices de la vie tant qu'on peut ; et que la mort me trouve plantant mes choux, mais nonchalant d'elle, et encore plus de mon jardin imparfait » (*Essais*, I, 20).

MOT L'élément d'une langue : élément non pas minimal (ce n'est ni un phonème ni un monème) mais qui fait, dans une langue donnée, comme une unité signifiante, empiriquement repérable et reconnaissable. L'erreur serait d'y voir une copie des choses, quand ce n'est une copie – ou une matrice – que de notre pensée. Que le mot « néant » existe, par exemple, cela ne prouve pas que le néant soit.

Les mots sont des outils : morceaux de sens et d'irréel (en tant qu'ils sont réels, comme bruits, ils ne signifient rien), pour dire l'insignifiante ou insensée réalité. Il s'agit, par un jeu construit d'unités discrètes, de découper le réel – de *briser le silence* –, puis, comme on peut, d'en recoller les morceaux. De là ces petits bruits, ces petites idées, et le grand bavardage de l'esprit... De là, aussi, la tentation du silence. « Qu'y a-t-il dans un mot ? demandait Shakespeare. Ce que nous appelons rose, sous un autre nom, sentirait aussi bon. »

MOURIR C'est le passage ultime, où rien ne passe. C'est pourquoi on ne meurt pas : on agonise (mais les mourants sont vivants, hélas), puis on est mort (mais les morts ne sont plus). Mourir est un acte sans sujet, et sans acte : un rond dans l'eau du destin, une imagination, une fantasmagorie, cette fois bien douloureuse, de l'amour-propre. Le corps lâche son âme comme un pet, voilà ce qu'il faut dire, et le pet seul, à l'avance, se rebiffe. Qu'as-tu, mon corps, à te soucier de tes vents ?

MOUVEMENT C'est changer de lieu ou d'état, de position ou de disposition.

Aristote (*Physique*, III, 1 et VIII, 7) distinguait quatre mouvements – mais on dirait mieux, en français, quatre changements – principaux, correspondant à autant de catégories : selon le lieu (le mouvement local), selon la substance (génération et destruction), selon la quantité (accroissement et diminution), selon la qualité (altération). Il y voyait le passage de la puissance à l'acte, passage toujours inachevé (puisqu'il y a mouvement) et pour cela indissolublement en puissance et en acte : c'est « l'acte de ce qui est en puissance, en tant que tel », c'est-à-dire, précise Aubenque, en tant qu'il est en puissance – l'acte de la puissance, ou la puissance en acte (III, 1 et 2 ; voir aussi P. Aubenque, *Le problème de l'être*…, p. 454). C'est ce que nous appelons le changement ou le devenir, dont le mouvement local n'est qu'une espèce, mais sans doute aussi, dans l'espace, la condition de toutes les autres.

MULTITUDE Un grand nombre. Quand on ne précise pas de quoi, il s'agit le plus souvent d'êtres humains, considérés dans leur rassemblement purement factuel, sans ordre et sans unité. S'oppose par là à l'État, qui suppose l'ordre, et au peuple, qui suppose l'unité. La multitude est « comme une hydre à cent têtes, disait Hobbes, qui ne doit prétendre dans la république qu'à la gloire de l'obéissance » (*Le Citoyen*, VI, 1).

MYSTÈRE Quelque chose qu'on ne peut comprendre, mais à quoi l'on croit. Se distingue par là du *problème* (quelque chose qu'on ne comprend pas encore) et de l'*aporie* (à laquelle il n'est pas besoin de croire). Par exemple l'origine de la vie est un problème. L'origine de l'être (« Pourquoi y a-t-il quelque chose plutôt que rien ? »), une aporie. Dieu, un mystère.

MYSTIQUE L'étymologie rattache le mot aux mystères. Mais les mystiques, dans toutes les religions, nous parlent plutôt d'une espèce d'évidence. C'est eux qu'il faut croire, plutôt que le passé de la langue ou de la superstition. Le mystique, c'est celui qui voit la vérité face à face : il n'est plus séparé du réel par le discours (c'est ce que j'appelle le silence), ni par le manque (ce que j'appelle la plénitude), ni par le temps (ce que j'appelle l'éternité), ni enfin par lui-même (ce que j'appelle la simplicité : l'*anatta* des bouddhistes). Dieu même a cessé de lui manquer. Il fait l'expérience de l'absolu, ici et maintenant. Cet absolu, est-ce encore un Dieu ? Plusieurs mystiques, spécialement en Orient, ont répondu que non. De là un « mysticisme pur », comme disait le père Henri de Lubac, qui est « la forme la plus profonde de l'athéisme » (*La mystique et les mystiques*, A. Ravier *et all.*, Préface). Ceux-là ne croient en rien : l'expérience leur suffit.

Ce mysticisme-là, qui est le maximum d'évidence, est ainsi le contraire de la religion, qui est le maximum de mystère.

MYTHE Une fable que l'on prend au sérieux.

N

NAÏVETÉ On ne la confondra pas avec la niaiserie. Le niais manque d'intelligence ou de lucidité ; le naïf, de ruse et d'artifice. Vertu d'enfance ou de nature, qui ne saurait toutefois justifier le manque de maturité, de culture ou de politesse.

NARCISSISME L'amour, non de soi, mais de son image : Narcisse, incapable de la posséder, incapable d'aimer autre chose, finit par en mourir. C'est la version auto-érotique de l'amour-propre, et un autre piège. On n'en sort que par l'amour vrai, qui n'a que faire des images.

NATION Un peuple, mais considéré d'un point de vue politique plutôt que biologique ou culturel (ce n'est ni une race ni une ethnie), et comme ensemble d'individus plutôt que comme institution (ce n'est pas, ou pas nécessairement, un État). Renan a bien vu que l'existence et la pérennité d'une nation doit moins à la race, à la langue ou à la religion qu'à la mémoire et à la volonté. Deux choses surtout la constituent : « L'une est la possession en commun d'un riche legs de souvenirs ; l'autre est le consentement actuel, le désir de vivre ensemble, la volonté de continuer à faire valoir l'héritage qu'on a reçu indivis. [...] Avoir des gloires communes dans le passé, une volonté commune dans le présent ; avoir fait de grandes choses ensemble, vouloir en faire encore, voilà les conditions essentielles pour être un peuple » ou une nation (*Qu'est-ce qu'une nation ?*, III). C'est dire qu'il n'est de nation que fidèle, et tel est le vrai sens du patriotisme.

NATIONALISME C'est ériger la nation en absolu, à quoi tout – le droit, la morale, la politique – devrait se soumettre. Toujours virtuellement antidémocratique (si la nation est vraiment un absolu, elle ne dépend plus du peuple : c'est lui au contraire qui dépend d'elle), presque toujours xénophobe (ceux qui ne font pas partie de la nation sont comme exclus de l'absolu). C'est un patriotisme exagéré et ridicule : il érige la politique en religion ou en morale. Aussi est-il volontiers païen et presque inévitablement immoral.

NATURALISME Toute doctrine qui considère la nature, prise en son sens large, comme la seule réalité : c'est considérer que le surnaturel n'existe pas ou n'est qu'une illusion. Un synonyme, donc, du matérialisme ? Pas tout à fait. Tout matérialisme est un naturalisme, mais tout naturalisme n'est pas matérialiste (ainsi, Spinoza). Disons que le naturalisme est le genre prochain, dont le matérialisme ne serait qu'une espèce : c'est un naturalisme moniste, comme était aussi le spinozisme, mais qui considère que la nature est intégralement et exclusivement matérielle.

NATURE La *phusis*, chez les Grecs, comme la *natura* chez Lucrèce ou Spinoza, c'est le réel lui-même, considéré dans son indépendance, dans sa spontanéité, dans son pouvoir d'auto-production ou d'auto-développement. S'oppose en cela à l'art ou à la technique (comme ce qui se fait tout seul à ce qui est fait par l'homme) et au divin (comme ce qui se développe ou change à ce qui est immuable). Peut se dire en un sens général (la nature est l'ensemble des êtres naturels) ou en un sens particulier (la nature d'un être, qu'on appelle parfois son essence, étant alors ce qu'il y a en lui de naturel : son « principe, comme dit Aristote, de mouvement et de fixité »). S'oppose dans les deux cas au surnaturel ou au culturel : la nature, c'est tout ce qui existe, ou qui semble exister, indépendamment de Dieu – sauf bien sûr à définir Dieu comme la nature elle-même – ou des hommes.

NATURE HUMAINE Il était de bon ton, dans les années 1960, de dire qu'elle n'existe pas : l'homme ne serait que culture et liberté. Si c'était si simple pourtant, pourquoi aurions-nous tellement peur des manipulations génétiques sur les cellules germinales, celles qui transmettent le patrimoine héréditaire de l'humanité ? La vérité, à ce que je crois, c'est qu'il y a bien une nature humaine, ou en tout cas une nature de l'homme, qui est le résultat, en chacun, du processus naturel d'hominisation : notre nature, c'est tout ce que nous recevons à la naissance et transmettons génétiquement, le cas échéant et au moins en partie, à nos descendants. On sait de plus en plus à quel point c'est considérable. Reste à l'humaniser, ce qui ne se fait que par éducation et apprentissage. C'est pourquoi on peut dire, mais en un tout autre sens, qu'il n'y a pas de nature humaine : non parce qu'il n'y aurait rien de naturel en l'homme, mais parce que ce qui est naturel en lui n'est pas humain, au sens normatif du terme, de même que ce qui est humain n'est pas naturel. On naît homme, ou femme : telle est notre nature. Puis on devient humain : telle est notre culture et notre tâche.

NATURE NATURANTE / NATURE NATURÉE C'est une expression d'origine scolastique : la *natura naturans* serait Dieu, la *natura naturata* l'ensemble des choses créées. Toutefois ces deux expressions, aujourd'hui, sont plus souvent prises dans un sens spinoziste, donc panthéiste, qui fait référence à un scolie fameux de l'*Éthique*. La *Nature naturante*, c'est la nature en tant qu'elle est Dieu, c'est-à-dire cause de soi et de tout (non les modes, mais les attributs éternels et infinis de la substance). La *Nature naturée* c'est l'ensemble des effets – dont chacun est aussi une cause – qui en découlent nécessairement : la chaîne infinie des causes finies (l'ensemble non des attributs mais des modes). Disons que la Nature naturante, c'est la nature comme cause de soi et de tout ; et la Nature naturée, l'ensemble des effets, mais en elle, de cette causalité immanente (I, 29, scolie).

NATUREL Au sens large ou classique : tout ce qui n'est pas surnaturel. Au sens étroit et moderne : tout ce qui n'est pas culturel. Ce dernier sens reste problématique. Si l'homme fait partie de la nature, comme je le crois, comment ne serait-ce pas vrai aussi de la culture ?

Il reste que s'agissant spécialement du monde humain, il est commode de distinguer ce qui est *naturel* (qui est transmis par les gènes et se reconnaît à l'universalité) de ce qui est *culturel* (qui est transmis par l'éducation et se reconnaît à des règles particulières). Par exemple la pulsion sexuelle est naturelle. La façon de vivre cette pulsion, et spécialement de la satisfaire ou pas, est culturelle. La procréation est naturelle ; la façon de faire des enfants (et *a fortiori* de les élever), culturelle. La faim est naturelle. La gastronomie et la façon de manger, culturelles. C'est en quoi la prohibition de l'inceste, remarque Lévi-Strauss, fait problème : c'est qu'elle semble vérifier à la fois l'universalité de la nature et la particularité réglée de la culture (on ne connaît pas de société humaine où l'inceste ne soit prohibé, mais toutes ne le prohibent pas de la même façon ni dans les mêmes limites). La solution du problème, selon Lévi-Strauss, c'est que la prohibition de l'inceste relève bien de ces deux ordres : parce qu'elle assure le *passage* de la nature (la procréation) à la culture (la parenté), de la filiation à l'alliance, de la famille à la société. Par quoi la nature a toujours le premier mot, comme elle a aussi, par la mort, le dernier.

NÉANT Le non-être, ou le non-étant, mais considéré plutôt positivement. Ce n'est pas tout à fait un ensemble vide, ni un pur rien : c'est un ensemble, plutôt, dont le vide serait l'unique élément, ou un rien qui serait aussi réel, à sa façon, que le quelque chose. Le néant, remarquait Hegel, « est égalité simple avec lui-même, vacuité parfaite, absence de détermination et de contenu, état de non-différenciation en lui-même ». C'est en quoi il n'est rien, sans cesser pour autant d'être (puisqu'il *est* ce rien) : il est « la même détermination, ou plutôt la même absence de détermination, et partant absolument la même chose que l'être pur » (*Logique*, I, 1). Bergson, peut-être moins dupe du langage ou de la dialectique, ne voyait dans le néant qu'un mot, qu'une pseudo-idée, qui ne serait obtenue que par négation de celle d'être, laquelle peut seule être pensée positivement. Il avait sans doute raison, mais cela ne prouve pas que, de cette pseudo-idée, on puisse tout à fait se passer.

Chez Heidegger et Sartre, le néant se révèle dans l'expérience de l'angoisse : soit parce que l'être ne se donne que sur fond de néant (puisque aucun étant n'est l'être, puisque l'être n'est rien d'étant) et de facticité (tout ce qui est *aurait pu* ne pas être), soit parce que la conscience – n'étant pas ce qu'elle est, étant ce qu'elle n'est pas – est pouvoir de néantisation. C'est constater une nouvelle fois que le néant n'existe que pour l'homme : l'homme est l'être par qui le néant vient au monde. En ce sens, le néant est moins ce qui n'est pas que ce qui n'est plus, ou pas encore, ou pas tout à fait. C'est le corrélat vide de la conscience, par quoi elle n'est jamais prisonnière de ses objets ou de son être : le résultat, qu'on aurait bien tort d'hypostasier, de son pouvoir de néantisation. « Dans la nuit claire du Néant de l'angoisse, écrit Heidegger, se montre enfin la manifestation originelle de l'étant comme tel : à savoir *qu'il y ait de l'étant – et non pas Rien*... Le néant est la condition qui rend possible la révélation de l'étant comme tel pour la réalité humaine *(Dasein)*. Le Néant ne forme pas simplement le concept antithétique de l'étant, mais l'essence de l'Être même comporte dès l'origine le Néant. C'est dans l'*être* de l'étant que se produit le *néantir* du Néant » (*Qu'est-ce que la métaphysique ?*, trad. H. Corbin). Par quoi le *berger de l'être*, comme dit ailleurs Heidegger de l'homme, devient *« la sentinelle du Néant »*... Bergson, reviens : ils sont devenus fous !

NÉCESSITARISME Croyance en la nécessité de tout. À ne pas confondre avec le fatalisme.

NÉCESSITÉ Le contraire de la contingence : est nécessaire ce qui ne peut pas ne pas être, autrement dit ce dont la négation est impossible. Par exemple la somme des angles d'un triangle, dans un espace euclidien, fait *nécessairement* 180°, ce qui signifie qu'il est impossible, dans cet espace, qu'elle soit autre. Nécessité absolue ? Non pas, puisqu'un autre espace est possible ou concevable (celui des géométries non euclidiennes). Mais qui n'en est pas moins nécessaire pour autant, dans cet espace-là. Toute nécessité est ainsi hypothétique, comme disait Alain : elle est soumise à la condition d'un principe ou d'un réel. Si rien n'existait, rien ne serait nécessaire. C'est en quoi tout le nécessaire, à le considérer globalement ou en détail, reste contingent. La nécessité de ma mort, par exemple, est soumise à la contingence de ma naissance, comme la nécessité de ma naissance (dès lors que les conditions en sont posées) reste soumise à la contingence de ma conception, ou de celle de mes parents ou grands-parents, et comme la nécessité de l'univers, dès lors qu'il existe, reste soumise à la contingence de sa propre existence (puisqu'il aurait pu ne pas exister). Cela pose la question du temps, je veux dire de celui qui passe ou qui est passé. Prenons par exemple le temps qu'il fait. Est-il nécessaire ou contingent ? Cela dépend du point de vue chronologique adopté. Le temps qu'il fait, ici et maintenant, est assurément nécessaire : ce qui est ne peut pas ne pas être, soulignait à juste titre Aristote, tant qu'il est. Le temps qu'il fera dans six mois est très vraisemblablement contingent : non seulement imprévisible en fait, mais sans doute imprévisible en droit, en raison de la complexité et de l'aléatoire des phénomènes météorologiques, à l'échelle macroscopique, voire de ce qu'il y a d'indéterminé en eux à l'échelle microscopique ou corpusculaire. Pourtant, dans six mois, le temps qu'il fera sera nécessaire, comme tout présent. C'est dire que la nécessité n'est pas un prédéterminisme, qui voudrait que le temps qu'il fait aujourd'hui ait été inscrit depuis toujours dans le passé de l'univers, comme celui qu'il fera dans dix mille ans le serait dans son état actuel. La vérité, c'est que tout présent est nécessaire (sa négation, au présent, est impossible : s'il pleut, ici et maintenant, il est impossible, ici et maintenant, qu'il ne pleuve pas), donc aussi toute vérité (puisqu'il n'est de vérité qu'éternelle : que toujours présente), mais *eux seuls et au présent seulement*. Le temps qu'il fait, ici et maintenant, est nécessaire ; il ne l'était pas il y a six mois. Il était pourtant vrai, il y a six mois, qu'il ferait ce temps aujourd'hui ? Sans doute. Mais ce n'est pas parce que c'était vrai il y a six mois qu'il fait ce temps maintenant ; c'est parce qu'il fait ce temps maintenant que c'était vrai il y a six mois ou cent mille ans. L'éternité du vrai dépend de la nécessité du réel, non l'inverse, de même que le tracé d'un fleuve, sur nos cartes réelles ou possibles, dépend du cours effectif de ce fleuve et ne saurait évidemment le gouverner. Ainsi tout est nécessaire, au présent, et c'est pourquoi tout l'est (puisque seul le présent existe). On n'en conclura pas que ce qui est *n'aurait pas pu* ne pas être (à l'irréel du passé : tant que cela n'était pas), ce qui n'est guère vraisemblable. Mais seulement que ce qui est *ne peut pas* ne pas être (au présent : il est nécessairement ce qu'il est, tant qu'il est). Dès lors que je suis vivant, il est impossible que je ne le sois pas. Mais cela ne me rend ni immortel ni incréé.

Un être absolument nécessaire ? Ce serait Dieu, et c'est pourquoi rien, dans le monde, ne saurait l'être.

NÉGLIGENCE Une faute qu'on aurait pu facilement éviter : il aurait suffi d'un peu d'attention ou d'exigence. Petite faute ? Le plus souvent, oui. Mais qui mène aux grands abandons, à force de s'habituer aux petits. On omet d'abord de bien faire, puis on fait mal, ou le mal. C'est où la négligence mène à la veulerie, comme la veulerie à la scélératesse.

NÉPOTISME Une forme de favoritisme, donc d'injustice, à destination de ses parents : c'est privilégier les membres de sa famille, dans des domaines où les liens de sang ou de cœur sont sans pertinence, par exemple en matière d'emploi public ou d'administration. Quand Le Pen nous explique qu'il préfère sa fille à sa voisine, et sa voisine à une étrangère, il ne ferait qu'énoncer une platitude, s'il s'agissait d'un registre purement affectif ou privé. Mais s'il prétend fonder là-dessus quelque politique que ce soit, ce n'est que la justification du népotisme. Non plus une platitude, donc, mais une ignominie.

NERVEUX L'un des quatre tempéraments de la tradition hippocratique et classique : teint pâle, vivacité des réactions, mobilité de l'intelligence et du visage… Vous vous reconnaissez ? Inutile d'en parler à votre médecin. Ce n'est pas une maladie, et votre médecin jugerait cette typologie dépassée. Il a bien sûr raison. Cela ne prouve pas que celle qu'il utilise soit indépassable.

NÉVROSE/PSYCHOSE Deux mots pour dire des troubles du psychisme ou de la vie mentale. Étymologiquement, le névrosé serait malade des nerfs ; le psychotique, de l'esprit. Cela ne dit rien de leur pathologie respective, ni de son étiologie. La distinction, entre ces deux concepts, reste d'ailleurs difficile à cerner, au point que certains psychiatres, notamment américains, renoncent aujourd'hui à les utiliser. Elle garde pourtant une espèce de puissance classificatrice ou d'usage régulateur : ce sont des catégories qu'il est bon de connaître, sans y croire tout à fait. Les psychoses, quoiqu'il y ait des exceptions et des états intermédiaires, sont ordinairement plus graves : elles perturbent la totalité de la vie psychique, sont souvent accompagnées de délire ou d'hallucinations, coupent du monde et de l'autre, enfin relèvent de la psychiatrie davantage que de la psychothérapie. Les névroses sont moins graves, du moins dans la plupart des cas, et de pronostic habituellement plus favorable : les troubles y restent parcellaires ou localisés (ils n'atteignent qu'un pan ou qu'un niveau de la vie psychique), socialement moins invalidants, dépourvus de délire, susceptibles d'un traitement psychothérapeutique ou analytique efficace, enfin « relativement superficiels, plastiques et réversibles » (Henri Ey, *Manuel de psychiatrie*). Les principales psychoses sont la paranoïa, la schizophrénie et la psychose maniaco-dépressive. Les principales névroses sont la névrose d'angoisse, la névrose obsessionnelle, la névrose phobique et l'hystérie. On dit parfois que le névrosé bâtit des châteaux en Espagne, que le psychotique les habite, enfin que le psychanalyste encaisse le loyer. Disons, plus sérieusement, que c'est sans doute le rapport au réel et aux autres qui permet le mieux de distinguer ces deux entités nosologiques. Le psychotique est prisonnier de son monde ou de sa folie, au point d'ignorer souvent qu'il est malade. Le névrosé habite le monde commun : ses troubles, dont il a habituellement conscience, ne l'empêchent ni d'agir ni d'entrer en relation avec autrui *à peu près* normalement. Toutefois ce ne sont que des abstractions. Pour ceux qui ne sont ni malades ni psychiatres, elles servent surtout à s'observer soi. Il n'est pas inutile, même dans la santé, de savoir de quel côté on penche.

NIHILISME Le nihiliste, c'est celui qui ne croit à rien *(nihil)*, même pas à ce qui est. Le nihilisme est comme une religion négative : Dieu est mort, emportant avec lui tout ce qu'il prétendait fonder, l'être et la valeur, le vrai et le bien, le monde et l'homme. Il n'y a plus rien que le rien, en tout cas rien qui vaille, rien qui mérite d'être aimé ou défendu : tout se vaut, et ne vaut rien.

Le mot semble avoir été inventé par Jacobi, pour désigner l'incapacité de la raison à saisir l'existence concrète, qui ne se donnerait qu'à l'intuition sensible ou mystique. La raison, coupée de la croyance, est incapable de passer du concept à l'être (comme le prouve la réfutation kantienne de la preuve ontologique) ; elle ne peut donc penser que des essences sans existence (sujet et objet se dissolvant alors dans une pure représentation), et c'est en ce sens que tout rationalisme, pour Jacobi, est un nihilisme. En français, et dans un usage moins technique, le mot a été popularisé par Paul Bourget, qui le définissait comme « une mortelle fatigue de vivre, une morne perception de la vanité de tout effort ». Mais c'est bien sûr Nietzsche, dans le double prolongement de Jacobi et de Bourget, qui lui donnera ses lettres de noblesse philosophiques. La raison ne donne aucune raison de vivre : elle ne débouche que sur des abstractions mortifères. Le rationalisme, pour Nietzsche aussi, est un nihilisme. Mais ce n'est pas un courant de pensée parmi d'autres : c'est l'univers spirituel qui nous attend. « Ce que je raconte, écrit Nietzsche, c'est l'histoire des deux prochains siècles. Je décris ce qui viendra, ce qui ne peut manquer de venir : *l'avènement du nihilisme* » (*La volonté de puissance*, III, 1, 25). Nous y sommes. Le problème est d'en sortir.

« Que signifie le nihilisme ? Que les valeurs supérieures se déprécient, répond Nietzsche. Les fins manquent. Il n'est pas de réponse à cette question : "À quoi bon ?" » (*ibid.*, aph. 100). Les sciences, qui voulaient remplacer la religion, ne donnent aucune raison de vivre : leur culte de la vérité n'est qu'un culte de la mort. De là cette « doctrine de la grande lassitude : "À quoi bon ? Rien n'en vaut la peine !" » (*ibid.*, aph. 99). Nietzsche voulut y échapper par l'esthétisme, autrement dit par le culte du beau mensonge, de l'erreur utile à la vie, de l'illusion créatrice (« l'art au service de l'illusion, voilà notre culte », III, 5, 582). Cela ne fait qu'un néant de plus, qui règne désormais dans nos musées. « Tout est faux, tout est permis », disait encore Nietzsche (III, 1, 108), et c'est le nihilisme d'aujourd'hui. On ne peut en sortir qu'en revenant à la vérité de l'être, comme dira Heidegger, et de la vie, comme le voulait Nietzsche, mais qui n'est pas le mensonge et l'illusion : qui est puissance et fragilité, puissance et résistance *(conatus)* – désir, en l'homme, et vérité. C'est choisir Spinoza plutôt que Nietzsche, la lucidité plutôt que l'illusion, la fidélité plutôt que le « renversement de toutes les valeurs », enfin l'humanité plutôt que le surhomme. « Qu'est-ce que le nihilisme, demande Nietzsche, si ce n'est cette lassitude-là ? Nous sommes fatigués de l'homme... » (*Généalogie*..., I, 12). Parle pour toi. Le nihilisme est une philosophie de peine-à-jouir, de peine-à-aimer, de peine-à-vouloir. C'est la philosophie de la fatigue, ou la fatigue comme philosophie. Ils ont perdu la capacité d'aimer, comme dit Freud des dépressifs, et en concluent que rien n'est aimable. C'est bien sûr se méprendre. Ce n'est pas parce que le monde et la vie sont aimables qu'il faudrait les aimer ; c'est parce que nous les aimons qu'ils sont, pour nous, aimables. Les valeurs ne se déprécient que pour ceux qui ont besoin d'un Dieu pour aimer. Pour les autres, les valeurs continuent de valoir, ou plutôt n'en valent que de façon plus urgente : parce que aucun Dieu ne les fonde ni ne les garantit, parce qu'elles ne valent qu'à proportion de l'amour que nous leur portons, parce qu'elles ne valent que pour nous, que par nous, qui avons besoin d'elles. Raison de plus pour les servir. Le relativisme, loin d'être une forme de nihilisme, est son remède : que toutes nos valeurs soient relatives (à nos désirs, à nos intérêts, à notre histoire), c'est une raison forte pour ne pas renoncer aux *relations* qui les font être. Ce n'est pas parce que la justice existe qu'il faut s'y soumettre (dogmatisme), ni parce qu'elle n'existe pas qu'il faudrait y renoncer (nihilisme) ; c'est parce qu'elle n'existe pas (sinon en nous, qui la pensons et voulons : relativisme) qu'elle est à faire.

Contre le dogmatisme, quoi ? La lucidité, le relativisme, la tolérance.

Contre le nihilisme ? L'amour et le courage.

NIRVÂNA Le nom bouddhiste de l'absolu ou du salut : c'est le relatif même (le *samsâra*), l'impermanence même *(anicca)*, dès lors qu'on n'en est plus séparé par le manque, le mental ou l'attente. L'ego s'éteint (*nirvâna*, en sanskrit, signifie extinction) : il n'y a plus que tout. C'est l'équivalent à peu près, mais dans une tout autre problématique, de l'ataraxie chez Épicure et de la béatitude chez Spinoza : l'expérience, ici et maintenant, de l'éternité.

NOM Un mot, mais désignant ordinairement quelque chose d'à peu près stable : une chose, un individu, une substance (d'où le mot, qu'on utilise aussi, de *substantif*), un état, une abstraction... Les actions, les mouvements ou les processus sont mieux désignés par des verbes. On objectera qu'« actions », « mouvements » ou « processus » sont des noms. Mais c'est qu'il s'agit ici d'abstractions : le mot « action » n'en est pas une (c'est un nom, qui ne désigne qu'une idée), mais c'en est une de le prononcer ou d'agir (qui sont des verbes).

Francis Wolff, dans un livre magistral (*Dire le monde*, PUF, 1997), a imaginé un langage-monde qui ne serait fait que de noms : monde d'essences séparées et immuables, d'individus sans changements, de substances sans accidents, de choses sans événements, d'êtres sans devenir... Ce serait le monde de Parménide, s'il était possible, ou le monde intelligible de Platon, s'il était réel. Mais ce n'est rien, ou presque rien : monde de l'abstraction, ou l'abstraction d'un monde.

NOMINALISME Toute doctrine qui considère que les idées générales n'ont d'autre réalité que les mots qui servent à les désigner. C'est affirmer que seuls les individus existent, et qu'il n'est de généralités (ou d'universaux, comme on disait au Moyen Âge) que par et dans le langage. Le nominalisme s'oppose ainsi au *réalisme* (au sens du réalisme des idées, tel qu'on le voit chez Platon ou Guillaume de Champeaux), et ce dès l'Antiquité : « Je vois bien le cheval, disait Antisthène, mais non la chevalité ». Il se distingue aussi du *conceptualisme*, pour lequel les idées générales n'existent que dans notre esprit, mais sans se réduire purement et simplement aux signes qui servent à les désigner. Cette dernière distinction est pourtant moins fondamentale : nominalisme et conceptualisme ont en commun d'affirmer l'existence exclusive des individus, du moins en dehors de l'esprit humain, ce qui explique que la frontière, entre ces deux courants, soit souvent floue (les spécialistes discutent encore, par exemple, pour savoir si Guillaume d'Occam était nominaliste ou conceptualiste), alors qu'ils s'opposent frontalement, l'un et l'autre, au réalisme des idées.

Le nominalisme sera la doctrine de Roscelin, au XIe siècle, ou de Guillaume d'Occam, au XIVe, mais aussi de Hobbes, Hume et Condillac, comme en général, et jusqu'à aujourd'hui, de la plupart des empiristes. Si les idées n'existent pas en elles-mêmes, il en découle qu'on ne peut rien connaître que par l'expérience, et que la logique elle-même n'est qu'une langue bien faite (elle n'est agencement d'idées que parce qu'elle est, d'abord, agencement de signes). Le matérialisme, dans une autre problématique, s'y reconnaît également. Si tout est matière, les idées ne sauraient exister en elles-mêmes : elles n'existent que dans un cerveau et par la médiation des signes qui permettent de les désigner. Le matérialisme, de ce point de vue, est un nominalisme radical et moniste : il n'existe que des individus, et ils sont tous matériels.

NORMAL Qui est conforme à la norme, mais à une norme purement factuelle, en général la moyenne (« une taille normale ») ou la santé (le normal opposé au pathologique). C'est ériger le fait en valeur, la statistique en jugement, la moyenne en idéal. C'est ce qui rend la notion désagréable, sans permettre pour autant de toujours s'en passer. « S'il existe des normes biologiques, écrit Georges Canguilhem, c'est parce que la vie, étant non pas seulement soumission au milieu mais institution de son milieu propre, pose par là même des valeurs, non seulement dans le milieu mais aussi dans l'organisme même. C'est ce que nous appelons la normativité biologique » (*Le normal et le pathologique*, PUF, Conclusion). C'est ce qui explique que la santé, qui est un fait, ou un rapport entre des faits, soit aussi un idéal.

NORMATIF Qui établit une norme, en relève ou la suppose ; qui énonce un jugement de valeur ou en dépend. Le point de vue *normatif* s'oppose traditionnellement au point de vue *descriptif*, qui se contente d'établir des faits, ou *explicatif*, qui donne les causes ou les raisons. La différence, entre ces trois points de vue, peut pourtant être floue. Quand je dis de quelqu'un *« C'est un imbécile »*, il est clair que j'émets un jugement de valeur. Mais je peux aussi constater un fait (si l'imbécillité en question fait partie du réel) et expliquer un certain type de comportement. Le politiquement correct voudrait nous interdire ce type de jugement négatif (« On ne dit plus *aveugle* mais *mal-voyant*, remarquait un humoriste, bientôt on ne dira plus *con* mais *mal-comprenant* »). Mais c'est au nom d'un point de vue qui reste lui-même normatif, tout en se prétendant abusivement descriptif : ils voudraient, absurdement, que l'égalité des hommes en droits et en dignité entraîne leur égalité en fait et en valeur. Aussi s'interdisent-ils de juger, sinon pour condamner ceux qui s'y risquent. C'est qu'ils ont jugé à l'avance et une fois pour toutes. Le politiquement correct n'est qu'un préjugé normatif.

NORME *Norma*, en latin, c'est l'*équerre* : une norme, commente Canguilhem, « c'est ce qui sert à faire droit, à dresser, à redresser » (*Le normal et le pathologique*, p. 177). Elle dit ce qui doit être, ou permet de juger ce qui est.

Le mot peut valoir comme synonyme de *règle*, d'*idéal*, de *valeur*... Si on veut lui donner un sens plus précis, c'est sans doute sur sa généralité qu'il faut insister : la *norme* est le genre commun, dont *règles*, *idéaux* et *valeurs* sont différentes espèces. C'est pourquoi le mot a quelque chose de flou, qui le rend à la fois commode et embarrassant. Il perd en compréhension, nécessairement, ce qu'il gagne en extension.

NOSTALGIE C'est le manque du passé, en tant qu'il fut. Se distingue par là du regret (le manque de ce qui ne fut pas) ; s'oppose à la gratitude (le souvenir reconnaissant de ce qui a eu lieu : la joie présente de ce qui fut) et à l'espérance (le manque de l'avenir : de ce qui sera peut-être).

J'ai tendance à penser que la nostalgie, de ces quatre sentiments, est le premier, et que toute espérance, spécialement, n'est que l'expression – ou le remède imaginaire – d'une nostalgie préalable. Il faudrait relire Platon et saint Augustin, de ce point de vue, à la lumière de Freud. Et relire aussi Épicure : on y verrait que la gratitude, contre la nostalgie, est le seul remède vrai.

NOTION Une idée abstraite ou générale, le plus souvent considérée comme déjà donnée dans la langue ou dans l'esprit. C'est ce qui distingue la notion (qui n'a besoin, étymologiquement, que d'être connue ou reconnue) du concept (qu'il faut d'abord concevoir). Un concept est le résultat d'un travail de pensée ; la notion serait plutôt sa condition. Un concept est une œuvre avant d'être un outil. La notion serait plutôt un matériau ou un point de départ. Un concept relève d'une science ou d'une philosophie particulière ; une notion, de la pensée commune.

Chez Kant, « le concept pur, en tant qu'il a uniquement son origine dans l'entendement (et non dans une image pure de la sensibilité), s'appelle *notion* ». Mais cet usage ne s'est pas imposé. C'est que le concept était trop étroit et trop dépendant d'une doctrine particulière pour s'imposer comme notion.

On appelle *notions communes* les idées ou principes qu'on trouve chez « tous les hommes » (Spinoza), sans lesquelles nous ne pourrions ni raisonner ni nous comprendre. Les empiristes veulent qu'elles résultent de l'expérience ; les rationalistes, qu'elles soient innées et la rendent possible. C'est en quoi l'empirisme m'a toujours paru plus rationaliste (au sens large) que le rationalisme (au sens étroit) : il ne renonce pas à expliquer les notions dont il se sert.

NOUMÈNE Même s'il ne l'a pas inventé (on trouve *noumena,* chez Platon, pour désigner les Idées), le mot, aujourd'hui, fait presque toujours référence à la philosophie de Kant. Qu'est-ce qu'un noumène ? Un objet qui ne serait objet que pour l'esprit (*noûs*, en grec), un objet qui n'apparaît pas (ce n'est pas un phénomène), dont nous n'avons aucune expérience, aucune intuition (puisque nous n'avons d'intuitions que sensibles), que nous ne pouvons pour cela *connaître*, mais tout au plus *penser*. La chose en soi ? Une façon, plutôt, de l'envisager : en tant qu'elle serait un être purement intelligible (ce que le concept de chose en soi n'impose pas), ou l'objet, si nous en étions capables, d'une intuition intellectuelle. Concept *problématique*, reconnaît Kant, puisqu'il excède par nature notre connaissance. Mais qui prétend toutefois résoudre ce problème (quoique de façon non dogmatique) dans un sens idéaliste : c'est où Kant rejoint Platon.

O

OBÉISSANCE La soumission à un pouvoir légitime, ou qu'on juge tel. Il n'en est pas moins nécessaire, parfois, de désobéir. La légitimité n'est ni l'infaillibilité ni la justice.

OBJECTIF Comme substantif, c'est un but ou un instrument d'optique : l'objet que l'on vise ou celui qui vise l'objet.

Comme adjectif, le mot peut qualifier tout ce qui doit à l'objet davantage qu'au sujet : tout ce qui existe indépendamment de quelque sujet que ce soit ou, si un sujet intervient (par exemple dans un récit ou un jugement), tout ce qui fait preuve d'objectivité.

Tout cela irait sans dire. Mais il faut signaler surtout, c'est ce qui justifie cet article, un usage très particulier, qu'on trouve chez les scolastiques et les philosophes du XVIIe siècle, qui peut aujourd'hui prêter à contresens. Est *objectif*, en ce sens, tout ce qui est un objet de la pensée ou de l'entendement, que cet objet ait ou non une réalité extérieure qui lui corresponde (qu'il existe ou non objectivement, au sens moderne du terme). L'être objectif d'une idée s'oppose alors à son être formel : son être formel, c'est ce qu'elle est en soi ; son être objectif, ce qu'elle est en nous ou pour nous (en tant qu'elle est un objet de notre pensée). C'est ce qui faisait dire à Descartes, par exemple, que « l'idée du soleil est le soleil même existant dans l'entendement, non pas à la vérité formellement, comme il est au ciel, mais objectivement, c'est-à-dire en la manière que les objets ont coutume d'exister dans l'entendement : laquelle façon d'être est de vrai bien plus imparfaite que celle par laquelle les choses existent hors de l'entendement ; mais pourtant ce n'est pas un pur rien » (*Réponses aux premières objections*, AT, p. 82). Ou à Spinoza que « l'idée, en tant qu'elle a une essence formelle, peut être l'objet à son tour d'une autre essence objective », qui est l'idée de l'idée (*T.R.E.*, 27).

Enfin, chez Hegel, l'esprit objectif est celui qui dépasse la conscience individuelle et s'incarne dans des institutions juridiques, sociales ou politiques (le droit, les mœurs, l'État), où il devient comme un objet pour lui-même. Ce moment, encore prisonnier de ses limites territoriales, sera lui-même dépassé dans l'esprit absolu (l'art, la religion, la philosophie).

OBJECTIVITÉ C'est voir ou connaître les choses comme elles sont ou comme elles apparaissent, indépendamment, si c'est possible, de notre subjectivité, et en tout cas de ce que notre subjectivité peut avoir de particulier ou de partial. En pratique, c'est voir les choses comme peut les voir tout observateur de bonne foi, quand il est sans passion et sans parti pris. Que l'objectivité ne soit jamais absolue, ce qui est bien clair (puisqu'il n'y a de connaissance que pour un sujet), n'autorise pas à dire qu'elle soit impossible ; car alors les sciences et la justice le seraient aussi.

OBJET Étymologiquement, c'est ce qui est placé devant. Devant quoi ? Devant un sujet. C'est en quoi les deux notions sont indissociables. Là où il n'y a pas de sujet, il peut bien y avoir des êtres, des événements ou des choses, mais il n'y a pas d'objet. C'est que tout objet est construit : soit par les conditions (à la fois subjectives et historiques, sensibles et intellectuelles) de sa perception, soit par celles (aussi bien expérimentales que théoriques) de sa connaissance scientifique. Qu'est-ce qu'un objet ? C'est le corrélat objectif, ou supposé tel, d'un sujet percevant ou connaissant. C'est pourquoi « l'objet n'est pas l'être », comme Alquié aimait à le répéter, et c'est pourquoi on ne peut connaître, par définition, que des objets. À la gloire du pyrrhonisme.

OBSCUR Ce qui n'est ni clair ni lumineux. À ne pas confondre avec la profondeur. Une idée qu'on ne comprend pas, comment savoir si elle est profonde ? Mais pas non plus avec la fausseté. Pourquoi la vérité serait-elle toujours claire ?

OBSERVATION C'est une expérience, mais volontaire et attentive. Par exemple on fait l'expérience du deuil, et l'on observe, si l'on veut, si l'on peut, ce qui se passe en soi. Ou bien on fait l'expérience d'une nuit étoilée, et l'on observe, si l'on veut, les étoiles.

Claude Bernard distinguait légitimement l'observation simplement empirique, qui est faite « sans idée préconçue », de l'observation scientifique, qui suppose une hypothèse préalable, qu'il s'agit de vérifier. Mais c'est surtout de l'expérimentation que l'observation, même scientifique, se distingue : l'expérimentation est une « observation provoquée », comme disait encore Claude Bernard ; l'observation, à l'inverse, tient lieu d'expérimentation lorsqu'on ne peut ni provoquer ni modifier le phénomène observé. C'est souvent le cas en astronomie, mais aussi dans les sciences humaines : on ne provoque pas une éclipse, mais pas davantage – en tout cas dans un but scientifique – une révolution, une névrose ou un suicide. L'observation ne sert pas seulement pour le plus lointain, mais aussi, souvent, pour le plus proche. Le difficile est qu'elle risque alors de modifier involontairement cela même qu'elle observe : c'est ce qui rend l'ethnographie et l'introspection si difficiles et si incertaines. Les relations d'incertitude, comme dit Heisenberg, ne valent pas seulement en mécanique quantique.

OBSTACLE ÉPISTÉMOLOGIQUE « Quand on cherche les conditions psychologiques des progrès de la science, écrit Bachelard, on arrive bientôt à cette conviction que c'est en termes d'obstacles qu'il faut poser le problème de la connaissance scientifique » (*La formation de l'esprit scientifique*, I). La connaissance n'est pas une table rase : on n'y part jamais de zéro ; on ne connaît que « *contre* une connaissance antérieure », qu'elle soit purement empirique ou déjà scientifique. « Quand il se présente à la culture scientifique, l'esprit n'est jamais jeune. Il est même très vieux, car il a l'âge de ses préjugés. Accéder à la science c'est, spirituellement, rajeunir, c'est accepter une mutation brusque qui doit contredire un passé » *(ibid.)*. Ce passé, mais actuel et actif, c'est l'obstacle épistémologique. C'est une opinion, une représentation ou une habitude intellectuelle, héritée du passé, qui entrave la connaissance scientifique ou s'oppose, de l'intérieur, à son développement. Par exemple l'obstacle substantialiste, qui veut tout expliquer par la substance, ou l'obstacle animiste, qui projette sur la nature ce qu'on croit savoir de la vie. Autant d'idées faussement claires, qu'il faut comprendre pour s'en libérer. « Déceler les obstacles épistémologiques, écrit encore Bachelard, c'est contribuer à fonder les rudiments d'une psychanalyse de la raison » *(ibid.)*. C'est où les deux versants de la pensée bachelardienne – philosophie des sciences, philosophie de l'imaginaire – se rejoignent.

OCCULTISME Ce n'est pas croire en des vérités cachées (elles le sont presque toutes : « les yeux, disait Lucrèce, ne peuvent connaître la nature des choses »). C'est croire en des vérités qui se cachent, ou que l'on cache, parce qu'elles seraient d'une nature absolument différente des autres : surnaturelles, surréelles, suprasensibles, d'outre-tombe ou d'outre-monde… Elles ne seraient accessibles qu'à des *sciences occultes*, ce qui fait un bien étrange oxymore. Faire tourner des tables pour faire parler des esprits, croire aux fantômes ou aux devins, pratiquer l'alchimie ou la magie… Quoi de « scientifique » là-dedans ? Ce n'est qu'une superstition de l'invisible.

ŒUVRE Le produit d'une activité ou d'un travail. Le mot suppose presque toujours une normativité au moins implicite : œuvre dit plus que production, ouvrage ou résultat. C'est le fruit d'un travail, mais considéré dans sa valeur intrinsèque, et qui vaut plus, presque toujours, que le travail lui-même.

C'est pourquoi on parle souvent, notamment à propos des œuvres d'art, de création : quelque chose de neuf est apparu, qui semble excéder les moyens utilisés. Disons que c'est une création humaine, comme la Création (l'univers) serait l'œuvre de Dieu.

OLIGARCHIE C'est le pouvoir d'une petite minorité (*oligos*, peu nombreux), qui prétendent souvent être les meilleurs et qui ne sont en vérité que les plus puissants – c'est-à-dire, presque toujours, les plus riches. Ils voudraient constituer une aristocratie. Ce n'est ordinairement qu'une ploutocratie déguisée.

ONTIQUE Qui concerne les étants *(ta onta)* plutôt que l'être. Se distingue en cela d'*ontologique* (qui concerne l'être de l'étant plutôt que l'étant lui-même). La notion, on l'a compris, relève du vocabulaire heideggérien.

ONTOLOGIE Le discours sur « l'être en tant qu'être », comme disait Aristote, ou sur l'être de ce qui est (les étants en général, *ta onta*, et non tel étant en particulier). C'est une partie, sauf pour les heideggériens, de la métaphysique. Mais sur l'être en tant qu'être, que dire, sinon qu'il est ? Les sciences nous en apprennent davantage. L'être pur n'est qu'un rêve de philosophe. Mieux vaut l'impureté du réel.

ONTOLOGIQUE (PREUVE –) L'une des trois preuves traditionnelles de l'existence de Dieu : celle qui veut conclure son existence de sa seule essence ou définition. Qu'est-ce, en effet, que Dieu ? Un être suprême (« un être, disait saint Anselme, tel que rien de plus grand ne puisse être pensé »), un être souverainement parfait (Descartes), un être absolument infini (Spinoza, Hegel). Or, s'il n'existait pas, il ne serait ni le plus grand, ni parfait, ni réellement infini. Il existe donc par définition : penser Dieu (le concevoir comme suprême, parfait, infini...), c'est le penser comme existant. Le concept de Dieu, dira Hegel, « inclut en lui l'être » : Dieu est le seul être qui existe par essence.

Belle preuve, par la simplicité, mais trop belle ou trop abstraite pour être tout à fait convaincante : c'est vouloir passer de la pensée à l'être, ce qui n'est possible que par expérience. Mais si nous avions une expérience de Dieu, nous n'aurions plus besoin de le prouver. Et si nous n'en avons pas, toute preuve de son existence est définitivement impossible. L'être n'est pas un prédicat, explique Kant, qu'on pourrait ajouter à un concept ou l'en déduire. C'est pourquoi il ne suffit pas de définir Dieu pour le prouver, pas plus qu'il ne suffit de définir la richesse pour s'enrichir. Il n'y a pourtant rien de plus dans cent euros réels, dirait aujourd'hui Kant, que dans cent euros possibles : le concept, dans les deux cas, est le même. Mais on est plus riche avec cent euros réels qu'avec leur simple concept ou définition. Même chose s'agissant de Dieu : son concept reste le même, qu'il existe ou pas, et ne saurait donc prouver qu'il existe.

ONTO-THÉOLOGIE Le discours, non sur l'être, mais sur l'étant, et spécialement sur l'étant suprême : Dieu. Ce serait la forme métaphysique de l'oubli de l'être, ou plutôt la métaphysique même, en tant qu'elle n'existerait, selon Heidegger, que par cet oubli.

OPINION Toute pensée qui n'est pas un savoir. S'oppose pour cela, spécialement, aux sciences. C'est ce qui faisait écrire à Bachelard, en un texte fameux : « L'opinion pense mal ; elle ne *pense* pas : elle traduit des besoins en connaissances » (*La formation de l'esprit scientifique*, I). Toutefois c'est forcer trop l'opposition. D'abord parce que les opinions jouent un rôle aussi dans les sciences en train de se faire, et qui n'est pas seulement celui d'obstacle épistémologique (mais aussi d'idée régulatrice, d'hypothèse vague, d'orientation provisoire et tâtonnante...). Ensuite parce qu'il y a des opinions droites, comme Platon le soulignait déjà, lesquelles, pour insuffisantes qu'elles demeurent, sont légitimement tenues pour vraies. Enfin, et surtout, parce qu'une opinion pensée, réfléchie, théorisée, n'en reste pas moins *opinion* pour autant : la philosophie en est pleine. Par exemple quand Descartes affirme que la volonté est libre ou quand Spinoza assure qu'elle ne l'est pas : ce sont des opinions, ni plus ni moins, et pourtant des pièces essentielles, et hautement argumentées, de leurs systèmes. Et même chose, bien sûr, des « preuves » de l'existence de Dieu, de la démonstration de l'immortalité de l'âme, ou de sa mortalité, de la croyance en l'infinité ou en la finitude de l'univers, du statut de la vérité, du fondement de la morale ou de la définition philosophique de l'opinion... À la gloire du pyrrhonisme. Il n'y a pas de savoir philosophique (il n'y a de savoir que sur l'*histoire* de la philosophie) ; la philosophie n'est pas une science, et c'est en quoi toute philosophie, même la plus sophistiquée, est d'opinion.

Qu'est-ce qu'une opinion ? Kant en donnait une définition presque parfaite : « L'opinion est une croyance qui a conscience d'être insuffisante aussi bien subjectivement qu'objectivement » (*C. R. Pure*, « De l'opinion, de la science et de la foi » ; voir aussi *Logique*, Introd., IX). Pourquoi *presque* parfaite ? Parce que c'est définir l'opinion lucide, celle qui se sait opinion, non l'opinion dogmatique, si fréquente, celle qui se prend pour le savoir qu'elle n'est pas, bien plus que pour la foi qu'elle refuse d'être. Que Spinoza ou Descartes aient cru à leurs démonstrations, j'en suis convaincu ; mais cela ne nous dit pas lequel des deux, lorsqu'ils s'opposent (or ils s'opposent presque toujours), a raison, ni ne nous autorise à prêter à leurs philosophies, comme ils le voulaient, la certitude – d'ailleurs elle-même relative – des mathématiques. De là cette définition rectifiée que je propose : l'opinion est le fait de tenir quelque chose pour vrai, mais en vertu d'un jugement objectivement insuffisant, et qu'on ait ou pas conscience de cette insuffisance. C'est une croyance incertaine, c'est-à-dire une croyance, mais désignée (fût-ce par un autre) comme telle : une croyance dont on refuse de se satisfaire.

OPTIMISME Un optimiste rencontre un pessimiste. « Tout va mal, s'exclame ce dernier. Ça ne pourrait pas être pire ! » Et l'optimiste de lui répondre : « Mais si, mais si... » Quel optimisme qui ne donne raison, pour finir, au pessimisme ?

Optimus, en latin, est le superlatif de *bonus*. Le mot signifie « le meilleur », et cette étymologie pourrait presque faire une définition suffisante. Être optimiste, au sens philosophique du terme, c'est penser, avec Leibniz, que tout va pour le mieux dans le meilleur des mondes possibles (*Théodicée*, I ; voir aussi III, 413 sq.). Doctrine irréfutable (puisque ce monde est le seul que l'on connaisse) et pourtant incroyable (tant le mal y est évident). Voltaire, dans

Candide, a dit là-dessus à peu près ce qu'il fallait. On n'en reste pas moins surpris qu'un génie comme Leibniz, peut-être le plus grand qui fut jamais, ait pu tomber dans cette niaiserie. C'est qu'il prenait la religion au sérieux, et que la religion, inévitablement, est optimiste. Si Dieu existe, le meilleur existe : toute religion est un optimisme métaphysique.

Au sens courant, le mot optimisme désigne moins une doctrine qu'une attitude ou un penchant : être optimiste, c'est prendre les choses du bon côté, ou penser, lorsqu'elles sont décidément douloureuses, qu'elles vont s'arranger. Et après tout, pourquoi pas ? Toutefois la mort et la vieillesse font des raisons fortes de n'y point croire tout à fait.

« Le pessimisme est d'humeur, disait Alain, l'optimisme est de volonté : tout homme qui se laisse aller est triste. » Je ne sais. Qu'il faille remonter la pente plutôt que la descendre, viser la joie plutôt que la tristesse, enfin se gouverner plutôt que s'abandonner, j'en suis bien sûr d'accord. Mais à condition de ne pas sacrifier pour cela une once de lucidité. La vérité, pour un philosophe, vaut plus que le bonheur.

J'aime mieux la formule de Gramsci : *« Pessimisme de l'intelligence, optimisme de la volonté. »* Voir les choses comme elles sont, puis se donner les moyens de les transformer. Envisager le pire, puis agir pour l'éviter. On n'en mourra pas moins ? On n'en vieillira pas moins ? Sans doute. Mais on aura vécu davantage.

ORDRE Un désordre facile à mémoriser, à reconnaître ou à utiliser. Ainsi l'ordre des lettres, dans un mot, ou l'ordre alphabétique, dans un dictionnaire. « L'ordre, écrit Marcel Conche à propos de Lucrèce, n'est qu'un cas particulier du désordre » : c'est un désordre commode, efficace ou significatif. C'est dire qu'il n'y a d'ordre – donc aussi de désordre – que pour nous. C'est ce qu'indique fort clairement Spinoza, dans l'Appendice du livre I de l'*Éthique* : « Quand les chose sont disposées de façon que, nous les représentant par les sens, nous puissions facilement les imaginer et, par suite, nous les rappeler facilement, nous disons qu'elles sont bien ordonnées ; dans le cas contraire, qu'elles sont mal ordonnées ou confuses. Et comme nous trouvons plus d'agrément qu'aux autres aux choses que nous pouvons imaginer avec facilité, les hommes préfèrent l'ordre à la confusion ; comme si, sauf par rapport à notre imagination, l'ordre était quelque chose dans la nature. » Mais ce n'est qu'une illusion : l'ordre n'est qu'un désordre qui nous arrange ; le désordre, qu'un ordre qui nous déçoit. C'est pourquoi le second principe de la thermodynamique, par la notion d'*entropie* (voir ce mot), est essentiellement décevant : parce que le désordre est toujours plus probable que l'ordre, et ne peut donc, dans un système isolé, que s'accroître. Cela ne retire rien à la thermodynamique, mais beaucoup à nos espérances : elles ne sont ultimement crédibles que si l'univers *n'est pas* un système isolé (que s'il existe autre chose que l'univers, qui peut agir sur lui : par exemple un Dieu et une providence).

La notion d'ordre, sans parler de son acception impérative (« donner un ordre »), a aussi un autre sens, par exemple dans les sciences naturelles ou chez Pascal : elle peut désigner un sous-ensemble ou un domaine, ayant ses caractéristiques ou sa logique propres (l'ordre des primates, l'ordre du cœur...). L'essentiel, philosophiquement, est alors de ne pas confondre des ordres différents : je m'en explique ci-après.

ORDRES (DISTINCTION DES –) Cette notion, en philosophie, doit surtout à Pascal. On sait qu'il distingue trois ordres différents : l'ordre des corps ou de la chair, l'ordre de l'esprit ou de la raison, enfin l'ordre du cœur ou de la charité. Chacun de ces ordres a sa cohérence propre, ses valeurs propres, son efficace propre, mais qui ne peuvent rien dans un autre ordre. C'est ce qu'indique la fin du décisif fragment 308-793 :

> « Tous les corps, le firmament, les étoiles, la terre et ses royaumes ne valent pas le moindre des esprits. Car il connaît tout cela, et soi ; et les corps, rien.
>
> Tous les corps ensemble et tous les esprit ensemble et toutes leurs productions ne valent pas le moindre mouvement de charité. Cela est d'un ordre infiniment plus élevé.
>
> De tous les corps ensemble on ne saurait en faire réussir une petite pensée. Cela est impossible et d'un autre ordre. De tous les corps et esprits on n'en saurait tirer un mouvement de vraie charité ; cela est impossible, et d'un autre ordre, surnaturel. »

Soit par exemple le théorème de Pythagore ou un fait historique quelconque, bien avéré. Combien d'armées faudrait-il pour les rendre faux ? Un nombre infini n'y suffirait pas : toutes les armées de l'univers ne peuvent rien contre une vérité, ni l'univers lui-même.

Et combien de théorèmes faudrait-il pour susciter un vrai mouvement de charité ? L'infini n'y suffirait pas : tous les théorèmes de l'univers, même joints à toutes les armées du monde, ne sauraient suppléer aux défaillances du cœur ou à l'absence de la grâce.

C'est en pensant à Pascal que j'ai repris cette idée de distinction des ordres, mais en l'appliquant à une classification différente. S'agissant de la société, j'ai pris l'habitude de distinguer quatre ordres différents : *l'ordre techno-scientifique*, structuré intérieurement par l'opposition du possible et de l'impossible (ou, d'un point de vue scientifique, du possiblement vrai et du certainement faux), mais incapable de se limiter lui-même ; limité donc, de l'extérieur, par un second ordre : *l'ordre juridico-politique*, lequel est structuré intérieurement par l'opposition du légal et de l'illégal, mais tout aussi incapable que le précédent de se limiter soi ; limité donc à son tour, de l'extérieur, par un troisième ordre : *l'ordre de la morale*, lequel est structuré intérieurement par l'opposition du devoir et de l'interdit, et complété, plutôt que limité, ou ouvert par en haut, vers un quatrième ordre : *l'ordre éthique, ou ordre de l'amour*. Mon idée est que chacun de ces ordres a sa cohérence propre, ses contraintes ou ses exigences propres, enfin son autonomie : on ne vote pas sur le vrai et le faux, ni sur le bien et le mal ; mais la morale ou les sciences ne sauraient pas davantage régenter la politique et le droit. C'est pourquoi chacun de ces ordres est nécessaire, sans pouvoir pour autant fonctionner seul : il a besoin de l'ordre immédiatement inférieur pour exister (c'est ce que j'appelle *l'enchaînement descendant des primats*, sans lequel rien n'est possible), mais ne peut être limité et jugé que par un ordre supérieur (ce que j'appelle *la hiérarchie ascendante des primautés*, sans laquelle rien n'a de sens). Quand on oublie cette distinction des ordres, ou quand on prétend qu'un seul de ces ordres peut suffire, on est voué au ridicule ou à la tyrannie, sous deux formes opposées : l'angélisme, si c'est au bénéfice d'un ordre supérieur, ou la barbarie, si c'est au bénéfice d'un ordre inférieur (sur tout cela, voir *Valeur et vérité*, p. 207 à 226).

À cette quadripartition, qui dessine une espèce de topique, on pourrait ajouter un ordre zéro, qui serait celui du réel ou de la nature, et un ordre cinquième et ultime, qui serait, pour ceux qui y croient, l'ordre surnaturel ou divin. Dans mon esprit, l'ordre zéro contient tous les autres : c'est moins un ordre de plus que le lieu et la condition de tous. C'est ce qui m'empêche de considérer un éventuel cinquième ordre autrement que comme le prolongement fantasmatique des quatre autres (le Dieu tout-puissant et omniscient, celui qui commande et juge, enfin le Dieu d'amour). Mais, même pour un croyant, il me semble que l'esprit de la laïcité interdit de soumettre purement et simplement l'un quelconque de ces quatre ordres au cinquième. Ce n'est pas parce que Dieu m'ordonne quelque chose que c'est moralement bon, expliquait déjà Kant, c'est parce que c'est moralement bon que je peux envisager que cela vienne de Dieu : « Même le Saint de l'Évangile doit être d'abord comparé avec notre idéal de perfection morale avant qu'on le reconnaisse pour tel » (*Fondements...*, II ; voir aussi *C. R. Pratique*, Dialectique, II, 9, et *La religion dans les limites de la simple raison*, Préface). Même chose, bien sûr, pour les ordres 2 et 4 : celui qui voudrait soumettre le droit ou l'amour à la supposée volonté de Dieu devrait renoncer à la souveraineté du peuple autant qu'à sa propre autonomie d'être humain : c'est ce qu'on appelle l'intégrisme. Contre quoi la distinction des ordres, au sens où je prends l'expression, n'est pas autre chose qu'une tentative pour penser la laïcité jusqu'au bout.

ORGUEIL Adolescent, je m'étais soumis, à la demande d'une amie, au fameux « Questionnaire de Proust ». De mes réponses d'alors, j'ai tout oublié, sauf ceci, qui m'avait paru finement paradoxal :

« – Votre principal défaut ?

– L'orgueil.

– Votre principale qualité ?

– L'orgueil. »

J'en suis bien revenu. Non que j'aie cessé d'être orgueilleux (quoique je le sois sans doute moins) ; mais j'ai cessé d'y voir une vertu.

Tout orgueil est illusoire : c'est se prêter plus de mérites qu'on n'en a, ou se flatter, bien sottement, de ceux qu'on peut avoir. Quoi de plus ridicule que d'être fier de sa taille, de sa beauté, de sa santé ? Et pourquoi le serait-on davantage de son intelligence ou de sa force ? As-tu choisi d'être qui tu es ? Es-tu maître de le rester ? Un petit caillot mal placé, te voilà stupide et grabataire. Il n'y aura pas lieu alors d'avoir honte, ni donc aujourd'hui d'être fier.

« L'orgueil, écrivait Spinoza, consiste à avoir de soi, par amour, une meilleure opinion qu'il n'est juste » (*Éthique*, IV, déf. 28 des affects). Tout orgueil, par définition, est donc injuste : sans justice vis-à-vis des autres, sans justesse vis-à-vis de soi. Ce n'est qu'un piège de l'amour-propre.

ORIGINE C'est moins le commencement que ce qui le permet, le précède ou le prépare. Par exemple le *big bang*, pour l'univers, fait un commencement plausible. Mais assurément pas une origine : car pourquoi le *big bang* ?

L'origine serait donc la cause ? Pas tout à fait ou pas seulement, puisque les causes sont ordinairement multiples, dont chacune, à son tour, doit avoir sa propre cause. Une cause explique un fait ou un événement ; l'origine rendrait plutôt raison d'un être ou d'un devenir. Si c'était une cause, ce serait plutôt la cause première ou ultime : celle qui rend raison de toutes les autres, ou leur série complète. Par quoi l'origine nécessairement nous échappe : c'est la ligne d'horizon de la causalité.

OUBLI C'est le contraire non de la mémoire, que l'oubli suppose, mais du souvenir : il y a oubli lorsque je ne me souviens plus de quelque chose que j'ai eu, au moins un temps, en mémoire. Loin que cela soit toujours fautif ou pathologique, il faut y voir bien souvent une forme de santé, voire de générosité. C'est ce qu'a vu Nietzsche, dans la deuxième de ses *Considérations intempestives* :

> « L'homme qui est incapable de s'asseoir au seuil de l'instant, en oubliant tous les événements passés, celui qui ne peut pas, sans vertige et sans peur, se dresser un instant tout debout, comme une victoire, ne saura jamais ce qu'est un bonheur, et, ce qui est pire, il ne fera rien pour donner du bonheur aux autres. [...] Tout acte exige l'oubli. [...] Il est possible de vivre presque sans se souvenir, et de vivre heureux, comme le démontre l'animal, mais il est impossible de vivre sans oublier. Il y a un degré d'insomnie, de rumination, de sens historique qui nuit au vivant et qui finit par le détruire, qu'il s'agisse d'un homme, d'une nation ou d'une civilisation. »

Toutefois il n'est pas possible non plus d'oublier tout, ou il faudrait pour cela renoncer à son humanité. Par quoi l'oubli fait partie, exactement, du travail de la mémoire : c'est son pôle négatif, comme une sélection obligée, qui ne retiendrait que ce qui est utile, plaisant ou dû (qui ne se souviendrait que par intérêt, par gratitude ou par fidélité).

OUSIA Le mot, qui est un substantif dérivé du verbe *eînai* (être), peut se traduire, selon les auteurs et les contextes, par *être, essence, réalité* ou *substance*. C'est le réel même, ou la réalité vraie (*ousia ontôs ousa*, écrit Platon dans le *Phèdre*, 247 c : la réalité vraiment existante). Mais il ne suffit pas de la nommer en grec pour savoir ce qu'elle est.

OUTIL Un objet fabriqué et utile ? Sans doute. Mais cela serait vrai aussi d'un fauteuil ou d'un lit, qui ne sont pas *outils* pour autant. L'outil est utile, mais à un certain travail : c'est un objet fabriqué, qui sert à en fabriquer – ou à en transformer – d'autres. On y a longtemps vu le propre de l'homme, défini alors comme *homo faber* (voir par exemple Bergson, *L'évolution créatrice*, II, p. 138 à 140). Paléontologues et éthologues, aujourd'hui, sont plus réservés : il peut arriver à un grand singe (et il est arrivé à des hominiens, bien avant *homo sapiens*) de fabriquer un outil. C'est qu'il y a là une preuve d'intelligence, plutôt que d'humanité. Or rien ne prouve que l'intelligence commence à l'humanité, ni donc l'humanité à l'outil. Ce n'est qu'un moyen ; seules les fins sont humaines.

P

PACIFIQUE Toute guerre est atroce, c'est une banalité qu'on ne répétera jamais assez. Être pacifique, ce n'est pas une opinion : c'est une vertu, et qui voudrait en manquer ? Toutefois cela n'implique pas que toute paix soit bonne, ni même acceptable. C'est ce qui distingue le *pacifique* du *pacifiste*. Être pacifique, c'est désirer la paix, c'est chercher à l'obtenir ou à la défendre, mais pas à n'importe quel prix et sans s'interdire absolument la violence ou la guerre. C'est la position de Spinoza : la guerre ne doit être entreprise qu'en vue de la paix, et d'une paix qui soit celle non de la servitude mais d'une population libre. C'est la position de Simone Weil. Toute violence est mauvaise, mais non pour cela condamnable : la non-violence n'est bonne que si elle est efficace, et elle ne l'est pas dans toutes les situations (« cela dépend aussi de l'adversaire »). Être pacifique, pour le dire d'un mot, c'est faire de la paix son but. Cela ne prouve pas, hélas, qu'elle suffise toujours comme moyen.

PACIFISTE Être pacifiste, ce n'est pas une vertu, encore moins un vice ; c'est une opinion, une doctrine ou une idéologie, qui juge que toute guerre est non seulement mauvaise, ce qui est bien clair, mais encore nuisible ou condamnable, qu'elle ne saurait être justifiée par rien, enfin que la paix, en toutes circonstances, vaut mieux. C'était à peu près la position d'Alain (encore acceptait-il, sur le territoire national, des guerres purement défensives), c'est à peu près celle, aujourd'hui, de Marcel Conche, et ces deux noms suffiraient à me la rendre respectable. Toutefois cela fit aussi d'Alain un Munichois, certes pour d'estimables raisons (par pacifisme, par antimilitarisme, l'un et l'autre renforcés par le traumatisme de la première guerre mondiale), mais sans que je puisse, sur ce terrain-là, tout à fait le suivre. Qu'il n'y ait pas de guerre juste, comme me l'a répété souvent Marcel Conche, j'en suis bien sûr d'accord, si l'on entend par là une guerre qui ne tuerait que des coupables. Mais n'est-ce pas confondre la guerre, précisément, avec la justice ? Il ne s'agit pas de punir, mais d'empêcher ou de vaincre. Que toute guerre soit injuste, dans son atroce déroulement, cela ne prouve pas que toute paix soit supportable, ni même admissible.

PAILLARDISE C'est « le désir gai », disait Alain, spécialement en matière de sexualité, et comme « une précaution du rire contre les passions ». Cela ne va pas sans un peu de vulgarité délibérée, qui fait comme une précaution supplémentaire contre le sérieux ou l'hypocrisie. Toutefois, cela ne dure qu'un temps – comme le désir, comme la gaieté –, sans quoi ce n'est plus paillardise mais obsession (non plus une précaution contre les passions, mais une passion de plus).

PAIX L'absence, non de conflits, mais de guerre. Ce n'est pas encore la concorde, mais cela vaut mieux, presque toujours, que la violence armée ou militaire. Ce *presque* ne va pas de soi : c'est ce qui distingue les pacifiques des pacifistes (voir ces mots). « S'il faut appeler paix l'esclavage, la barbarie ou l'isolement, disait Spinoza, il n'est rien pour les hommes de si lamentable que la paix » (*Traité politique*, VI, 4 ; voir aussi V, 4). Et rien de meilleur, si elle va avec la justice et la liberté.

PANENTHÉISME Doctrine pour laquelle tout est en Dieu, sans être Dieu pour autant. Se distingue par là du panthéisme (voir ce mot). En ce sens, il y a un panenthéisme chrétien, qui peut se réclamer de saint Paul (« c'est en Dieu que nous avons la vie, le mouvement et l'être », *Actes...*, 17, 28) et dont il arrive que Spinoza se réclame (voir par exemple la *Lettre 73*, à Oldenburg).

PANTHÉISME C'est croire en un Dieu qui serait tout, ou en un tout qui serait Dieu. Dieu serait donc le monde, comme on voit chez les stoïciens, ou la nature, comme on voit chez Spinoza *(« Deus sive Natura »),* et il n'y en aurait pas d'autre. C'est ce qui explique que le panthéisme, bien souvent, fut accusé d'athéisme. Mais ce peut être aussi bien une religion de l'immanence.

Les historiens de la philosophie distinguent parfois le *panthéisme*, qui affirme que tout est Dieu, du *panenthéisme*, qui affirme que tout est *en* Dieu. Ainsi Gueroult, à propos de Spinoza (t. 1, p. 223). Cela maintient une distance entre Dieu ou la substance, d'une part, et ses modes d'autre part – entre la Nature naturante, comme on peut dire aussi, et la Nature naturée. Et sans doute cela, dans l'économie du système, est légitime : Spinoza n'a jamais cru que les fleurs ou les oiseaux étaient Dieu. Pourtant, dès lors que cette distance n'existe elle-même qu'en Dieu, dès lors qu'il n'y a, de la Nature naturante à la Nature naturée, aucune transcendance d'aucune sorte, je ne suis pas sûr que cette distinction soit vraiment éclairante. « Plus nous connaissons les choses singulières, écrit Spinoza, plus nous connaissons Dieu » (*Éthique*, V, 24). C'est plus, me semble-t-il, que du panenthéisme. Tout n'est pas Dieu ? Sans doute, puisque seul le tout est Dieu. Mais il n'en reste pas moins que Dieu et la Nature sont une seule et même chose : non seulement tout est en Dieu, mais Dieu est tout en tout (puisqu'il n'y a rien d'autre). Si ce n'est pas du panthéisme, qu'est-ce ?

PAPISME C'est un autre nom pour le catholicisme, parce qu'il reconnaît l'autorité et l'infaillibilité du Pape. Le mot, inventé par les protestants, est bien sûr péjoratif. Toutefois il ne suffit pas de ne pas avoir de pape pour échapper au fanatisme.

PÂQUES Au singulier, c'est une fête juive, qui commémore la sortie d'Égypte. Au pluriel, une fête chrétienne, qui commémore la résurrection du Christ. Fête païenne, disait Alain, puisqu'elle ne fait que célébrer le triomphe de la vie sur la mort. C'est la fête du printemps, qu'on trouve chez tous les peuples, et de la résurrection, qu'on trouve chez la plupart. La vraie fête chrétienne, pour Alain, c'est Noël : parce qu'elle célèbre la faiblesse plutôt que la force, et l'amour plutôt que la vie ou la victoire. L'enfant nu et pourchassé, entre le bœuf et l'âne, sans autre protection qu'une jeune mère, qui prie et tremble, et qu'un père, qui s'interroge. Et la vraie fête de l'esprit, ajouterais-je, c'est le Vendredi saint : parce quelle ne célèbre rien que la justice offensée, l'amour déchiré et déchirant, enfin le courage pur, sans haine, sans violence, sans espérance. « Mon Dieu, mon Dieu, pourquoi m'as-tu abandonné ? » Fête, non de la foi, mais de la fidélité. Qu'il y ait eu ou pas résurrection, qu'est-ce que cela change à la grandeur du Christ et de son message ? Cela dit par différence, sur Pâques, l'essentiel : c'est la fête de la foi plus que de la fidélité, et de l'espérance plus encore que de la foi. C'est la vraie fête religieuse, donc la vraie fête chrétienne, malgré Alain, en tant que le christianisme est une religion. On voudrait y croire, comme on croit au printemps. Mais le printemps n'est pas dieu. Mais la vie n'est pas Dieu. Les athées, ce jour-là, se sentent plus athées que jamais : ils ne croient qu'en l'esprit vivant et mortel. Ils ne l'en aiment que davantage.

PARADIGME Un exemple privilégié ou un modèle, qui sert à penser. Le mot, qu'on trouve chez Platon ou Aristote *(paradeigma)*, sert surtout, aujourd'hui, en épistémologie ou en histoire des sciences. C'est l'un des concepts majeurs de Thomas Kuhn, dans *La structure des révolutions scientifiques*. Un paradigme, c'est l'ensemble des théories, des techniques, des valeurs, des problèmes, des métaphores, etc., que partagent, à telle ou telle époque, les scientifiques d'une discipline donnée : c'est la « matrice disciplinaire » qui leur permet de se comprendre et d'avancer. C'est aussi, et par là même, ce qui est transmis aux étudiants, à la même époque, qui leur permet de comprendre la science de leur temps, de s'y reconnaître et d'y travailler. L'état normal des sciences (la « science normale », dit Kuhn) est celui où un paradigme règne. Le terrain de la recherche est alors balisé par les découvertes antérieures, et cela fait, entre les chercheurs, comme un consensus efficace : ils sont d'accord non seulement sur les découvertes déjà faites, mais sur ce qui reste à découvrir et sur les méthodes, pour ce faire, à mettre en œuvre. Les révolutions scientifiques, à l'inverse, sont les périodes où un nouveau paradigme apparaît, qui s'oppose à l'ancien, résolvant certains problèmes jusqu'alors insolubles, en faisant disparaître d'autres, en soulevant de nouveaux… Ainsi quand on passe de la mécanique classique (celle de Newton) à la physique relativiste (celle d'Einstein et de ses successeurs) : ce ne sont pas seulement les solutions qui sont nouvelles, mais aussi les problèmes, les difficultés, les procédures. Deux paradigmes en concurrence sont pour cela incommensurables, explique Kuhn : on ne passe de l'un à l'autre que par une espèce de conversion globale, qui ne saurait se réduire à un progrès purement rationnel et qui interdit de juger une théorie selon les valeurs paradigmatiques de l'autre. Cela n'empêche pas qu'il y ait progrès, mais interdit de le penser comme un processus linéaire et continu. Le progrès, dans les sciences non plus, n'est pas un long fleuve tranquille.

PARADIS Le lieu de la félicité, qui n'a jamais lieu. Ainsi le paradis n'est rien de réel : ce n'est qu'un mythe ou une niaiserie.

PARADOXE Une pensée qui va contre l'opinion, ou contre la pensée.

Cela fait deux sens différents. Aller contre l'opinion *(doxa)*, ce n'est en rien condamnable. Cela ne prouve bien sûr pas qu'on ait raison (un paradoxe peut être vrai ou faux), mais suggère au moins qu'on ne se contente pas de répéter ce qui se dit. Par exemple lorsque Oscar Wilde écrit que « la nature imite l'art » : c'est un paradoxe, puisque la plupart des gens croient que l'art imite la nature, mais qui peut être éclairant (il nous laisse entendre que notre vision de la nature est influencée par celle des artistes : « Avez-vous remarqué, demandait Oscar Wilde, comme la nature, depuis quelque temps, ressemble à un tableau impressionniste ? »). Ou quand Talleyrand conseillait : « Méfiez-vous du premier mouvement ; c'est le bon. » C'est un paradoxe (pourquoi se méfier de ce qui est bon ?), mais qui donne à réfléchir : si le premier mouvement est le bon, au sens moral du terme, il peut s'avérer très mauvais dans un autre registre (par exemple politique ou diplomatique). On remarquera que la plupart des paradoxes viennent d'un double sens attribué à l'un au moins des mots utilisés : la formule, qui semble absurde selon l'un de ces sens, peut s'avérer profonde selon un autre. Toutefois, il y a de vrais paradoxes, qui vont vraiment contre l'opinion dominante, et sans jouer sur quelque double sens que ce soit. Par exemple lorsque Spinoza écrit que ce n'est pas parce qu'une chose est bonne que nous la désirons, mais inversement parce que nous la désirons que nous la jugeons bonne (*Éthique*, III, 9, scolie). Nous avons tous le sentiment du contraire. Cela ne prouve pas que Spinoza ait tort, ni qu'il ait raison.

Mais le mot *paradoxe* a aussi un sens purement logique : c'est une pensée qui va contre la pensée, disais-je, autrement dit une contradiction ou une antinomie. Par exemple le paradoxe de Russel : l'idée de l'ensemble de tous les ensembles qui ne se contiennent pas eux-mêmes fait un paradoxe, dans la théorie classique des ensembles (puisque cet ensemble se contient lui-même s'il ne se contient pas lui-même). On considère ordinairement qu'un paradoxe, décelé dans une théorie donnée, vaut comme réfutation ou suppose, à tout le moins, quelque aménagement : c'est ce qui s'est passé, après le paradoxe de Russel, pour la théorie des ensembles (dont l'axiomatique exclut désormais qu'un ensemble puisse se définir par la propriété de ne pas se contenir lui-même comme élément). Par quoi les paradoxes, quand ce ne sont pas des sottises, aident la pensée à avancer.

PARALOGISME Une faute dans un raisonnement, mais involontaire. C'est ce qui distingue le paralogisme du sophisme : le sophisme veut tromper ; le paralogisme se trompe.

Les « paralogismes de la raison pure », chez Kant, sont les raisonnements dialectiques qui portent sur la première des trois « Idées de la raison » (l'âme, le monde, Dieu). Ce sont des illusions dans lesquelles tombe inévitablement la psychologie rationnelle, dès lors qu'elle prétend connaître l'âme (comme noumène) alors que nous n'en avons aucune expérience. Le paralogisme est en l'occurrence de prétendre conclure de l'unité purement formelle de l'aperception transcendantale (l'unité du « je pense ») à son existence substantielle comme sujet (l'âme), à sa simplicité, à sa personnalité ou à son immortalité. C'est traiter une idée comme un objet, et vouloir passer (comme la preuve ontologique le fait à propos de Dieu, et aussi illusoirement) de la pensée à l'existence.

PARANOÏA On ne la confondra pas avec le délire de persécution, qui n'est qu'une de ses formes. Le paranoïaque, s'il se croit parfois persécuté, est souvent persécuteur. Mais cela même n'est qu'un symptôme. La paranoïa n'est pas un vice ; c'est une psychose ou un type de personnalité. Une folie ? Elle peut aller jusque-là, sans que le paranoïaque ait pour autant perdu la raison. Il en ferait plutôt un usage exagéré, obsessionnel, agressif. La paranoïa, disait Kraepelin, est caractérisée par « le développement lent et insidieux d'un système délirant durable et impossible à ébranler, et par la conservation absolue de la clarté et de l'ordre dans la pensée, le vouloir et l'action ». Hypertrophie du moi, survalorisation de la logique, délire d'interprétation ou de persécution, méfiance, rigidité, inadaptabilité... Elle est plus fréquente chez les hommes. C'est l'un des points qui l'opposent à l'hystérie, plus fréquente chez les femmes, mais ce n'est pas le seul. À les considérer comme types de personnalités davantage que comme pathologies, l'hystérie et la paranoïa constituent comme deux pôles opposés : l'hystérique ne vit que pour les autres, ou plutôt que pour soi et par eux ; le paranoïaque que pour soi et contre les autres. L'hystérique est influençable, séducteur, peu soucieux de logique, avide d'amour ; le paranoïaque est inébranlable, soupçonneux, raisonneur, avide de pouvoir. L'un vit pour plaire : c'est un comédien ou un histrion. L'autre, pour dominer : c'est un petit chef ou un tyran. L'un multiplie les signes ; l'autre, les interprétations. L'un voudrait faire de sa vie une œuvre d'art ; l'autre, un système philosophique. « On pourrait presque dire, remarquait Freud, qu'une hystérie est une œuvre d'art déformée, qu'une névrose obsessionnelle est une religion déformée, et un délire paranoïaque, un système philosophique déformé » (*Totem et tabou*, II). Cela ne prouve rien contre l'art, ni contre la philosophie ; mais devrait pousser à une certaine vigilance, contre l'esthétisme et les systèmes.

PARDON Ce n'est pas l'absolution, qui supprimerait ou effacerait la faute, ce que nul ne peut ni ne doit. Ce n'est pas l'oubli, qui serait infidèle ou imprudent. Pardonner, ce n'est ni oublier ni effacer ; c'est renoncer, selon les cas, à punir ou à haïr, et même, parfois, à juger. Vertu de justice (puisqu'il faut juger sans haine) et de miséricorde.

PARESSEUX (ARGUMENT –) C'est un argument traditionnellement opposé au fatalisme, notamment stoïcien. Si tout est déterminé ou soumis au destin, il n'y a plus lieu d'agir ni de se donner de la peine pour quoi que ce soit : le fatalisme ne pourrait aboutir qu'à la paresse ou à l'inaction. Par exemple, s'il est écrit que je serai reçu à mon examen, à quoi bon le préparer ? Et à quoi bon, s'il est écrit que je serai recalé ? Il n'y aurait donc lieu de le préparer dans aucun des deux cas, qui sont les seuls possibles… C'est bien sûr un contresens : ce qui est fatal, pour les stoïciens, ce n'est pas tel ou tel événement isolé (par exemple le résultat d'un examen), mais l'enchaînement des causes et des événements (chaque événement étant ainsi « confatal », comme disait Chrysippe, avec d'autres : par exemple le travail de l'élève avec ses résultats à l'examen). On trouve chez Cicéron un autre exemple : « Que tu aies appelé ou non un médecin, tu guériras » : inutile donc, suggère l'argument paresseux, de l'appeler et de suivre ses conseils… « C'est là un sophisme, explique Cicéron ; car il est autant dans ton destin d'appeler un médecin que de guérir ; ce sont choses que Chrysippe appelle confatales » (*De fato*, XIII, 30). Le réel est à prendre en bloc, ou à laisser ; mais que tu le prennes ou pas, cela fait partie du réel.

PARFAIT Ce à quoi rien ne manque, ni quantitativement (*parfait*, en ce sens, signifie achevé), ni qualitativement (est parfait, en ce sens, ce qui ne peut être ni amélioré ni surpassé).

Les deux sens se rejoignent : est parfait ce qui est sans défaut. Mais qu'est-ce qu'un défaut ? Un manque, c'est-à-dire un néant, qui ne devient réel que par l'imagination d'autre chose. Par quoi tout est parfait, dès qu'on cesse d'imaginer. C'est le vrai secret, le plus difficile, le plus simple, que Spinoza – après saint Thomas et Descartes, mais en en transformant le sens – a génialement résumé en une phrase : « Par réalité et par perfection j'entends la même chose » (*Éthique*, II, déf. 6). Ce qui signifie que le réel est tout ce qu'il est (donc aussi, au présent, tout ce qu'il peut être), sans aucune faute.

À quoi l'on objecte habituellement l'évidence du mal et la vanité de nos efforts, si tout est parfait, pour changer ce qui est. C'est doublement se méprendre. Ce que nous appelons le mal (la douleur, l'injustice, l'égoïsme...) est aussi réel que le reste, aussi vrai, aussi parfait en ce sens, de même que nos efforts pour le combattre ou lui résister. La tumeur qui te tue, ce n'est pas parce qu'elle serait imparfaite ; c'est parce qu'elle est parfaitement tumeur et parfaitement mortelle. Et même chose, bien sûr, pour les médicaments qu'on lui oppose : qu'ils soient parfaitement efficaces ou parfaitement insuffisants, ils n'en sont pas moins parfaitement ce qu'ils sont. Cela signifie que tout jugement de valeur est subjectif, donc aussi nécessaire (pour les sujets que nous sommes) qu'illusoire (si nous prétendons y voir autre chose qu'un reflet de notre subjectivité). C'est ce que Deleuze, lisant Spinoza, sut formuler exactement : « Si le mal n'est rien, selon Spinoza, ce n'est pas parce que seul le Bien est et fait être, mais au contraire parce que le bien n'est pas plus que le mal, et que l'Être est par-delà le bien et le mal » (*Spinoza, Philosophie pratique*, III). Par-delà le bien et le mal ? On pourrait dire aussi bien *en deçà* : c'est le point de vue de Dieu (comme dirait Spinoza) ou du vrai (comme je préférerais dire), qui contient tous les autres. Rien ne manque au réel, voilà le point, puisque tout est là. C'est la sagesse de Prajnânpad. C'est la sagesse d'Etty Hillesum, et c'est la seule. Un optimisme ? Nullement. Un pessimisme ? Pas davantage. L'essentiel tient dans ces quelques phrases, qu'Etty Hillesum écrivit dans un camp de transit, avant de partir pour Auschwitz : « On me dit parfois : "Oui, tu vois toujours le bon côté de tout." Quelle platitude ! Tout est parfaitement bon. Et en même temps parfaitement mauvais. Les deux faces des choses s'équilibrent, partout et toujours. Je n'ai jamais eu l'impression de devoir me forcer à voir le bon côté des choses : tout est toujours parfaitement bon, tel quel. Toute situation, si déplorable soit-elle, est un absolu et réunit en soi le bon et le mauvais » (*Lettre de Westerbork*, du 11 août 1943). Sagesse tragique : nous sommes déjà dans le Royaume, mais l'on se trompe, assurément, si l'on y voit un paradis.

PARI Un engagement qu'on prend sur l'incertain, par exemple une course de chevaux, qui sera sanctionné, selon le résultat, par un gain ou une perte. En philosophie, le plus fameux est bien sûr celui de Pascal, qui veut convaincre l'incroyant – puisque nous sommes « embarqués » – de parier que Dieu existe : « Si vous gagnez, vous gagnez tout ; si vous perdez, vous ne perdez rien. Gagez donc qu'il est sans hésiter » (*Pensées*, 418-233). Cela se calcule. L'écart entre la mise et le gain doit être proportionné à la probabilité de celui-ci. C'est ce qu'on appelle l'espérance mathématique : le rapport entre le gain et la mise, multiplié par la probabilité de gagner (le pari est raisonnable si ce rapport est au moins égal à 1). À pile ou face, il n'est pas raisonnable de parier si le gain n'est pas au moins le double de la mise. Ni de ne pas parier, s'il est supérieur au double. Avec un seul dé, il n'est pas raisonnable de parier si le gain n'est pas au moins égal à six fois la mise (puisqu'on n'a qu'une chance sur six de gagner), ni de ne pas parier, s'il est supérieur à cette somme. Dès lors que le gain est réputé infini (« une infinité de vie infiniment heureuse ») pour une mise finie (puisqu'il ne s'agit que de notre vie terrestre, que d'ailleurs nous n'en vivrons pas moins, ou plutôt que nous n'en vivrons que mieux) et avec un risque lui-même fini (« un hasard de gain contre un nombre fini de hasards de perte »), il est en effet raisonnable de parier : « Partout où est l'infini, et où il n'y a pas infinité de hasards de perte contre celui de gain, il n'y a point à balancer, il faut tout donner » *(ibid.)*.

On remarquera que ce pari n'est en aucun cas une preuve de l'existence de Dieu, mais seulement de l'intérêt que nous avons à y croire, ou à essayer d'y croire (la vraie foi n'est donnée que par la grâce : le pari ne s'adresse, dans l'esprit de Pascal, qu'aux incroyants). Reste à savoir si la pensée doit se soumettre à l'intérêt ; c'est ce que je ne crois pas. Combien faudrait-il vous payer pour être raciste, pour penser que l'injustice est bonne, que la Terre est immobile ou que deux plus deux font cinq ? Pour un esprit libre, une infinité de gain, même sans aucun risque, n'y suffirait pas. Ainsi l'argument du pari, si fameux, si intelligent, ne vaut que pour ceux qui sont prêts à jouer leur vie, leur esprit ou leur liberté aux dés, que pour ceux, pour mieux dire, qui soumettent leur pensée à un calcul d'intérêt. Ils ne sont pas si nombreux qu'on le croit. Aussi ce pari, pour génial qu'il soit à sa façon, n'a-t-il pas convaincu grand monde. Les vrais croyants n'en ont pas besoin et le jugeraient indigne. Les incroyants, s'ils n'ont pas l'esprit vénal, ne peuvent l'accepter. Autant vendre sa voix, lors d'une élection, au plus offrant. Autant soumettre sa pensée, lors d'un colloque, à l'espérance d'une place ou d'un prix. Pascal méprisait trop les humains. Son pari ne peut convaincre qu'un croupier, s'il est vénal, ou un tiroir-caisse.

PAROLE L'acte, plutôt que la faculté, de parler. Se distingue du langage comme l'actuel du virtuel ; du discours, comme l'acte de son résultat ; de la langue, comme le singulier du général, ou comme l'individuel du collectif (Saussure, *Cours de linguistique générale*, Payot, chap. III et note 63). Toute parole est création d'un discours par l'actualisation du langage (comme faculté) au moyen d'une langue (comme système conventionnel et historique). C'est le présent du sens.

PARTICULIER Ce qui vaut pour une partie d'un ensemble considéré, autrement dit pour un ou plusieurs de ses éléments. S'oppose à *universel* (qui vaut pour tous les éléments d'un ensemble) et se distingue de *singulier* (qui ne vaut que pour un seul) tout en pouvant l'inclure. Par exemple une proposition particulière porte sur quelques individus d'un ensemble (« Quelques cygnes sont noirs », ou, comme diraient plutôt les logiciens, « Quelque signe est noir »), voire sur un seul, s'il reste indéterminé (« un cygne est noir »). En revanche, une proposition universelle prenant le sujet dans toute son extension, on peut dire aussi bien qu'une proposition singulière est universelle si son sujet est déterminé, par exemple par un nom propre : « Aristote est l'auteur de l'*Éthique à Nicomaque* » est une proposition à la fois singulière (puisqu'elle ne porte que sur un seul individu) et universelle (puisqu'elle le désigne tout entier). C'est ce qui explique que le mot *particulier* puisse désigner aussi un individu, mais indéterminé (« un simple particulier ») : c'est n'importe qui, en tant qu'il n'est pas tout le monde.

PASSÉ Ce qui fut et n'est plus. Tout passé reste éternellement vrai (même Dieu, reconnaissait Descartes, ne peut faire que ce qui fut n'ait pas été), mais sans puissance aucune, et sans acte. C'est le ne-plus-être-réel du vrai, ou plutôt l'être-toujours-vrai de ce qui n'est plus réel. La vérité ne passe pas, et c'est ce qu'on appelle le passé.

Contrairement à ce qu'on croit souvent, le passé n'agit jamais : ce qui agit ou peut agir, ce sont ses traces ou ses effets actuels (qui ne sont pas du passé mais du présent). Ainsi les séquelles d'un accident, les traumatismes, les souvenirs, les rancunes, les promesses, les documents, et jusqu'aux causes mêmes, qu'on croit expliquer le présent. Je ne ferais pas ce que je fais si je n'avais vécu ce que j'ai vécu ; mais pas davantage s'il n'en restait rien de présent. La première guerre mondiale, pareillement, ne peut contribuer à expliquer la seconde que par ce qu'il en restait, en 1939, de réel. Enfin les étoiles que nous contemplons, la nuit, ce n'est pas leur lumière passée qui agit sur nos yeux (là-bas, il y a plusieurs milliers d'années !), mais ce qui en arrive, ici et maintenant, jusqu'à nous. C'est où le réel et le vrai, pour la pensée, se séparent. Tout passé est vrai (un mensonge ou une erreur sur le passé, ce n'est pas du passé : c'est du présent) ; aucun n'est réel (s'il l'était, il ne serait pas du passé). Mais comme toute vérité, par définition, est présente, on peut dire aussi que le passé n'est rien : parce qu'il est passé, et parce que la vérité ne passe pas. Ainsi il n'y a que le présent, et la vérité en lui de ce qui fut : il n'y a que l'éternité.

PASSION Ce qu'on subit, mais en soi, sans pouvoir l'empêcher ni tout à fait le surmonter. C'est le contraire ou le symétrique de l'action : l'âme se soumet au corps, diraient les classiques, c'est-à-dire à la partie de soi qui ne pense pas, ou qui pense mal. La folie est ainsi l'extrême de la passion, comme le penchant ou l'inclination sont sa forme bénigne. Mais on utilise le terme, plutôt, pour l'entre-deux.

La passion est un état d'âme, souvent vigoureux, mais hétéronome : c'est un mouvement de l'âme, dirait Descartes, qui résulte en elle d'une action du corps, qu'elle subit et ressent (*Traité des passions*, I, § 27-29). C'est un affect, dirait Spinoza, dont je ne suis pas la cause adéquate (*Éthique,* III, déf. 3 ; voir aussi, *ibid.,* la Définition générale des affects, à comparer avec le texte latin des *Principes de la philosophie* de Descartes, IV, 190). De là cette *passivité* qui lui ressemble, qui n'est pas inaction (ce que l'expérience infirmerait) mais action imposée ou subie. La passion c'est ce qui, en moi, est plus fort que moi. Une passion libre ou volontaire, tout passionné le pressent, n'en serait plus une. On ne décide pas d'aimer à la folie, ni de n'aimer plus, ni d'être avare ou ambitieux.... C'est en quoi la passion est une circonstance atténuante, selon les juges, et ridicule, selon les philosophes. Un crime passionnel ne mérite ni sévérité ni respect.

On dit souvent que les classiques blâmaient les passions, que les romantiques, au contraire, allaient exalter... C'est moins simple que cela. Descartes jugeait au contraire qu'elles sont « toutes bonnes de leur nature, et que nous n'avons rien à éviter que leur mauvais usage ou leurs excès », au point que « c'est d'elles seules que dépend tout le bien et le mal de cette vie » : les hommes qu'elles peuvent le plus émouvoir sont capables d'y goûter le plus de douceur (*Traité des passions*, III, § 211 et 212, qu'on nuancera pourtant par les § 147 et 148). Encore faut-il les contrôler, autant que faire se peut ou se doit, les maîtriser, quand il le faut, les utiliser, quand c'est possible, et c'est à quoi se reconnaît l'homme d'action.

On cite souvent le mot de Hegel, dans les *Leçons sur la philosophie de l'histoire*, selon lequel « rien de grand ne s'est accompli dans le monde sans passion ». C'est en effet vraisemblable. Mais rien non plus sans action, et c'est d'ailleurs ce que Hegel, dans les lignes qui suivent, s'empresse de préciser : « Passion n'est d'ailleurs pas le mot tout à fait exact pour ce que je veux désigner ici, qui est l'activité de l'homme dérivant d'intérêts particuliers, de fins spéciales ou d'intentions égoïstes, en tant que dans ces fins il met toute l'énergie de son vouloir et de son caractère, en leur sacrifiant autre chose qui pourrait aussi être une fin ou plutôt en leur sacrifiant tout le reste » (Introduction, II, b). Il y a de la passivité dans la passion, et tel est le sens classique du mot. Mais une passion qui reste passive n'en est plus tout à fait une, au sens moderne : ce n'est que veulerie ou fascination.

On voit que l'on a tort de réduire la passion à l'état amoureux, qui n'est qu'une de ses formes. Alain, un jour où il faisait cours sur la passion, rappela à ses étudiants qu'on distinguait traditionnellement trois passions principales : l'amour, l'ambition, l'avarice. Puis il ajouta simplement : « vingt ans, quarante, soixante. » Ce n'était qu'une boutade, mais qui dit quelque chose d'important : que chaque passion a ses âges, ou plutôt que chaque âge a ses passions, qui l'emportent davantage que d'autres. Être avare à vingt ans, c'est aussi rare que d'être amoureux à soixante, et plus grave. Toujours est-il que la passion est plurielle : toute passion n'est pas amoureuse. Mais toute passion, à ce que je crois, est aimante. Qu'est-ce que l'ambition, sinon une certaine façon – passionnée, passionnelle – d'aimer le pouvoir que l'on n'a pas encore ? Qu'est-ce que l'avarice, sinon l'amour de l'argent qu'on a déjà ? La passion, en ce sens général, c'est la polarisation du désir sur un seul objet (Tristan), ou sur un seul type d'objet (Don Juan), que l'on n'a pas ou que l'on craint de perdre. C'est le triomphe d'Éros, ou plutôt son exacerbation. Le passionné reste prisonnier du manque, mais sous deux formes différentes : l'amour de ce qu'il n'a pas encore (l'ambitieux, le cupide, le don juan), la peur de perdre ce qu'il a déjà (le puissant qui s'accroche à son pouvoir, l'avare, le jaloux). Les passionnés, sous leurs grands airs, sont de petits enfants, qui n'ont pas encore accepté le sevrage : ils cherchent un sein, ou bien ils ont peur qu'on le leur retire. C'est dire qu'ils n'aiment qu'eux-mêmes (ils ne savent que prendre ou garder), et cela indique assez le chemin. Sortir de la passion, c'est se libérer du petit enfant qui pleure en chacun. C'est apprendre à donner, à agir – à grandir. On n'en a jamais fini. Raison de plus pour s'y mettre sans tarder.

PATHOLOGIQUE *Pathos*, en grec, c'est la passion, le trouble, la douleur, la maladie, bref tout ce qu'on subit ou endure. C'est en ce sens que Kant dira *pathologique* tout ce qui n'est pas libre ou autonome, et spécialement tout ce qui est déterminé par la sensibilité. Le sens moderne est beaucoup plus étroit : est pathologique tout ce qui relève d'une maladie, et cela seul. Le contraire du normal ? Pas tout à fait, puisqu'il est normal d'avoir des maladies, et puisque l'état pathologique, comme disait Canguilhem, continue d'exprimer un rapport à la « normativité biologique », qu'il modifie sans l'abolir (*Le normal et le pathologique*, Conclusion). Disons que le pathologique est l'exception qui confirme, le plus souvent douloureusement, la règle de la santé, qui est d'être fragile et provisoire.

PATIENCE C'est la vertu de l'attente, ou l'attente comme vertu. La chose paraît mystérieuse, puisque l'attente, portant sur l'avenir, semble nous vouer à l'impuissance et au manque. Comment serait-ce une vertu ? Mais c'est que l'attente, même dirigée vers l'avenir, est présente ; la patience l'est donc aussi : c'est faire ce qui dépend de nous pour attendre au mieux ce qui n'en dépend pas. C'est une disponibilité au présent, et à la lenteur du présent, bien plus qu'à l'avenir. Le patient, selon la formule bien connue, laisse du temps au temps : il habite tranquillement le présent, quand l'impatient voudrait être déjà demain ou plus tard. C'est pourquoi *« patience est tout »*, comme disait Rilke : parce que rien d'important ne naît qui ne prenne du temps, parce qu'il faut croître lentement, « comme l'arbre qui ne presse pas sa sève, qui résiste, confiant, aux grands vents du printemps, sans craindre que l'été puisse ne pas venir. L'été vient. Mais il ne vient que pour ceux qui savent attendre, aussi tranquilles et ouverts que s'ils avaient l'éternité devant eux… » Ils l'ont en effet, et c'est ce qu'on appelle le présent. La patience est l'art de l'accueillir à son rythme.

PATRIE Le pays dont on est originaire, où l'on est né, où l'on vit, du moins pour la plupart des gens, ou dont on se sait, plus que d'aucun autre, débiteur. Ce n'est pas toujours le même, ce qui explique qu'on puisse avoir plusieurs patries, ou aucune. Disons que notre patrie, en règle générale, c'est notre pays d'origine ou d'adoption, celui qui nous a accueilli, à la naissance ou plus tard, le pays de nos pères ou de nos maîtres, enfin celui que nous reconnaissons nôtre, non parce qu'il nous appartiendrait mais parce que nous lui appartenons, au moins pour une part, au moins par le cœur et la fidélité. C'est l'endroit d'où l'on vient ou que l'on a choisi, celui où l'on se sent chez soi, enfin que l'on aime plus intimement que les autres pays, quand bien même ils seraient, et ils le sont souvent, plus intéressants ou plus admirables. Notion non pas objective, comme est davantage la nation, mais subjective et affective. J'ai cru longtemps n'en pas avoir : la France m'était à peu près indifférente et je professais que les intellectuels n'avaient pas davantage de patrie que les prolétaires… J'ai changé : la France m'est de plus en plus chère, et surtout j'ai découvert il y a bien des années – en Castille, en Toscane, à Amsterdam, à Venise, à Prague… –, que j'avais évidemment une patrie, et qu'elle s'appelait l'Europe. L'idée ne me viendrait pas de m'en vanter. Mais je n'aime pas trop non plus qu'on me le reproche.

PATRIOTISME L'amour de la patrie, mais sans aveuglement ni xénophobie. Se distingue par là du nationalisme (voir ce mot), ou sert à le masquer. Le nationalisme, en règle générale, c'est le patriotisme des autres ; et le patriotisme, bien souvent, un nationalisme à la première personne. Le propre de l'aveuglement est de ne pas se voir soi. Aussi le patriotisme ne vaut-il que soumis à la raison, qui est universelle, et à la justice, qui tend à l'être. Tel est le sens, aujourd'hui, des droits de l'homme et de nos tribunaux internationaux.

PÉCHÉ C'est le nom religieux de la faute : une offense faite à Dieu, parce qu'on a violé tel ou tel de ses commandements. Si Dieu n'existe pas, il n'y a donc plus de péchés à proprement parler. Restent les fautes, qui sont innombrables, et que rien n'interdit d'appeler des péchés, quoiqu'en un sens laïcisé : c'est offenser l'humanité en soi ou en autrui.

PÉCHÉ ORIGINEL Ce serait une faute, commise par Adam et Ève, qui nous vouerait à la culpabilité. L'idée, à peu près inacceptable pour les Modernes, est fortement exprimée par Pascal : « Il faut que nous naissions coupables, ou Dieu serait injuste » (*Pensées*, 205-489). Il y a pourtant une autre possibilité : que Dieu n'existe pas.

PÉCHÉS CAPITAUX Les péchés capitaux font partie de notre tradition morale et spirituelle. Chacun sait qu'il y en a sept. Mais la plupart d'entre nous auraient bien du mal à en citer la liste complète… La voici, telle que l'a fixée le pape Grégoire le Grand, à la fin du VIe siècle, et telle que nos catéchismes n'ont cessé, depuis, de la rappeler : *l'orgueil, l'avarice, la luxure, l'envie, la gourmandise, la colère, la paresse.* Cette liste a mal vieilli : il y a belle lurette que nous n'y reconnaissons plus nos fautes les plus graves, ni nos dégoûts les plus résolus ! Comme me le disait plaisamment un ami, « il y a dans ces péchés capitaux un côté doigts dans le pot de confiture, qui les rend comme enfantins et presque ridicules ». Oui : nous avons désormais d'autres diables à fouetter.

Qu'est-ce qu'un péché capital ? Pas forcément un péché plus grave que les autres, mais un péché d'où les autres dérivent. C'est un péché qui vient en tête de liste (*capital* vient du latin *caput*, la tête), un péché principiel, si l'on veut, comme une des sources du mal. C'est où la notion de péché capital, ou de faute capitale, pourrait retrouver son sens et son utilité, qui serait de nous aider à y voir plus clair. Mais il faudrait en actualiser résolument la liste. Essayons.

Le premier est tout trouvé. Pourquoi faisons-nous du mal ? Par pure méchanceté ? Je n'y crois pas trop. Le plus souvent nous ne faisons du mal que pour un bien. C'est un des points, il n'y en a pas tant, où je me sens d'accord avec Kant : les hommes ne sont pas *méchants* (ils ne font pas le mal pour le mal), ils sont *mauvais* (ils font du mal aux autres, pour leur bien à eux). C'est en quoi l'égoïsme est le fondement de tout mal, comme disait encore Kant, et le premier, selon moi, des péchés capitaux. C'est l'injustice à la première personne. Car « le moi est injuste, expliquait Pascal, en ce qu'il se fait centre de tout : chaque moi est l'ennemi et voudrait être le tyran de tous les autres ». On ne fait du mal que pour son propre bien. On n'est mauvais que parce qu'on est égoïste.

« Et le sadique ?, me demandent parfois mes étudiants. Est-ce qu'il ne fait pas le mal pour le mal ? » Non pas : il fait du mal aux autres, pour son plaisir à lui ; or son plaisir, pour lui, c'est un bien… Il n'en reste pas moins que la cruauté existe, et qu'elle est sans doute la faute la plus grave, qui pourra à son tour en entraîner plusieurs autres. C'est pourquoi il est juste de la considérer comme un péché capital. Comment la définir ? Comme le goût ou la volonté de faire souffrir : c'est pécher contre la compassion, contre la douceur, contre l'humanité, au sens où l'humanité est une vertu. C'est le péché du tortionnaire, mais aussi du petit chef pervers, du sadique ou du salaud, qui prend plaisir à martyriser ses victimes.

Troisième péché capital : la lâcheté. Parce que aucune vertu n'est possible sans courage, ni aucun bien. Parce que la lâcheté est une forme d'égoïsme, face au danger. Enfin parce que la cruauté reste l'exception : la plupart des mauvaises actions, même parmi les plus abominables, s'expliquent par la peur de souffrir davantage que par le désir de faire souffrir autrui. Combien de gardiens, à Auschwitz, auraient préféré rester tranquillement chez eux, plutôt que faire ce travail atroce ? Mais ils n'avaient pas le courage de déserter, ni de désobéir, ni de se révolter… Aussi firent-ils le mal lâchement, consciencieusement, efficacement. Cela ne les excuse pas. Aucun péché n'est une excuse. Mais cela explique qu'ils aient été si nombreux. Les vrais salauds sont rares. La plupart ne sont que des lâches et des égoïstes, qui n'ont pas su résister, dans telle ou telle situation particulière, à la pente de l'espèce ou de l'époque. Banalité du mal, disait Hannah Arendt. La cruauté est l'exception ; l'égoïsme et la lâcheté, la règle.

Encore faut-il pouvoir se supporter, être capable de se regarder, comme on dit, dans une glace… À un certain degré d'ignominie ou simplement de médiocrité, cela devient difficile sans se mentir à soi-même. C'est ce qui fait de la mauvaise foi un péché capital : parce qu'elle rend possibles, en les masquant ou en leur inventant de fausses justifications, la plupart de nos filouteries. Par exemple Eichmann, zélé fonctionnaire de la Shoah, expliquant à ses juges, après la guerre, qu'il n'a fait qu'obéir aux ordres. Ou le violeur, expliquant qu'il n'a fait qu'obéir à ses pulsions. Ou la crapule ordinaire, expliquant que ce n'est pas sa faute mais celle de son enfance, de son inconscient, de sa névrose... Bien commode. Trop commode. Être de mauvaise foi, montrait Sartre, c'est faire comme si on n'était pas libre, comme si on n'était pas responsable, alors qu'on l'est, au moins de ses actes. C'est aussi, en un sens plus banal, mentir à autrui. Mais le principe, bien souvent, est le même : on ment pour cacher sa faute, ou pour la justifier, ou pour s'attribuer une valeur que l'on n'a pas... Celui qui renoncerait à mentir – à soi et aux autres –, celui qui aurait cessé de faire semblant, il n'aurait guère le choix qu'entre la vertu et la honte. Choix douloureux, choix exigeant, dont la mauvaise foi vise à nous dispenser : c'est s'autoriser le mal en s'autorisant à le dissimuler.

Je n'ai encore repris aucun des sept péchés capitaux de la tradition. Celui que je voudrais à présent aborder, sans faire partie de la liste canonique, en est peut-être le moins éloigné : ce que j'appelle la *suffisance* n'est pas très loin de ce que les pères de l'Église appelaient l'orgueil. Mais c'est un défaut plus général, plus profond, sans doute aussi moins tonique. Faire preuve de suffisance, ce n'est pas seulement être orgueilleux ; c'est aussi être fat, présomptueux, vaniteux, plein de sérieux et d'autosatisfaction, plein de soi ou de la haute idée que l'on s'en fait... C'est le péché de l'imbécile prétentieux, et je ne connais guère d'espèce, même chez les gens intelligents, plus désagréable. Mais c'est aussi le péché qui est à l'origine, bien souvent, de l'abus de pouvoir, de l'exploitation d'autrui, de la bonne conscience haineuse ou méprisante, sans parler du racisme et du sexisme. Le Blanc qui croit appartenir à une race supérieure ou le macho fier de ce qu'il prend pour sa virilité ne sont pas seulement ridicules : ils sont dangereux, et c'est pourquoi il convient de les combattre. Un misanthrope est moins à craindre ; c'est qu'il ne prétend pas faire exception et se sait, lui aussi, insuffisant...

S'agissant des idées, la suffisance devient fanatisme. C'est un dogmatisme haineux ou violent, trop sûr de sa vérité pour tolérer celle des autres. C'est plus que de l'intolérance : c'est vouloir interdire ou supprimer par la force ce qu'on désapprouve ou qui nous donne tort. Disons que c'est une intolérance exacerbée et virtuellement criminelle. On en connaît les effets, en tous temps et en tous pays : massacres, guerres de religions, inquisition, terrorisme, totalitarisme... On ne fait le mal que pour un bien, disais-je, et l'on s'autorisera d'autant plus de mal que le bien paraît plus grand. La foi a fait plus de victimes que la cupidité. L'enthousiasme, plus que l'intérêt. C'est qu'on massacre plus volontiers pour Dieu que pour soi, pour le bonheur de l'humanité plutôt que pour le sien propre. « Tuez-les tous, Dieu ou l'Histoire reconnaîtra les siens... »

Fanatisme, crime de masse. C'est le péché qui emplit les camps et allume les bûchers.

Le dernier péché capital, puisque j'ai choisi de m'en tenir, moi aussi, à une liste de sept, n'est pas sans évoquer l'un de ceux que retient la tradition : ce que j'appelle la veulerie est comme une paresse généralisée, de même que la paresse est une forme de veulerie face au travail.

Qu'est-ce que la veulerie ? Un mélange de mollesse et de complaisance, de faiblesse et de narcissisme : c'est l'incapacité à s'imposer quoi que ce soit, à faire un effort un peu durable, à se contraindre, à se dépasser, à se surmonter... Être veule, ce n'est pas seulement manquer d'énergie ; c'est manquer de volonté et d'exigence. En quoi est-ce un péché capital ? En ceci, que la veulerie en entraîne plusieurs autres : la vulgarité, qui est veulerie dans les manières, l'irresponsabilité, qui est veulerie face à autrui ou à ses devoirs, la négligence, qui est veulerie dans la conduite ou le métier, la servilité, qui est veulerie face aux puissants, la démagogie, qui est veulerie face au peuple ou à la foule... « Il faut suivre sa pente, disait Gide, mais en la remontant. » Le veule est celui qui préfère la descendre.

Sept péchés capitaux, donc : l'égoïsme, la cruauté, la lâcheté, la mauvaise foi, la suffisance, le fanatisme, la veulerie. Non parce qu'ils seraient forcément les plus graves, répétons-le, mais parce qu'ils gouvernent ou expliquent tous les autres. Ce sont les sources du mal, disais-je, et sans doute aussi celles du bien, au moins pour une part, au moins par l'horreur ou le dégoût qu'ils nous inspirent, par le désir d'y échapper, enfin par l'effort qu'il faut faire, presque toujours, pour les surmonter... Pauvres immoralistes, qui ont cru qu'il suffisait de ne plus croire en Dieu pour être délivré du mal !

PENCHANT Synonyme à peu près de tendance, en plus singulier, ou d'inclination, en moins plaisant. C'est une orientation durable du désir, qui doit moins à l'espèce qu'à l'individu, mais plus sans doute à sa nature qu'à sa culture ou à ses choix. Disons que c'est la pente naturelle d'un être humain, sur laquelle il peut, ou non, se laisser glisser...

PENSÉE On trouve une définition en extension, bien sûr incomplète, chez Descartes : « Qu'est-ce donc que je suis ? Une chose qui pense. Qu'est-ce qu'une chose qui pense ? C'est une chose qui doute, qui conçoit, qui affirme, qui nie, qui veut, qui ne veut pas, qui imagine aussi, et qui sent » (*Méditations*, II). C'est définir la pensée sinon par la conscience, du moins à partir d'elle, comme une expérience ou une dimension du sujet (« la pensée est un attribut qui m'appartient », *ibid.*), et sans doute on ne peut la définir autrement, puisque toute définition la suppose et ne s'adresse qu'à un sujet. Celui qui ne penserait pas, comment lui faire comprendre ce que c'est que penser ? « Penser, dira Kant, c'est unifier des représentations dans une conscience » (*Prolégomènes*, II). C'est en quoi aucun ordinateur ne pense : le mien, par exemple, pourtant doté d'un logiciel de traitement de texte particulièrement performant, est d'une bêtise crasse, qui ne cesse de me surprendre. Mais ce n'est pas qu'il pense mal ; c'est qu'il ne pense pas.

Faut-il dire alors que toute conscience est pensée ? En un sens large, oui : tel est le sens de Descartes. En un sens plus restreint, on ne parlera de pensée que pour la dimension intellectuelle ou rationnelle de la conscience, disons que pour des représentations logiquement liées, fût-ce de façon imparfaite, et soumises ensemble à l'idée d'une vérité au moins possible. Penser, étymologiquement, c'est peser : cela suppose l'unité d'une balance ou d'un rapport. La pensée, c'est ce qui pèse ou soupèse les arguments, les expériences, les informations, et jusqu'à la pesée elle-même... J'en donnerais volontiers, complétant Kant par Spinoza et Spinoza par Montaigne, la définition suivante : *Penser, c'est unifier des représentations dans une conscience, sous la norme de l'idée vraie donnée ou possible.* La pensée est donc bien ce « dialogue intérieur et silencieux de l'âme avec elle-même » qu'évoquait Platon, mais en tant qu'elle cherche le vrai (puisqu'il faut « aller au vrai avec toute son âme ») et, d'avance, s'y soumet.

PERCEPTION Toute expérience, en tant qu'elle est consciente ; toute conscience, en tant qu'elle est empirique. Se distingue de la sensation comme le plus du moins, comme l'ensemble de ses éléments (une perception suppose plusieurs sensations liées et organisées), et c'est en quoi la sensation, à vouloir la penser isolément, n'est qu'une abstraction. Vous voyez des taches de couleurs ; vous percevez un paysage. « L'esprit met tout en ordre », comme disait Anaxagore, ou du moins il s'y essaie. Il ne se contente pas de sentir : il unifie ses sensations dans une conscience, dans une expérience, dans une forme, non après coup mais dès le départ, et c'est la perception même. Il transforme des taches lumineuses en distances ou en spectacle, des bruits en informations, des odeurs en promesses... Percevoir, c'est se représenter ce qui se présente : la perception est notre ouverture au monde et à tout.

PERFECTIBILITÉ Ce n'est pas le pouvoir de devenir parfait, mais celui de se perfectionner. Seul l'imparfait est donc perfectible, mais il ne l'est qu'à la condition de pouvoir changer, et *se* changer. Rousseau y voyait le propre de l'humanité : outre la liberté, explique-t-il, « il y a une autre qualité très spécifique qui distingue l'homme de l'animal, et sur laquelle il ne peut y avoir de contestation ; c'est la faculté de se perfectionner, faculté qui, à l'aide des circonstances, développe successivement toutes les autres et réside parmi nous tant dans l'espèce que dans l'individu ; au lieu qu'un animal est au bout de quelques mois ce qu'il sera toute sa vie, et son espèce au bout de mille ans ce qu'elle était la première année de ces mille ans » (*Discours sur l'origine de l'inégalité*, I ; même idée chez Pascal, mais sans le mot de perfectibilité, dans sa *Préface au traité du vide*). La perfectibilité serait donc une évolution, mais historique et culturelle, plutôt que naturelle. C'est ce qui rend la notion utile en même temps que relative : si l'histoire et la culture font partie de la nature, comme je le crois, la perfectibilité n'est qu'une forme parmi d'autres de l'universel devenir (non une exception au darwinisme, mais une de ses occurrences). À la gloire d'Héraclite et des enseignants.

PERFECTION Le fait d'être parfait (voir ce mot). On dit souvent que la perfection n'est pas de ce monde ; c'est qu'on en imagine un autre, idéal, auquel on compare celui-ci. La notion de perfection n'a de sens que relatif (Spinoza, *Éthique*, IV, Préface ; voir aussi I, Appendice). Une perfection absolue est un non-sens, ou n'est que l'absolu lui-même – non parce qu'il serait sans défaut, de notre point de vue, mais parce qu'il est sans manque (il est tout ce qu'il est et qu'il peut être). C'est l'être de Parménide et des mystiques.

PERFORMATIF *« Je déclare la réunion ouverte »* ; si je suis président de séance, elle l'est par là même. Tel est le discours performatif : celui qui fait être ce qu'il dit, parce que dire et faire, en l'occurrence, sont un. Quand je dis *« Je le jure »*, je jure en effet : c'est une expression performative. Si je dis *« Il le jure »*, en revanche, je ne jure rien : l'expression n'est pas performative. Un énoncé performatif se distingue en cela d'un énoncé descriptif ou normatif. Il est moins soumis à l'exigence de vérité, comme le premier, ou de justesse comme le second, qu'à celles de possibilité, de cohérence, de réussite..., qui dépendent du contexte et des individus. Si vous dites « Je déclare la réunion ouverte » seul dans votre chambre, ou même dans un congrès mais sans avoir légitimité à le faire, il est probable qu'aucune réunion ne sera ouverte par là. Le discours performatif est un acte : il a moins à être vrai ou faux qu'à être efficace ou pas.

PERFORMATIVE (CONTRADICTION –) Une contradiction qui oppose non pas deux énoncés l'un à l'autre, mais un énoncé (comme proposition) à lui-même (comme acte). On en donne souvent l'exemple suivant : « *J'étais dans un bateau qui a fait naufrage ; il n'y a pas eu de survivant.* » La phrase n'est pas contradictoire en elle-même (il n'est pas impossible que je meure dans un naufrage), mais elle l'est avec le fait que je puisse la prononcer à la première personne. Mon ami Luc Ferry m'a souvent reproché de tomber dans une contradiction de ce genre, comme tout matérialiste, dès lors que je considère comme illusoire une subjectivité libre que, par ailleurs, je serais obligé de supposer pour pouvoir prétendre à quelque vérité que ce soit (par exemple à la vérité du matérialisme) : il y aurait une contradiction non entre telle et telle de mes thèses, mais entre ce que je *fais* (mon activité de sujet pensant) et ce que je *dis* (que le sujet pensant n'est qu'une illusion ou que le résultat passif de déterminismes extérieurs). Je n'en crois bien sûr rien. D'abord parce que l'idée de vérité n'a pas besoin de celle de liberté, au sens du libre arbitre, voire l'exclut (la vérité est exactement *ce qu'on ne choisit pas*). Ensuite parce que le sujet, de mon point de vue, même illusoire (en tant qu'il se croit absolument libre ou transparent à lui-même), est assurément actif : dire « je suis mon corps », ou « Je suis mon histoire », ce n'est pas dire « Je suis passif » (parce que je serais déterminé par mon corps, par mon histoire, par mon inconscient, etc.) ; c'est dire exactement l'inverse : si je suis mon corps, il est exclu que je sois déterminé passivement par lui ; je suis actif, bien plutôt, quand mon corps est actif, quand mon histoire est action, et c'est pourquoi je le suis toujours partiellement et jamais totalement. Je n'ai pas convaincu Luc Ferry davantage qu'il ne m'a convaincu, au moins sur ce point, mais cela nous a aidés, ce n'est pas rien, à mieux nous comprendre (voir *La sagesse des Modernes*, chap. 1 et conclusion).

PERSÉCUTION Une oppression violente et ciblée. On peut opprimer tout un peuple ; on ne peut guère persécuter qu'une minorité. Par exemple les Protestants, dans la France catholique. Ou les Juifs, dans l'Europe chrétienne. C'est le bras armé du fanatisme ou du racisme.

PERSÉVÉRANCE La patience et la continuité dans l'effort. C'est une forme de courage, non contre le danger ou la peur, mais contre la fatigue et le renoncement. Il y faut ordinairement une grande passion, ou un grand ennui.

On pense à la formule fameuse de Guillaume d'Orange : « Il n'est pas besoin d'espérer pour entreprendre, ni de réussir pour persévérer. » En effet : il n'est besoin que de courage et de volonté. Mais il en faut aussi pour changer d'orientation, quand cela paraît nécessaire ou souhaitable. C'est ce qui distingue la persévérance de l'obstination.

PERSONNALITÉ Ce qui fait qu'une personne est différente d'une autre, et de toutes les autres, non seulement numériquement mais qualitativement. C'est pourquoi une personne peut manquer de personnalité : quand elle n'est différente des autres que numériquement ou physiquement, et ressemble pour le reste (les sentiments, les pensées, les comportements...) à n'importe qui, spécialement, par mimétisme ou mollesse, à ceux qui l'entourent.

PERSONNE Un individu, mais considéré comme sujet pensant, à la fois unique (différent de tous les autres) et un (à travers ses modifications). C'est le sujet de l'action, qui peut donc lui être imputée : la notion touche à la morale, spécialement chez Kant, davantage qu'à la métaphysique ou à la théorie de la connaissance.

PESSIMISME – Sais-tu quelle différence il y a entre un optimiste et un pessimiste ?

– ?...

– Le pessimiste est un optimiste bien informé.

Cette devinette, qui nous vient d'Europe centrale, est elle-même pessimiste. C'est pourquoi peut-être elle nous amuse : parce que nous y voyons une espèce de cercle, sans que cela suffise pourtant à la réfuter.

Qu'est-ce que le pessimisme ? C'est mettre les choses au pire *(pessimus)*, soit parce qu'on juge qu'il y a plus de maux que de biens, soit parce qu'on pense que les maux vont s'aggraver. Au sens philosophique, le pessimisme rentre plutôt dans la première catégorie : c'est un pessimisme actuel plutôt que prospectif (par quoi Schopenhauer est le grand penseur du pessimisme, comme Leibniz de l'optimisme). Au sens courant, le pessimisme a plutôt à voir avec la seconde catégorie, autrement dit avec l'avenir, qu'il imagine pire que le présent. La vieillesse et la mort semblent lui donner raison, au moins pour l'individu, comme le progrès et la religion, de façon différente, à l'optimisme. Il n'y avait plus qu'à faire du progrès une religion pour que le pessimisme, c'est du moins ce qu'on pouvait croire, fût définitivement vaincu. De là les utopies et les différents messianismes qui n'ont cessé, depuis le XIXe siècle, de nous offrir de nouvelles raisons d'espérer... Hélas ! cela ne nous a donné que de nouvelles raisons de nous méfier... des optimistes.

PETITESSE L'incapacité à concevoir rien de grand, donc aussi à le faire ou à l'admirer. Le petit voit tout à son échelle – petit, mesquin, médiocre. Il appelle cela : « n'être pas dupe ».

PÉTITION DE PRINCIPE Faute logique, qui consiste à poser au départ, fût-ce sous une autre forme, ce qu'on prétend démontrer. C'est comme un diallèle élémentaire, de même que le diallèle est comme une pétition de principe indirecte.

PEUPLE L'ensemble des sujets d'un même souverain, ou des citoyens d'un même État. Dans une République, c'est donc le souverain lui-même.

On dira que le peuple n'est qu'une abstraction – qu'il n'existe que des individus. Sans doute. Mais le contrat social ou le suffrage universel réalisent cette abstraction, donnant au peuple, comme Hobbes l'avait vu, l'unité, certes artificielle mais effective, d'une personne. C'est ce qui distingue le *peuple* de la *multitude* : « Le peuple est un certain corps et une certaine personne, à laquelle on peut attribuer une seule volonté, et une action propre ; alors qu'il ne se peut rien dire de semblable de la multitude » (Hobbes, *Le Citoyen*, XII, 8 ; voir aussi VI, 1). Reste à savoir, c'était la question de Rousseau, ce qui fait qu'un peuple est un peuple. Il faut répondre : le contrat social, autrement dit l'unité de la volonté générale, quand elle règne. Un peuple n'est vraiment *un* – donc n'est vraiment un peuple – que par la souveraineté qu'il se donne, qu'il exerce ou qu'il défend. C'est dire qu'un peuple n'est vraiment lui-même que dans une démocratie, et par elle. Les despotes ne règnent que sur une multitude.

PEUR L'émotion qui naît en nous à la perception, ou même à l'imagination, d'un danger. Se distingue de l'angoisse par l'aspect déterminé de ce dernier. L'angoisse est comme une peur indéterminée ou sans objet ; la peur, comme une angoisse déterminée, voire objectivement justifiée. Cela ne dispense pas de l'affronter, ni de la surmonter quand on peut : tel est le courage, toujours nécessaire, jamais suffisant.

PHÉNOMÈNE Ce qui apparaît. Se distingue pourtant de l'apparence, spécialement chez Kant et ses successeurs, par son poids de réalité : ce n'est pas une illusion ; c'est la réalité sensible (par opposition au noumène, réalité intelligible), la réalité pour nous (par opposition à la chose en soi), et la seule qui soit connaissable.

Dans la philosophie contemporaine, et spécialement chez les phénoménologues, le mot ne s'oppose plus guère au noumène ou à la chose en soi. Le phénomène, écrit Sartre, n'indique plus, « par-dessus son épaule, un être véritable qui serait, lui, l'absolu ; ce qu'il est, il l'est absolument, car il se dévoile comme il est » ; il est « le relatif-absolu », qui peut être « étudié et décrit en tant que tel, car il est absolument indicatif de lui-même » (*L'Être et le néant*, Introduction). On n'est pas très loin de ce que Marcel Conche appellera l'*apparence pure*, et que Clément Rosset, plus simplement, appelle *le réel.*

PHÉNOMÉNOLOGIE L'étude des phénomènes, autrement dit de ce qui apparaît à la conscience – et, grands dieux, que pourrait-on étudier d'autre ? La phénoménologie ne serait donc qu'un pléonasme pour dire la pensée ? Pas tout à fait. Il s'agissait, en décrivant ce qui apparaît à la conscience (les phénomènes), de découvrir, comme disait Sartre, « quelque chose de solide, quelque chose enfin qui ne fût pas l'esprit ». Décrire la conscience, donc, ou ce qui lui apparaît, *pour en sortir* (puisque « toute conscience est conscience de quelque chose » : voir l'article « Intentionnalité »). Ils appelaient cela : *retour aux choses mêmes.* Mais cela nous en a plus appris sur nous-mêmes que sur le monde. La phénoménologie, écrit sans rire Merleau-Ponty, est « un inventaire de la conscience comme milieu de l'univers ». C'est donc à peu près l'inverse de la physique, sans être pour autant une métaphysique ni une morale. Ce n'est qu'un commencement de la pensée, mais qui s'épuiserait dans la répétition – à la fois inlassable et lassante – de son premier pas. Il en reste quelques chefs-d'œuvre absolus, et aussi plusieurs des livres les plus difficiles et les plus ennuyeux que je connaisse.

PHILOSOPHE Je ne sais plus si c'est Guitton ou Thibon qui raconte l'anecdote, comme lui étant personnellement arrivée. La scène se passe au début du XXe siècle, dans une campagne un peu reculée. Un jeune professeur de philosophie, se promenant avec un ami, rencontre un paysan, que son ami connaît, qu'il lui présente, et avec lequel notre philosophe échange quelques mots.

– Qu'est-ce que vous faites dans la vie ?, lui demande le paysan.

– Je suis professeur de philosophie.

– C'est un métier ?

– Pourquoi non ? Ça vous étonne ?

– Un peu, oui !

– Pourquoi ça ?

– Un philosophe, c'est quelqu'un qui s'en fout... Je ne savais pas que cela s'apprenait à l'école !

Ce paysan prenait « philosophe » au sens courant, où il signifie à peu près, sinon quelqu'un qui s'en fout, du moins quelqu'un qui sait faire preuve de sérénité, de tranquillité, de recul, de décontraction... Un sage ? Pas forcément. Pas totalement. Mais quelqu'un qui tend à l'être, et tel est aussi, depuis les Grecs, l'étymologie du mot (*philosophos* : celui qui aime la sagesse) et son sens proprement philosophique. On me dit parfois que cela n'est vrai que des Anciens... Ce serait déjà beaucoup. Mais c'est oublier Montaigne. Mais c'est oublier Spinoza. Mais c'est oublier Kant (« La philosophie est la doctrine et l'exercice de la sagesse, écrivait-il dans son *Opus postumum*, non simple science ; la philosophie est pour l'homme *effort vers la sagesse*, qui est toujours inaccompli »). Mais c'est oublier Schopenhauer, Nietzsche, Alain... Le philosophe, pour tous ceux-là, ce n'est pas quelqu'un de plus savant ou de plus érudit que les autres, ni forcément l'auteur d'un système ; c'est quelqu'un qui vit mieux parce qu'il pense mieux, en tout cas qui essaye (« Bien juger pour bien faire », disait Descartes : c'est la philosophie même), et c'est en quoi le philosophe reste cet amant de la sagesse, ou cet apprenti en sagesse, que l'étymologie désigne et dont la tradition, depuis vingt-cinq siècles, n'a cessé de préserver le modèle ou l'exigence. Si vous n'aimez pas ça, n'en dégoûtez pas les autres.

Qu'est-ce qu'un philosophe ? C'est quelqu'un qui pratique la philosophie, autrement dit qui se sert de la raison pour essayer de penser le monde et sa propre vie, afin de se rapprocher de la sagesse ou du bonheur. Cela s'apprend-il à l'école ? Cela doit s'apprendre, puisque nul ne naît philosophe, et puisque la philosophie est d'abord un travail. Tant mieux si cela commence à l'école. L'important est que cela commence, et ne s'arrête pas. Il n'est jamais ni trop tôt ni trop tard pour philosopher, disait à peu près Épicure, puisqu'il n'est jamais ni trop tôt ni trop tard pour être heureux. Disons qu'il n'est trop tard que lorsqu'on ne peut plus *penser* du tout. Cela peut venir. Raison de plus pour philosopher sans attendre.

PHILOSOPHIE Une pratique théorique (mais non scientifique), qui a le tout pour objet, la raison pour moyen, et la sagesse pour but. Il s'agit de penser mieux, pour vivre mieux.

La philosophie n'est pas une science, ni même une connaissance (ce n'est pas un savoir de plus, c'est une réflexion sur les savoirs disponibles), et c'est pourquoi, comme disait Kant, on ne peut apprendre *la philosophie* : on ne peut apprendre qu'*à philosopher*. Le même, dans un texte fameux, ramenait le domaine de la philosophie à quatre questions : *Que puis-je savoir ? Que dois-je faire ? Que m'est-il permis d'espérer ? Qu'est-ce que l'homme ?* Les trois premières « se rapportent à la dernière », remarquait-il (*Logique*, Introd., III). Mais elles débouchent toutes les quatre, ajouterai-je, sur une cinquième, qui est donc la question principale de la philosophie, au point qu'elle pourrait presque suffire à la définir : *Comment vivre ?* Dès qu'on essaie de répondre intelligemment à cette question, on fait de la philosophie, peu ou prou, bien ou mal. Et comme on ne peut éviter de se la poser, il faut en conclure qu'on n'échappe à la philosophie que par la bêtise ou l'obscurantisme.

Il m'est arrivé de définir la philosophie, ou l'acte de philosopher, encore plus simplement : *Philosopher, c'est penser sa vie et vivre sa pensée.* Non, bien sûr, qu'il faille se contenter de l'introspection ou de l'égocentrisme. Penser sa vie, c'est la penser où elle est : ici et maintenant, certes, mais aussi dans la société, dans l'histoire, dans le monde, dont elle n'est pas le centre mais l'effet. Et vivre sa pensée c'est agir, autant qu'on peut, autant qu'on doit, puisqu'on ne pourrait autrement que subir ou rêver. Ainsi la philosophie est une activité dans la pensée, qui débouche sur une vie plus active, plus heureuse, plus lucide, plus libre – plus sage.

PHOBIE Une peur pathologique, déclenchée par la présence d'un objet ou d'une situation sans autre danger que cette peur même. Relève moins du courage que de la médecine.

En un sens plus large, toute aversion incontrôlable : c'est moins une peur qu'un dégoût ou une répulsion. Relève moins de la médecine que de l'évitement, du courage, ou de l'habitude.

PHONÈME C'est une unité phonique minimale : l'élément de la seconde articulation (voir ce mot, ainsi que l'article « Langue »).

PHRONÈSIS Le nom grec de la prudence (voir ce mot) ou de la sagesse pratique. Se distingue par là de la *sophia*, sagesse théorique ou contemplative.

PHYSIQUE Tout ce qui relève de la nature (*phusis* en grec), et spécialement la science qui l'étudie *(ta phusika)*.

Si la nature est tout, comme je le crois, la physique a vocation à absorber toutes les sciences. Toutefois ce n'est qu'une vocation, sans doute impossible à réaliser absolument. Par exemple la matière obéit aux mêmes lois, selon toute vraisemblance, dans les corps vivants et dans les autres. La biologie, pour comprendre un organisme quelconque, n'en reste pas moins nécessaire : parce que la vie a sa rationalité propre, certes incluse dans celle de la matière inorganique (les atomes sont les mêmes, et soumis aux mêmes lois), mais qui ne saurait pour autant, si ce n'est par abstraction, être considérée comme nulle et non avenue. Quelque chose de neuf émerge, qui fait qu'un corps vivant ne se réduit pas à la simple somme de ses parties. Même chose pour la pensée. Quand je suis triste, cela correspond assurément à des phénomènes neurobiologiques dans mon cerveau, donc, en dernière analyse, à des phénomènes physiques dans le monde. Toutefois ma tristesse s'explique plus simplement par la psychologie (j'ai appris une mauvaise nouvelle, j'ai perdu un être cher, je fais une dépression...) que par la physique. Et qui voudrait expliquer les résultats d'une élection par les lois de la mécanique quantique ? Tout est physique, et c'est pourquoi la physique est la science du tout. Mais avec des degrés différents de complexité, qui font que la physique n'est pas tout, ni la science de tout.

PIÉTÉ Mélange d'amour et de respect, à l'égard d'un être qui nous dépasse. Se dit le plus souvent vis-à-vis de Dieu, parfois vis-à-vis d'un parent (piété filiale), d'un héros ou d'un maître.

On remarquera que l'étymologie est la même que pour *pitié* (les deux mots furent un temps synonymes : cela s'entend encore dans notre *Mont-de-piété*), que l'on aimerait définir comme un mélange d'amour et de respect, à l'égard d'un être que l'on dépasse ou que l'on plaint. Le mot de *pietas*, en latin, n'a guère ce sens : il se dit presque exclusivement de ce qu'on doit aux dieux, à ses parents ou à la patrie. Mais le mot *pietà*, en italien ou en histoire de l'art, réunit les deux idées, comme son équivalent français de « Vierge de pitié ». Voyez par exemple la sublime *Pietà* de Michel-Ange. Quelle plus belle image du divin que ce jeune homme mort, dans les bras de sa mère ?

PITIÉ Une forme de compassion, mais qui serait plutôt un sentiment qu'une vertu (la compassion est les deux), avec je ne sais quoi de condescendant qui la rend désagréable. L'inverse par là de la piété : c'est une compassion qui s'exerce, ou qui croit s'exercer, de haut en bas.

PLAISIR L'un des affects fondamentaux, comme tel à peu près indéfinissable. Disons que c'est l'affect qui s'oppose à la douleur, celui qui nous plaît, qui nous réjouit ou nous fait du bien : c'est la satisfaction agréable d'un désir.

On notera que ce désir n'est pas forcément un manque (par exemple dans le plaisir esthétique) et ne précède pas nécessairement sa satisfaction : une odeur agréable, un beau paysage ou une bonne nouvelle peuvent me faire plaisir quand bien même je ne les désirais, avant de les rencontrer, en rien. Spinoza dirait qu'ils ne s'en accordent pas moins avec ma puissance d'exister (avec mon *conatus*), disons avec ma puissance de jouir, d'agir et de me réjouir, autrement dit avec mon désir, en effet, mais en tant que puissance indéterminée. J'en suis d'accord, et c'est en quoi tout plaisir est relatif : ce n'est pas parce qu'une chose est agréable que nous la désirons, c'est parce que nous la désirons, ou parce qu'elle s'accorde à nos désirs, qu'elle est, pour nous, agréable. Pourquoi alors ne pas définir le plaisir, purement et simplement, par la satisfaction d'un désir ? Parce qu'on peut satisfaire un désir sans pour autant éprouver de plaisir : les fumeurs savent bien que le plaisir n'est pas toujours égal, ni même toujours présent, à chaque cigarette ou à chaque bouffée. Et chacun sait qu'il ne suffit pas de désirer vivre, hélas, pour que la vie soit agréable…

« Tout plaisir, du fait qu'il a une nature appropriée à la nôtre, est un bien », remarquait Épicure. Puis il ajoutait : « tout plaisir, cependant, ne doit pas être choisi » (*Lettre à Ménécée*, 129). C'est que certains apportent plus de maux, pour soi ou pour autrui, que de biens. C'est où l'hédonisme atteint sa limite. Le plaisir est « le bien premier et conforme à notre nature », certes, « le principe de tout choix et de tout refus », enfin « le principe et la fin de la vie bienheureuse » *(ibid.)*. Mais pas tout plaisir, ni toujours les plaisirs les plus forts. Il faut donc choisir : c'est à quoi servent la prudence, pour ce qui est de soi, et la morale, pour ce qui est des autres. Non qu'on renonce pour cela au plaisir, mais parce qu'il n'est pas possible « de vivre avec plaisir sans vivre avec prudence, honnêteté et justice » (*ibid.*, 132). Le plaisir est le but, pas toujours le chemin.

PLAISIR (PRINCIPE DE –) Il est formulé à peu près par Aristote : « On choisit ce qui est agréable, on évite ce qui est pénible » (*Éthique à Nicomaque*, X, 1).

Il est repris par Épicure : « C'est pour cela que nous faisons tout : afin de ne pas souffrir et de n'être pas troublés. [...] C'est pourquoi nous disons que le plaisir est le commencement et la fin de la vie bienheureuse : c'est en lui que nous trouvons le principe de tout choix et de tout refus » (*Lettre à Ménécée*, 128-129).

Il est chanté par Virgile, peut-être influencé par Lucrèce : *« Trahit sua quemque voluptas »* (chacun est entraîné par son propre plaisir, *Bucoliques*, II, 65 ; comparer avec le *De rerum natura*, II, 172 et 258). Il sera repris par saint Augustin et Pascal (c'est ce qu'on a appelé le panhédonisme de Port-Royal : « L'homme est esclave de la délectation ; ce qui le délecte davantage l'attire infailliblement : on fait toujours ce qui plaît le mieux, c'est-à-dire que l'on veut toujours ce qui plaît », Pascal, *Écrits sur la grâce*, p. 332 a), mais aussi par Montaigne (« Le plaisir est notre but..., en la vertu même, le dernier but de notre visée c'est la volupté », I, 20) et la plupart des matérialistes du XVIIIe siècle... Mais c'est bien sûr Freud, dans la dernière période, qui lui donne son nom et sa formulation canonique. « L'ensemble de notre activité psychique a pour but de nous procurer du plaisir et de nous faire éviter le déplaisir » (Introduction..., 22 ; voir aussi « Au-delà du principe de plaisir, 1). Le *principe de plaisir* est l'un des deux grands principes qui régissent, selon Freud, la totalité de notre vie psychique, ou plutôt c'est le seul : tout être humain (peut-être même tout animal) tend à jouir le plus possible et à souffrir le moins possible. Le *principe de réalité* s'y oppose moins qu'il ne le complète, et ne le complète qu'en le modifiant. Il s'agit toujours de jouir le plus possible, de souffrir le moins possible, mais en tenant compte pour ce faire des contraintes du réel, ce qui suppose qu'on accepte de ne jouir parfois que plus tard ou moins, voire de souffrir un certain temps, pour augmenter la jouissance à venir ou éviter un désagrément plus grand. « Le principe de réalité a également pour but le plaisir, écrit Freud, mais un plaisir qui, s'il est différé et atténué, a l'avantage d'offrir la certitude que procurent le contact avec la réalité et la conformité à ses exigences » *(ibid.)*. Ce n'est guère qu'un commentaire, mais psychanalytiquement informé, des paragraphes 129 et 130 de la *Lettre à Ménécée*.

PLATONICIEN De Platon, ou s'en réclamant. Pas besoin pour cela de rester platonique.

PLATONIQUE Le mot est à peu près au précédent ce que *stoïque* est à *stoïcien* : une banalisation, une popularisation, comme une pensée d'abord méconnaissable, à force de s'immerger dans la foule, mais où l'on discerne pourtant, dessous les grimaces ou les contresens, comme une étrange ressemblance. *Platonique*, en l'occurrence, se dit surtout de l'amour : ce serait un amour purement sentimental ou intellectuel, sans rien de sensuel, de charnel, de sexuel. Ceux qui ont lu le *Banquet* et le *Phèdre* s'étonneront d'abord de cette acception. Ceux qui les reliront s'étonneront moins.

PLATONISME Le système de Platon, qu'il n'est bien sûr pas question d'exposer ici (est-ce seulement un système ?), et toute pensée qui en partage l'inspiration principale. À savoir ? Ceci : l'existence d'un monde purement intelligible, plus vrai que le nôtre, où les idées existeraient par elles-mêmes, où les valeurs (le Bien, le Beau, le Juste...) seraient autant d'absolus, qu'il faudrait d'abord connaître, ou reconnaître, pour bien agir. Le monde sensible ne serait qu'une copie imparfaite, qu'il faudrait toujours corriger d'après l'Idée. Le réel ne serait qu'un moindre être, qui ne vaudrait que par l'Être absolu, toujours absent, toujours ailleurs. Qu'un devenir, qui ne vaudrait que par l'éternité, ici-bas hors d'atteinte. De là cette fascination pour les mathématiques (« Que nul n'entre ici s'il n'est géomètre »), pour la dictature du philosophe-roi (voyez la *République* et les *Lois*), enfin pour la mort (« les philosophes authentiques sont avides de mourir », *Phédon*, 64 b). De là ce dédain pour l'histoire ou la vie. C'est toujours adorer la pensée, mépriser le corps ; adorer le savoir, mépriser le désir ; adorer l'absolu ou l'immuable, mépriser le relatif ou le changeant ; adorer la vérité, mépriser le réel. Le platonisme est le modèle des idéalismes, des dogmatismes, des utopies – et des totalitarismes, quand ils prétendent à la science. Celui-là aimait la vérité à en mourir (quoique ce fût Socrate qui mourut). D'autres l'aimeront à tuer... Heureusement qu'il y a Aristote, pour nous ramener sur terre et nous remettre à notre place.

PLOUTOCRATIE Le pouvoir, direct ou indirect, des plus riches. Le mot n'a pas de contraire (les plus pauvres n'ont jamais le pouvoir), mais un remède, qui est la démocratie. Remède toujours nécessaire, rarement suffisant. Les pauvres, presque inévitablement, votent pour plus riches qu'eux.

POÉSIE L'unité indissociable et presque toujours mystérieuse, dans un discours donné, de la musique, du sens et du vrai, d'où naît l'émotion.

C'est une vérité qui chante, et qui touche. À ne pas confondre avec la versification, même pas avec le poème : il est rare qu'un poème soit tout du long poétique, et il peut arriver qu'une prose, par moments, le soit.

POIÈSIS Le nom grec de la production, de la fabrication, de la création. Se reconnaît au fait qu'elle vise toujours un résultat extérieur, qui lui donne son sens et sa valeur (c'est l'œuvre qui juge et justifie l'ouvrier). S'oppose à ce titre à la *praxis* (voir ce mot), qui ne produit qu'elle-même.

POLÉMIQUE Un combat avec des mots : un discours en état de guerre. Ce n'est pas toujours condamnable, puisque le conflit est essentiel à la Cité, puisqu'il y a de bons combats, et puisque les mots, quand ils peuvent suffire, valent mieux que les armes ou les coups. Toutefois le niveau intellectuel, presque inévitablement, s'en ressent. Le débat, dans la polémique, vise plus à la victoire qu'à la vérité ou à la justice. De là, même pour celui qui finit par triompher, un peu de mauvaise conscience, et comme un goût de sang dans la bouche.

POLÉMOLOGIE La science de la guerre *(polemos)*. N'a jamais dispensé de la faire. N'a jamais suffi à la gagner, ni à l'éviter. La stratégie est moins son application que l'un de ses objets. La paix, moins son dehors (puisque toute paix suppose une guerre au moins possible) que l'un de ses enjeux.

POLICE Les forces de l'ordre de la Cité *(polis)*. L'ordre républicain, sans la police, serait donc faible, ou plutôt, et très vite, il n'y aurait plus d'ordre du tout, ni donc de République. Cela ne signifie pas que toute police soit bonne, mais qu'une police, en toute cité, est nécessaire. Ses agents, selon la belle et vieillotte appellation qu'on leur donne parfois, sont les gardiens de la paix. Tant pis pour nous si celle-ci ne peut être gardée que par la force. On préférerait que l'amour, la justice ou même la politesse y suffisent. Mais ce n'est pas le cas. C'est pourquoi il faut une police : pour que force reste à la loi, sans laquelle la justice, l'amour et la politesse devraient s'incliner, avant de disparaître tout à fait, devant les voyous ou les puissants.

POLITESSE *« Après vous. »* Dans cette formule de politesse, Levinas voyait l'essentiel de la morale. On comprend pourquoi : c'est refuser l'égoïsme et court-circuiter la violence par le respect. Toutefois ce n'est que politesse : l'égoïsme reste inentamé, le respect, presque toujours, n'est que feint. Peu importe. La violence n'en est pas moins évitée, ou plutôt elle ne l'est que mieux (s'il fallait respecter vraiment pour la faire disparaître, quelle violence presque partout !). C'est dire, sur la politesse, l'essentiel : qu'elle n'est pas une vertu mais qu'elle en a l'apparence, et qu'elle est pour cela aussi socialement nécessaire qu'individuellement insuffisante. Efficacité de l'apparence. Être poli, c'est agir *comme si* l'on était vertueux : c'est faire semblant de respecter (« pardon », « s'il vous plaît », « je vous en prie »...), de s'intéresser (« Comment allez-vous ? »), de ressentir de la gratitude (« merci »), de la compassion (« mes condoléances »), de la miséricorde (« ce n'est rien »), voire d'être généreux ou désintéressé (« après vous »)... Ce n'est pas inutile. Ce n'est pas rien. C'est ainsi que les enfants ont une chance de devenir vertueux, en imitant les vertus qu'ils n'ont pas. Et que les adultes peuvent se faire pardonner de l'être si peu.

L'étymologie rapproche la politesse de la politique. Non sans raison : c'est l'art de vivre ensemble, mais en soignant les apparences plutôt que les rapports de forces, en multipliant les parades plutôt que les compromis, enfin en surmontant l'égoïsme par les manières plutôt que par le droit ou la justice. C'est « l'art des signes », disait Alain, et comme une grammaire de la vie intersubjective. L'intention n'y fait rien ; l'usage y est tout. On aurait tort d'en être dupe, mais plus encore de prétendre s'en passer. Ce n'est qu'un semblant de vertu, moralement sans valeur, socialement sans prix.

POLITIQUE Tout ce qui concerne la vie de la Cité *(polis)*, et spécialement la gestion des conflits, des rapports de forces et du pouvoir. La politique serait donc la guerre ? Plutôt ce qui vise à l'empêcher, à l'éviter, à la surmonter : c'est la gestion non guerrière des antagonismes, des alliances, des rapports de domination, de soumission ou d'obéissance. C'est ce qui la rend nécessaire : nous vivons ensemble, dans un même pays (politique intérieure), sur une même planète (politique internationale), sans avoir toujours les mêmes intérêts, ni les mêmes opinions, ni la même histoire. L'égoïsme est la règle. La peur est la règle. L'incompréhension est la règle. Comment ne serions-nous pas ennemis ou rivaux plus souvent qu'amis ou solidaires ? De là les conflits – entre les individus, entre les classes, entre les États –, et la menace toujours de la guerre. « Les hommes sont conduits plutôt par le désir aveugle que par la raison », disait Spinoza, aussi sont-ils « par nature ennemis les uns des autres » (*Traité politique*, II, 5 et 14). Et Épicure, vingt siècles plus tôt : « L'homme n'est de nature ni sociable ni en possession de mœurs douces » (cité par Themistius, *Discours*, XXVI). L'histoire, entre-temps, ne les a guère démentis, et la politique n'est jamais que l'histoire au présent. Que d'injustices partout ! Que d'horreurs, presque partout ! Pourtant il faut, c'est notre intérêt à tous, que la paix advienne ou se perpétue, que la solidarité s'organise ou se développe : elles ne sont pas données d'abord, mais toujours à faire, à refaire, à préserver, à renforcer… C'est à quoi servent les partis, les syndicats, les élections. C'est à quoi servent les États. C'est à quoi sert la politique. Il s'agit de créer des convergences d'intérêts – ce qui ne va pas sans compromis – afin que la paix soit, afin que la justice et la liberté puissent être. Qu'est-ce que la politique ? C'est la vie commune et conflictuelle, sous la domination de l'État et pour son contrôle (politique intérieure), entre États et sous leur protection (politique internationale) : c'est l'art de prendre, de garder et d'utiliser le pouvoir. C'est aussi l'art de le partager ; mais c'est qu'il n'y a pas d'autre façon en vérité de le prendre, ni de le garder.

POLYTHÉISME La croyance en plusieurs dieux, et après tout pourquoi pas ? La difficulté commence quand on veut les nommer, en dresser une liste (finie ? infinie ?), et y croire. Un seul Dieu, il est désigné suffisamment par son unicité. Mais plusieurs ? Comment les distinguer ? Comment les reconnaître ? Pourquoi y croire ? Ce ne sont le plus souvent que des forces naturelles, des passions ou des abstractions personnifiées, comme un animisme hypostasié. Par exemple : un dieu du vent, un dieu de l'amour, un dieu de la guerre, un autre pour le ciel ou l'océan, d'autres encore pour le vin, la fécondité ou la colère, sans parler des dieux professionnels, nationaux ou ethniques… Pourquoi pas un dieu pour la pesanteur, les banquiers ou les habitants du quatorzième arrondissement ?

Il est de bon ton, aujourd'hui et dans certains milieux, de voir dans le polythéisme une école de pluralisme et de tolérance. Le fait est que les Romains, par exemple, firent aux dieux étrangers un accueil plutôt sympathique, à la seule exception, mais ce n'est pas rien, de celui qui se prétendait l'unique, dont les sectateurs furent donnés aux lions ou aux flammes. Bonjour la tolérance, qui ne tolère que le semblable ! Puis le polythéisme n'empêcha pas les Grecs d'assassiner Iphigénie et Socrate, ou plutôt il les y poussa efficacement. La religion n'attendit pas le monothéisme pour être, comme disait Lucrèce, pourvoyeuse de crimes.

On me dira que l'athéisme fit des morts aussi, et peut-être davantage. C'est hélas vrai. Mais dans la mesure seulement où il se prit pour une religion (de l'Histoire ou de l'État) ou un messianisme (du prolétariat). Non par manque de religion, donc, mais par excès de foi. C'est toujours l'enthousiasme qui allume les bûchers. Le polythéisme n'en est préservé, quand il l'est, que par l'impossibilité de prendre tout à fait au sérieux ces dieux trop nombreux et trop humains. C'est la petite monnaie de l'absolu. Videz vos poches.

POSITIF En philosophie, s'oppose moins à *négatif* qu'à *naturel*, *métaphysique* ou *chimérique*. Est positif ce qui existe en fait (par exemple le *droit positif*, opposé au *droit naturel*) ou s'appuie sur les faits (les sciences positives). Chez Auguste Comte, dans sa fameuse loi des trois états, « l'état positif ou réel », qui est le troisième, s'oppose à « l'état métaphysique ou abstrait », auquel il succède, comme celui-ci s'oppose à « l'état théologique ou fictif » qui l'avait précédé.

POSITION L'une des dix catégories d'Aristote. Ce n'est pas le lieu où l'on se trouve (la localisation), mais une certaine façon de l'occuper : par exemple assis ou debout. Le mot *situation*, qu'on utilise parfois en ce sens, prête davantage à confusion : mieux vaut le réserver pour un autre usage.

Leucippe et Démocrite, se souvient Aristote, pensaient que les atomes ne se distinguaient entre eux que par « la forme, l'ordre et la position », comme font les lettres dans un mot : « Ainsi *A* diffère de *N* par la forme, *AN* de *NA* par l'ordre, et *Z* de *N* par la position » (le *Z* étant comme un *N* couché, et réciproquement : voir *Métaphysique*, A, 4). Pourtant *Z* et *N* sont deux lettres différentes, quand Socrate debout ou couché reste un seul et même homme. C'est que Socrate n'est pas une lettre : il peut changer de position sans que sa position le change.

POSITIVISME C'est d'abord le système d'Auguste Comte, qui ne voulait s'appuyer que sur les faits et les sciences : il renonce pour cela à chercher l'absolu et même les causes (le *pourquoi*), pour ne s'en tenir qu'au relatif et aux lois (le *comment*). Il en a fait une puissante synthèse, qui est le positivisme même. Système impressionnant, aussi bien dans sa masse que dans son détail, aujourd'hui injustement méprisé. Il faut dire qu'il est desservi par la personnalité de son auteur, dont la santé mentale laissait à désirer, et par son style, étonnamment indigeste. Qu'on en juge à ce petit passage, qui dit pourtant, sur l'esprit du positivisme, l'essentiel :

« Constatant l'inanité radicale des explications vagues et arbitraires propres à la philosophie initiale, soit théologique, soit métaphysique, l'esprit humain renonce désormais aux recherches absolues qui ne convenaient qu'à son enfance, et circonscrit ses efforts dans le domaine, dès lors rapidement progressif, de la véritable observation, seule base possible des connaissances vraiment accessibles, sagement adaptées à nos besoins réels. La logique [...] reconnaît désormais, comme *règle fondamentale*, que toute proposition qui n'est pas strictement réductible à la simple énonciation d'un fait, ou particulier ou général, ne peut offrir aucun sens réel et intelligible. [...] En un mot, la révolution fondamentale qui caractérise la virilité de notre intelligence consiste essentiellement à substituer partout, à l'inaccessible détermination des causes proprement dites, la simple recherche des *lois*, c'est-à-dire des relations constantes entre les phénomènes observés » (*Discours sur l'esprit positif*, III, 12).

Le mot, après Auguste Comte, s'est banalisé. Il désigne toute pensée qui prétend s'en tenir aux faits ou aux sciences, à l'exclusion de toute interprétation métaphysique ou religieuse, voire de toute spéculation proprement philosophique. C'est ainsi qu'on parle de *positivisme juridique* (une conception du droit qui ne reconnaît ou n'étudie que le droit positif) ou de *positivisme logique* (la doctrine de Carnap et son école), non que leurs partisans se réclament en rien d'Auguste Comte, qu'ils n'ont guère lu, mais parce qu'ils s'opposent eux aussi à la métaphysique et voudraient ne s'en tenir qu'à ce qui peut être positivement établi (par exemple dans des textes de lois ou des énoncés scientifiques).

En dehors de ces acceptions historiques précises, le mot positivisme est habituellement pris, du moins aujourd'hui, en un sens péjoratif. Ce serait une pensée courte, et comme une négation de la philosophie. Cet usage relève surtout de la polémique. Encore faut-il utiliser le mot à bon escient. On évitera notamment de confondre le *positivisme*, qui renonce à la métaphysique, avec le *scientisme*, qui voudrait que la science en soit une.

POSSESSION Le fait de posséder quelque chose, c'est-à-dire d'en avoir la jouissance ou l'usage. Mais ce n'est qu'un fait : c'est ce qui distingue la *possession* de la *propriété*, qui est un droit.

POSSIBLE Ce qui peut être ou arriver. Donc ce qui n'est pas ? Point forcément, ni en toute rigueur : ce qui est peut être, puisqu'il est, et ce serait plutôt ce qui n'est pas qui s'avère présentement impossible (puisqu'il n'est pas). Par exemple il est assurément possible que je sois assis, puisque je le suis, et présentement impossible, tant que je le suis, que je ne le sois pas. Mais alors seul le réel serait possible, qui serait aussi nécessaire, et tout le reste serait impossible. Il n'y aurait que ce qu'il y a : les catégories de la modalité (voir ce mot) s'aboliraient dans une espèce de monisme ontologique. C'est le monde même. Mais comment le penser au futur, sans distinguer ce qui peut arriver (le possible) de ce qui ne le peut pas (l'impossible) ou de ce qui arrivera inévitablement (le nécessaire) ? Il faut se donner une autre définition, proprement modale, qui ne définit plus le possible par rapport à l'être mais par rapport à son contraire : est possible, au sens large, tout ce qui n'est pas impossible. C'est donc la modalité la plus vaste, qui inclut tout ce qui est réel, tout ce qui peut le devenir, tout ce qui le deviendra nécessairement. En un sens restreint, en revanche, on entend par possible tout ce qui n'est ni réel, ni nécessaire, ni impossible : tout ce qui peut être ou ne pas être, donc ce qui n'est pas encore et ne sera peut-être jamais. Cela n'existe que pour la pensée : c'est un être de raison, comme dit Spinoza, mais aucune raison, si elle se fait prospective, ne peut s'en passer.

POSTULAT Un principe qu'on pose, sans pouvoir le démontrer. Ne se distingue de l'axiome que par une évidence moindre. Les mathématiciens modernes ont d'ailleurs renoncé à cette distinction. C'est qu'ils ont renoncé à l'évidence des principes, pour ne plus reconnaître que la nécessité des inférences.

POSTULATS DE LA RAISON PRATIQUE Chez Kant, ce sont des propositions théoriques dont la vérité est affirmée – mais en vertu d'une nécessité seulement pratique et subjective, donc sans qu'on puisse y voir une démonstration – à partir des exigences de la moralité. Ces postulats sont au nombre de trois : la liberté de la volonté, l'immortalité de l'âme, l'existence de Dieu (*C.R. Pratique*, Dialectique, IV-VI). Il faut y croire, selon Kant, pour que l'expérience morale ait un sens. Cela ne prouve pas que Dieu existe, que nous soyons libres ou que l'âme soit immortelle (puisque rien ne prouve que la morale ait un sens), ni n'entraîne que ce soit un devoir d'y croire (puisque « ce ne peut être un devoir d'admettre l'existence d'une chose »), mais qu'il est moralement nécessaire d'accepter ces trois postulats : on ne saurait autrement échapper à l'absurde et au désespoir. Mais pourquoi faudrait-il y échapper ? Pour faire son devoir ? Non pas, puisque celui-ci n'a pas besoin d'espérance. Les postulats de la raison pratique ne répondent pas à la question *« Que dois-je faire ? »*, mais à la question *« Que m'est-il permis d'espérer ? »*. C'est la dimension d'espérance de la morale, par où elle conduit à la religion.

POUR-SOI Exister *pour soi*, c'est être en relation avec soi sur un autre mode que la seule identité. Se distingue par là de l'en soi, spécialement chez Hegel et Sartre. L'en soi est ce qu'il est ; le pour-soi a à l'être, explique Sartre, ce qui suppose qu'il n'est pas ce qu'il est et qu'il est ce qu'il n'est pas. C'est le mode d'être de la conscience, qui lui interdit de coïncider exactement avec elle-même (d'exister en soi) : « Le pour-soi est un être pour qui son être est en question dans son être en tant que cet être est essentiellement une certaine manière de *ne pas être* un être qu'il pose du même coup comme autre que lui » (*L'être et le néant*, p. 222). Vouloir être en soi, pour un homme, ce serait faire semblant de n'être pas libre (mauvaise foi) ; vouloir exister en-soi-pour-soi, ce serait vouloir être Dieu : « Ainsi la passion de l'homme est-elle inverse de celle du Christ, car l'homme se perd en tant qu'homme pour que Dieu naisse. Mais l'idée de Dieu est contradictoire et nous nous perdons en vain : l'homme est une passion inutile (*ibid.*, p. 708).

POUVOIR Définition parfaite chez Hobbes : « Le pouvoir d'un homme consiste dans ses moyens présents d'obtenir quelque bien apparent futur » (*Léviathan*, chap. 10). C'est donc du réel (puisque c'est du présent), mais tout entier tourné vers l'avenir. Pouvoir, c'est pouvoir faire. Encore faut-il distinguer le *pouvoir de*, qu'on appellerait mieux *puissance* (pouvoir de marcher, de parler, d'acheter, de faire l'amour...), et le *pouvoir sur*, qui est une forme du précédent (c'est le pouvoir de commander et de se faire obéir), mais qui porte sur des êtres humains et qui est le pouvoir au sens strict. Non la simple action possible, mais l'ordre possible, la contrainte possible, le contrôle possible, la sanction possible... Dès que l'action possible est action possible (et reconnue telle de part et d'autre) sur la volonté de quelqu'un d'autre, on passe du *pouvoir de* au *pouvoir sur* – et l'action possible est alors immédiatement action réelle. Pouvoir punir ou récompenser, pouvoir autoriser ou interdire, cette simple possibilité (comme *pouvoir de*) est déjà une réalité (comme *pouvoir sur*). C'est le secret du pouvoir : il s'exerce même quand il n'agit pas ; il gouverne même quand il n'ordonne pas. La simple possibilité d'agir (quand c'est agir sur quelqu'un) est déjà une action. Pouvoir commander, c'est déjà commander en effet.

Deux sens, donc : *pouvoir de*, et *pouvoir sur*. L'action possible, ou la domination réelle. On peut, pour les distinguer, appeler le premier *puissance* (*potentia*, en latin), et garder pour le second le mot de *pouvoir*, en un sens strict *(potestas)*. Mais à condition de ne pas oublier que la puissance est première : la *potestas* n'est qu'une *potentia* particulière ; le pouvoir n'est que la puissance d'un homme ou d'un groupe sur d'autres hommes ou d'autres groupes. Le pouvoir, c'est la puissance humaine que l'on subit ou, plus rarement, que l'on exerce. La puissance, nous la partageons avec la nature. Il n'est de pouvoir qu'humain. C'est pourquoi le pouvoir est tellement agaçant, quand c'est celui des autres, et tellement délicieux, quand c'est le sien... Hobbes encore : « Je mets au premier rang, à titre d'inclination générale de toute l'humanité, un désir perpétuel et sans trêve d'acquérir pouvoir après pouvoir, désir qui ne cesse qu'à la mort » (*op. cit.,* chap. 11). Au premier rang ? Pour ce qui me concerne, je n'irais pas jusque-là. Plusieurs inclinations, qui ne sont pas toutes estimables, m'importent davantage.

PRAGMATIQUE Qui relève de l'action *(pragma)* et ne reconnaît d'autre critère que sa réussite ou son efficacité. En philosophie, et contrairement à l'usage politique ou journalistique, le mot exprime plutôt une réserve qu'une approbation. Une injustice efficace n'en est pas moins injuste pour autant.

PRAGMATISME Une attitude ou une doctrine qui privilégie l'action, et la réussite de l'action, jusqu'à en faire le seul critère légitime d'évaluation. Le bien ? C'est ce qui réussit. Le vrai ? C'est ce qui est utile ou efficace (« ce qui marche »). On peut en donner une version courte, qui ne serait qu'une forme de sophistique : le nazisme serait vrai si Hitler avait gagné la guerre. Mais on peut aussi, avec Charles Sanders Peirce et William James, y voir une philosophie de la science et de la démocratie. Le fait qu'il s'agisse de deux philosophes américains ne saurait tenir lieu de réfutation.

Qu'est-ce que le pragmatisme ? Une doctrine, répond Peirce, qui identifie la conception d'un objet à celle de ses effets possibles. Savoir ce que sont le feu ou la gravitation, c'est savoir quels effets ils peuvent produire. Aussi une idée n'est-elle qu'une hypothèse, qu'il faut soumettre à l'expérimentation pour déterminer sa valeur ; il n'y a aucun sens à la tenir pour vraie si aucun effet ne la valide. La vérité, pour le pragmatiste, c'est donc bien ce qui réussit, mais pas au sens mercantile du terme (« ce qui paye ») : c'est ce qui résiste efficacement à sa mise à l'épreuve expérimentale. La vérité n'est pas un absolu ; c'est une hypothèse qui a fait ses preuves.

Le même genre d'idées peut s'appliquer à la politique. Une injustice efficace, disais-je dans l'article précédent, n'en est pas moins injuste pour autant. Mais une justice sans effet, répondrait un pragmatiste, comment serait-elle juste ? Aussi faut-il soumettre nos idées à l'épreuve du réel, plutôt que le réel à une idée préconçue, comme fait le totalitarisme. Non qu'il faille pour cela se passer d'idéaux, ni même qu'on le puisse. Mais parce qu'un idéal n'est que l'ensemble des conséquences prévues d'une activité, qui la motivent, certes, mais doivent à leur tour être soumises à l'expérience (un idéal qui ne peut réussir est un mauvais idéal). La démocratie est la mise en œuvre de cette expérience commune, qui la valide dans la mesure même où elle s'y soumet.

Ce pragmatisme-là n'est pas une sophistique ; c'est un empirisme radical (l'expression est de William James) et une philosophie de l'action.

PRATIQUE La définition élaborée par Althusser me paraît trop étroite : « Par *pratique* en général, écrivait-il, nous entendons tout processus de transformation d'une matière première donnée déterminée, en un produit déterminé, transformation effectuée par un travail humain déterminé, utilisant des moyens (de "production") déterminés » (*Pour Marx*, p. 167). C'était accorder trop à la production et au travail. Je dirais plutôt : J'entends par pratique une activité (*praxis*, en grec, ou *energeia*) qui transforme quelque chose ou quelqu'un, soit en produisant une œuvre extérieure à cette activité (Aristote parlait alors de *poïèsis*), soit en ne produisant que cette activité même (*praxis* au sens restreint). C'est « l'activité humaine concrète », comme disait Marx (*Thèses sur Feuerbach*, 1), dont le travail n'est qu'un cas particulier.

PRATIQUE THÉORIQUE Une activité dans la pensée, et qui la transforme. Sa matière première est faite de représentations, de concepts, de faits, de théories, de valeurs, de connaissances (voir Althusser, *Pour Marx*, p. 168), qu'elle travaille ou critique jusqu'à en obtenir d'autres représentations, d'autres concepts, d'autres faits, d'autres théories, d'autres valeurs ou d'autres connaissances... Les pratiques théoriques sont bien sûr multiples, voire innombrables : chaque science est l'une d'elles, ou plutôt chaque activité scientifique ; la philosophie en est une autre, ou plutôt toute activité philosophante.

PRAXIS Le nom grec de l'action ; le nom snob ou marxiste de la pratique.

Le mot ne me semble guère utile que par son opposition, d'origine aristotélicienne, à la *poïèsis*. Ce sont deux types d'action, mais qui se distinguent par la présence ou non d'un but extérieur. La *praxis* est alors une action qui ne vise rien d'autre que son bon déroulement (son *eupraxia*) : elle ne tend à aucune fin extérieure à elle-même ni à aucune œuvre extérieure à celui qui agit. Ce n'est pas qu'elle soit stérile ; c'est quelle se suffit à elle-même. La *poïèsis*, au contraire, est une production ou une création : elle n'a jamais sa fin en elle-même, mais toujours dans son résultat, qui lui reste extérieur (le produit ou l'œuvre : *ergon*). La vie, par exemple, est une *praxis* : vivre, c'est créer sans œuvre. Et le travail ou l'art, une *poïèsis*. Celle-ci n'a de sens qu'au service de celle-là.

PRÉCAUTION (PRINCIPE DE –) Prendre des précautions, c'est agir pour éviter un mal, ou ce qu'on juge être tel. Prudence appliquée, face à un risque réel ou supposé. Ainsi en matière de contraception ou d'alpinisme : la prudence n'impose pas qu'on renonce à faire l'amour lorsqu'on ne veut pas d'enfant, ni à escalader la montagne lorsqu'on ne veut pas mourir, mais assurément qu'on prenne, pour le faire, un certain nombre de précautions (un moyen contraceptif efficace dans le premier cas, un équipement et un entraînement adaptés dans le second...). Ces exemples, on pourrait en prendre beaucoup d'autres, justifient deux remarques.

La première, c'est que la précaution suppose une évaluation préalable, et ne saurait en tenir lieu. Faire un enfant, est-ce un bien ou un mal ? Les précautions éventuelles en dépendent ; elles n'en décident pas.

La seconde remarque, c'est que la précaution est ordinairement tout autre chose qu'un évitement. Que penseriez-vous de celui qui vous expliquerait : « En matière d'alpinisme et de sexualité, j'ai pris mes précautions : j'ai choisi la plaine et la chasteté » ? Que ce n'est plus précaution mais fuite. Prendre des précautions, c'est agir ; non pour supprimer tout risque, ce qu'on ne peut, mais pour le réduire le plus possible, dans une situation donnée – y compris lorsqu'elle reste, comme dans le cas de l'alpinisme, inévitablement périlleuse. Il ne s'agit pas de renoncer, mais de préparer, d'anticiper, d'assurer – de faire attention. Prudence appliquée, disais-je, et c'est la prudence même.

Qu'en est-il alors de ce fameux *« principe de précaution »*, dont on nous rebat depuis quelques années les oreilles, le plus souvent sans prendre la peine de le définir ni même de l'énoncer ? En quoi se distingue-t-il de la simple prudence ?

D'abord en ceci, me semble-t-il, qu'il concerne surtout les pouvoirs publics ou, à tout le moins, les collectivités : un gouvernement ou une entreprise peuvent appliquer le principe de précaution ; un individu se contentera, dans sa vie privée, de prendre les siennes.

Ensuite en ceci que le principe de précaution suppose que les risques soient impossibles à mesurer exactement, voire à attester absolument. Quand un pays décide d'une limitation de vitesse sur ses routes, il n'applique pas le principe de précaution : les risques de la vitesse, en matière de sécurité routière, sont tristement avérés et d'ailleurs faciles, fût-ce par voie statistique, à mesurer avec un degré satisfaisant de précision et de certitude. Aussi est-ce moins *précaution* que *prévention.* Mais en matière d'organismes génétiquement modifiés (les fameux OGM) ? Mais en matière de transfusion sanguine ? Mais en matière d'énergie nucléaire ? Qu'il y ait des risques dans les trois cas, c'est plus que vraisemblable ; mais ils ne relèvent du principe de précaution – et non de la seule prudence – que dans la mesure où ces risques ne peuvent être déterminés exactement, ni même d'une façon qui permette de les comparer précisément avec les avantages attendus des pratiques qui les font naître (les manipulations génétiques, les perfusions, les centrales nucléaires...). C'est ce qui distingue la *précaution* de la *prévention.* « La prévention, remarque Catherine Larrère, a rapport aux risques avérés, dont l'existence est certaine et la probabilité plus ou moins bien établie. La précaution a affaire aux risques potentiels, non encore avérés » (*Dictionnaire d'éthique et de philosophie morale*, PUF, article « Principe de précaution »). Qu'il y ait, dans chaque centrale nucléaire, une prévention des risques, c'est la moindre des choses. Mais faut-il, ou pas, construire de telles centrales ? Cela ne relève plus de la prévention, mais du principe de précaution : parce qu'il s'agit de confronter des avantages déterminés (de coût, d'indépendance énergétique, de sûreté des approvisionnements, de réduction de l'effet de serre...) à des risques qui restent pour une bonne part indéterminables (ceux d'un accident ou d'une guerre, ceux qui concernent le stockage des déchets pendant plusieurs milliers d'années...). C'est aussi ce qui distingue le principe de précaution de la simple prudence. « Le principe de précaution, me dit un jour Jean-Pierre Dupuis, c'est la prudence en situation d'incertitude », non au sens ordinaire du terme (car c'est le lot presque toujours de la prudence, que d'être confrontée à l'incertain), mais au sens où l'on parle d'incertitude en mécanique quantique : quand la détermination des risques bute sur une limite infranchissable, qui ne permet ni de vérifier ni de quantifier leur réalité.

Le principe de précaution a donc bien à voir avec la prudence, dont il n'est qu'une occurrence particulière : c'est la prudence en situation d'incertitude et de responsabilité collective. Le législateur en a donné la formulation suivante : « L'absence de certitudes, compte tenu des connaissances scientifiques et techniques du moment, ne doit pas retarder l'adoption de mesures effectives et proportionnées visant à prévenir un risque de dommages graves et irréversibles à l'environnement à un coût économiquement acceptable » (loi du 2 février 1995, dite « loi Barbier »). Pour ceux qui ne sont pas juristes, je proposerais volontiers une formulation plus simple, qui pourrait s'adresser à tout responsable d'une collectivité quelconque, qu'elle soit publique ou privée : *N'attends pas qu'un risque soit démontré ou mesuré pour essayer de le prévenir ou d'en limiter les effets.* Et je ne connais guère de principe plus incontestable, ni plus incontesté.

Dans la pratique, toutefois, il me semble que ce principe tend communément à prendre une autre forme, souvent implicite mais qui ressort de l'usage qui est en fait. Tel qu'il fonctionne dans nos journaux ou dans les discours de nos hommes politiques, il pourrait plutôt s'énoncer sous cette forme : *« Ne faisons rien qui puisse présenter un risque que nous ne serions pas capables d'évaluer précisément ou que nous ne serions pas certains de pouvoir surmonter. »* Et quoi, en apparence, de plus raisonnable ? Le problème, c'est que si l'on adopte cette dernière formulation, il faut en conclure que ce serait violer le principe de précaution que de se lever le matin : qui sait quels risques possiblement mortels cela nous fait courir ? Mais rester au lit toute la journée et tous les jours n'est pas non plus sans danger : voilà que le principe de précaution nous enferme dans une contradiction insurmontable... Je plaisante, puisque le principe de précaution ne vaut guère, je l'ai signalé en passant, que dans les situations de responsabilité publique ou collective, et puisque les risques, ici, pourraient être statistiquement mesurés (les assureurs y parviennent fort bien). Mais même à considérer le principe de précaution dans son champ légitime d'application, il n'est pas difficile de trouver des apories comparables. Lorsque l'automobile fut inventée, qui pouvait en évaluer précisément les risques, aussi bien en matière d'accidents que de pollution ? Et qui le peut aujourd'hui ? « Il va y avoir des milliers de morts ! », pouvait dire l'un. Il y en eut plutôt des millions. Mais fallait-il pour autant renoncer à l'automobile ? Question légitime, encore aujourd'hui. Je ne vois pas que le principe de précaution suffise à y répondre.

On m'objectera que l'invention de l'automobile n'entraînait pas un changement irréversible : il n'est pas impossible, au moins en théorie, de revenir en arrière. Cela est vrai ; et même si cette possibilité reste en effet purement théorique (quel gouvernement pourrait aujourd'hui interdire l'automobile ?), cela dit quelque chose d'important sur le principe de précaution : qu'il doit s'appliquer d'autant plus rigoureusement que les risques encourus peuvent être irréversibles. C'est le cas, par exemple, du débat sur les OGM. Une fois que des gènes modifiés se seront répandus dans la nature, il sera sans doute impossible de les supprimer : le changement sera irréversible, et les risques encourus, dès lors, le seront tout autant. Raison de plus pour être vigilant. Mais est-ce une raison suffisante pour renoncer aux OGM, et aux avantages éventuels (en matière de rentabilité, mais aussi en matière de protection de l'environnement, de lutte contre la faim, de recherche médicale...) qu'on peut en attendre ? Je ne sais. J'ai participé à plusieurs tables rondes sur la question : j'ai pu constater que les experts eux-mêmes, sur la décision à prendre, s'opposaient vigoureusement. Je doute que le principe de précaution suffise à les mettre d'accord.

Il m'arrive d'imaginer un débat, il y a plusieurs centaines de milliers d'années, lorsque les premiers hominiens entreprirent de maîtriser le feu. D'un côté un apprenti sorcier, qui joue avec des silex et des bouts de bois. De l'autre, un sage écologiste, qui se soucie de la nature et de l'avenir : « Attention, s'écrie ce dernier : avec le feu, on ne sait pas où l'on va ! On ne peut mesurer exactement les risques : il y aura forcément des accidents, des incendies, peut-être des milliers de morts... » Il y en eut bien davantage. Mais l'humanité a maîtrisé le feu.

Ou un autre débat, il y a trois siècles, autour de la machine à vapeur. D'un côté un apprenti sorcier, qui bricole sa marmite et ses pistons. De l'autre, un sage soucieux d'environnement et de tradition : « Attention, s'alarme-t-il : avec la machine à vapeur, nous entrons dans un domaine inconnu, avec des risques que nous ne pouvons évaluer ! Cette nouvelle technologie peut bouleverser toute notre économie, remettre en cause l'équilibre de nos campagnes et de nos villes, menacer la forêt, épuiser nos réserves de charbon, modifier le climat... Il peut y avoir des milliers de morts ! » Il y en eut bien davantage. Mais l'humanité a fait la révolution industrielle.

Je ne dis pas cela contre les écologistes, pour qui j'ai souvent voté, pour qui je voterai encore, mais contre un certain usage du principe de précaution, ou plutôt de sa caricature, qui me paraît nous enfermer dans l'inaction ou le conservatisme. Toute nouveauté présente un risque, qu'il est presque toujours impossible de mesurer exactement. Le principe de précaution, s'il est bien compris, n'impose pas qu'on renonce pour cela au progrès, mais simplement qu'on y tende en essayant de prévenir ou de limiter les risques, fussent-ils seulement possibles, que telle ou telle nouveauté peut entraîner. Il est toujours coupable de ne rien faire contre un danger possible, voilà ce qu'indique bien clairement le principe de précaution. Mais il n'en résulte pas qu'il soit toujours coupable de faire quelque chose quand cela peut présenter un certain risque. Car alors on ne ferait plus rien du tout, en tout cas plus rien de neuf : ce ne serait plus précaution mais immobilisme.

Bref, le principe de précaution est un principe positif, qui *impose* quelque chose (une action, contre un danger possible : « Dans le doute, fais quelque chose pour limiter les risques »), non un principe négatif, qui *interdirait* une action dès lors qu'elle peut entraîner un certain risque (sur le mode : « Dans le doute, abstiens-toi »). Car autrement, le risque zéro n'existant pas, comme on ne cesse à juste titre de le rappeler, le principe de précaution, sous sa forme abstentionniste, nous vouerait à l'inaction – il y a toujours un doute : il faudrait s'abstenir toujours ! – et donnerait tort à toute l'histoire humaine, qui n'a cessé de prendre des risques et de les surmonter.

On m'objectera que la formulation du principe de précaution, telle que je l'énonce, ne nous dit pas ce qu'il faut décider en matière d'OGM, d'énergie nucléaire ou de transfusion sanguine (s'agissant aujourd'hui, par exemple, de la maladie de Creutzfeldt-Jakob, pour laquelle les risques transfusionnels, en cette année 2000, sont possibles mais non avérés). J'en suis d'accord, mais je n'y vois pas une objection contre ce principe, ni contre ma formulation. Aucun principe ne peut décider à notre place, et c'est heureux : le principe de précaution peut éclairer une décision politique, il ne saurait en tenir lieu. C'est où l'on retrouve la prudence, qui n'est pas un principe mais une vertu. Et la démocratie, qui n'est pas une garantie mais une exigence.

Tout ce qu'on fait est dangereux, mais inégalement : il serait aussi imprudent de ne rien faire que de faire n'importe quoi.

PRÉCONSCIENT L'une des trois instances de la première topique de Freud.

Le préconscient n'est pas une espèce d'intermédiaire ou de sas, comme on le croit parfois, entre le conscient et l'inconscient (ce qu'on appellerait mieux le subconscient, concept non freudien). Il ne fait, avec le conscient, qu'un seul et même système (le système Pcs-Cs), lequel est séparé de l'inconscient (le système Ics) par le refoulement et la résistance. Qu'est-ce que le préconscient ? C'est l'ensemble de tout ce qui peut être conscient (sans avoir besoin pour cela de vaincre les défenses de l'inconscient), mais qui ne l'est pas actuellement. Le conscient n'est que sa pointe extrême et infime. Par exemple votre date de naissance, le prénom de votre conjoint ou la couleur de vos yeux : selon toute vraisemblance, aucune de ces trois données ne faisait partie, il y a vingt secondes, du champ de votre conscience ; elles y sont maintenant (elles sont passées du préconscient au conscient), sans avoir eu besoin pour cela de déjouer quelque censure que ce soit. Tel est le préconscient : une immense, du moins à notre échelle, et morne salle d'attente, avant et après le petit train de la conscience… C'est l'inconscient, si l'on en croit Freud, qui a posé les rails. Mais c'est le monde qui les porte, et qu'on voit par les fenêtres. *E pericoloso ma buono sporgersi.*

PRÉDESTINATION Un destin écrit à l'avance.

La prédestination est à peu près au destin, ou même à la providence, ce que le prédéterminisme est au déterminisme : son anticipation rétrospective et superstitieuse. Toutefois il est difficile, si l'on croit en un Dieu omniscient et tout-puissant, d'y échapper. Dieu me donne l'être et la vie.

Il sait de toute éternité si je serai sauvé ou damné, et même (par la grâce) il en décide : comment pourrais-je y échapper ? C'est la lumière noire de la foi, celle de saint Augustin, de Calvin, de Pascal. Elle effraie nos croyants modernes, presque tous pélagiens ou jésuites. Cela même, peut-être, était écrit.

PRÉDÉTERMINISME Un déterminisme fataliste (ce qu'Épicure appelait « le destin des physiciens ») : le passé serait cause du présent, comme le présent de l'avenir, de sorte que tout, toujours, serait écrit à l'avance. C'est un déterminisme dilaté dans le temps – un déterminisme obèse. C'est aussi, à ce que je crois, un contresens sur la causalité. Si seul le présent existe, lui seul (dont nous faisons partie) est cause et effet : comment le passé, qui n'est plus, pourrait-il gouverner l'avenir, qui n'est pas ? Comment l'un ou l'autre pourraient-ils commander le présent, qui est tout ? Le démon de Laplace n'était qu'un mauvais rêve.

PRÉDICAT Tout ce qui est affirmé d'un sujet quelconque. Par exemple dans les propositions *« Socrate est un homme »* ou *« Socrate se promène »* : « est un homme » et « se promène » sont des prédicats.

PRÉDICTION C'est dire à l'avance ce qui sera, quand on croit le savoir par des voies mystérieuses ou surnaturelles (prédiction n'est pas prévision). Le propre des prophètes et des imbéciles.

PRÉJUGÉ Ce qui a été jugé avant. Avant quoi ? Avant d'y avoir réfléchi vraiment et comme il faut. C'est le nom classique et péjoratif de l'opinion, spécialement chez Descartes, en tant qu'elle est préconçue.

La force des préjugés tient au fait que « nous avons tous été enfants avant que d'être hommes », et avons commencé à penser bien avant de savoir raisonner (si tant est que nous sachions). Le remède, selon Descartes, est dans le doute et la méthode. Force est pourtant de constater que le cartésianisme donnera raison, pour finir, à la plupart des préjugés de son époque. Pour être homme, et même grand homme, on n'en est pas moins enfant.

PRÉMÉDITATION Une volonté anticipée : c'est vouloir à l'avance, ou plutôt (car il n'est de volonté qu'actuelle) c'est projeter et continuer de vouloir. On considère d'ordinaire, spécialement dans les tribunaux, qu'une volonté ainsi préparée est plus grave, lorsqu'elle est coupable, qu'une autre. C'est qu'elle ôte l'excuse possible de la colère ou de l'irréflexion.

PRÉMISSE Une proposition considérée comme première (par rapport à ses conséquences), et spécialement les deux premières propositions – la majeure et la mineure – d'un syllogisme.

PRÉNOTION L'une des deux traductions usuelles (avec « anticipation ») du grec *prolèpsis.* C'est un autre nom pour désigner les idées générales qui résultent de la répétition d'expériences à peu près identiques, ou dont on ne retient que ce qui l'est. Par exemple l'idée d'arbre, pour Épicure, est une prénotion : elle n'existe, comme idée, que parce que j'ai perçu plusieurs arbres différents, dont je n'ai retenu que ce qu'ils avaient de commun. Elle est donc postérieure à l'expérience. Pourquoi l'appelle-t-on *pré*notion ? Parce qu'il faut en disposer d'abord pour pouvoir reconnaître, voyant un arbre, que c'en est un. C'est le contraire d'une idée *a priori* : elle ne précède une expérience donnée que pour autant qu'elle résulte d'autres, qui la précèdent. Ainsi c'est l'expérience qui est à la base de tout, y compris des idées qui la pensent.

Le mot prendra plus tard, spécialement chez Bacon et Durkheim, un sens péjoratif : la prénotion serait une idée préconçue, antérieure à toute réflexion ou à toute enquête scientifique, et risquant par là d'en détourner. S'oppose en ce sens à concept. Mais les concepts d'une époque deviennent très vite les prénotions d'une autre. On n'en a jamais fini de penser, ni de se libérer de ses idées.

Ainsi la prénotion est une idée avec laquelle (chez Épicure et les stoïciens) ou contre laquelle (chez Bacon ou Durkheim) on pense : c'est un outil ou un obstacle, et parfois les deux.

PRÉSAGE Le signe présent de quelque événement à venir. Ce n'est souvent que superstition. Toutefois il arrive qu'une observation un peu attentive et régulière débouche sur un répertoire plus ou moins fiable de signes, associés à autant de prévisions. Ainsi en médecine, en météorologie, en économie... Que ces gros nuages noirs, là-bas, laissent présager quelque orage, ce n'est ni magie ni même prédiction. Ce n'est pas l'avenir que l'on voit, c'est le présent, dont on a appris à prévoir, parfois, les effets ou les suites. Mais on ne parle de présage, en règle générale, que pour les signes mystérieux ou irrationnels. Ceux-là mentent presque toujours. Même quand il arrive qu'ils tombent juste, le mieux est de les oublier aussitôt.

PRÉSENT Ce qui sépare le passé de l'avenir. Mais si le passé et l'avenir ne sont rien, rien ne les sépare. Il n'y a plus que l'éternité, qui est le présent même. Entre rien et rien : tout.

C'est le lieu de coïncidence du réel et du vrai, qui aussitôt se séparent (le passé reste vrai, qui n'est plus réel) sans se perdre (puisque la vérité reste présente). C'est peut-être l'espace lui-même, où l'univers éternellement *se présente.*

Être présent, c'est être ou devenir. Le présent dure, c'est-à-dire continue d'être présent, sans cesser de changer. C'est pourquoi il y a du temps, que nous pouvons, par la pensée, indéfiniment diviser entre passé et avenir. Le présent, pour la pensée, est ce qui les sépare. Mais ce présent abstrait n'est alors qu'un instant sans épaisseur : non une durée, disait Aristote, mais la limite entre deux durées. Le réel n'en continue pas moins sans limites, et c'est le présent même : la continuation indivisible et illimitée de tout.

On remarquera que la mémoire et l'imagination en font partie. Vivre au présent, comme disaient les stoïciens, comme disent tous les sages, ce n'est donc pas vivre dans l'instant. Qui peut aimer sans se souvenir de ceux qu'il aime ? Penser, sans se souvenir de ses idées ? Agir, sans se souvenir de ses désirs, de ses projets, de ses rêves ? Non qu'il y ait pour cela autre chose que le présent. Qui peut aimer, penser ou agir au passé ou au futur ? Vivre au présent, c'est simplement vivre en vérité : c'est la vie éternelle, et il n'y en a pas d'autre. Seules nos illusions nous en séparent, ou plutôt seules nos illusions (qui en font partie) nous donnent le sentiment d'en être séparés. « Tant que tu fais une différence entre le nirvâna et le samsâra, disait Nâgârjuna, tu es dans le samsâra. » Tant que tu fais une différence entre le temps et l'éternité, tu es dans le temps. Le présent, qui est leur vérité conjointe, ou leur conjonction vraie, est donc l'unique lieu du salut. Nous sommes déjà dans le Royaume : l'éternité, c'est maintenant.

PRÊTRE C'est une espèce de fonctionnaire, qui servirait l'Église plutôt que l'État, ou Dieu plutôt que la nation. Ministre du culte, donc, plutôt que de la Cité. Il serait absurde de les juger en bloc. Même Voltaire, qui les combat, s'y refuse. Un prêtre doit être « le médecin des âmes », écrit-il, mais tous ne se valent pas. « Quand un prêtre dit : "Adorez Dieu, soyez juste, indulgent, compatissant", c'est alors un très bon médecin. Quand il dit : "Croyez-moi, ou vous serez brûlé", c'est un assassin. »

PREUVE Un fait ou une pensée, qui suffit à attester la vérité d'un autre fait ou d'une autre pensée. Toutefois la preuve la plus solide ne vaut que ce que vaut l'esprit qui s'en sert. Il faudrait donc prouver d'abord la valeur de l'esprit, et c'est ce qu'on ne peut sans tomber dans un cercle. Ainsi il n'y a pas de preuve absolue. Il n'y a que des expériences ou des démonstrations qui mettent fin au doute. C'est ce qu'on appelle une preuve, ou une autre façon de la définir : une preuve est une pensée ou un fait qui rend le doute, sur une question donnée, impossible, sauf à douter de tout. Par quoi la logique est sans force contre le scepticisme, comme le scepticisme contre la logique.

PRÉVISION C'est voir avant. Parce qu'on verrait l'avenir ? Bien sûr que non (comment voir ce qui n'est pas ?) ; mais parce qu'on voit ses signes ou ses causes, qui font partie du présent, et qu'on interprète. À ne pas confondre avec l'espérance. Le météorologue qui annonce une tempête, cela ne veut pas dire qu'il l'espère. Le touriste qui espère le beau temps, cela ne veut pas dire qu'il le prévoit. L'espérance est fondée sur un désir ; la prévision, sur une connaissance. Celle-ci est-elle fiable ? Cela dépend des domaines considérés. La meilleure prévision n'est pas forcément la plus certaine ; c'est celle qui évalue sa propre marge d'incertitude, jusqu'à prévoir les moyens, si nécessaire, de surmonter son propre échec. C'est où connaissance et volonté se rejoignent : ce n'est plus prévision mais stratégie.

PRIÈRE C'est parler à Dieu, le plus souvent pour lui demander quelque chose. Mais à quoi bon lui parler, s'il sait déjà tout ? Et pourquoi demander, s'il sait mieux que nous ce qu'il nous faut ? Le silence serait plus digne, et aussi efficace.

On dira qu'on parle aussi, en amour, pour dire à quelqu'un ce qu'il sait déjà et qu'il se plaît à entendre... Mais c'est qu'il a besoin d'être rassuré, conforté, cajolé... Ce n'est pas prière mais caresse. Et qui oserait caresser Dieu ?

PRIMAT/PRIMAUTÉ Les deux mots sont souvent synonymes : ils indiquent ce qui vient au premier rang, ce qui est le plus important ou a le plus de valeur. C'est pourquoi j'ai pris l'habitude de les distinguer. La notion de « premier rang » n'a de sens qu'en fonction d'un ordre que l'on suit : s'il arrive que les premiers soient les derniers, comme il est dit dans les Écritures, c'est moins souvent du fait d'un bouleversement interne de la série (un pauvre qui fait fortune, un riche qui se ruine) qu'en raison d'un changement, entre les deux hiérarchies, de point de vue. Cela vaut spécialement quand on passe de la théorie à la pratique, de la vérité à la valeur, de l'ordre des causes à celui des fins. Ce qui est le plus important, du point de vue de l'être ou de la connaissance, n'est pas forcément – et même, me semble-t-il, n'est jamais – ce qui vaut le plus, du point de vue du sujet ou du jugement. Être matérialiste, par exemple, c'est affirmer le *primat de la matière.* Mais en tant que le matérialisme est une philosophie, il ne peut renoncer à la *primauté de la pensée ou de l'esprit.* Marx, pour avoir affirmé le primat de l'économie, ne s'est pas cru tenu de soumettre sa vie à l'argent : il n'était, que je sache, ni banquier ni vénal. Et Freud, pour avoir soutenu le primat de la sexualité et de l'inconscient, n'a pas davantage décidé de leur soumettre son existence : il n'était ni idiot ni débauché, et mettait l'art et la lucidité plus haut que le sexe ou les actes manqués. Au reste, c'est ce qu'expriment assez les notions d'idéologie, chez le premier, et de sublimation, chez le second. Que l'idéologie soit, comme le disait Marx, une *camera obscura*, qui donne une image inversée de la réalité (ce qui est en haut paraît en bas, ce qui est en bas paraît en haut, comme dans la chambre noire des anciens appareils photographiques), ce n'est bien sûr pas une raison pour prétendre se passer d'idéologie. Et si toute valeur résulte d'une sublimation, comme le veut Freud, on aurait assurément tort de renoncer pour cela à l'art, à la morale ou à la politique. La notion de primat ou de primauté doit donc être scindée en deux concepts différents, et même opposés, qui peuvent être définis de la façon suivante : j'entends par *primat* ce qui est objectivement le plus important, dans un enchaînement descendant de déterminations ; par *primauté*, ce qui vaut le plus, subjectivement, dans une hiérarchie ascendante d'évaluations. Le concept de *primat* est ontologique ou explicatif : c'est l'ordre des causes et de la connaissance, qui tend au plus profond ou au plus fondamental ; celui de *primauté* est normatif ou pratique : c'est l'ordre des valeurs et des fins, qui tend au meilleur ou au plus élevé. Le premier sert à comprendre ; le second, à juger et à agir.

La différence, entre ces deux points de vue, est essentielle au matérialisme philosophique. Être matérialiste, Comte a raison sur ce point, c'est expliquer le supérieur par l'inférieur. Mais ce n'est pas pour autant renoncer à la supériorité de celui-là, ni se mettre à adorer celui-ci. Que la pensée, par exemple, s'explique par le cerveau, cela ne saurait justifier qu'on renonce à penser, ni qu'on soumette toute vérité à la neurobiologie (car alors la neurobiologie elle-même deviendrait impossible ou impensable : une idée fausse n'est pas moins réelle, dans le cerveau, qu'une idée vraie). Que la vie s'explique par la matière inanimée, ce n'est pas davantage une raison pour renoncer à vivre, ni pour soumettre toute vie à la physique (car alors la notion de bioéthique perdrait son sens, et la physique elle-même serait sans valeur : un imbécile n'est pas moins matériel qu'un physicien). Il faut donc distinguer ce qui relève de la connaissance ou des causes, d'une part, et ce qui relève du jugement de valeur ou de l'action d'autre part. Cela définit deux points de vue différents : l'un théorique, qui tend à l'objectivité ; l'autre pratique, qui doit s'assumer comme subjectif. Ce qui est le plus important dans le premier (la matière, l'enchaînement des causes ou des déterminations) n'est jamais ce qui vaut le plus dans le second (l'esprit, la hiérarchie des finalités ou des valeurs), et inversement. C'est ce qui m'a permis, dans *Le mythe d'Icare*, de penser le matérialisme comme essentiellement *ascendant* : du *primat* (de la matière, de la nature, de l'économie, de la force, de la sexualité, de l'inconscient, du corps, du réel, du monde...) à la *primauté* (de la pensée, de la culture, de la politique, du droit, de l'amour, de la conscience, de l'âme, de l'idéal, du sens...). Si l'on renonce au primat, on n'est plus matérialiste ; si l'on renonce à la primauté, on n'est plus philosophe : on ne défend plus qu'un matérialisme vulgaire ou avachi. Autant se mettre à genoux, dans un cas, ou se coucher, dans l'autre.

Parce que ces deux logiques, celle du primat et celle de la primauté, s'opposent, on a affaire à une dialectique. Reste à penser – pour qu'il y ait dialectique et non incohérence – leur articulation. Comment passe-t-on de l'un de ces deux points de vue à l'autre ? Entre le primat et la primauté, quoi ? Le mouvement ascendant du désir, qui nous fait passer de l'un (primat du primat : tout part du corps, y compris le désir lui-même) à l'autre (primauté de la primauté : rien ne vaut, y compris le corps, que pour l'esprit). Par exemple chez Épicure : « le plaisir du ventre, disait-il, est le fondement de tout bien » (c'est à lui que se ramènent, selon l'ordre des causes, « les biens spirituels et les valeurs supérieures ») ; mais les plaisirs de l'âme (l'amitié, la philosophie, la sagesse) lui sont pourtant supérieurs : c'est d'eux, bien plus que des plaisirs corporels, que dépendent notre dignité, notre liberté, notre bonheur. Par exemple chez Marx : l'économie est déterminante « en dernière instance » ; mais les hommes n'agissent qu'en fonction de la représentation idéologique qu'ils ont de la société et d'eux-mêmes (un militant qui se bat pour le communisme, ce n'est pas la même chose qu'un nervi qui se vend au plus offrant). Par exemple chez Freud : la psychanalyse, comme théorie, enseigne le primat de l'inconscient et de la sexualité, mais apprend, en pratique, à s'en libérer, au moins partiellement, au nom de valeurs supérieures (qui résultent elles-mêmes de la sexualité, par la sublimation, mais la jugent, par le surmoi, et tendent à s'en affranchir : aucune cure ne peut réussir, insiste Freud, sans « l'amour de la vérité », qui peut certes s'expliquer par l'inconscient mais vise à augmenter, autant que faire se peut, notre part de conscience et de liberté). Bref, tout part du corps, de l'économie ou du *ça*, mais c'est l'esprit, l'idéologie ou l'éducation qui fixent les valeurs supérieures, vers lesquelles nous tendons, au moins consciemment, et qui peuvent seules donner un sens, fût-il relatif et provisoire, à notre vie. C'est cette *ascension* que le mythe d'Icare, dans mon premier livre, m'a paru pouvoir symboliser : Icare, prisonnier d'un labyrinthe horizontal (objectivement, tout se vaut et ne vaut rien), mais créant lui-même (primat de l'action, primauté de l'œuvre), guidé par son père (tout désir est biographiquement déterminé : primat de l'histoire, primauté de la fidélité), les ailes de son désir et de son vol. « À l'encontre de la philosophie idéaliste allemande, qui descend du ciel sur la terre, disaient Marx et Engels, *c'est de la terre au ciel que l'on monte ici* » (*L'idéologie allemande*, I). Encore faut-il *monter*, en effet : passer de la terre au ciel, disons du *primat* à la *primauté* – du désir (comme puissance) au désirable (comme valeur).

Ce désir est un effort (*conatus*), une tension, un *acte*. On ne passe du primat à la primauté qu'à la condition de le vouloir. Qu'un instant l'effort se relâche, que le désir se fatigue ou s'oublie, on n'a plus qu'un matérialisme plat ou veule – qu'un matérialisme qui redescend, et qui ne saurait par conséquent (la sagesse est un idéal) être philosophique.

Cette dialectique, qui vaut à l'échelle du monde, vaut aussi, plus spécialement, à celle de la société. On sait, je m'en suis expliqué ailleurs, que j'y distingue quatre ordres différents : l'ordre techno-scientifique (qui inclut l'économie), l'ordre juridico-politique, l'ordre de la morale, enfin l'ordre de l'éthique ou de l'amour. Chacun de ces ordres a sa logique et sa cohérence propres ; mais il reste conditionné par l'ordre qui le précède, et il n'est limité et jugé, de l'extérieur, que par l'ordre qui le suit. Aussi peut-on les disposer, sous forme d'une topique, de bas en haut. On y retrouvera alors la dialectique du primat et de la primauté, non suivant une simple hiérarchie ascendante, ce serait trop simple, mais selon un double mouvement, montant et descendant, qui forme comme deux hiérarchies croisées : ce qui vaut le plus, subjectivement, pour l'individu, n'est jamais ce qui est le plus important, objectivement, pour le groupe ; et inversement. La hiérarchie ascendante des primautés s'ajoute ainsi, mais sans l'annuler, à l'enchaînement descendant des primats. Chacun de ces ordres est en effet déterminant pour l'ordre immédiatement supérieur, dont il crée les conditions de possibilité, mais aussi régulateur pour l'ordre immédiatement inférieur, dont il fixe les limites et auquel il essaie de donner une orientation ou un sens. On est donc contraint, pour expliquer un ordre, de prendre en compte les ordres inférieurs ; mais on ne peut le juger qu'en faisant référence aux ordres supérieurs. C'est ainsi qu'on doit énoncer à la fois (mais de deux points de vue différents) le primat de l'économie et la primauté de la politique, entre les ordres 1 et 2 ; le primat de la politique et la primauté de la morale, entre les ordres 2 et 3 ; enfin le primat de la morale et la primauté de l'amour, entre les ordres 3 et 4. Toute confusion, entre ces ordres, est ridicule, comme dirait Pascal, ou tyrannique. Mais elle peut l'être de deux façons différentes : en soumettant un ordre donné, avec ses valeurs propres, à un ordre inférieur (c'est ce que j'appelle la barbarie, qui renonce à la primauté), ou en prétendant annuler ou déstructurer un ordre donné, avec ses contraintes propres, au nom d'un ordre supérieur (c'est ce que j'appelle l'angélisme, qui oublie le primat).

Contre l'angélisme, quoi ? La lucidité.

Contre la barbarie ? L'amour et le courage.

Par quoi la dialectique du primat et de la primauté débouche sur une éthique, qui est à la fois intellectuelle (primauté, pour la pensée, de la lucidité : l'amour de la vérité doit l'emporter, intellectuellement, sur tout) et pratique (primauté, pour l'action, de ce qu'on aime et veut : l'amour et la liberté, pour presque tous, seront les valeurs suprêmes). Cela n'autorise pas à soumettre la pensée à l'amour ou à la liberté (ce ne serait plus philosophie mais sophistique, fût-elle généreuse et démocratique : c'est ce qu'on appelle aujourd'hui le « politiquement correct »), ni l'amour ou la volonté à la connaissance (ce ne serait plus morale ou éthique mais scientisme ou dogmatisme). On ne vote pas sur une vérité : ce serait de l'angélisme démocratique. Ni sur le bien et le mal : ce serait de la barbarie démocratique. Mais la vérité ou la morale ne sauraient pas davantage dire la loi, qui ne relève, dans une démocratie, que du peuple souverain. C'est ce qu'on appelle la laïcité : la démocratie ne tient pas lieu de conscience, ni la conscience, de démocratie.

La distinction des ordres débouche ainsi, philosophiquement, sur ce que j'ai appelé le *cynisme*. De quoi s'agit-il ? D'une certaine façon de penser le rapport entre la valeur et la vérité, sans les confondre (la valeur est sans vérité objective, la vérité sans valeur intrinsèque), mais sans non plus renoncer à l'une ou à l'autre. Le cynique, au sens philosophique du terme, c'est celui qui refuse de prendre ses désirs pour la réalité, voyez Machiavel, mais aussi de céder sur la réalité de ses désirs, voyez Diogène (et aussi Machiavel : c'est ce qu'il appelle la *virtú*). Reste à penser, entre ces deux versants du cynisme, une articulation : c'est ce que fait Spinoza, ou du moins ce qu'il autorise. Ce n'est pas parce que la vérité est bonne qu'elle est connaissable ou aimable ; c'est parce qu'elle est vraie que nous pouvons la connaître et, si nous en sommes capables, l'aimer. À l'inverse, ce n'est pas parce que le bien est vrai qu'il faut l'aimer ou le faire, c'est parce que nous l'aimons ou le voulons qu'il devient, pour nous, une valeur (laquelle ne fonctionne comme vérité que pour et par un sujet). Par exemple l'égoïsme est au moins aussi vrai que la générosité, et même, quant aux faits, il l'est bien davantage (il explique un plus grand nombre de comportements, et peut-être la générosité elle-même) ; aussi faut-il le connaître et le comprendre. Mais cela n'empêche pas que la générosité, moralement, lui soit supérieure.

Distinction des ordres : la logique des primats explique celle des primautés, pour la connaissance, mais ne saurait l'annuler, pour l'action, pas plus que celle-ci ne saurait, pour la pensée, tenir lieu de celle-là. Il en résulte qu'on ne peut jamais tout à fait vivre ce qu'on sait, ni savoir ce qu'on vit. « Nous sommes, je ne sais comment, doubles en nous-mêmes », disait Montaigne (*Essais*, II, 16 ; voir aussi mon article sur « Montaigne cynique », *Valeur et vérité*, p. 55 à 104). Mais c'est Lévi-Strauss, à propos de Montaigne (et cette rencontre n'est ni de hasard ni de faible poids), qui a su désigner le plus nettement cet écart en nous à la fois nécessaire et tragique :

> « La connaissance et l'action sont à jamais placées dans une situation fausse : prises entre deux systèmes de référence mutuellement exclusifs et qui s'imposent à elles, bien que la confiance même temporaire faite à l'un détruise la validité de l'autre. Il nous faut pourtant les apprivoiser pour qu'ils cohabitent en chacun de nous sans trop de drames. La vie est courte : c'est l'affaire d'un peu de patience. Le sage trouve son hygiène intellectuelle et morale dans la gestion lucide de cette schizophrénie » (*Histoire de Lynx*, chap. XVIII, « En relisant Montaigne », p. 288).

Schizophrénie ? Ce n'est pas le mot que j'utiliserais, puisque cet écart résulte non d'une quelconque pathologie mais d'une dualité constitutive de l'être humain, qui est celle du désir et de la raison, et puisque cette dualité, qui est en l'occurrence structurante bien plus que destructrice, peut être et pensée et voulue (elle est à la fois rationnelle et raisonnable) : on peut expliquer le désir (à quoi bon, autrement, les sciences humaines ?) et désirer la raison (à quoi bon, autrement, la philosophie ?).

L'essentiel, pour résumer, tient donc bien dans la formule que j'utilisais en commençant : primat de la matière et primauté de l'esprit. Mais cela, s'agissant de l'être humain, doit être précisé en une autre, plus lourde mais plus explicite : primat du corps et du désir, primauté (théorique) de la raison et (pratique) de l'amour et de la liberté. C'est le désir, disait Spinoza, non la raison ou l'amour, qui est l'essence de l'homme (*Éthique*, III). Mais c'est la raison qui libère, et l'amour qui sauve (*Éthique*, IV et V). Les sciences de la nature et de l'homme, pour le dire avec nos mots d'aujourd'hui, nous en apprennent davantage sur nous-mêmes que la morale, qu'elles expliquent et qui ne les explique pas. Mais connaître la vie ou l'humanité n'a jamais suffi à les aimer, ni même à aimer la connaissance. À la gloire du spinozisme. Ce n'est pas parce qu'une chose est bonne que nous l'aimons ou la désirons, c'est inversement parce que nous l'aimons ou la désirons que nous la jugeons bonne (*Éthique*, III, 9, scolie ; voir aussi, chez Freud, les deux dernières pages de *Malaise dans la civilisation*). Si vous n'aimez pas l'amour et la vérité, n'en dégoûtez pas les autres. Mais si vous aimez les deux, comme il convient, ne vous croyez pas autorisé par là à les confondre.

PRINCIPE Un commencement théorique : le point de départ d'un raisonnement. Il est de la nature d'un principe d'être indémontrable (sans quoi ce ne serait plus un principe mais un théorème ou une loi), comme il est de la nature de la démonstration de requérir quelque principe indémontré. La différence avec un axiome ou un postulat ? C'est que ceux-ci ne se disent guère que de systèmes formels ou hypothético-déductifs. Un principe se dit aussi bien dans les sciences expérimentales, en morale ou en politique. Reste à savoir pourquoi poser tel principe plutôt que tel autre. C'est parfois qu'on ne peut faire autrement (le principe de non-contradiction) ou qu'on y voit une espèce d'évidence. D'autres fois qu'on en a besoin pour agir ou vivre d'une façon qui nous paraisse humainement acceptable. Les principes de la morale sont de ce type : nullement évidents ni logiquement nécessaires, mais subjectivement indispensables.

PRIVATION L'absence de quelque chose qu'on devrait avoir : l'aveugle, non la pierre, est privé de la vue.

PROBABILITÉ Un degré de possibilité, en tant qu'il peut faire l'objet d'un calcul ou d'une prévision. Se dit surtout, dans le langage courant, quand ce degré est élevé. Mais parler de *probabilité infime* n'est pas pour autant contradictoire. Par exemple si vous jouez au loto : il est très improbable que vous gagniez, mais cette probabilité, qui peut se calculer très précisément, n'est pas nulle. Elle est simplement trop faible, même par rapport à l'enjeu, pour que le seul calcul des probabilités puisse justifier votre mise. Heureusement, pour le Trésor public, que le désir s'en mêle.

PROBLÉMATIQUE Comme adjectif, qualifie ce qui n'est ni réel (ou, s'agissant d'un jugement, assertorique) ni nécessaire (ou apodictique). « Les jugements sont *problématiques*, écrit Kant, lorsqu'on admet l'affirmation ou la négation comme simplement *possibles* (il y a choix), *assertoriques* quand on les y considère comme *réelles* (vraies), *apodictiques* quand on les y regarde comme *nécessaires* » (*C. R. Pure*, Analytique des concepts, I, 2, § 9).

Comme substantif, le mot désigne l'élaboration d'un problème. Construire une problématique, c'est expliquer *comment* un problème se pose, ou comment on a décidé de le poser, afin d'avoir une chance, peut-être, de le résoudre. Dans une dissertation philosophique, la problématique doit idéalement apparaître dès la fin de l'introduction ; elle prend communément la forme d'un système ordonné de questions.

PROBLÈME Une difficulté à résoudre. Une question ? C'est ordinairement la forme que prend pour nous un problème, ou plutôt que nous lui donnons. D'où ce passage fameux de Bachelard : « Avant tout, il faut savoir poser des problèmes. Et, quoi qu'on dise, dans la vie scientifique, les problèmes ne se posent pas d'eux-mêmes. C'est précisément ce *sens du problème* qui donne la marque du véritable esprit scientifique. Pour un esprit scientifique, toute connaissance est une réponse à une question. S'il n'y a pas eu de question, il ne peut y avoir connaissance scientifique. Rien ne va de soi. Rien n'est donné. Tout est construit » (*La formation de l'esprit scientifique*, I). Cela vaut aussi en philosophie, et sans doute pour toute pensée digne de ce nom. Mais toute question n'est pas un problème. Par exemple quelqu'un vous demande l'heure : c'est une question, pas un problème. Si vous lui demandez : « Pourquoi voulez-vous savoir l'heure qu'il est ? », vous transformez – en l'occurrence indûment – sa question en problème. Il pourrait vous le reprocher : « Pourquoi faites-vous un problème de ma question ? » En philosophie, c'est différent. Seuls les problèmes comptent, qu'il faut poser avant de les résoudre. Qu'est-ce que poser un problème ? C'est expliquer *pourquoi* une question se pose, et *doit* se poser, non à tel ou tel individu, mais pour tout esprit raisonnable fini, doué d'une culture au moins minimum. Tel est le but de l'introduction, dans une dissertation philosophique : il s'agit de passer de la contingence d'une question à la nécessité d'un problème, avant d'élaborer, si possible, une problématique.

PROCHAIN Autrui, tel qu'il se donne dans la rencontre. Il a droit à plus qu'à du respect. À quoi bon, autrement, la rencontre ?

PROFONDEUR La distance entre la surface et le fond. En philosophie, c'est surtout une métaphore, pour indiquer la quantité de pensée qu'un discours peut contenir ou susciter. Même Nietzsche, si amoureux de la surface et de la belle apparence, y voyait légitimement une vertu intellectuelle. C'est que la superficialité elle-même n'a de sens qu'au service de la profondeur. Ainsi, chez les Grecs : « Ah ! ces Grecs, comme ils savaient vivre ! Cela demande la résolution de rester bravement à la surface, de s'en tenir à la draperie, à l'épiderme, d'adorer l'apparence et de croire à la forme, aux sons, aux mots, à tout l'Olympe de l'apparence ! Ces Grecs étaient superficiels... par profondeur ! » (*Le gai savoir*, Avant-Propos). Combien, aujourd'hui, faisant le chemin inverse, voudraient sembler profonds à force de superficialité ?

D'autres voudraient obtenir le même résultat à force d'obscurité. Nietzsche, dont ils se réclament parfois, leur a pourtant donné tort. Il préférait « la belle clarté française », celle de Pascal ou de Voltaire. *Être profond*, explique-t-il, n'est pas la même chose que *sembler profond* : « Celui qui se sait profond s'efforce d'être clair ; celui qui aimerait sembler profond à la foule s'efforce d'être obscur. Car la foule croit profond tout ce dont elle ne peut voir le fond. Elle a si peur ! elle aime si peu aller dans l'eau ! » (*op. cit.*, III, 173). Ainsi la superficialité n'est bonne qu'à condition d'être profonde ; et la profondeur, qu'à condition d'être claire.

PROGRÈS Dans mon premier livre, *Le mythe d'Icare*, j'insistais sur la relativité de l'idée de progrès. Marcel Conche, qui avait bien voulu lire le manuscrit, inscrivit simplement en marge : « Quel progrès, pourtant, que la Sécurité sociale ! » Il avait évidemment raison. Un progrès relatif reste un progrès, et il n'y en a pas d'autre.

Qu'est-ce que le progrès ? Un changement vers le mieux. Notion normative, donc subjective. Il n'y a guère que dans les sciences que le progrès, pour relatif qu'il demeure, soit incontestable : parce que la science d'aujourd'hui peut rendre compte de celle des siècles passés, quand la réciproque n'est pas vraie. C'est ce qui fait que l'histoire des sciences est « une histoire jugée », comme disait Bachelard, et jugée par son progrès même, lequel est « démontrable et démontré » : c'est « une histoire récurrente, une histoire qu'on éclaire par la finalité du présent, une histoire qui part des certitudes du présent et découvre, dans le passé, les formations progressives de la vérité » (*L'activité rationaliste de la physique contemporaine*, chap. I). En politique, il en va autrement : juger le passé au nom du présent n'est pas plus légitime (ce qui ne veut pas dire que ce soit évitable) qu'il le serait de juger le présent au nom du passé. Relativisme sans appel, donc, comme dit Lévi-Strauss, et c'est aussi vrai dans le temps que dans l'espace : non qu'on ne puisse juger (on le peut, puisqu'on le fait, et qu'on le doit), mais parce qu'on ne peut le faire objectivement ou absolument. Un réactionnaire, par exemple, n'est pas quelqu'un qui est contre le progrès, comme le croient naïvement les progressistes, mais quelqu'un qui juge que c'en serait un, voire le seul possible, que de revenir à telle ou telle situation antérieure. Et comment lui démontrer qu'il a tort ? On connaît des cas, notamment en médecine, où une *involution* serait seule favorable. Guérir, c'est le plus souvent revenir à la situation antérieure, ou s'en rapprocher. Et qui ne souhaiterait rajeunir ? Ce n'est pas une raison pour souhaiter retomber en enfance, ni, encore moins, pour revenir à l'Ancien régime. Le progrès (social, politique, économique...) n'est ni linéaire ni absolu. Il n'est progrès, même, que relativement à certains désirs qui sont les nôtres (de bien-être, de justice, de liberté...). Cela, qui lui interdit de prétendre à l'absolu, ne l'annule pas ; c'est au contraire ce qui fait sa réalité, pour ceux – presque tous – qui partagent ces désirs et constatent, malgré tant d'horreurs qui demeurent, quelques avancées. Le progrès n'est pas une providence ; c'est une histoire, et un point de vue sur cette histoire. C'est où l'on retrouve la Sécurité sociale, les Lumières, les droits de l'homme, et même l'enthousiasme, mais guéri d'utopie, de notre jeunesse : *Ce n'est qu'un début, continuons le combat !*

PROGRESSISTE Ce n'est pas quelqu'un qui est pour le progrès (personne n'est contre), mais quelqu'un qui pense que le progrès – social, politique, économique – est la tendance normale de l'histoire : que le présent est globalement supérieur au passé, comme l'avenir, sauf catastrophe, sera supérieur au présent. Aussi veut-il aller de l'avant : c'est ce qu'on appelle « avoir des idées avancées ». Le progressisme est un optimisme, sans doute le plus légitime qui soit : le progrès des sociétés est plus probable, et mieux avéré, que celui des individus ou des civilisations.

PROJET Un désir présent, portant sur l'avenir en tant qu'il dépend de nous. Ce n'est pas encore une volonté (vouloir c'est faire), ou plutôt ce n'est que la volonté (actuelle) de vouloir (plus tard). Y voir la source d'une liberté absolue, comme le fait Sartre, c'est oublier qu'un projet, en tant qu'il est actuel, est aussi réel – donc aussi nécessaire – que le reste.

PROPHÈTE Celui qui parle *(phanai)* à la place de ou en avance *(pro)*. Cela ressemble à une maladie. Les croyants y voient un miracle.

« Il faut convenir que c'est un méchant métier que celui de prophète », écrit Voltaire. Le succès est rien moins qu'assuré. Cet homme qui parle au nom de Dieu, est-ce un prophète ou un fou ? Un visionnaire ou un fanatique ? Et comment savoir s'il dit vrai ? « La prophétie est un art difficile, dira plus tard

Woody Allen, surtout lorsqu'elle porte sur le futur. » Mieux vaut s'occuper du présent, et préparer l'avenir plutôt que le prophétiser.

PROPOSITION Un énoncé élémentaire, en tant qu'il peut être vrai ou faux. « Tout discours n'est donc pas une proposition, souligne Aristote, mais seulement le discours dans lequel réside le vrai ou le faux, ce qui n'arrive pas dans tous les cas : ainsi la prière est un discours, mais elle n'est ni vraie ni fausse » (*De l'interprétation*, 4).

PROPRIÉTÉ Ce qui est propre à un individu ou à un groupe, autrement dit ce qui leur appartient. Se dit spécialement, en droit, d'une possession légitime, en principe garantie par la loi. Se distingue par là de la *possession*, qui n'est qu'un état de fait. Voyez Rousseau, *Contrat social*, I, 8-9.

PROTOCOLE La mise en scène codifiée d'une hiérarchie. On peut le respecter, et même c'est ordinairement le plus simple, à condition de ne pas y croire. L'essentiel, par définition, est ailleurs.

PROVIDENCE C'est le nom religieux du destin : l'espérance comme ordre du monde.

PRUDENCE On évitera de la réduire au simple évitement des dangers, *a fortiori* à je ne sais quelle lâcheté intelligente ou calculatrice. Et on ne la confondra pas davantage, malgré Kant, avec la simple habileté égoïste. La prudence, au sens philosophique du terme, est l'une des quatre vertus cardinales de l'Antiquité et du Moyen Âge, sans laquelle les trois autres (le courage, la tempérance, la justice) resteraient aveugles ou indéterminées : c'est l'art de choisir les meilleurs moyens, en vue d'une fin supposée bonne. Il ne suffit pas de vouloir la justice pour agir justement, ni d'être courageux, tempérant et juste pour bien agir (puisqu'on peut se tromper dans le choix des moyens). Voyez la politique. La plupart de nos gouvernants veulent le bien du pays et le nôtre. Mais *comment* le faire ? C'est ce qui les oppose, et nous oppose. Voyez les parents. Presque tous veulent le bien de leurs enfants. Cela n'a jamais suffi, hélas, pour être de bons parents ! Encore faut-il savoir comment élever ses enfants, comment faire en effet leur bien, ou comment les aider à faire le leur.

Qu'on le veuille, c'est la moindre des choses. Mais par quel chemin y parvenir ? La vraie question, presque toujours, porte sur les moyens, non sur la fin. Que faire, et comment ? C'est ce que l'amour voudrait savoir et ne suffit pas à déterminer. Aimer, cela ne dispense pas d'être intelligent. C'est ce qui rend la prudence nécessaire. Vertu intellectuelle, disait Aristote : c'est l'art de vivre et d'agir le plus *intelligemment* possible.

C'est où l'on rencontre le sens ordinaire du mot. La bêtise, presque toujours, est dangereuse. Nos politiques le savent bien. Nos militaires le savent bien. Tous désirent la victoire ; mais cela ne tient lieu ni de tactique ni de stratégie. Même chose pour nos industriels ou nos commerçants : tous désirent le profit ; cela ne leur dit pas comment y parvenir. Même chose pour nos médecins : tous désirent la guérison ; cela ne leur dit pas comment l'atteindre ou y contribuer. La prudence ne délibère pas sur les fins, remarquait Aristote, mais sur les moyens. Elle ne choisit pas le but ; elle indique le chemin, quand aucune science ou technique n'y suffit. C'est une espèce de sagesse pratique *(phronèsis)*, sans laquelle aucune sagesse vraie *(sophia)* ne serait possible. « La prudence, soulignait Épicure, est plus précieuse même que la philosophie : c'est d'elle que proviennent toutes les autres vertus » (*Lettre à Ménécée*, 132) et la philosophie elle-même. D'où provient la prudence ? De la raison (qui choisit les moyens), lorsqu'elle se met au service du désir (qui fixe les fins). La prudence ne règne pas (elle n'a de sens qu'au service d'autre chose), mais elle gouverne. Elle ne remplace aucune autre vertu ; mais elle les dirige toutes, dans le choix des moyens (voir saint Thomas, *Somme théologique*, Ia-IIæ, quest. 57, art. 5, et 61, art. 2). Ce n'est pas la vertu la plus haute ; mais c'est (avec le courage) l'une des plus nécessaires.

PSYCHANALYSE C'est à la fois une technique et une théorie. La technique est fondée sur un certain usage de la parole (les associations libres) et de la relation duelle (le transfert), dans un dispositif spatio-temporel particulier (le cabinet, le divan, les séances...). La théorie porte sur l'ensemble de la vie psychique, en tant qu'elle est dominée par l'inconscient et la sexualité. Le but est moins le bonheur que la santé ou la liberté : il s'agit de rendre à l'individu son histoire, pour l'en libérer, au moins en partie, ou en tout cas pour qu'il cesse d'en être aveuglément prisonnier. De là une thérapeutique, pour les névrosés ; une tentation, pour les curieux ou les narcissiques ; et un métier, pour les psychanalystes. Il faut bien que tout le monde vive.

Freud, qui fonda la chose et inventa le mot, dut être déçu, il le laisse parfois entendre, par la répétitivité et la platitude de ce que la psychanalyse découvrait, grâce à lui, en l'être humain. On comprend que les psychanalystes s'endorment, parfois, pendant les séances. La psychanalyse est une blessure narcissique. On se serait cru plus intéressant.

Mais c'est là son prix, et la grande leçon qu'elle nous donne. Nous sommes le résultat d'une histoire sans intérêt. Qui s'en rend compte et l'accepte, il passe à autre chose. Et la cure est finie.

PSYCHOLOGIE L'étude du psychisme, mais considérée plutôt comme discipline objective et expérimentale (« à la troisième personne », comme on dit parfois, par différence avec l'introspection, qui se fait à la première, et avec la psychanalyse, qui suppose la deuxième). En son sommet, c'est une science humaine, certes plurielle (il y a plusieurs écoles, plusieurs méthodes, plusieurs doctrines, parfois incompatibles), mais pas plus peut-être que l'histoire ou la sociologie. Reste à savoir à quoi elle sert. À connaître, ou à manipuler ? À libérer, ou à instrumentaliser ? De là ce conseil d'orientation, que Canguilhem, dans un texte fameux, donnait aux psychologues : « Quand on sort de la Sorbonne par la rue Saint-Jacques, on peut monter ou descendre ; si l'on va en montant, on se rapproche du Panthéon, qui est le Conservatoire de quelques grands hommes ; mais si l'on va en descendant, on se dirige sûrement vers la Préfecture de Police » (« Qu'est-ce que la psychologie ? », in *Études d'histoire et de philosophie des sciences*, Vrin 1970, p. 381). Il y a une troisième solution, qui est de ne pas quitter la Sorbonne. C'est la plus confortable, et la plus ennuyeuse.

PSYCHOLOGISME C'est vouloir tout expliquer – y compris la logique ou la raison – par la psychologie. Mais alors la psychologie elle-même ne serait qu'un effet parmi d'autres du psychisme : non une science mais un symptôme, voire une maladie, comme disait Karl Kraus de la psychanalyse, qui se prend pour son propre remède… On n'y échappe que par un rationalisme strict, qui refuse de soumettre la vérité à quelque causalité externe que ce soit. Tout mensonge relève de la psychologie. Toute erreur peut en relever. Mais quand un individu énonce une vérité, il entre, au moins de ce point de vue, dans un autre ordre : on peut demander à la psychologie d'expliquer comment il la connaît ou pourquoi il éprouve le besoin de la dire, mais assurément pas pourquoi elle est vraie. Expliquer une idée (comme fait psychique) ne saurait suffire à la juger (comme vérité). Ou bien il n'y a plus de vérité du tout, ni donc de psychologie.

PSYCHOSE Voir « Névrose/psychose ».

PSYCHOSOMATIQUE Ce qui concerne à la fois l'esprit *(psuchè)* et le corps *(soma)*, ou ce qui relève de leur interaction. La notion n'a de sens que si l'esprit et le corps sont deux choses différentes. Ce n'est donc pas le contraire du dualisme, comme on le croit parfois, mais sa version naïvement médicale et moderniste : c'est un dualisme mou.

PUDEUR La vertu qui cache. Cela suppose une envie de tout montrer (sans quoi la pudeur ne serait pas une vertu), et c'est ce qui rend la pudeur particulièrement troublante – par le trouble qu'elle manifeste en voulant l'éviter. Littré la définit comme une « honte honnête » ; ce paradoxe (la honte de ce qui n'est pas honteux) fait partie de son charme. La pudeur va plus loin que la décence, ou plus profond : elle relève moins des convenances que de la délicatesse, moins de la société que de l'individu, moins de la politesse que de la morale. C'est une façon de se protéger – et de protéger l'autre – contre le désir qu'on suscite ou qu'on ressent. Seuls les amants peuvent s'en passer.

PUISSANCE Une force qui s'exerce (puissance en acte : *energeia*) ou qui peut s'exercer (puissance en puissance : *dunamis*). Les deux, au présent, sont une seule et même chose : « toute puissance est acte, active, et en acte », disait Deleuze à propos de Spinoza, et il n'y a rien d'autre que la puissance. C'est l'être même, en tant qu'il est puissance d'être (*conatus*, force, énergie).

Nietzsche voit dans la *volonté de puissance* « l'essence la plus intime de l'être ». C'est une force d'affirmation, de création, de différenciation, qui fait du plaisir et de la douleur « comme des faits cardinaux » (« tout accroissement de puissance est plaisir, tout sentiment de ne pouvoir résister, de ne pouvoir dominer est douleur », *La volonté de puissance*, éd. Wurzbach-Bianquis, I, 54). Un vouloir-vivre, comme chez Schopenhauer ? Non pas. « Il n'y a de volonté que dans la vie, reconnaît Nietzsche, mais cette volonté n'est pas vouloir vivre ; en vérité, elle est volonté de dominer », et d'abord de se dominer soi : « Tout travaille à se surpasser sans cesse » (*Zarathoustra*, II, « De la maîtrise de soi »). Telle est la volonté de puissance. C'est une espèce de *conatus* (on sait que Nietzsche s'est reconnu en Spinoza « un prédécesseur »), mais qui tendrait moins à la conservation de soi-même qu'à son dépassement, qu'à l'extension, dût-elle être fatale, de sa propre puissance : la tendance de tout être, non à persévérer dans son être, comme le voulait Spinoza, mais à le « surmonter », mais à « manifester sa puissance » et à l'accroître (*op. cit.*, II, § 42-50 ; *Le gai savoir*, V, 349). On évitera de n'y voir qu'une apologie de la violence ou de l'expansionnisme : la *puissance* qu'évoque Nietzsche est celle du créateur davantage que du conquérant. Ce n'est pas un but, c'est une force (la puissance n'est pas ce que veut la volonté, disait Deleuze, mais *ce qui* veut en elle, *Nietzsche et la philosophie*, III, 6).

La proximité avec Spinoza est plus grande qu'il n'y paraît, et que Nietzsche ne l'a cru. Ce dernier ne voyait dans le *conatus* spinoziste qu'une tendance purement conservatrice et défensive, contre quoi lui-même se singulariserait en pensant la volonté de puissance comme positive, affirmative et créatrice. C'était méconnaître que la puissance, chez Spinoza aussi, est « affirmation absolue de l'existence » (*Éthique*, I, 8, scolie) ; tel est le sens de la *causa sui* (dont nous relevons, puisque nous faisons partie de la nature : « la puissance de l'homme est une partie de la puissance infinie », IV, 4, dém.) et de la vie. La « puissance d'exister et d'agir », pour Spinoza, est bien autre chose qu'un simple instinct de conservation. Il ne s'agit pas seulement de résister à la mort, mais d'exister, d'agir et de se réjouir le plus possible. La joie est une *augmentation* de puissance, et c'est la joie qui est bonne. Il reste, c'est une vraie différence entre nos deux penseurs, que « l'effort pour se conserver » est bien indissociable, pour Spinoza, du désir « d'être heureux, de bien agir et de bien vivre » (*Éthique*, IV, 21, 22 et dém.). Spinoza, lui, n'aurait pas conseillé de « vivre dangereusement »...

PULSION Une force vitale ou innée, mais sans le savoir qui va avec. Se distingue par là de l'instinct, qui est comme un mode d'emploi génétiquement programmé. La pulsion sexuelle, par exemple, ne suffit pas à l'érotisme. Ni l'érotisme, à la pulsion.

PURETÉ Ce qui est sans tache ou sans mélange. Par exemple une eau pure : c'est une eau qui n'est mêlée à rien, souillée par rien, qui ne comporte rien d'autre qu'elle-même, une eau qui n'est que de l'eau. C'est donc une eau morte et improbable : la pureté n'est ni naturelle ni humaine.

Par métaphore, on entend aussi par pureté une certaine disposition de l'individu, quand il fait preuve de désintéressement. Par exemple un artiste, un savant ou un militant : dire que ce sont des purs, c'est dire qu'ils mettent leur art, leur science ou leur cause plus haut que leur carrière ou que leurs intérêts égoïstes. Cela culmine dans le *pur amour*, tel que Fénelon l'a pensé : c'est l'amour désintéressé, celui qui n'espère rien, en tout cas pour soi, celui dans lequel « on s'oublie et se compte pour rien ». C'est en quoi le plaisir peut être pur parfois (la *pura voluptas* de Lucrèce : quand il n'y a plus que le plaisir), ce que la frustration n'est jamais.

Il y a un lac radioactif, au nord de l'Oural, stérilisé par des déchets nucléaires. Les eaux y sont d'un bleu très pur, et pourtant sans vie aucune. Mais ce « pourtant » est de trop : la propreté et la mort vont ensemble, et toute vie est impure. Stériliser, c'est tuer ; cela en dit long sur la vie.

J'ai passé cet été quelques jours chez un ami, dans un coin charmant et perdu des Alpes. Il me montre sa piscine, remplie à l'eau de pluie : l'eau y est d'un vert glauque, opaque, avec d'inquiétantes suspensions... Je fais la moue, et mon ami sent bien que, malgré la chaleur, j'hésite à plonger. « Ce n'est rien, me dit-il, ce sont des algues, des micro-organismes... Attends un peu, tu vas voir ! » Et de verser dans la piscine une bonne ration d'eau de Javel... Quelques minutes plus tard, de fait, l'eau s'était éclaircie. Le lendemain, elle était comme neuve : nous y prîmes quelques bains joyeux et confiants... La vie avait reculé, et cela nous parut un progrès décisif vers la propreté. Pourquoi non ? N'est-ce pas ainsi qu'on nettoie les chambres d'hôpital et, en effet, les piscines ? Mais chacun en sent bien aussi les limites et les dangers. Tout ce qui vit salit ; tout ce qui nettoie tue. Demandez un peu aux microbes ce qu'ils pensent du savon. Et à la ménagère maniaque, ce qu'elle pense des enfants.

Toute vie est impure, disais-je, et l'on ne saurait, sans tomber dans une idéologie mortifère, lui préférer la pureté. Une chambre d'hôpital, ce n'est pas un modèle de société, ni même un modèle de chambre. D'ailleurs les germes, de plus en plus résistants, finissent par s'y glisser quand même, qui produisent alors, plusieurs malades en sont morts, d'étonnants ravages... D'où je tirerais volontiers une conclusion politique. La santé d'un peuple n'a jamais tenu à sa pureté, qu'elle soit ethnique ou morale, mais seulement à sa capacité d'absorber les mélanges, de maintenir, entre toutes ses composantes, un équilibre instable mais vivant (vivant donc instable), enfin de gérer, dans l'à-peu-près, leurs différences ou leurs conflits. Sans donner à cette métaphore biologisante plus de valeur qu'elle n'en mérite (un peuple n'est pas un organisme, un individu n'est pas un germe), on peut du moins réfléchir à ce lac de l'Oural, limpide et mort comme un rêve d'ingénieur ou de tyran. On a parlé de « purification ethnique », dans l'ex-Yougoslavie : qu'était-ce d'autre qu'une justification des déportations ou des massacres ? Plusieurs rêvent d'une France propre, stérile et pure comme un lac atomique, d'ailleurs artificielle comme lui (*pure*, la France ne l'a jamais été) et comme lui promise à la mort immaculée... Puissent-ils songer de temps en temps au petit lac de l'Oural, d'un bleu si pur et si transparent !

De quoi l'on pourrait tirer aussi bien, et peut-être mieux, une conclusion morale, qui serait de vigilance contre la morale. La voilà de retour, dit-on, et c'est tant mieux. J'ai assez bataillé contre le nihilisme et la veulerie pour ne pas m'en plaindre. Mais la morale est comme l'hygiène : elle est au service de la vie ou ce n'est qu'une manie dangereuse. C'est ce qui distingue la morale du moralisme, et les braves gens des censeurs. Qu'est-ce que *l'ordre moral*, si ce n'est la volonté d'inverser cette hiérarchie, de mettre la vie au service de la morale, de *telle* morale, et d'en chasser l'impur ? Rêve fou : rêve de mort. S'il y a une pureté de l'âme, elle est à l'opposé, et c'est ce que Simone Weil avait vu : *« La pureté,* disait-elle, *est le pouvoir de contempler la souillure. »* Je dirais plus : de l'accepter, de l'habiter, de la vivre. L'âme est ce qui accueille le corps, et s'y recueille. Sans honte. Sans frayeur. Sans mépris.

Ainsi, devant l'obscène du désir, la pureté de l'amour.

PUSILLANIMITÉ Du latin *pusilla anima*, ou *pusillus animus*, petite âme, esprit étroit ou étriqué. C'est le contraire de la magnanimité : un nom savant pour dire un mélange de bassesse et de petitesse. Se reconnaît surtout au manque de courage. C'est qu'il n'y a pas de grandeur sans risque.

PYRRHONISME La doctrine de Pyrrhon, pour autant qu'on puisse la reconstituer et que ce soit une doctrine (il n'a rien écrit, ni rien affirmé absolument). Il tenait toutes choses pour « également indifférentes, immesurables, indécidables », nous dit Aristoclès : aussi convient-il selon lui « d'être sans jugement, sans inclination d'aucun côté, inébranlable, en disant de chaque chose qu'elle n'est pas plus qu'elle n'est pas, ou qu'elle est et n'est pas, ou qu'elle n'est ni n'est pas. Pour ceux qui se trouvent dans ces dispositions, ce qui en résultera c'est d'abord l'aphasie, puis l'ataraxie » (Aristoclès, cité par Eusèbe, *Prép. Évang.* XIX, 18 ; pour l'interprétation, voir Marcel Conche, *Pyrrhon ou l'apparence*, PUF, 1994). Philosophie du silence, qui ne peut s'énoncer sans se détruire. C'est peut-être le nihilisme le plus radical qui ait jamais été pensé. Mais peut-on l'habiter ?

Dans les textes modernes, le mot a souvent un sens beaucoup plus général : c'est un autre nom, spécialement chez Montaigne et Pascal, du scepticisme. « La profession des pyrrhoniens est de branler, douter et enquérir, ne s'assurer de rien, de rien ne se répondre » (*Essais*, II, 12) ; c'est « le plus sage parti des philosophes » (II, 15). La plupart, pourtant, ne s'en réclament pas. Cela même donne raison aux pyrrhoniens, par l'impossibilité où ils se savent de le prouver :

« Rien ne fortifie plus le pyrrhonisme que ce qu'il y en a qui ne sont point pyrrhoniens. Si tous l'étaient, ils auraient tort » (*Pensées*, 33-374 ; voir aussi les fragments 131-434 et 521-387).

Le problème est alors d'assumer ce scepticisme sans tomber pour autant dans le nihilisme ou la sophistique : Montaigne, Hume, Marcel Conche.

Q R

QUALITÉ Ce qui répond à la question *qualis ?* (quel est-il ? comment est-il ?). Par exemple : « Il est grand et fort ; il est très gentil et un peu bête... » Ce sont des *qualités*, et l'on voit que le mot, en philosophie, n'est pas forcément élogieux (la qualité s'oppose à l'essence ou à la quantité beaucoup plus qu'au défaut, qui n'est qu'une qualité négative). La qualité, c'est ce qui fait qu'un être est comme il est (par différence avec l'essence ou quiddité, qui fait qu'il est *ce* qu'il est), ou le fait qu'il le soit : c'est une manière d'être ou une propriété, qui vient s'ajouter à la substance ou la modifier. C'est la troisième catégorie d'Aristote : « J'appelle *qualité* ce en vertu de quoi on est dit être tel » (*Catégories*, 8 ; voir aussi *Métaphysique*, Δ, 14).

Chez Kant, les catégories de la qualité sont la réalité, la négation et la limitation. Elles correspondent aux trois qualités du jugement, qui est soit affirmatif, soit négatif, soit indéfini (*C. R. Pure*, Analytique, I).

On distingue parfois, spécialement depuis Locke, les *qualités premières*, qui sont indissociables de la matière et comme objectives (la solidité, l'étendue, la forme, la vitesse...), des *qualités secondes*, qui n'existent que pour et par le sujet qui les perçoit (la couleur, l'odeur, la saveur, le son...). Celles-ci s'expliquent par celles-là (par exemple la couleur, par l'action d'une certaine longueur d'onde de la lumière sur les cellules nerveuses de la rétine), mais n'en sont pas moins réelles à leur façon. Quand je dis que cet arbre est actuellement couvert de feuillage vert, j'énonce bien une proposition vraie. Je ne me trompe que si je crois que sa couleur est indépendante de la lumière et du regard. Mais je me tromperais bien davantage si je le disais rouge ou bleu. Le sujet, c'est du réel aussi.

QUANTITÉ Ce qui répond à la question « Combien ? ». C'est une certaine grandeur, qui renvoie à une échelle donnée de numération ou de mesure. Par exemple : combien sont-ils ? combien ça pèse ? combien ça coûte ? Quelle longueur, quelle hauteur, quelle superficie ? Chez Kant, et en général d'un point de vue logique, la quantité des jugements mesure leur extension : ils peuvent être universels, particuliers ou singuliers (voir ces mots). De là les catégories de la quantité, qui sont l'unité, la pluralité et la totalité (*C R. Pure*, Analytique, I).

QUESTION Le réel ne parle pas de lui-même. Mais il répond parfois, par politesse, quand l'homme l'interroge. On appelle *question* ce type de discours qui en sollicite un autre, dont il attend une information. Questionner, c'est parler pour faire parler : par quoi le sens rebondit, pour ainsi dire, sur son appel. Attitude proprement humaine, que les animaux ignorent (il en est qui sont doués de langage, mais point qui soient aptes au dialogue, au jeu libre des questions et des réponses) et que les dieux nous envient. À force de connaître toutes les réponses, cela fait une telle torpeur en soi, une telle incuriosité de tout, une telle lassitude… L'Olympe n'est pas ce qu'on croit. Le sens ne rebondit plus, voilà, et les dieux s'ennuient. C'est pourquoi ils ont créé les hommes : pour se distraire en les regardant se poser des questions…

QUIDDITÉ Ce qui répond à la question *« Quid ? »* (Quoi ?) ou *« Quid sit ? »* (Qu'est-ce que c'est ?). On y répond ordinairement par une définition. Ce livre aurait donc pu s'appeler *Quiddités*, si le titre n'était déjà pris par Quine et s'il n'était à ce point ésotérique ou archaïsant.

La question *Quid sit ?* (Qu'est-ce que c'est ?) est traditionnellement opposée à la question *An sit ?* (Est-ce que c'est ?) : la *quiddité* est un synonyme scolastique d'*essence*, qu'elle soit générique ou individuelle, et s'oppose à ce titre, comme elle, à *l'existence*. Une fois qu'on a défini le bonheur, Socrate ou Dieu, on n'a pas encore répondu à la question de leur existence. Mais pour pouvoir répondre à la question de leur existence, il faut d'abord savoir ce qu'ils sont, ou seraient : telle est la quiddité, toujours nécessaire, jamais suffisante.

QUIÉTISME L'Église catholique y voit une hérésie, qui serait celle, en France, de Mme Guyon et de Fénelon. J'y verrais plutôt une tentation et un danger : la tentation du repos, le danger de l'inaction. Faire preuve de quiétisme, c'est croire que la quiétude suffit à tout, quand elle ne suffit qu'à elle-même. Autant prétendre que le mysticisme, même le plus pur et le plus élevé, pourrait tenir lieu de morale, de politique ou de philosophie, ce qui serait une évidente sottise. N'oublions pas pourtant que la réciproque est vraie aussi : morale, politique et philosophie ne sauraient tenir lieu de quiétude, ni même vraiment y mener. Tous les mots du monde, même les mieux choisis, ne feront jamais un silence. Tous les combats du monde, même les plus nécessaires, jamais une paix. Ainsi le quiétisme est la vérité du mysticisme, et sa limite.

QUIÉTUDE Un repos sans trouble, sans crainte, sans espérance, sans fatigue : c'est le nom chrétien de l'ataraxie.

L'oraison de quiétude est celle qui ne demande rien, qui n'espère rien, même pas le salut : elle s'abandonne passivement à Dieu ou au silence, jusqu'à s'y perdre. C'est la pointe extrême de l'acquiescement mystique, de la contemplation, enfin du *pur amour*, celui qui aime Dieu, comme disait Fénelon, « sans aucun motif d'intérêt personnel ». À la fin, il n'y a plus que Dieu, et la question du salut ne se pose plus.

RACE Un groupe, biologiquement défini, au sein d'une même espèce animale (s'agissant des végétaux, on parlera plutôt de différentes *variétés*). Par exemple les différentes races d'ânes ou de chevaux : un baudet du Poitou ou un pur-sang arabe se distinguent respectivement d'un âne de Nubie ou d'un percheron par un certain nombre de caractères héréditaires, qui sont à la fois communs (à la race) et distinctifs (dans l'espèce). Il en va de même, au moins à première vue, des êtres humains : ce n'est pas être raciste que de constater que les Scandinaves présentent souvent un certain nombre de caractères héréditaires communs, qui les distinguent, au moins superficiellement, des Japonais ou des Pygmées.

Les races se distinguent des espèces, outre leur extension moindre, par l'interfécondité : un mâle et une femelle de races différentes mais appartenant à la même espèce sont normalement interféconds (ils peuvent se reproduire entre eux et engendrer des descendants eux-mêmes féconds), alors que deux individus d'espèces différentes ne le sont pas. Il est vrai que, si les deux espèces sont voisines, deux de leurs représentants respectifs peuvent éventuellement s'accoupler (quoi que cela ne se produise pratiquement jamais à l'état sauvage), mais leur descendant, sauf exception, sera stérile : ainsi un baudet et une jument engendrant un mulet, ou une ânesse et un cheval engendrant un bardot ; ni le mulet ni le bardot n'auront de descendance.

La notion de race est surtout descriptive ; mais il arrive souvent, s'agissant des espèces domestiques et dans un milieu donné, qu'elle prenne un sens normatif, voire prescriptif. Les notions de pur-sang ou de pedigree l'indiquent assez. Ce sont catégories d'éleveurs et de marchands. C'est dire que la notion, appliquée à l'humanité, est toujours suspecte. Au reste, on sait aujourd'hui qu'elle n'a guère de sens : non seulement parce qu'il n'y a pas de races pures (les différents groupes humains, qui dérivent sans doute d'une souche unique, n'ont cessé depuis de se mêler), mais aussi parce que les caractéristiques différentielles (la couleur de la peau, la taille, la forme du nez...) sont en l'occurrence trop superficielles pour être prises – sauf par les racistes ou les imbéciles – tout à fait au sérieux. Les progrès de la génétique confirment d'ailleurs et l'unité de l'espèce humaine (99,99 % du génome est commun) et la non-pertinence biologique du concept de race (deux individus de la même race peuvent être plus éloignés l'un de l'autre, d'un point de vue génétique, que deux individus de races différentes). Toutefois ce n'est qu'un point de fait, certes heureux, mais dont on aurait tort d'exagérer l'importance en matière d'antiracisme. Quand bien même les races humaines se distingueraient davantage qu'elles ne font, jusqu'à avoir (comme on voit dans certaines espèces animales) des aptitudes différentes, cela ne changerait rien au respect indifférencié qu'on doit à tout être humain. Le racisme n'est pas seulement une erreur intellectuelle ; c'est aussi, et d'abord, une faute morale.

RACISME « Je ne suis pas raciste », me dit un jour ma grand-mère. Puis elle ajouta, en guise d'explication : « C'est vrai, quoi : c'est pas de leur faute s'ils sont noirs ! » Elle avait plus de quatre-vingts ans, elle s'était occupée de nous, mieux que nos parents, elle nous aimait plus que tout au monde... J'avoue n'avoir pas eu le courage de lui expliquer, comme il l'aurait fallu, que sa raison de n'être pas raciste... était raciste.

La même, un autre jour : « Je n'aime pas les Allemands ; ils sont tous racistes. » Même remarque : c'était du racisme anti-allemand.

Qu'est-ce que le racisme ? Toute doctrine qui fait dépendre la valeur des individus du groupe biologique, ou prétendu tel, auquel ils appartiennent. C'est une pensée prisonnière du corps, comme un matérialisme barbare. Sa logique est de frapper.

Matérialisme ? Voire. Car le corps y est beaucoup moins pensé comme la *cause* de telle ou telle valeur psychique ou spirituelle que comme son *signe*. Ainsi la blancheur ou la noirceur du corps révéleraient celles de l'âme... Spiritualisme, bien plutôt, à fleur de peau. C'est une herméneutique de l'épiderme.

C'est aussi, presque toujours, un narcissisme collectif et haineux. Deux raisons de plus (le narcissisme, la haine) de le combattre.

RAISON C'est le rapport vrai au vrai, ou du vrai à lui-même. Mais qu'est-ce que le vrai ? Nous n'y avons guère accès, sinon par la mise en évidence du faux. De là un sens plus étroit ou plus spécifique : la raison est le pouvoir de penser, en l'homme, conformément aux lois immanentes de la pensée, en tout. Elle est pour cela toujours nécessaire (toujours soumise à des lois) et toujours libre (elle n'a d'autres lois que les siennes propres). Un raisonnement mathématique, dans sa perfection, en donne à peu près l'idée, qui est d'être une liberté sans sujet : une liberté sans libre arbitre. C'est la liberté de Dieu, dirait Spinoza (la nécessité de la nature ou du vrai), et la *libération* du sage, qui devient Dieu dans l'exacte mesure où il cesse d'être soi. C'est là le bon usage, non narcissique, du *connais-toi toi-même* : connaître le moi, c'est le dissoudre. La raison, parce qu'elle est universelle, est comme une catharsis de l'égoïsme. C'est ce qui explique que les sages, sans se piquer de morale, fassent ordinairement preuve de la plus grande générosité. Là où le *moi* était, *tout* (la vérité) doit advenir.

La raison est impersonnelle, universelle, objective. Aucun atome jamais n'a violé la moindre de ses lois, ni aucun homme : le réel est rationnel ; le rationnel est réel. Du moins c'est ce que pensent les rationalistes. Qu'ils soient incapables de le prouver ne les réfute pas, puisque toute preuve et toute réfutation le supposent.

On distingue parfois, surtout depuis Kant, la *raison pratique*, celle qui commande, et la *raison théorique*, celle qui connaît. Je n'ai jamais expérimenté la première, ni réussi à la penser. Qu'une action puisse être raisonnable ou non, c'est une affaire entendue. Mais pourquoi ? Parce qu'elle serait conforme ou non à la raison ? Non pas (la folie l'est, puisqu'elle est rationnelle). Mais parce qu'elle est conforme ou non à notre *désir* de raison (c'est-à-dire ici de cohérence, de lucidité, d'efficacité...). Aristote, Spinoza, Hume, plus éclairants que Kant. Ce n'est pas la raison qui commande ou qui fait agir. C'est le désir : « Il n'y a qu'un seul principe moteur, la faculté désirante » (Aristote, *De anima*, III, 10). La raison ne peut à elle seule réduire aucun affect (Spinoza, *Éthique*, IV, prop. 7 et 14), ni produire aucune action (Hume, *Traité...*, livre II, III, 3 : « Il n'est pas contraire à la raison de préférer la destruction du monde entier à une égratignure de mon doigt »). Ainsi il n'y a pas de raison pratique ; il n'y a que des actions raisonnables. Elles n'en sont pas pour cela plus rationnelles ; mais plus efficaces, plus libres, plus heureuses.

RAISON SUFFISANTE (PRINCIPE DE –) « Nos raisonnements sont fondés sur deux grands principes, écrit Leibniz : *celui de la contradiction* [qu'on appelle plus volontiers aujourd'hui principe de non-contradiction], en vertu duquel nous jugeons faux ce qui en enveloppe, et vrai ce qui est opposé ou contradictoire au faux ; et *celui de la raison suffisante*, en vertu duquel nous considérons qu'aucun fait ne saurait se trouver vrai ou existant, aucune énonciation véritable, sans qu'il y ait une raison suffisante, pourquoi il en soit ainsi et non pas autrement. Quoique ces raisons le plus souvent ne puissent point nous être connues » (*Monadologie*, § 31 et 32 ; voir aussi *Théodicée*, I, § 44). C'est parier sur la rationalité du réel, ou plutôt ce n'est pas un pari mais la condition, pour nous, de toute rationalité possible. La raison suffisante, c'est ce qui répond suffisamment à la question *« Pourquoi ? »*. Le principe stipule qu'il est toujours possible, au moins en droit, d'y répondre : que rien n'est *« sans pourquoi »*, malgré Angelus Silesius, sinon peut-être la série entière des raisons ou la raison ultime (il n'est pas impossible, me semble-t-il malgré Leibniz, que ce soit sans raison qu'il y ait quelque chose, par exemple tout ou Dieu, plutôt que rien). Une chose ne peut s'expliquer que par une autre : par exemple la rose par sa graine ou le monde par Dieu. Mais comment expliquer qu'il y ait quelque chose, puisque toute explication le suppose ? Appelons *Tout*, selon le sens ordinaire du mot, l'ensemble de tout ce qui est ou arrive, par exemple la somme de Dieu et du monde. Que tout ce qui existe ou arrive dans le Tout puisse et doive s'expliquer, cela n'entraîne pas nécessairement que le Tout lui-même soit explicable, et même cela rend cette explicabilité par avance impensable : puisque la raison qu'on pourrait en donner devrait en faire partie et ne pourrait dès lors en rendre raison. Certains m'objecteront que la sommation de Dieu et du monde est un concept impossible, qui mélange des ordres différents. Admettons-le. Mais le même raisonnement, appliqué à Dieu seul (quelle est sa raison suffisante ? Aucune ou lui-même : on ne peut donc l'expliquer, puisque toute explication qu'on pourrait en donner le suppose), interdit pareillement de le soumettre au principe. C'est dire que le principe de raison suffisante, qui affirme que tout peut s'expliquer, ne saurait s'appliquer valablement au Tout lui-même (sauf à supposer autre chose que tout, ce qui est contradictoire) ni à la raison suffisante de tout. Il ne peut pas davantage s'appliquer à soi (quelle est la raison suffisante du principe de raison suffisante ? On ne peut répondre, et c'est en quoi justement c'est un principe : voir le grand livre de Francis Wolff, *Dire le monde*, PUF, 1997, p. 85 à 87). Par quoi le principe de raison suffisante reste métaphysiquement insuffisant. Tout s'explique, sauf le Tout lui-même et que tout s'explique.

RAISONNABLE Ce qui est conforme à la raison pratique, comme dirait Kant, ou plutôt, comme je préférerais dire, à notre désir de vivre conformément à la raison *(homologoumenôs)*. On remarquera que ce désir suppose toujours autre chose que la raison, qui ne désire pas. C'est ce qui interdit de confondre le raisonnable et le rationnel. Est rationnel ce que la raison peut connaître ou expliquer. Est raisonnable ce qu'elle peut justifier, eu égard à un certain nombre de désirs ou d'idéaux donnés par ailleurs. Cet *ailleurs* est l'histoire ; cet *égard* est la pensée.

RAISONNEMENT Une inférence, ou, plus souvent, une suite continue d'inférences. C'est établir une vérité (si le raisonnement est valide) par l'enchaînement ordonné de plusieurs autres. À quoi l'on objectera qu'un raisonnement, même valide, peut n'aboutir qu'à une probabilité, voire à une impossibilité de trancher. Mais il n'est valide, répondrai-je, que s'il montre que cette probabilité ou cette impossibilité sont vraies. C'est important, spécialement, en philosophie. Les propositions « Il est probable que nous puissions savoir quelque chose » et « Il est impossible que nous sachions tout » sont des propositions vraies, qu'un raisonnement peut établir.

RANCŒUR C'est une rancune envieuse, pour un bien qu'on ne nous a pas fait.

RANCUNE Une vengeance rentrée, qui s'est rancie. Nous en voulons à quelqu'un du mal qu'il nous a fait, dont nous gardons le souvenir et, faute de pouvoir le lui rendre, le goût. C'est une haine présente, pour une souffrance passée. Le mal qu'on nous a fait, longtemps nous fait du mal.

RASOIR D'OCKHAM Guillaume d'Ockham, qui mourut au milieu du XIVe siècle, est l'un des plus grands penseurs du Moyen-Âge. C'est un nominaliste : il ne reconnaît l'existence que d'êtres singuliers, considère la distinction entre l'essence et l'existence comme vide de sens, et ne voit dans le genre et l'espèce, comme dans toute idée générale, qu'une conception de l'âme (*intentio animae*, ce qui peut le rapprocher du conceptualisme) ou « un signe attribuable à plusieurs sujets » (ce qui en fait un nominaliste). Hors du cercle des spécialistes, il n'est pourtant guère connu ni cité, sinon à propos de ce *rasoir* auquel son nom est traditionnellement attaché. De quoi s'agit-il ? D'un principe d'économie : ne pas multiplier inutilement les entités, couper tout ce qui dépasse du réel ou de l'expérience, c'est-à-dire en l'occurrence toute idée qui n'est pas indispensable ou qui prétendrait exister en soi ou de façon séparée. C'est un instrument d'hygiène intellectuelle, en même temps qu'une arme contre le platonisme.

RATIONALISME J'avais cité, dans l'un de mes livres, la formule fameuse de Hegel : « Ce qui est rationnel est réel ; ce qui est réel est rationnel. » Michel Polac, dans un article critique, s'en était énervé : « On ne peut plus dire ça, protestait-il, depuis Freud et la mécanique quantique ! » C'était bien sûr se méprendre. La mécanique quantique est l'une des plus étonnantes victoires de la raison humaine, et je ne connais pas d'auteur plus rationaliste que Freud. Que nous n'ayons pas accès absolument à l'absolu (que le réel soit « voilé ») ni ne puissions vivre de façon tout à fait raisonnable (que la raison en nous ne soit pas tout, ni même l'essentiel), cela même, cher Michel Polac, est pleinement rationnel. Il serait contradictoire, étant ce que nous sommes, qu'il en aille autrement. Par exemple l'inconscient ne se soucie pas du principe de non-contradiction ; c'est sa façon de lui rester soumis (un inconscient logicien, ce serait contradictoire), et la psychanalyse n'est possible, comme science ou comme discipline rationnelle, qu'à la condition de le respecter. Une contradiction, découverte dans un texte de Freud, serait une objection autrement plus forte, contre la psychanalyse, que le plus déraisonnable des délires, qui n'en est pas une. La folie est aussi rationnelle que la santé mentale (la psychiatrie serait autrement impossible), le rêve aussi rationnel, quoique de façon différente, que la conscience éveillée : Freud n'a inventé la psychanalyse que pour comprendre rationnellement ce qui, *avant lui*, semblait irrationnel, ce qui devrait nous aider, pensait-il, à vivre de façon un peu plus raisonnable...

Mais qu'est-ce que le rationalisme ? Le mot se prend principalement en deux sens.

Au sens large et courant, qui est celui que je viens d'évoquer, le rationalisme exprime d'abord une certaine confiance en la raison : c'est penser qu'elle peut et doit tout comprendre, au moins en droit, autrement dit que le réel est rationnel, en effet, et que l'irrationnel n'existe pas. Le rationalisme s'oppose alors à l'irrationalisme, à l'obscurantisme, à la superstition. C'est l'esprit des Lumières, et la lumière de l'esprit.

Au sens étroit et technique, le mot relève de la théorie de la connaissance : on appelle *rationalisme* toute doctrine pour laquelle la raison en nous est indépendante de l'expérience (parce qu'elle serait innée ou *a priori*) et la rend possible ; c'est le contraire de l'empirisme.

On remarquera qu'un même philosophe peut donc être rationaliste aux deux sens du terme (Descartes, Leibniz, Kant), mais aussi au sens large sans l'être au sens strict (Épicure, Diderot, Marx, Cavaillès : c'est bien sûr le courant dans lequel je me reconnais), voire au sens strict sans l'être au sens large (Heidegger ?).

RATIONNEL Ce qui est conforme à la raison théorique, autrement dit ce que la raison peut penser, calculer (*ratio*, en latin, c'est d'abord le calcul), connaître et, au moins en droit, expliquer. La folie n'est pas moins rationnelle que la santé mentale (la psychiatrie serait autrement impossible). Mais elle est moins raisonnable (la psychiatrie serait autrement inutile).

RÉALISME Au sens courant : voir les choses comme elles sont, et s'y adapter efficacement. Le contraire, non de l'idéalisme, mais de la niaiserie, de l'utopie ou de l'angélisme.

Au sens esthétique : tout courant artistique qui soumet l'art à l'observation et à l'imitation de la réalité, davantage qu'à l'imagination ou à la morale. Historiquement, cela peut désigner une époque en particulier : en gros, la deuxième moitié du XIXe siècle, qui s'oppose au romantisme comme le symbolisme, au tournant du siècle, s'opposera à son tour au réalisme. Mais le mot peut bien sûr être utilisé plus largement : Molière et Philippe de Champaigne sont davantage réalistes que Corneille ou Poussin ; Rembrandt, le Caravage et Zurbaran, davantage que Botticelli ou Boucher. Ces exemples disent assez que le mot, pris en ce sens large, n'a rien de péjoratif. Il peut pourtant garder, dans certains de ses emplois, quelque chose de restrictif. Que Courbet ou Flaubert soient des artistes réalistes, cela ne retire rien à leur génie. Mais que le mot s'applique mal à Chardin ou Stendhal, Rembrandt ou Proust (qui en relèvent pourtant, mais l'excèdent de toutes parts), il me semble que cela ajoute quelque chose au leur. C'est peut-être que tout *isme* enferme, ou que la réalité est plus riche que le réalisme. C'est aussi que le réalisme, en ce sens restrictif, serait plutôt un prosaïsme : il souffre moins d'un excès d'observation que d'un manque de poésie.

Au sens proprement philosophique, enfin, le réalisme est une doctrine qui affirme l'existence d'une réalité indépendante de l'esprit humain, que celui-ci peut connaître au moins en partie. On parle par exemple de *réalisme moral*, pour désigner une doctrine qui affirme l'objectivité de la morale ou la réalité de faits moraux irréductibles à quelque illusion ou croyance que ce soit (voir Ruwen Ogien, *Le réalisme moral*, PUF, 1999). Mais le réalisme est surtout évoqué en un sens plus général ou plus métaphysique. Il n'affirme pas l'existence de telle ou telle réalité (par exemple morale), mais d'*une* réalité, quelle qu'elle soit, voire de *la* réalité. Le mot, en ce sens technique et quoiqu'il soit un, peut alors désigner deux courants très différents, selon la nature du réel considéré : réalisme des Idées, des universaux ou de l'intelligible (par exemple chez Platon, saint Anselme ou Frege), ou bien réalisme du monde sensible ou matériel (par exemple chez Épicure, Descartes ou Popper). Le premier s'oppose au nominalisme ou au conceptualisme ; le second, à une forme d'idéalisme ou d'immatérialisme. On notera que ces deux réalismes s'opposent souvent l'un à l'autre (Épicure contre Platon), mais pas toujours : Russel, au moins un temps, et Popper ont soutenu l'un et l'autre.

RÉALITÉ (PRINCIPE DE –) Ce n'est pas le contraire du principe de plaisir, ni même tout à fait son complément. C'est plutôt sa forme lucide et intelligente, qui s'y soumet en tenant compte – dans sa recherche du plaisir et pour l'atteindre – de la réalité. Il s'agit toujours de jouir le plus possible, de souffrir le moins possible (principe de plaisir), mais *en tenant compte des contraintes et des dangers du réel* (principe de réalité). Cela nous conduit à différer souvent le plaisir, voire à y renoncer ponctuellement ou à accepter un déplaisir, pour jouir, plus tard, davantage ou plus longtemps. Ainsi arrête-t-on de fumer, quand on y parvient, pour la même raison qui nous a fait fumer si longtemps (pour le plaisir), mais appliquée autrement : parce qu'on juge (le principe de réalité est un principe intellectuel) que le tabac apporte, au bout du compte et au moins statistiquement, davantage de désagréments que de jouissances. Ce n'est pas échapper au principe de plaisir ; c'est s'y soumettre autrement. Ainsi va-t-on chez le dentiste pour le plaisir, comme on va travailler pour le plaisir, quand bien même ce plaisir, le plus souvent, ne nous attend ni chez le dentiste ni au travail. Il serait plus agréable de rester au lit ? Sans doute, à court terme. Mais le principe de réalité est justement ce qui nous libère de la dictature du court terme : principe de prudence (c'est l'équivalent à peu près de la *phronèsis* des Anciens) et d'imagination.

RÉEL L'ensemble des choses *(res)* et des événements, connus ou inconnus, durables ou éphémères, en tant qu'ils sont présents : c'est l'ensemble de tout ce qui arrive ou continue. Se distingue par là de la vérité, qui n'arrive ni ne dure, mais demeure. Par exemple que je sois assis actuellement devant mon ordinateur, que je m'interroge sur la définition du réel, qu'il y ait un bouquet de fleurs sur la table, des voitures dans la rue, que la Terre tourne autour du Soleil, que d'autres étoiles naissent ou meurent, etc., c'est du réel. Quand le bouquet sera fané, quand je serai mort, quand les voitures, la Terre et le Soleil auront disparu, quand d'autres étoiles ou rien auront remplacé celles qui naissent ou se consument actuellement, ce ne sera plus du réel. Mais il restera vrai que tout cela s'est produit, comme il était vrai, avant que cela n'arrive, que cela se produirait. Éternité du vrai, impermanence du réel. Les deux ne coïncident qu'au présent ; ils coïncident donc toujours, pour tout réel donné (non, certes, pour toute vérité), et c'est le présent même : le point de tangence du réel et du vrai. Non, pourtant, que l'un et l'autre soient exactement sur le même plan. Ce n'est pas parce que quelque chose était vrai de toute éternité que cela arrive ; c'est parce que cela arrive que c'était, que c'est et que ce sera vrai de toute éternité. La vérité est sans puissance propre, sans force, sans réalité : ce n'est que l'ombre portée, dans la pensée, du réel, ou plutôt que sa lumière, pour nous, antécédente et rémanente. Les matérialistes ne peuvent lui accorder tout à fait l'être ; ni les rationalistes lui refuser pourtant toute consistance (puisque la vérité, même considérée indépendamment du réel, a ses contraintes propres, qui sont celles de la logique). De là, pour tout matérialisme rationaliste, une espèce de tension, qui fait sa difficulté et sa limite. Un Dieu serait plus simple. Un monde d'Idées serait plus simple. Ou bien la sophistique et la bêtise. Mais pourquoi faudrait-il se tenir au plus simple ? Que le matérialisme soit difficile et limité, cela ne le réfute pas. Si le réel n'est pas une pensée, comment la pensée pourrait-elle le saisir sans peine et sans limites ? Ainsi le réel a toujours le dernier mot, mais ce n'est pas un mot : c'est ce qui interdit qu'aucun discours, jamais, le dise adéquatement. Ce petit mot de *réel*, si commode, si pauvre, n'est qu'une étiquette que nous collons, parce que cela nous est utile, sur l'infini silence de ce qui dure et passe. Nos discours en font partie, comme nos rêves et nos erreurs. C'est l'ensemble le plus vaste, le plus complet, le plus concret : le divers du donné et de ce qui pourrait l'être – l'objet d'une expérience possible ou impossible. Spinoza l'appelait la nature *(infinita infinitis modis, hoc est omnia…)* ou Dieu, qui est tout. La définition du mot exclut que quoi que ce soit lui échappe.

RÉFÉRENT L'objet, réel ou imaginaire mais non linguistique (sauf dans le métalangage), d'un signe linguistique. Soit par exemple le mot « chien » : ni le signifiant ni le signifié n'aboient ou ne mordent ; leur référent peut faire l'un et l'autre.

RÉFLEXE Un mouvement involontaire, qui répond à un stimulus extérieur. Par exemple l'œil qui se ferme, devant le coup, ou la main qui se retire, devant la douleur. On parle de *réflexes conditionnés* pour ceux qui associent artificiellement deux stimuli (par exemple une sonnerie et un aliment), jusqu'à ce que l'un des deux suffise à produire un réflexe qui ne lui est pas normalement associé (par exemple la sonnerie entraînant la salivation). On peut aussi parler de réflexe, en un sens plus large, pour toute réaction quasi automatique, résultant d'un apprentissage ou d'une habitude : ainsi chez le marin ou l'automobiliste. Cela se fait sans que j'aie besoin d'y penser, ce qui est bien commode et souvent efficace, mais ne saurait suffire : le réflexe ne dispense ni de volonté ni de réflexion.

RÉFLEXION Au sens large : un effort particulier de pensée. Au sens étroit : un retour de la pensée sur elle-même, qui se prend alors pour objet. Ce dernier mouvement serait, avec la sensation, l'un des deux constituants de l'expérience, donc l'une des deux sources, comme dit Locke, de nos idées : nous n'aurions sans elle aucune idée de « ce qu'on appelle apercevoir, penser, douter, croire, raisonner, connaître, vouloir et toutes les différentes actions de notre âme » (*Essai*, II, 1, § 4). La réflexion est donc une espèce de sens intérieur, mais intellectuel et délibéré : c'est « la connaissance que l'âme prend de ses différentes opérations, par où l'entendement vient à s'en former des idées » *(ibid.)*. Mouvement nécessaire, mais qui ne saurait épuiser à lui seul le champ de la pensée. Mieux vaut philosopher à la façon des Grecs, conseille Marcel Conche (*Présence de la nature*, II), plutôt que s'enfermer, comme Descartes ou Husserl, dans la réflexivité ou le sujet : mieux vaut penser le réel (réfléchir, au sens large) plutôt que se regarder penser (s'enfermer dans la réflexivité, au sens étroit). Le moi, certes, fait partie du réel : penser le monde, c'est donc aussi *se* penser. Mais il n'en est qu'une partie infime : se penser n'a jamais suffi à penser ce qui est, ni même ce qu'on est (un vivant). La logique et la neurobiologie nous en apprennent plus, sur la pensée, que la réflexion (au sens étroit). Mieux vaut penser la pensée, comme dit Alain, que se penser soi (*Cahiers de Lorient*, I, p. 72). Mieux vaut connaître et réfléchir (au sens large) à ce qu'on sait ou croit savoir, plutôt que s'enfermer dans la réflexion (au sens étroit). « La pensée, disait encore Alain, ne doit pas avoir d'autre chez soi que tout l'univers ; c'est là seulement qu'elle est libre et vraie. Hors de soi ! Au dehors ! » *(ibid.)*. La réflexion mène à tout, à condition d'en sortir.

REFOULEMENT L'un des grands concepts de la psychanalyse. C'est le rejet d'une représentation dans l'inconscient, où elle reste bloquée. Il s'agit de protéger le moi, spécialement quand il est écartelé entre les désirs du ça et les exigences du sur-moi. Mais le remède, parfois, est pire que le mal : ce qui a été refoulé peut, sous les déformations que la résistance lui impose, venir perturber la vie consciente (retour du refoulé : actes manqués, rêves, symptômes). Par quoi le refoulement, sans être en lui-même pathologique, peut devenir pathogène. Son remède n'est pas le défoulement, mais la cure analytique. Son contraire, pas le retour du refoulé (qui lui reste soumis), mais l'acceptation. On n'oubliera pas pourtant qu'accepter une représentation n'est pas forcément satisfaire le désir qui s'y exprime. C'est la vérité, non la jouissance, qui libère et guérit.

RÉFUTATION C'est démontrer la fausseté d'une proposition ou d'une théorie. On y parvient ordinairement en montrant qu'elle est incohérente (réfutation logique) ou démentie par l'expérience (falsification). Ces deux voies, en philosophie, restent incertaines. La philosophie n'est pas une science : les objections qu'on y fait, même rationnellement argumentées, peuvent toujours être intégrées (« dépassées ») dans le système qu'elles attaquent, ou faire l'objet elles-mêmes d'un certain nombre d'objections. Personne, à ma connaissance, n'a jamais réfuté valablement Malebranche ou Berkeley. C'est sans importance : leur philosophie n'en est pas moins morte pour autant.

RÈGLE Un énoncé normatif, qui sert moins à comprendre qu'à agir. Un esprit fini ne peut s'en passer (voyez par exemple Spinoza, *Éthique*, V, 10, scolie), pas plus qu'un esprit libre s'en contenter.

REGRET Un désir présent qui porte sur le passé, mais comme doublement en creux : c'est le manque en nous de ce qui ne fut pas. Se distingue par là de la nostalgie (le manque en nous de ce qui fut) et s'oppose à la gratitude (la joie présente de ce qui fut). *« Le regret,* disait Camus, *cette autre forme de l'espoir…* » Mais le contexte – il s'agit de Don Juan, dans le *Mythe de Sisyphe* – indique qu'il pense plutôt à ce que j'appelle la nostalgie. De fait, ce sont les deux symétriques de l'espérance : le manque du passé (en tant qu'il fut ou ne fut pas), comme l'espérance est le manque de l'avenir (qui sera peut-être). Cette asymétrie rend le regret plus douloureux, et l'espérance plus forte.

RÉGULATEUR Ce qui fournit une règle, un horizon ou un fil conducteur, sans permettre de dire ce qui est. S'oppose, spécialement chez Kant, à *constitutif.* Par exemple l'idée de finalité dans la nature n'est qu'un principe régulateur pour la faculté de juger réfléchissante : il est utile de la chercher, impossible de la prouver (*C.F.J.*, § 67 et 75). Comment expliquer l'œil, sans supposer qu'il est là *pour voir* ? Mais comment prouver que c'est en effet le cas ? On ne le peut : il faut faire *comme si*, disait un de mes professeurs, sans jamais pouvoir prouver que c'est *comme ça*. Un principe régulateur indique une direction, vers quoi il faut tendre ; il ne saurait déterminer ce qui est (il n'est pas constitutif). Il aide à penser ; il ne suffit pas à connaître.

RELATIF Je ne sais plus qui soulignait plaisamment la grandeur du peuple juif, ou l'importance pour nous de ses apports, en cinq noms propres :

Moïse, qui enseigne que la Loi est tout ;
Jésus, qui enseigne que l'amour est tout ;
Marx, qui enseigne que l'argent est tout ;
Freud, qui enseigne que le sexe est tout ;
Einstein, qui enseigne... que tout est relatif.

La formule est jolie. On évitera pourtant de la prendre trop au sérieux. Quant au fond, ce n'est qu'une série de contresens. Si la Loi était tout, il n'y aurait plus besoin de Loi. Si l'amour était tout, il n'y aurait pas de monde (nous serions déjà au paradis) et Jésus serait venu pour rien. Si l'argent était tout, il n'y aurait pas de marxisme. Si le sexe était tout, pas de psychanalyse. Enfin, si tout était relatif, quel sens y aurait-il à affirmer la supériorité de la Théorie de la Relativité sur l'astronomie ptolémaïque ou la mécanique céleste de Newton ? Mais essayons d'abord de définir.

Qu'est-ce que le relatif ? Le contraire de l'absolu : est relatif ce qui est non séparé et non séparable (sinon par abstraction), autrement dit ce qui existe en autre chose (relativité des modes ou des accidents, absoluité de la substance) ou en dépend (relativité des effets, absoluité d'une cause qui ne serait causée ou influencée par rien). Dans les doctrines religieuses, on considère ordinairement que Dieu seul est absolu : toutes les créatures émanent de lui ou en dépendent et sont donc relatives ; lui seul ne dépend de rien. Les athées ou les matérialistes diront plutôt que tout est relatif (toute cause est elle-même effet d'une autre cause, et ainsi à l'infini, tout événement est influencé par d'autres événements), à la seule exception peut-être du Tout lui-même, dont on ne voit guère comment il pourrait résulter ou dépendre d'autre chose – sinon de lui-même ou de son état antérieur. C'est ainsi que nous sommes au cœur de l'absolu, tout en étant voués au relatif.

Il faudrait donc donner raison à Einstein ? Sans doute, mais en évitant le contresens habituel sur la Théorie de la Relativité. Celle-ci n'indique aucunement que tout est relatif, au sens trivial du terme, c'est-à-dire subjectif ou variable (relatif à un certain sujet ou à un certain point de vue). La théorie d'Einstein, posant la relativité respective de l'espace et du temps, débouche au contraire sur un certain nombre d'invariants, à commencer par la vitesse de la lumière ou l'équivalence de la masse et de l'énergie, qui ne dépendent, précisément, ni du sujet ni du point de vue. En ce sens, elle n'est pas *plus relative* mais *plus absolue* que celle de Newton, qu'elle explique (comme un cas particulier : pour des vitesses et des distances point trop grandes) et qui ne l'explique pas. Que tout soit relatif (dans le tout, seul absolu), cela n'autorise pas à penser n'importe quoi, ni n'importe comment.

RELATIVISME Toute doctrine qui affirme l'impossibilité d'une doctrine absolue. En ce sens large, ce n'est qu'un truisme. Comment un esprit fini pourrait-il avoir accès absolument à l'absolu, si l'absolu est un esprit infini ou n'est pas *esprit* du tout ? Le relativisme ne prend son véritable sens qu'en se particularisant, sous deux formes principales. Il faut en effet distinguer un relativisme épistémique ou gnoséologique, d'une part, et un relativisme éthique ou normatif, d'autre part. Les deux peuvent aller de pair (par exemple chez Montaigne), mais aussi séparément (par exemple chez Spinoza, qui ne relève que du second, ou chez Kant, qui ne relève que du premier).

Le relativisme épistémique ou gnoséologique affirme la relativité de toute connaissance : nous n'avons accès à aucune vérité absolue. C'est le contraire du dogmatisme théorique. Un scepticisme ? Pas forcément, puisqu'une connaissance relative n'en est pas moins connaissance pour autant, et peut même, au moins dans son ordre, être considérée comme certaine. Montaigne ou Hume sont assurément relativistes, en ce sens ; mais Kant, qui n'était pas sceptique, l'est également, comme d'ailleurs, aujourd'hui, la plupart de nos savants. C'est l'un des résultats paradoxaux de la physique quantique. Mieux ils connaissent le monde, moins ils ont le sentiment de le connaître absolument.

Quant au relativisme éthique ou normatif, il porte sur les valeurs, dont il affirme la relativité. Nous n'avons accès à aucune valeur absolue ; tout jugement de valeur est relatif à un certain sujet (subjectivisme), à certains gènes (biologisme), à une certaine époque (historicisme), à une certaine société ou culture (sociologisme, culturalisme) – voire, c'est d'ailleurs ce que je crois, à tout cela à la fois. C'est le contraire du dogmatisme pratique. Un nihilisme ? Pas forcément. Une valeur relative n'en est pas moins réelle pour autant, ni ne cesse pour cela de valoir. Que la valeur d'une marchandise, par exemple, ne soit pas absolue (elle dépend des conditions de sa production, du marché, de la monnaie...), cela ne signifie pas que cette marchandise ne vaille rien, ni que son prix soit arbitraire. Que la compassion, de même, soit diversement appréciée (en fonction des cultures, des époques, des individus...), cela n'entraîne pas qu'elle soit sans valeur, ni qu'elle ne vaille pas mieux, par exemple, que l'indifférence ou la cruauté. Je dirais même plus : c'est uniquement à la condition d'exister comme valeur, pour tel ou tel groupe humain, qu'une valeur peut être relative, ce qu'un pur néant ne saurait être. Le relativisme, loin de déboucher nécessairement sur le nihilisme (qui n'est que sa forme outrancière, un peu comme le scepticisme outré que dénonçait Hume l'est au relativisme gnoséologique, ou scepticisme modéré, qu'il professe), est plutôt une raison forte de le refuser (intellectuellement) et de lui résister (moralement), en même temps, et au fond pour la même raison, qu'au dogmatisme pratique. Ces deux dernière positions ont en effet en commun de ne vouloir reconnaître de valeurs qu'absolues : les uns affirment qu'il en existe de telles (dogmatisme pratique), d'autres le nient (nihilisme), mais ils ne s'opposent en cela que sur la base d'un accord premier, qu'on peut appeler leur absolutisme commun. Les relativistes sont moins exigeants et plus lucides. Ce n'est pas l'absolu qu'ils cherchent, ni le néant qu'ils trouvent. Ils s'intéressent aux conditions réelles du marché (pour les valeurs économiques), de l'histoire, de la société et de la vie (pour les valeurs morales, politiques ou spirituelles), et en trouvent plus qu'assez pour en vivre et même, le cas échéant, pour en mourir. J'attends qu'on m'explique quelles raisons un nihiliste pourrait avoir de combattre la barbarie au péril de sa propre vie, et pourquoi il faudrait, pour la combattre, se réclamer de valeurs absolues. « Parce que sinon, m'a-t-on souvent répondu, le barbare vous opposera ses valeurs à lui : par exemple, s'il s'agit d'un nazi, la pureté de la race, le culte du chef, de la nation et de la force, qu'il opposera à votre respect efféminé ou judaïsé des droits de l'homme... » Je réponds que c'est en effet ce qui se passe, et que je trouve curieux qu'on m'objecte ainsi le réel même qui me donne raison. Qu'un nazi soit nazi au nom de certaines valeurs, et qu'un démocrate le combatte au nom d'autres valeurs, c'est une donnée de fait, qui prouve que ces valeurs existent, au moins pour nous, au moins par nous, et suffisent. Si vous avez besoin, pour être antinazi, que l'absolu le soit aussi, libre à vous. Mais imaginez que Dieu soit nazi et nous le fasse savoir : deviendriez-vous nazi pour autant ? Ou qu'il n'y ait pas d'absolu du tout : renonceriez-vous pour cela à respecter les droits de l'homme ? Curieuse morale, qui dépend d'une métaphysique douteuse, comme elles sont toutes !

Que toute valeur soit relative, cela ne prouve aucunement que rien ne vaille. Cela le rend même improbable : comment un néant serait-il relatif ? Le nihilisme n'est qu'un relativisme outré, ou vautré. Le relativisme, à l'inverse, est un nihilisme ontologique (s'agissant des valeurs : elles ne sont pas des êtres ni des Idées en soi) mais doublé d'un réalisme pratique (les valeurs existent réellement, au moins pour nous, puisqu'elles nous font agir, ou puisque nous agissons pour elles). Une valeur n'est pas une vérité : elle est l'objet d'un désir, non d'une connaissance ; elle relève de l'action, non de la contemplation. Mais elle n'est pas non plus un pur néant, ni une simple illusion : elle vaut vraiment, au moins pour nous, au moins par nous, puisqu'il est vrai que nous la désirons. Ce qu'il y a d'illusoire, dans nos valeurs, ce n'est pas leur valeur, mais le sentiment que nous avons, presque inévitablement, de leur absoluité. Ou pour le dire autrement : il n'y a d'absolu moral que pour et par la volonté. C'est ce que j'appelle un absolu pratique : ce que je veux absolument, c'est-à-dire de façon inconditionnelle ou non négociable. Parce que cela existerait en soi ? Nullement. Mais parce que cela est indissociable de mon désir de vivre et d'agir humainement. L'essentiel est exprimé par Spinoza, dans le décisif scolie de la proposition 9 du livre III de l'*Éthique* : « Nous ne faisons effort vers rien, ne voulons, n'appétons ni ne désirons aucune chose parce que nous jugeons qu'elle est bonne ; mais, au contraire, nous jugeons qu'une chose est bonne parce que nous faisons effort vers elle, parce que nous la voulons, appétons et désirons. » Que toute valeur soit relative au désir qui la vise (donc à la vie, à l'histoire, à l'individu : *au désir biologiquement, historiquement et biographiquement déterminé*), ce n'est pas une raison pour cesser de la désirer, ni pour prétendre que ce désir (qui peut lui-même être désiré) est sans valeur. Quand tu bandes, as-tu besoin que Dieu ou la vérité bande aussi ? Pourquoi faudrait-il, pour aimer la justice, qu'elle existe absolument ? C'est plutôt l'inverse : si elle existait, elle n'aurait pas besoin de nous et nous serions dès lors moins tenus de l'aimer. Mais cela n'est point. Ce n'est pas parce que la justice est bonne qu'il faut l'aimer, ni parce qu'elle existe qu'il faut s'y soumettre. C'est parce que nous l'aimons qu'elle est bonne (raison de plus pour l'aimer : elle ne vaut qu'à cette condition !), et parce qu'elle n'existe pas, comme disait Alain, qu'il faut la faire. Nihilisme, philosophie de la paresse ou du néant. Relativisme, philosophie du désir et de l'action.

RELIGION Un ensemble de croyances et de pratiques qui ont Dieu, ou des dieux, pour objet. Cela fait lien (selon une étymologie possible et douteuse, qui rattache le mot à *religare* : la religion relie les croyants entre eux, en les reliant tous à Dieu) et sens (puisqu'il existe autre chose que ce monde, qui peut être son but ou sa signification). Qui n'en rêverait ? Toutefois rien ne prouve que ce soit autre chose qu'un rêve.

« Croire en un Dieu, disait Wittgenstein, c'est voir que la vie a un sens. » Disons que c'est le croire, et prendre ce sens au sérieux. Par quoi la religion est le contraire de l'humour et de la connaissance : c'est le sens du sens enfin saisi, fût-ce obscurément, recueilli (selon une autre étymologie tout aussi possible et douteuse : *religere*, recueillir), perpétuellement relu (troisième étymologie : *relegere*, relire), à la fois hypostasié et adoré. Comme ce sens est toujours absent, la religion se fait espérance et foi. Cela, qui nous manque (le sens), ne manque de rien – et nous sera donné, un jour. Reste, d'ici là, à prier, à croire, à obéir. Toute religion débouche sur une morale dogmatique ou en procède : le bien érigé en vérité, le devoir en Loi, la vertu en soumission. Bossuet a résumé l'essentiel en une phrase : « Tout le bien vient de Dieu, tout le mal de nous seuls. » La religion est la honte de l'esprit. *Mea culpa, mea maxima culpa...* C'est aussi ce qui la sauve, parfois. Mieux vaut la honte que l'impudence (Spinoza, *Éthique* IV, 58, scolie). Mieux vaut une vertu soumise que pas de vertu du tout. Mieux vaut aimer Dieu que n'aimer rien ou que n'aimer que soi. Au reste cet amour, comme tout amour, est une joie, et source de joies (or « tout ce qui donne de la joie est bon » : *Éthique*, IV, appendice, 30), donc source d'amour... C'est ce qu'il y a de fort dans la sainteté, et de vrai dans la religion. J'ai connu quelques vrais croyants dont l'évidente supériorité, au moins par rapport à moi, devait trop à leur foi pour que je m'autorise à la condamner. La religion n'est haïssable que lorsqu'elle débouche sur la haine ou la violence : ce n'est plus religion mais fanatisme.

RÉMINISCENCE Dans le langage courant, c'est un souvenir involontaire, voire partiellement inconscient ou méconnu comme souvenir. Se dit surtout d'expériences sensorielles ou affectives (la madeleine de Proust) ; ce sont des souvenirs qui s'imposent à nous, mais comme venant de très loin, au point souvent d'en rester mystérieux ou méconnaissables. Par exemple en art : on parle de *réminiscence* quand on croit reconnaître, dans une œuvre donnée, la trace, mais involontaire et souvent inconsciente, d'un artiste antérieur. Ce n'est pas un plagiat. Ce n'est pas une citation. Ce n'est même pas une allusion ou un clin d'œil. C'est un écho, mais inaperçu du créateur, d'une création autre. Cela fera le bonheur, plus tard, des érudits. Il faut bien que tout le monde vive. Cela fait, surtout, un peu de l'épaisseur impersonnelle, ou transpersonnelle, de l'art vrai. Le génie est le contraire d'une table rase.

Dans le langage philosophique, le mot sert surtout à traduire l'*anamnèsis* des Grecs. Il peut alors désigner, à l'opposé du sens précédent, la recherche ou la mobilisation volontaire d'un souvenir (Aristote, *De la mémoire*, 2 ; mieux vaudrait, me semble-t-il, traduire par *remémoration* ou *anamnèse*). Mais il fait plus souvent référence à Platon : la réminiscence est la trace en nous des Idées éternelles, que notre âme aurait perçues, entre deux incarnations, face à face. C'est ce qui nous permet, comme le petit esclave du *Ménon*, de découvrir, sans sortir de nous-mêmes, des vérités que nous ignorions. Connaître ne serait que reconnaître ; penser, que se ressouvenir. Si c'était vrai, l'histoire des sciences n'avancerait qu'à reculons, vers une vérité qui la précède. C'est en effet le cas, dira-t-on, puisque toute vérité est éternelle... Mais non. Qu'elle soit éternelle est au contraire ce qui interdit de l'enfermer dans le passé : elle est tout autant dans l'avenir, qui n'est rien, et davantage dans le présent, qui la contient toute. La réminiscence platonicienne n'est qu'une métaphore, comme l'éternel retour de Nietzsche, pour penser l'éternité du vrai.

REMONTRANCE C'est montrer à quelqu'un le mal qu'il a fait. Cela n'est guère utile qu'avec les enfants, à condition de le faire avec délicatesse, et avec les puissants, à condition de le faire sans démagogie.

REMORDS Une tristesse présente, pour une faute passée, comme une honte de soi à soi. C'est un sentiment, qui peut être déchirant, non une vertu. Le remords touche pourtant à la morale, par le jugement (la conscience douloureuse d'avoir mal agi). C'est comme une nostalgie du bien. Se mue en repentir, quand s'y ajoute la volonté de se reprendre.

RENAISSANCE Le fait de renaître. Mais le mot, en philosophie, est plus souvent utilisé avec une majuscule. Il désigne alors une époque, un mouvement ou un concept. L'époque couvre les XVe et XVIe siècles. Le mouvement, qui part de l'Italie du Nord, se déploie progressivement dans toute l'Europe : c'est celui de la redécouverte conjointe de l'Antiquité et de l'individu. Il en naît un *ars nova*, qui est comme la pointe extrême et exquise de ce mouvement. Mais ce n'est que sa pointe. La Renaissance touche aussi à l'économie, ou est touchée par elle (c'est l'époque où émerge ce que nous appelons aujourd'hui le capitalisme), à la politique (par le renforcement des Cités ou des États), à la pensée (par le progrès des sciences et de l'humanisme), à la spiritualité (par la Réforme puis la Contre-Réforme), enfin et en général à la conception du monde (aussi bien par la découverte de l'Amérique que par le passage, comme dira Koyré, du monde clos, celui des Anciens et du Moyen Âge, à l'univers infini, celui des Modernes). C'est l'époque de Brunelleschi et de Gutenberg, de Donatello et de Van Eyck, d'Érasme et de Rabelais, de

Machiavel et de Montaigne, de Copernic et de Christophe Colomb, mais aussi de Luther et Giordano Bruno, de Van der Weyden et Dürer, de Josquin Des Prés et Palestrina, de Léonard de Vinci et Michel-Ange, de Raphaël et du Titien... Époque admirable, plus qu'aucune autre peut-être, au moins pour les arts plastiques, et les contemporains ne s'y trompèrent pas. Voici par exemple ce qu'Alberti écrivait dans la dédicace adressée à Brunelleschi, excusez du peu, de son traité *De la peinture* : « Pour les Anciens, qui avaient des exemples à imiter et des préceptes à suivre, atteindre dans les arts suprêmes ces connaissances qui exigent de nous tant d'efforts aujourd'hui était sans doute moins difficile. Et notre gloire, je l'avoue, ne peut être que plus grande, nous qui, sans précepteurs et sans exemples, avons créé des arts et des sciences jamais vus ou entendus. » On voit que la *Rinascita*, comme on disait dès le Quattrocento, ne s'enferme nullement dans la nostalgie de l'Antiquité : l'admiration pour les Anciens n'exclut pas une admiration redoublée pour les contemporains, quand ils se montrent, et dans des conditions peut-être plus difficiles, à la hauteur de leurs glorieux et antiques prédécesseurs. Il reste que la Renaissance n'est pas seulement un progrès ou une éclosion ; elle ne fut elle-même qu'en retrouvant quelques-uns des secrets ou des idéaux de l'Antiquité. C'est ce qui nous mène au concept : on peut parler de Renaissance, en un sens plus général mais qui reste analogique, pour tout mouvement de renouveau qui se fonde sur un retour – au moins partiel, au moins provisoire – à une époque plus ancienne. Le mot, qui continue de valoir positivement, peut alors prendre un sens prospectif. Travailler à une Renaissance, c'est reconnaître une décadence préalable, à quoi l'on essaie d'échapper. C'est remonter vers la source, mais pour ne point renoncer à l'océan. Reculer, au moins en apparence, mais pour avancer. C'est donc le contraire d'une position réactionnaire ou conservatrice : un progressisme cultivé et fidèle, qui veut éclairer l'avenir par l'étude patiente du passé, et qui préfère rivaliser avec les maîtres d'autrefois, comme disait Fromentin, plutôt qu'avec les contemporains ou les journaux.

RENOMMÉE Moins que la gloire, plus que la réputation (qui peut être mauvaise) ou la notoriété (qui est neutre). On peut parler d'un criminel notoire. On hésiterait à parler d'un criminel renommé. Non pourtant que la renommée tienne lieu de jugement de valeur – un écrivain renommé peut être un médiocre écrivain –, mais en ceci plutôt qu'elle véhicule les jugements de valeur *des autres*. C'est pourquoi ses trompettes, comme disait Brassens, sont mal embouchées. C'est qu'on n'y souffle pas soi-même.

REPENTIR « C'est une espèce de tristesse, disait Descartes, qui vient de ce qu'on croit avoir fait quelque mauvaise action ; et elle est très amère, parce que sa cause ne vient que de nous. Ce qui n'empêche pas néanmoins qu'elle soit fort utile » (*Passions*, III, 191). Cette définition pourrait valoir aussi bien, et peut-être mieux, pour le remords. Descartes distingue ces deux affections par le doute, qui serait présent dans le remords, absent dans le repentir. Mais cet usage ne s'est pas imposé. Janet, ici, est plus éclairant : « *Remords* se distingue de *repentir*, qui désigne un état d'âme plus volontaire, moins purement passif... Le repentir est déjà presque une vertu ; le remords est un châtiment » (*Traité de philosophie*, p. 655, cité par Lalande). Disons que le remords n'est qu'un sentiment, quand le repentir est déjà une volonté : c'est la conscience douloureuse d'une faute passée, jointe à la volonté de l'éviter désormais et de la réparer si possible. Une vertu ? C'est ce que contestait Spinoza. D'abord parce que tout repentir suppose la croyance au libre arbitre (*Éthique*, III, déf. 27 des affects), et est illusoire par là. La connaissance des causes et de soi vaudrait mieux. Ensuite, parce que c'est une tristesse, quand il n'est de vertu vraie que joyeuse. Enfin parce que le repentir n'est que le sentiment d'une impuissance, non la connaissance d'une puissance même limitée : « Le repentir n'est pas une vertu, c'est-à-dire qu'il ne tire pas son origine de la raison ; celui qui se repent de ce qu'il a fait est deux fois misérable ou impuissant » (*Éthique*, IV, prop. 54 ; voir aussi la démonstration, qui renvoie à celle de la prop. 53, sur l'humilité). La première misère est d'avoir mal agi ; la seconde, de mal penser. Pourtant le repentir, comme la honte, vaut mieux que la bonne conscience du salaud satisfait : « La honte, quoiqu'elle ne soit pas une vertu, est bonne cependant, en tant qu'elle dénote dans l'homme envahi par la honte un désir de vivre honnêtement, tout comme la douleur, qu'on dit bonne en tant qu'elle montre que la partie blessée n'est pas encore pourrie. Bien qu'il soit triste donc, en réalité, l'homme qui a honte de ce qu'il a fait est cependant plus parfait que l'impudent qui n'a aucun désir de vivre honnêtement » (IV, 58, scolie). On retrouve l'idée de Janet, selon laquelle le repentir est *presque* une vertu. Ce n'en est pas une, puisque ce n'est pas un acte. Mais cela peut y mener, et même ce n'est repentir (et non simplement remords) qu'à la condition d'y mener au moins en partie.

REPRÉSENTATION Tout ce qui se présente à l'esprit, ou que l'esprit se représente : une image, un souvenir, une idée, un fantasme... sont des représentations.

C'est ce qui faisait dire à Schopenhauer que « le monde est ma représentation » – car je ne sais rien de lui, hormis ce que j'en perçois ou en pense.

Mais s'il n'y avait que des représentations, que représenteraient-elles ?

RÉPROBATION Un jugement de valeur négatif, sur l'acte d'un autre. Cela ne touche à la morale que par les conséquences qu'on en tire pour soi-même. Sans quoi ce n'est que médisance ou bonne conscience. La miséricorde et le silence, presque toujours, valent mieux.

RÉPUBLIQUE Étymologiquement, c'est la chose publique *(res publica).* Mais le mot désigne bien davantage : une forme d'organisation de la société et de l'État, dans laquelle le pouvoir appartient à tous, au moins en droit, et s'exerce, au moins en principe, au bénéfice de tous. Selon une formule traditionnelle, c'est le pouvoir du peuple, par le peuple, pour le peuple – même si ce pouvoir s'exerce le plus souvent par l'intermédiaire de représentants élus. C'est donc une démocratie, mais radicale. Il peut se faire qu'une démocratie ait un roi, si le peuple le juge bon ou l'accepte (l'Angleterre et l'Espagne, aujourd'hui, sont assurément des démocraties : c'est le peuple, non le roi, qui y décide de la politique suivie, et même du maintien ou non de la monarchie) ; mais alors ce n'est pas une république (puisqu'une partie du pouvoir, en l'occurrence le choix du monarque, échappe au peuple). En ce premier sens, qui est constitutionnel, la république est donc une démocratie où tout le pouvoir appartient au peuple et ne s'exerce que par ses élus : la France, les USA ou l'Allemagne sont des républiques ; l'Angleterre et l'Espagne, non.

Il peut se faire aussi, et il se fait souvent, que le pouvoir, dans une démocratie, ne se mette au service que des plus influents ou des plus nombreux ; mais alors, même sans roi, ce n'est plus tout à fait une république, qui veut que le pouvoir vise l'intérêt commun et non la simple sommation ou moyenne des intérêts particuliers. On voit que le mot, en ce dernier sens, est moins constitutionnel que normatif : il suppose un jugement de valeur, et comme une volonté obstinée de résister aux égoïsmes, aux privilèges, aux corporatismes, aux Églises, et même aux individus. La liberté ? Assurément. Mais pas au prix de l'égalité, de la laïcité, de la justice. La république, en ce sens, est moins un type de gouvernement qu'un idéal ou un principe régulateur : être républicain, c'est vouloir que la démocratie se mette au service du peuple, non à celui, comme c'est sa pente naturelle, de la majorité ou de l'idéologie dominante. On comprend que cela ne dispense pas de respecter la démocratie, ni n'autorise à violer, fût-ce dans l'intérêt du peuple, les libertés individuelles. Qui peut le plus peut le moins. La démocratie, pour un républicain, est le minimum obligé ; la république, le maximum souhaitable.

RÉSIGNATION C'est renoncer à la satisfaction d'un désir, qui subsiste pourtant. Ce n'est plus la révolte, qui dit non, ni tout à fait l'acceptation, qui dit oui. La résignation dirait plutôt *« oui mais »*, ou *« oui malgré tout »*, ou *« tant pis »*, mais sans y croire tout à fait. C'est comme un travail du deuil inachevé, peut-être inachevable, qui s'accepte tel. Ce n'est pas la sagesse, faute de joie. Ce n'est pas – ou plus – le malheur. C'est une espèce d'entre-deux morne et confortable. Double piège. Double échec. Trop confortable pour qu'on veuille en sortir. Trop morne pour qu'on se plaise à y rester. C'est l'état souvent des vieilles gens, ou de ceux qui ont vieilli avant l'heure. C'est ce qui la rend peu attirante. « Ce mot de résignation m'irrite, disait George Sand ; dans l'idée que je m'en fais, à tort ou à raison, c'est une sorte de paresse qui veut se soustraire à l'inexorable logique du malheur » (*Histoire de ma vie*, X). Mais elle ne le peut, et encore, que par l'habitude et le renoncement. Ce n'est pas une victoire ; c'est un abandon. C'est ce qui la rend nécessaire, parfois, et insuffisante toujours. C'est comme une sagesse minimale, pour ceux qui seraient incapables de la vraie. Sa formule semble se trouver, étonnamment, dans les *Nourritures terrestres* de Gide : « Où tu ne peux pas dire *tant mieux*, dis *tant pis*. Il y a là de grandes promesses de bonheur. » C'est trop dire sans doute, ou cela suppose un bonheur préalable, ou une sagesse ultime, qui n'est plus résignation mais acceptation pleine et entière. À côté de quoi la résignation n'est qu'un moment. Elle ne vaut vraiment que pour ceux qui ne s'y résignent pas, ou qui la dépassent. Ce n'est un chemin qu'à la condition d'en sortir.

RÉSISTANCE Une force, en tant qu'elle s'oppose à une autre. C'est l'état ordinaire du *conatus* : tout être s'efforce de persévérer dans son être, et s'oppose par là, autant qu'il le peut, à ceux qui le pressent, l'agressent ou le menacent. Ainsi la résistance d'un corps, contre un autre qui l'écrase. D'un organisme, contre les microbes. De la vie, contre la mort. D'un homme libre, contre les tyrans.

Destutt de Tracy et Maine de Biran voyaient dans la résistance des corps extérieurs à notre action sur eux l'une des sources (avec l'effort, qui en est indissociable) de notre conscience et de nous-mêmes et de quelque chose (le monde) qui n'est pas nous. C'est une récusation en acte du solipsisme. Mais c'est sans doute Spinoza qui, pour penser la résistance, est le plus précieux. La résistance n'est pas un accident, ni la marque de je ne sais quelle pensée réactive. Elle est la vérité de l'être, en tant qu'il est puissance d'exister et d'agir, dès lors que cette puissance est une (dans la substance) et multiple (par les modes). Seul l'infini est pure affirmation (*Éthique*, I, 8, scolie). Toute chose finie peut être limitée (*Éth.* I, déf. 2) ou détruite (*Éth.* IV, axiome) par une autre de même nature. C'est ce qui la voue à la résistance. Exister, c'est insister (s'efforcer d'être et de durer) ; mais c'est aussi, par là même, résister : le *conatus* est cette « puissance singulière d'affirmation et de résistance » (Laurent Bove, *La stratégie du conatus, Affirmation et résistance chez Spinoza*, Vrin, 1996, p. 14) par quoi chaque être fini tend à persévérer dans son être en résistant à l'écrasement ou à l'oppression. Cela vaut en particulier pour l'être humain (*Éthique*, IV, prop. 3), qui résiste à la tristesse et à la mort. L'éthique spinoziste est une éthique de la puissance et de la joie. Mais c'est aussi, par là même, « une éthique de la résistance et de l'amour » (L. Bove, *op. cit.*, p. 139 sq.). La politique de Spinoza est une politique de la puissance et de la liberté. C'est pourquoi elle débouche sur une stratégie de la résistance et de la souveraineté : si « c'est l'obéissance qui fait les sujets » (*T. Th.P.*, XVII), « c'est la résistance qui fait les citoyens » (L. Bove, *op. cit.*, p. 301). Pas étonnant qu'Alain ait rêvé de fonder « le parti Spinoza » : « Obéir en résistant, disait-il, c'est tout le secret. Ce qui détruit l'obéissance est anarchie ; ce qui détruit la résistance est tyrannie » (Propos du 24 avril 1911 ; voir aussi mon article sur la philosophie politique d'Alain, « Le philosophe contre les pouvoirs », *Revue internationale de philosophie*, n° 215, 2001, spécialement aux p. 150 à 160). Pas étonnant que Cavaillès, l'un de nos plus grands résistants au nazisme, se soit toujours dit spinoziste : il trouvait dans cette pensée de quoi éclairer son combat. La Résistance, telle que Cavaillès et d'autres la menaient, était la seule façon, face à la barbarie nazie, de persévérer – quitte à en mourir – dans leur être de citoyens et d'hommes libres.

On parle aussi de *résistance* en psychanalyse. C'est une force, explique Freud, qui s'oppose à la conscience et à l'analyse : elle empêche les représentations inconscientes de remonter à la surface ou en déforme les manifestations. Cette résistance résulte du refoulement, ou plutôt c'est comme un refoulement continué : elle en maintient l'efficace et par là le confirme. C'est un obstacle, pendant la cure, en même temps qu'un matériau.

RÉSOLUTION « Rien de plus facile que d'arrêter de fumer : je l'ai fait au moins cent fois ! » Cette boutade marque à peu près la distance qu'il y a entre la *décision*, qui est une volonté instantanée, et la *résolution*, qui serait une volonté continuée. C'est vouloir vouloir, mais dans la durée : vouloir (aujourd'hui) vouloir encore (demain ou dans dix ans). Par exemple celui qui arrête de fumer, en effet, ou qui commence des études difficiles : une décision n'y suffit pas ; encore faudra-t-il maintenir cette décision dans le temps. Il s'agit moins de vouloir, en l'occurrence, que de vouloir continuer à vouloir. Mais comment, puisqu'on ne peut vouloir qu'au présent ? La résolution voudrait s'armer d'avance contre la lassitude, le renoncement, la versatilité. Ce n'est qu'un leurre. Il faudra vouloir à nouveau chaque jour, et à chaque instant de chaque jour. La résolution est simplement l'état d'une volonté qui le sait et s'y prépare. Ce n'est pas un gage suffisant de réussite. Mais son absence, presque toujours, est gage d'insuccès.

RESPECT Le sentiment en nous de la dignité de quelque chose (spécialement de la loi morale, chez Kant) ou de quelqu'un (une personne). On s'est parfois étonné que je n'en fasse pas l'une des grandes vertus de mon *Petit traité.* C'est qu'elle m'a semblé équivoque. Dire de quelqu'un qu'il est *respectueux,* ce n'est pas toujours ni souvent souligner l'une de ses vertus. On imagine déjà des courbettes, des complaisances, des hiérarchies, toute la gymnastique de l'intérêt et des grandeurs d'établissement – moins le sentiment de la dignité de l'autre qu'un oubli de l'égale dignité de tous. Bien des fois, c'est l'irrespect, spécialement face aux puissants, qui serait nécessaire et méritoire. Voyez Diogène ou Brassens. Quant au respect qu'on doit aux plus faibles ou à tous, la politesse, la compassion et la justice en disent l'essentiel. « Le devoir de respecter mon prochain, écrit Kant, est compris dans la maxime de ne ravaler aucun autre homme au rang de pur moyen au service de mes fins » (*Doctrine de la vertu,* § 25). C'est l'antidote de l'égoïsme, et comme le contrepoids de l'amour (qui incite les humains à se rapprocher les uns des autres, alors que le respect les conduit à maintenir entre eux une certaine distance : *ibid.,* § 24). C'est moins une vertu de plus que la conjonction de plusieurs. Le respect n'en est pas moins nécessaire, ou plutôt il l'est d'autant plus, sans être pourtant suffisant : il ne dispense ni d'amour ni de générosité. Il est vrai que la réciproque est vraie aussi. L'amour et la générosité, sans respect, ne sauraient nous satisfaire : ce ne serait que concupiscence ou condescendance.

RESPONSABILITÉ « Responsable, mais non coupable. » La formule, dans la bouche d'un ministre, avait choqué. Prise en elle-même, elle n'était pourtant ni absurde ni contradictoire. Je suis responsable de tout ce que j'ai fait volontairement, ou de tout ce que j'ai laissé faire et que j'aurais pu empêcher. Ainsi suis-je responsable de mes erreurs. Aucun élève ne demandera qu'on relève sa note, ou qu'on l'attribue à quelqu'un d'autre, sous prétexte qu'il n'a pas fait exprès de se tromper. Aucun homme politique sérieux ne demandera qu'on tienne ses échecs pour rien. Cela ne signifie pas qu'ils se sentent coupables, ni qu'ils le soient. Je suis responsable de mes erreurs et de mes échecs. Je ne suis coupable que des fautes que j'ai accomplies délibérément, en sachant qu'elles étaient des fautes. C'est la différence qu'il y a, en voiture, entre griller un stop qu'on n'a pas vu, et foncer délibérément sur quelqu'un. S'il y a mort d'homme, on se sentira sans doute responsable dans les deux cas. On ne sera coupable, au moins de cette mort, que dans le second (ce qui n'exclut pas qu'on soit coupable, dans le premier, d'inattention, d'excès de vitesse ou d'imprudence). Les tribunaux en tiennent compte, qui ne punissent pas les ivrognes homicides, sur nos routes, aussi sévèrement que certains le voudraient : c'est qu'ils sont coupables d'avoir conduit en état d'ivresse, mais pas plus que tous ceux qui le font en ayant la chance de ne tuer personne. Que l'on condamne ces derniers, quand ils sont pris, plus sévèrement qu'on ne le fait, cela me paraît urgent. Mais faut-il pour autant traiter les premiers – qui n'ont pas bu davantage mais qui ont eu moins de chance – comme des assassins ? Ce ne serait plus justice mais vengeance. Ce sont des chauffards ? sans doute, et cela mérite d'être sanctionné. Mais ce ne sont pas des assassins : ils sont coupables de conduite en état d'ivresse ; ils sont responsables, mais non coupables, de la mort d'un individu. Je ne dis pas cela, mes exemples l'indiquent assez, pour exempter nos ministres. La responsabilité, en politique comme ailleurs, suffit à justifier une sanction politique (la démission, le renvoi, la non-réélection...). Seule la culpabilité mérite une sanction pénale. Le ministre en question était-il coupable ? Ce n'est pas à moi d'en décider : je n'ai pour cela ni compétence ni goût. Mais qu'il ait été responsable, avec d'autres, de la mort de plusieurs centaines d'hémophiles et de transfusés fait une charge assez lourde, dont il était légitime de tenir compte. Notre ministre l'a d'ailleurs fait, au moins en partie. Il y avait quelque injustice, me semble-t-il, à lui reprocher sa formule comme si elle était intrinsèquement absurde ou lâche.

Être responsable, c'est pouvoir et devoir répondre de ses actes. C'est donc assumer le pouvoir qui est le sien, jusque dans ses échecs, et accepter d'en supporter les conséquences. Seul le très jeune enfant et le dément y échappent, et cela dit peut-être l'essentiel : la responsabilité est le prix à payer d'être libre.

RESSENTIMENT La rancune des faibles. Le mot, dans la langue philosophique, est définitivement marqué par Nietzsche : le ressentiment est une « vengeance imaginaire », par laquelle les esclaves, incapables d'agir, essaient de compenser leur infériorité réelle en condamnant fantasmatiquement – par la morale et la religion – les barbares ou les aristocrates qui les oppriment, dont ils ne peuvent autrement triompher. Ce mouvement marque « la révolte des esclaves dans la morale » (*Généalogie*..., I, 10), et c'est en quoi les Juifs furent « le peuple sacerdotal du ressentiment par excellence » (I, 16). Le ressentiment opère un renversement des valeurs (le « bon » des maîtres, c'est-à-dire l'aristocrate, devient le « méchant » des esclaves), que Nietzsche veut renverser à son tour. Le paradoxe de l'histoire, explique Nietzsche, c'est que les faibles ont gagné. Parce qu'ils étaient beaucoup plus nombreux, beaucoup plus sournois, beaucoup plus patients, beaucoup plus prudents... Le temps, le nombre et la fatigue travaillent pour eux. En Europe, spécialement, les Juifs n'ont cessé de gagner : en Grèce, avec « ce Juif de Socrate » (et avec Platon, peut-être formé « chez les Juifs d'Égypte »), dans la « Rome judaïsée », celle de l'Église, dans la Réforme (« la Judée triompha de nouveau »), enfin, « dans un sens plus décisif, plus radical encore, la Judée remporta une nouvelle victoire sur l'idéal classique avec la Révolution française : c'est alors que la dernière noblesse politique qui subsistait encore en Europe, celle des XVIIe et XVIIIe siècles français, s'effondra sous le coup des instincts populaires du ressentiment » (I, 16). Ces lignes, qui sont désagréables (mais je pourrais citer bien pire), ne sauraient toutefois suffire à invalider le concept de ressentiment, qui reste éclairant. Elles doivent pourtant pousser à une certaine vigilance. Le contraire du ressentiment, ou plutôt son symétrique, c'est le mépris, qui n'est pas moins désagréable. Le ressentiment est la force des faibles ; le mépris, la faiblesse des forts. Concepts utiles, affects dangereux. La miséricorde, dans les deux cas, vaut mieux.

RÉSURRECTION Le fait de ressusciter, autrement dit de vivre à nouveau alors qu'on était mort (se distingue par là de l'immortalité), tout en restant le même individu, autrement dit le même composé âme-corps (se distingue par là de la réincarnation). Ainsi Lazare ou Jésus. L'Ancien Testament, sur le sujet, reste flou. La croyance en la résurrection n'apparaît dans le judaïsme qu'assez tardivement, et plutôt comme un sujet de discorde : les saducéens, si l'on en croit saint Paul, refusaient là-dessus de suivre les pharisiens (*Acte des Apôtres*, 23). Elle est en revanche, comme chacun sait, l'une des pierres angulaires du christianisme. Le Christ est mort, il est ressuscité, et tel est aussi le sort qui nous attend. Sous quelle forme ? On ne sait trop. Le *Credo* annonce « la résurrection des corps », ce qui est bien embarrassant. Un corps, même spirituel, doit avoir un âge, une forme, un certain aspect... Mais lequel ? Est-ce le corps du vieillard, qui ressuscite, ou celui de l'adolescent ? Aura-t-il un sexe et un ventre ? Aura-t-il les désirs qui vont avec ? les plaisirs qui vont avec ?

Sera-t-il beau ou laid, gros ou maigre, grand ou petit ? Comment serait-ce un *corps* autrement ? La plupart des chrétiens jugent ces questions bien niaises : ils préfèrent croire en l'immortalité de l'âme, comme Platon, et c'est en effet plus commode. Mais qu'on ne parle plus, alors, de résurrection.

RÊVE C'est comme une hallucination, mais qu'on n'aurait au sens propre que pendant le sommeil. Cela suffit pourtant à faire peser un doute sur notre état de veille. C'est l'argument de Descartes, dans la première Méditation : « Je vois si manifestement qu'il n'y a point d'indices concluants, ni de marques assez certaines par où l'on puisse distinguer nettement la veille d'avec le sommeil, que j'en suis tout étonné ; et mon étonnement est tel, qu'il est presque capable de me persuader que je dors. » C'est l'interrogation de Pascal (*Pensées*, 131-434) : « Qui sait si cette autre moitié de la vie, où nous pensons veiller, n'est pas un autre sommeil, un peu différent du premier ? » Pourquoi différent ? Par la continuité, à quoi nous reconnaissons le réel, ou ce que nous prenons pour tel. « Si nous rêvions toutes les nuits la même chose, écrit ailleurs Pascal, elle nous affecterait autant que les objets que nous voyons tous les jours. Et si un artisan était sûr de rêver douze heures durant qu'il est roi, je crois qu'il serait presque aussi heureux qu'un roi qui rêverait toutes les nuits douze heures durant qu'il est artisan » (802-122). J'aime beaucoup ce *presque*, comme le *un peu* du fragment précédent, qu'on retrouve d'ailleurs dans l'alexandrin parfait qui clôt celui-ci : *« Car la vie est un songe un peu moins inconstant. »*

RÉVERSIBILITÉ Ce qui peut se retourner sans perdre ses propriétés : par exemple un manteau, si l'intérieur peut devenir l'extérieur, ou un film, s'il peut se projeter indifféremment dans les deux sens. La notion sert surtout en physique : les équations microscopiques sont réversibles ; les macroscopiques ne le sont pas. C'est que le hasard et l'entropie, pour tout phénomène complexe, interdisent qu'on revienne au point de départ. La tasse de café ne se réchauffe pas toute seule ; les fleuves ne remontent pas vers leur source ; le désordre, dans un système isolé, ne peut que s'accroître. C'est ce qu'on appelle la flèche du temps, par quoi c'est l'irréversibilité qui est le vrai. « Ni temps passé / Ni les amours reviennent / Sous le pont Mirabeau coule la Seine… »

RÉVOLTE Une opposition résolue et violente : c'est le refus d'obéir, de se soumettre, et même d'accepter. Le mot sert surtout, et de plus en plus, pour désigner une attitude individuelle (pour les révoltes collectives, on parlera plus volontiers d'émeute, de soulèvement, de révolution...). C'est que Camus est passé par là. « Qu'est-ce qu'un homme révolté ? Un homme qui dit non. Mais s'il refuse, il ne renonce pas : c'est aussi un homme qui dit oui, dès son premier mouvement » (*L'homme révolté*, I). Oui à quoi ? À sa révolte, à son combat, aux valeurs qui le fondent ou en naissent. « Le révolté, au sens étymologique, fait volte-face. Il marchait sous le fouet du maître. Le voilà qui fait face. Il oppose ce qui est préférable à ce qui ne l'est pas. Toute valeur n'entraîne pas la révolte, mais tout mouvement de révolte invoque tacitement une valeur » *(ibid.)*. Cette « affirmation passionnée » est ce qui distingue la révolte du ressentiment : « Apparemment négative, puisqu'elle ne crée rien, la révolte est profondément positive, puisqu'elle révèle ce qui, en l'homme, est toujours à défendre » *(ibid.)*. C'est où l'on sort de la solitude : la révolte est « un lieu commun qui fonde sur tous les hommes la première valeur. Je me révolte, donc nous sommes » *(ibid.)*. C'est où l'on sort du nihilisme. C'est où l'on sort, même, de la révolte, ou plutôt c'est où, sans en sortir, on l'inclut dans un ensemble plus vaste, qui est la vie, dans une valeur plus haute, qui est l'humanité. La révolte est « le mouvement même de la vie » ; elle est « amour et fécondité, ou elle n'est rien » (*op. cit.*, V). « L'homme est la seule créature qui refuse d'être ce qu'elle est » (*op. cit.*, Introduction). Mais cela, au moins, il faut l'accepter. Ainsi la révolte n'est qu'un passage, entre l'absurde et l'amour, entre le *non* et le *oui*. C'est pourquoi il faut y entrer, puisque « l'absurde n'est qu'un point de départ » *(ibid.)*. C'est pourquoi on n'a pas le droit d'en sortir tout à fait. Cela fait comme un rythme ternaire. D'abord le *non* du monde à l'homme (l'absurde) ; puis le *non* de l'homme au monde (la révolte) ; enfin le grand *oui* de la sagesse ou de l'amour (le « tout est bien » de Sisyphe). Mais ce *oui* n'annule aucun des deux non qui le précèdent et le préparent. Il les prolonge. Il les accepte. Cela vaut pour l'absurde, qui n'est qu'un point de départ mais qui demeure inentamé (la sagesse n'est ni une justification ni une herméneutique). Cela vaut plus encore pour la révolte. Dire *oui* à tout, ce qui est l'unique sagesse, c'est dire *oui* aussi à ce *non* de la révolte et de l'homme.

RÉVOLUTION Une révolte collective et triomphante : c'est une émeute qui a réussi, au moins un temps, jusqu'à bouleverser les structures de la société ou de l'État. Les exemples archétypiques sont la Révolution française de 1789 et la Révolution soviétique de 1917. Beaucoup de bonnes raisons dans les deux cas. Beaucoup d'horreurs dans les deux cas. Mais une très grande différence : on n'est jamais revenu tout à fait sur la première (Napoléon l'installe au moins autant qu'il la clôt), alors que la seconde n'aura abouti, au bout du compte, qu'à un capitalisme sous-développé, plus sauvage et plus mafieux que le nôtre… C'est sans doute qu'il est moins difficile de transformer l'État que la société (le féodalisme, pour l'essentiel, était déjà mort *avant* 1789), plus facile de faire de nouvelles lois qu'une humanité nouvelle. Les fonctionnaires finissent toujours par obéir. L'économie et l'humanité, non.

RHÉTORIQUE L'art du discours (par différence avec l'éloquence, qui est l'art de la parole), en tant qu'il vise à la persuasion. C'est mettre la forme, avec son efficace propre, au service de la pensée. Par exemple un chiasme, une antithèse ou une métaphore : cela ne prouve rien, cela n'est même pas un argument, mais peut aider à convaincre… Il convient donc de ne pas en abuser. Une rhétorique qui se voudrait suffisante ne serait plus rhétorique mais sophistique. Elle n'en reste pas moins nécessaire, ou il serait bien prétentieux de prétendre absolument s'en passer. Les meilleurs s'en servent. Voyez Pascal et Rousseau : qu'ils aient été d'éblouissants rhéteurs ne les a pas empêchés d'être des écrivains et des philosophes de génie. Il est vrai que Montaigne finit par séduire davantage, par plus de liberté, d'inventivité, de spontanéité… C'est qu'il se soucie moins de convaincre. La vérité lui suffit. La liberté lui suffit. Cela ne signifie pourtant pas qu'il se soit passé entièrement de rhétorique, mais simplement qu'il sut, mieux que d'autres, s'en libérer. Apprends d'abord ton métier. Puis oublie-le.

RIDICULE « On ne prouve pas qu'on doit être aimé, écrit Pascal, en exposant d'ordre les causes de l'amour ; cela serait ridicule » (*Pensées*, 298-283). Pascal n'explique jamais. Cela fait une partie de son charme. Essayons donc de comprendre. Ce qui est ridicule, c'est de confondre des ordres différents, en l'occurrence l'ordre du cœur et celui de l'esprit ou de la raison. C'était le début du fragment : « Le cœur a son ordre, l'esprit a le sien, qui est par principe et démonstration. Le cœur en a un autre. » Essayez un peu de démontrer rationnellement à quelqu'un qu'il doit vous aimer : son rire ou son mépris donneront raison à Pascal, et il le citera peut-être : « Le cœur a ses raisons que la raison ne connaît point » (*Pensées*, 423-277 ; voir aussi le fragment 110-282). Même chose pour le roi qui dit : « Je suis fort, donc on doit m'aimer. » Son discours est faux et tyrannique, note Pascal (*Pensées*, 58-332) : il confond l'ordre de la chair, où le roi règne et où la force l'emporte, avec les ordres du cœur et de l'esprit, où la royauté ni la force ne sont rien. Même chose enfin, mais on pourrait multiplier les exemples, pour celui qui s'étonnerait de la basse extraction de Jésus-Christ : « Il est bien ridicule de se scandaliser de la bassesse de Jésus-Christ, comme si cette bassesse était du même ordre duquel est la grandeur qu'il venait faire paraître » (*Pensées*, 308-793). C'est toujours confondre les ordres. Autant s'étonner que nos puissants ne soient pas des saints.

Le ridicule, ce n'est donc pas seulement ce qui prête à rire (tout comique n'est pas ridicule) : c'est ce qui prête à rire en confondant des ordres différents, ou parce qu'on les confond. Cela rejoint le sens ordinaire du mot. Quelqu'un fait un faux pas et tombe : si je le juge ridicule par là, ou s'il craint de l'avoir été, c'est que lui ou moi confondons l'ordre de la chair, où la pesanteur règne, avec celui de l'esprit, où elle n'est rien. Par quoi toute tyrannie est ridicule, qui veut faire adorer la force ou forcer la pensée à obéir ; et tout rire, contre les tyrans, libérateur.

RIRE Mouvement involontaire et joyeux du visage et du thorax, face au comique ou au ridicule. C'est une espèce de réflexe, mais qui ne va guère sans un minimum de réflexion : on ne rit, presque toujours, que pour autant qu'on a compris quelque chose – fût-ce, dans le comique de l'absurde, qu'il n'y a rien à comprendre. Bergson voulait y voir « du mécanique plaqué sur du vivant » : nous rions, disait-il, toutes les fois qu'une personne nous donne l'impression d'une machine ou d'une chose (*Le rire*, I). J'aurais tendance, avec Clément Rosset, à inverser la formule : à voir plutôt, dans ce qui nous fait rire, « du vivant plaqué sur du mécanique (...) et se volatilisant à son contact » (*Logique du pire*, IV, 4). Un automate imitant un homme n'est presque jamais drôle ; un homme ressemblant à une machine est presque toujours ridicule ou comique, et d'autant plus qu'il s'en rend moins compte ou l'a moins décidé. Ainsi, c'est un exemple qu'on trouvait chez Bergson, de cet orateur « qui éternue au moment le plus pathétique de son discours ». Le corps se venge, contre les simagrées de l'esprit. Le réel, contre les prétentions du sens. Par quoi l'esprit se déprend de lui-même et de tout. C'est l'esprit vrai : du sens plaqué sur du non-sens, et partant en éclats. C'est pourquoi, comme le notait Bergson, « il n'y a pas de comique en dehors de ce qui est proprement humain » ou doué d'intelligence. Parce qu'il n'y a de comique que par le sens, et de sens que pour l'esprit – mais qui ne s'en amuse que dans la mesure où il cesse d'y croire. Nous rions lorsque le sens se heurte plaisamment au réel, jusqu'à se pulvériser à son contact. Rire : explosion de sens. Aussi peut-on rire de tout (tout sens est fragile, tout sérieux, ridicule) ; c'est ce que prouve l'humour, et qui le rend nécessaire.

Deux formules me reviennent en mémoire, qui ont guidé ma jeunesse, comme deux balises de l'esprit. Celle d'Épicure, balise souriante : *« Il faut rire tout en philosophant* » (*S.V.*, 41). Et celle de Spinoza, qui semble dire le contraire : « *Non ridere, non lugere, neque detestari, sed intelligere* » (*T. P.*, I, 4 : « Ne pas rire, ne pas pleurer, ne pas détester, mais comprendre »). L'opposition, entre les deux, n'est pourtant que de surface. Épicure n'a jamais cru que le rire puisse suffire (la philosophie, avant comme après, reste nécessaire) ; ni Spinoza, qu'on doive y renoncer. La célèbre formule du *Traité politique* n'est en rien une condamnation du rire ; ce n'est une condamnation que de la raillerie, de la dérision, du rire haineux ou méprisant. Spinoza s'en explique dans l'*Éthique* : ce n'est pas le rire qui est mauvais dans la raillerie, c'est la haine (IV, 45, corollaire 1). Quant au rire considéré en lui-même, c'est au contraire « une pure joie », dont on aurait bien tort de se priver. Pourquoi serait-il plus légitime d'apaiser la faim et la soif que de combattre la mélancolie (*ibid.*, scolie ; voir aussi *C. T.*, II, 11) ? On rit parfois de bonheur, plus souvent pour surmonter l'angoisse ou la tristesse. Ce n'est pas un hasard si tant de nos humoristes s'avouent, dans le privé, d'humeur sombre. Rions avant d'être heureux, conseillait La Bruyère, de peur de mourir sans avoir ri.

ROMAN Un genre littéraire, sans autres contraintes que la narrativité et la fiction. C'est raconter une histoire inventée comme si elle était vraie, ou une histoire vraie comme si elle était inventée. Le mensonge est son principe, mais aussi, bien souvent, son ressort principal. Il s'agit de rendre intéressant ce qui ne l'est pas, de donner sens à ce qui en est dépourvu, de faire rêver plutôt que penser, d'émouvoir plutôt que d'éclairer, de passionner plutôt que d'éduquer. Le roman, presque inévitablement, exagère la vie, comme dirait mon ami Marc, et ne vaut, sauf chez les plus grands, que par cette exagération. Cela explique son succès, chez presque tous, et la terrible tentation qu'il exerce parfois, même chez les meilleurs, quand l'esprit se relâche. C'est le mensonge érigé en esthétique ou en divertissement.

Il arrive pourtant que la vérité affleure (le *mentir-vrai* d'Aragon), et se serve de ce masque pour s'avouer. Le roman est un détour par la fiction, qui peut ramener au vrai : nous lui devons quelques-uns des plus grands chefs-d'œuvre de la littérature universelle. Force m'est pourtant de reconnaître que j'en lis de moins en moins, et avec de moins en moins de plaisir. Il m'arrive de penser que le roman est un genre mineur, dont chaque réussite confirme, en les dépassant, les limites : Proust, Céline ou Joyce sont grands *malgré* ou *contre* le roman, me semble-t-il, plutôt que grâce à lui. Cela pourrait sembler justifier à l'avance le Nouveau-roman, qui n'est qu'un antiroman (pas de personnages, pas d'intrigue pas d'aventure, pas de romanesque...). Mais l'ennui ne justifie rien. C'est ce qui sauve le roman, ou qui le sauvera. On n'a pas fini d'inventer des histoires.

ROMANTISME L'opposé du classicisme, mais en aval et quant au fond (par différence avec le baroque, qui le serait plutôt en amont, du moins en France, et quant à la forme). Les romantiques ont besoin de règles pour les violer, de traditions pour s'y opposer, de maîtres pour s'en libérer, de raison, enfin, pour vouloir s'en affranchir ou lui préférer les sentiments... En quoi c'est un mouvement second, et secondaire le plus souvent. Mais il exprime aussi quelque chose d'essentiel à l'âme humaine, qui est le malheur éperdu de durer, de n'être pas Dieu, de devoir finir... Le temps est son mal et sa raison d'être. D'où la nostalgie toujours, qui est le sentiment romantique par excellence : cendre, pour le poète, du feu qui le consume ! La vraie vie est ailleurs – et nous sommes ici. Le romantisme est pour cela condamné au double langage ou aux arrière-mondes, à l'idéalisme ou à la déception. Il aspire à l'infini, ne trouve que le fini. Il cherche l'absolu, ne trouve que le moi. Il voudrait se fondre dans l'unité, se heurte partout au multiple ou à la dualité. Il voudrait s'abandonner à l'inspiration, ne réussit que par le travail. Il exalte la passion, l'imaginaire, la sensibilité... Il ne débouche que sur la lassitude ou l'ennui. La fuite est sa tentation ; le rêve, son excuse. C'est un art passionnel, qui n'a guère le choix qu'entre l'onirisme et la religion : esthétique de l'exil ou de l'évasion, du mystère ou du déchirement. Cela ne retire rien aux plus grands (Novalis et Hölderlin, Byron et Keats, Delacroix, Berlioz, Nerval...), mais m'empêche de les suivre tout à fait. Seul Hugo, pour mon goût, fait exception. Mais c'est qu'il est l'exception absolue : il excède le romantisme autant que Bach le baroque. Il récuse à lui seul la formule injuste et profonde de Goethe : « *J'appelle classique ce qui est sain, romantique ce qui est malade.* » Ou plutôt il la récuserait, si une exception, aussi glorieuse fût-elle, pouvait invalider... une définition.

RUMEUR Un bruit anonyme, mais chargé de sens. C'est donc que quelqu'un parle. Qui ? Personne, tout le monde : le sujet de la rumeur est le *on*, qui est moins un sujet qu'une foule impersonnelle et insaisissable. La rumeur fait comme un discours sans sujet, dont personne n'a à répondre. C'est ce qui la rend particulièrement propice aux fausses nouvelles, aux sottises, aux calomnies. Seul celui qui la lance, s'il y en a un, en est vraiment responsable. Seuls ceux qui se taisent ou la combattent en sont vraiment innocents. L'idéal serait de n'y prêter aucune attention. La moindre des choses, de ne pas en rajouter. Ce ne sont que des on-dit, qu'on ne peut toujours ignorer mais qu'il faudrait s'interdire de propager.

S

SACRÉ Ce qui vaut absolument, au point de ne pouvoir être touché, sauf précautions particulières, sans sacrilège. Le sacré est un monde à part, comme le représentant, dans celui-ci, de l'autre. Il est séparé, ou doit l'être, du quotidien, du laïque, du simplement humain. C'est en quoi le mot dit plus que *dignité* – et dit sans doute trop. Le sacré mérite davantage que du respect : il mérite, ou plutôt il exige, vénération, adoration, « crainte et tremblement », comme un mélange d'effroi et de fascination. Le mot, en ce sens strict, appartient au vocabulaire religieux : le sacré s'oppose au profane comme le divin à l'humain ou comme le surnaturel à la nature. S'il n'y a ni dieux ni surnaturel, comme je le crois, ce sacré-là n'est qu'un mot, que nous mettons sur des sentiments archaïques ou illusoires.

En un sens plus général et plus vague, on appelle parfois *sacré* ce qui semble avoir une valeur absolue, qui mérite pour cela un respect inconditionnel : ainsi parle-t-on du caractère sacré de la personne humaine, voire (dans la déclaration des droits de l'homme de 1789) de la propriété privée comme étant « un droit inviolable et sacré »... Le sacré, en ce sens large, c'est ce qui peut être profané et ne le doit, qui mérite pour cela qu'on se *sacrifie* pour lui. C'est ce qui fait dire à mon ami Luc Ferry que tout être humain est sacré, et il m'est arrivé, quoique rarement, de le dire aussi. Reste à savoir s'il l'est au sens strict (auquel cas l'humanisme est une religion : voyez *L'homme-Dieu* de Luc Ferry) ou au sens large (auquel cas l'humanisme n'est qu'une morale). Je penche trop résolument vers le deuxième terme de l'alternative pour ne pas juger ce mot de *sacré*, appliqué à l'humain, quelque peu excessif. C'est moins un concept, au moins dans ma bouche, qu'une métaphore. Elle est parfois éclairante ; ce n'est pas une raison pour y croire tout à fait. Le respect suffit, et vaut mieux.

SACREMENT Un rite qui rend sacré, ou par lequel le sacré opère : c'est comme un miracle institutionnel. Si le mariage est un sacrement, par exemple, il devient sacré : nul ne peut s'en libérer, fût-ce d'un commun accord, sans sacrilège. Le divorce prouve le contraire, ou plutôt ce n'est qu'à supposer le contraire que le divorce devient admissible. Comment l'Église pourrait-elle l'accepter ? Raison de plus pour ne pas laisser l'Église décider de nos amours.

On remarquera que la naissance n'est pas un sacrement, alors que le baptême en est un. Non bien sûr qu'un membre de l'Église soit plus sacré, même aux yeux des croyants (au moins aujourd'hui), qu'un autre être humain, mais en ceci que la naissance ne suppose aucune intervention surnaturelle. Or quoi de plus émouvant qu'une naissance ? Quoi de plus kitsch, presque toujours, qu'un baptême ? La vie est plus précieuse que les sacrements, et n'en a pas besoin.

SACRIFICE Une offrande qu'on fait au sacré, le plus souvent sous la forme d'un animal ou d'un être humain qu'on immole. La plupart des religions considèrent aujourd'hui que les sacrifices humains sont sacrilèges, ou plutôt que nul n'a le droit de sacrifier que soi. C'est soumettre la religion à la morale, comme il faut faire en effet, et l'une des marques les plus sûres de la modernité. On dira qu'à ce compte la modernité commencerait à Abraham. Pourquoi non ? Mais ce n'est que depuis Kant, peut-être bien, qu'on commence à le comprendre.

En un sens plus général, le sacrifice est un don que l'on fait pour quelque chose ou quelqu'un que l'on aime ou respecte. Le sacrifice ultime est celui de sa propre vie – non qu'on la juge sans valeur, mais parce qu'on juge qu'elle ne vaut qu'au service d'autre chose, qui la dépasse, ou de quelqu'un d'autre, qu'on ne peut abandonner sans se trahir. Ainsi font les héros, et c'est à quoi, une fois qu'ils sont morts, on les reconnaît.

SACRILÈGE Une offense faite au sacré. Par exemple, au sens strict, cracher sur un crucifix (ainsi Giordano Bruno, sur le bûcher). Ou bien, au sens large : le viol, la torture, l'assassinat (le sacré, c'est ce qui peut être profané : le corps humain est sacré). On voit que tous les sacrilèges ne se valent pas. Celui de Giordano Bruno est l'un des actes les plus admirables que je connaisse.

SADISME Une perversion, qui consiste à jouir, comme on voit chez Sade, de la souffrance d'autrui. Se distingue de la cruauté par une charge érotique plus forte. Cela toutefois n'excuse rien, sauf consentement explicite du partenaire.

SAGE Celui qui n'a pas besoin, pour être heureux, de se mentir, ni de se raconter des histoires, ni même d'avoir de la chance. On dirait qu'il se suffit à lui-même ; c'est en quoi il est libre. Mais la vérité est qu'il se suffit de tout, ou que tout lui suffit. Cela le distingue assez de l'ignorant, pour lequel *tout*, ce n'est jamais assez. C'est que l'ignorant veut prendre, posséder, garder, quand le sage se contente de connaître, de goûter (*sapere*, d'où vient *sapiens*, c'est avoir du goût), de se réjouir. C'est moins un savant qu'un connaisseur. Moins un expert qu'un amateur (au double sens du terme : celui qui aime, celui qui ne fait pas profession). Moins un propriétaire qu'un homme libre (le *jivan mukta* des Orientaux : le libéré vivant). Le sage est sans maître, mais aussi sans maîtrise, sinon sur soi, sans Église, sans appartenance, sans attaches, sans attachements (ce qu'il aime, il ne le possède pas, ni n'en est possédé). Même son bonheur ne lui appartient pas : ce n'est qu'un peu de joie dans le grand vent du monde. Il est dépris de lui-même et de tout. C'est pourquoi peut-être il est heureux : parce qu'il n'a plus besoin de l'être. Et sage : parce qu'il ne croit plus à la sagesse.

SAGESSE L'idéal d'une vie réussie – non parce qu'on aurait réussi *dans* la vie, ce qui ne serait que carriérisme, mais parce qu'on aurait réussi sa vie elle-même. C'est le but, depuis les Grecs, de la philosophie. Toutefois ce n'est qu'un idéal, dont il importe de se libérer aussi. Le vrai sage n'a que faire de réussir quoi que ce soit : sa vie ne lui importe pas plus, ni moins, que celle d'autrui. Il se contente de la vivre, et il y trouve un *contentement* suffisant, qui est la seule sagesse en vérité. « Pour moi j'aime la vie », disait Montaigne. C'est en quoi il était sage : parce qu'il n'attendait pas que la vie soit aimable (facile, agréable, réussie…) pour l'aimer. Question de tempérament ? Question de doctrine ? Sans doute un peu des deux. On est plus ou moins doué pour la vie, plus ou moins sage ; ceux qui le sont moins ont donc besoin, j'en sais quelque chose, de philosopher davantage. Mais nul n'est sage absolument, ni tout entier : tous ont besoin de philosopher, ne serait-ce que pour se déprendre de la philosophie elle-même. De la sagesse ? Bien sûr : on ne l'atteint qu'à condition de cesser d'y croire. L'homme le plus sage du monde, un caillot ou un virus suffit à le rendre fou. Ou un chagrin plus fort que les autres et que sa sagesse. Il le sait, et d'avance l'accepte. Ses échecs ne sont pas moins vrais que ses succès. Pourquoi seraient-ils moins sages ? La sagesse, la vraie sagesse, n'est pas une assurance tous risques, ni une panacée, ni une œuvre d'art. C'est le repos, mais joyeux et libre, dans la vérité. Un savoir ? Tel est en effet le sens du mot, chez les Grecs *(sophia)* comme chez les Latins *(sapientia).* Mais c'est un savoir très particulier. « La sagesse ne peut être ni une science ni une technique », disait Aristote : elle porte moins sur ce qui est vrai ou efficace que sur ce qui est bon, pour soi et pour les autres. Un savoir ? Certes. Mais c'est un savoir-vivre.

Les Grecs distinguaient la sagesse théorique ou contemplative *(sophia)* de la sagesse pratique *(phronèsis).* Mais l'une ne va guère sans l'autre, ou la vraie sagesse, plutôt, serait la conjonction des deux. Elle se reconnaît à une certaine sérénité, mais plus encore à une certaine joie, à une certaine liberté, à une certaine éternité (le sage vit au présent : il sent et expérimente, comme disait Spinoza, qu'il est éternel), à un certain amour… « De tous les biens que la sagesse nous procure pour le bonheur de la vie tout entière, soulignait Épicure, l'amitié est de beaucoup le plus grand » (*Maximes capitales*, XXVII). C'est que l'amour-propre a cessé de faire obstacle. Que la peur a cessé de faire obstacle. Que le manque a cessé de faire obstacle. Que le mensonge a cessé de faire obstacle. Il n'y a plus que la joie de connaître : il n'y a plus que l'amour et la vérité. C'est pourquoi nous avons tous nos moments de sagesse, quand l'amour et la vérité nous suffisent. Et de folie, quand ils nous déchirent ou nous font défaut. La vraie sagesse n'est pas un idéal ; c'est un état, toujours approximatif, toujours instable (il n'est éternel, comme l'amour, que tant qu'il dure), c'est une expérience, c'est un acte. Ce n'est pas un absolu, malgré les stoïciens (on est *plus ou moins sage*), mais un maximum (comme tel relatif) : c'est le maximum de bonheur, dans le maximum de lucidité. Il dépend de la situation de tel ou tel, des capacités de tel ou tel (la sagesse n'est pas la même à Auschwitz ou à Paris, pour Etty Hillesum ou pour Cavaillès), bref de l'état du monde et de soi. Ce n'est pas un absolu ; c'est la façon, toujours relative, d'habiter le réel, qui est le seul absolu en vérité. Cette sagesse-là vaut mieux que tous les livres qu'on a écrits sur elle, qui risquent de nous en séparer. À chacun d'inventer la sienne. « Quand bien même nous pourrions être savants du savoir d'autrui, disait Montaigne, au moins sages ne pouvons-nous être que de notre propre sagesse » (*Essais*, I, 25).

SAINT Le mot se prend principalement en deux sens, l'un religieux, l'autre moral.

Pour la religion, le saint est celui qui est uni à Dieu (qui seul est saint absolument) par la foi, l'espérance et la charité : il aime Dieu plus que tout, et que soi. Aussi est-il déjà sauvé, par cet amour même, déjà bienheureux, déjà dans le Royaume, qu'il ne quittera plus. Il agit bien sûr moralement, mais par amour et foi plutôt que par devoir.

Du point de vue moral, le saint est celui dont la volonté se conforme en tout à la loi morale, au point que celle-ci, pour lui, ne vaille plus comme obligation ou devoir (ce qui suppose la contrainte), mais bien comme liberté (comme autonomie en acte). Ce n'est vraiment possible, selon Kant, qu'en Dieu (*C. R. Pratique*, I, Analytique, § 7, scolie) ou qu'après la mort (*op. cit.*, Dialectique, IV). Toutefois nul n'est tenu d'être kantien, ni dispensé, dès cette vie, de faire son devoir : on peut appeler *saint*, en un sens plus général, celui qui le ferait toujours.

Rien n'empêche, en ce dernier sens, qu'un saint soit athée, ou qu'un athée soit saint. Toutefois ce n'est pas la règle. Non seulement parce que la médiocrité est toujours le plus probable, chez les croyants comme chez les incroyants, mais aussi parce que la plupart des saints (pour autant qu'il en existe, ou dans la mesure où ils le sont) auront tendance à croire vrai ce qu'ils aiment ou qui les meut. Ils ont raison, puisque cette vérité est en eux, ou puisqu'ils sont cette vérité-là. Mais tort, peut-être, de croire qu'elle existe aussi hors d'eux-mêmes, hors du monde et absolument. Que nous fassions parfois le bien, c'est difficilement contestable, même pour les pécheurs que nous sommes. Mais pourquoi faudrait-il que le Bien existe indépendamment de nous, et nous fasse ?

Au sens moral comme au sens religieux, le saint se distingue du sage, qui n'a pas besoin de croire, ni d'espérer, ni d'obéir. Un Dieu ? Le salut ? La Loi ? Il y a bien longtemps que le sage ne se soucie plus de ces abstractions ! Il les laisse aux philosophes, qui en ont besoin.

Le sage et le saint voisinent, comme dirait Heidegger, sur des monts séparés.

Le saint, sommet de la foi ou de la morale.

Le sage, sommet de l'éthique.

De l'extérieur, ils se ressemblent tellement qu'on pourrait les confondre, et d'ailleurs rien n'interdit, au moins en droit, qu'un même individu soit les deux à la fois. Mais le saint n'a que faire d'être sage, ni le sage d'être saint.

Qu'ils n'existent ni l'un ni l'autre absolument, c'est une évidence (comment un sommet serait-il absolu ?), mais qui ne les réfute pas. Cela donnerait plutôt raison au saint, par l'humilité. Et au sage, par l'humour.

SAINTETÉ La perfection morale ou religieuse. Elle n'appartient absolument qu'à Dieu, s'il existe, mais peut se dire, par extension, de ceux qui sont unis à lui ou qui respectent en tout la loi morale. Ce n'est qu'un idéal, comme la sagesse : nul ne saurait y prétendre sans s'en éloigner. Mais les deux idéaux sont très différents : idéal de soumission dans un cas (soumission à Dieu, soumission à la loi morale : les saints sont des *muslims*, comme on dirait en arabe, c'est-à-dire, étymologiquement, des soumis) ; idéal de liberté dans l'autre (le sage est un *jivan mukta*, comme on dit en Inde, un libéré vivant). Toutefois cette opposition reste abstraite, comme ces idéaux eux-mêmes. Comment se libérer sans se soumettre à la nécessité ? Comment obéir à la loi morale (c'est-à-dire à la liberté en soi : autonomie) sans être libre ? Sages et saints, lorsqu'ils se rencontrent, préfèrent parler d'autre chose ou sourire en silence.

SALAUD Le nom commun du méchant, ou plutôt du mauvais. Il ne fait pas le mal pour le mal, mais par intérêt, par lâcheté ou par plaisir, autrement dit par égoïsme : il fait du mal aux autres, pour son bien à soi. Le salaud, ce serait donc l'égoïste ? Pas seulement, car alors nous le serions tous. C'est l'égoïste sans frein, sans scrupules, sans douceur, sans compassion. La vulgarité du mot traduit la bassesse de la chose, et se justifie par là.

Chez Sartre, le salaud est le gros plein d'être, celui qui se prend au sérieux, celui qui se croit, celui qui oublie sa propre contingence, sa propre responsabilité, son propre néant, celui qui fait semblant de n'être pas libre (c'est ce que Sartre appelle la mauvaise foi), enfin qui fait le mal, lorsqu'il y trouve son intérêt, en étant persuadé de sa propre innocence ou, s'il se sent parfois coupable, d'innombrables circonstances atténuantes, qui l'excusent.

Ces deux définitions se rejoignent. Qu'est-ce qu'un salaud ? C'est un égoïste qui a bonne conscience. Aussi est-il persuadé que le salaud, c'est l'autre. Il s'autorise le pire, au nom du meilleur ou de soi – d'autant plus salaud qu'il se croit justifié de l'être, et pense donc ne l'être pas. Comment s'imposerait-il quelque frein que ce soit ? Pourquoi devrait-il se repentir ? Saloperie : égoïsme de bonne conscience et de mauvaise foi.

SALUT Le fait d'être sauvé : « Il ne dut son salut qu'à la fuite ». En philosophie, et pris absolument, le mot indique pourtant davantage qu'une survie, toujours provisoire. Le vrai salut serait complet et définitif. Ce serait une existence libérée de la souffrance et de la mort : la vie éternelle et parfaite. C'est donc un mythe, qui relève comme tel du vocabulaire religieux. Ou bien il faut considérer que l'éternité n'est pas autre chose que le présent, ni la perfection autre chose que la réalité. C'est ce qui m'a fait dire parfois que nous sommes déjà sauvés. Non parce que nous cesserions par là d'être perdus, mais parce que le salut et la perte sont une seule et même chose. C'est ce que j'appelle le tragique, et la seule sagesse qui ne mente pas. L'éternité, c'est maintenant : le salut n'est pas une autre vie, mais la vérité de celle-ci. Nous sommes déjà dans le Royaume. Aussi est-il vain de l'attendre, et même de l'espérer. C'est l'esprit de Nagarjuna : « Tant que tu fais une différence entre le nirvâna et le samsâra, tu es dans le samsâra. » Tant que tu fais une différence entre ta vie telle qu'elle est et le salut, tu es dans ta vie telle qu'elle est. C'est l'esprit de Prajnânpad : « La vérité ne viendra pas ; elle est ici et maintenant. » Ce n'est plus religion, mais sagesse. Plus promesse, mais don. Plus espérance, mais expérience. « La béatitude est éternelle, écrit Spinoza, et ne peut être dite commencer que fictivement » (*Éthique*, V, 33, sc.). Le salut est cette fiction, ou cette éternité.

SANGUIN L'un des quatre tempéraments selon Hippocrate et Gallien. Embonpoint, teint vif, irritabilité, violence… On sait aujourd'hui que le sang n'y est pour rien. Cela n'a pas suffi à les apaiser, ni à les faire maigrir.

SANTÉ « La santé est un état précaire, qui ne présage rien de bon. » Le docteur Knock avait évidemment raison. Celui qui n'est pas malade peut toujours le devenir, et même, sauf accident mortel, le deviendra inévitablement. Il n'y a pas de santé absolue, pas de santé définitive : il n'y a que le combat contre la maladie, contre la mort, contre l'usure, et c'est la santé même. Elle n'est pas seulement l'absence de maladies (puisqu'on peut être en *mauvaise santé*), mais la force en nous qui leur résiste, autrement dit la vie elle-même, dans son équilibre fonctionnel et efficace. « La vie est une victoire qui dure », disait Jean Barois, et chacun sait bien qu'elle ne durera pas toujours. La santé n'est pas son triomphe, mais son combat continué.

Il faut citer, parce qu'elle est absurde, la définition qu'en donne l'Organisation Mondiale de la Santé : « La santé n'est pas seulement l'absence de maladie ou d'infirmité. C'est un état de complet bien-être physique, psychique et social. » L'Union soviétique avait donc raison d'interner ses dissidents en hôpital psychiatrique : ils étaient malades, puisque leur bien-être, spécialement psychique et social, n'était pas complet… Quant à moi, si j'ai eu, depuis que je suis né, trois jours de santé, au sens de l'O.M.S., c'est un maximum. Les moments de bien-être, cela m'arrive assez souvent. Mais complets, c'est une autre histoire. « Il y a toujours quelque pointe qui va de travers », comme disait Montaigne, toujours quelque souci, quelque douleur, quelque angoisse… « Docteur, ce matin, j'ai pensé à la mort. Cela m'inquiète. Mon état de bien-être n'est pas complet : vous ne pourriez pas me donner quelque chose ? » C'est confondre la santé et le salut, donc la médecine et la religion. Dieu est mort : vive la Sécu !

Pourtant il est vrai, je le disais en commençant, que la santé n'est pas seulement l'absence de maladies. Car alors les morts et les pierres seraient en bonne santé. Non l'absence de maladies, donc, mais la puissance en nous, toujours finie, toujours variable, toujours *précaire*, en effet, qui leur résiste ou les surmonte. C'est pourquoi c'est le bien le plus précieux. Plus que la sagesse ? Bien sûr, puisque aucune sagesse n'est possible sans une santé (notamment mentale) au moins minimale. La santé n'est pas le souverain bien (elle ne tient lieu ni de bonheur ni de vertu) ; mais elle est le bien le plus important – puisqu'elle est la condition de tous. Ce n'est pas un salut ; c'est un combat. Pas un but, un moyen. Pas une victoire, une force. C'est le *conatus* d'un vivant, tant qu'il réussit à peu près.

SAUVAGERIE C'est comme une barbarie individuelle ou native, qui pour cela inquiète moins. Il peut y avoir de bons sauvages ; il n'y a pas de bons barbares.

La sauvagerie est proximité avec la nature (« chez moi, en pays sauvage », écrit Montaigne : cela veut dire à peu près qu'il vit à la campagne). La barbarie est distance d'avec la civilisation. Le sauvage n'est pas encore civilisé. Le barbare ne l'est plus. Le sauvage est derrière nous. Le barbare, devant.

SAVOIR Comme substantif, c'est un synonyme à peu près de connaissance. Si on veut les distinguer, on peut dire que la connaissance serait plutôt un acte, dont le savoir serait le résultat. Ou que les connaissances sont multiples ; le savoir serait plutôt leur somme ou leur synthèse. Ces différences restent pourtant approximatives et fluctuantes : l'usage ne les impose ni ne les interdit.

Comme verbe, en revanche, la différence est plus nette : je sais lire et écrire ; je connais (plus ou moins) le vocabulaire, la grammaire, l'orthographe. Je sais conduire ; je connais le code de la route. Je connais la musique pour piano de Schubert ; je ne sais pas la jouer, ni la lire. Je connais plus ou moins la vie ; je sais plus ou moins vivre. Il me semble que toutes ces expressions vont à peu près dans le même sens, qui indique au moins une direction. Le *connaître* porte sur un objet ou une discipline ; le *savoir* porte plutôt sur une pratique ou un comportement. Connaître, c'est avoir une idée vraie ; savoir, c'est pouvoir faire. C'est pourquoi il ne suffit pas de savoir penser pour connaître, ni de connaître pour savoir penser.

SCÉLÉRATESSE Se conduire comme un scélérat, c'est-à-dire comme un criminel ou, plus souvent, comme un salaud. (Le mot est utile, parce que saloperie, en français, a un tout autre sens : une saloperie, c'est l'acte d'un salaud ; la scélératesse, son caractère ou sa disposition).

SCEPTICISME Le contraire du dogmatisme, au sens technique du terme. Être sceptique, c'est penser que toute pensée est douteuse – que nous n'avons accès à aucune certitude absolue. On remarquera que le scepticisme, sauf à se détruire, doit donc s'inclure dans le doute général qu'il instaure : tout est incertain, y compris que tout soit incertain. À la gloire du pyrrhonisme, disait Pascal. Cela n'interdit pas de penser, et même c'est ce qui oblige à penser toujours. Les sceptiques cherchent la vérité, comme tout philosophe (c'est ce qui les distingue des sophistes), mais ne sont jamais certains de l'avoir trouvée, ni même qu'on le puisse (c'est ce qui les distingue des dogmatiques). Cela ne les chagrine pas. Ce n'est pas la certitude qu'ils aiment, mais la pensée et la vérité. Aussi aiment-ils la pensée en acte, et la vérité en puissance : c'est la philosophie même, et c'est en quoi, disait Lagneau, « le scepticisme est le vrai ». Il en découle que nul n'est tenu d'être sceptique, ni autorisé à l'être dogmatiquement.

SCIENCES Mieux vaut en parler au pluriel qu'au singulier. *La* science n'existe pas : il n'y a que *des* sciences, et elles sont toutes différentes, par leur objet ou leur méthode. Toutefois le pluriel, ici comme ailleurs, suppose le singulier. Nul ne peut savoir ce que sont *les* sciences, s'il ne sait pas ce que c'est qu'*une* science.

Disons d'abord ce que ce n'est pas. Ce n'est pas une connaissance certaine, malgré Descartes, ni toujours une connaissance démontrée (puisqu'une hypothèse peut être scientifique, puisqu'il n'y a pas de science sans hypothèses), ni même une connaissance vérifiable (il est plus facile de vérifier la fermeture de votre braguette que la non-contradiction des mathématiques, ce que nul ne peut : cela ne retire rien à la scientificité des mathématiques, ni ne rend scientifique votre comportement vestimentaire). Ce n'est pas non plus un ensemble d'opinions ou de pensées, fût-il cohérent et rationnel – car alors la philosophie serait une science, ce qu'elle n'est ni ne peut être.

Toute science, pourtant, relève bien de la pensée rationnelle ; disons que c'est le genre prochain, dont les sciences sont une certaine espèce. Reste à trouver leurs différences spécifiques. Qu'est-ce qu'une science ? C'est un ensemble de connaissances, de théories et d'hypothèses portant sur le même objet ou le même domaine (par exemple la nature, le vivant, la Terre, la société...), qu'elle construit plutôt qu'elle ne le constate, historiquement produites (toute vérité est éternelle, aucune science ne l'est), logiquement organisées ou démontrées, autant qu'elles peuvent l'être, collectivement reconnues, au moins par les esprits compétents (c'est ce qui distingue les sciences de la philosophie, où les esprits compétents s'opposent), enfin – sauf pour les mathématiques – empiriquement falsifiables. Si l'on ajoute à cela que les sciences s'opposent ordinairement à l'opinion (une connaissance scientifique, c'est une connaissance qui ne va pas de soi), on peut risquer une définition simplifiée : *une science est un ensemble ordonné de paradoxes testables, et d'erreurs rectifiées*. Le progrès fait partie de son essence ; non que les sciences avancent de certitude en certitude, comme on le croit parfois, mais parce qu'elles se développent par « conjectures et réfutations ».

Karl Popper, à qui j'emprunte cette dernière expression, s'est longtemps battu, en un temps où c'était nécessaire, pour montrer que le marxisme et la psychanalyse ne sont pas des sciences (aucun fait empirique n'est susceptible de les réfuter). Il avait évidemment raison. Mais cette irréfutabilité, qui donne tort à la plupart des marxistes et des psychanalystes, ne saurait valoir elle-même comme réfutation, ou ne réfute que la prétendue scientificité des deux théories en question. On évitera d'en conclure que marxisme et psychanalyse seraient sans intérêt ou sans vérité. Tout ce qui est scientifique n'est pas vrai, tout ce qui est vrai (ou possiblement vrai) n'est pas scientifique : la notion d'erreur scientifique n'est pas contradictoire, celle de vérité scientifique n'est pas pléonastique. C'est pourquoi la philosophie reste possible, et les doctrines, nécessaires.

SCIENTISME La religion de la science, ou la science comme religion. C'est vouloir que les sciences disent l'absolu, quand elles ne peuvent atteindre que le relatif, et qu'elles commandent, quand elles ne savent que décrire ou (parfois) expliquer. C'est ériger la science en dogme, et le dogme en impératif. Que resterait-il de nos doutes, de notre liberté, de notre responsabilité ? Les sciences ne sont soumises ni à la volonté individuelle ni au suffrage universel. Que resterait-il de nos choix ? Que resterait-il de nos démocraties ? Le mathématicien Henri Poincaré, contre cette niaiserie dangereuse, a dit ce qu'il fallait : « Une science parle toujours à l'indicatif, jamais à l'impératif. » Elle dit ce qui est, dans le meilleur des cas, plus souvent ce qui paraît ou peut être, parfois ce qui sera, jamais ce qui *doit* être. C'est pourquoi elle ne tient pas lieu de morale, ni de politique, ni, encore moins, de religion. C'est ce que le scientisme méconnaît, et qui le condamne. Le positivisme, à tout prendre, vaudrait mieux.

SCOLASTIQUE La doctrine et les procédés de l'École, c'est-à-dire, selon l'acception la plus usuelle, des universités européennes au Moyen-Âge : mélange de théologie chrétienne et de philosophie grecque (d'abord platonicienne, du fait de l'influence de saint Augustin, puis de plus en plus aristotélicienne), de logique et d'arguments d'autorité, de rigueur et de monotonie… C'est un beau moment de l'esprit, où l'Occident s'invente, mais qui finit par paralyser la pensée en l'enfermant dans des querelles aussi érudites que stériles. Déjà Montaigne ne l'évoque que pour s'en moquer ou s'en plaindre. Descartes, que pour l'enterrer. Tout indique pourtant qu'il y avait là des trésors d'intelligence. Mais à quoi bon un trésor, quand on n'en a plus l'usage ?

En un sens plus général et plus péjoratif, on appelle souvent *scolastique* la doctrine d'une école, quelle qu'elle soit, dès lors qu'elle s'enferme dans une orthodoxie déjà constituée (quitte à en complexifier indéfiniment les détails), au point que c'est la pensée du Maître – et non plus l'accord avec le réel ou l'expérience – qui décide de la vérité possible d'une proposition. Dogmatisme, psittacisme, maniérisme. C'est ainsi qu'on a pu parler de la scolastique freudienne (ou, en France, lacanienne), de la scolastique marxiste-léniniste, de la scolastique heideggérienne… Beaucoup d'intelligence dans les trois cas. C'est ce qui rend la scolastique si dangereuse. Rien de tel pour stériliser un bel esprit. J'en connais plusieurs qui sont passés pour cela à côté d'une œuvre possible.

SECTARISME Un certain type de comportement intellectuel, digne d'une secte, indigne d'un esprit libre. C'est un mélange d'étroitesse, d'intolérance et de conviction : certitude d'avoir raison, même contre tous, mépris ou rejet des autres positions, toujours suspectées d'aveuglement ou de mauvaise foi, culte du chef, de la doctrine ou de l'organisation… C'est le dogmatisme des imbéciles.

SECTE « Toute secte, disait Voltaire, est le ralliement du doute et de l'erreur. » C'est qu'on ne dispute que sur ce qu'on échoue à connaître. Il n'y a point de secte en géométrie, continuait Voltaire : « on ne dit point un euclidien, un archimédien »… Même l'invention des géométries non euclidiennes n'y a rien changé. Les sciences n'ont pas besoin d'absolu. L'universel leur suffit. Toute religion, à l'inverse, est particulière : « Vous êtes mahométan, donc il y a des gens qui ne le sont pas, donc vous pourriez bien avoir tort » (Voltaire, *Dictionnaire philosophique*, article « Secte »). C'est ce qui énerve les sectaires. Ils sentent bien que la pluralité des sectes, qui fait partie du concept, est un formidable argument contre chacune d'entre elles. Vous êtes chrétien ; c'est donc que tous ne le sont pas. Pourquoi auriez-vous raison davantage que les autres ?

Qu'est-ce qu'une secte ? C'est une Église, vue par ceux qui n'en font pas partie et qui la jugent sectaire. Le mot, en son sens moderne, vaut donc comme rejet ou condamnation : la secte, c'est l'Église de l'autre. Ce n'est pas une raison pour les interdire, tant qu'elles respectent la loi. Autant interdire la bêtise ou la superstition.

On s'interroge sur la différence entre une secte et une Église. Je reprendrais volontiers une formule qui n'est pas de moi : « Une Église, c'est une secte qui a réussi. » Cela dit, par différence, ce qu'est une secte : une Église en gestation ou en échec. Ses membres sont persuadés que le temps travaille pour eux, s'irritent que cela aille si lentement, nous en veulent de ne rien faire pour accélérer le processus… Ils sont pleins d'impatience, de mépris, de colère, de certitude… C'est ce qui les rend sectaires. Redoutable engeance.

SÉLECTION Un choix par élimination. Par exemple la sélection naturelle des espèces, selon Darwin, par l'élimination des moins aptes. Ou la sélection des meilleurs, à l'Université, par l'élimination des plus faibles, des plus pauvres ou des moins studieux. Nos étudiants sont contre, ils l'ont fait vertement savoir en de multiples occasions, et nos politiques, qui sont gens prudents, ont renoncé à en parler. Cela n'a jamais empêché que la sélection se fasse, bien sûr par l'échec (quelle sélection autrement ?), mais n'aide pas à la faire dans de bonnes conditions – sur des critères purement scolaires, comme il faudrait, et non en fonction des moyens financiers des parents. J'aimerais mieux des examens plus sévères, et des bourses plus généreuses : cela serait moins injuste et plus efficace.

SENS *Sens* se dit principalement en trois sens : comme sensibilité (le sens de l'odorat), comme direction (le sens d'un fleuve), comme signification (le sens d'une phrase). Un sens, c'est ce qui sent ou ressent, ce qu'on suit ou poursuit, enfin ce qu'on comprend.

Le premier de ces sens est défini ailleurs (voir les articles « Sensation » et « Sensibilité »). Les deux autres sont liés, au moins pour nous : le but d'une action lui donne aussi une signification (si vous courez pour aller plus vite, cela signifie vraisemblablement que vous êtes pressés) ; et la signification d'une phrase, c'est ce qu'elle veut dire ou obtenir, autrement dit le but que poursuit celui qui l'énonce ou vers lequel, même inconsciemment, il tend. Avoir un sens, c'est *vouloir dire* ou *vouloir faire.* Cette volonté peut être explicite ou implicite, consciente ou inconsciente, elle peut même n'être que l'apparence d'une volonté ; cela nuance, mais n'annule pas, cette caractéristique générale : il n'est de sens que là où intervient une volonté ou quelque chose qui lui ressemble (un désir, une tendance, une pulsion). La sphère du sens et celle de l'action se recouvrent : toute parole est un acte ; tout acte est un signe ou peut être interprété comme tel.

Il en résulte qu'il n'est de sens que pour un sujet (que pour un être capable de désirer ou de vouloir), et par lui. Un sens objectif ? C'est une contradiction dans les termes. Un sens absolu ? Cela supposerait un Sujet absolu, qui serait Dieu. On parle pourtant, je le signalais en commençant, du sens d'un fleuve. Mais ce n'est, précisément, qu'une façon de parler. Si je dis par exemple que la Loire coule d'Est en Ouest, ou qu'elle se dirige vers l'océan, cela ne suffit pas à lui donner un sens : non seulement parce que la Loire ne veut rien dire (elle n'a pas de signification), mais aussi parce qu'elle ne se dirige en vérité vers rien : elle ne fait que suivre la pente. De même quand on dit qu'une fleur se dirige vers le Soleil. Cela ne fait sens que pour nous, point pour elle : son phototropisme doit tout à la nature, rien à la finalité ou à l'herméneutique.

Faut-il dire alors qu'il n'est de sens qu'humain ? Je n'en suis pas sûr. Des animaux peuvent poursuivre un but et interpréter, même à l'état sauvage, le comportement de tel ou tel de leurs congénères. Les éthologues, là-dessus, nous renseignent suffisamment. Faut-il dire qu'il n'est de sens que pour une conscience ? Pas davantage : la psychanalyse nous a assez éclairés sur la signification inconsciente de tel ou tel de nos actes, de nos rêves ou de nos symptômes. Je dirais plutôt qu'il n'est de sens que pour un être capable de désirer, donc sans doute capable de souffrir et de jouir. C'est où l'on retrouve le mot « sens » en sa première acception : il n'est de sens (comme signification ou direction) que pour un être doué de sens (comme sensibilité), et proportionnellement sans doute à cette faculté. La frontière est floue ? Pourquoi ne le serait-elle pas ? L'homme n'est pas un empire dans un empire. Le sens non plus.

On remarquera que dans ces trois acceptions principales, et spécialement dans les deux qui nous occupent (comme direction et comme signification), le sens suppose une extériorité, une altérité, disons une relation à autre chose qu'à soi. Prendre l'autoroute en direction de Paris n'est possible qu'à condition de *n'être pas* à Paris. Et un signe n'a de sens que dans la mesure où il renvoie à autre chose qu'à ce signe. Quel mot qui se signifie soi ? Quel acte qui se signifie soi ? Tout mot signifie autre chose que lui-même (une idée : son signifié ; ou un objet : son référent). Tout acte signifie autre chose que lui-même (son but, conscient ou inconscient, ou le désir qui le vise). Pas de sens qui soit purement intrinsèque : vouloir dire ou vouloir faire, c'est toujours vouloir autre chose que soi. C'est ce qu'avait vu Merleau-Ponty : « Sous toutes les acceptions du mot *sens*, nous retrouvons la même notion fondamentale d'un être orienté ou polarisé vers ce qu'il n'est pas » (*Phénoménologie de la perception*, III, 2). Le sens d'un acte n'est pas cet acte. Le sens d'un signe n'est pas ce signe. C'est ce qu'on peut appeler la structure extatique du sens (il est toujours ailleurs). Nul ne peut aller où il se trouve, ni se signifier soi. C'est ce qui nous interdit le confort, l'autoréférence satisfaite, peut-être même le repos. On ne s'installe pas dans le sens comme dans un fauteuil. On ne le possède pas comme un bibelot ou un compte en banque. On le cherche, on le poursuit, on le perd, on l'anticipe… Le sens n'est jamais là, jamais présent, jamais donné. Il n'est pas où je suis, mais où je vais ; non ce que nous sommes ou faisons, mais ce que nous voulons faire, ou qui nous fait. Il n'est sens, à jamais, que de l'autre.

Le sens de la vie ? Ce ne pourrait être qu'autre chose que la vie : ce ne pourrait être qu'une autre vie ou la mort. C'est ce qui nous voue à l'absurde ou à la religion. Le sens du présent ? Ce ne peut être que le passé ou l'avenir. C'est ce qui nous voue au temps. Un fait quelconque n'a de sens, ici et maintenant, que pour autant qu'il annonce un certain avenir (c'est la logique de l'action, tout entière tendue vers son résultat) ou résulte d'un certain passé (c'est la logique de l'interprétation, par exemple en archéologie ou en psychanalyse). Le sens de ce qui est, c'est ce qui n'est plus ou pas encore : le sens de l'être, c'est le temps. C'est ce qui justifie la belle formule de Claudel, dans *L'art poétique* : « Le temps est le sens de la vie (*sens* : comme on dit le sens d'un cours d'eau, le sens d'une phrase, le sens d'une étoffe, le sens de l'odorat). » Mais c'est aussi pourquoi le sens, comme le temps, ne cesse de nous fuir, et d'autant plus qu'on le cherche davantage : le sens du présent n'est jamais présent. Aussi le sens, comme le temps, ne cesse-t-il de nous séparer de nous-mêmes, du réel, de tout. On le trouve parfois, mais le sens qu'on trouve, comme dit Lévi-Strauss, « n'est jamais le bon » (*La pensée sauvage*, IX), ou n'a lui-même de sens que par autre chose, qui n'en a pas ou que l'on cherche. La quête du sens est par nature infinie. C'est ce qui nous condamne à l'insatisfaction : toujours cherchant autre chose, qui serait le sens, toujours cherchant le sens, qui ne peut être qu'autre chose. Mais comment autre chose que le réel (son sens) serait-il réel ? « Le sens du monde doit se trouver hors du monde », disait à juste titre Wittgenstein. Mais hors du monde, quoi, sinon Dieu ? Le sens du présent, pareillement, doit se trouver en dehors du présent. Mais hors du présent, quoi, sinon le passé ou l'avenir, qui ne sont pas ? Sens, c'est absence : il n'est là (pour nous) qu'en tant qu'il n'y est pas (en soi). Il y a donc du sens dans ma vie, puisque je me projette vers l'avenir, puisque je reste marqué par mon passé, puisque j'essaie d'agir et de comprendre. Mais comment ma vie elle-même aurait elle un sens, si elle ne peut avoir que celui qu'elle n'a plus ou pas encore ?

« Quand le doigt montre la lune, l'imbécile regarde le doigt. » Ce proverbe oriental va plus loin qu'il ne paraît. Cet imbécile nous ressemble, ou c'est nous, bien souvent, qui lui ressemblons. Que fait-il ? Il regarde ce qui a du sens (le doigt) plutôt que ce que le sens désigne, qui n'en a pas (la lune). Il se trompe sur le sens, qui le fascine, et méconnaît le réel. Ainsi faisons-nous, à chaque fois que nous sacrifions ce qui est à ce que cela pourrait signifier ou annoncer. Renversons plutôt les priorités. Le sens ne vaut qu'au service d'autre chose, qui n'en a pas. Comment serait-il le Tout (puisque le Tout, par définition, n'a pas d'autre) ? Comment serait-il l'essentiel ? Rien de ce qui importe vraiment n'a de sens. Que signifient nos enfants ? Que signifie le monde ? Que signifie l'humanité ? Que signifie la justice ? Ce n'est pas parce qu'ils ont du sens que nous les aimons ; c'est parce que nous les aimons que notre vie, pour nous, prend sens. Une illusion ? Non pas, puisqu'il est vrai que nous les aimons. L'illusion serait d'hypostasier ce sens, d'en faire un absolu, de croire qu'il existe hors de nous et de sa quête. Ce serait Dieu – et la question se poserait d'ailleurs de savoir ce qu'il pourrait bien *signifier.* Mais à quoi bon ? L'action suffit. Le désir suffit. Il n'y a pas de sens du sens, ni de sens absolu, ni de sens en soi. Tout sens, par nature, est relatif : ce n'est pas une substance, c'est un rapport ; ce n'est pas un être, c'est une relation. C'est toujours la logique de l'altérité : tout ce que nous faisons, qui a du sens, ne vaut qu'au service d'autre chose, qui n'en a pas. Ce n'est pas le sens qu'il faut poursuivre, c'est ce qu'on poursuit qui fait sens.

Souvenons-nous du Laboureur et de ses enfants… Il n'y a pas de trésor caché, montre La Fontaine, mais le travail en est un, et le seul. Je dirais volontiers la même chose du sens : il n'y a pas de sens caché, mais la vie en produit et elle seule. Le sens n'est pas à chercher, ni à trouver, comme s'il existait déjà ailleurs, comme s'il nous attendait. Ce n'est pas un trésor ; c'est un travail. Il n'est pas tout fait : il est à faire (mais toujours en faisant autre chose), à inventer, à créer. C'est la fonction de l'art. C'est la fonction de la pensée. C'est la fonction de l'amour. Le sens est moins la source d'une finalité que le résultat ou la trace d'un désir (or le désir, rappelle Spinoza, est cause efficiente). Moins l'objet d'une herméneutique que d'une poésie – ou il ne peut y avoir herméneutique, plutôt, que là où il y a eu d'abord *poïèsis*, comme on dirait en grec, c'est-à-dire création : dans nos œuvres, dans nos actes, dans nos discours. Le sens n'est pas un secret, qu'il faudrait découvrir, ni un Graal, qu'il faudrait atteindre. Il est un certain rapport, mais en nous, entre ce que nous sommes et avons été, entre ce que nous sommes et voulons être, entre ce que nous désirons et faisons. Ce n'est pas parce que la vie a un sens qu'il faut l'aimer ; c'est parce que nous l'aimons, ou dans la mesure où nous l'aimons, qu'elle prend, pour nous, du sens.

La vie a-t-elle un sens ? Aucun qui la précède ou la justifie absolument. « Elle doit être elle-même à soi sa visée », comme dit Montaigne (III, 12, 1052). Elle n'est pas une énigme, qu'il faudrait résoudre. Ni une course, qu'il faudrait gagner. Ni un symptôme, qu'il faudrait interpréter. Elle est une aventure, un risque, un combat – qui vaut la peine, si nous l'aimons.

C'est ce qu'il faut rappeler à nos enfants, avant qu'ils ne crèvent d'ennui ou de violence.

Ce n'est pas le sens qui est aimable ; c'est l'amour qui fait sens.

SENS COMMUN C'est le bon sens installé : moins une puissance de juger que son résultat socialement disponible et reconnu, autrement dit un ensemble d'opinions ou d'évidences qu'il serait déraisonnable, croit-on, de contester. L'expression, qui valait d'abord positivement (voyez le *Lalande*), tend de plus en plus à devenir suspecte, voire péjorative. Nous avons appris à nous méfier des évidences : le soupçon, face à l'unanimité, est notre première réaction. C'est notre sens commun à nous.

SENSATION Une perception élémentaire, ou l'élément d'une perception possible. Il y a sensation lorsqu'une modification physiologique, d'origine le plus souvent externe, excite l'un quelconque de nos sens. Par exemple l'action de la lumière sur la rétine, ou des vibrations de l'air sur le tympan, entraînent des modifications, via le système nerveux, jusqu'au cerveau : c'est ce qui nous permet de prendre conscience de ce que nous voyons ou entendons.

La perception est plutôt du côté de la conscience ; la sensation, du côté du corps : elle fournit la matière que la perception mettra en forme. C'est pourquoi c'est une abstraction, qui n'existe jamais seule. Nous n'avons affaire qu'à des sensations plurielles, liées, organisées – qu'à des perceptions. Celles-ci sont en quelque sorte au-delà du corps. La sensation, en deçà de l'esprit. C'est ce qui faisait dire à Lagneau que « la sensation n'est pas une donnée de la conscience ». Mais il n'y aurait pas de conscience sans elle, ou ce ne serait qu'une conscience vide.

La perception suppose la sensation ; elle ne s'y réduit pas. On ne peut percevoir sans sentir ; mais il est possible de sentir sans percevoir. Par exemple le contact du sol sous mes pieds : il est vraisemblable que je le sens toujours, du moins quand je suis debout ou assis ; je ne le perçois qu'assez rarement. Ou le bruit au loin de la rue : il est vraisemblable que je l'entends toujours ; je ne le perçois (je ne m'aperçois que je l'entends) que lorsqu'il est spécialement fort ou lorsque je l'écoute. C'est que la perception suppose une activité ou une attention, au moins minimale, de l'esprit ; la sensation se suffit d'un esprit passif, ou de la seule activité du corps. Ainsi quand je dors : j'entends, puisqu'un bruit peut me réveiller. Mais je ne perçois aucun son. Cela dit, par différence, ce qu'est la perception : non forcément une sensation active (percevoir un son n'est pas forcément l'écouter), mais une sensation, ou plus souvent un ensemble de sensations, dont on prend conscience ou auxquelles on prête attention. La sensation est la même chose, abstraction faite de cette attention et même de cette conscience. Mais il est vraisemblable que cette *abstraction* existe d'abord et très concrètement : c'est l'ouverture du corps au monde, comme la perception est ouverture de l'esprit au corps et à tout.

SENSIBILITÉ La faculté de sentir ou de ressentir. Le mot peut désigner la condition en nous d'un phénomène physique (la sensation), affectif (le sentiment), voire intellectuel (le bon sens, comme sensibilité au vrai ou au réel). Kant nous a habitués à considérer la sensibilité comme purement réceptive ou passive. « La capacité de recevoir (réceptivité) des représentations grâce à la manière dont nous sommes affectés par les objets se nomme *sensibilité*. Ainsi, c'est au moyen de la sensibilité que des objets nous sont *donnés*, seule elle nous fournit des *intuitions* ; mais c'est l'entendement qui *pense* ces objets, et c'est de lui que naissent les *concepts* » (*C. R. Pure,* Esthétique transcendantale, § 1). Mais ce n'est passivité que pour l'esprit ; le corps, lui, fait activement son travail, qui est de réagir aux excitations extérieures ou intérieures. C'est pourquoi un bruit, une lumière ou une douleur peuvent nous réveiller. Parce que la sensibilité, elle, ne dort jamais. C'est le travail du corps, et le repos de l'esprit.

SENSIBLE Qui est doué de sensibilité, ou qui peut être perçu par les sens. En philosophie, cette seconde acception est plus fréquente : le monde sensible s'oppose au monde intelligible, depuis Platon, comme ce qui est perçu par les sens à ce qui est connu par l'esprit. Mais notre monde, le seul que nous puissions expérimenter et connaître, est l'unité des deux.

SENSUALISME La doctrine qui veut ramener toutes nos connaissances aux sensations. Le mot est souvent pris péjorativement, mais à tort. L'épicurisme, par exemple, est un sensualisme : les trois critères de la vérité – les sensations, les anticipations et les affections – se ramènent au premier d'entre eux (Diogène Laërce, X, 31-34), si bien que les sens, comme on voit chez Lucrèce, sont la source, le fondement et la garantie de toute connaissance vraie (*De rerum*, IV, 479-521). Reste à ne pas transformer ce sensualisme en sottise. Épicure ni Lucrèce n'ont jamais dit qu'on pouvait sentir la vérité elle-même, ni qu'il suffisait de regarder pour comprendre. Ils ont même dit fort clairement le contraire : les yeux ne peuvent connaître la nature des choses (IV, 385), pas plus qu'aucun sens ne peut percevoir les atomes ou le vide, qui sont pourtant la seule réalité. Sensualisme paradoxal, donc, mais sensualisme : toute vérité est insensible, mais toute vérité vient des sensations. Il ne suffit pas de sentir pour connaître : le sensualisme d'Épicure est aussi un rationalisme (au sens large) ; mais aucune connaissance, sans la sensation, ne serait possible : c'est en quoi le rationalisme d'Épicure est d'abord un sensualisme. Connaître est plus que sentir ; mais ce *plus* lui-même (la raison, les anticipations...) est issu des sensations et en dépend (D.L., X, 32 ; *De rerum*, IV, 484). Sensualisme rationaliste, donc, qui suppose une théorie sensualiste de la raison.

SENTIMENT Ce qu'on ressent, c'est-à-dire la conscience qu'on prend de quelque chose qui se passe dans le corps, qui modifie notre puissance d'exister et d'agir, comme dit Spinoza, et spécialement notre joie ou notre tristesse. C'est le nom ordinaire des affects (voir ce mot), en tant qu'ils sont durables (par différence avec les émotions) et concernent l'esprit ou le cœur davantage que le corps ou les sens (par différence avec les sensations).

Le corps sent, l'esprit ressent : c'est à peu près la différence qu'il y a entre une sensation et un sentiment. La sensation est une modification *(affectio)* du corps ; le sentiment, un affect *(affectus)* de l'âme. On évitera pourtant de trop forcer l'opposition. Si l'âme et le corps sont une seule et même chose, comme dit Spinoza et comme je le crois, la différence entre les sentiments et les sensations est plus de point de vue que d'essence : point de vue organique ou physiologique dans un cas, affectif ou psychologique dans l'autre. Subjectivement, pourtant, cette différence reste importante : ce n'est pas la même chose qu'avoir mal et être triste, que se cogner contre un mur ou contre ses angoisses, que de voir un visage ou d'en tomber amoureux. La sensation est un rapport au corps et au monde ; le sentiment, un rapport à soi et à autrui.

SÉRIEUX Ce qui mérite attention et application, ou celui qui en fait preuve. À ne pas confondre avec la dignité, qui mérite respect, ni avec la gravité, qui se confronte davantage au tragique. Le sérieux, c'est ce avec quoi on ne doit pas plaisanter, ou celui qui ne plaisante pas. C'est pourquoi le mot est souvent péjoratif, soit parce qu'on le confond avec l'esprit de sérieux, soit parce qu'on y voit un manque d'humour ou de légèreté. Cela peut arriver. Mais le sérieux peut aussi marquer les limites de l'humour, qui le séparent de la frivolité : qu'on puisse rire de tout, comme c'est en effet le cas, cela ne saurait dispenser quiconque de faire son devoir. Le sérieux, dans certaines circonstances, est une exigence éthique : celle de la responsabilité, de la constance, de « l'engagement, comme disait Mounier, sans duperie et sans avarice ». Les parents le savent bien : comme ils sont devenus sérieux, dès leur premier enfant ! Cela ne les empêche pas de rire, et de leur sérieux même. Mais ils savent bien qu'aucun rire désormais ne saurait les exempter de leurs responsabilités. Cela vaut, plus généralement, dans toute situation qui nous confronte à nos devoirs. Nul n'est tenu d'être un héros ; nul n'est dispensé d'assumer ses responsabilités. « Il ne s'agit pas d'être sublime, disait Jankélévitch, il suffit d'être fidèle et sérieux » (*L'imprescriptible*, p. 55).

SÉRIEUX (ESPRIT DE –) Se prendre soi-même au sérieux, ou ériger en absolu les valeurs dont on se réclame. C'est oublier le néant qu'on est et qui nous attend, mais aussi sa propre liberté (selon Sartre), sa propre fragilité, sa propre dépendance, sa propre contingence. Manque de lucidité et d'humour : c'est pécher, doublement, contre l'esprit.

SERVILITÉ L'attitude d'un esclave *(servus)* ou d'un inférieur, quand il a intériorisé sa propre soumission au point de la croire légitime. « C'est une flatterie en action », disait Alain : « Tout fait signe qu'on exécutera et qu'on approuvera. La servilité n'attend pas les ordres, elle les espère, elle se précipite au-devant » *(Définitions).* C'est une obéissance sans résistance, sans révolte, sans dignité. Mauvaise obéissance. Il est indigne de la manifester, mais plus encore de la susciter ou de l'encourager. La servilité est une soumission qui se voudrait flatteuse, et qui est en vérité insultante. De quel droit le traiterais-je comme un esclave ? De quel droit me traite-t-il comme un esclavagiste ?

SERVITUDE Soumission de fait, sans choix et sans limites, à un pouvoir extérieur. C'est le contraire de la liberté, de l'indépendance, de l'autonomie, mais aussi de la citoyenneté (qui est soumission de droit à un souverain légitime, dont on fait partie) et même de la simple obéissance à une autorité que l'on s'est choisie ou que l'on accepte, dans des limites qui sont celles de la dignité et de la responsabilité.

La Boétie, s'agissant de politique, parle de *servitude volontaire* : non que personne choisisse d'être esclave, mais parce que nul tyran ne pourrait régner sans le soutien, ou en tout cas l'acceptation, du plus grand nombre. Toutefois cette volonté doit moins à un libre choix qu'à un système de croyances et d'illusions. C'est ce qu'a vu Spinoza : « Le grand secret du régime monarchique et son intérêt majeur est de tromper les hommes et de colorer du nom de religion la crainte qui doit les maîtriser, afin qu'ils combattent pour leur servitude comme s'il s'agissait de leur salut. On ne peut, par contre, rien concevoir ni tenter de plus fâcheux dans une libre république, puisqu'il est entièrement contraire à la liberté commune que le libre jugement propre soit asservi aux préjugés ou subisse aucune contrainte » (*T. Th. P.*, Préface).

Dans le champ de la philosophie éthique, on parle aussi de servitude pour désigner la soumission d'un individu à ses passions : c'est obéir à son corps ou à ses affects, au lieu de les commander ou d'essayer (en les comprenant) de s'en libérer. C'est ainsi que Spinoza intitule la quatrième partie de son *Éthique* « De la servitude humaine ou de la force des affects » : « J'appelle *servitude*, explique-t-il dans sa préface, l'impuissance de l'homme à gouverner ses affects ; tant qu'il leur reste soumis, en effet, l'homme ne relève pas de lui-même mais de la fortune, dont le pouvoir est tel sur lui que souvent il est contraint, voyant le meilleur, de faire le pire. » On sait que la cinquième partie s'intitulera « De la puissance de l'entendement ou de la liberté humaine ». Que ce soit politique ou morale, on ne sort de la servitude que par la raison, qui n'obéit à personne.

SEXE C'est une partie du corps (les organes génitaux) en même temps qu'une fonction, elle-même multiple (d'excitation, de plaisir, de copulation, de reproduction...), l'une et l'autre divisant la plupart des espèces animales en deux genres – on dit aussi en deux sexes –, qui sont les femelles et les mâles. C'est notre façon d'appartenir à l'espèce (être humain, c'est être femme ou homme), de pouvoir en jouir (par l'orgasme) et la prolonger (par la reproduction). Beaucoup de plaisirs et de soucis en perspective.

« Le bas-ventre, disait Nietzsche, est cause que l'homme ait quelque peine à se prendre pour un Dieu » (*Par-delà le bien et le mal*, IV, 141). C'est qu'un Dieu doit être libre, et que nul ne l'est de son sexe : nous ne choisissons pas d'en avoir un, ni lequel, pas plus que nous ne décidons de la force ou de la faiblesse de ses désirs, ni de notre puissance, ou de notre impuissance, à leur résister ou à les satisfaire... Les philosophes, pour cette raison, ont souvent parlé du sexe avec suspicion ou dédain, quand ce n'est pas avec sottise ou pudibonderie. Tant pis pour eux. Je ne sais guère que Montaigne qui en ait parlé comme il faut, avec plaisir et humour, simplicité et vérité (voir spécialement l'admirable chapitre 5 du livre III, « Sur des vers de Virgile »). « Chacune de mes pièces me fait également moi que toute autre, disait-il. Et nulle autre ne me fait plus proprement homme [ou femme] que cette-ci. » C'est que le désir, non la liberté ou la raison, est l'essence de l'humanité, et que ce désir, sans être uniquement sexuel, est toujours et tout entier sexué. Cela même qui nous empêche de nous prendre pour un Dieu nous oblige à nous reconnaître animaux, et à *devenir* humains. Jouir de l'autre, s'il y consent, ou le faire jouir, si nous en sommes capables, cela ne saurait nous autoriser à l'asservir. Le désirer, cela ne saurait nous dispenser de l'aimer et de le respecter.

SEXISME Une forme de racisme, fondée sur la différence sexuelle. Mieux toléré que le racisme ordinaire. C'est qu'il est plus fréquent.

SEXUALITÉ Tout ce qui concerne le sexe, et spécialement les plaisirs qu'on y trouve ou qu'on y cherche. C'est moins un instinct qu'une fonction, moins une fonction qu'une puissance : puissance de jouir, et de faire jouir. C'est le désir même, en tant qu'il est sexué. L'essence de l'homme, donc, et de la femme, en tant qu'ils n'ont pas la même.

SIGNAL Définition parfaite chez Prieto : « Un signal est un fait qui a été produit artificiellement pour servir d'indice ». Il annonce un fait ou ordonne une action. Se dit surtout, en pratique, des signes non linguistiques.

SIGNE Tout objet susceptible d'en représenter un autre, auquel il est lié par ressemblance ou par analogie (on parle alors d'icône ou de symbole), par une relation causale (on parle alors d'indice ou de symptôme), ou encore et surtout par convention (les Anglo-Saxons parlent alors de *symbol* ; mieux vaut parler en français de signe conventionnel, ou de signe strictement dit). Le signe linguistique entre bien sûr dans cette dernière catégorie. Il n'unit pas une chose et un nom, montre Saussure, mais un concept (le signifié) et une image acoustique (le signifiant). Le signe est l'unité des deux ; et c'est cette unité intralinguistique qui peut éventuellement désigner autre chose à l'extérieur du langage (le référent). Le lien unissant le signifiant au signifié est purement conventionnel : c'est ce que Saussure appelle « l'arbitraire du signe » (*Cours de linguistique générale*, I, chap. 1). Et celui unissant le signe à son référent, sauf exception (les onomatopées), l'est tout autant. Cela ne signifie pas qu'on puisse utiliser n'importe quel signifiant pour signifier n'importe quelle idée, ni n'importe quel signe pour désigner n'importe quoi, mais que ce rapport est fixé par une règle, non imposé par la nature ou suggéré par une ressemblance.

SIGNIFIANT/SIGNIFIÉ Les deux faces du signe, spécialement linguistique : côté son, côté sens. Le *signifiant*, c'est la réalité matérielle, ou plutôt sensorielle, du signe (le son que l'on émet quand on le prononce). Le *signifié*, c'est sa réalité intellectuelle ou mentale : le concept ou la représentation que le signifiant véhicule (ce qu'on veut dire ou qu'on comprend grâce à lui). Le signe est l'unité indissoluble des deux (De Saussure, *Cours de linguistique générale*, I, chap. 1). On remarquera que le rapport entre le signifiant et le signifié, qui est arbitraire, reste interne au signe ; c'est ce qui distingue le *signifié* du *référent*, et la *signification* de la *désignation*.

SIGNIFICATION C'est un rapport, interne au signe, entre un signifiant et un signifié. À distinguer de la *désignation* (ou dénotation), qui est un rapport entre le signe et ce à quoi il renvoie à l'extérieur de lui-même (son référent). Par exemple quand je dis : « Il y a un oiseau sur la branche. » Le rapport entre le signifiant (la réalité sonore et sensorielle du mot « oiseau », ce que Saussure appelle son image acoustique) et le signifié (le concept d'oiseau) reste interne au signe, qui est l'unité indissociable des deux : c'est ce rapport qu'on appelle la *signification*. Le rapport de *désignation*, au contraire, tout en restant intralinguistique (il ne vaut qu'à l'intérieur d'une langue donnée), unit un signe à un objet qui existe en dehors du langage et, le plus souvent, indépendamment de lui : l'oiseau n'est pas un signe, et n'habite que le silence.

SILENCE Au sens où je prends le mot, c'est l'absence non de sons mais de sens. Un bruit peut donc être silencieux, comme un silence peut être sonore. Ainsi le bruit du vent, ou le silence de la mer.

Le silence, c'est ce qui reste quand on se tait – c'est-à-dire tout, moins le sens que nous lui prêtons (y compris donc ce sens même, quand nous cessons de lui en chercher un autre). Ce n'est qu'un autre nom pour le réel, en tant qu'il n'est pas un nom.

C'est aussi l'état ordinaire du vivant. « La santé, c'est le silence des organes » (Paul Valéry). La sagesse, le silence de l'esprit.

À quoi bon interpréter toujours, parler toujours, signifier toujours ? Écoute plutôt le silence du vent.

SIMPLE Ce qui est indivisible ou indécomposable (« simple, dit Leibniz, c'est-à-dire sans parties »). Se dit aussi, mais par abus de langage, de ce qui est facile à comprendre ou à faire. De là peut-être un troisième sens, qui désigne une espèce de vertu, comme une facilité à vivre et à être soi. Être simple, en ce dernier sens, c'est exister tout d'une pièce, sans duplicité, sans calcul, sans composition : c'est être ce qu'on est, sans se soucier de le paraître, sans s'efforcer d'être autre chose, c'est ne pas faire semblant, c'est n'être ni snob ni intéressé, ni hystérique ni manipulateur... Je ne connais pas de vertu plus agréable, et c'est à quoi peut-être les simples se reconnaissent le mieux : ils sont faciles à vivre, à comprendre, à aimer.

SINCÉRITÉ Le fait de ne pas mentir. Ce n'est pas toujours une vertu (il arrive que le mensonge vaille mieux), mais c'en est une que d'y tendre.

SINGULIER Qui ne vaut que pour un seul élément d'un ensemble donné. S'oppose à ce titre à *universel* (qui vaut pour tous), à *général* (qui vaut pour la plupart) et à *particulier* (qui vaut pour quelques-uns).

Dans le langage courant, le mot est souvent un synonyme de rare ou d'étrange. Cet usage, en philosophie, est à éviter. L'individu le plus banal n'en est pas moins *singulier* pour autant : la singularité est une caractéristique universelle des individus.

SITUATION On y voit parfois l'une des dix catégories d'Aristote, d'ailleurs point toujours la même : mieux vaut, pour éviter cette ambiguïté, parler de *lieu* ou de *position* (voir ces mots).

La situation d'un être, au sens courant du terme, c'est la portion d'espace-temps qu'il occupe (son ici-et-maintenant propre), donc aussi son environnement et sa place, le cas échéant, dans une hiérarchie. C'est également, s'agissant d'un être humain, ce qu'il y fait. Par exemple quand on dit de quelqu'un qu'il a « une belle situation » : cela désigne moins un lieu qu'un métier, qu'une fonction, qu'un certain *rang* dans une hiérarchie sociale ou professionnelle. Toutefois l'usage philosophique du mot tend de plus en plus à se concentrer sur son acception sartrienne : être *en situation*, c'est être soumis à un certain nombre de données et de contraintes que l'on n'a pas choisies (être un homme ou une femme, grand ou petit, d'origine bourgeoise ou prolétarienne, dans tel ou tel pays, à telle ou telle époque....), mais que l'on reste libre d'assumer ou non. La situation, écrit Sartre, est un phénomène ambigu : c'est le « produit commun de la contingence de l'en-soi et de la liberté ». C'est donc notre lot, définitivement. Il y a toujours un monde, un environnement, des contraintes, des obstacles. Toujours la possibilité de les affronter ou de les fuir. C'est ce que Sartre appelle « le paradoxe de la liberté : il n'y a de liberté qu'en situation, et il n'y a de situation que par la liberté » (*L'être et le néant,* IV, I, 2, p. 568-569). Mais qu'en est-il alors de la liberté elle-même ? Elle n'est pas l'effet du donné, ni conditionnée par lui (puisque le donné « ne peut produire que du donné »). Elle n'est pas un être ; comment serait-elle déterminée par ce qui est ? Elle n'est que néant et pouvoir de néantisation : elle échappe à l'être par la conscience qu'elle en prend et la fin qu'elle projette. C'est bien commode. Il suffit d'appeler « situation » tout ce que les sciences humaines considèrent comme des déterminismes (le corps, l'inconscient, l'éducation, le milieu social...) pour que le libre arbitre soit sauvé par là. Reste pourtant à savoir ce qui fait que je choisis ce que je choisis. Si c'est ce que je suis (puisqu'un autre choisirait autrement), tout choix est donc déterminé par quelque chose que je n'ai pas choisi. Aussi faut-il, pour sauver la liberté, que mon choix s'explique non par ce que je suis, mais *par ce que je ne suis pas* : c'est où la liberté retombe sur ses pieds ou sur son néant. Qu'est-ce qu'être en situation ? C'est être confronté, comme néant, à un être déterminé mais non déterminant (puisqu'une détermination ne peut porter que sur l'être, point sur le néant), qu'on reste libre pour cela d'assumer ou non. La situation est donc le corrélat objectif (déterminé, non déterminant) de ma subjectivité : c'est l'être propre de mon néant.

La notion ne sauve la liberté, comme on le voit, que pour ceux qui ne-sont-pas-ce-qu'ils-sont-et-sont-ce-qu'ils-ne-sont-pas, autrement dit qui échappent, ou croient échapper, au principe d'identité. Pour ceux qui sont ce qu'ils sont et ne sont pas ce qu'ils ne sont pas (non un néant, donc, mais un être), la situation n'est qu'une façon de parler : c'est un déterminisme qui n'ose pas dire son nom.

SNOBISME C'est prendre modèle sur une élite, ou supposée telle, faute de pouvoir lui appartenir. Le snob mime une distinction qu'il n'a pas, qu'il ne peut avoir. Il veut moins devenir ce qu'il imite (ce ne serait plus snobisme mais émulation) qu'en prendre l'apparence. Son art est tout de naïveté et de faux-semblants : c'est un simulateur sincère, comme l'hystérique qu'il est parfois, et crédule, comme le superstitieux qu'il est souvent : c'est un idolâtre de la forme, un adorateur des signes. Très proche ici du dandy, l'humour en moins, le ridicule en plus. C'est un dandy qui se croit, quand le dandy serait plutôt un snob qui se sait.

Une étymologie douteuse mais suggestive voudrait que le mot *snob*, bien sûr d'origine anglaise, vienne du latin *sine nobilitate*. Le snob est sans noblesse et cherche à le masquer ; il voudrait passer pour le noble qu'il n'est pas, en affichant les manières qu'il croit être celles de l'aristocratie. C'est le syndrome de M. Jourdain : un bourgeois qui veut passer pour gentilhomme. Ce n'est qu'un snobisme parmi d'autres, aujourd'hui plutôt anachronique. Nos snobs ont d'autres modèles. Mais ils ne sont snobs, aujourd'hui comme du temps de Molière, que par incapacité à en prendre autre chose que les apparences. Soit par exemple la culture : étaler celle qu'on a, c'est être cuistre ou pédant ; simuler celle qu'on n'a pas, c'est être snob. La richesse ? Exhiber la sienne, c'est être vaniteux, vulgaire, ostentatoire ; vouloir passer pour riche, c'est être snob. Les relations, les conquêtes ? En afficher de vraies, c'est être mondain ou goujat ; les exagérer ou en inventer de fausses, c'est être snob.

C'est où le snobisme touche à la mauvaise foi : être snob, c'est vouloir passer pour ce qu'on n'est pas, en imitant ceux que l'on admire, que l'on envie ou à qui l'on voudrait ressembler. Le snob se distingue par là de l'hypocrite, qui n'imite que par intérêt, point par envie, qui ne veut pas ressembler mais tromper, qui n'admire pas mais qui utilise. Le snob est ordinairement la première dupe – et parfois la seule – de son personnage. C'est ce qui le rend plus sympathique, plus ridicule, et moins rare. Pour un Tartufe, combien de bourgeois gentilshommes et de précieuses ridicules ? L'hypocrisie est l'exception ; le snobisme, la règle. Qui peut être certain de lui échapper toujours ? Écrirait-on, si l'on ne voulait passer pour écrivain ? Lirait-on, si l'on ne voulait que cela se sache ? Chacun commence par faire semblant, par imiter ce qui lui manque, et il n'y aurait pas de culture autrement. Le snobisme n'est qu'un premier pas, qui voudrait donner l'illusion du parcours entier. L'erreur n'est pas d'imiter, mais de faire semblant, et c'est le snobisme même : se contenter d'un jeu réglé d'apparences au lieu de s'imposer un travail effectif, qui permettrait seul d'avancer véritablement. Que M. Jourdain prenne des cours de musique ou de philosophie, ce n'est pas moi qui le lui reprocherai. Mais on ne peut pas faire semblant de penser, ni de chanter. Le snob est un mauvais élève ; il joue au professeur au lieu de faire ses exercices.

SOCIALISME C'est d'abord une conception de la société et de la politique, qui vise à mettre celle-ci au service de celle-là. En ce sens, c'est presque un pléonasme, ce pourquoi tout le monde peut s'en réclamer (y compris, dans l'Allemagne des années 1930, le parti National-socialiste). Quelle politique voudrait aller contre l'intérêt de la société ? Pourtant le mot, lorsqu'il apparaît, au début du XIXe siècle, est loin de faire l'unanimité. Pierre Leroux, qui l'inventa peut-être, du moins en français, l'opposait à l'individualisme. Il y voyait un danger au moins autant qu'une promesse. Le socialisme veut le bien de la société. Mais à quel prix ? Ce serait une politique collective, sinon collectiviste, qui servirait le groupe plutôt que les individus. Comment ne pas craindre qu'elle les écrase ?

En un sens plus restreint et plus rigoureux, on appelle *socialisme* tout système fondé sur la propriété collective des moyens de production et d'échange : c'est le contraire du capitalisme. Marx y voyait une période de transition, devant mener au communisme. Certains de ses disciples, au XXe siècle, voulurent l'imposer par la révolution et la dictature du prolétariat. D'autres, par des réformes et la démocratie. Cette opposition entre les révolutionnaires et les réformistes portait moins sur le but que sur les moyens : il s'agissait, dans les deux cas, de rompre avec le capitalisme.

L'échec tragique du marxisme-léninisme, dans tous les pays où il parvint au pouvoir, mais aussi l'incapacité des sociaux-démocrates à triompher, même graduellement, du capitalisme, rend ce deuxième sens presque obsolète. Les socialistes d'aujourd'hui ont renoncé à sortir du capitalisme. Ils veulent seulement le gérer de façon plus sociale, c'est-à-dire dans l'intérêt de l'ensemble de la société et, spécialement, des plus pauvres. Ils ont fini par accepter l'économie de marché, sans renoncer toutefois à l'encadrer : ils croient moins au « libre jeu des initiatives et des intérêts individuels », comme dit Lalande, qu'à l'organisation de l'État et de la société. Ce socialisme-là a renoncé à toute visée collectiviste. Ce n'est plus le contraire du capitalisme : c'est son régulateur, et le contraire de l'ultra-libéralisme.

SOCIÉTÉ *Socius*, en latin, c'est le compagnon, l'associé, l'allié : vivre en société, c'est vivre en compagnie, mais aussi dans un système structuré d'associations et d'alliances.

« Humaine ou animale, une société est une organisation, notait Bergson : elle implique une coordination et généralement aussi une subordination d'éléments les uns aux autres » (*Les deux sources*..., I). C'est le contraire de la solitude, ou plutôt de l'isolement, de la dispersion, de la guerre, comme disait Hobbes, de chacun contre chacun. C'est pourquoi les humains ont besoin de société. Parce qu'ils ne peuvent vivre seuls, ni seulement les uns contre les autres. Parce qu'ils ne peuvent s'isoler, comme disait Marx, qu'au sein de la société. Mais leurs sociétés sont autrement fragiles que celles des insectes. C'est que les règles y sont culturelles. C'est que les individus y sont libres de les violer ou pas. C'est où commence la politique. C'est où commence la morale. Il peut y avoir des sociétés sans État, sans pouvoir, sans hiérarchie. Mais il n'y a pas de société sans solidarité, ni d'ailleurs de solidarité sans société.

SOCIOBIOLOGIE La science, ou prétendue telle, qui veut expliquer les faits sociaux par des faits biologiques. C'est une espèce de darwinisme social, mais revisité à la lumière des progrès de la génétique et de l'éthologie.

Qu'une telle explication soit parfois possible ou nécessaire, spécialement chez les animaux, nul ne le conteste. La sélection naturelle retient les gènes les plus efficaces, parce que les mieux à même de se transmettre. Comment cela n'aurait-il pas de répercussion sur les comportements sociaux, qu'ils soient individuels ou collectifs ? Mais ce n'est alors qu'une partie de la biologie, bien sûr légitime, qui nous en apprend davantage sur l'espèce que sur la société. Que l'égoïsme et l'altruisme, par exemple, soient des comportements génétiquement déterminés, on peut assurément l'admettre. Mais cela ne saurait expliquer leur fonctionnement différencié, dans telle ou telle société, ni, encore moins, permettre de choisir entre l'un et l'autre. La sociobiologie ne saurait donc tenir lieu ni de sociologie ni de morale.

On a vu dans la sociobiologie une caution possible pour certaines thèses de l'extrême droite. Si la société est soumise à la sélection naturelle, c'est-à-dire à l'élimination des plus faibles au bénéfice des plus forts ou des plus aptes, on aurait tort, nous dit-on, de se plaindre qu'elle soit injuste : l'inégalité serait un avantage sélectif, qu'il faudrait préserver soigneusement. On n'échappe pas à cet argument en contestant toute détermination biologique de l'humanité, ce qui serait faire un bien beau cadeau à l'extrême droite, mais en refusant à cette détermination toute pertinence politique et morale. Que nous soyons des animaux, ce n'est pas une grande découverte, ou elle n'est pas récente. Cela ne nous dispense pas de devenir humains, ni de le rester.

SOCIOLOGIE La science de la société, ou *des* sociétés. Le mot est inventé par Auguste Comte. Mais c'est Durkheim qui fonde vraiment la discipline. Il s'agit d'étudier les faits sociaux comme des choses, explique-t-il, autrement dit comme extérieurs à notre intelligence et indépendants de notre volonté. C'est pourquoi l'introspection ne suffit pas, ni l'observation des comportements individuels. « Le groupe pense, sent, agit tout autrement que ne feraient ses membres, s'ils étaient isolés. Si donc on part de ces derniers, on ne pourra rien comprendre à ce qui se passe dans le groupe » (*Les règles de la méthode sociologique*, V, 2). C'est dire que la sociologie ne saurait se réduire à la psychologie, ni même en dépendre. Un fait social ne peut et ne doit s'expliquer que par un autre fait social : la société est « une réalité *sui generis* », explique Durkheim, avec ses caractères et ses déterminismes propres, qu'on « ne retrouve pas sous la même forme dans le reste de l'univers ». La sociologie est la science qui prend en compte cette réalité, ce qui n'est possible qu'à la condition de la constituer d'abord comme objet. Il ne suffit pas d'observer la société réelle pour faire de la sociologie. Car cette observation, faisant partie de la société, risque fort d'en reproduire les préjugés, les illusions, les évidences. C'est à peu près ce qui distingue la sociologie du journalisme.

SOCIOLOGISME C'est vouloir tout expliquer par la sociologie. Cela ne semble pas sans quelque pertinence. Le neurologue, le physicien ou le philosophe vivent dans une société, dira-t-on : le sociologue a donc vocation à les étudier et à rendre compte de leur travail. Et après tout pourquoi pas ? Une sociologie des sciences ou de la philosophie est assurément possible. Mais la sociologie ne saurait pour autant nous apprendre ce que sont le cerveau ou l'univers, ni quelle philosophie est la meilleure ou la plus vraie. D'ailleurs l'argument vaudrait aussi bien, ou aussi mal, dans l'autre sens. Le sociologue a un cerveau et fait partie de l'univers : c'est donc aux neurobiologistes et aux physiciens, pourrait suggérer tel ou tel, de nous dire ce qu'il en est de la société et de la sociologie. Tous ces *ismes* sont ridicules, et se détruisent mutuellement.

Au reste, le sociologisme, même à le considérer isolément, s'enferme dans une aporie comparable à celles du biologisme ou du psychologisme. Si tout est déterminé socialement, la sociologie l'est aussi : ce n'est qu'un fait social comme un autre, qui n'a pas plus de valeur que n'importe quelle idéologie. Que reste-t-il du sociologisme ? Pour que la sociologie puisse prétendre à la vérité, il faut que la raison, qu'elle met en œuvre, lui échappe – que la vérité *ne soit pas* un fait social. À la gloire du rationalisme, qui est la seule doctrine dont Durkheim ait accepté de se réclamer (*Les règles de la méthode sociologique*, Préface de la 1re éd.)

SOI Le sujet, considéré dans son objectivité. Cette contradiction le rend insaisissable, voire impossible. Le bouddhisme enseigne qu'il n'y a pas de soi, ni en moi (pas d'*atman*) ni en tout (pas de *Brahman*). Il n'y a que des agrégats et des processus, qui sont tous conditionnés et impermanents. C'est dire que le sujet n'est pas une substance, mais une histoire. Pas une essence, mais un accident. Pas un principe mais un résultat, toujours éphémère. Tel est aussi l'esprit, me semble-t-il, de nos sciences humaines. Cela met l'amour de soi à sa place, qui n'est pas la première.

SOLIDARITÉ L'abus du mot, depuis des années, tend à lui faire perdre toute signification rigoureuse. Ce n'est le plus souvent qu'une générosité qui n'ose pas dire son nom (par exemple quand on donne de l'argent à une organisation humanitaire) ou qui ne sait se manifester que sous la contrainte (par exemple quand on crée un Impôt de Solidarité sur la Fortune). Mais pourquoi faudrait-il avoir honte – quand on l'est, et on l'est si rarement – d'être généreux ? Et comment la contrainte pourrait-elle suffire à la solidarité ?

À parler de solidarité à tout bout de champ, nos politiques et nos belles âmes la vident de tout contenu. C'est, avec la tolérance, la vertu *politiquement correcte* par excellence. Cela ne la condamne pas, mais rend son usage malaisé. Ce n'est plus un concept, c'est un slogan. Plus une idée, un idéal. Plus un outil, une incantation. On voudrait l'abandonner aux meetings ou aux journaux. On aurait tort. La confusion du langage, même politiquement correcte, est toujours politiquement dangereuse.

Mieux vaut revenir au sens précis du mot, tel que le suggère l'étymologie. *Solidaire* vient du latin *solidus*. Dans un corps solide, les différentes parties sont solidaires en ceci qu'on ne peut agir sur l'une sans agir aussi sur les autres. Par exemple une boule de billard : un choc sur un seul de ses points fait rouler la boule entière. Ou dans un moteur : deux pièces, même séparées l'une de l'autre, sont solidaires si elles ne peuvent bouger qu'ensemble. La solidarité n'est pas d'abord un sentiment, encore moins une vertu. C'est une cohésion interne ou une dépendance réciproque, l'une et l'autre objectives et dépourvues, au moins en ce premier sens, de toute visée normative. Une boule de billard ovale serait sans doute moins commode, mais n'en serait pas moins solide pour autant.

C'est ce qui donne son sens, dans le latin juridique, à l'expression *« in solido »*, qui signifie en bloc ou pour le tout. Des débiteurs sont solidaires quand chacun peut être tenu pour responsable (au cas où les autres s'avéreraient insolvables) de la totalité de la somme empruntée. C'est bien sûr une garantie, pour le prêteur, et un risque, pour chacun des emprunteurs. Par exemple dans un couple marié sous le régime de la communauté des biens : chacun des deux époux peut se trouver ruiné, sans l'avoir voulu, par les dettes de l'autre, quand bien même elles auraient été faites à son insu ou contre sa volonté. Les époux sont donc financièrement solidaires : responsables, ensemble et pour le tout, de ce qui peut leur arriver, même séparément, ou de ce que peut faire, même seul, l'un d'entre eux.

Mais le mot va bien au-delà de cette acception purement juridique. Deux individus sont objectivement solidaires, si ce qu'on fait à l'un agit aussi, inévitablement, sur l'autre (par exemple parce qu'ils ont les mêmes intérêts), ou si ce que l'un fait engage également le second. C'est ce qui fonde le syndicalisme : chacun y défend ses intérêts, mais en défendant aussi ceux des autres. C'est ce qui fonde le mutualisme, spécialement face au danger, et donc toutes nos compagnies d'assurance (chacune est fondée, même quand elle est purement capitaliste, sur la mutualisation des risques). Un mauvais conducteur, dans une mutuelle, fait perdre de l'argent à tous les sociétaires ; mais même les meilleurs sont protégés par les cotisations de tous : qu'on vole sa voiture à l'un d'entre eux, les autres paieront, ou plutôt ont déjà payé, pour la lui rembourser.

C'est où la différence entre la *générosité* et la *solidarité* apparaît le mieux. Faire preuve de générosité, c'est agir en faveur de quelqu'un *dont on ne partage pas les intérêts* : vous lui faites du bien sans que cela vous en fasse à vous, voire à vos dépens ; vous le servez sans que cela vous serve. Par exemple quand vous donnez dix francs au SDF qui fait la manche (dix francs ? tant que ça ?) : il a dix francs de plus, vous avez dix francs de moins. Ce n'est pas solidarité, c'est générosité. Vous auriez tort d'en avoir honte, mais tort aussi de vous en contenter. Car enfin le SDF n'en reste pas moins SDF pour autant. Et qui serait assez généreux pour l'héberger ou lui payer un loyer ?

Faire preuve de solidarité, à l'inverse, c'est agir en faveur de quelqu'un *dont on partage les intérêts* : en défendant les siens, vous défendez aussi les vôtres ; en défendant les vôtres, vous défendez les siens. Par exemple quand des salariés font grève pour réclamer une augmentation de salaire : ils la demandent pour tous, mais chacun sait bien qu'il se bat aussi pour lui-même. Il en va de même quand vous adhérez à un syndicat, quand vous souscrivez une police d'assurance ou quand vous payez votre tiers provisionnel. Vous savez bien que vous y trouvez votre compte (même si, s'agissant des impôts, il faut qu'un système de contrôles et de sanctions possibles vous aide à vous persuader que c'est bien votre intérêt de les payer...). Ce n'est pas générosité ; c'est solidarité. Vous auriez tort, là encore, d'en avoir honte, mais tout autant de vous en contenter. Car enfin vous n'êtes pas encore sorti de l'égoïsme. Combien de salauds syndiqués, assurés, et qui payent leurs impôts strictement ?

La générosité, dans son principe, est désintéressée. Aucune solidarité ne l'est. Être généreux, c'est renoncer, au moins en partie, à ses intérêts. Être solidaire, c'est les défendre avec d'autres. Être généreux, c'est se libérer, au moins partiellement, de l'égoïsme. Être solidaires, c'est être égoïstes ensemble et intelligemment (plutôt que bêtement, chacun pour soi ou les uns contre les autres). La générosité est le contraire de l'égoïsme. La solidarité serait plutôt sa socialisation efficace. C'est pourquoi la générosité, moralement, vaut mieux. Et c'est pourquoi la solidarité, socialement, politiquement, économiquement, est beaucoup plus importante. Qui ne met l'abbé Pierre plus haut que la moyenne des syndiqués, des assurés, des contribuables ? Et qui ne compte, pour défendre ses propres intérêts, sur l'État, les syndicats et les assurances, davantage que sur la sainteté ou la générosité de son prochain ? Cela n'empêche pas l'abbé Pierre, faut-il le préciser, de s'assurer, de se syndiquer ni de payer des impôts, ne serait-ce que la TVA, à laquelle nul n'échappe – pas plus que cela ne dispense un contribuable assuré et syndiqué de faire preuve, parfois, de générosité... Mais les deux concepts, sans être en rien incompatibles, n'en restent pas moins différents.

S'il fallait compter sur la générosité des uns et des autres pour que tous les malades puissent se soigner, des millions d'entre eux mourraient sans soins. Au lieu de quoi on a inventé une chose très simple, au moins moralement, bien plus modeste que la générosité, et bien plus efficace : la Sécurité sociale, et spécialement l'assurance maladie. Nous n'en sommes pas moins égoïstes pour autant. Mais nous en sommes mieux soignés.

Nul ne cotise à la Sécu par générosité. Il le fait par intérêt, fut-il contraint (merci l'URSSAF), mais ne peut les défendre efficacement, dans une société solidaire, qu'en défendant aussi et par là même ceux des autres.

Nul ne souscrit une assurance par générosité. Nul ne paye ses impôts par générosité. Et quel étrange syndicaliste ce serait, celui qui ne se syndiquerait que par générosité ! Pourtant la Sécu, les assurances, les syndicats et la fiscalité ont fait beaucoup plus, pour la justice et la protection des plus faibles, que le peu de générosité dont parfois nous sommes capables.

Primauté de la générosité ; primat de la solidarité. La générosité, pour l'individu, est une vertu morale ; la solidarité, pour le groupe, une nécessité économique, sociale, politique. La première, subjectivement, vaut mieux. Mais elle est objectivement à peu près sans portée. La seconde, moralement, ne vaut guère ; mais elle est, objectivement, beaucoup plus efficace.

C'est où morale et politique divergent. La morale nous dit à peu près : puisque nous sommes tous égoïstes, essayons de l'être un peu moins. La politique dirait plutôt : puisque nous sommes tous égoïstes, essayons de l'être ensemble et intelligemment ; essayons de développer entre nous des convergences objectives d'intérêts, qui puissent aussi, subjectivement, nous rassembler (par quoi la solidarité, de nécessité qu'elle est d'abord, peut devenir aussi une vertu civique ou politique). La morale prône la générosité. La politique impose et justifie la solidarité. C'est pourquoi on a besoin des deux, bien sûr, mais *plus encore de politique.* Qu'est-ce qui vaut mieux ? Vivre dans une société où tous les individus sont égoïstes, quoique inégalement, ou vivre dans une société sans État, sans assurances, sans syndicats, sans Sécurité sociale ? Autant se demander si la civilisation vaut mieux que l'état de nature, le progrès mieux que la barbarie, ou la solidarité mieux que la guerre civile.

Je reviens à nos SDF. Beaucoup nous vendent des journaux dans le métro. Quand vous en achetez un, est-ce générosité ou solidarité ? Cela dépend de vos motivations, qui peuvent être mêlées. Mais, pour simplifier, on peut dire que c'est surtout solidarité si vous y trouvez votre intérêt. Pourquoi l'y trouvez-vous ? Parce que vous vous mettez à la place du SDF ? Ce serait compassion plutôt que solidarité. Parce que vous vous dites que l'existence de ces journaux vous permettra, si vous venez à perdre votre emploi, d'en vendre à votre tour ? C'est douteux, puisque cette possibilité ne dépend presque aucunement du fait que vous achetiez ou non ce journal aujourd'hui. Le plus vraisemblable, c'est que vous n'y trouverez votre intérêt que si le journal en question est… intéressant. Si vous pensez que c'est le cas, par exemple parce que vous avez l'habitude de le lire et trouvez qu'il est bien fait, vous l'achetez par intérêt : c'est solidarité, non générosité. Si ce n'est pas le cas, si vous savez d'avance que ce journal vous tombera des mains, si vous ne l'achetez que pour faire plaisir au SDF ou lui rendre service, c'est générosité et non plus solidarité. Qu'est-ce qui vaut mieux ? Moralement, c'est bien sûr la générosité. Mais celle-ci ne règle en rien la question de l'exclusion ou de la précarité. Le SDF a quelques francs de plus, vous quelques francs de moins ; il n'en est pas moins exclu, ni la société moins injuste. Mieux vaudrait que ces journaux deviennent de bons journaux, que des millions de lecteurs les achètent par intérêt, comme quand nous achetons nos quotidiens ou nos magazines habituels, autrement dit par égoïsme. Moralement, ce serait moins méritoire. Mais socialement, beaucoup plus efficace : le vendeur ne serait plus un exclu, mais un marchand de journaux.

C'est le plus étonnant à penser. Quand j'achète mon journal chez le libraire, ni lui ni moi n'agissons par générosité – pas plus d'ailleurs que les journalistes ou les propriétaires du journal. Nous y cherchons tous notre intérêt, mais nous ne pouvons le trouver que dans la mesure où ces intérêts convergent, au moins pour une part, et c'est ce qu'ils font en effet (le journal, autrement, aurait déjà disparu). C'est en quoi la Presse est aussi un marché (voir ce mot), et cela, loin de la condamner, est ce qui la sauve. Tout marché fonctionne à l'égoïsme. Mais il ne peut fonctionner efficacement et durablement qu'à la condition de créer ou de maintenir des convergences objectives (qui peuvent éventuellement devenir aussi subjectives) d'intérêts. L'égoïsme est le moteur, en chacun. La solidarité la régulation, pour tous.

Libéralisme ? Pourquoi faudrait-il avoir peur du mot ? Dans une société de marché, les journaux sont toujours plus intéressants que dans une société collectiviste. Cela vaut, l'expérience le prouve, pour toute marchandise. Les vêtements sont toujours de meilleure qualité si marchands et fabricants y trouvent leur intérêt. Il faudra donc qu'ils le trouvent, et le marché, dans ce domaine, s'est avéré autrement efficace que la planification et les contrôles (qui débouchent, presque inévitablement, sur le marché noir). Mais on aurait tort, évidemment, de croire que le marché puisse suffire à tout : d'abord parce qu'il ne vaut que pour les marchandises (or la liberté n'en est pas une, ni la justice, ni la santé, ni la dignité...) ; ensuite parce qu'il ne saurait suffire à sa propre régulation. Que deviendrait le commerce, sans un droit du commerce ? Et comment ce droit lui-même serait-il une marchandise ? Comment serait-il à vendre ? Et comment pourrait-il suffire, s'agissant de ce qui ne s'achète pas ? On le voit, là encore, dans la Presse. L'abandonner purement et simplement aux lois du marché, c'est mettre en cause son indépendance (face au pouvoir de l'argent), sa qualité, sa diversité, son pluralisme. On a donc inventé un certain nombre de garde-fous, de même que des aides à la Presse, qui ne suppriment pas les phénomènes de marché (un journal sans lecteurs aura toujours du mal à survivre, et c'est très bien ainsi), mais qui les modèrent ou en limitent les effets. L'information est aussi une marchandise. Mais la liberté d'information n'en est pas une. Un journal s'achète. La liberté des journalistes et des lecteurs, non.

Cela vaut aussi pour la santé, pour la justice, pour l'éducation, et même, au moins pour une part, pour la nourriture ou le logement. Aucun de ces phénomènes n'échappe totalement au marché. Aucun, sauf à renoncer à la protection des plus faibles, ne peut lui être totalement abandonné. Le marché crée de la solidarité, mais il crée aussi de l'inégalité, de la précarité, de l'exclusion. C'est pourquoi nous avons besoin d'un État, d'un droit du commerce, d'un droit social, d'un droit de la Presse, etc., mais aussi de syndicats, d'associations, d'organismes paritaires de contrôle et de gestion... Le marché est plus efficace qu'une économie administrée. Mais la loi de tous (la démocratie) vaut mieux que la loi de la jungle. La Sécu est plus efficace, socialement, que la générosité. Mais aussi plus juste, politiquement, que de simples assurances privées. C'est où les ultra-libéraux se trompent. Que le marché crée de la solidarité, cela n'implique pas qu'il y suffise. C'est où le collectivisme se trompe. Que le marché ne suffise pas à la solidarité, cela ne veut pas dire que celle-ci puisse se passer de celui-là. À la gloire de la politique, des syndicats et de la Sécu.

SOLIPSISME C'est ne croire qu'en sa propre existence : considérer qu'on est soi-même *(ipse)* le seul *(solus)* existant... Le fait est que tout le reste, n'étant connu que par les sensations, reste en quelque chose douteux, alors que le *moi* semble pouvoir se recommander de la certitude immédiate du *cogito*. La doctrine, pour irréfutable qu'elle soit, n'en reste pas moins invraisemblable : comment expliquer l'existence du moi, si rien d'autre n'existe ? Aussi le solipsisme n'a-t-il pas de partisans. C'est moins une doctrine qu'un problème, pour les philosophes idéalistes. Si on part du sujet, comment en sortir ?

SOLITUDE Ce n'est pas la même chose que l'isolement. Être isolé, c'est être coupé des autres : sans relations, sans amis, sans amours. État anormal, pour l'homme, et presque toujours douloureux ou mortifère. Alors que la solitude est notre condition ordinaire : non parce que nous n'avons pas de relations avec autrui, mais parce que ces relations ne sauraient abolir notre solitude essentielle, qui tient au fait que nous sommes seuls à être ce que nous sommes et à vivre ce que nous vivons. « Dans la mesure où nous sommes seuls, écrit Rilke, l'amour et la mort se rapprochent. » Non qu'il n'y ait pas d'amour, ou qu'on soit seul à mourir ; mais parce que personne ne peut mourir ou aimer à notre place. C'est pourquoi « on mourra seul », disait Pascal : non parce qu'on devrait mourir isolé (du temps de Pascal, ce n'était presque jamais le cas : il y avait ordinairement un prêtre, la famille, des amis...), mais parce que personne ne peut mourir à notre place. C'est pourquoi on vit seul, toujours : parce que personne ne peut vivre à notre place. Ainsi l'isolement est l'exception ; la solitude, la règle. C'est le prix à payer d'être soi.

SOMMEIL C'est comme une suspension périodique de la vigilance et de l'activité : le corps se fait presque immobile, l'esprit se ralentit, la conscience s'oublie ou se regarde rêver... La vie fatigue et tue ; seul le sommeil nous permet de survivre, au moins un temps. Aussi est-il « le premier besoin de l'homme, disait Alain, plus pressant même que la faim, et qui suppose société et veilleurs à tour de rôle, d'où toutes les institutions de police ». Il faut que les uns montent la garde, pendant que les autres dorment : la société est fille de la peur, disait encore Alain, davantage que de la faim ; et du sommeil, ajouterais-je, davantage que de l'ambition.

SOMNOLENCE Un état intermédiaire entre la veille et le sommeil, qui peut indifféremment préparer celui-ci ou celle-là, mais aussi, parfois, nous en séparer. Elle peut être délicieuse ou insupportable, selon les exigences du moment : c'est ce qui distingue l'insomnie de la grasse matinée, et l'extrême fatigue du repos. « Il arrive que la somnolence soit volontaire, remarquait Alain ; c'est alors un moyen de se reposer tout en restant ouvert aux signes. » Mais aussi qu'elle s'impose à nous, et nous enferme.

SONGES Un autre mot, plus littéraire, pour dire les rêves. L'âme y est en liberté, remarque Voltaire, et elle est folle. C'est qu'elle a perdu les rails du réel. Heureusement que le réveil nous rend la raison en nous rendant au monde.

SOPHIA La sagesse théorique ou contemplative. Se distingue par là de la *phronèsis* (la prudence, la sagesse pratique). C'est une différence que le français ne fait pas, et il a raison : la vraie sagesse serait la conjonction des deux.

SOPHISME C'était à Montpellier, il y a une quinzaine d'années, dans la cour, transformée en amphithéâtre, d'un bel hôtel particulier du XVIIIe siècle. Je participais cet été-là, dans le cadre d'un festival organisé par France-Culture, à un débat sur la religion, retransmis en direct par la radio. Mon propos ou mon athéisme agacent l'un des participants : « Je me demande de quel droit vous pouvez parler de religion, me lance-t-il, puisque vous ne croyez pas en Dieu ! »

L'argument, qui me paraît sophistique, m'agace à mon tour. Je lui réponds : « Autant dire qu'il faut, pour pouvoir parler légitimement de la musique de Beethoven, être sourd, sous prétexte que Beethoven, lui, l'était ! » Rires sur les gradins : j'avais marqué un point. Pourtant je voyais bien que ma riposte était sophistique, au moins autant que l'attaque de l'autre, ou plutôt davantage (ce n'était dans sa bouche, selon toute vraisemblance, qu'un paralogisme). Mon excuse, outre l'éventuelle drôlerie de la chose, était de n'en être pas dupe, ni d'essayer vraiment de duper : c'était polémique plutôt qu'argumentation, défense plutôt qu'attaque, ironie plutôt que pensée. Enfin il faisait très beau et nous étions en vacances : un sophisme, entre intellectuels, peut faire parfois, dans certaines circonstances choisies, un divertissement acceptable. Toutefois il convient de ne pas en abuser, sans quoi ce n'est plus débat mais combat, plus pensée mais cirque. Je suis revenu bien vite à des choses plus sérieuses. Si seuls les croyants pouvaient parler de religion, comment un athée pourrait-il justifier son athéisme, et pourquoi organiser, entre croyants et incroyants, un débat ?

Qu'est-ce qu'un sophisme ? C'est une faute volontaire, dans un raisonnement (par différence avec le paralogisme, faute involontaire), qui vise à tromper ou à embarrasser. Il est sans valeur quant au fond, sinon parfois par les difficultés qu'il fait paraître. C'est une arme plus qu'une pensée, et à double tranchant : c'est jouer avec la vérité, ou plutôt avec son apparence, au lieu de la servir. Mes excuses, donc, cher collègue, pour ce sophisme d'il y a quinze ans.

SOPHISTE Celui qui fait profession de sagesse *(sophia)* ou de sophismes. Double faute : la sagesse n'est pas un métier ; un sophisme n'est ni une preuve ni une excuse. Le mot, en ce sens, est toujours péjoratif : le sophiste, c'est celui qui cherche moins la vérité que le pouvoir, le succès ou l'argent. C'est contre eux que Socrate inventa, ou réinventa, la philosophie.

En un autre sens, plus large et plus neutre, on peut appeler *sophiste* toute personne qui se réclame de la sophistique (voir ce mot) ou en relève, à commencer par ses fondateurs (Protagoras, Gorgias, Prodicos, Antiphon...). C'est alors une catégorie historique, non polémique. Elle ne saurait pourtant nous dispenser, philosophiquement, de nous situer par rapport à eux. Qu'ils fassent partie de l'histoire de la philosophie, c'est entendu. Mais cette histoire n'a jamais dispensé personne de philosopher. La mode, depuis plusieurs décennies, est à la réhabilitation des sophistes. Réhabilitation sans doute légitime. Mais faut-il pour autant, comme faisait Nietzsche, donner tort à Socrate ?

SOPHISTIQUE Toute pensée qui se soumet à autre chose qu'à la vérité, ou qui soumet la vérité à autre chose qu'à elle-même. C'est considérer que la vérité n'est qu'une valeur comme une autre, réductible comme telle au point de vue, à l'évaluation ou aux désirs qui la gouvernent. Le mot, en ce sens, relève du langage technique : il est sans visée péjorative. Que Protagoras et Nietzsche soient des sophistes, cela n'empêche pas qu'ils soient aussi des génies. Toutefois cela m'empêche de les suivre absolument. « Qu'un jugement soit faux, écrit Nietzsche, ce n'est pas, à notre avis, une objection contre ce jugement. [...] Le tout est de savoir dans quelle mesure ce jugement est propre à promouvoir la vie, à l'entretenir, à conserver l'espèce, voire à l'améliorer » (*Par-delà le bien et le mal*, I, 4). Sophistique vitaliste. Qu'un jugement soit faux, c'est au contraire pour moi une très forte objection contre ce jugement ; et qu'il soit favorable à l'espèce n'y change rien.

SORCELLERIE Une magie mauvaise ou rituelle. On remarquera que le sorcier est du côté du rite ; la sorcière, du côté du mal. Même la superstition est machiste.

SOTTISE « Le mal le plus contraire à la sagesse, disait Alain, c'est exactement la sottise, j'entends l'erreur par précipitation ou prévention » (*Éléments de philosophie*, VI, 8). La sottise se distingue par là de la bêtise, qui serait plutôt le contraire de l'intelligence et se trompe par lenteur ou incapacité.

SOUCI C'est la mémoire de l'avenir, mais inquiète plutôt que confiante. Disposition essentielle à l'homme, en tant qu'il est esprit (donc mémoire) et fragilité (donc inquiétude). Heidegger avait raison de faire du souci une structure originaire du *Dasein*, toujours projeté en avant de soi, toujours préoccupé, toujours tourné vers l'avenir ou la mort. Mais les Grecs n'avaient pas tort d'y voir le contraire de la sagesse. Il est essentiel aux humains, et à eux seuls, de n'être pas des sages. C'est pourquoi ils ont à philosopher : pour se rapprocher de la sagesse, au moins un peu, en s'éloignant d'eux-mêmes. En devenant moins humains ? Non pas. Mais en devenant moins égoïstes, moins inquiets, moins soucieux – en s'ouvrant davantage au présent, à l'action et à tout.

SOUHAIT La formulation d'une espérance. Aussi ne souhaite-t-on que ce qui ne dépend pas de nous. C'est comme une prière, mais sans Dieu. Superstition, ou politesse. On peut se passer de la première, non de la seconde.

SOUVERAIN Le plus grand : celui qui l'emporte, ou doit l'emporter, sur tous les autres. Par exemple le souverain bien : ce serait le bien le plus grand, ou le bien ultime (vis-à-vis duquel les autres biens ne seraient que des moyens). Ainsi le bonheur, selon Aristote, le plaisir, selon Épicure, ou la vertu, selon les stoïciens. Le vrai souverain bien, s'il était possible, serait plutôt la conjonction des trois.

Quand il est utilisé seul et comme substantif, le mot fait presque toujours référence à la politique : il désigne le plus grand de tous les pouvoirs, dans un territoire donné, le pouvoir premier (d'où les autres procèdent) ou ultime (celui qui a les moyens, au moins en droit, de s'imposer à tous les autres). Concrètement, le souverain, c'est celui qui *fait la loi*, comme on dit, ou qui désigne ceux qui la font. Tel est le sens du mot chez Hobbes : le souverain est le dépositaire de l'autorité publique, à laquelle tous, par le pacte social, ont convenu de se soumettre ; c'est en lui que réside « l'essence de la République » (*Léviathan*, XVII et XVIII). Tel est le sens du mot chez Rousseau : le souverain est la République elle-même, en tant qu'elle est active (*Contrat social*, I, 7), et cette souveraineté « consiste essentiellement dans la volonté générale », qui s'exprime par la loi (*ibid.*, III, 15).

Le souverain peut prendre des formes différentes : ce peut être Dieu ou le clergé, dans une théocratie, un roi, dans une monarchie absolue, un groupe, dans une aristocratie, ou bien, et c'est évidemment préférable, le peuple entier, dans une démocratie – quand bien même il n'exercerait cette souveraineté, comme presque toujours et malgré Rousseau, que par la médiation de ses représentants. C'est bien clairement l'esprit de nos institutions, tel qu'il est énoncé par l'article 3 de la Constitution de 1958 : « La souveraineté nationale appartient au peuple, qui l'exerce par ses représentants et par la voie du référendum. » Mais Hobbes, partisan de la monarchie absolue, a bien montré qu'il n'y a de monarchie ou d'aristocratie (et même, ajouterais-je, de théocratie) qu'à la condition que le peuple d'abord y consente ; si bien que « c'est le peuple qui règne, précise-t-il, en quelque sorte d'État que ce soit » (*De Cive*, XII, 8 ; voir aussi VII, 11). C'est ce qui donne raison aux démocrates (« la démocratie, dira Marx, est l'essence de toute constitution politique » : *Critique de la philosophie politique de Hegel*, I, a), mais qui ne suffit pas à assurer leur triomphe. Combien de peuples ont préféré se soumettre ou se démettre ?

La souveraineté, en droit, ne peut être qu'absolue. Elle cesserait autrement d'être souveraine. Non, certes, que le peuple, dans une démocratie, ait tous les droits. Mais parce qu'il est seul à même de les délimiter (par la constitution, par la loi) et reste maître de modifier cette délimitation (toute constitution démocratique prévoit les modalités démocratiques de changement de la constitution ; sans quoi ce ne serait plus le peuple qui serait souverain mais la constitution : on ne serait plus en démocratie mais en *nomocratie*). C'est pourquoi la démocratie n'est jamais une garantie, fût-ce contre le pire ; l'histoire, hélas, le montre assez.

Mais toute souveraineté, en fait, reste relative : c'est où l'on sort du droit pour rentrer dans la politique, d'où le droit sort. C'est ce qu'ont compris Machiavel et Spinoza. La souveraineté n'est qu'une abstraction, certes nécessaire, mais qui n'en reste pas moins abstraite pour autant. La vérité, c'est qu'il n'y a que des pouvoirs, toujours finis, toujours multiples, qui se contrecarrent mutuellement – que des forces et des rapports de forces.

De là l'idée, chez Montesquieu et les libéraux, de la séparation des pouvoirs. Idée légitime. Mais qui ne saurait annuler ni l'unicité de la souveraineté (la République une et indivisible) ni la multiplicité mouvante des rapports de forces. Entre les deux, le suffrage universel, qui est la souveraineté en acte. C'est la mesure, en même temps que l'effectuation toujours recommencée, d'un rapport de forces. Aucune souveraineté ne saurait dispenser les démocrates de gagner les élections. À la gloire des partis et des militants.

SPÉCISME Ce serait l'équivalent du racisme, mais appliqué aux rapports entre les espèces. Serait *spéciste* toute personne considérant que les animaux, hommes compris, ne sont pas tous égaux en droits et en dignité. La notion, qui part de bons sentiments (respecter les droits des animaux), est pourtant dangereuse : c'est trop gommer la différence entre les humains et les bêtes. Différence de degré, à ce que je crois, plutôt que de nature, mais qui justifie qu'on les traite en effet différemment. « Si l'on n'avait pas mis les animaux dans des wagons à bestiaux, me dit un jour une collègue, Hitler n'y aurait pas mis les Juifs. » Sans doute. Mais cela ne fait pas du commerce de la viande l'équivalent du nazisme, ni du nazisme un commerce.

SPIRITISME C'est la croyance aux esprits, qui seraient les âmes des morts, et la prétention de les faire parler. Spiritualisme superstitieux, ou superstition spiritualiste. L'étonnant n'est pas tant qu'une table puisse tourner sans raison apparente (il y a bien d'autres mystères autrement étonnants), mais que de bons esprits puissent prendre au sérieux ce qu'elle aurait à nous dire, qui est en général d'une platitude désolante. On remarquera avec intérêt que la table, quand c'est Victor Hugo qui la faisait tourner, parlait en alexandrins. Mais aussi qu'elle n'a rien produit qui puisse se comparer sérieusement aux *Contemplations* ou à *La légende des siècles*.

SPIRITUALISME Toute doctrine qui affirme l'existence de substances pensantes immatérielles, autrement dit d'esprits irréductibles à quelque corps que ce soit. Le spiritualisme est le plus souvent dualiste. Il admet deux types de substances, l'esprit et la matière, ou l'âme et le corps, qui seraient en l'homme à la fois ontologiquement distinctes et intimement unies : ainsi chez Descartes ou Maine de Biran. Mais il peut arriver qu'il soit moniste, s'il ne reconnaît l'existence que de substances spirituelles : c'est le cas, spécialement, chez Leibniz ou Berkeley.

SPIRITUALISTES Ce sont ces gens qui prennent leur esprit ou leur âme au sérieux : ils croient porter l'absolu au chaud de leur conscience ! Cela ne les dispense pas d'avoir un corps. Mais justement : ils l'*ont*, ce qui suppose qu'ils soient autres que lui. Il est vrai qu'ils diraient aussi bien : « J'ai une âme ». Mais quel est alors ce *je* qui posséderait et leur âme et leur corps ? La somme des deux ? Mais alors il ne serait plus *un*. Autre chose ? Mais alors ils ne seraient plus spiritualistes. Ce qu'ils pensent, me semble-t-il, c'est plutôt que leur âme a un corps, que leur corps a une âme, et qu'ils sont, eux, cette âme ou cet esprit qu'ils connaissent de l'intérieur, dont leur corps serait l'objet le plus proche, le plus immédiat, le plus indissociable, mais qui n'en serait pas moins *objet* pour autant. Philosophes du sens intime, et du sens tout court.

SPIRITUALITÉ La vie de l'esprit. On se trompe si on la confond avec la religion, qui n'est qu'une des façons de la vivre. Ou avec le spiritualisme, qui n'est qu'une des façons de la penser. Pourquoi les croyants auraient-ils seuls un esprit ? Pourquoi sauraient-ils seuls s'en servir ? La spiritualité est une dimension de la condition humaine, non le bien exclusif des Églises ou d'une école.

Une spiritualité laïque ? Cela vaut mieux qu'une spiritualité cléricale, ou qu'une laïcité sans esprit.

Une spiritualité sans Dieu ? Pourquoi non ? C'est ce qu'on appelle traditionnellement la sagesse, du moins l'une de ses formes. Pourquoi faudrait-il croire en Dieu pour que l'esprit en nous soit vivant ?

Le mot vient du latin *spiritus*, que les Grecs pouvaient traduire par *psukhê* (l'étymologie, dans les deux langues, fait référence au souffle vital, à la respiration) aussi bien que par *pneuma*. C'est dire que la frontière, entre le spirituel et le psychique, est poreuse. L'amour, par exemple, peut appartenir aux deux. La religion peut appartenir aux deux. La foi est un objet psychique comme un autre. Mais c'est aussi une expérience spirituelle. Disons que tout ce qui est spirituel est psychique, mais que tout ce qui est psychique n'est pas spirituel. Le psychisme est l'ensemble, dont la spiritualité serait le sommet ou la pointe. En pratique, en effet, on parle de spiritualité pour la partie de la vie psychique qui semble la plus élevée : celle qui nous confronte à Dieu ou à l'absolu, à l'infini ou au tout, au sens ou au non-sens de la vie, au temps ou à l'éternité, à la prière ou au silence, au mystère ou au mysticisme, au salut ou à la contemplation. C'est pourquoi les croyants y sont tellement à l'aise. C'est pourquoi les athées en ont tellement besoin.

La spiritualité, pour les croyants, a un objet clairement défini (quoiqu'il soit inconnaissable), qui serait un sujet, qui serait Dieu. La spiritualité est alors une rencontre, un dialogue, une histoire d'amour ou de famille. « Mon Père », disent-ils. Est-ce spiritualité ou psychologie ? Mystique ou affectivité ? Religion, ou infantilisme ?

L'athée est plus démuni ou moins puéril. Ce n'est pas un Père qu'il cherche, ni qu'il trouve. Ce n'est pas un dialogue qu'il instaure. Pas un amour qu'il rencontre. Pas une famille qu'il habite. Mais l'univers. Mais l'infini. Mais le silence. Mais la présence de tout à tout. Non une transcendance, donc, mais l'immanence. Non un Dieu mais l'universel devenir, qui le contient et l'emporte. Non un sujet, mais l'universelle présence. Non un Verbe ou un sens, mais l'universelle vérité. Qu'il n'en connaisse qu'une infime partie, cela n'empêche pas qu'elle le contienne tout entier.

Une spiritualité sans Dieu ? Ce serait une spiritualité de l'immanence plutôt que de la transcendance, de la méditation plutôt que de la prière, de l'unité plutôt que de la rencontre, de la fidélité plutôt que de la foi, de l'enstase plutôt que de l'extase, de la contemplation plutôt que de l'interprétation, de l'amour plutôt que de l'espérance, et qui n'en déboucherait pas moins sur une mystique, telle que je l'ai définie, c'est-à-dire sur une expérience de l'éternité, de la plénitude, de la simplicité, de l'unité, du silence... Je ne l'ai vécu, s'agissant de ces derniers états, que très exceptionnellement. Mais assez, toutefois, pour que ma vie en soit définitivement transformée. Et pour que le mot de *spiritualité* cesse de me faire peur.

SPONTANÉITÉ Ce qui vient de soi-même (*sponte sua*, de sa propre initiative), non d'une force extérieure ou d'une contrainte. Un synonyme de volontaire ? Pas tout à fait, puisqu'une conduite instinctive ou passionnelle peuvent être spontanées, sans que la volonté y soit pour rien et parfois contre elle. Et puisqu'un acte volontaire peut n'être pas spontané (quand je cède à la pression ou à la contrainte, j'agis bien volontairement, non spontanément : par exemple quand je donne mon portefeuille à l'individu armé qui me menace). La spontanéité est plutôt du côté de l'action ou de la réaction immédiates, du désir ou de l'impulsion irréfléchis, sans autre contrainte que soi, sans autre source que soi, et qu'il y ait ou non contrôle conscient et délibéré. La volonté peut en naître, point s'en contenter.

STOÏCIEN Qui se réclame du stoïcisme. Cela n'a jamais suffi pour être stoïque.

STOÏCISME École philosophique de l'Antiquité, fondée par Zénon de Citium, renouvelée par Chrysippe, prolongée par Sénèque, Épictète et Marc Aurèle. Son nom vient du lieu (un portique : *stoa*) où Zénon enseignait. C'est dire que le fondateur n'a pas donné son nom à l'école : les stoïciens se voulaient avant tout disciples de Socrate et des cyniques, dont ils systématisent l'enseignement. Platon voyait en Diogène un « Socrate devenu fou » ; Zénon serait plutôt un Diogène devenu raisonnable.

Le stoïcisme est un matérialisme volontaire et volontariste : il ne reconnaît l'existence que des corps et n'attache de valeur qu'aux volontés. Tout ce qui ne dépend pas de nous est moralement indifférent ; seul ce qui en dépend peut être bien ou mal. Seule la vertu vaut donc absolument, et c'est elle, non le plaisir, qui fait le bonheur. Le moralisme des stoïciens est ainsi à l'opposé de l'hédonisme épicurien, comme leur physique continuiste est à l'opposé de l'atomisme. Ce sont pourtant deux rationalismes. Mais la raison stoïcienne ne se contente pas d'expliquer, comme fait l'épicurienne : elle juge, elle commande, elle gouverne le sage comme le monde. C'est qu'elle est Dieu, ou ce qu'il y a de divin en tout. De là cette piété stoïcienne, qui est un fatalisme mais libérateur, et un panthéisme, mais à visée humaniste. Tout est rationnel ; à nous de devenir raisonnables. Tout est juste ; à nous d'agir avec justice. C'est aussi un cosmopolitisme. « La raison, qui fait de nous des êtres raisonnables, nous est commune, écrit Marc Aurèle : c'est elle qui ordonne ce qui est à faire ou non ; par conséquent, la loi aussi est commune ; s'il en est ainsi, nous sommes concitoyens : nous vivons ensemble sous un même gouvernement, le monde est comme une cité ; car à quel autre gouvernement commun pourrait-on dire que tout le genre humain est soumis ? » (*Pensées pour moi-même*, IV, 4). C'est enfin un actualisme : « Seul le présent existe », disait Chrysippe, et il suffit seul au salut. Il n'y a donc rien à espérer : il s'agit de vouloir, pour tout ce qui dépend de nous, et de supporter, pour tout ce qui n'en dépend pas. École de courage, de lucidité, de sérénité. Aussi appelle-t-on *stoïcisme*, en un sens élargi, tout ce qui semble relever d'une telle attitude. C'est qu'on peut être stoïque sans être stoïcien. Pas besoin, pour faire ce qu'on doit ou supporter ce qui advient, de croire en une quelconque providence, ni même en quelque système que ce soit. Marc Aurèle l'a reconnu : « Si Dieu existe, tout est bien ; si les choses vont au hasard, ne te laisse pas aller, toi aussi, au hasard » (IX, 28).

STOÏQUE Qui relève du stoïcisme, ou qui en serait digne. Le mot désigne moins une pensée qu'une attitude. Se dit ordinairement d'un très grand courage, spécialement contre la douleur. Nul besoin pour cela d'être stoïcien. Épicure, face à la maladie, se montra stoïque ; mais n'en restait pas moins épicurien pour autant.

STRUCTURALISME Un courant de pensée, importé de la linguistique et des sciences humaines, dont certains voulurent faire une philosophie. Il s'agit, dans les objets qu'on étudie, de privilégier la structure ou le système plutôt que les éléments ou leur somme, et spécialement de penser les phénomènes humains, et l'homme lui-même, comme effets de structures plutôt que comme création ou subjectivité. S'oppose à ce titre à l'existentialisme, auquel il succéda, dans les années 1960, comme mode parisienne. Les grands noms, en France, étaient Lévi-Strauss, Foucault, Lacan, Althusser… Beaucoup de talent et de travail. L'ensemble, une fois débarrassé des oripeaux de la mode, reste stimulant par l'ambition intellectuelle et la radicalité anti-humaniste (au sens de l'anti-humanisme théorique). On cite souvent, pour l'illustrer, le thème de *la mort de l'homme*, tel qu'il apparaissait, en 1966, à la dernière page du plus fameux des livres de Foucault : « L'homme est une invention dont l'archéologie de notre pensée montre aisément la date récente. Et peut-être la fin prochaine » (*Les mots et les choses*, X, 6). Mais le texte, malgré sa beauté, ou à cause d'elle, reste quelque peu équivoque. La maxime du structuralisme, à mon sens, serait plutôt une formule, que je crois vraie, de Claude Lévi-Strauss : « Le but dernier des sciences humaines n'est pas de constituer l'homme, mais de le dissoudre » (*La pensée sauvage*, IX). Faut-il alors renoncer à l'humanisme ? Pas nécessairement. Mais l'humanisme qui reste disponible est un humanisme pratique, non théorique : il porte non sur ce que nous *savons* de l'homme (qu'il fait partie de la nature : anti-humanisme théorique), mais sur ce que nous *voulons* pour lui (qu'il reste humain, au sens normatif du terme). Les sciences humaines ne sont pas humanistes. C'est donc à nous de l'être.

Le structuralisme semble d'abord s'éloigner du matérialisme : la position d'un élément, dans une structure donnée, importe davantage que la matière dont il est fait. Mais c'est pour déboucher sur ce que Gilles Deleuze appellera un « nouveau matérialisme ». Ce n'est pas assez, soulignait Lévi-Strauss, que « d'avoir résorbé des humanités particulières dans une humanité générale ; cette première entreprise en amorce d'autres, qui incombent aux sciences exactes et naturelles : réintégrer la culture dans la nature, et finalement la vie dans l'ensemble de ses conditions physico-chimiques » (*op. cit.*, IX). L'homme n'est pas un empire dans un empire : c'est toujours Spinoza qui renaît. S'il n'est de sens que « de position », comme l'a montré Lévi-Strauss, si « le sens résulte toujours de la combinaison d'éléments qui ne sont pas eux-mêmes signifiants », comme il dit encore, il n'y a plus de *sujet* du sens – ni Dieu ni homme –, ni de *sens du sens* : tout sens est toujours réductible à autre chose, qui n'en a pas (Lévi-Strauss, « Dialogue avec Ricœur », *Esprit*, 1963, p. 637). Comme le remarque Deleuze, qui cite ce texte, « le sens, pour le structuralisme, est toujours un résultat, un effet : non seulement un effet comme produit, mais un effet d'optique, un effet de langage, un effet de position » (« À quoi reconnaît-on le structuralisme ? », in F. Châtelet, *Histoire de la philosophie*, t. 8). Le structuralisme est « un kantisme sans sujet transcendantal », disait Ricœur, et Lévi-Strauss accepte la formule. C'est qu'il n'y a plus de *sujet* du tout, sinon comme effet de structures ou d'illusions : Dieu est mort, et l'homme aussi peut-être (M. Foucault, *op. cit.*). Cela ne dispense pas d'être humain, ni ne suffit à le devenir.

STRUCTURE Du latin *structura*, l'arrangement, la disposition, l'assemblage. Le mot désigne un ensemble complexe et ordonné, mais dont l'organisation importe davantage que le contenu : c'est un système de relations plutôt qu'une somme d'éléments, et les éléments eux-mêmes y sont moins définis par ce qu'ils sont que par leur place dans l'ensemble et la fonction que cette place leur assigne. Aussi y a-t-il davantage, dans un tout structuré, que la somme de ses parties. Soit par exemple une maison. Si on ne la considère que du point de vue de ses matériaux, elle n'est rien de plus que leur somme : quelques milliers de briques, quelques sacs de ciment, quelques centaines de tuiles, quelques poutres et chevrons, quelques clous, quelques tuyaux, quelques vitres, un peu de plâtre et de peinture… Mais tout cela, entassé sur le chantier, ne fait pas encore une maison. C'est qu'il y manque la structure, telle qu'elle est dessinée, par exemple, sur le plan de l'architecte. On remarquera que la structure, sans ses éléments, ne fait pas non plus une maison : on n'habite pas davantage un plan qu'un tas de briques. Il faut donc les deux. Parler de la structure de la maison, c'est insister sur les rapports entre les éléments, sur leur place et leur fonction respectives, davantage que sur ces éléments eux-mêmes, lesquels n'ont de sens ou d'utilité qu'en fonction de leur position. C'est reconnaître qu'une maison n'est pas réductible aux matériaux qui la composent ; et que le fait qu'elle soit construite en briques ou en pierres, sans être forcément indifférent, importe moins que la disposition des unes ou des autres, dont dépend aussi leur fonction. C'est pourquoi la notion de structure est spécialement importante en linguistique : parce que les unités phoniques qu'elle rencontre sont arbitraires, qui ne deviennent signifiantes que par leurs relations avec d'autres, autrement dit que par leur place et leur fonction dans un ensemble structuré (une langue). Mais c'est pourquoi aussi elle joue un rôle majeur dans la plupart des sciences humaines : parce que rien de ce qui est proprement humain (le langage, la culture, la politique, l'art, la religion…) n'est compréhensible indépendamment des systèmes de relations qui le rendent possible et le constituent.

STYLE Ce n'est pas l'homme, malgré Buffon, puisqu'un homme remarquable peut en manquer : j'en connais quelques-uns qui écrivent platement, et plusieurs stylistes talentueux qui m'ont semblé, à les lire ou à les rencontrer, humainement bien médiocres. Le style est une certaine manière d'agir, d'écrire ou de créer, qui manifeste certes une subjectivité, mais pour autant seulement qu'elle dispose d'un certain talent, bien spécifique, et d'un certain métier. Ce n'est pas l'homme, mais la capacité qu'il a, et ils ne l'ont pas tous, d'inventer une expression qui lui ressemble ou le distingue des autres. C'est ce qu'il y a de singulier dans le talent, ou de talentueux dans la singularité. Le style est donc une force, mais aussi une limite. Les plus grands artistes n'en ont pas, ou en ont plusieurs, ou ne cessent de s'en libérer. Par quoi *« styliste »* peut devenir péjoratif. C'est attacher trop d'importance à la forme et à la singularité. S'il avait quelque chose à dire, attacherait-il – ou attacherions-nous – autant d'importance à la façon dont il le dit ? Cet artiste à ce point prisonnier de sa manière ou de sa singularité, comment serait-il universel ? Comparez par exemple Cioran, qui a un style, et Montaigne, qui a du génie.

Que le style vaille pourtant mieux que la platitude ou la banalité, nul ne le contestera. Mais comment le style pourrait-il suffire ? Comment serait-il l'essentiel ? Je vois bien que le Greco a un style, que Renoir a un style, que Picasso en a plusieurs. Je ne suis pas sûr que Velázquez, qui les dépasse, en ait un.

SUBLIMATION Un changement d'état (du plus lourd au plus léger), ou d'orientation (du plus bas vers le plus haut). Le mot, qui désigne d'abord une élévation morale, est très vite utilisé par les alchimistes, puis par les chimistes, pour désigner le passage d'un corps de l'état solide à l'état gazeux. Dans la philosophie contemporaine, en revanche, c'est l'acception freudienne qui domine. La sublimation est le processus par lequel la pulsion sexuelle change d'objet et de niveau, trouvant ainsi à s'exprimer, quoique indirectement, de façon socialement valorisée et en dehors de toute satisfaction proprement érotique. C'est le cas spécialement dans l'art, dans la pensée, dans la spiritualité, sans doute aussi dans tout amour, dès lors qu'il ne se réduit pas à l'attirance sexuelle. Dans la sublimation, écrit Freud, « les émotions sont détournées de leur but sexuel et orientées vers des buts socialement supérieurs, qui n'ont plus rien de sexuel » (*Introduction à la psychana-*

lyse, 1). C'est mettre les énergies du Ça au service d'autre chose, qui vaut mieux. Au service de quoi ? De la civilisation : « C'est à l'enrichissement psychique résultant de ce processus de sublimation, écrit Freud, que sont dues les plus nobles acquisitions de l'esprit humain » (*Cinq leçons*..., V). Les désirs infantiles peuvent ainsi « manifester toute leur énergie et substituer au penchant irréalisable de l'individu un but supérieur, [...] un objectif plus élevé et de plus grande valeur sociale » *(ibid.)*, tout en procurant à l'individu des satisfactions « plus délicates et plus élevées » (*Malaise dans la civilisation*, II). Cela vaut mieux que la névrose (qui reste prisonnière des désirs infantiles qu'elle refoule). Cela vaut mieux que la perversion (qui les satisfait). Cela vaut mieux qu'une sexualité simplement animale (qui les ignore). C'est où l'humanité s'invente, peut-être, en inventant des dieux. Ce n'est pas le sentiment du sublime ; c'est le devenir sublime du sentiment.

SUBLIME Ce qu'il y a de plus haut *(sublimis)*, de plus impressionnant, de plus admirable. Se dit surtout d'un point de vue esthétique : c'est une beauté qui emporte ou écrase, comme si un peu d'effroi se mêlait au plaisir. C'est qu'on se sent trop petit, face à tant de grandeur. C'est qu'on ne comprend pas qu'une telle chose soit possible, ou comment elle l'est. C'est que l'admiration bouscule le jeu ordinaire de nos facultés ou de nos catégories. C'est que tant de hauteur nous élève, au moins en partie, jusqu'à nous faire sentir douloureusement ce qui en nous reste bas ou médiocre.

« Nous nommons *sublime* ce qui est absolument grand », écrit Kant, « ce en comparaison de quoi tout le reste est petit ». Aussi voulait-il que le sentiment du sublime, même face à la nature, n'exprime que la grandeur de l'esprit (*C.F.J.*, § 23 à 29). Je dirais plutôt que le sublime est le sentiment, dans l'esprit humain, de ce qui le dépasse, nature ou génie, et l'emporte. C'est pourquoi il est souvent associé au beau, sans l'être toutefois nécessairement. Une tempête est-elle belle ? Cela peut dépendre des goûts (Kant la jugeait hideuse). Mais elle n'en donnera pas moins le sentiment du sublime, par la démesure, par l'excès de grandeur ou de force, par l'évidence, face à elle, de notre petitesse, de notre impuissance, de notre fragilité... Est sublime ce qui semble absolument grand : ce en comparaison de quoi je ne suis rien, ou presque rien. Et qui fait en moi comme une mort heureuse.

Lors de son premier voyage en Grèce, qu'il fit tard, Marcel Conche m'envoya une carte postale d'Athènes, représentant le Parthénon. Au dos, cette phrase : « Si Kant avait connu le Parthénon, il n'aurait pas opposé le beau et le sublime. » C'est que la même admiration, qui m'écrase, me réjouit.

SUBSOMPTION Le fait de subsumer, autrement dit de penser le particulier sous le général, par exemple un objet sous un concept ou une action sous une règle.

SUBSTANCE Étymologiquement, c'est ce qui est *sous*. Sous quoi ? Sous l'apparence, sous le changement, sous les prédicats : la substance est un autre mot pour dire l'essence, la permanence, le sujet, ou la conjonction des trois.

La *substance* c'est l'*essence*, c'est-à-dire l'*être* : *ousia*, en grec, peut se traduire, selon l'auteur ou le contexte, par l'un ou l'autre de ces trois mots. En ce sens, seul l'être individuel est véritablement substance : lui seul est un être, à proprement parler. Ainsi Socrate, ce caillou ou Dieu. L'humanité, la minéralité ou la divinité ne sont que des abstractions.

La substance, c'est ce qui demeure identique à soi sous la multiplicité des accidents ou des changements. Et il faut que quelque chose demeure, sans quoi tout changement et tout accident deviendraient inintelligibles (puisqu'il n'y aurait rien qui puisse changer, ni à quoi quelque chose puisse arriver). Par exemple quand je dis que Socrate a vieilli : cela suppose qu'il est toujours Socrate. La substance, en ce sens, est le sujet du changement, en tant que ce sujet subsiste ou persiste.

C'est aussi le sujet d'une proposition : « ce dont tout le reste est affirmé, comme dit Aristote, mais qui n'est pas lui-même affirmé d'autre chose » (*Métaphysique*, Z, 3). Le sujet de tous les prédicats, donc, qui n'est prédicat d'aucun sujet. Par exemple quand je dis que Socrate est juste ou se promène. Ni la justice ni la promenade ne sont des substances : ce ne sont que des prédicats, attribués à une substance (en l'occurrence Socrate), laquelle ne saurait être le prédicat d'aucune substance. C'est cette acception logique du mot qui explique qu'Aristote, à propos des termes généraux, parle parfois de « substances secondes » : l'homme ou l'humanité peuvent être le sujet d'une proposition, qui leur attribue tel ou tel prédicat. Mais ce ne sont des substances que par analogies : seuls les individus sont des « substances premières », c'est-à-dire des substances proprement. C'est où Aristote s'écarte de Platon, et tel est peut-être le principal enjeu de cette notion, aujourd'hui vieillie, de substance.

Chez Kant, la substance est l'une des trois catégories de la relation. Elle est ce qui ne change pas dans ce qui change. Son schème est « la permanence du réel dans le temps ». Son principe, la « première analogie de l'expérience » : « Tous les phénomènes contiennent quelque chose de permanent *(substance)* considéré comme l'objet lui-même, et quelque chose de changeant, considéré comme une simple détermination de cet objet, c'est-à-dire un mode de son existence » (*C. R. Pure*, Analytique des principes). Ou bien, dans la deuxième édition : « La substance persiste dans tout le changement des phénomènes, et sa quantité n'augmente ni ne diminue dans la nature. » Il y a bien longtemps que cette permanence a cessé, pour nos physiciens, d'être une évidence. Si quelque chose se conserve, c'est l'énergie. Mais ce n'est pas une chose, ni un être individuel, ni un sujet (si ce n'est au sens purement logique du terme). Quel sens y aurait-il à y voir une substance ?

SUBSUMER Mettre sous ou dans. C'est inscrire un être ou une catégorie dans un ensemble plus général. Par exemple Socrate peut être subsumé sous le concept d'homme, qui peut à son tour être subsumé sous celui de mammifère, qui peut l'être à son tour sous celui d'animal… On n'y gagne ordinairement pas grand-chose : « On échange un mot pour un autre mot, comme dit Montaigne, et souvent plus inconnu. Je sais mieux ce que c'est qu'homme que je ne sais ce que c'est qu'animal, ou mortel, ou raisonnable. Pour satisfaire à un doute, ils m'en donnent trois : c'est la tête de l'hydre » (III, 13, p. 1069). C'est dire qu'aucune subsomption ne saurait suffire à définir : l'emboîtement des généralités importe moins que l'enchaînement des causes, des idées ou des expériences.

SUGGESTION C'est agir sur quelqu'un par des signes, sans avoir besoin pour cela de le convaincre. C'est une espèce de magie, ou plutôt la magie, presque toujours, n'est qu'une espèce de suggestion.

La suggestion culmine dans l'hystérie et l'hypnose, mais se manifeste, à des degrés divers, dans tout groupe humain. Cet homme qui bâille me fait bâiller. Cet autre qui me trouve mauvaise mine ou m'annonce ma mort me rend presque malade, voire malade tout à fait. C'est que je suis sous influence, sans le vouloir, parfois sans le savoir. C'est la suggestion même : une influence que l'on subit involontairement, et qui passe moins par la raison ou la volonté que par l'imitation ou la soumission. Les individus y sont plus ou moins sensibles. C'est pourquoi « il n'est permis de parler librement, disait Alain, qu'à celui dont on prévoit qu'il résistera librement ». C'est refuser la magie ou la manipulation.

SUICIDE L'homicide de soi. C'est pourquoi certains y voient un crime. C'est pourquoi j'y vois un droit. « Comme je n'offense les lois qui sont faites contre les larrons quand j'emporte le mien et que je me coupe ma bourse, écrit Montaigne, ni des boutefeux [les incendiaires] quand je brûle mon bois, aussi ne suis-je tenu aux lois faites contre les meurtriers pour m'avoir ôté la vie » (*Essais*, II, 3). Attention toutefois de ne pas faire du suicide plus de cas qu'il ne convient. Ce n'est ni un sacre ni un sacrement. Ni une morale ni une métaphysique. Se suicider, c'est choisir non la mort (c'est un choix que l'on n'a pas : il faudra mourir de toute façon) mais *le moment* de sa mort. C'est un acte tout d'opportunité, et point l'absolu parfois qu'on veut y voir. Il s'agit, ni plus ni moins, de gagner du temps sur l'inévitable, de devancer le néant, de prendre le destin, si l'on veut, de vitesse. C'est le raccourci définitif.

C'est aussi un droit, pour chacun, d'autant plus absolu qu'il se moque du droit. « Le présent que nature nous ait fait le plus favorable, écrit encore Montaigne, c'est de nous avoir laissé la clef des champs » *(ibid.).* C'est la liberté minimale et maximale.

SUJET Ce qui est *jeté sous* ou *sous-jacent*. C'est un équivalent, au moins pour l'étymologie, de « substance » ou d'« hypostase ». Mais l'étymologie n'a jamais suffi à faire une définition.

Qu'est-ce qu'un sujet ? Pour la logique, c'est un être quelconque, dès lors qu'on lui attribue un prédicat. Par exemple quand je dis « La Terre est ronde » : *Terre* est le sujet, *ronde* le prédicat. On voit que le mot, en cette acception, ne dit rien sur la nature du sujet, sinon qu'il est un être (une substance) ou considéré comme tel (une entité).

Pour la philosophie politique, le *sujet* s'oppose au *souverain*, comme ce qui obéit à ce qui commande, et au *citoyen*, comme ce qui n'est pas libre à ce qui l'est. Cela n'exclut pas que les mêmes individus soient à la fois sujets (membres du peuple) et citoyens (membres du souverain) ; mais ne le garantit pas non plus.

Dans la philosophie moderne, le mot touche davantage à la théorie de la connaissance et à la morale, voire à la métaphysique : le sujet s'oppose à l'objet comme ce qui connaît à ce qui est connu, ou comme ce qui veut et agit à ce qui est fait. Ce serait l'être humain, ou plutôt une certaine façon de le penser : comme le sujet (au sens à la fois grammatical et ontologique) de sa pensée et de sa vie. C'est en ce sens qu'on parle – à propos de Descartes, de Kant, de Sartre… – d'une *« philosophie du sujet ».* Le sujet, c'est celui qui dit *je*, pour autant qu'il se désigne légitimement par là : c'est celui qui pense ou agit, mais en tant qu'il serait le principe de ses pensées ou de ses actes, plutôt que leur somme, leur flux ou leur résultat. Par exemple chez Descartes : *« Je pense, donc je suis ».* C'est que *penser* est un verbe, qui suppose un sujet. Métaphysique de grammairien, qui prend le langage pour une preuve ou la grammaire pour une métaphysique. Autant dire « *Il pleut, donc il est* ». Cela ne fera pas de la pluie un sujet.

Hume, avant Nietzsche, a montré, dans un chapitre génial de son *Traité*, que nous n'avons aucune expérience, ni donc aucune connaissance, d'un tel *sujet* : que nous ne connaissons de nous-mêmes « qu'un faisceau ou une collection de perceptions différentes qui se succèdent les unes aux autres avec une rapidité inconcevable », sans que rien nous autorise à penser que nous sommes autre chose que leur flux ni, donc, que nous en sommes la cause, la substance ou le principe sous-jacents (*Traité de la nature humaine*, I, IV, 6, « L'identité personnelle »). C'est un des rares textes où la philosophie occidentale, sans le savoir, s'approche du bouddhisme. Pas de sujet, pas de moi, sinon illusoire, pas de soi *(anatta)* : tout n'est que flux et agrégats, qu'impermanence et processus (*paticca-samuppada* : production conditionnée). « Seule la souffrance existe, mais on ne trouve aucun souffrant ; les actes sont ; mais on ne trouve pas d'acteur. Il n'y a pas de moteur immobile derrière le mouvement. Il n'y a pas de penseur derrière la pensée » (W. Rahula, *L'enseignement du Bouddha*, 2 ; voir aussi le chap. 6). Le sujet n'en demeure pas moins, comme croyance, comme illusion, comme *mot* ; mais il n'explique rien. Il n'est pas ce que nous sommes, mais ce que nous croyons être. Non une substance, mais une hypostase. Non notre vérité, mais notre méconnaissance (l'ensemble des illusions que nous nous faisons sur nous-mêmes). Non le principe de nos actes ou de nos pensées, mais leur enchaînement, qui nous enchaîne. Non un principe, mais une histoire. Non notre liberté de sujet, mais notre *assujettissement*.

On n'en conclura pas qu'il faudrait pour cela renoncer à la liberté. Mais que la subjectivité ne saurait y suffire : seule la vérité libère, qui n'est pas un sujet.

Philosophie non plus du sujet mais de la connaissance. Non plus de la liberté, mais de la libération.

SUPERSTITION C'est donner du sens à ce qui n'en a pas. Par exemple un chat noir, un rêve, une éclipse. Notion polémique, donc relative : on est toujours le superstitieux de quelqu'un, qui se prétend le seul herméneute légitime. C'est en quoi la superstition se distingue de la religion, du moins pour les croyants (parce qu'elle invente de faux signes ou de faux dieux), et tend à l'absorber, pour les athées (puisque aucun Dieu n'est le vrai, ni aucun sens).

On dira que la psychanalyse donne bien un sens aux rêves ou aux symptômes, sans relever pour autant de la superstition… Sans doute. Mais c'est que ce sens n'est que l'envers d'un processus causal : rêves et symptômes ne sont des *symboles* que parce qu'ils sont d'abord des *indices* ou des *effets*. Aussi n'ont-ils rien de surnaturel : leur interprétation finit par déboucher sur quelque chose – la sexualité, l'inconscient – qui est dépourvu de toute signification transcendante, et même immanente. La sémiologie renvoie à une étiologie, qui l'explique et la borne. Il n'y a pas de sens du sens, ni de sens absolu, ni de sens ultime : il n'y a que le réel et la pulsion, qui ne signifient rien. C'est où Freud est le contraire d'un superstitieux, et la psychanalyse, le contraire d'une religion. Toute superstition soumet le réel au sens : elle explique ce qui est (un rêve, une éclipse, un chat noir) par ce que cela veut dire (par exemple un malheur à venir). L'analyse fait l'inverse. Elle soumet le sens au réel : elle explique ce que cela veut dire (le sens d'un rêve, d'un acte manqué, d'un symptôme) par ce qui est (un désir refoulé, un traumatisme, une névrose). La superstition donne du sens à ce qui n'en a pas ; la psychanalyse ramène le sens à autre chose, qui le dissout. C'est pourquoi l'on se trompe quand on demande à la psychanalyse le sens de sa vie. Elle ne peut donner que le sens de nos symptômes ou de nos rêves. Ou bien ce n'est plus analyse mais superstition. Plus connaissance (de mon histoire) mais religion (de mon inconscient). Pauvres petits analysants, qui cherchent un sens ! Freud, lui, ne cherchait que la vérité. On dira que les deux sont liés, que telle est la *voie royale* de la psychanalyse… Reste, toutefois, à ne pas la prendre à contresens. Freud est le contraire d'un prophète. Il n'annonce pas, il explique. Il ne parle pas, il écoute. Le sens, chez lui, n'est qu'un chemin vers la vérité. C'est toujours superstition, à l'inverse, que de ne voir dans la vérité qu'un chemin vers le sens. L'inconscient parle, sans doute ; mais il n'a rien à dire. La cure est de paroles (c'est une « *talking cure* ») ; mais la santé, de silence.

Notons pour finir que toute superstition tend à se vérifier. Celui qui casse un miroir et s'en effraie, sa crainte confirme déjà le présage qui l'inspire. La superstition porte malheur.

SURHUMAIN Ce qui excède la mesure humaine. Nietzsche y voyait un but et un sens (« le sens de la terre ») : l'homme n'existerait que pour être dépassé ; le surhomme serait à l'homme ce que l'homme est au singe (*Zarathoustra*, I, Prologue). Montaigne, contre les stoïciens et plus raisonnablement, n'y voyait qu'une sottise : « Ô la vile chose, dit Sénèque, et abjecte que l'homme, s'il ne s'élève au-dessus de l'humanité ! Voilà un bon mot et un utile désir, mais pareillement absurde. Car de faire la poignée plus grande que le poing, la brassée plus grande que le bras, et d'espérer enjamber plus que l'étendue de nos jambes, cela est impossible et monstrueux. Ni que l'homme se monte au-dessus de soi et de l'humanité » (II, 12, p. 604). Être pleinement humain fait une tâche suffisante.

SURMOI L'une des trois instances (avec le *moi* et le *ça*) de la seconde topique de Freud : c'est l'instance de la moralité, des idéaux, de la Loi. Elle résulte de l'intériorisation des interdictions et valorisations parentales. Ce qu'ils nous ont interdit, voilà que nous nous l'interdisons à nous-mêmes ; ce qu'ils nous ont imposé, voilà que nous nous l'imposons ; ce qu'ils aimaient, voilà que nous le jugeons aimable. Ce n'est pas toujours le cas ? Certes, puisque cette intériorisation ne se fait ni toujours ni complètement. C'est pourquoi nous n'avons pas tout à fait la même morale que nos parents. Il n'en reste pas moins que chaque génération éduque la suivante, et que toute morale pour cela vient du passé. Il n'y a pas de morale de l'avenir : il n'y a de morale que présente – que fidèle et critique. On aurait tort d'en faire un absolu, voire d'y croire tout à fait. Mais tort aussi de prétendre s'en exempter. Il n'est pas interdit d'interdire, et même il est interdit de ne s'interdire rien.

Le *surmoi* représente le passé de la société, explique Freud, de même que le *ça* représente le passé de l'espèce. Ce n'est pas une raison pour les juger l'un et l'autre réactionnaires. Sans le ça, pas d'avenir. Sans le surmoi, pas de progrès.

SURNATUREL Qui excéderait la puissance de la nature. Ce ne peut être que de la magie, de la superstition ou de la religion, et c'est pourquoi, pour un matérialiste, ce n'est rien.

SYLLOGISME Un type de raisonnement déductif, formalisé par Aristote, qui unit trois termes, reliés deux à deux et dont chacun apparaît deux fois, en trois propositions. Il est susceptible de plusieurs formes ou figures différentes. Mais l'exemple canonique, qu'on ne trouve pas chez Aristote, est le suivant :

Tout homme est mortel ;
Socrate est un homme ;
Donc Socrate est mortel.

Les deux premières propositions sont les prémisses (majeure et mineure) ; la troisième, la conclusion. Les trois termes (mortel, homme, Socrate) sont appelés respectivement grand terme, moyen terme et petit terme. On remarquera que l'ordre des prémisses n'est pas ce qui importe, ni même toujours leur extension. Le grand terme est celui qui sert de prédicat dans la conclusion ; la majeure, celle des deux prémisses qui contient le grand terme. Le petit terme est celui qui sert de sujet dans la conclusion ; la mineure, celle des deux prémisses qui contient le petit terme. Enfin le moyen terme est le seul à apparaître dans les deux prémisses : c'est lui qui les met en rapport et permet la conclusion, où il ne figure pas.

Le syllogisme est-il valide ? Cela dépend bien sûr des prémisses. De leur vérité ? Non pas. Certes, la conclusion n'est nécessairement vraie que si les prémisses le sont ; mais cela touche moins à la validité du raisonnement qu'au contenu des trois propositions. Soit par exemple ce syllogisme, qu'on trouve chez Lewis Carroll :

Tous les chats comprennent le français ;
Quelques poulets sont des chats ;
Donc quelques poulets comprennent le français.

Que l'inférence soit formellement valide, cela ne garantit nullement la vérité de la conclusion. Mais l'inverse est vrai aussi : que la conclusion puisse être fausse (puisque les prémisses le sont) n'annule pas la validité, au moins formelle, du raisonnement. On s'en rend compte si l'on donne au syllogisme, à la façon d'Aristote, la forme d'une implication. La proposition *« Si tous les chats comprennent le français et si quelques poulets sont des chats, alors quelques poulets comprennent le français »* est une proposition vraie. L'essentiel, d'un point de vue logique, n'est pas dans le contenu des propositions, mais dans la légitimité de l'inférence. Deux prémisses fausses, comme dans l'exemple de Lewis Carroll, peuvent justifier cette inférence, alors que deux prémisses, même vraies, n'autorisent pas forcément à conclure. D'abord parce qu'il faut qu'elles aient un moyen terme commun, dans un même genre : Que tous les hommes soient mortels et que Milou soit un chien, cela peut faire l'objet de deux propositions, mais pas constituer les deux prémisses d'un syllogisme. Ensuite parce que nos deux prémisses doivent encore respecter un certain nombre de règles, qu'on trouve dans les manuels. Par exemple : « De deux propositions particulières, on ne peut rien conclure » (que certains hommes soient mortels et que certains philosophes soient des hommes, c'est assurément vrai, mais ne permet pas de savoir si les philosophes sont mortels, ni lesquels). Ou encore : « De deux propositions négatives, on ne peut rien conclure » (qu'aucun homme ne soit immortel et que Socrate ne soit pas un chien, c'est très vraisemblable, mais ne nous dit rien sur la mortalité de Socrate). Ces règles, qui sont nombreuses, sont aussi passablement oubliées. Je ne connais guère de philosophes qui s'en servent. Mais j'en connais encore moins, en tout cas parmi les bons, qui les transgressent.

SYMBOLE Parfois synonyme de signe, voire (par influence de l'anglo-américain, et surtout depuis Peirce) de signe conventionnel : c'est en ce sens, par exemple, qu'on parle de symboles mathématiques.

Mais la langue résiste. Un feu rouge n'est pas un symbole. Un mot n'est pas un symbole. La colombe en est un, pour la paix, comme la balance, pour la justice. Les signes mathématiques ? Cela dépend lesquels. Les signes +, – ou √ ne sont pas des symboles ; les signes > ou < en sont, même pauvres et au moins partiellement.

Qu'est-ce qu'un symbole ? C'est un signe non arbitraire et non exclusivement conventionnel, dans lequel le signifiant (par exemple l'image d'une colombe, ou l'image d'une balance) et le signifié (par exemple l'idée de paix, ou l'idée de justice) sont unis par un rapport de ressemblance ou d'analogie. Un faucon ne ferait pas aussi bien l'affaire, ou symboliserait autre chose. C'est qu'il y a en effet quelque chose de paisible, ou que nous jugeons tel, dans l'aspect ou le comportement des colombes. Et que la balance doit être *juste*, c'est-à-dire respecter une forme d'égalité ou de proportion entre ses deux plateaux. C'est pourquoi les symboles sont souvent suggestifs : parce qu'ils unissent le sensible et l'intelligible, l'imaginaire et la pensée. Aussi convient-il, en philosophie, de s'en méfier. Le meilleur symbole ne remplacera jamais un argument.

SYMPATHIE C'est sentir avec, ensemble ou de la même façon. Le mot dit la même chose, en grec, que *compassion* en latin. Mais cela ne fait pas, en français, deux synonymes. C'est que la sympathie est affectivement neutre : on peut sympathiser dans la joie comme dans la tristesse. Alors que la compassion, en français, ne se dit que négativement : on compatit avec la souffrance ou le malheur d'autrui, non avec sa joie ou son bonheur. C'est ce qui rend la sympathie plus sympathique, plus plaisante, et plus équivoque. Qui voudrait partager la joie du méchant ou le plaisir du tortionnaire ? Toute souffrance mérite compassion. Toute joie ne mérite pas sympathie.

SYMPTÔME C'est un effet qui désigne sa cause. D'où l'illusion d'un sens, quand il faudrait n'y voir que causalité. Une fièvre ne veut rien dire. Mais elle a une cause, qu'on peut connaître et combattre.

Le mot sert surtout pour désigner les signes – c'est-à-dire les effets observables et reconnaissables – des maladies. Mais il est susceptible, spécialement depuis Freud, d'un emploi plus vaste. Vous bâillez ? C'est un symptôme de fatigue, ou d'ennui, ou de dépression… Vous avez oublié votre parapluie ? Symptôme. Vous êtes en retard ? Symptôme. En avance ? Symptôme. Juste à l'heure ? Symptôme. C'est la forme moderne de l'herméneutisme ou de la superstition. Tout est symptôme en nous, ou peut l'être, qu'on interprète, faute d'en connaître les causes, pour en comprendre le sens. Et en effet c'est toujours possible. Mais à quoi bon ? Si tout est symptôme, et l'interprétation elle-même, c'est que tout a une cause, qu'on ignore le plus souvent et qu'on ne peut en conséquence qu'imaginer... Labyrinthe de l'imaginaire, dont la vérité seule, dirait Spinoza, guérit. La santé est le silence des organes. La sagesse, le silence de l'esprit. Tout peut avoir un sens, mais le sens n'en a pas. Tout peut s'interpréter, mais à proportion seulement de l'ignorance qu'on en a.

SYNCRÉTISME C'est comme un éclectisme sans choix ou sans rigueur : la juxtaposition de plusieurs thèses mal coordonnées, empruntées à des doctrines incompatibles ou disparates.

Piaget et Wallon ont appelé *syncrétisme* une tendance de la perception et de la pensée du jeune enfant, qui perçoit l'ensemble plutôt que les détails : il relie tout à tout de façon globale et confuse. La précision et la rigueur ne viendront que plus tard.

SYNDROME Ensemble de symptômes. Une maladie ? Pas forcément. Pas toujours. Ce pourrait être plusieurs maladies différentes. Ce sera au diagnostic d'en décider. Le syndrome est son point de départ, qui relève de l'observation. La maladie, comme concept, serait plutôt son point d'arrivée, qui relève de l'explication. La guérison ? Ce n'est plus diagnostic, mais pronostic ou thérapie.

SYNTHÈSE *Sunthesis,* en grec, c'est la réunion, la composition, l'assemblage : synthétiser, c'est poser *(tithenai)* ensemble *(sun)*. La synthèse s'oppose par là à l'analyse, qui sépare ou décompose.

La synthèse va du simple au composé, disait Leibniz. Elle constitue ou reconstitue un tout à partir d'éléments déjà donnés. L'analyse va du composé au simple. Elle décompose un tout en ses éléments. Cela peut s'entendre chimiquement : on peut produire une eau de synthèse, en assemblant des atomes d'oxygène et d'hydrogène. Et obtenir par analyse, à partir d'une eau quelconque, des atomes d'oxygène et d'hydrogène.

Mais le mot « synthèse », en philosophie, sert surtout à désigner un processus intellectuel, qui ne compose guère que des idées. C'est le cas, spécialement, chez Descartes. La synthèse constitue, après celles de l'évidence et de l'analyse, la troisième règle de sa méthode : « Conduire par ordre mes pensées, en commençant par les objets les plus simples et les plus aisés à connaître, pour monter peu à peu, comme par degrés, jusqu'à la connaissance des plus composés » (*Discours de la méthode*, II). Il en résulte que l'analyse est première (le simple n'est pas donné d'abord : il faut le conquérir), et plus proche de « la vraie voie par laquelle une chose a été méthodiquement inventée » (*Réponses aux IIe objections*, AT, 121). La synthèse sert surtout à démontrer ce qu'on connaît déjà : c'est une méthode d'exposition plutôt que de découverte. Comparez par exemple, chez Descartes, les *Méditations,* qui sont écrites selon l'ordre analytique, et les *Principes de la philosophie*, qui suivent l'ordre synthétique.

Mais la synthèse n'est pas seulement un ordre ou une méthode. C'est aussi un moment, chez Hegel ou Marx, de la dialectique : celui où les deux contraires sont réunis en un troisième terme, qui les dépasse (c'est-à-dire les supprime tout en les conservant). Ainsi le devenir, après l'être et le néant (Hegel, *Logique*, I, 1). Le fruit, après la graine et la plante (Engels, *Anti-Dühring*, XIII). Ou le communisme, après la lutte des classes (le prolétariat « ne l'emporte qu'en s'abolissant lui-même et en abolissant son contraire », qui est la propriété privée : Marx et Engels, *La sainte famille*, IV ; voir aussi *Le Capital*, I, 8e section, chap. 32). Négation de la négation : nouvelle affirmation. C'est un beau moment, dans le travail du négatif : celui du repos, mais en mouvement, et de la fécondité. Trop beau pour être vrai ? C'est ce qu'on peut penser. On ne lui est pas fidèle, en tout cas, en le réduisant, comme souvent nos étudiants dans leurs dissertations, à une apologie du juste milieu, de la mollesse ou de l'indécision. Je pense, on l'a compris, au fameux plan « Thèse, antithèse, synthèse ». C'est un plan comme un autre, qui n'est ni obligatoire ni interdit. Encore faut-il le comprendre dialectiquement. *Thèse, antithèse, synthèse*, cela ne saurait vouloir dire : *Blanc, Noir, Gris*. Et pas davantage : *Oui, Non, Peut-être*. Ou bien ce n'est plus une synthèse, mais une échappatoire ou un compromis. Plus de la dialectique, mais du chewing-gum.

SYNTHÉTIQUES (JUGEMENTS –) Ce sont les jugements qui « ajoutent au concept du sujet un prédicat qui n'était pas du tout pensé dans le sujet, et qu'aucune analyse de celui-ci n'aurait pu en tirer » (*C. R. Pure*, introd., IV). S'opposent aux jugements analytiques. Par exemple, explique Kant, *« Tous les corps sont étendus »* est un jugement analytique (la notion d'étendue est incluse dans celle de corps : un corps sans étendue serait contradictoire) ; alors que *« Tous les corps sont pesants »* est un jugement synthétique (la notion de poids n'est pas comprise dans celle de corps : l'idée d'un corps sans poids n'est pas intrinsèquement contradictoire ;

seule l'expérience nous apprend qu'ils en ont tous un). Les jugements d'expérience sont tous synthétiques, souligne Kant, mais tous les jugements synthétiques ne sont pas d'expérience. Il en est certes qui sont *a posteriori* (c'est le cas de « Tous les corps sont pesants »), mais d'autres qui sont *a priori (« Tout ce qui arrive a une cause »)*. Expliquer la possibilité de ces derniers – donc la possibilité des sciences – est l'un des enjeux principaux de la *Critique de la raison pure.*

SYSTÈME Un assemblage ordonné, où chaque élément est nécessaire à la cohésion de l'ensemble et en dépend. Ainsi parle-t-on du système nerveux, du système solaire, d'un système informatique... En philosophie, se dit le plus souvent d'un ensemble d'idées, « mais en tant qu'on les considère dans leur cohérence, comme dit Lalande, plutôt que dans leur vérité ». C'est que la pluralité même des systèmes, qui sont incompatibles (puisque chacun prétend dire la vérité sur le tout), interdit de les accepter tous comme de se satisfaire de l'un d'entre eux. Les systèmes sont tous faux, disait Alain, et le système des systèmes, qui serait l'hégélianisme (parce qu'il fait de la contradiction *entre* les systèmes le moteur de son propre développement) l'est tout autant. La cohérence n'est pas une preuve. Elle n'est même pas un argument. Combien de délires cohérents ? La paranoïa, disait Freud, est « un système philosophique déformé » ; un système philosophique, ajouterais-je volontiers, est une paranoïa réussie. J'aime mieux les contradictions de la vie et les aspérités du réel.

Que beaucoup de grandes philosophies soient des systèmes n'est pourtant pas niable. Presque toutes y tendent, et pour des raisons nécessaires. Il faut bien faire tenir ensemble ce qu'on croit vrai. Il faut bien penser tout, ou le tout. Le système est l'horizon de la philosophie : c'est une pensée où tout se tient, comme une synthèse supérieure, comme un tout organique, et cela vaut mieux qu'une pensée qui se délite ou se contredit. Reste à n'en être pas dupe, à ne pas prendre cette cohérence pour une preuve, à ne pas s'y enfermer. Pourquoi faudrait-il te soumettre à ce que tu as *déjà* pensé ? C'est la vérité qui importe, non la cohérence. La pensée d'aujourd'hui, non celle d'hier. Le réel, non le système. Quelle tristesse que de ne penser que pour se donner raison ! Quelle folie que de prétendre posséder l'horizon ! Les sciences donnent un meilleur exemple, qui font tout pour être contredites, et qui avancent par là. Platon donne un meilleur exemple, et Montaigne, et Pascal. L'horizon est devant nous ; il faut donc avancer. Le système serait la philosophie de Dieu. Mais Dieu n'est pas philosophe.

Il y a quelque chose de pathétique chez les auteurs de système. Ils croient penser le tout ; ils ne font que bricoler leurs petites idées. Comment pourraient-ils contenir l'univers, puisqu'ils en font partie ? Le monde continue sans eux. La philosophie continue sans eux, et c'est tant mieux. Si un système réussissait, c'en serait fini de la philosophie. Mais ils ont tous échoué, même les plus grands. Le cartésianisme est mort. Le leibnizianisme est mort. Le spinozisme est mort. Raison de plus pour lire Descartes, Leibniz ou Spinoza, qui valent mieux que leurs systèmes. Battez les cartes et les idées. Le jeu n'est pas fait ; il est à faire.

Un système philosophique est comme un château de cartes : vous en retirez une, tout le reste s'écroule. C'est que chaque carte ne tient que par l'ensemble, et le tient. J'aime mieux le jeu ouvert et vivant, les cartes qui volent, les joueurs qui s'affrontent, les plis qui se font ou se défont, jusqu'à la victoire, jusqu'à la défaite, jusqu'à la prochaine partie. J'aime qu'on batte les cartes à chaque fois. Qu'on invente ses coups à chaque fois, en fonction du jeu et des adversaires. Que chaque partie soit neuve et incertaine. L'infini est là, non dans le château de cartes dérisoire et figé.

T

TABOU C'est comme un interdit sacré. De là l'envie de le violer, par curiosité, par défi, par bravade. Mieux vaut une loi claire, librement acceptée et discutée.

TALENT Plus qu'un don, moins que du génie. Un enfant qui est doué pour les mathématiques ou le dessin, on ne dira pas forcément qu'il a du talent. Et un artiste talentueux ou génial, comme Cézanne, peut n'être que moyennement doué. Le don est une facilité à apprendre. Le talent, une puissance de créer. Le don est donné à la naissance : il touche à la génétique. Le talent se conquiert davantage pendant l'enfance et l'adolescence : il touche à l'histoire, à la psychologie, à l'aventure d'être soi ou de le devenir. Le don est impersonnel. Le talent serait plutôt la personne même, quand elle parvient à s'exprimer de façon créatrice et singulière.

On sait que le mot vient d'une métaphore. Dans la fameuse *parabole des talents*, Jésus compare implicitement les capacités que chacun a reçues à des pièces de monnaie (des « talents »), qu'il doit faire fructifier. L'important, c'est moins le talent qu'on a que ce qu'on en fait : ce n'est plus talent, mais œuvre ou gâchis.

TAUTOLOGIE Une proposition qui est toujours vraie, soit parce que le prédicat ne fait que répéter le sujet (« Dieu est Dieu »), soit parce qu'elle reste valide indépendamment de son contenu et même de la valeur de vérité des éléments qu'elle met en œuvre. La logique formelle est faite de tautologies : « Si *p* implique *q*, et si *non-q*, alors *non-p* » (c'est ce qu'on appelle le *modus tollens*) est toujours vrai, quels que soient le contenu et la valeur de vérité de *p* et de *q*.

On remarquera que le mot de tautologie, pris en ce sens, n'a rien de péjoratif. Mais même pris au sens de répétition, il ne l'est pas forcément. Quand Parménide nous dit que l'être est, il fait une tautologie. Mais cela, loin de le réfuter, le rend irréfutable.

TECHNIQUE Un ensemble d'instruments (outils, machines, logiciels...) et de savoir-faire, permettant d'obtenir un certain résultat.

Le mot vient du grec *tekhnê*, qui est l'équivalent du latin *ars*. Mais les deux vocables, en français, ont évolué en des sens opposés. La technique se distingue de l'art, et même de l'artisanat, par son efficacité impersonnelle : un objet technique peut être fabriqué identiquement par tous les individus compétents et convenablement outillés ; un produit artisanal ou une œuvre d'art, non. C'est pourquoi l'art est plus singulier, plus contrasté, plus précieux. Et la technique, plus efficace.

Les techniques constituent un élément essentiel du progrès, aussi bien pour l'individu (« sans technique, chantait Brassens, un don n'est rien qu'une sale manie ») que pour la société (c'est à elles qu'on doit le développement des forces productives, comme disait Marx, dont tout le reste découle). Elles n'en ont pas moins leurs dangers ; mais elles valent mieux, presque toutes, presque toujours, que leur contraire, qui est soumission aveugle à la nature. Tailler un silex, fût-ce pour s'en faire une arme, cela vaut mieux que se laisser dévorer ou massacrer.

On a beaucoup reproché à Descartes d'avoir voulu, selon l'expression fameuse du *Discours de la méthode*, nous rendre « comme maîtres et possesseurs de la nature ». De là viendrait tout le mal, la mise en coupe réglée de la nature, son pillage, son saccage (son *arraisonnement*, dit Heidegger), le travail à la chaîne, la bombe atomique, la dégradation irréversible de l'environnement... L'oubli de l'être déboucherait sur le culte de l'utile et du rendement, l'humanisme sur le machinisme, le rationalisme sur la barbarie et la déraison... C'est oublier le *« comme »*, qui maintenait une certaine distance (s'il s'agit de nous rendre *comme* maîtres et possesseurs de la nature, c'est que nous ne le sommes pas et ne le serons jamais). C'est oublier, surtout, d'où nous venons. Un de mes amis, écologiste radical, ne jure que par le paléolithique : la révolution néolithique serait la faute première, dont toutes les autres découlent. Les hommes, m'explique-t-il, cessent alors de vivre en harmonie avec la nature : ils commencent à la transformer, à la pressurer, à la défigurer... Pour d'autres ce serait la révolution industrielle, les technosciences, la révolution informatique... Ils ne me feront pas regretter la préhistoire, ni le Moyen-Âge, ni même le XIXe siècle. Une imprimerie vaut mieux qu'un stylet. Un ordinateur vaut mieux qu'un boulier. Une machine à laver, mieux qu'un lavoir. Un vaccin, mieux qu'un grigri.

Le danger n'en demeure pas moins, ou plutôt il ne peut que s'aggraver, d'une civilisation technicienne, qui prendrait les moyens pour des fins. Nos techniques, aujourd'hui, sont bien davantage que des outils. Ce sont des pensées, mais objectivées, mais instrumentalisées. Ce sont des sciences, mais appliquées. Or quoi de plus normal que de se soumettre au vrai ? Et quoi de plus vrai que les sciences ? Double contresens : double idolâtrie. La vérité sans la charité n'est pas Dieu, disait Pascal. Les sciences sans l'humanité sont inhumaines.

Les techniques, historiquement, sont antérieures aux sciences, mais depuis longtemps transformées par elles : les nôtres en dépendent de plus en plus, au point d'en être à peu près indissociables (c'est ce qu'on appelle les technosciences). De là une puissance démultipliée, qui devient en effet inquiétante, et d'autant plus qu'elle s'autonomise davantage : les moyens tendent à nous imposer leurs fins, ou plutôt à valoir comme telles (l'efficacité devient une valeur en soi). Nos techniques nous gouvernent, au moins autant que nous les gouvernons. Avec un marteau, dit-on souvent, on peut faire ce qu'on veut, planter un clou ou fracasser un crâne. Sans doute. Mais on peut aussi ne rien faire, et tel est le cas le plus fréquent. Ce n'est plus vrai de nos machines, dont beaucoup fonctionnent jour et nuit, qu'il faut amortir, qu'il faut rentabiliser, qui fabriquent d'autres machines, qui créent jusqu'aux besoins qu'elles viennent satisfaire, qui nous font vivre, et qu'on ne peut plus arrêter, bien souvent, sans mettre en cause l'existence même de nos sociétés. Nos voitures menacent l'environnement, ou plutôt elles font plus que le menacer. Mais on ne reviendra pas à la traction hippomobile. Nos télévisions menacent l'intelligence. Mais on ne reviendra pas au règne presque exclusif de l'écrit. Il faut avancer toujours, comme en vélo, mais en essayant de rester maître au moins de sa vitesse et de sa direction. Personne n'a décidé de faire la révolution industrielle, ni la révolution informatique et communicationnelle. Comment quelqu'un pourrait-il les arrêter ou les abolir ? L'histoire des techniques est irréversible, comme l'histoire des sciences, et pour la même raison. Pas question de revenir en arrière, et c'est tant mieux. Mais pas question non plus de laisser le marché ou les machines décider à notre place. Que les techniques créent des besoins, c'est entendu. Mais comment pourraient-elles remplacer des volontés ? L'issue, malgré Heidegger, n'est ni dans la technophobie ni dans la contemplation fascinée de l'être ou des origines, mais dans la soumission résolue des moyens que nous nous sommes donnés aux fins que nous nous fixons – ce qui est morale, pour l'individu, et politique, pour les citoyens. Si le peuple est souverain, il est exclu que les machines ou les technocrates le soient.

TECHNOCRATIE Le pouvoir de la technique, ou plutôt des techniciens. C'est une forme de barbarie, qui voudrait soumettre la politique et le droit à l'ordre techno-scientifique : tyrannie des experts. On y parvient insensiblement, dès lors qu'on veut que les plus compétents gouvernent ou décident. Contre quoi il faut rappeler que la démocratie non seulement n'en a pas besoin mais l'exclut : ce n'est pas parce que le peuple est compétent qu'il est souverain, c'est parce qu'il est souverain qu'aucune compétence ne saurait, politiquement, valoir sans lui ou contre lui. Les experts sont là pour l'éclairer, non pour décider à sa place.

TÉLÉOLOGIE L'étude des finalités (*telos*, en grec, c'est la fin). Cette étude peut être utile et légitime, montre Kant, mais à condition de ne considérer le concept de finalité que comme un concept régulateur, qui ne vaut que pour la faculté de juger réfléchissante : il s'agit de faire *comme si* la nature poursuivait un but, tout en sachant qu'on ne pourra jamais montrer que c'est en effet le cas (*Critique de la faculté de juger*, II, 2, § 75 et 76), voire en pensant qu'il n'en est rien. La téléologie ne débouche sur une théologie que subjectivement, dit Kant, et pour ceux-là seuls, ajouterai-je, qui en sont dupes.

TÉLÉONOMIE Une finalité sans finalisme, donc sans causes finales : une finalité pensée comme effet de causes efficientes (par exemple, dans le darwinisme, comme effet de l'évolution des espèces et de la sélection naturelle).

TÉMÉRITÉ Un courage disproportionné face au danger : le téméraire prend des risque exagérés, pour un enjeu qui ne les justifie pas. C'est moins un excès de courage qu'un manque de prudence.

TÉMOIGNAGE C'est dire ce qu'on sait ou ce qu'on croit, quand on n'a aucun moyen de le prouver. Tient lieu de preuve, dans certaines questions de fait, quand les témoins sont multiples, et quand les preuves font défaut.

TEMPÉRAMENT Étymologiquement, c'est un mélange, un équilibre, une proportion. Se dit en musique du système identifiant deux notes très voisines (par exemple un do dièse et un ré bémol) afin de diviser l'octave, pour l'adapter aux instruments à sons fixes, en douze demi-tons égaux : c'est en ce sens que Bach nomme l'un de ses chefs-d'œuvre *Le clavier bien tempéré*. Mais le mot désigne surtout un certain type de constitution individuelle, à la fois physique et psychologique, dont on crut longtemps, depuis Hippocrate et Galien, qu'il dépendait du mélange, plus ou moins équilibré ou déséquilibré, de quatre humeurs : la lymphe, le sang, la bile, l'atrabile (ou bile noire). De là quatre tempéraments traditionnels, fondé sur la prédominance de l'une des quatre : le lymphatique, le sanguin, le bilieux, enfin l'atrabilaire ou le mélancolique. Cette classification est aujourd'hui abandonnée. Mais l'idée de tempérament suit son cours, qui suppose une typologie des individualités : c'est « un ensemble de traits généraux, comme dit Lalande, qui caractérisent la constitution physiologique individuelle d'un être », mais en tant, ajouterai-je, qu'elle a des retombées psychologiques et qu'elle est susceptible d'entrer dans une certaine classification. C'est une façon particulière, mais commune à des millions de gens, d'être son corps. Se distingue par là du caractère, plus individuel, moins physiologique. Et contribue à le façonner.

TEMPÉRANCE La modération dans les plaisirs sensuels. C'est une exigence de la prudence, mais aussi de la dignité. L'intempérant est esclave, et c'est la liberté qui est bonne.

Il ne s'agit pas de ne pas jouir (tempérance n'est pas ascétisme), mais de jouir mieux – ce qui suppose qu'on reste maître de ses désirs. Ainsi le gourmet, contre le goinfre qu'il porte en lui. L'amateur de vins, contre l'ivrogne. L'amant, contre le violeur ou le goujat.

La tradition y voit une vertu cardinale. C'est qu'il n'y a pas de vertu sans maîtrise de soi, ni de maîtrise de soi sans tempérance.

TEMPORALITÉ C'est une dimension de la conscience : sa façon d'habiter le présent en retenant le passé et en anticipant l'avenir. Elle n'est pas la vérité du temps, montre Marcel Conche, mais sa négation (elle fait exister ensemble, comme « unité ek-statique du passé, du présent et du futur », ce qui ne saurait en vérité coexister). Ce n'est pas le temps réel, mais notre façon de le vivre ou de l'imaginer.

TEMPS « Le temps, disait Chrysippe, se prend en deux acceptions. » Il est d'usage de les confondre, et c'est cette confusion, presque toujours, qu'on appelle le temps.

Le temps, c'est d'abord la durée, mais considérée indépendamment de ce qui dure, autrement dit abstraitement. Non un être, donc, mais une pensée. C'est comme la continuation indéfinie et indéterminée d'une inexistence : ce qui continuerait encore, c'est du moins le sentiment que nous avons, si plus rien n'existait.

Ce temps abstrait – l'*aiôn* des stoïciens – peut se concevoir, et se conçoit ordinairement, comme la somme du passé, du présent et de l'avenir. Mais ce présent n'est alors qu'un instant sans épaisseur, sans durée, sans temps (s'il durait, il faudrait le diviser en passé et en avenir), et c'est en quoi il n'est rien, ou presque rien. En ce sens, et comme disait encore Chrysippe, « aucun temps, n'est rigoureusement présent ». C'est ce qui le distingue de la durée. À le considérer abstraitement, le temps est constitué essentiellement de passé et d'avenir (alors qu'on ne peut durer qu'au présent), et pour cela indéfiniment divisible (ce que le présent n'est jamais) et mesurable (ce que le présent n'est pas davantage). C'est le temps des savants et des horloges. « Pour déterminer la durée, écrit Spinoza, nous la comparons à la durée des choses qui ont un mouvement invariable et déterminé, et cette comparaison s'appelle le temps. » Comparaison n'est pas raison : le présent, incomparable et indivisible, n'en continue pas moins.

Quant au temps concret ou réel – le *chronos* des stoïciens –, ce n'est que la durée de tout, autrement dit la continuation indéfinie de l'univers, qui demeure toujours le même, comme disait à peu près Spinoza, bien qu'il ne cesse de changer en une infinité de manières. C'est la seconde acception du mot : non plus une pensée, mais l'être même de ce qui dure et passe. Non la somme d'un passé et d'un avenir, mais la perduration du présent. C'est le temps de la nature ou de l'être : le devenir en train de devenir, le changement continué des étants. Le passé ? Ce n'est rien de réel, puisque ce n'est plus. L'avenir ? Ce n'est rien de réel, puisque ce n'est pas encore. Dans la nature, il n'y a que du présent. C'est ce qu'avait vu Chrysippe (« seul le présent existe »), et c'est ce que Hegel, à sa façon, confirmera : « La nature, où le temps est le *maintenant*, ne parvient pas à différencier d'une façon durable ces dimensions du passé et du futur : elles ne sont nécessaires que pour la représentation subjective, le souvenir, la crainte ou l'espérance » (*Précis de l'Encyclopédie*, § 259). Comment mieux dire qu'elles ne sont nécessaires que pour l'esprit, point pour le monde ? Le temps de l'âme n'est qu'une *distension*, comme disait saint Augustin, entre le passé et l'avenir (c'est ce qu'on appelle la temporalité). Le temps de la nature, qu'une tension *(tonos)*, qu'un effort *(conatus)* ou un acte *(energeia)*, dans le présent. Ces deux temps, toutefois, ne sont pas sur le même plan : l'âme fait partie du monde, comme la mémoire et l'attente font partie du présent. Le temps, dans sa vérité, est donc celui de la nature : ce n'est qu'un perpétuel, quoique multiple et changeant, *maintenant*. C'est en quoi il ne fait qu'un avec l'éternité.

Deux sens, donc : une abstraction ou un acte. La durée, abstraction faite de ce qui dure, ou l'être même, en tant qu'il continue. Une pensée, ou un devenir. La somme du passé et de l'avenir, qui ne sont rien, ou la continuation du présent, qui est tout. Un non-être, ou l'être-temps. Ce qui nous sépare de l'éternité, ou l'éternité même.

TEMPS PERDU C'est le passé, en tant qu'il n'en reste rien, ou le présent, en tant qu'il n'est que l'attente de l'avenir. Aussi est-ce le contraire de l'éternité. Misère de l'homme. Le temps perdu, c'est le temps même.

TEMPS RETROUVÉ C'est une espèce d'éternité de la mémoire, où le temps soudain se révèle (« un peu de temps à l'état pur », dit Proust), dans sa vérité, et par là (en cet instant « affranchi de l'ordre du temps ») s'abolit. Voilà que le présent et le passé ne font qu'un, ou plutôt, pour différents qu'ils demeurent (la madeleine dans le thé et la madeleine dans la tisane sont deux), voilà qu'ils se rencontrent dans un même présent, qui est celui de l'esprit, qui est celui de l'art, voilà qu'ils libèrent « l'essence permanente et habituellement cachée des choses », qui est simplement leur vérité, toujours présente, ou leur éternité. Car la vérité ne passe pas, tout est là, car le temps ne passe pas (c'est nous, dirait Proust comme Ronsard, qui passons en lui), et cette contemplation, quoique fugitive, est d'éternité. Le temps retrouvé est ainsi la même chose que le temps perdu (« la vraie vie, la vie enfin découverte et éclaircie, la seule vie par conséquent réellement vécue... »), et pourtant son contraire.

TENDANCE La direction d'un être ou d'un processus quelconque. Se dit spécialement de l'orientation du désir, mais en tant qu'elle est plutôt naturelle (à la différence de l'inclination) et collective (à la différence du penchant). Disons que c'est la pente naturelle de l'espèce, comme le penchant est celle de l'individu. L'équivalent à peu près de l'*hormè* des stoïciens (la tendance, la pulsion), qui est comme un *conatus* biologique (« l'*hormè* fondamen tale de tout être vivant est de se conserver soi-même » : Chrysippe, cité par Diogène Laërce, VII, 85).

TENDRESSE La douceur pour ceux qu'on aime, et l'amour de cette douceur.

TERME (GRAND, MOYEN OU PETIT -) On appelle ainsi les trois éléments, unis deux à deux et intervenant chacun deux fois, d'un syllogisme. Dans l'exemple canonique, « mortels » est le grand terme, « Socrate » le petit terme, et « hommes » le moyen terme. Contrairement à ce que pourrait laisser croire cet exemple, ce n'est pas leur extension qui les définit (ce ne serait pertinent que dans certains modes du syllogisme). Le grand terme, qui est le prédicat de la conclusion, figure dans la majeure ; le petit terme, qui est le sujet de la conclusion, dans la mineure ; enfin le moyen terme figure dans les deux prémisses, mais pas dans la conclusion.

TERRORISME Ce n'est pas régner par la terreur, comme fait le despotisme, mais combattre, par la terreur qu'on suscite, le règne d'un autre. C'est utiliser la violence à des fins politiques, contre un pouvoir qu'on ne peut vaincre démocratiquement ou militairement.

Le terrorisme est l'arme des faibles ; c'est ce qui peut parfois le justifier, mais seulement au service d'une cause juste et contre un adversaire qu'on ne saurait affronter autrement. Les nazis appelaient « terroristes » nos Résistants, et après tout pourquoi pas ? Ceux-ci combattaient sans uniforme, ils faisaient exploser des bombes, qui pouvaient tuer des civils, et plusieurs n'auraient pas hésité, s'ils l'avaient pu, à semer la terreur à Berlin ou à Vienne... Mais ce qui peut être légitime contre Hitler et en temps de guerre ne l'est pas contre un État démocratique et en temps de paix. Cela laisse une marge d'appréciation (où commence la démocratie ? où finit la paix ?), et c'est pourquoi la dénonciation du terrorisme ne saurait tenir lieu d'analyse politique. Mais la politique, contre le terrorisme, ne suffit pas davantage. Les terroristes sont des combattants de l'ombre, qui ne se soucient pas des lois de la guerre et qui n'hésitent pas à frapper, le cas échéant, des civils ou des innocents. C'est une raison suffisante, en tout État démocratique, pour le refuser et pour le combattre, y compris militairement. Contre le fanatisme, la raison. Contre la violence aveugle, la force lucide.

TETRAPHARMAKON Mot grec, signifiant littéralement « quadruple remède », ou « remède à quatre ingrédients ». En philosophie, il s'agit en l'occurrence de quatre maximes qu'un épicurien du IIe siècle après

Jésus-Christ – Diogène d'Œnoanda – avait fait graver, pour l'édification des passants et de la postérité, sur un mur, où elles furent en effet redécouvertes au XIXe siècle. Elles sont souvent citées depuis, à juste titre, comme l'un des meilleurs résumés de la pensée d'Épicure, telle qu'elle apparaît aussi bien dans la *Lettre à Ménécée* (dont je suis ici l'ordre) que dans les quatre premières *Maximes capitales* :

« Il n'y a rien à craindre des dieux ;
Il n'y a rien à craindre de la mort ;
On peut supporter la douleur ;
On peut atteindre le bonheur. »

On n'oubliera pas qu'il s'agit d'un remède philosophique, ou de la philosophie comme remède : l'important n'est pas de le répéter (ce n'est pas un mantra) mais de le *méditer*, comme dit Épicure (*Lettre à Ménécée*, § 135), autrement dit d'essayer de le comprendre et de le vivre.

THÉISME Toute doctrine qui affirme l'existence d'un Dieu personnel, transcendant et créateur. C'est le contraire de l'athéisme. Le mot ne faisant référence à aucune religion particulière, on peut dire aussi bien qu'il les contient toutes (le christianisme ou l'Islam sont deux théismes en ce sens) ou qu'il ne saurait se réduire à aucune. C'est ce qui explique que le mot, en pratique, prenne souvent un sens plus déterminé ou plus polémique, qui est une croyance en Dieu indépendante de quelque religion positive que ce soit, voire les récusant toutes. C'est la position de Voltaire ou du Vicaire savoyard de Rousseau.

Par différence avec le déisme, le théisme suppose qu'on peut connaître – que ce soit par analogie, par raisonnement ou par révélation – au moins quelques-uns des attributs de Dieu (par exemple qu'il est tout-puissant, omniscient, créateur, parfaitement bon et juste, aimant et miséricordieux...). Le déisme n'affirme qu'une existence ; le théisme croit connaître aussi, ou reconnaître, bien sûr partiellement, une essence. La différence entre les deux reste pourtant fluctuante et n'interdit pas les degrés intermédiaires. Le déisme est un théisme vague. Le théisme, un déisme déterminé.

THÉISTE Celui qui croit en Dieu, spécialement s'il ne se reconnaît dans aucune religion établie. Le théiste, explique Voltaire, « n'embrasse aucune des sectes qui toutes se contredisent ». C'est un croyant sans rites, sans Église, sans théologie. « Faire le bien, voilà son culte ; être soumis à Dieu, voilà sa doctrine. Le mahométan lui crie : "Prends garde à toi si tu ne fais pas le pèlerinage de La Mecque ! " "Malheur à toi, lui dit un récollet, si tu ne fais pas un voyage à Notre-Dame-de-Lorette !" Il rit de Lorette et de La Mecque ; mais il secourt l'indigent et il défend l'opprimé » (*Dictionnaire...*, article « Théiste »). Sa foi serait donc une morale ? Pas seulement, puisqu'un athée peut se passer de celle-là sans renoncer à celle-ci. Le théiste ne se contente pas de faire le bien ; il croit que c'est le Bien qui l'a fait et qui doit au bout du compte le juger. C'est pourquoi il se soumet à Dieu, comme dit Voltaire. Mais pourquoi faudrait-il se soumettre à ce qu'on ne comprend pas ?

THÉODICÉE C'est un mot forgé par Leibniz, qui en fit le titre d'un de ses livres (*Essais de théodicée : Sur la bonté de Dieu, la liberté de l'homme et l'origine du mal*). Il exprime moins la justice de Dieu, malgré l'étymologie (*dikè*, en grec, c'est la justice), que sa justification par nous. C'est une espèce de plaidoirie. Il s'agit de montrer que Dieu est innocent, comme disait Platon, et que l'existence du mal n'est pas un argument insurmontable contre son existence et sa bonté. Le livre, quoique moins éblouissant que le *Discours de métaphysique*, est un chef-d'œuvre. Mais c'est un chef-d'œuvre agaçant, par la volonté de justifier l'injustifiable. À ne pas lire quand on souffre trop. Cela rendrait injuste avec Leibniz.

THÉOLOGALES (VERTUS -) Ce sont les trois vertus principales de la tradition chrétienne, qui touchent moins à la morale qu'à la religion : la foi, l'espérance, la charité. On les dit *théologales* parce qu'elles auraient Dieu même pour objet. On remarquera avec saint Paul, qui ne les appelle pas ainsi, que la « plus grande des trois », et la seule qui « ne passera pas », est la charité (I, Co, 13). C'est suggérer ce que saint Augustin et saint Thomas diront expressément : que la foi et l'espérance n'ont de sens que provisoire et pour autant seulement que nous sommes séparés du Royaume. Au paradis, elles seront obsolètes. Il n'y aura plus lieu de croire en Dieu, puisque nous Le verrons face à face, et plus rien à espérer. D'ailleurs, remarque saint Thomas, « il y eut dans le Christ une charité parfaite, et il n'eut cependant ni la foi ni l'espérance » (*Somme théologique*, Ia IIæ, quest. 65, 5). C'est qu'il était Dieu, bien sûr, et que Dieu n'a pas à croire ni à espérer quoi que ce soit (puisqu'il est à la fois omniscient et omnipotent). Cela n'en donne pas moins un sens singulier, et singulièrement fort, à ce qu'un livre fameux appelait, c'est son titre, « l'imitation de Jésus-Christ ». Comment imiter en lui ce qu'il n'avait pas ? Cela laisse une chance aux athées. C'est l'amour qui sauve, point la foi, point l'espérance. C'est ce qu'on peut appeler le Royaume, où rien n'est à croire, puisque tout est à connaître, où rien n'est à espérer, puisque tout est à faire ou à aimer. Nous y sommes : le Royaume est en nous, comme dit Jésus, ou nous en lui, et il n'y en a pas d'autre.

THÉOLOGIE La « science » de Dieu ? Même avec des guillemets, l'expression serait contradictoire. La théologie est moins une science qu'une étude : c'est un discours rationnel (un *logos*), tenu par des hommes, mais portant sur le divin. Elle s'appuie le plus souvent, du moins dans les religions révélées, sur ce que Dieu est censé avoir dit de lui-même. S'il avait été plus clair, la théologie n'existerait pas ou serait inutile.

On parle de théologie apophatique, ou négative, quand elle ne procède que par négations : non en disant ce que Dieu est (ce qui serait le ramener à nos catégories humaines), mais en disant ce qu'il n'est pas. C'est un antidote contre l'anthropomorphisme. L'athéisme en est un autre, plus simple et plus efficace.

THÉOLOGIEN Celui qui consacre sa vie à l'étude de Dieu, c'est-à-dire, en pratique, à l'étude de ce que les hommes en ont dit ou, s'il croit à la Révélation, de ce que Dieu aurait dit de lui-même. Les résultats sont impressionnants par la masse, par l'intelligence, par l'érudition, parfois par la profondeur. Toutefois Dieu, après ces dizaines de milliers de pages, n'en reste pas moins incertain et incompréhensible. « J'ai connu un vrai théologien, rapporte Voltaire : plus il fut véritablement savant, plus il se défia de tout ce qu'il savait. [...] À sa mort, il avoua qu'il avait consumé inutilement sa vie. » Anticléricalisme ? Peut-être. Mais saint Thomas lui-même, tout à la fin de sa vie, écrivit à son ami Réginald, qui s'enquérait de ses travaux, ceci : « Je ne puis plus écrire. J'ai vu des choses auprès desquelles mes écrits ne sont que de la paille. » Ce qu'il avait vu, nul ne le sait. Reste la paille.

THÉORÈME Une proposition démontrée, à l'intérieur d'un système hypothético-déductif. En philosophie, cela n'existe donc pas : on parlera plutôt de *thèses* (voir ce mot).

THÉORÉTIQUE Le mot, calqué du grec, fait presque toujours référence à son usage aristotélicien. Est *théorétique* ce qui relève de la *théôria*, c'est-à-dire de la connaissance pure ou désintéressée. Les *sciences théorétiques* – mathématique, physique, théologie – sont celles qui se contentent de connaître (par différence avec les sciences pratiques ou poiètiques, qui servent à l'action ou à la production : *Métaphysique*, E, 1). L'*intellect théorétique* est celui qui connaît ou contemple, indépendamment de quelque action que ce soit ; il « ne pense rien qui ait rapport à la pratique, et n'énonce rien sur ce qu'il faut éviter ou poursuivre » (*De anima*, III, 9). La *vie théorétique*, qui est le sommet de la sagesse et du bonheur (*Éthique à Nicomaque*, X, 7-8), est la vie contemplative : c'est à la fois une activité (« l'activité de l'intellect ») et une joie (« la joie de connaître », X, 7).

THÉÔRIA Mot grec, signifiant *vision* ou *contemplation*. Contrairement à ce qu'on croit parfois, l'étymologie ne renvoie pas à la vision qu'on aurait de Dieu *(théos),* mais simplement à la contemplation (*oros*, celui qui observe) d'un spectacle (*théa*, qui donnera notre théâtre). Il n'en reste pas moins que le spectacle en question est d'abord un oracle ou une fête religieuse, et que le mot, à son origine, est associé par là, ou peut l'être, à la religion. Platon nommera ainsi la contemplation des Idées. Mais la fortune du mot doit surtout à Aristote, qui y verra l'activité propre de l'intellect, donc le sommet du bonheur et de la vertu : l'activité contemplative, c'est-à-dire la « joie de connaître », est « le parfait bonheur de l'homme » (*Éthique à Nicomaque*, X, 7) et la seule activité de Dieu (*ibid.,* X, 8).

THÉORICISME C'est accorder trop de crédit à la pensée théorique ou abstraite : croire par exemple qu'elle suffira à changer le monde, la vie, les hommes. C'est l'inverse de l'activisme, et une autre faute.

THÉORIE Le mot, en français, s'est éloigné de son étymologie grecque (voir l'article « *Théôria* »). La théorie, pour nous, relève moins de la contemplation que du travail, moins de la joie de connaître que de l'effort de penser. Qu'est-ce qu'une théorie ? Un ensemble, en principe cohérent, de concepts et de propositions, qui vise à produire un effet de connaissance ou à rendre compte d'au moins une partie du réel. Si les propositions qui la composent sont des axiomes et des théorèmes, il s'agit d'une théorie hypothético-déductive. Si ce sont des hypothèses vérifiées ou falsifiables, d'une théorie inductive ou expérimentale. Elle n'en est pas moins abstraite dans les deux cas. Cela ne veut bien sûr pas dire qu'elle soit déconnectée de toute pratique. Il faut au contraire y voir, soulignait Althusser, « une forme spécifique de la pratique, appartenant elle aussi à l'unité complexe de la "pratique sociale" d'une société humaine déterminée ». C'est pourquoi on peut parler de *pratique théorique* : « La pratique théorique rentre sous la définition générale de la pratique [comme processus de transformation]. Elle travaille sur une matière première (des représentations, concepts, faits) qui lui est donnée par d'autres pratiques » (qu'elles soient empiriques, techniques ou idéologiques) et les transforme (*Pour Marx*, VI, 1).

THÈSE Une proposition indémontrable, mais qui peut faire l'objet d'une argumentation. Se dit spécialement, dans une démarche dialectique, d'une proposition considérée comme première, par rapport et par opposition à une deuxième (l'antithèse), en attendant qu'une troisième (la synthèse) vienne dépasser leur contradiction.

Le mot, dans son usage philosophique contemporain, doit beaucoup à Louis Althusser. Une thèse, explique-t-il, n'est pas une proposition scientifique : elle ne relève pas de la connaissance, mais de la pratique ; elle a moins un *objet* qu'un *enjeu* ; elle n'est ni vraie ni fausse (je dirais plutôt : ni démontrable ni falsifiable), mais elle peut être *juste* ou non. Parce qu'elle correspondrait à la justice ? Non pas ; mais parce qu'elle fait preuve de *justesse* (c'est-à-dire d'un rapport opératoire à la pratique, fût-ce à la pratique théorique) et peut faire l'objet de « justifications rationnelles » (*Philosophie et philosophie spontanée des savants*, I et II). C'est l'élément de base d'une philosophie : une position pratique (une thèse doit transformer quelque chose ou produire quelque effet) dans la théorie.

TIERS EXCLU (PRINCIPE DU –) Il stipule que, de deux propositions contradictoires, l'une est vraie et l'autre fausse, nécessairement, ce qui exclut toute autre possibilité. *P* ou *non-P*. Dieu est un tuyau d'arrosage ou Dieu n'est pas un tuyau d'arrosage. Cela n'exclut pas qu'il soit autre chose, mais que cet *autre chose* puisse offrir une troisième issue à la question de savoir s'il est ou non un tuyau d'arrosage. Le principe du tiers-exclu, contrairement à ce qu'on croit parfois, n'interdit ni la finesse, ni la subtilité, ni les compromis, ni la complexité... Il interdit la confusion et la bêtise.

Le principe du tiers exclu entraîne que deux propositions contradictoires ne peuvent être fausses toutes les deux (alors que le principe de non-contradiction entraîne qu'elles ne peuvent être vraies toutes les deux), de telle sorte que la fausseté de l'une suffit à prouver la vérité de l'autre. C'est ce qui fonde les raisonnements par l'absurde, où le vrai brille encore, jusque dans son absence. *Verum index sui*, disait Spinoza, *et falsi*. Le faux, miroir du vrai.

TIMIDITÉ C'est une sensibilité exagérée au regard de l'autre, comme une peur d'être jugé, comme une honte d'être soi, mais sans culpabilité, et sans autre raison de rougir ou de bafouiller que cette rougeur même ou cet embarras de la parole… Les uns le ressentent surtout devant une foule ; d'autres, dont je suis, dans le tête-à-tête. C'est peut-être que les premiers craignent surtout d'être vus ; les seconds, d'être devinés.

TOLÉRANCE Tolérer, c'est laisser faire ce qu'on pourrait empêcher ou punir. Cela ne vaut pas comme approbation, ni même comme neutralité. Ce comportement que je tolère (le sectarisme, la superstition, la bêtise…), je peux aussi le combattre, en moi ou en autrui. Mais je m'interdis de l'interdire : je ne le combats que par les idées, point par la loi ou la force. C'est aimer la liberté plus que son propre camp, le débat plus que la contrainte, la paix plus que la victoire.

Doit-on tout tolérer ? Bien sûr que non, puisqu'il faudrait pour cela tolérer l'intolérance, y compris quand elle menace la liberté, et laisser les plus faibles sans défense : ce serait abandonner le terrain aux fanatiques et aux assassins !

Il y a de l'intolérable : c'est tout ce qui rendrait la tolérance suicidaire ou coupable.

Tolérance n'est ni laxisme ni faiblesse. Il n'est pas interdit d'interdire, mais seulement d'interdire ce qui doit être protégé (la liberté de conscience et d'expression, le libre affrontement des arguments et des idées…) ou ce qu'on pourrait combattre, sans danger pour la liberté, autrement qu'en l'interdisant. On dira que cela laisse, en pratique, une marge importante d'appréciation. Cela même doit être toléré. Dans quelles limites ? Celles de l'État de droit. Pourquoi interdire un groupuscule totalitaire, tant qu'il n'agite que des idées ou des imbéciles ? Mais qu'il viole la loi ou verse dans le terrorisme, voilà qui appelle une sanction immédiate. Le tolérer, ce serait s'en rendre complice.

TOPIQUE Qui concerne les lieux *(topoi),* et notamment les lieux communs (au sens non péjoratif du terme : c'est en ce sens qu'on parle des *Topiques* d'Aristote, pour désigner l'un des six traités de sa logique ou de son *Organon*, en l'occurrence celui consacré aux lieux communs de l'argumentation dialectique). Cette acception n'a plus d'usage qu'historique. Au sens moderne du terme, une *topique* est une espèce de schéma, ou plutôt de modèle schématisable, qui sert à représenter dans l'espace, et comme différents lieux, ce qui n'existe ou n'est connu que de façon non spatiale. Il est arrivé à Althusser d'utiliser le mot à propos de Marx (concernant la distinction entre l'infrastructure et la superstructure, ainsi que les différents niveaux de l'une et de l'autre), comme à moi à propos des quatre ordres (voir l'article « Distinction des ordres ») qui me paraissent structurer toute vie sociale. Mais le mot, dans son usage ordinaire, est presque toujours d'inspiration psychanalytique. Freud proposa en effet, à quelque vingt ans d'intervalle, deux modèles différents pour penser les différents « lieux » de l'appareil psychique. La première topique distingue le *conscient*, le *préconscient* et l'*inconscient* ; la seconde, qui n'est ni superposable à la première ni incompatible avec elle, distingue le *ça*, le *moi* et le *surmoi* (voir ces mots). La première est surtout descriptive ; la seconde, davantage explicative.

TORTURE C'est imposer à quelqu'un, volontairement, une souffrance extrême, parfois par pure cruauté, plus souvent pour en obtenir quelque aveu ou dénonciation. Comportement spécifiquement humain, qui en dit long sur notre espèce. On évitera pourtant d'en faire un argument en faveur de la misanthropie. Ce serait donner raison aux tortionnaires, contre leurs victimes, et tenir pour rien l'héroïsme de celles, même rares, qui sont mortes sans parler.

TOTALITARISME Pouvoir total (d'un parti ou de l'État) sur le tout (d'une société) : c'est la forme moderne et bureaucratique de la tyrannie. Le totalitarisme constitue un système politique où tous les pouvoirs appartiennent en fait à un même clan, qui impose partout son idéologie, son organisation, ses hommes. Règne ordinairement au nom du bien et du vrai ; gouverne par le mensonge et la terreur.

Le mot, qui est apparu dès les années 20, sert surtout à désigner ce que les dictatures fascistes et communistes pouvaient avoir en commun : un parti de masse, une idéologie d'État, un contrôle absolu des moyens d'information et de propagande, la suppression des libertés individuelles, l'absence de toute vraie séparation entre les pouvoirs, un régime inquisitorial et policier, qui débouche sur la terreur et culmine dans les camps... Ces traits communs, qui sont incontestables, ne signifient pas que ces deux régimes soient foncièrement identiques, pas plus que leurs différences, qui sont tout aussi incontestables, ne sauraient annuler ces convergences objectives. Nazisme et stalinisme sont-ils comparables ? Bien sûr, puisqu'ils ont des traits communs, et puisqu'on ne pourrait répondre non qu'à la condition de les comparer d'abord ! Sont-ils identiques ? Bien sûr que non, puisqu'ils cesseraient alors d'être deux et de pouvoir être comparés ! Moyennant quoi le débat, sur leurs ressemblances et différences, peut durer toujours.

Les convergences sont surtout objectives et organisationnelles ; les différences, surtout subjectives et idéologiques. Les deux systèmes s'imposent à peu près de la même façon, mais au nom d'idéologies opposées. Non, certes, parce que l'un aurait fait le mal pour le mal, comme le croient les naïfs, quand l'autre ne l'aurait fait qu'au nom du bien, voire par accident ou par erreur. Le nazisme, pour un nazi, est un bien, et l'enfer totalitaire, qu'il soit de droite ou de gauche, n'est pavé, comme dit Todorov, que de bonnes intentions. Si ces deux systèmes s'opposent, ce n'est pas comme le bien et le mal, mais comme deux conceptions opposées du bien, qui débouchent sur deux maux parallèles. L'un veut imposer le pouvoir d'une race ou d'un peuple, sur d'autres races ou sur d'autres peuples. L'autre, le pouvoir d'une classe sur d'autres classes, mais pour les abolir toutes : pour qu'il n'y ait plus que l'humanité heureuse et libre. La pensée du premier est essentiellement biologique, hiérarchique, guerrière ; celle du second, essentiellement historique, égalitaire, universaliste. C'est ce qui rend le communisme plus sympathique, plus trompeur (l'écart entre son discours et ses actes est plus grand), et plus dangereux peut-être. Du moins c'est ce qui peut sembler, une fois que le nazisme a été vaincu par la force. Le communisme ne le sera que par la fatigue, l'impuissance et le ridicule – que par lui-même.

TOTALITÉ Tous les éléments d'un ensemble, mais en tant que celui-ci constitue une unité. La totalité, qui est chez Kant l'une des trois catégories de la quantité, est ainsi définie par lui à partir des deux autres, dont elle opère la conjonction : une *totalité*, c'est l'*unité* d'une *pluralité*. C'est ce qui autorise à parler de *la* totalité comme d'un absolu : ce serait l'unité de toutes les pluralités (l'ensemble de tous les ensembles : la *summa summarum* de Lucrèce). Mais nous n'en avons d'expérience, par définition, que partielle.

TOUT Le sens du substantif change en fonction de l'article. *Un* tout, c'est un ensemble unifié ou ordonné. *Le* Tout, surtout quand on l'écrit avec une majuscule, c'est l'ensemble de tous les ensembles. On pourra dire par exemple qu'un monde est un tout, qu'il peut en exister une infinité, dont l'ensemble serait le Tout. En ce dernier sens, qui correspond au *to pan* d'Épicure ou à la *summa summarum* de Lucrèce (la somme des sommes), c'est un synonyme d'univers, au sens philosophique du terme. L'idée qu'il en existe plusieurs serait contradictoire.

TRAGIQUE Ce n'est pas le malheur ou le drame. Ce n'est pas la catastrophe – ou bien c'est la catastrophe humaine, celle d'être soi, celle de se savoir mortel. Le tragique, c'est tout ce qui résiste à la réconciliation, aux bons sentiments, à l'optimisme béat ou bêlant. C'est la contradiction insoluble, mais existentielle plutôt que logique (par exemple entre notre finitude et notre désir d'infini). C'est une espèce de dialectique, si l'on veut, mais sans synthèse ni dépassement – une dialectique sans pardon. C'est le divorce, mais sans réconciliation. C'est le conflit sans issue, en tout cas sans issue satisfaisante, entre deux points de vue l'un et l'autre légitimes, du moins dans leur ordre, et qui n'en sont que davantage opposés. Par exemple le conflit entre les lois de l'État et celles de la conscience (Antigone), entre le destin et la volonté (Œdipe), entre les dieux et les hommes (Prométhée), entre la passion et le devoir (spécialement chez Corneille), ou entre deux passions (spécialement chez Racine)... Je ne prends ces exemples littéraires que par commodité. La tragédie, comme genre littéraire, se nourrit du tragique ; elle ne l'épuise pas. C'est qu'il est une dimension de la condition humaine et de l'histoire : l'incapacité où nous sommes de trouver, même intellectuellement, une solution pleinement satisfaisante au problème que constitue, au moins à nos yeux, notre existence. C'est pourquoi la mort est tragique. C'est pourquoi la vie est tragique. Parce qu'elles nous confrontent toutes deux à l'impossible ou à l'absurde, à l'inacceptable, à l'inconsolable. Parce que toute vie est l'histoire d'un échec, comme dit Sartre, et parce que la mort en est un autre. Parce que toute vie est un combat, mais sans victoire ni repos.

Cela vaut aussi pour les peuples. « Le tragique, disait un homme politique, c'est quand tout le monde a raison : la situation au Proche-Orient est tragique. » Les Palestiniens ont raison de vouloir vivre chez eux, de vouloir leur indépendance, leur souveraineté, leur État. Les Israéliens ont raison de vouloir leur sécurité. Mais on ne voit pas comment ces deux légitimités pourraient n'en faire qu'une, ni même cohabiter sans renoncer l'une et l'autre à une part – au moins une part – de leur bon droit. Il faudra donc des compromis : il faudra accepter une solution qui ne sera pleinement satisfaisante pour personne, qui ne sera pas juste, mais qui vaudra mieux pourtant que la guerre et le terrorisme. Ce sera sortir de la tragédie, non du tragique. De la guerre, non du conflit. De la haine, non de l'amertume. Le tragique est le goût même du réel – parce qu'il ne nous obéit pas, parce qu'il n'est jamais tout à fait à notre goût.

On remarquera que la catastrophe nazie n'était pas *tragique*, en ce sens. Elle ne pourrait sembler l'être qu'à ceux qui jugeraient le nazisme légitime, ou nieraient qu'une issue parfaitement satisfaisante était envisageable, au moins en théorie, au moins en droit, qui était la défaite, le plus tôt possible, du nazisme. Mais que la raison et le droit n'aient pu y suffire, cela confirme ce qu'il y a d'irréductiblement tragique dans l'histoire humaine : qu'il ne suffit pas d'avoir raison pour vaincre, que le droit ne peut rien sans la force, qu'on ne peut combattre le mal, presque toujours, que par un autre mal (la violence, la guerre, la répression), certes moindre, mais qui ne saurait non plus tout à fait nous satisfaire. Hitler n'est pas un personnage tragique. Ni ceux, s'il en existe, qui n'opposèrent au nazisme que leurs bons sentiments. Mais Churchill, si. Mais Cavaillès, si. Le tragique, ce n'est pas le conflit entre le bien et le mal ; c'est le conflit entre deux biens, ou entre deux maux.

On parle de *philosophie tragique* lorsqu'une pensée, loin de vouloir nous satisfaire totalement, nous confronte à de l'inacceptable, à de l'injustifiable, à ce que Clément Rosset appelle la *logique du pire* (contre la logique du meilleur de Leibniz) et nous voue par là à l'insatisfaction ou au combat. Ainsi Pascal ou Nietzsche. La frontière peut traverser une même école, voire un même individu. Par exemple Lucrèce est un penseur tragique ; Épicure, non. Marc Aurèle est un penseur tragique ; Épictète, non. Spinoza et Kant le sont parfois, point toujours. À chacun de trouver ses maîtres, en fonction du tragique qu'il accepte ou requiert.

Le grand théoricien du tragique, et l'un de ses plus illustres représentants, est évidemment Nietzsche. Qu'est-ce que le tragique ? C'est la vie telle qu'elle est, sans justification, sans providence, sans pardon, c'est la volonté de l'affirmer toute, de l'accepter toute, avec la souffrance dedans, avec la joie dedans, sans ressentiment, sans mauvaise conscience, sans nihilisme, c'est l'amour du destin ou du hasard, du devenir et de la destruction, c'est *« le oui par excellence »,* sans religion, sans « moraline », c'est le sentiment que le réel est à prendre ou à laisser, joint à la volonté joyeuse de le prendre. « L'artiste tragique n'est pas un pessimiste, il dit *oui* à tout ce qui est problématique et terrible, il est *dionysien* » (*Le crépuscule des idoles*, III, 6). C'est qu'il aime la vie comme elle est, comme elle vient, comme elle passe *(amor fati)*. C'est qu'il n'a pas besoin d'autre chose, ni espérance ni consolation. C'est qu'il n'a même pas besoin d'y croire tout à fait. Le contraire du tragique, ce n'est pas le comique, c'est l'esprit de sérieux.

TRANSCENDANCE C'est l'extériorité et la supériorité absolues : l'ailleurs de tous les ici (et même de tous les ailleurs), et leur dépassement. L'absence suprême, donc, qui serait aussi le comble de la présence – le point de fuite du sens. Car « le sens du monde, écrit Wittgenstein, doit se trouver en dehors du monde ». La transcendance est ce *dehors* ou le suppose. C'est le Royaume absent, qui nous voue à l'exil.

Ce sens premier ou général est susceptible de variations. Est transcendant tout ce qui se trouve *au-delà de*. Mais au-delà de quoi ? Au-delà de la conscience (c'est le sens phénoménologique : l'arbre que je perçois n'est pas *dans* la conscience ; il est un objet transcendant *pour* la conscience) ; au-delà de l'expérience possible (c'est le sens kantien) ; au-delà du monde ou de tout (c'est le sens classique).

Peut désigner aussi le mouvement qui y mène, comme un dépassement, mais réservé au *Dasein*, de tout donné ou de toute limite. La liberté, spécialement, serait ce pouvoir de *transcender* toute situation, tout conditionnement, tout déterminisme. Ce serait une façon d'être extérieur à sa propre histoire, à son propre corps, à sa propre situation, ou de pouvoir en sortir. Il y a du miracle dans la transcendance, dès lors qu'elle prétend s'expérimenter de l'intérieur ou ici-bas.

TRANSCENDANT Au sens classique : ce qui est extérieur et supérieur au monde. Dieu, en ce sens, serait transcendant, et lui seul peut-être.

Chez Kant, ce qui est extérieur à l'expérience, et hors de sa portée.

Chez Husserl et les phénoménologues, ce qui est extérieur à la conscience, vers quoi elle se projette ou « s'éclate ». C'est en ce sens que Sartre parle d'une *transcendance de l'ego* : le Moi ne fait pas partie de la conscience, il n'est que l'un de ses objets ; il n'est pas *de* la conscience, mais *pour* la conscience ; il n'est pas « dans la conscience », mais « dehors, dans le monde ».

Dans la philosophie contemporaine, on parle aussi de *transcendance* pour désigner tout ce qui est irréductible à la matière, à la nature ou à l'histoire. Pour Luc Ferry, par exemple, l'homme est un être transcendant, non parce qu'il serait extérieur au monde ou à la société, mais parce qu'il ne saurait totalement s'y réduire : il y a en lui une capacité d'excès, d'arrachement, de liberté absolue, et cette « transcendance dans l'immanence » (l'expression est de Husserl) en fait une espèce de Dieu, dont l'humanisme serait la religion.

Pour le matérialiste, au contraire, rien n'est transcendant : il n'y a que la nature, il n'y a que l'histoire, il n'y a que tout, dont l'homme fait partie et ne saurait se libérer totalement.

TRANSCENDANTAL Ce n'est pas un synonyme de transcendant.

Le mot est d'origine scolastique : il désigne les attributs qui *transcendent* les genres de l'être ou les catégories d'Aristote, c'est-à-dire qui les dépassent et peuvent pour cela convenir à tout être : l'Un, le Vrai, le Bien et l'Être lui-même sont des transcendantaux.

Mais aujourd'hui, et depuis deux siècles, le mot est presque toujours pris en un sens kantien : est *transcendantal* tout ce qui concerne les conditions *a priori* de l'expérience, ainsi que les connaissances qui, prétendument, en découlent. C'est l'inempirique de l'empiricité. « J'appelle *transcendantale*, écrit Kant, toute connaissance qui, en général, s'occupe moins des objets que de nos concepts *a priori* des objets », ou, précise la seconde édition, que « de notre manière de les connaître, en tant que ce mode de connaissance doit être possible *a priori* » (*C. R. Pure*, Introd., VII). Rien à voir donc avec le transcendant, auquel le transcendantal s'opposerait plutôt. Est transcendant, en effet, tout ce qui est *au-delà* de l'expérience ; transcendantal, tout ce qui est *en deçà*, et qui la permet. « Le mot *transcendantal*, insiste Kant, ne signifie pas quelque chose qui s'élève au-dessus de toute expérience, mais ce qui certes la précède *(a priori)* sans être destiné cependant à autre chose qu'à rendre possible uniquement une connaissance empirique. Si ces concepts dépassent l'expérience, leur usage se nomme transcendant, et il est distingué de l'usage immanent, c'est-à-dire borné à l'expérience » (*Prolégomènes...*, Appendice). Transcendant s'oppose à immanent, mais de l'extérieur : ce qui est transcendant n'est pas immanent, ce qui est immanent n'est pas transcendant. Transcendantal s'oppose à empirique, mais de l'intérieur. Dans une connaissance empirique, dès lors qu'elle est nécessaire et universelle, il y a forcément du transcendantal, c'est-à-dire de l'inempirique. « Que toute connaissance commence *avec* l'expérience, cela n'entraîne pas qu'elle vienne toute *de* l'expérience » (*C. R. Pure*, Introd., I). Par exemple quand je dis que 7 + 5 = 12 ou que tout fait a une cause. En tant que ces connaissances sont universelles et nécessaires, elles ne sauraient dériver tout entières de l'expérience : il faut qu'elles aient une source *a priori* (l'entendement, ses catégories, ses principes). Même chose pour l'espace et le temps : ce sont des formes *a priori* de la sensibilité, qui rendent l'expérience possible et ne sauraient pour cela en résulter. Leur *idéalité transcendantale* (le fait qu'ils n'existent qu'à titre de conditions subjectives de l'intuition sensible) est le gage de leur *réalité empirique* (pour tout objet d'une expérience possible), mais n'en relève pas : les conditions *a priori* de l'expérience ne sauraient par définition être objets d'expérience. C'est en quoi le transcendantal fait comme une transcendance paradoxale, à l'intérieur même de l'immanence – d'où certains voudront tirer une religion de l'homme ou de l'esprit (c'est ce que Luc Ferry, reprenant une expression de Husserl, appelle « la transcendance dans l'immanence »). Mais cela Kant, à ma connaissance, ne l'a jamais fait. Le vrai Dieu pour lui est transcendant, ce qui exclut qu'on puisse le connaître, certes, mais aussi que le transcendantal soit Dieu.

TRANSFERT C'est un déplacement : un changement de lieu ou d'objet. Se dit spécialement, en psychanalyse, du report d'un certain nombre d'affects inconscients (désir ou rejet, amour ou haine) sur une autre personne que celle qui les suscita à l'origine, spécialement pendant la petite enfance. Ce processus, qui est omniprésent (« il s'établit spontanément, écrit Freud, dans toutes les relations humaines »), agit pourtant de façon plus spectaculaire durant la cure analytique : le patient déverse sur son analyste « un trop plein d'excitations affectueuses, souvent mêlées d'hostilité, qui n'ont leur source ou leur raison d'être dans aucune expérience réelle ; la façon dont elles apparaissent, et leurs particularités, montrent qu'elles dérivent d'anciens désirs du malade devenus inconscients » (*Cinq leçons*..., V). De là une espèce d'accélération du travail psychique, dans lequel le psychanalyste, grâce au transfert, joue le rôle d'un « ferment catalytique, qui attire temporairement sur lui les affects qui viennent d'être libérés » *(ibid.)*. C'est dire que les patients accordent presque toujours trop d'intérêt à leur analyste, jusqu'à en être, quand ils en parlent, quelque peu ridicules ou fatigants. Mais cette survalorisation fait partie de la cure (ils lui accordent trop d'importance, mais cela même lui en donne), comme le retour à la lucidité, quand il advient, fait partie de la guérison.

TRANSSUBSTANTIATION C'est la première fois, sauf oubli de ma part, que j'écris ce mot. Que Voltaire ait jugé bon de le mettre dans son Dictionnaire en dit long sur les enjeux de son époque, et sur ce qui nous en sépare. *Sic transit gloria Dei*...

Qu'est-ce que la transsubstantiation ? La transformation d'une substance en une autre, et spécialement la transformation du pain et du vin, lors de l'eucharistie, en corps et sang du Christ. Croyance absurde ? C'est ce que pensait Voltaire, qui s'étonnait de « ce vin changé en sang, et qui a le goût du vin, de ce pain changé en chair, et qui a le goût du pain », enfin de ces croyants qui « mangent et boivent leur dieu, qui chient et pissent leur dieu »... Étonnement compréhensible, devant l'incompréhensible. Mais que serait une religion, répondrait Pascal, qui n'étonnerait pas et qu'on pourrait comprendre ? C'est qu'il s'agit moins d'une absurdité, pour les catholiques, que d'un mystère ou d'un miracle. Et après tout, pourquoi pas ? Si Dieu a pu créer le monde, on aurait tort de le chipoter sur les détails. On s'étonne que Voltaire, qui trouve la création si plausible, soit tellement choqué par la présence réelle du Christ dans le pain et le vin. Créer quelque chose à partir de rien, cela fait, me semble-t-il, une transsubstantiation autrement étonnante.

TRAVAIL C'est une activité fatigante ou ennuyeuse, qu'on fait en vue d'autre chose. Qu'on puisse l'aimer ou y trouver du plaisir, c'est entendu. Mais ce n'est un travail, non un jeu, que parce qu'il ne vaut pas par lui-même, ni pour le seul plaisir qu'on y trouve, mais en fonction d'un résultat qu'on en attend (un salaire, une œuvre, un progrès...) et qui justifie les efforts qu'on lui consacre. Ce n'est pas une fin en soi : ce n'est qu'un moyen, qui ne vaut qu'au service d'autre chose. C'est ce que prouvent les vacances et le salaire. Travailler ? Il le faut bien ? Mais qui le ferait gratuitement ? Qui ne désire le repos, les loisirs, la liberté ? Le travail, pris en lui-même, ne vaut rien. C'est pourquoi on le paie. Ce n'est pas une valeur. C'est pourquoi il a un prix.

Une valeur, c'est ce qui vaut par soi. Ainsi l'amour, la générosité, la justice, la liberté... Pour aimer, vous demandez combien ? Ce ne serait plus amour mais prostitution. Pour être généreux, juste, libre, il faut qu'on vous paie ? Ce ne serait plus générosité mais égoïsme, plus justice mais commerce, plus liberté mais esclavage. Pour travailler ? Vous demandez quelque chose, vous avez évidemment raison, et vous pestez, bien souvent, de ne pas obtenir davantage.

Une valeur, c'est ce qui n'est pas à vendre. Comment aurait-elle un prix ? C'est une fin, pas un moyen. À quoi bon aimer ? À quoi bon être généreux, juste, libre ? Il n'y a pas de réponse. Il ne peut y en avoir. À quoi bon travailler ? Il y a une réponse, ou plutôt il y en a plusieurs excellentes : pour gagner sa vie, pour être utile, pour s'occuper, pour s'épanouir, pour s'intégrer dans la société, pour montrer de quoi on est capable... Même le bénévole n'y échappe pas. S'il travaille, c'est pour autre chose que le travail (pour le plaisir, pour le groupe, pour une certaine idée de l'humanité ou de soi...). Cela met le travail à sa place, qui n'est pas la première.

On m'objectera le chômage de longue durée, et certes je ne conteste pas qu'il y ait là une tragédie. Mais point du tout, comme on le dit parfois, parce que le chômeur y perdrait sa dignité. Où avez-vous vu que la dignité d'un homme dépende de son travail ? Et pourquoi, si tel était le cas, ne pas plaindre aussi le milliardaire, qui n'a plus besoin, le pauvre, de travailler ? Mais il n'en est rien. Si tous les hommes sont égaux en droits et en dignité, comme nous le voulons, comme nous avons raison de le vouloir, il est exclu que la dignité des uns et des autres soit proportionnée à la quantité de travail, bien sûr inégale, qu'ils fournissent. Si le chômage est un malheur, et c'en est évidemment un, ce n'est pas par l'absence de travail. C'est par l'absence d'argent, c'est par la misère, c'est par l'isolement ou l'exclusion... Mieux vaut être rentier que smicard, et cela en dit long sur le travail.

Aristote, dans son génial bon sens, a dit l'essentiel : « Le travail tend au repos, et non pas le repos au travail. » Il n'est pas vrai qu'on se repose le week-end pour pouvoir travailler toute la semaine, ni qu'on prenne des vacances, comme le voudraient les patrons, pour mieux travailler toute l'année. C'est l'inverse. On travaille pour gagner sa vie et son repos, pour pouvoir profiter de ses soirées, de ses week-ends, de ses vacances, bref on travaille pour vivre, alors qu'il serait fou de vivre pour travailler !

« Je n'ai vu personne, me disait une infirmière, qui regrette, sur son lit de mort, de ne pas avoir travaillé une heure de plus. » Mais de ne pas avoir assez vu ses enfants, mais de ne pas avoir assez vécu, réfléchi, aimé, combien sont-ils, sur leur lit de mort, à le regretter amèrement ?

On parle de « salle de travail », dans nos maternités. C'est que le mot a d'abord désigné une souffrance, un tourment, une peine.

Dans la Bible, le travail est un châtiment, et telle est aussi l'étymologie du mot (le *trepalium*, d'où vient *travail*, était un instrument de torture) comme encore son sens chez Montaigne. C'est moins vrai aujourd'hui. C'est l'un des progrès que nous devons au machinisme et aux luttes syndicales. Ce n'est pas une raison, tordant le bâton dans l'autre sens, pour faire du travail une récompense ou une valeur. Ce n'est qu'un moyen, j'y insiste, qui ne vaut qu'à proportion du résultat qu'il obtient ou vise. De l'argent ? Pas toujours. Pas seulement. Le travail est apparu bien avant la monnaie. Et combien de travaux non rémunérés ? L'humanité doit d'abord produire les moyens de sa propre existence, comme disait Marx, ce qui ne va pas sans transformation de la nature et de soi – sans travail. « En même temps qu'il agit par ce travail sur la nature extérieure et la modifie, soulignait Marx, l'homme modifie sa propre nature et les facultés qui y sommeillent » (*Le Capital*, I, chap. 7). C'est humaniser l'homme en humanisant le monde. Mais c'est l'humanité qui vaut, non le travail. Aussi le travail devient-il inhumain, ou déshumanisant, quand le moyen qu'il est tend à l'emporter sur la fin qu'il vise, ou doit viser. C'est ce que Marx appelle l'aliénation : quand le travailleur se nie dans son travail, au lieu de s'y réaliser.

TRISTESSE L'un des affects fondamentaux : le contraire de la joie, aussi difficile qu'elle à définir. C'est comme une souffrance, mais qui serait de l'âme. Comme une déperdition d'être, de puissance, de vitalité. Comme une fatigue, mais qu'aucun repos ne suffirait à abolir. « La tristesse est le passage de l'homme d'une plus grande à une moindre perfection », écrit Spinoza, autrement dit une diminution de sa puissance d'agir (*Éthique*, III, déf. 3 des affects). C'est exister moins, et le sentir, et en souffrir. Se distingue toutefois du malheur par l'inconstance ou la mobilité : la tristesse est moins un état qu'un *passage*, en effet ; le malheur, moins un passage qu'un état. Les tristesses vont et viennent, comme les joies ; le malheur est ce qui reste, quand toute joie semble impossible. Le malheur est une tristesse qui s'installe. La tristesse, un malheur qui passe.

TROISIÈME HOMME (ARGUMENT DU –) C'est un argument d'Aristote, contre Platon, ou de Platon, déjà, contre lui-même. Il apparaît dès le *Parménide* (132 a-b). Une idée est ce qu'il y a de commun entre plusieurs individus (par exemple la grandeur, entre plusieurs objets grands). Mais si elle existe en elle-même (le Grand en soi), elle est à son tour un être individuel ; il faut dès lors, pour penser le rapport entre les objets grands et le Grand en soi, quelque chose de commun, qui ferait une troisième entité. Puis, pour assurer l'unité entre cette troisième et les deux autres, une quatrième, et ainsi à l'infini : l'unité ne cesse de fuir et les Idées vont se multiplier à l'infini. Comment Platon se sortait-il de l'objection ? Sans doute par l'unicité de chaque Idée, mais postulée plutôt que démontrée (voir *République*, X, 597 c). Il en fallait plus pour impressionner le Stagirite, qui reprend l'argument dans sa *Métaphysique* (A 9, Z 7, M 4). Si l'on se donne un Homme en soi pour penser ce qui est commun aux différents hommes, on aura besoin d'un *troisième homme* pour penser l'unité entre les hommes et l'Homme en soi, puis d'un quatrième pour penser l'unité entre ces trois types d'êtres, et ainsi à l'infini : prêter à l'idée d'homme une existence séparée (l'Homme intelligible, l'Homme en soi), ce n'est pas se donner les moyens de penser l'unité des hommes sensibles (celle du genre humain) ; c'est au contraire la perdre dans une multiplication indéfinie d'abstractions hypostasiées. Il faut donc renoncer à substantialiser l'universel, ce qui revient à rompre avec le platonisme. « Je suis l'ami de Platon, disait Aristote, mais plus encore de la vérité » (voir *Éthique à Nicomaque*, I, 4, 1096 a).

TROPE Une figure de style ou de logique : c'est jouer avec les mots ou les idées.

Toute figure de style est-elle un trope ? Non pas. Le trope joue avec le sens des mots plutôt qu'avec leur place ou leur arrangement : c'est une figure sémantique. Par exemple la métaphore et la métonymie sont des tropes ; le chiasme et l'accumulation, non.

En philosophie, le mot est pris en un sens logique plutôt que rhétorique. Le trope est un type d'argument (il joue avec les idées, non avec les mots), comme une figure de la pensée, comme un raisonnement prédécoupé ou en kit. Le mot peut désigner, par exemple, tel ou tel mode ou figure du syllogisme. Mais les tropes les plus célèbres sont ceux d'Énésidème et d'Agrippa, qui relèvent de la tradition sceptique et tendent à imposer la suspension du jugement. C'est une espèce de machine de guerre contre tout dogmatisme. On en trouve la liste chez Diogène Laërce (*Vies et doctrines…*, IX) et Sextus Empiricus (*Hypotyposes pyrrhoniennes*, I). Ceux d'Énésidème sont au nombre de dix, qui visent à montrer que toutes nos représentations sont relatives : elles varient en fonction du sujet qui perçoit (homme ou animal, tel homme ou tel autre, avec tel organe sensoriel ou tel autre, etc.), mais aussi en fonction des circonstances (position, distance, mélange, quantité...), des relations, des fréquences et des modes de vie. Ceux d'Agrippa, plus ramassés, plus frappants, sont au nombre de cinq : il y a le trope de la discordance (les opinions s'opposent, chez les philosophes comme chez les profanes : pourquoi privilégier l'une d'entre elles ?), celui de la régression à l'infini (toute preuve devant être prouvée par une autre, et ainsi à l'infini, on n'en aura jamais fini de prouver quoi que ce soit : tout reste donc douteux), celui de la relation (rien ne peut être appréhendé en soi : toute représentation est relative au sujet et aux circonstances), celui des principes (qui ne sont que des hypothèses indémontrables : puisqu'il faut en poser pour démontrer quoi que ce soit, toute démonstration reste ainsi incertaine), enfin celui du diallèle ou cercle vicieux (qui prétend démontrer une proposition à partir d'une autre qui en dépend : les deux sont donc sans valeur). Ces cinq tropes, comme les dix d'Énésidème, aboutissent à la suspension du jugement : le mieux, puisqu'on ne peut trancher, est de s'interdire toute assertion dogmatique.

TRUISME Une vérité évidente et sans portée. À ne pas confondre avec la tautologie, qui n'est pas toujours évidente et rarement sans portée.

TYRANNIE C'est exercer le pouvoir au-delà de son domaine légitime (Locke), et spécialement dans un ordre où l'on n'a aucun titre légitime à le faire (Pascal) : ainsi le roi qui veut être aimé ou cru, quand il ne mérite, en tant que roi, que d'être obéi (*Pensées*, 58-332). C'est vouloir régner sur les esprits par la force (barbarie), ou sur la force par l'esprit (angélisme), et c'est en quoi toute tyrannie, même effrayante, est ridicule (voir ce mot) : c'est le ridicule au pouvoir, ou la confusion des ordres érigée en système de gouvernement. La faute du tyran est de « vouloir régner partout », ce que nul ne peut, et « hors de son ordre », ce que nul ne doit *(ibid.)*.

En un sens plus général, on désigne par tyrannie le pouvoir absolu d'un seul, quand il est illégitime, violent ou arbitraire. Le mot, dans son usage moderne, vaut toujours comme condamnation. C'est que nous y voyons, à juste titre, le contraire de l'État de droit : « Là où le droit finit, la tyrannie commence » (Locke, *Deuxième traité du gouvernement civil*, chap. XVIII).

U

UBIQUITÉ La faculté d'être présent partout à la fois. Ce serait le propre de Dieu, s'il existe. Mais alors, pourquoi dit-on qu'il est aux cieux ? C'est qu'il n'est présent ici-bas, répondrait Simone Weil, que sur le mode de l'absence ou du retrait (il n'est là qu'en tant qu'il n'y est pas). C'est un Dieu caché : son ubiquité nous en apprend moins sur lui que sa transcendance.

UN Le premier élément d'une énumération (le zéro, qui fut inventé beaucoup plus tard, sert moins à nombrer qu'à calculer). Peut désigner à ce titre aussi bien l'*unité* (l'un des éléments d'une pluralité possible : un parmi d'autres) que l'*unicité* (quand il n'y a pas de pluralité : un seul). Ces deux sens sont d'autant moins incompatibles que le second suppose le premier. Par exemple si j'entends, me réveillant la nuit, une horloge sonner un coup : rien, lorsque ce coup retentit, ne me permet de savoir s'il est une heure ou plus : seuls me l'apprendront d'autres coups ou le silence. L'unicité n'est qu'une unité sans suite ; la pluralité, qu'un ensemble d'unités. C'est donc l'unité qui est première, dont l'unicité et la pluralité ne sont que des occurrences. Cela semble donner raison à Parménide ou à Plotin. Mais non, pourtant, puisque rien ne prouve que cette unité première soit unique (cela peut donner raison tout autant à Démocrite : les atomes sont des unités en nombre infini), ni même qu'elle *soit* première : elle ne l'est que pour la pensée ; pourquoi la matière, qui ne pense pas, devrait-elle s'y soumettre ? Il n'est pas impossible qu'il n'y ait d'abord qu'une multiplicité indéfinie, sans unités, sans êtres, sans substances : qu'il n'y ait que des flux et des processus. L'Un, alors, serait moins leur principe que leur ensemble : c'est ce que nous appelons l'univers.

UNICITÉ Le fait d'être unique. On peut accorder à Leibniz que c'est le propre de tout être (principe des indiscernables), mais inégalement : deux feuilles d'un même arbre, quoique différentes l'une de l'autre, sont pourtant moins uniques qu'un être qui ne ressemble à aucun autre ni n'entre, comme élément, dans aucune multiplicité. Dieu ou le Tout sont plus uniques, en ce sens, que ce qu'ils créent ou contiennent, et eux seuls, peut-être, le sont absolument.

UNION Le devenir-un d'une multiplicité, qui reste pourtant hétérogène ou « plurielle », comme on dit aujourd'hui. C'est ce qui distingue l'*union* (le fait d'être unis) de l'*unité* (le fait d'être un). Les militants progressistes, dans ma jeunesse, distinguaient traditionnellement l'union de la gauche (qui supposait une alliance de classes et de partis) et l'unité de la classe ouvrière (qui supposait, ou aurait supposé, qu'on revienne en amont de la scission de 1920). Je ne sais si les militants d'aujourd'hui font encore ces distinctions. Philosophiquement, on retiendra surtout que l'union est un processus ou un combat ; l'unité, un état ou un idéal.

UNITÉ Le fait d'être un. À ne pas confondre avec l'unicité (le fait d'être un seul), ni avec l'union (le fait d'être unis), qui la supposent l'une et l'autre. Il n'y aurait pas *un seul*, ou on ne pourrait le penser, s'il n'y avait d'abord *un*. Mais il n'y aurait pas davantage pluralité, ni donc union : il n'y aurait pas *plusieurs* s'il n'y avait pas d'abord *un*, et encore *un*, et encore *un*… C'est pourquoi on peut compter sur ses doigts : parce que chaque doigt est un. « Le pluriel suppose le singulier », écrivait Leibniz : il n'y aurait pas plusieurs êtres s'il n'y avait plusieurs fois un être. Et « ce qui n'est pas véritablement *un* être, continuait-il, n'est pas non plus véritablement un *être* ». Ainsi l'unité est première, au moins pour la pensée. De là, sans doute, le privilège métaphysique de l'Un. Mais si la nature ne pense pas ?

UNIVERS Pour la plupart des philosophes, c'est l'ensemble de tout ce qui existe ou arrive. Il est donc exclu qu'il y en ait plusieurs : si c'était le cas, l'univers serait leur somme.

Que penser alors de l'hypothèse, parfois évoquée par les physiciens contemporains, d'une pluralité d'univers ? Qu'elle correspond à l'idée philosophique d'une pluralité des *mondes*, et rend les deux mots à peu près synonymes. Quand on veut éviter l'ambiguïté, mieux vaut, philosophiquement, distinguer le monde et le Tout (voir ces mots), et laisser l'univers aux physiciens.

UNIVERSAUX (QUERELLE DES –) C'est un débat qui traverse et structure toute la pensée du Moyen-Âge. Il s'agit de savoir quel type de réalité accorder aux idées générales ou universelles. Sont-ce des êtres réels, comme le voulait Platon (réalisme), ou bien de simples conceptions de notre esprit (conceptualisme), voire de purs mots (nominalisme) ? Le matérialisme n'a bien sûr le choix qu'entre ces deux dernières solutions, qui s'opposent peut-être moins qu'elles ne se complètent.

UNIVERSEL Qui vaut pour l'univers entier, ou pour la totalité d'un ensemble donné. C'est en ce dernier sens que les droits de l'homme sont universels : non parce que l'univers les reconnaîtrait (pourquoi l'univers serait-il humaniste ?), mais parce qu'ils valent, en droit, pour tout être humain. On voit que si *universel* s'oppose à *particulier*, ce n'est pas de façon simple. Les droits de l'homme sont une particularité humaine (ils ne valent que pour l'humanité), mais n'en sont pas moins universels pour autant (ils doivent s'appliquer à tout être humain, y compris s'il ne les respecte pas).

L'universel, remarque Alain, est le lieu des pensées. Une vérité qui ne serait pas vraie, en droit, pour tous, ne serait pas une vérité du tout. Cela, remarquons-le, ne dépend pas du degré de généralité de la pensée considérée. Que tu sois en train de lire cet article, c'est un fait très singulier. Mais il n'y a pas un seul point de l'univers où l'on puisse nier cette vérité sans faire preuve d'ignorance ou de mauvaise foi. Et comme tout est vrai, toujours, tout est universel : le plus petit de nos mensonges est universellement mensonger.

« La pensée, disait encore Alain, ne doit pas avoir d'autre chez soi que tout l'univers ; c'est là seulement qu'elle est libre et vraie. Hors de soi ! Au-dehors ! » L'universel, pour l'esprit, est la seule intériorité vraie.

UNIVOQUE Qui ne se prend qu'en un seul sens, quel que soit l'emploi ou le contexte et y compris quand on l'applique à des objets différents. Sorti du langage scientifique, et encore, c'est beaucoup moins la règle que l'exception. S'oppose à équivoque (qui a au moins deux significations différentes) et parfois à plurivoque (qui en a plusieurs).

URBANITÉ La politesse des villes. C'est supposer qu'on trouve une politesse aussi à la campagne, et qu'elle n'est pas la même. Quand on croise chaque jour des milliers d'inconnus, la politesse inévitablement devient plus nécessaire, plus superficielle, plus systématique. La foule impose sa loi, qui est d'anonymat et de prudence.

USAGE/USURE User, c'est d'abord se servir de. Puis détériorer peu à peu, affaiblir, amoindrir. L'usage est antérieur à l'usure, et l'entraîne. Ainsi une paire de souliers : on ne peut en user sans l'user. Le lien, entre ces deux notions, n'est pourtant pas sans quelques notables exceptions. On peut se servir de son corps et de son cerveau sans les user d'abord, et ils s'usent d'autant plus, semble-t-il, qu'on s'en sert moins. C'est qu'on est dans l'ordre du vivant, qui résiste à l'usure par l'exercice et la régénération (comme une machine, disait Leibniz, qui réparerait d'elle-même ses rouages). Toutefois cela ne dure qu'un temps. La matière ou l'entropie imposent leur loi, peu à peu, qui est de dégradation et de mort. C'est ce qu'on appelle le vieillissement, usure biologique. « Tout faiblit peu à peu, écrit Lucrèce, tout marche vers la mort, usé par la longueur du chemin de la vie » (*De rerum natura*, II, 1173-1174). Cela donne tort aux optimistes, non aux vivants.

UTILE Ce qui sert à quelque chose d'autre, à condition que ce quelque chose soit bon ou jugé tel. Notion relative, donc : ce qui est utile aux uns peut être nuisible aux autres, voire à la fois utile et nuisible pour les mêmes (par exemple la voiture, utile pour les voyages, nuisible pour l'environnement). Il n'y a pas d'utilité absolue : l'utile n'est pas une fin en soi ; ce n'est qu'un moyen efficace, en vue d'une fin désirée. C'est pourquoi l'utilitarisme aura besoin de se donner une fin ultime, qui sera presque toujours le bonheur du plus grand nombre : est utile ce qui le favorise, nuisible ce qui lui fait obstacle. Mais cette fin est elle-même sujette à caution. Si vous mettez la vérité ou la justice plus haut que le bonheur, les frontières de l'utile et de l'inutile vont se déplacer. Mais n'en existeront pas moins.

UTILITARISME Toute doctrine qui fonde ses jugements de valeur sur l'utilité. Un égoïsme ? Non pas, puisque l'utilité est définie, chez la plupart des utilitaristes (spécialement chez Bentham et John Stuart Mill), comme ce qui contribue au bonheur du plus grand nombre. Rien n'exclut donc qu'un utilitariste se sacrifie pour les autres, s'il considère que la quantité globale de bonheur en est augmentée (s'il juge, cela revient au même, que son sacrifice est utile). Et il est bien difficile, qu'on soit utilitariste ou pas, de se sacrifier inutilement (serait-ce encore un sacrifice ?) ou même, sauf rigorisme particulier, sans avoir le sentiment que le bonheur de l'humanité en est au moins possiblement augmenté. Par quoi l'utilitarisme est moins une morale particulière qu'une philosophie particulière de la morale : les comportements, en pratique, seront souvent les mêmes, mais pensés ou justifiés différemment.

Jean-Marie Guyau a bien montré qu'Épicure était une espèce d'utilitariste avant la lettre, comme Spinoza (s'agissant de ce dernier, voir par exemple *Éthique*, IV, prop. 20 et 24), ou plutôt que « c'est l'épicurisme, uni au naturalisme de Spinoza, qui renaît chez Helvétius et d'Holbach », avant de « susciter dans la patrie de Hobbes des partisans plus nombreux encore » et de prendre « sa forme définitive » chez Bentham et Mill (*La morale d'Épicure et ses rapports avec les doctrines contemporaines*, 1878, Introduction). Qu'on en juge :

> « La doctrine qui donne comme fondement à la morale l'utilité ou le principe du plus grand bonheur, affirme que les actions sont bonnes ou sont mauvaises dans la mesure où elles tendent à accroître le bonheur, ou à produire le contraire du bonheur. Par "bonheur" on entend le plaisir et l'absence de douleur ; par "malheur", la douleur et la privation de plaisir. [...] Cette théorie de la moralité est fondée sur une conception de la vie selon laquelle le plaisir et l'absence de douleur sont les seules choses désirables comme fins, et que toutes les choses désirables ne le sont que pour le plaisir qu'elles donnent elles-mêmes ou comme moyens de procurer le plaisir et d'éviter la douleur » (John Stuart Mill, *L'utilitarisme*, II).

Faut-il alors renoncer à toute élévation, à toute spiritualité ? Aucunement, puisque celles-ci peuvent être (comme le dit Mill de la vertu) un moyen ou une partie du bonheur. C'est que le bonheur *(happiness)* est bien autre chose que la satisfaction *(content)* des instincts ou des appétits. Chacun a les plaisirs qu'il mérite, qui fondent aussi le bonheur qu'il ambitionne. Pour un individu aux aspirations élevées, note Mill, toutes les satisfactions ne se valent pas. De là cette vigoureuse formule, qui m'a toujours rendu son auteur extrêmement sympathique : « Il vaut mieux être un homme insatisfait qu'un porc satisfait ; il vaut mieux être Socrate insatisfait qu'un imbécile satisfait. Et si l'imbécile ou le porc sont d'un avis différent, c'est qu'ils ne connaissent qu'un côté de la question : le leur. L'autre partie, pour faire la comparaison, connaît les deux côtés » *(ibid.)*.

On remarquera pourtant que l'utilité peut être un critère de valeur, mais non de vérité. C'est ce qui distingue, ou qui peut distinguer, l'utilitarisme du pragmatisme, voire de la sophistique. Une vérité inutile, et même nuisible (une vérité qui ne serait pas « avantageuse pour la pensée », comme disait William

James), n'en serait pas moins vraie pour cela. Et un mensonge utile ou une erreur avantageuse, pas moins faux. C'est en quoi l'utilitarisme, même moralement justifié, ne saurait tenir lieu de philosophie : ce n'est pas parce qu'une idée est favorable au bonheur du plus grand nombre qu'il faut la penser (ce ne serait plus philosophie mais sophistique, plus utilitarisme mais méthode Coué) ; c'est parce qu'elle semble vraie. Un utilitariste pourrait objecter que la vérité, même désagréable, est plus utile, au bout du compte, qu'une illusion, même confortable, et que l'utilitarisme est sauvé par là de la sophistique. Dont acte. Mais il n'échappe au cercle qu'en acceptant que la vérité de cette dernière idée ne dépend pas de son utilité (puisque son utilité, si elle est vraie, en dépend). La vérité ne peut être utile que si ce n'est pas son utilité qui fait sa vérité. Elle ne peut être une valeur que si elle n'a pas besoin de valoir pour être vraie. Par quoi l'utilitarisme n'est acceptable qu'à l'intérieur du rationalisme, non contre lui.

Il reste que l'utilitarisme, même s'agissant des actions, pèche peut-être par optimisme. « Si les hommes n'avaient en vue que l'utile, tout s'arrangerait, écrit Alain. Mais il n'en est pas ainsi. » C'est qu'ils agissent par passion, beaucoup plus que par intérêt. De là les guerres, nuisibles pour presque tous. L'amour-propre est un moteur plus puissant que l'égoïsme, et plus dangereux.

UTOPIE Ce qui n'existe nulle part (en aucun lieu : *u-topos*). Un idéal ? Si l'on veut, mais programmé, mais organisé, mais planifié, souvent avec un soin maniaque des détails : c'est un idéal qui ne se résigne pas à en être un, qui se prend pour une prophétie ou un mode d'emploi. Se dit spécialement des sociétés idéales ; l'utopie est alors une fiction politique, qui sert moins à condamner la société existante (pas besoin d'utopie pour cela) qu'à en proposer une autre, déjà conçue dans ses détails, qui n'aurait plus qu'à être réalisée. Ainsi chez Platon, Thomas More (qui inventa le mot) ou Fourier.

Le mot peut se prendre positivement ou négativement : il peut désigner ce qui n'existe pas encore mais existera un jour ; ou bien ce qui n'existe pas et n'existera jamais. Dans le premier cas, c'est un but, vers lequel il faut tendre ; dans le second, une illusion, à laquelle il vaut mieux renoncer. Dans l'usage courant, c'est ce second sens qui tend à l'emporter : une utopie, c'est un but ou un programme qu'on juge irréalisable. Parce qu'on manque d'imagination, d'audace, de confiance ? C'est ce que certains suggèrent : l'utopie d'aujourd'hui serait la réalité de demain. Et d'évoquer les congés payés, la sécurité sociale, la télévision, Internet, qu'on aurait jugé utopiques il y a quelques siècles… Mais c'est confondre utopie et science-fiction, Thomas More et Jules Verne. Les grandes utopies du passé (depuis la République de Platon jusqu'aux socialismes utopistes du XIXe siècle), nous semblent aussi irréalisables aujourd'hui qu'hier, et plus dangereuses. C'est qu'on voit trop ce qu'elles supposeraient de contraintes et de bourrage de crâne (de totalitarisme). Une utopie, ce n'est pas seulement un projet de société qui semble présentement impossible ; c'est une société parfaite, qui ne laisserait rien à transformer. Ce serait la fin de l'histoire, la fin des conflits, comme une espèce de paradis collectif : cela ressemble à un Club Méditerranée définitif, autrement dit à la mort.

VWXYZ

VACANCE (S) Au singulier : vide, absence, oisiveté… Il faut que la vie quotidienne soit bien dure, ou bien vaine, pour que le même terme, au pluriel et à l'envers de son vide initial, en vienne à suggérer le plein d'une vie, pour une fois, à peu près intense et joyeuse… Et bien triste qu'il faille pour cela partir. « Partir, c'est vivre beaucoup », semblent-ils croire. C'est qu'ils n'habitent que la mort ou le travail.

Les vacances, considérées comme congés payés, restent ainsi prisonnières des formes modernes d'aliénation, dont elles sont l'expression autant que l'antidote. Est aliéné celui dont la vie est ailleurs – celui qui doit partir pour rentrer chez soi. Une société injuste mais riche devait sécréter ces ersatz d'utopie. Ce sont les bacchanales de notre temps – Dionysos au Club Méditerranée. On aurait tort de les mépriser, comme de s'en contenter.

VALEUR Ce qui vaut, et le fait de valoir. Un prix ? Seulement pour ce qui en a un, pour ce qui est à vendre. Par exemple la valeur d'une marchandise : son prix indique sa valeur d'échange, dans un marché donné, telle qu'elle résulte du temps de travail moyen socialement nécessaire à sa production (selon Marx) ou de la loi de l'offre et de la demande (selon la plupart des économistes libéraux). Mais la justice ? Mais la liberté ? Mais la vérité ? Elles peuvent avoir un coût, dans telle ou telle circonstance. Mais elles n'ont pas de prix : elles ne sont pas à vendre. Aussi faut-il distinguer ce qui *a* une valeur (qu'un prix, dans une logique d'échange, peut mesurer à peu près), et ce qui *est* une valeur, qui n'a pas de prix et ne saurait être échangé valablement contre de l'argent, ni même contre une autre valeur. Échanger la justice contre la liberté ? Ce serait manquer à la justice. Échanger la vérité contre la justice ?

Ce serait manquer à la vérité. Ainsi les valeurs n'ont pas de prix : elles ont une *dignité*, comme disait Kant, qui n'admet pas d'équivalent et ne saurait être échangée contre autre chose. Faut-il y voir pour autant un absolu ? Non pas, me semble-t-il, puisqu'il reste à comprendre d'où vient cette valeur qu'on lui prête ou qu'elle est. Une valeur, c'est ce qui vaut, disais-je ; mais qu'est-ce que valoir ? C'est être désirable ou désiré. C'est vrai pour les marchandises : elles n'ont de valeur d'échange, soulignait Marx, qu'à la condition d'avoir d'abord une valeur d'usage. Or celle-ci n'est pas un absolu. « La marchandise est d'abord un objet extérieur, qui, par ses propriétés, satisfait des besoins humains de n'importe quelle espèce. Que ces besoins aient pour origine l'estomac ou la fantaisie, leur nature ne change rien à l'affaire » (*Le Capital*, I, 1). Comment mieux dire qu'il s'agit moins de *besoin* que de *désir*, moins d'utilité que d'*usage* en effet ? Un objet, même apparemment inutile, peut avoir une grande valeur, s'il est fortement désiré par beaucoup : ainsi une pierre précieuse ou une œuvre d'art (ce n'est pas parce qu'elles sont utiles qu'elles sont désirées, c'est parce qu'elles sont désirées qu'elles semblent utiles, et le sont en effet). Un objet manifestement utile, à l'inverse, n'a de valeur qu'à proportion du désir qu'on en a. Les commerçants le savent bien. Ce n'est pas l'utilité qui fait la valeur d'usage, c'est la valeur d'usage, telle qu'elle résulte elle-même du désir, qui fait l'utilité. Si une marchandise n'a de valeur d'échange qu'à la condition d'avoir une valeur d'usage, il faut donc en conclure qu'elle n'a de valeur qu'à proportion non de je ne sais quelle utilité objective ou absolue, si tant est que la notion puisse avoir un sens, mais du désir, historiquement déterminé, qui la vise. Cela donne raison à la loi de l'offre et de la demande, me semble-t-il, davantage qu'à la théorie marxiste de la valeur (un vêtement à la mode peut demander moins de temps de travail qu'un autre, et valoir pourtant beaucoup plus cher), mais ce n'est pas ici ce qui m'importe. Philosophiquement, sinon économiquement, les deux théories se rejoignent en ceci qu'il n'y a de valeurs, dans un marché donné, que relatives : que pour et par le désir. C'est où l'on rencontre les valeurs morales ou spirituelles. Qu'elles soient en dehors de tout marché – sans équivalent, sans prix, sans échange possible –, je l'indiquais en commençant. Mais cela ne prouve pas qu'elles soient en dehors de tout désir ! Comment la justice serait-elle une valeur, si personne ne désirait la justice ? Comment la vérité pourrait-elle valoir, si personne ne l'aimait ou ne la désirait ? C'est ce que Spinoza, dans un scolie abyssal de l'*Éthique*, nous invite à penser : « Nous ne nous efforçons à rien, ne voulons, n'appétons ni ne désirons aucune chose, parce que nous la jugeons bonne ; mais, au contraire, nous jugeons qu'une chose est bonne parce que nous nous efforçons vers elle, la voulons, appétons et désirons » (III, 9, scolie). Chacun a le sentiment du contraire. Si j'aime la richesse ou la justice, n'est-ce pas parce qu'elles sont bonnes ? Si je désire cette femme, n'est-ce pas parce qu'elle est belle ? Non pas, répondrait Spinoza : c'est parce que tu aimes la richesse et la justice qu'elles te paraissent bonnes ; c'est parce que tu désires cette femme qu'elle te paraît belle. Le fait est que richesse ou justice sont indifférentes à quelques-uns. Et qu'un singe, à ce que nous jugeons la plus belle des femmes, préférerait une guenon. Parce qu'il a mauvais goût ? Il faudrait être bien naïf pour le penser. Mais parce qu'il n'a pas le même désir. Relativisme sans appel : une valeur c'est ce qui est désirable, et elle n'est désirable que parce qu'elle est désirée. Ce qui vaut, c'est ce qui plaît ou réjouit, pour un individu et dans une société donnée. C'est pourquoi l'argent, pour certains, vaut plus que la justice. Et c'est pourquoi la justice, pour d'autres, vaut davantage que l'argent. Il n'y a pas de valeurs absolues. Il n'y a que des désirs et des conflits de désirs, que des affects et des hiérarchies entre affects. C'est ce que Spinoza, à propos du bien et du mal mais aussi de l'argent et de la gloire, explique fort nettement :

> « Par *bien*, j'entends ici tout genre de joie et tout ce qui y mène, et principalement ce qui satisfait un désir, quel qu'il soit. Par *mal*, j'entends tout genre de tristesse, et principalement ce qui frustre un désir. Nous avons en effet montré plus haut (dans le scolie de la prop. 9) que nous ne désirons aucune chose parce que nous la jugeons bonne, mais qu'au contraire nous appelons bonne la chose que nous désirons ; conséquemment, nous appelons mauvaise la chose que nous avons en aversion. Chacun juge ainsi ou estime, selon son affect, quelle chose est bonne, quelle mauvaise, quelle meilleure, quelle pire, quelle enfin la meilleure ou la pire. Ainsi l'avare juge que l'abondance d'argent est ce qu'il y a de meilleur, la pauvreté ce qu'il y a de pire. L'ambitieux ne désire rien tant que la gloire et ne redoute rien tant que la honte. À l'envieux, rien n'est plus agréable que le malheur d'autrui, et rien plus insupportable que le bonheur d'un autre ; et ainsi chacun juge, d'après ses propres affects, qu'une chose est bonne ou mauvaise, utile ou inutile » (*Éthique*, III, 39, scolie).

Tel est aussi l'esprit de Nietzsche : « Évaluer, c'est créer… C'est leur évaluation qui fait des trésors et des joyaux de toutes choses évaluées » (*Zarathoustra*, I, « Des mille et un buts »). Évaluer, ce n'est pas mesurer une valeur qui préexisterait à l'évaluation ; c'est mesurer la valeur qu'on donne à ce qu'on évalue, ou créer de la valeur en la mesurant. Spinoza-Nietzsche, même combat ? Oui, assurément, s'agissant du relativisme. S'agissant des valeurs elles-mêmes ? Cela dépend desquelles (Spinoza, lui, n'a jamais prétendu les renverser toutes). Mais la vraie question, sur quoi ils s'opposent, est celle de la vérité. Nietzsche, surtout dans ses dernières œuvres, tend à la considérer comme une valeur parmi d'autres, ce que Spinoza ne saurait accepter. Que telle chose me semble bonne ou mauvaise, cela dépend du désir que j'en ai. Mais qu'elle soit vraie, non. Ils se rejoignent dans le relativisme (s'agissant des valeurs), s'opposent sur le rationalisme (s'agissant de la vérité ou de la raison). C'est où j'ai choisi Spinoza contre Nietzsche, et le cynisme contre la sophistique. La vérité est-elle une valeur ? Oui, si nous la jugeons bonne ou utile, ou simplement si nous l'aimons ou la désirons. Elle en est donc une, pour presque tous : tous les hommes aiment la vérité, disait saint Augustin, puisque aucun, même parmi les menteurs, n'aime être trompé. Mais ce n'est pas parce qu'elle est vraie qu'elle vaut, encore moins parce qu'elle vaut qu'elle est vraie. Disjonction des ordres : la valeur de la vérité dépend du désir qu'on en a, mais sa vérité, non. Toute valeur est subjective (y compris la vérité comme valeur) ; aucune vérité ne l'est. Toute valeur est relative ; toute vérité (en tant qu'elle est vraie, en tant qu'elle est la même en nous et en Dieu, comme dit Spinoza) est absolue. Toute valeur est de l'homme. Toute vérité, de Dieu. C'est pourquoi nous sommes toujours dans le vrai, et hors d'état pourtant de le posséder absolument. C'est pourquoi nous le cherchons. C'est pourquoi nous le désirons. C'est pourquoi il vaut, au moins pour nous, au moins par nous. Le jour où plus personne n'aimera la vérité, elle aura cessé par là même d'être une valeur. Mais n'en sera pas moins vraie pour autant.

Si vous n'aimez pas la vérité, n'en dégoûtez pas les autres. Et ne tenez pas, si vous l'aimez, cet amour pour une preuve.

VALIDITÉ C'est le nom logique de la vérité, ou plutôt son équivalent formel. Une inférence est valide lorsqu'elle permet de passer du vrai au vrai (de la vérité des prémisses à la vérité de la conclusion) ou lorsqu'elle est vraie quelle que soit l'interprétation qu'on en peut donner. On remarquera que la validité d'un raisonnement ne dépend pas de la vérité de ses conclusions, pas plus d'ailleurs que celle-ci ne dépend forcément de celle-là. Un raisonnement valide peut aboutir à une conclusion fausse (si l'une au moins de ses prémisses est fausse). C'est le cas, par exemple, du fameux sophisme du cornu : « Tu as tout ce que tu n'as pas perdu ; tu n'as pas perdu de cornes ; donc tu as des cornes » ; le raisonnement est valide, la conclusion est fausse (c'est que la majeure, quoique on puisse ne pas s'en rendre compte immédiatement, l'est aussi). Et un raisonnement non valide, à l'inverse, peut aboutir à une conclusion vraie : « Tous les hommes sont mortels ; Socrate est mortel ; donc Socrate est un homme » est un raisonnement non valide.

VANITÉ On pense d'abord à l'Ecclésiaste : « *Vanité des vanités, tout est vanité...* » C'est dire que tout est vide ou vain (*vanus* : vide, creux, sans substance), que rien n'a de valeur ou d'importance, sinon illusoire, sinon fugace, que le néant vaudrait mieux ou tout autant, enfin que rien ne vaut la peine d'être vécu ni désiré. Est-ce vrai ? Il n'y a pas de réponse absolue ; il n'y a que le désir qu'on éprouve ou pas de ces presque riens qui font notre vie, bonheur et malheur, qui vont disparaître, certes, qui disparaissent déjà, mais qui n'en sont pas moins vrais ni délectables, pour qui s'en délecte, ou douloureux, pour qui en souffre. Montaigne, qui est notre Ecclésiaste, a consacré à cette notion le plus beau de ses Essais (III, 9, « De la vanité »). Mais lui n'en tirait aucune leçon nihiliste. C'est qu'il aimait la vie, quand l'Ecclésiaste, de son propre aveu, la détestait. Par exemple Montaigne se plaît aux voyages. « Il y a de la vanité, dites-vous, en cet amusement. – Mais où non ? Et ces beaux préceptes sont vanité, et vanité toute la sagesse » (III, 9, 988). Le maître de Montaigne est le vent, qui ne va nulle part, qui n'a rien à prouver, mais qui « s'aime à bruire et à s'agiter ». Vent : vanité. « Le vent part au midi, tourne au nord, disait l'Ecclésiaste, il tourne, tourne et va, et sur son parcours retourne le vent... » Ainsi fait Montaigne : « S'il fait laid à droite, je prends à gauche. Ai-je laissé quelque chose derrière moi ? J'y retourne ; c'est toujours mon chemin. » On lui objecte son âge : « Vous ne reviendrez jamais d'un si long chemin. – Que m'en chaut-il ? Je ne l'entreprends ni pour en revenir, ni pour le parfaire ; j'entreprends seulement de me branler [de me mouvoir] pendant que le branle me plaît. Et me promène pour me promener.... » Vanité de la sagesse constatait l'Ecclésiaste, et Montaigne en est d'accord. Mais il ajoute, avec le vent : sagesse de la vanité.

En un autre sens, la vanité est une forme, particulièrement ridicule, de l'amour-propre. C'est être plein du vide de soi : c'est se glorifier de ce qu'on croit être, c'est admirer en soi ce qu'on imagine que les autres y admirent (la vanité, écrit Bergson, est « une admiration de soi fondée sur l'admiration qu'on croit inspirer aux autres »), ou vouloir qu'ils admirent ce qu'on y admire soi-même. Nul n'y échappe tout à fait. C'est ce qu'a vu Pascal : « La vanité est si ancrée dans le cœur de l'homme qu'un soldat, un goujat, un cuisinier, un crocheteur se vante et veut avoir ses admirateurs, et les philosophes mêmes en veulent, et ceux qui écrivent contre veulent avoir la gloire d'avoir bien écrit, et ceux qui les lisent veulent avoir la gloire de les avoir lus, et moi qui écris ceci ai peut-être cette envie, et peut-être que ceux qui le liront... » (*Pensées*, 627-150). Se savoir vaniteux, toutefois, c'est déjà l'être moins. « La seule cure contre la vanité, disait encore Bergson, c'est le rire » ; mais à condition de savoir rire de soi.

Enfin, on appelle *vanités*, dans l'histoire de la peinture, certaines natures mortes évoquant – par une fleur fanée, un crâne, une bougie consumée... – le peu que nous sommes et que nous durons. C'est revenir au sens de l'Ecclésiaste, qui est le sens existentiel, tout en essayant de nous guérir de la vanité au sens psychologique ou moral. On dirait que ces peintres veulent nous dégoûter de la vie, pour que nous ne nous intéressions plus qu'à la mort ou à la religion. Mais les plus doués n'arrivent même pas à nous dégoûter de la peinture. Est-ce nous qui sommes trop vains, ou la peinture qui est trop belle ?

VÉCU La vie elle-même, mais au passé (fût-ce d'un dixième de seconde) et dans sa singularité individuelle et immédiate, ou prétendument immédiate (la conscience fait une médiation suffisante). C'est la vie à la première personne, telle qu'elle a été éprouvée, telle qu'on s'en souvient, telle qu'on en porte témoignage. Souvent opposé à la pensée, à la théorie, à l'abstraction. Mais ce n'est guère qu'une abstraction de plus. Un vécu qui ne serait pas pensé, on ne pourrait rien en dire. Vaudrait-il même la peine d'être vécu ?

Le vécu n'est pas la vie : il n'est que la conscience que nous en prenons et en gardons – que son souvenir ou sa trace. « Notre vie est si vaine, disait Chateaubriand, qu'elle n'est qu'un reflet de notre mémoire. » Le vécu est ce reflet, et cette vanité.

VELLÉITÉ Une volition sans force, sans continuité, sans constance. C'est vouloir sans agir, ou sans agir vraiment (dans la durée). Ce n'est donc pas vouloir : c'est désirer vouloir, ou imaginer qu'on veut.

VÉRACITÉ Ce n'est pas la même chose que la vérité. La véracité est la qualité de celui qui dit vrai, qui ne trompe ni ne se trompe. Elle est donc une disposition, mais objective (on peut être sincère sans être vérace), du sujet. La vérité serait plutôt l'objectivité même. La vérité, pour le dire autrement, est le propre de ce qui est vrai ; la véracité, de ce qui est véridique. Ainsi le vrai Dieu, chez Descartes, est un Dieu vérace. Mais ce n'est pas parce qu'il est vérace qu'il est le vrai Dieu ; c'est parce qu'il est le vrai Dieu (ou parce qu'il est *vraiment* Dieu) qu'il est vérace.

VERBE Parfois synonyme, surtout avec une majuscule, de Parole ou de Logos : ce serait l'acte de Dieu, ou Dieu en acte, en tant qu'il fait sens. On l'identifie traditionnellement à la deuxième personne de la Trinité : « le Verbe s'est fait chair, lit-on dans le prologue de Jean, et il a habité parmi nous… »

Au sens ordinaire, un verbe est un mot, mais qui désigne le plus souvent un mouvement, un événement ou un acte (par différence avec les *noms*, qui désignent plutôt des choses, des entités ou des individus). De là ce *langage-monde* qu'a imaginé Francis Wolff (*Dire le monde*, PUF, 1997), qui ne serait fait que de verbes : monde du devenir pur, sans rien qui demeure ni qui change, monde d'accidents sans substances, d'actions sans sujets, d'événements sans essences et sans choses… C'est le monde à peu près d'Héraclite ou du Bouddha, et c'est le vrai peut-être. Mais notre langage – « cet étrange entrelacs de noms et de verbes » qu'évoquait Platon – est incapable de le dire comme notre esprit de le penser. C'est que tout verbe, pour nous, a besoin d'un sujet. De là le fameux *« Je pense donc je suis »* de Descartes, dont Nietzsche a bien vu qu'il ne tirait son évidence que de la croyance… en la grammaire. Il m'arrive de penser que le « réel voilé » de la mécanique quantique doit ressembler à ce monde de verbes sans sujets et d'événements sans choses. C'est pourquoi nos physiciens ne peuvent l'énoncer exactement, ni nous tout à fait le comprendre. Nous n'avons pas la langue qu'il faudrait pour cela.

VÉRIFICATION C'est tester la vérité d'un énoncé, en vue de l'attester. On peut ainsi vérifier un calcul, en le refaisant ou en en faisant un autre, ou une hypothèse, en la soumettant à l'expérience. Reste à savoir ce que valent ce nouveau calcul ou cette expérience. S'agissant du calcul, on considère que la probabilité d'une erreur décroît rapidement, en proportion du nombre de vérifications effectuées, si possible par plusieurs individus et selon des procédures différentes. Toutefois cela reste soumis à la fiabilité de notre raison, qui est sans vérification possible (puisque toute vérification la suppose). S'agissant de l'expérience ou de l'expérimentation, on bute sur le problème de l'induction (voir ce mot). Comment vérifier un énoncé universel (« tous les cygnes sont blancs ») en additionnant des constats singuliers (ce cygne est blanc, et cet autre, et cet autre…), étant entendu qu'on ne peut en dresser la liste exhaustive et qu'une seule exception suffirait à invalider l'énoncé ? Il n'y a donc pas de vérification en toute rigueur. En revanche, montre Popper, il y a des falsifications suffisantes : un seul cygne noir ou coloré suffit à prouver qu'ils ne sont pas tous blancs. Cette asymétrie entre vérifiabilité et falsifiabilité est au cœur de la démarche expérimentale. Vérifier une théorie ou une hypothèse, ce n'est jamais prouver en toute rigueur qu'elle est vraie, c'est essayer de montrer qu'elle est fausse. On la tient pour vraie – au moins relativement et provisoirement – tant qu'elle a résisté à toutes les tentatives de falsification. On remarquera que cette solution popperienne ou darwinienne (les théories les plus faibles sont éliminées, seules les meilleures subsistent) du problème de l'induction est davantage épistémologique que métaphysique. Elle explique le fonctionnement des sciences ; elle ne dit rien de leur vérité globale : non seulement parce qu'il se pourrait que toute pensée ne soit qu'un rêve, comme le reconnaît Popper, mais parce que le test expérimental devrait lui-même être vérifié, et ne peut l'être absolument. Il suffit d'un seul cygne noir pour prouver qu'ils ne sont pas tous blancs. Mais comment prouver qu'un cygne est vraiment noir ? Toute vérification et toute falsification supposent une vérité antécédente – celle du monde, celle de l'expérience, celle de la raison – qui est invérifiable et infalsifiable. Si nous n'étions d'abord dans le vrai, nous n'aurions aucune chance de rencontrer le faux. Si la vérité n'était antérieure à toute vérification, il n'y aurait rien à vérifier. C'est où l'on retrouve Spinoza : « *Habemus enim ideam veram* » (car nous avons une idée vraie, *T.R.E.*, 27). Cela est sans preuve, mais il n'y aurait pas de preuve autrement, ni rien à prouver.

VERITAS Le nom latin et scolastique de la vérité, qu'on distingue à ce titre de l'*alèthéia*, qui est son nom grec. Il est usuel, depuis Heidegger, de se servir de ces deux mots pour désigner deux conceptions, ou deux acceptions, différentes de la vérité : la vérité comme adéquation entre la pensée et le réel (*l'adæquatio rei et intellectus* des scolastiques : *veritas*), d'une part, et, d'autre part, la vérité comme non-voilement de l'être même (la vérité intrinsèque de la chose, qu'elle soit connue ou pas, ce que j'appellerais volontiers sa présentation silencieuse : *alèthéia*). L'*alèthéia* est de l'être ou du silence ; la *veritas,* de la pensée ou du discours. Certains en concluront que l'*alèthéia* est moins une *vérité* qu'une *réalité*. Mais si le réel n'était vrai aussi et d'abord, quelle pensée pourrait l'être ?

VÉRITÉ Ce qui est vrai, ou le fait de l'être, ou le caractère de ce qui l'est. C'est donc une abstraction (la vérité n'existe pas : il n'y a que des faits ou des énoncés vrais). Mais cette abstraction nous permet seule de penser. S'il n'y avait rien de commun, au moins pour la pensée, entre deux propositions vraies, il n'y aurait aucun sens à dire qu'elles le sont, ni donc, intellectuellement, à dire quoi que ce soit : tous les discours se vaudraient et ne vaudraient rien (puisqu'on pourrait dire aussi bien, ou aussi mal, le contraire de ce qu'on dit). Il n'y aurait aucune différence entre un délire et une démonstration, entre une hallucination et une perception, entre une connaissance et une ignorance, entre un faux témoignage et un témoignage véridique, entre un savant et un ignorant, entre un historien et un mythomane. Ce serait la fin de la raison, et de la déraison. *Veritas norma sui et falsi*, disait Spinoza : la vérité est norme d'elle-même et du faux (*Éthique*, II, 43, scolie). Il n'y aurait, sans cette normativité immanente, aucun moyen de se tromper, ni de ne se tromper pas, aucun moyen de mentir ni de ne mentir pas. Par quoi une seule erreur reconnue, et ce n'est pas cela qui manque, un seul mensonge démasqué, et ils sont légion, suffit à attester au moins l'idée de vérité. Abstraction, donc, mais nécessaire. Même le silence, pour l'esprit, en relève. S'il est vraiment silencieux, c'est une vérité. S'il ne l'est pas, c'en est une autre.

Où en sommes-nous avec la vérité ? La question est aussi ancienne que la philosophie (plus ancienne ? non, puisque cette question est déjà philosophique, puisqu'elle est, peut-être bien, la philosophie même), mais se pose, aujourd'hui, à nouveaux frais. Tout se passe comme si les progrès mêmes de la connaissance rendaient la notion de vérité plus problématique. Il y a là un paradoxe, qui en dit long sur notre modernité. Aucune époque n'a disposé d'autant de connaissances, ni d'aussi précises, ni d'aussi fiables. Un bon élève de nos lycées en sait beaucoup plus – sur le monde, sur l'histoire, sur presque tout – que n'en savaient Aristote ou Descartes. Nos savants, qui sont sans doute la principale gloire de notre triste époque, multiplient comme jamais découvertes et expérimentations. La biologie ou la physique de notre temps eussent sidéré – si tant est qu'ils aient pu les comprendre – un Buffon ou un Laplace. Il n'est pas jusqu'à nos médias, dans leur médiocrité essentielle, qui ne contiennent une multitude d'informations sans commune mesure avec celles dont disposaient les esprits les plus avancés des siècles passés. Bref, on en sait beaucoup plus qu'on n'en a jamais su, dans presque tous les domaines, et l'on pourrait croire que la notion de vérité en serait sortie renforcée d'autant. On sait qu'il n'en est rien, et c'est peut-être, philosophiquement, la marque principale du siècle qui vient de s'achever. La vérité ? Quel scientifique, aujourd'hui, prétendrait la connaître ? Quel artiste s'en préoccupe encore ? Et combien de philosophes vont jusqu'à dire qu'elle n'existe pas, qu'elle n'a jamais existé, qu'elle n'est que la dernière illusion dont il importe de s'affranchir ?

Il y a à cela plusieurs raisons, tant théoriques que pratiques. Les raisons théoriques peuvent être rattachées, par commodité, à la révolution kantienne ou à ce qu'elle manifeste. Dès lors que nous sommes séparés du réel par les moyens mêmes qui nous servent à le connaître, il n'est que trop clair que nous ne pourrons jamais le connaître tel qu'il est en lui-même ou absolument. Nous ne connaissons pas l'être : nous ne connaissons que des phénomènes, que le monde tel qu'il apparaît à travers les formes de notre sensibilité et de notre entendement, que des objets que nous construisons (par notre perception, par notre langage, par nos sciences), qui sont sans rapport assignable avec les choses en soi. On dira que cela n'annule pas nos connaissances, que cela permet au contraire de les penser comme possibles et nécessaires... Certes. Mais une connaissance qui ne porte plus sur l'être, est-ce encore une vérité ? « Le même est à la fois penser et être », disait Parménide, et c'est ce qui nous devient de moins en moins concevable. « La vérité consiste en l'être, disait Descartes, la vérité est une même chose avec l'être », et c'est cela même – l'être, la vérité, l'heureuse indistinction des deux – que nous avons perdu et qui nous sépare, philosophiquement, du bonheur. Nous voilà chassés du pays de la vérité, chassés du pays de l'être, puisque c'est le même, et c'est cet exil que nous appelons le monde.

L'oubli de l'être se fit parfois, nous rappelle Heidegger, au nom de la vérité – parce qu'elle n'était vérité que du sujet. Mais combien plus redoutable l'oubli conjoint des deux, comme une lente enfoncée dans le phénoménisme ou la sophistique ! Si rien n'est vrai, comme le voulait Nietzsche, que reste-t-il à vivre et à penser ? Nos rêves, nos désirs, nos interprétations, nos fantasmes, nos illusions ? Soit, mais alors ils se valent tous – puisque aucune vérité entre eux ne vient trancher – et ne valent rien. C'est où la sophistique mène au nihilisme, et Nietzsche à notre modernité. S'il n'y a pas de faits, s'il n'y a que des interprétations, selon la fameuse formule de *La volonté de puissance*, le monde même se dérobe : il n'y a plus que des discours sur le monde. C'est comme un monde virtuel, qui aurait absorbé le vrai jusqu'à le dissoudre. Qu'on puisse y vivre, peut-être. Mais à quoi bon, alors, vouloir le vivre et le penser *en vérité* ? Pourquoi ne pas se contenter d'un beau mensonge, d'un discours habile ou d'une illusion confortable ? Philosophie de bavards et de sophistes, où la philosophie se meurt. S'il n'y a pas de vérité, on peut penser n'importe quoi, mais aussi on ne peut plus penser du tout. Si rien n'est vrai, il n'est pas vrai que rien ne soit vrai. Si tout est faux, il est faux que tout le soit. Cette autocontradiction, loin de la réfuter, rend la sophistique irréfutable : puisqu'on ne pourrait la réfuter qu'au nom d'une vérité au moins possible, qu'elle récuse. Alors ? Alors il n'y a plus que les rapports de forces et le conflit – aussi inépuisable qu'épuisant – des interprétations. C'est le monde de la guerre, du marché et des médias. C'est notre monde. Plutôt c'est ce que certains voudraient qu'il soit, un monde sans être, sans réalité, sans vérité, un monde sans consistance, un monde virtuel, répétons-le, où il n'y aurait plus que des signes et des échanges, que des simulacres et des marchands, un monde pour rire, comme un jeu de l'esprit, et cela m'a donné bien souvent, quand j'étais étudiant, comme une envie de pleurer…

Il faut en sortir. Comment ? Par un retour décidé à l'idée de vérité. Qu'on ne puisse jamais la connaître tout entière ni absolument, c'est aujourd'hui une évidence, avec laquelle je ne prétends aucunement rompre. Au reste, c'en était une déjà pour Montaigne, Pascal ou Hume. Mais ceux-là n'ont jamais prétendu pour autant qu'elle n'existait pas, ni qu'on ne pouvait aucunement y accéder ! Ils ont simplement contesté, c'est tout autre chose, qu'on puisse le faire avec certitude. C'est ce qui distingue le sceptique (pour qui rien n'est certain) du sophiste (pour qui rien n'est vrai). Les deux positions ne sont ni identiques ni convergentes. Que rien ne soit certain, cela ne prouve pas que tout soit faux. Que tout soit douteux, cela ne prouve pas que rien ne soit vrai. Au contraire, même, puisqu'une proposition quelconque, fût-elle sceptique, n'est pensable que sous l'idée de vérité (c'est ce que j'appelle, corrigeant Spinoza par Montaigne, *la norme de l'idée vraie donnée ou possible*), ce qui interdit, ou devrait interdire, qu'elle prétende s'en libérer. Formidable culot de Nietzsche : « Qu'un jugement soit faux, ce n'est pas, à notre avis, une objection contre ce jugement » (*Par-delà le bien et le mal*, I, 4). Je pense très exactement le contraire, comme la quasi-totalité des scientifiques d'aujourd'hui, et c'est ce qui nous rattache, tous ensemble et malgré Nietzsche, aux Lumières. C'est où Popper, disons-le en passant, nous permet d'échapper au relativisme intégral. Qu'aucune théorie ne puisse jamais, en toute rigueur, être vérifiée expérimentalement, cela ne veut pas dire qu'elles se valent toutes : puisqu'elles peuvent au moins être réfutées ou falsifiées, puisqu'elles le sont en effet, voyez l'histoire des sciences, et se succèdent ainsi dans un ordre à la fois irréversible et normatif qui est celui du progrès même de nos connaissances. Cela rejoint une des fulgurances de Pascal : nous ne connaissons jamais la vérité directement, mais devons « prendre pour véritables les choses dont le contraire nous paraît faux » (*De l'esprit géométrique*, p. 352 b ; voir aussi la pensée 905-385). C'est le véritable ordre, qui se fait « par approfondissement et ratures », comme disait Cavaillès, et qui n'en instaure pas moins – ou plutôt qui n'en instaure que mieux – « des résultats dont la validité est hors du temps » (Cavaillès, *Sur la logique*, III ; *Lettre à P. Labérenne*, 1938). C'est parce qu'il y a une histoire des sciences (et non malgré cette histoire) que les sciences ne se réduisent pas à leur historicité, contrairement à ce que croyait Montaigne, et nous ouvrent – dans l'histoire, par l'histoire – à quelque chose qui la dépasse. Quoi ? L'éternité. Il y eut d'abord Ptolémée, certes, puis Newton, puis Einstein… Mais cette succession, parce qu'elle n'est ni contingente ni réversible, nous ouvre à un univers où l'idée même de succession perd de sa pertinence ou, en tout cas, de sa portée. Entre Ptolémée et Einstein, ce n'est pas la vérité qui a changé ; c'est la connaissance que nous en avons. La vérité, elle, ne change pas, même quand elle est la vérité d'un univers où tout change. C'est ce qu'avait vu Spinoza : toute vérité est éternelle, et elle seule. C'est ce qu'avait vu Pascal : quelque respect qu'on ait pour les Anciens, expliquait-il, « la vérité doit toujours avoir l'avantage, quoique nouvellement découverte, puisqu'elle est toujours plus ancienne que toutes les opinions qu'on en a eues, et que ce serait ignorer sa nature que de s'imaginer qu'elle ait commencé d'être au temps qu'elle a commencé d'être connue » (*Sur le traité du vide*, p. 232 b). C'est aussi ce qu'avait vu Frege, par d'autres voies. La vérité n'a pas besoin d'être connue pour être vraie (« elle n'a besoin d'aucun porteur »), et c'est en quoi « l'être vrai d'une pensée est indépendant du temps » (*Écrits logiques*, p. 184 et 191). Soit un fait éphémère quelconque : j'écris l'article « Vérité » de mon *Dictionnaire philosophique* ; ou bien, c'était l'exemple de Frege : il y a devant ma fenêtre un arbre couvert de feuillage vert. Rien de cela ne durera bien longtemps. Mais jamais la vérité qui s'y dévoile ne deviendra fausse ou mensongère. Dès lors qu'il est vrai que cet arbre, ici et maintenant, est vert, cette vérité est éternelle : que cet arbre soit vert, en ce moment que je dis, cela sera vrai encore quand il aura perdu ses feuilles ou sera mort. C'est en quoi le présent, dans *« est vrai »*, n'indique pas « le présent de celui qui parle, remarque Frege, mais, si l'on permet l'expression, un *tempus* de l'intemporalité » (*ibid.*, p. 193). Bref, toute vérité est éternelle, quoique aucune connaissance ne le soit, et c'est ce qui interdit de confondre les connaissances (toujours historiques) et les vérités (toujours éternelles) sur quoi elles portent.

Où veux-je en venir ? À ceci que renoncer à la vérité c'est renoncer à l'éternité en même temps qu'à l'être, ce qui nous sépare du monde même où nous sommes et du seul lieu possible du salut. Il n'y a que la connaissance qui libère et qui sauve. À la gloire d'Épicure et de Spinoza : l'éternité c'est maintenant, le salut c'est le monde, mais pour autant seulement que nous l'habitons en vérité.

Quant aux raisons pratiques du discrédit actuel de l'idée de vérité, elles tiennent à mon sens à l'impossibilité où nous sommes, au moins depuis Hume, de combler l'écart qui sépare l'être du devoir-être, le vrai du bien, disons les vérités des valeurs. Sur ce point, fort débattu, je ne transige guère. Si la vérité est l'être *(alèthéia)* ou l'adéquation à l'être *(veritas)*, je ne vois pas comment elle pourrait le juger ou porter sur ce qui doit être. C'est où Hume et Spinoza se rejoignent, malgré tout ce qui les oppose, et je n'ai jamais pu, sur ce point majeur, m'éloigner d'eux. Une vérité est l'objet au moins possible d'une connaissance ; une valeur, l'objet au moins imaginaire d'un désir. Cela nous introduit dans deux ordres différents – l'ordre théorique, l'ordre pratique –, qui ne pourraient être conjoints qu'en Dieu ou dans un sujet transcendantal. Mais je ne crois ni à l'un ni à l'autre. Est-ce à dire que nous sommes voués à la schizophrénie ? Nullement, puisque nous pouvons désirer le vrai et connaître nos désirs, au moins partiellement, puisque nous ne cessons d'y tendre – fût-ce pour constater, comme presque toujours, l'abîme qui les sépare. C'est ce qui nous fait hommes et qui nous voue à la philosophie. Le contraire de cette schizophrénie, qui serait autrement le lot de notre époque, c'est l'amour de la vérité, qui est à la fois une vertu morale et une exigence intellectuelle.

VÉRITÉ ÉTERNELLE Elles le sont toutes. C'est donc un pléonasme, mais utile par ce qu'il souligne. Ce qui est vrai aujourd'hui le sera encore demain, ou bien ne l'était pas aujourd'hui. Il y a trois arbres dans le champ : vérité éternelle. Dans dix mille ans, ces arbres n'y seront plus, ni le champ sans doute ; mais il sera vrai toujours qu'ils y furent. L'éternité est ainsi ce qui distingue le *vrai* du *réel* (ou le temps, ce qui distingue le *réel* du *vrai*). Car le réel change, dans le temps : trois arbres, un champ, puis plus d'arbres, puis plus de champ... On ne se baigne jamais deux fois dans le même fleuve réel. Mais qui une fois s'y est baigné, éternellement cela restera vrai. Les hommes passent, et les fleuves, et le réel... La vérité ne passera pas. Le vrai est ainsi l'éternité du réel (ce pourquoi ils coïncident dans le présent) : c'est le réel *sub specie aeternitatis*. On serait tenté de dire : et le réel, *l'image mobile* du vrai. Mais ce serait s'enfermer déjà dans le platonisme. Ce qu'il faut comprendre ici, et qui est la grande difficulté, c'est que le vrai et le réel sont en réalité (en vérité) la même chose : parce que le temps n'est rien que le présent, qui est l'éternité même.

VERTU La vertu est l'effort pour se bien conduire, qui définit le bien par cet effort même. Ce n'est pas l'application d'une règle qui lui préexisterait, encore moins le respect d'un interdit transcendant : c'est la réalisation, à la fois normée et normative, d'un individu, qui devient à lui-même sa propre règle en ne s'interdisant que ce qu'il juge indigne de ce qu'il est ou veut être.

Le mot *arétè*, que les latins traduisaient par *virtus*, signifie d'abord une puissance ou une excellence. Par exemple la vertu d'un couteau est de couper, la vertu d'un médicament de soigner, et la vertu d'un être humain de vivre et d'agir humainement. C'est où l'on rencontre la vertu morale ou éthique. C'est une puissance, mais normative. C'est une excellence, mais en acte. C'est une disposition acquise (on ne naît pas vertueux, on le devient) à faire le bien, disait Aristote, c'est-à-dire à faire ce qu'on doit, quand on le doit, comme on le doit, mais sans autre guide, et presque sans autre règle, que sa vertu même. Cela ne va pas sans raison, mais pas non plus sans volonté. Cela ne va pas sans effort, mais pas non plus sans plaisir ou sans joie. Celui qui donne sans plaisir n'est pas généreux : ce n'est qu'un avare qui se force. Celui qui résiste à la débauche sans plaisir n'est pas tempérant : il n'est que continent et frustré.

On sait qu'Aristote définissait la vertu comme juste milieu (ou médiété) entre deux extrêmes opposés mais tous les deux vicieux (quoiqu'ils puissent l'être inégalement), « l'un par excès et l'autre par défaut » (*Éthique à Nicomaque*, II, 5-6, 1106 b – 1107 a). Ainsi le courage, entre la témérité et la couardise : le téméraire prend des risques inconsidérés (il pèche par excès), le couard n'en prend pas assez (il pèche par défaut) ; l'homme courageux prend les risques qu'il faut, comme il faut, quand il faut. On se trompe évidemment si l'on y voit l'apologie de la tiédeur, du centrisme ou de la médiocrité. Le juste milieu est un extrême, lui aussi, mais vers le haut : c'est un sommet, c'est une perfection *(ibid.)*, comme une ligne de crête entre deux abîmes, ou entre deux marais…

« Par vertu et puissance j'entends la même chose, écrit Spinoza : la vertu, en tant qu'elle se rapporte à l'homme, est l'essence même ou la nature de l'homme en tant qu'il a le pouvoir de faire certaines choses se pouvant connaître par les seules lois de sa nature » (*Éthique*, IV, déf. 8 ; voir aussi la démonstration de la prop. 20). C'est une occurrence du *conatus*, et sa forme spécifiquement humaine. La vertu, c'est la puissance de vivre et d'agir humainement, au sens normatif du terme, c'est-à-dire « sous la conduite de la raison » (IV, 37, scolie) et conformément au « modèle de la nature humaine » (IV, Préface) que nous nous sommes fixé. La raison n'y suffit pas : ce n'est pas elle qui fait agir, mais le désir. Le désir n'y suffit pas : encore faut-il désirer la raison ou (cela revient au même) la liberté, et en être capable. Ainsi le désir de vertu (comme puissance, non comme manque) est la vertu même, mais en tant seulement qu'il agit. Le *conatus* est « la première et unique origine de la vertu » (IV, 22, corollaire) : c'est tendre vers son bien (IV, 18, scolie), qui est aussi celui de l'humanité (IV, 36-37), et le réaliser par là (IV, 73, scolie). La vertu est un effort réussi : c'est la puissance en acte, en vérité et en joie.

VEULERIE Complaisance de soi à soi. C'est se résigner trop vite à sa propre médiocrité, au point de ne plus la voir, au point de la prendre pour une espèce de vertu. Cela vaut mieux que la honte ? Je ne sais, ou plutôt je n'en crois rien. La honte est une souffrance, mais qui peut faire avancer (voir Spinoza, *Éthique*, IV, 58, scolie). La veulerie serait plutôt un confort, qui freine et enferme. Le veule est incapable de se dominer, de se commander, de se surmonter. Il s'aime comme il est, mais en oubliant cette puissance en lui – la volonté – qu'il est aussi, et qu'il doit être. « Là où ça était, disait Freud, je dois advenir. » Le veule se croit déjà advenu, comme d'autres se croient déjà arrivés. Il prend son *moi* pour un destin, au lieu d'y voir un enjeu, un combat, une tâche. Narcissisme mou, ou mollesse narcissique. J'y vois l'un des péchés capitaux, et le contraire de l'exigence.

VICE Le contraire de la vertu, qu'elle surmonte et contre quoi elle se définit : c'est une disposition au mal, comme la vertu est une disposition au bien.

Aristote nous a habitués à penser que les vices allaient par deux, qui s'opposent l'un à l'autre et tous les deux – l'un par excès, l'autre par défaut – à une même vertu. Ainsi la témérité et la couardise, la vanité et la bassesse, la prodigalité et l'avarice : c'est contre l'un et l'autre de ces deux vices opposés que le courage, la grandeur d'âme et la libéralité instaurent un juste milieu (une médiété : *mésotès*) qui est aussi un sommet.

Ce n'est que par un triste contresens, qui a moins à voir avec la morale qu'avec la religion ou la pudibonderie, qu'on a pu faire du vice une espèce de synonyme péjoratif de la sexualité, ou considérer la sexualité, cela revient au même, comme intrinsèquement vicieuse. Les Grecs, qui aimaient le corps et le plaisir, n'avaient aucune raison de diaboliser le sexe. Simplement ils ne pouvaient envisager qu'on lui soumette le tout d'une existence ou qu'on en fasse, comme certains aujourd'hui et tout aussi absurdement, une exigence suprême. Ni l'obsédé sexuel ni le pudibond, ni le débauché ni le peine-à-jouir ne sont enviables ou admirables. Les uns pèchent par excès, les autres par défaut de sensualité. Entre ces deux abîmes ou ces deux marécages, reste à inventer la ligne de crête du plaisir cultivé, maîtrisé, partagé – la vertu des amants.

VIE La plus belle définition que j'en connaisse est celle de Bichat : « La vie est l'ensemble des fonctions qui résistent à la mort » (*Recherches physiologiques*, I, 1). C'est une occurrence du *conatus*, mais spécifique : une certaine manière, pour un être donné, de persévérer dans son être en le développant (croissance), en le reconstituant (par des échanges avec son milieu : nutrition, respiration, photosynthèse...), en s'adaptant, enfin en tendant à se reproduire (génération). Vivre, c'est faire l'effort de vivre : *le dur désir de durer* est le vrai goût en nous de la vie, et le principe, montre Spinoza, de toute vertu (*Éthique*, IV, prop. 21, 22 et corollaire).

Le mot désigne aussi la durée de cet effort – ce qui sépare la conception de la mort. Une vie vaut moins par cette durée, pourtant, que par ce qu'on en fait. Du moins en va-t-il ainsi pour la plupart des humains : le bonheur, non la longévité, est le but ; l'humanité, non la santé, est la norme. C'est où l'on s'éloigne de Bichat ou de la biologie pour retrouver Montaigne et la philosophie. « La mort est le bout, non le but de la vie ; c'est sa fin, son extrémité, non pourtant son objet. Elle doit être elle-même à soi sa visée : son dessein, sa droite étude est se régler, se conduire, se souffrir » (*Essais*, III, 12). Apprendre à mourir ? À quoi bon, puisqu'on y parviendra de toute façon ? Mais apprendre à vivre : c'est la philosophie même.

VIEILLESSE Le vieillissement est l'usure d'un vivant, laquelle diminue ses performances (sa puissance d'exister, de penser, d'agir…) et le rapproche de la mort. C'est donc un processus, dont on remarquera qu'il est moins une évolution qu'une involution, moins un progrès qu'une dégradation, moins une avancée qu'un recul. La vieillesse est l'état qui résulte de ce processus : état par définition peu enviable (qui ne préférerait rester jeune ?), et pourtant, pour presque tous, préférable à la mort. C'est que la mort n'est rien, quand la vieillesse est encore quelque chose.

Je ne crois guère aux avantages de la vieillesse, encore moins à sa valeur ou grandeur (malgré Hugo) intrinsèques. Qu'on puisse progresser en vieillissant, chacun peut le constater autour de soi, comme il peut constater que cela reste toutefois l'exception. Même alors, d'ailleurs, ce n'est pas grâce à la vieillesse qu'on progresse ; c'est malgré elle, et contre elle bien souvent. Un gain d'expérience, de maturité, de culture ? On le doit moins à la vieillesse qu'à la vie, qui continue malgré tout, moins à l'usure qu'à la résistance, moins à l'âge qu'on a qu'aux années qui y menèrent, où on ne l'avait pas. La vie est une richesse. Le temps est une richesse. Être vieux, non : ce n'est que le temps qui manque et la vie qui s'en va. Qu'on ait davantage d'expérience à soixante-dix ans qu'à vingt, c'est une donnée de fait, que l'arithmétique suffit à expliquer, mais qui n'est pas liée directement à la vieillesse : si nous étions programmés autrement par nos gènes, nous pourrions avoir soixante-dix ans sans être vieux pour autant, de même que nous pourrions être vieux, comme dans beaucoup d'espèces animales, dès quinze ou vingt ans. On se trompe quand on réduit la vieillesse à un âge : que les deux, en fait, aillent presque toujours de pair, cela n'empêche pas qu'il s'agisse, en droit, de deux réalités différentes. On sait qu'il existe quelques pathologies très rares qui entraînent une accélération du vieillissement, jusqu'à faire un vieillard d'un homme de trente ans. Et nul n'ignore qu'il y a des octogénaires presque intacts, plus verts et ouverts que bien des jeunes gens. C'est qu'ils ne sont pas encore vieux, ou moins que leur âge ne le laisserait supposer. Toutefois ces exceptions heureuses ne doivent pas cacher la règle qu'elles confirment : chez presque tous, le temps, à partir d'un certain âge, entraîne une dégradation irréversible, qu'on peut parfois ralentir mais qu'on ne saurait empêcher. Que ce soit physiquement ou intellectuellement, la plupart sont moins performants à quarante ans qu'à vingt, à soixante qu'à quarante, à quatre-vingts qu'à soixante… C'est une espèce d'entropie à la première personne : dans un organisme vivant, passé le cap de la maturité, le désordre et la fatigue tendent vers un maximum. Le vieillissement est cette tendance ; la vieillesse, son résultat. Cela n'empêcha pas Kant d'écrire la *Critique de la faculté de juger* à soixante ans passés, ni Hugo, à quatre-vingts ans, de garder le génie et la vitalité que l'on sait. Mais ils le doivent plus à leur santé qu'à leur vieillesse.

Et plus à la chance qu'au génie. Montaigne, qui vécut plutôt vieux pour son époque, qui ne se mit à écrire qu'assez tard, ne s'est jamais illusionné sur les bénéfices de la vieillesse :

> « Je hais cet accidentel repentir que l'âge apporte. Celui qui disait anciennement être obligé aux années de quoi elles l'avaient défait de la volupté, avait autre opinion que la mienne ; je ne saurai jamais bon gré à l'impuissance de bien qu'elle me fasse. [...] Je serais honteux et envieux que la misère et défortune de ma décrépitude eût à se préférer à mes bonnes années saines, éveillées, vigoureuses ; et qu'on eût à m'estimer non par où j'ai été, mais par où j'ai cessé d'être. [...] La vieillesse nous attache plus de rides en l'esprit qu'au visage ; et ne se voit point d'âmes, ou fort rares, qui en vieillissant ne sentent à l'aigre et au moisi. L'homme marche entier vers son croît et son décroît » (*Essais*, III, 2).

Celui-là aimait trop la vie et la vérité pour dire du bien de la vieillesse. Il se contentait de l'accepter sereinement. Cela me paraît, concernant la vieillesse, une ambition suffisante. La mort ramasse les copies, mais ne les note pas.

VIOLENCE C'est l'usage immodéré de la force. Elle est parfois nécessaire (la modération n'est pas toujours possible), jamais bonne. Toujours regrettable, pas toujours condamnable. Son contraire est la douceur (qu'on ne confondra pas avec la faiblesse, contraire de la force). La douceur est une vertu ; la faiblesse, une faiblesse ; la violence, une faute – sauf quand elle est indispensable et légitime. Contre les faibles ou les doux, la violence est impardonnable : ce n'est que lâcheté, cruauté, bestialité. Contre les violents, en revanche, on ne peut se l'interdire absolument : ce serait laisser libre cours aux barbares ou aux voyous. La non-violence ? Elle n'est bonne, souligne Simone Weil, que si elle est efficace. Cela indique assez le but et le chemin : « S'efforcer de substituer de plus en plus dans le monde la non-violence *efficace* à la violence » (*La pesanteur et la grâce*, « Violence »). Cela suppose beaucoup de maîtrise, de courage, d'intelligence, mais « dépend aussi de l'adversaire » *(ibid.).* Gandhi, contre les Anglais, est admirable. Mais cela ne donne pas tort aux Résistants, contre les nazis, ni aux Alliés, contre la Wehrmacht. La violence n'est acceptable que lorsque son absence serait pire. Elle l'est donc parfois. Reste à la limiter, à la contrôler, à l'encadrer. C'est pourquoi on a besoin d'un État, pour exercer, comme disait Max Weber, « le monopole de la violence légitime » : on a besoin d'une armée (pour se défendre contre la violence extérieure), d'une police (contre la violence intérieure), de lois, de tribunaux, de prisons... Et besoin aussi, entre les individus, d'une paix au moins minimale. Le contraire de la violence, c'est la douceur ; mais son antidote, à l'échelle de la

Cité, c'est l'art de gérer les conflits avec le moins de violence possible : police, politesse, politique.

VIRTUEL Ce qui n'existe qu'en puissance (mais mieux vaut dire alors *potentiel*) ou qu'en simulation. Le mot, dont on nous rebat les oreilles, vient de *virtus* : c'est comme un doublet de notre *vertu*, et point par hasard. Il y a puissance dans les deux cas. Mais la vertu est une puissance en acte. La virtualité, une puissance qui reste en puissance. La vertu est puissance incarnée, quand le virtuel, trop souvent, se contente des images. La vertu est de l'homme, quand le virtuel, de plus en plus, appartient aux machines. La vertu est courage, quand le virtuel ne sait, au mieux, qu'être sans danger. La vertu est justice, quand le virtuel ne connaît, au mieux, que la justesse. La vertu est aimante, quand le virtuel ne sait, au mieux, qu'être aimable.

C'est donc la vertu qui est bonne, et qui importe. Comme il serait triste et coupable de ne vivre que virtuellement !

VITALISME C'est expliquer la vie par elle-même (ou par un « principe vital »), donc renoncer à l'expliquer. S'oppose en cela au matérialisme, qui explique la vie par la matière inanimée, et se distingue de l'animisme, qui l'explique par une âme immatérielle.

VOLITION L'acte de vouloir. Cela suppose un désir, mais ne s'y réduit pas (toute volition est désir, tout désir n'est pas volition) : vouloir, c'est désirer en acte. C'est pourquoi nous ne pouvons vouloir que ce qui dépend de nous, et à condition seulement de le faire. Essayez un peu de vouloir vous lever sans vous lever en effet... Il faudrait être paralytique ou ligoté ; mais alors vous lever, pour vous, ne serait plus une volition, mais un simple désir, voire un regret ou une espérance... Vouloir, c'est faire. Une volonté qui n'agit pas n'est plus une volition, ni même tout à fait une volonté : c'est un projet, un vœu, ou une lâcheté.

VOLONTÉ La faculté de vouloir : l'acte en puissance ou la puissance en acte.

On ne la confondra pas avec le désir, qui est son genre prochain. On peut désirer simultanément plusieurs choses contradictoires (par exemple fumer et ne pas fumer), mais point les vouloir : parce qu'on ne veut vraiment que ce qu'on fait, et que nul ne peut, au même moment, faire et ne pas faire la même chose. La volonté est une certaine espèce de désir : c'est un désir dont la satisfaction dépend de nous. « Mais si j'échoue ? » Cela n'y change rien : la volonté portait sur l'action, non sur la réussite (qui n'était l'objet que d'une espérance). Toute volonté est puissance de choix : c'est le pouvoir déterminé de se déterminer soi-même. Cela distingue assez la volonté du libre arbitre (qui serait le pouvoir *indéterminé* de se déterminer soi), de l'espérance, qui désire plus qu'elle ne peut, enfin de la veulerie, qui renonce à choisir. Par quoi la volonté n'est pas seulement une faculté ; c'est aussi une vertu.

VRAI Ce qui est, ou ce qui est conforme à ce qui est. On peut distinguer ces deux sens, en parlant respectivement de *veritas rei* et de *veritas intellectus*, comme faisaient les scolastiques (la vérité de la chose, la vérité de l'entendement), ou bien en distinguant avec Heidegger l'*alèthéia* (la vérité comme dévoilement de l'étant, ce que j'appellerais plutôt la pure *présentation* du réel) et la *veritas* (la vérité comme accord ou correspondance entre la pensée et le réel : l'*adæquatio rei et intellectus* des scolastiques, qui n'est vérité que d'une *représentation*). L'*alèthéia* serait la vérité originaire, telle qu'on la trouve chez les présocratiques. La *veritas* n'apparaîtrait, même en grec, qu'avec Platon : ce serait la forme, à la fois logique et métaphysique, de l'oubli de l'être, au bénéfice de l'humanisme (le vrai n'étant plus vérité de l'étant mais vérité de l'homme). Ces deux conceptions n'en restent pas moins solidaires, et même indissociables. Soit par exemple la table sur laquelle j'écris. Je ne peux rien penser de son *alèthéia* sans passer par la *veritas* d'un discours. Mais pas davantage dire sa *veritas* sans supposer son *alèthéia*. Supposons que j'énonce à son propos un certain nombre de propositions vraies, fussent-elles approximatives, portant par exemple sur sa forme, sa superficie ou son poids. Ces propositions sont vraies (au sens de la *veritas*) si et seulement si elles correspondent à la réalité (à l'*alèthéia*). C'est ce que Tarski appelle la conception sémantique de la vérité : la proposition « La neige est blanche » est vraie si et seulement si la neige est blanche ; la proposition « Cette table est rectangulaire » est vraie si et seulement si cette table est rectangulaire. Mais si la neige et cette table n'étaient *vraiment* ce qu'elles sont, cette adéquation elle-même n'aurait ni sens ni vérité. Une pensée ne peut être conforme à ce qui est (c'est-à-dire vraie au sens de la *veritas*) que si ce qui est est vraiment ce qu'il est (c'est-à-dire vrai au sens de l'*alèthéia*). Les deux notions, ou les deux faces de la notion, restent pourtant toutes les deux problématiques, mais pour des raisons différentes. L'*alèthéia*, parce qu'on ne peut rien en dire qui ne relève de la *veritas*. La *veritas*, parce que toute conformité entre la pensée et le réel est par définition indémontrable, puisqu'on ne connaît du réel que ce qu'on en pense. Cela ne prouve pas que tout ce que nous pensons soit faux, mais nous interdit de prouver absolument que telle ou telle de nos pensées soit vraie. À la gloire du pyrrhonisme.

VULGARITÉ Une bassesse commune et de mauvais goût.

Vulgus, en latin, c'est la foule, le commun des hommes, les hommes du commun. *Vulgaire* serait donc synonyme à peu près de *populaire*, et le fut en effet longtemps. Mais le peuple est souverain ; la foule, non. De là peut-être, dans un univers démocratique, l'évolution de plus en plus divergente des deux mots. Être vulgaire, ce n'est pas être du peuple, ni apprécié par lui ; c'est manquer d'élévation, d'élégance, de distinction, de noblesse. La popularité est une chance ou un risque. La vulgarité, un confort et une tare. On se trompe quand on la confond avec la grossièreté (on peut dire des gros mots sans être vulgaire, être vulgaire sans en dire). Mais plus encore si on y voit une audace ou une force. Ce n'est que suivre la pente, en allant toujours vers le plus facile, le plus bas, le plus racoleur : c'est ne plaire qu'à la partie déplaisante de soi, et de tous. La notion, toutefois, relève davantage de l'esthétique que de la morale. Un brave homme peut être vulgaire ; un salaud ne l'être pas. C'est que la vulgarité touche moins aux actes qu'aux manières, moins aux sentiments qu'à la sensibilité. Être vulgaire, c'est presque toujours ignorer qu'on l'est. C'est être prisonnier de sa propre bassesse, au point qu'on ne la perçoit plus. C'est être une foule à soi tout seul. Ce serait un péché capital, si c'était un péché. Mais ce n'est qu'une faute de goût.

WAGNÉRIEN Disciple ou zélateur de Wagner. C'est une forme redoutable de mélomane, qui prend la musique pour une conception du monde, l'opéra pour une religion, et Wagner pour un Dieu. Ces trois erreurs font une espèce de système, qui les rend sourds. À moins que ce ne soit l'inverse.

Nietzsche a écrit contre cette *maladie*, comme il dit, et contre le génie subtil et dangereux de Wagner, quelques-unes de ses plus belles pages, qui rendent à Mozart (« le génie gai, enthousiaste, tendre et amoureux de Mozart ») l'hommage qu'il mérite – et à Bizet, bien davantage qu'il ne mériterait.

WELTANSCHAUUNG Vision du monde, en allemand. C'est une espèce de philosophie spontanée ou implicite : un ensemble d'intuitions, de croyances, d'idées vagues, avec, dans la bouche d'un Français, je ne sais quoi de prétentieux et d'obscur, qui tient à la langue utilisée, comme s'il suffisait de parler allemand pour être plus intelligent. La philosophie du pauvre ? Plutôt l'idéologie du riche, ou du snob.

XÉNOPHOBIE La haine de l'étranger. C'est une forme de bêtise qui consiste à se croire chez soi. La chose semble instinctive aux bêtes, et naturelle aux hommes. La philosophie, qui nous fait tous étrangers, combat cette illusion. Et la sagesse, qui suppose le dépassement du *soi*, la dissout. La haine s'éteint alors, en même temps que la peur.

YOGA Travail du corps, d'origine indienne, qui tend au repos de l'esprit. Ascèse, qui tend à la délivrance. Méditation, qui tend au silence. C'est faire passer la bête sous le joug (les deux mots ont la même racine indo-européenne), mais pour la libérer, ou se libérer soi. C'est n'être qu'un avec son corps, pour n'être qu'un avec tout. Le yoga est ainsi l'homologue fonctionnel de la philosophie, qui tend au même résultat mais travaille plutôt sur l'esprit ou les concepts. Le yogi croit davantage aux postures, aux mouvements, à la respiration, à la concentration, à l'attention absolument pure... Le but est de s'affranchir du mental pour atteindre à la conscience absolue ou inconditionnée. L'efficacité sur l'âme d'une telle pratique corporelle et spirituelle n'est plus à démontrer, ni très mystérieuse. Si le corps et l'âme sont une seule et même chose, comme dit Spinoza, le yoga n'est jamais qu'une façon, historiquement située, de penser juste. Il semble, grande leçon, que le penseur s'y perde, et s'y sauve.

ZÈLE C'est un soin jaloux ou fervent, pour la cause d'un autre, comme si l'on craignait de n'en faire jamais assez – au point parfois (par exemple dans les grèves du zèle) d'en faire trop. « Le zèle consiste à faire plus qu'on ne doit strictement », comme disait Alain, voire plus qu'on ne devrait. C'est que la frontière, entre le zèle et l'excès de zèle, reste floue. En faire tant, n'est-ce pas déjà en faire trop ? Et pour quelle raison ? Par générosité ? Par dévouement ? Par conscience professionnelle ? C'est plus souvent une peur d'être blâmé ou un désir de plaire, qui rendent le zèle, même efficace, un peu suspect. Les patrons n'en sont pas dupes. Les collègues, encore moins.

ZEN C'est une forme de bouddhisme, relevant du Grand Véhicule et dérivée du Tch'an chinois, qui s'est développée au Japon. On y cherche l'illumination *(le satori)* par la méditation assise et sans objet *(zazen)*, laquelle peut elle-même être préparée, ou accompagnée, par un certain nombre d'exercices (les *kôans*, le tir à l'arc, l'art floral, les arts martiaux...). Le but est d'atteindre une attention absolument pure, qui crée, ou plutôt qui laisse se déployer, un état de paix et de vide intérieur. Ceux qui l'ont vécu en parlent comme d'une expérience de plénitude. Il s'agit d'observer, de façon neutre et tranquille, son propre fonctionnement, aussi troublé soit-il, jusqu'à expérimenter qu'il n'y a rien là de substantiel à observer (que tous ces processus sont impermanents et vides). Le réel n'en continue pas moins, ou plutôt il n'en continue que mieux – parce qu'on n'en est plus séparé par l'ego. C'est se vider de soi, pour qu'il n'y ait plus que tout.

ZÉTÉTIQUE Du grec *zêtêtikos*, qui cherche ou qui aime chercher. C'est un autre nom pour désigner le scepticisme, ou plutôt sa méthode, qui consiste à chercher toujours la vérité, sans rien affirmer, même pas l'impossibilité de l'atteindre (voir Sextus Empiricus, *Hypotyposes pyrrhoniennes*, I et III). Se distingue par là du dogmatisme, qui croit avoir trouvé, mais aussi de la sophistique, qui renonce à chercher.

À quoi bon chercher, demandera-t-on, si on ne peut trouver ? C'est qu'on ne peut savoir autrement si on le peut, ni ce qu'on cherche.

Et comment le dire, si on ne l'a point trouvé ? En disant au moins le mouvement de sa quête, sans l'arrêter et sans y croire tout à fait. Pyrrhon, qui est le maître de l'école zététique, était amené pour cela à ne parler qu'ironiquement, ou plutôt (puisqu'il s'agit, note Marcel Conche, d'une « ironie à l'égard de lui-même ») qu'avec humour. Les mots ne sont qu'un moment de l'apparence pure et universelle, comme dit Marcel Conche, qu'un moment du devenir, comme je préférerais dire, qu'ils ne sauraient ni contenir tout entier ni transformer – si ce n'est illusoirement – en essences fixes ou immuables. Aussi l'*ataraxia* (la sagesse, la paix de l'âme) n'allait-elle pas, pour Pyrrhon, sans *aphasia* (le non-discours, le silence). Non qu'on ne puisse parler (*aphasia* n'est pas aphasie), ni qu'on ne le doive, mais parce que « les mots jamais ne sauraient annuler le silence » (M. Conche, *Pyrrhon ou l'apparence*, X, 1).

Il est juste de terminer par là un recueil de définitions. Car cela seul mérite d'être dit, qui n'en a pas besoin. C'est où la philosophie, qui est un certain type de discours, conduit à la sagesse, qui est une certaine qualité de silence. Ce dont on peut parler, et cela seul, on peut aussi le taire.

NOTE BIBLIOGRAPHIQUE

Ce dictionnaire doit beaucoup à ceux qui l'ont précédé, fussent-ils d'un esprit tout à fait différent, et d'autant plus peut-être qu'ils l'étaient davantage. Parmi ceux-ci (et sans revenir sur ce que je disais, dans l'Avant-Propos, de Voltaire et d'Alain), il faut citer surtout – par ordre d'importance décroissante – le monumental *Dictionnaire des notions philosophiques*, dirigé par Sylvain Auroux (PUF, 1990), le *Vocabulaire technique et critique de la philosophie*, dirigé par André Lalande (Félix Alcan, 1926, rééd. PUF, coll. « Quadrige »), ainsi que le *Dictionnaire de la philosophie* (Albin Michel, 2000, qui reprend les articles philosophiques de l'*Encyclopaedia Universalis*). Cela ne doit pas faire oublier un certain nombre d'ouvrages plus modestes mais très bien faits, spécialement le *Vocabulaire philosophique* d'Edmond Goblot, certes vieilli mais qui n'en mériterait pas moins d'être réédité (c'est un voyage dans le temps autant que dans la pensée : Armand Colin, 1901, rééd. 1938), le *Dictionnaire de la philosophie* de Noëlla Baraquin *et all.* (Armand Colin, 1995), le *Dictionnaire de philosophie* de Jacqueline Russ (Bordas, 1991), le *Vocabulaire des études philosophiques* de Sylvain Auroux et Yvonne Weil (Hachette, 1993), enfin, même s'il est presque toujours décevant, spécialement dans le choix de ses citations, le *Dictionnaire de la langue philosophique* de Paul Foulquié (PUF, 1962). Il faut y ajouter un certain nombre de dictionnaires plus spécialisés, certains sortant d'ailleurs du champ de la philosophie, mais qui m'ont été, pour tel ou tel article, fort utiles : le *Dictionnaire d'éthique et de philosophie morale*, sous la direction de Monique Canto-Sperber (PUF, 1996), le *Dictionnaire de philosophie politique*, sous la direction de Philippe Raynaud et Stéphane Rials (PUF, 1996), le *Kant-Lexicon* de Rudolf Eisler (Gallimard, 1994), le *Dictionnaire d'histoire et de philosophie des sciences*, sous la direction de Dominique Lecourt (PUF, 1999), le *Trésor, Dictionnaire des sciences*, sous la direction de Michel Serres et Nayla Farouki (Flammarion, 1997), le *Vocabulaire technique et analytique de l'épistémologie*, de Robert Nadeau (PUF, 1999), le *Lexique logique* de Louis Vax (PUF, 1982), le *Dictionnaire critique de théologie*, sous la direction de Jean-Yves Lacoste (PUF, 1998), le *Dictionnaire de la linguistique*, sous la direction du très regretté Georges Mounin (PUF, 1974), le *Dictionnaire historique de la langue française*, sous la direction d'Alain Rey (Dictionnaires Le Robert, 1992), le *Voca-*

bulaire d'esthétique d'Étienne Souriau, le *Dictionnaire critique de la sociologie* de Raymond Boudon et François Bourricaud, le *Vocabulaire de la psychologie* d'Henri Piéron (PUF, 1951, rééd. coll. « Quadrige », 1994), le *Dictionnaire critique du marxisme*, sous la direction de Georges Labica et Gérard Bensussan (PUF, 1982), enfin, puisqu'on ne peut les citer tous, le très fameux (et très légitimement fameux) *Vocabulaire de la psychanalyse* de Jean Laplanche et Jean-Bertrand Pontalis (PUF, 1967, rééd. 1981). Je réalise, en tapant cette liste, que la plus grande partie de ces ouvrages est éditée aux Presses Universitaires de France : qu'il me soit permis de profiter de l'occasion pour dire le plaisir et l'honneur que je ressens, depuis bientôt vingt ans, à publier dans cette auguste, sympathique et irremplaçable maison.

S'agissant des autres livres que j'ai utilisés, à commencer par les classiques de la philosophie, il ne saurait être question d'en donner une liste complète. Ils sont d'ailleurs cités, pour les références les plus importantes, dans le cours de chaque article. Afin que chacun puisse s'y retrouver, quelle que soit l'édition qu'il utilise, mes références renvoient, dans la mesure du possible, au découpage interne des œuvres, plutôt qu'à la pagination, bien sûr variable, de tel ou tel éditeur. Les quelques abréviations utilisées sont assez transparentes ou traditionnelles pour ne guère poser de problèmes (par exemple *T. P.* pour le *Traité politique* de Spinoza, *T.Th.P.* pour son *Traité théologico-politique*, *T. R. E.* pour son *Traité de la réforme de l'entendement* ; *C. R. Pure* pour la *Critique de la raison pure* de Kant, *Fondements...* pour ses *Fondements de la métaphysique des mœurs*, *C. F. J.* pour sa *Critique de la faculté de juger...*). Les traductions utilisées peuvent être variables, et il m'arrive, quoique assez rarement, de les modifier. S'agissant d'Aristote, j'ai utilisé le plus souvent les traductions de Tricot ; s'agissant d'Épicure, celles de Marcel Conche ; s'agissant de Spinoza, celles d'Appuhn ; s'agissant de Kant, celles publiées aux PUF et chez Vrin ; s'agissant de Hegel, celles publiées chez Aubier et chez Vrin. Je cite Montaigne, en modernisant l'orthographe, à partir de l'édition Villey-Saulnier, aux PUF ; Descartes, à partir de l'édition Alquié, chez Garnier (tout en donnant parfois la pagination dans l'édition canonique d'Adam et Tannery, désignée par les initiales AT) ; et Pascal à partir de l'édition Lafuma des *Œuvres complètes* (Seuil, coll. « L'Intégrale », 1963 ; s'agissant des *Pensées*, le premier chiffre est celui de la numérotation Lafuma, le second, celui de l'édition Brunschvicg). Quant à Voltaire, je cite son *Dictionnaire philosophique* à partir de l'édition Naves, rééd. Garnier-Flammarion, 1964.

TABLE

Du même auteur

AUX PRESSES UNIVERSITAIRES DE FRANCE

Traité du désespoir et de la béatitude (t. 1 : *Le mythe d'Icare*, 1984 ; t. 2 : *Vivre*, 1988).
Une éducation philosophique, 1989.
Valeur et vérité (Études cyniques), 1994.
Petit traité des grandes vertus, 1995 (prix La Bruyère de l'Académie française) ; rééd. Seuil, coll. « Points », 2001.
Impromptus, 1996.
L'être-temps, 1999.

CHEZ D'AUTRES ÉDITEURS

Pourquoi nous ne sommes pas nietzschéens (en collaboration), Grasset, 1991.
L'amour la solitude, Paroles d'Aube, 1992, rééd. Albin Michel, 2000.
« Je ne suis pas philosophe » (Montaigne et la philosophie), Honoré Champion, 1993.
Camus, De l'absurde à l'amour (en collaboration), Paroles d'Aube, 1995, rééd. La Renaissance du Livre, 2001.
Arsène Lupin, gentilhomme philosopheur (avec François George), L'Aiguille Preuve, 1995, rééd. Le Félin, 1996.
De l'autre côté du désespoir (Introduction à la pensée de Svâmi Prajnânpad), Accarias-L'Originel, 1997.
La sagesse des Modernes (avec Luc Ferry), Robert Laffont, 1998 ; rééd. Pocket, 1999.
Chardin ou la matière heureuse, Adam Biro, 1999.
Le bonheur, désespérément, Pleins Feux, 2000.
Présentations de la philosophie, Albin Michel, 2000.
Lucrèce, poète et philosophe, La Renaissance du Livre, 2001.

CET OUVRAGE
A ÉTÉ TRANSCODÉ
ET ACHEVÉ D'IMPRIMER
SUR ROTO-PAGE
PAR L'IMPRIMERIE FLOCH
À MAYENNE EN OCTOBRE 2001

Édition exclusivement réservée aux adhérents du Club
Le Grand Livre du Mois
15, rue des Sablons
75116 Paris

N° d'impr. 52330-1.
Dépôt légal : novembre 2001.
Imprimé en France